管路气体力学与气动技术

徐文灿　编著

机械工业出版社

本书全面地介绍了管路气体力学及其在气动技术中的应用。力学部分的主要内容包括空气的热力学性质、湿空气、不可压缩管流的基础、相似理论与量纲分析和可压缩管流；气动技术部分的主要内容包括充排（或放）气特性、气动回路的流量特性、气动元件流量特性的测试方法，重点介绍了气动减压阀特性的测试和气动元辅件的流动特性。

本书的特色是运用气体力学的基本知识分析和解决气动技术方面的技术问题，是一本把气体力学知识应用于民用工业的图书。本书既涉及气动元件，也涉及气动回路，还涉及各项气动元件性能的正确估算方法及性能测试研究方法。本书提出的测量误差预估和最佳测点的确定方法对涉及压缩空气流动的相关工作具有一定的指导作用。

本书可供从事气动工程研发、设计和试验的技术人员使用，也可供高校相关专业师生参考。

图书在版编目（CIP）数据

管路气体力学与气动技术/徐文灿编著. —北京：机械工业出版社，2022.9

ISBN 978-7-111-72545-9

Ⅰ. ①管… Ⅱ. ①徐… Ⅲ. ①管道－空气动力学－研究 Ⅳ. ①U173.92

中国国家版本馆 CIP 数据核字（2023）第 010535 号

机械工业出版社（北京市百万庄大街 22 号　邮政编码 100037）
策划编辑：张秀恩　　　　　　　责任编辑：王春雨
责任校对：张晓蓉　陈　越　　　封面设计：马精明
责任印制：李　昂
河北鹏盛贤印刷有限公司印刷
2023 年 7 月第 1 版第 1 次印刷
184mm×260mm・28.25 印张・700 千字
标准书号：ISBN 978-7-111-72545-9
定价：99.00 元

电话服务　　　　　　　　　网络服务
客服电话：010-88361066　　机　工　官　网：www.cmpbook.com
　　　　　010-88379833　　机　工　官　博：weibo.com/cmp1952
　　　　　010-68326294　　金　书　网：www.golden-book.com
封底无防伪标均为盗版　　　机工教育服务网：www.cmpedu.com

前　言

现代气动技术，气体在气动元件内及气动回路内，已处于声速流动和超声速流动状态。声速和超声速流动的规律与不可压缩流体流动的规律是截然不同的，有时甚至是相反的。故从事气动技术行业的技术人员，广义来讲，就是从事以压缩空气为介质的行业的技术人员，必须掌握管路气体力学的基本知识。这些基本知识介绍管路内气体高速和超声速流动时的基本现象与规律。

利用气体力学基本知识，对各种气动元件及气动回路进行流动特性的正确理论估算和正确的性能测试，正确地对气动元件进行性能估算，才能对气动元件的性能进行优化设计，制造出性能优良的产品。

掌握了气体力学的基本知识，充分研究两个气动元件串联回路的特性，就可以提出测试原理正确且可信度高的流量特性参数测试方法，如串接声速排气法和直接测量法。

掌握了气体力学的基本知识，就能判断测试气动元件流量特性参数的各种标准中的测试原理是否正确。借助均方根误差分析法，对流量特性参数进行分析，就能判断各个测试标准的可信度，以确定该测试标准是否可用。

本书由五部分组成。

第一部分是第 1 章至第 5 章，介绍基础理论。这部分是以压缩空气为介质做高速流动的应用行业的科技工作者必须了解的有关热力学、湿空气、不可压缩流体流动和可压缩流体流动的理论和实验所需要的基本知识。

第二部分是第 6 章至第 8 章。第 6 章介绍国内外表达气动元件流量特性的各种方法及其适用条件，以及它们之间的相互关系。第 7 章介绍在给定各种气动元件的流量特性参数的条件下，如何利用气体力学知识估算各种气动回路的流量特性参数，并判断出临界截面处在回路中的哪个气动元件内。本章还是判断测试流量特性参数的各种标准的测试原理是否正确的理论依据，其中还讨论了国际标准 ISO 6358-3：2014 "系统稳态流量特性的计算方法"。该标准也是估算气动回路流量特性参数的方法，只不过 ISO 6358-3：2014 是用不可压缩流动的思维制定的标准，自然是达不到测试目的的。第 8 章是计算各种容器的充放气特性，它是计算气缸、气阀、气动回路等气动元件的动态特性的理论基础。

第三部分是第 9 章至第 13 章，这部分运用气体力学知识，分析了测试气动元件流量特性的多个国际标准（五点测量法的 ISO 6358：1989，上下游压力测量管通径加大两档的 ISO 6358-1：2013，等温容器放气法的 ISO 6358-2：2013）、国家标准（串接声速排气法的 GB/T 14513—1993）和待研发的直接测量法的优缺点和错误。并运用均方根误差分析法，对各个标准的流量特性参数进行了可信度分析。由可信度的高低，便知道各个标准是否适合使用。对可以使用的标准，也给出了最佳测点位置说明。

第四部分是第 14 章，介绍测量误差的预估与最佳测点的确定。把均方根误差分析法应用于气动元件流量特性参数的研究中，便能预估有效面积 S 值和临界压力比 b 值的测量误差，并能找出最佳测点在哪。这不仅对气动元件、对各行各业的实验工作者来说十分有用，还可用于判断测试原理和测试方法是否可行，测试仪表精度是否合理。知道最佳测点的条件，则可以用极少的精力和资金测出正确的被测值，故具有巨大的经济效益和社会效益。为此，专门编写了本章。介绍了在哪些条件下可以使用均方根误差分析法，怎样使用均方根误差分析法。

第五部分是第15章至第21章。利用气体力学知识，如何对气缸、气动减压阀、气管道、管接头、单向阀、梭阀、气动方向阀、气动消声器、喷嘴及真空发生器等多种气动元件进行流量特性的分析计算和性能测试必须注意的事项。

自步入气动技术行业后，总梦想着气动元件的性能也能像飞机的气动力那样，可以用理论分析法大致估算出来，再通过实验加以修正。若能如此，就能对气动元件的性能进行优化设计了。这种想法，并非天方夜谭。比如，气动回路流量特性参数的估算方法便是理论推导出来的，被实验证实是正确的。受气动回路流量特性参数估算方法的启发，提出了串接声速排气法，实验证实该方法是正确的。按两个元件串接的理论，就能判断出 ISO 6358：1989 和 ISO 6358-1 和 ISO 6358-2 为什么测不出正确的临界压力比 b 值的原因，这已被实验所证实。只要测出气管道的沿程损失系数 λ，就可利用摩擦管流理论计算出任何气管道的有效面积 S 值和临界压力比 b 值。借助实验是可以计算出气动减压阀的流量特性曲线的，也能计算出真空发生器的空气消耗量，最大真空度和最大吸入流量。气缸的静特性和动特性也是可以计算出来的，只是比较复杂罢了。

理论估算出气动元件和气动回路的性能是开创性的研究工作，需要不断丰富气体力学知识，也需要探索气动元件内的流动特性，希望有更多的有志者加入这个行列，为中国气动技术的腾飞做出贡献。

本书在这方面的研究工作只算是一个起点，免不了存在一定的缺点和错误，欢迎读者批评指正。

完成本书，不由怀念起北京航空航天大学的恩师陆士嘉教授、徐华舫教授、伍荣林教授等传授给我们的真知，培养了我们严格的科学作风，使我们一生受益匪浅。

在此，感谢SMC（中国）有限公司的张士宏博士、国家气动产品质量监督检验中心原副主任惠伟安高工等对本书内容做出的贡献。

我年事已高，两年多时间内全身心投入写作中，夫人董玉琴女士对我的工作大力支持和生活上精心照顾，在此表示衷心的感谢。

徐文灿教授

2022年10月于清华园

目 录

前言
第1章 空气的热力学性质 1
1.1 空气的物理性质 1
1.2 热力学基本概念 3
1.3 热力学第一定律 7
1.4 热力学过程 10
1.5 准平衡过程的能量 13
第2章 湿空气 16
2.1 绝对湿度、相对湿度、露点 16
2.2 压缩空气的相对湿度、压力露点 17
2.3 高洁净气动系统 19
第3章 不可压缩管流的基础 29
3.1 流体的概念 29
3.2 流体静力学基础 33
3.3 流动的分类 37
3.4 质量方程 40
3.5 能量方程 42
3.5.1 位能、动能和压力能 42
3.5.2 伯努利方程 42
3.5.3 伯努利方程的应用 44
3.5.4 总流的伯努利方程 51
3.6 动量方程 54
3.7 层流和紊流 57
3.7.1 圆管中的层流 57
3.7.2 圆管中的紊流 62
3.8 沿程损失和局部损失 64
3.9 管路计算 75
3.10 自由淹没射流及其应用 79
第4章 相似理论与量纲分析 87
4.1 概述 87
4.2 力学相似条件 87
4.3 相似准则 88
4.4 量纲分析 91
4.5 利用相似理论完成大通径气动元件的流量特性参数测试 93
第5章 可压缩管流 96
5.1 声速 a 和马赫数 M 96
5.2 基本方程组 97
5.3 一元定常完全气体等熵流动的特性分析 99
5.4 一元定常等熵流动的参考状态 100
5.4.1 滞止状态 100
5.4.2 临界状态 101
5.5 质量流量、壅塞现象 102
5.6 气动力函数表 106
5.7 微弱扰动波及冲波的形成 108
5.8 正冲波 110
5.9 斜冲波 113
5.10 膨胀波 117
5.11 超声速自由射流 118
5.12 超声速风洞的建立 120
5.13 超声速喷管的等熵出流 122
5.14 一元有摩擦的绝热定常流 125
5.14.1 特性分析 125
5.14.2 等截面直管有摩擦的绝热定常流的特性计算 127
5.15 气体引射器 132
5.15.1 收缩喷管引射器 132
5.15.2 收缩喷管引射器的特性计算 134
第6章 气动元件流量特性的表述 143
第7章 气动回路的流量特性 149
7.1 并联回路 149
7.2 串联回路 151
7.3 两个元件的串联 154
7.4 三个元件的串联 156
7.5 气动元件结构形状对流量特性的影响 159
7.6 有关串联回路研究的分析 162
7.7 ISO 6358-3:2014（即GB/T 14513.3—2020）分析 164
7.7.1 ISO 6358-1:2013（即GB/T 14513.1—2017）中气动元件的流量特性参数表达式 164
7.7.2 按摩擦因数 λ 计算气管道的流量特性参数 165
7.7.3 按实验结果计算气管道的

    流量特性参数 ················ 168
 7.7.4 用其他流量参数或者直管等效长度
    来估算流量特性参数 ········ 168
 7.7.5 ISO 6358-3:2014 提供的气动元件
    流量特性参数表达方式的分析 ······ 169
 7.7.6 ISO 6358-3:2014 估算气动系统的
    流量特性参数方法的分析 ········ 173

第8章 充放气特性 ················ 177
 8.1 充放气特性的基本方程 ········ 177
 8.2 固定容器的充放气特性 ········ 180
 8.3 充放气特性线 ·············· 186

第9章 定压法和变压法
    （ISO 6358:1989） ············ 188
 9.1 国际标准 ISO 6358:1989 的基本内容 ··· 188
 9.2 定压法两个流量特性参数
   （C、b 值）测量误差预估 ········ 191
  9.2.1 声速流导 C 值的测量误差预估 ····· 191
  9.2.2 临界压力比 b 值的测量
    误差预估 ················ 191
  9.2.3 b 值测量误差的分析及"最佳
    测点"的发现 ·············· 194
 9.3 临界压力比 b 值的由来及其作用 ····· 198
 9.4 定压法的分析 ·············· 202
  9.4.1 对流量特性曲线近似为椭圆曲线
    假设的可信性论证 ·········· 202
  9.4.2 有关定义的分析 ············ 205
  9.4.3 测试原理的分析 ············ 206
  9.4.4 测试方法的分析 ············ 209
  9.4.5 仪表测量精度的分析 ········ 210
  9.4.6 气动元件结构形状对 b 值的
    影响 ·················· 210
  9.4.7 测试元件范围的分析 ········ 210
  9.4.8 流量特性扩展式的分析 ······ 211
  9.4.9 定压法的修订建议 ·········· 211
 9.5 变压法两个流量特性参数 C、b 值的
   测量误差预估 ·············· 211
  9.5.1 声速流导 C 值的测量误差预估 ····· 211
  9.5.2 临界压力比 b 值的测量误差
    预估 ·················· 212
 9.6 变压法的分析 ·············· 220
  9.6.1 壅塞流定义的分析 ·········· 220
  9.6.2 声速流导 C 值公式的分析 ······ 220
  9.6.3 临界压力比 b 值公式的分析 ····· 220
  9.6.4 测试方法的分析 ············ 220

  9.6.5 测试原理的分析 ············ 221
  9.6.6 变压法的综合分析 ·········· 221

第10章 串接声速排气法
     （GB/T 14513—1993） ········ 222
 10.1 串接声速排气法的基本原理 ······ 223
 10.2 两个流量特性参数 S 值和 b 值的
    测量误差预估 ············ 225
  10.2.1 S 值的测量误差预估 ········ 225
  10.2.2 b 值的测量误差预估 ········ 227
 10.3 辅助元件的最佳选择 ·········· 232
  10.3.1 辅助元件应具备的条件 ······ 232
  10.3.2 选择辅助元件的适用图表 ······ 234
 10.4 气罐容积 V 的选择 ············ 236
 10.5 串接声速排气法的测试步骤 ······ 239
 10.6 GB/T 14513—1993 的修订 ······ 241
  10.6.1 修订内容 ·············· 241
  10.6.2 S 值和 b 值的测量精度 ······· 241
 10.7 有关串接声速排气法的问答 ······ 242
 10.8 串接声速排气法的综合分析 ······ 246

第11章 定压法和变压法
     （ISO 6358-1:2013） ·········· 247
 11.1 ISO 6358:1989 的修订内容 ········ 247
 11.2 ISO 6358-1:2013 基本概念和
    基本公式的分析 ············ 248
 11.3 测试原理的分析 ············ 252
  11.3.1 定压法的分析 ············ 252
  11.3.2 变压法的分析 ············ 255
 11.4 测试方法的分析 ············ 255
 11.5 其他方面的分析 ············ 256
 11.6 奉化气动检验中心验证报告的结论 ··· 257

第12章 等温容器放气法 ············ 258
 12.1 等温容器放气法的基本原理 ······ 258
 12.2 ISO 6358-2:2013 的基本原理 ······ 259
 12.3 对 ISO 6358-2:2013 的质疑 ······ 261
  12.3.1 流导 C_e 公式的由来及疑问 ····· 261
  12.3.2 临界背压比 b 值公式的疑问 ····· 261
 12.4 正规的等温容器放气法的 S 值和 b 值的
    测量误差预估 ············ 262
  12.4.1 S 值测量误差预估 ·········· 262
  12.4.2 b 值测量误差预估 ·········· 262
  12.4.3 b 值测量误差的分析 ········ 265
 12.5 等温容器放气法测试实例 ········ 267
 12.6 等温容器放气法的分析 ········ 270

第13章 直接测量法 ················ 271

- 13.1 直接测量法原理 … 271
- 13.2 S值和b值的测量误差预估 … 272
- 13.3 直接测量法的设计原则 … 273
- 13.4 直接测量法的优缺点 … 273
- 13.5 直接测量法的有关问答 … 274
- 13.6 直接测量法与其他各种测试方法的比较 … 277

第14章 测量误差的预估与最佳测点的确定 … 279
- 14.1 什么是均方根误差 … 279
- 14.2 均方根误差分析应提供的条件 … 280
- 14.3 用均方根误差分析法预估测量误差的重大作用 … 280
  - 14.3.1 判断测试原理是否正确 … 280
  - 14.3.2 判断测试方法是否正确 … 280
  - 14.3.3 可确定最佳测点 … 282
  - 14.3.4 判断仪表测量精度等级是否合理 … 282
  - 14.3.5 判断各仪表测量精度的匹配是否合理 … 282

第15章 气缸内的流动特性 … 284
- 15.1 密封接触力和密封摩擦力的估算 … 284
- 15.2 气缸的充放气特性 … 288
- 15.3 气缸性能的适用图线 … 290

第16章 气动减压阀的特性研究 … 292
- 16.1 减压阀的工作原理 … 293
  - 16.1.1 活塞式减压阀 … 293
  - 16.1.2 平衡式减压阀 … 294
  - 16.1.3 形成滞环的原因 … 296
  - 16.1.4 流量特性测试曲线的分析 … 296
- 16.2 减压阀流量特性测试方法之一（GB/T 20081.2—2006，即 ISO 6953 - 2：2000） … 297
  - 16.2.1 传统方法测试流量特性的原理 … 297
  - 16.2.2 流量特性曲线的分析 … 297
  - 16.2.3 流量特性的测试实例分析 … 300
  - 16.2.4 流量特性曲线的理论估算 … 304
- 16.3 减压阀流量特性测试方法之二（ISO 6953 - 3：2012） … 305
  - 16.3.1 等温容器充气法测试流量特性的原理 … 305
  - 16.3.2 流量特性的测试实例 … 306
  - 16.3.3 流量特性测试原理的比较 … 313
- 16.4 减压阀压力特性的测试方法 … 317
- 16.5 减压阀溢流特性的测试方法 … 318

第17章 管道及管接头的流动特性 … 320
- 17.1 气管道 … 320
  - 17.1.1 摩擦管的理论研究方法 … 321
  - 17.1.2 测试时的有关计算公式 … 326
  - 17.1.3 摩擦管的实验研究分析 … 327
  - 17.1.4 聚氨酯管道 S 值、b 值的适用图线 … 335
  - 17.1.5 对有关气管道的理论与实验研究的评说 … 336
- 17.2 管接头 … 339

第18章 气动单向阀、梭阀换向阀的流动特性 … 341
- 18.1 单向阀的流量特性参数 … 342
- 18.2 中位止回式三位五通滑阀的流量特性参数 … 346
- 18.3 梭阀的流量特性参数 … 349
- 18.4 滑阀的流量特性参数 … 351
  - 18.4.1 弹性密封滑阀 … 351
  - 18.4.2 间隙密封滑阀 … 353
- 18.5 座阀的流量特性参数 … 355
  - 18.5.1 滑柱式座阀 … 355
  - 18.5.2 同轴式座阀 … 359
- 18.6 滑板式阀的流量特性参数 … 360
- 18.7 有关换向阀流量特性参数测试的问答 … 361

第19章 单向节流阀的流动特性 … 369
- 19.1 控制流道的流动特性 … 370
- 19.2 自由流道的流动特性 … 373
- 19.3 测量单向节流阀流量特性的可用方法 … 382

第20章 气动消声器和喷嘴的特性研究 … 383
- 20.1 消声器 … 383
  - 20.1.1 消声器内的流态分析 … 383
  - 20.1.2 对消声器性能的要求 … 384
  - 20.1.3 消声器特性的测定（JB/T 12705—2016） … 384
  - 20.1.4 大通径消声器的性能测试 … 390
  - 20.1.5 国内消声器性能的现状及提高性能的建议 … 390
- 20.2 喷嘴 … 393

第21章 真空发生器的流动特性 … 395
- 21.1 真空发生器的工作原理 … 395

21.2 真空发生器的特性计算 …………… 396
  21.2.1 空气消耗量 …………………… 397
  21.2.2 最大吸入流量 ………………… 397
  21.2.3 最大真空度 …………………… 407
21.3 真空发生器各参数对性能的影响 … 417
  21.3.1 对最大吸入流量的影响 ……… 417
  21.3.2 对最大真空度的影响 ………… 419
21.4 真空发生器理论估算性能的可信性 … 420

附录 ………………………………………… 422
  附录A 一元等熵流气体力学函数表
       ($k=1.4$) ……………………… 422
  附录B 函数 $Z(\lambda)=\lambda+\dfrac{1}{\lambda}$ 的数值表 ……… 429
  附录C 正冲波(完全气体,$k=1.4$) …… 431
  附录D 膨胀波 ……………………… 437

参考文献 …………………………………… 441

第1章 空气的热力学性质

1.1 空气的物理性质

在气压传动与控制系统中，工作介质是压缩空气，故需对空气的物理性质作必要的介绍。

1. 空气的组成

自然界的空气是由若干种气体混合而成的，表1-1列出了地表附近空气的组成。在城市和工厂区，由于烟雾及汽车排气，大气中还含有二氧化硫、亚硝酸、碳氢化合物等。空气里含有少量水蒸气。含有水蒸气的空气称为湿空气，完全不含水蒸气的空气称为干空气。

表1-1 空气的组成

成分	氮（N_2）	氧（O_2）	氩（Ar）	二氧化碳（CO_2）	氢（H_2）	水蒸气、氖（Ne）、氦（He）、氪（Kr）、氙（Xe）、…
体积分数(%)	78.03	20.95	0.93	0.03	0.01	0.05

2. 空气的基本状态参数

（1）密度 ρ 和质量体积 v　单位体积内所含气体的质量称为密度，用 ρ 表示。单位为 kg/m^3。

密度的倒数称为质量体积，用 v 表示，$v = 1/\rho$。它表示单位质量的气体所占有的体积，单位为 m^3/kg。

（2）压力 p　压力是由于气体分子热运动而互相碰撞，在容器的单位面积上产生的力的统计平均值，用 p 表示。

压力的法定计量单位是 Pa，较大的压力单位用 kPa（$1kPa = 1 \times 10^3 Pa$）或 MPa（$1MPa = 1 \times 10^6 Pa$）。各种压力单位的换算见表1-2。

表1-2 各种压力单位的换算

	Pa	bar	kgf/cm^2	lbf/in^2	mmHg	mmH_2O
Pa（N/m^2），帕	1	10^{-5}	1.02×10^{-5}	1.45×10^{-4}	7.5×10^{-3}	0.102
bar，巴	10^5	1	1.02	14.5	750	1.02×10^4
kgf/cm^2，公斤力/厘米^2	0.981×10^5	0.981	1	14.22	735.6	10^4
lbf/in^2，磅力/英寸^2	6.9×10^3	0.069	0.07	1	51.71	703
mmHg，毫米汞柱	133.3	1.33×10^{-3}	1.36×10^{-3}	19.34×10^{-3}	1	13.6
mmH_2O，毫米水柱	9.81	9.81×10^{-5}	10^{-4}	1.42×10^{-3}	7.36×10^{-2}	1

注：1mmHg = 1Torr（托），$1kgf/cm^2$ 称为一个工程大气压，760mmHg 称为一个物理大气压。

压力可用绝对压力、表压力和真空度等来度量。

绝对压力：以绝对真空作为起点的压力值。一般需要在表示绝对压力的符号的后面加（a），如 2MPa（a）。

表压力：高出当地大气压的压力值。由压力表测得的压力值即为表压力。表示表压力的符号，一般不作标注，必要时可在其单位后面标注（g），如30MPa（g）。

真空度：低于当地大气压力的压力值。

真空压力：低于大气压力的绝对压力与大气压力之差。真空压力在数值上与真空度相同，但应在其数值前加负号。

绝对压力、表压力和真空度的相互关系如图1-1所示。

图1-1 绝对压力、表压力和真空度之间的关系

在工程计算中，常将当地大气压力用标准大气压力代替，即令 $p_a = 101325 Pa$。

（3）温度 T　温度表示气体分子热运动动能的统计平均值，有热力学温度、摄氏温度等。

热力学温度用符号 T 表示，其单位名称为开［尔文］，单位符号为K。

摄氏温度用符号 t 表示，其单位名称为摄氏度，单位符号为℃。摄氏温度的定义是：$t = T - T_0$。$T_0 = 273.15K$。华氏温度用符号 t_F 表示，其单位名称为华氏度，单位符号为℉。华氏温度和摄氏温度的关系为

$$\frac{t_F}{℉} = \frac{9}{5} \frac{t}{℃} + 32$$

3. 压缩性

一定质量的静止气体，由于压力改变而导致气体所占容积发生变化的现象，称为气体的压缩性。由于气体比液体容易压缩，故液体常被当作不可压缩流体，而气体常被称为可压缩流体。气体容易压缩，有利于气体的贮存，但难以实现气缸的平稳运动和低速运动。

4. 黏性

流体的黏性是指流体具有抗拒流动的性质。实际气体都具有黏性，由于气体具有黏性，才导致在它流动时的能量损失。

流体的黏性用动力黏度 μ 来表示，其法定计量单位是 Pa·s。空气的动力黏度 μ 与温度 t 的关系见表1-3。可见温度对空气黏度的影响不大。气体比液体的动力黏度小得多。譬如20℃时，空气的 $\mu = 18.1 \times 10^{-6} Pa·s$，而某液压油的 $\mu = 5 \times 10^{-2} Pa·s$。因此，在管路内流动速度相同的条件下，液压油的流动损失比空气的流动损失大得多。

表1-3　空气的动力黏度 μ 与温度 t 的关系

t/℃	-20	0	10	20	30	40	60	80	100
μ/Pa·s	16.1 ×10⁻⁶	17.1 ×10⁻⁶	17.6 ×10⁻⁶	18.1 ×10⁻⁶	18.6 ×10⁻⁶	19.0 ×10⁻⁶	20.0 ×10⁻⁶	20.9 ×10⁻⁶	21.8 ×10⁻⁶

没有黏性的气体称为理想气体（ideal gas）。在自然界中，理想气体是不存在的。当气体的黏性较小，沿气体流动方向的法线方向的速度变化也不大时，由于黏性产生的黏性力与流体所受的其他作用力（如压差力）相比可以忽略，这时的气体便可当作理想气体。由于忽略了黏性的作用，使解题大为简化，并可得到基本正确的结果。必要时黏性力的作用，可通过对计算结果做必要的修正来解决。故研究理想气体的流动，具有重要的实用价值。

5. 标准状态和基准状态

标准状态：温度为 20℃、相对湿度为 65%、压力为 0.1MPa 时的空气的状态。在标准状态下，空气的密度 $\rho = 1.185 \text{kg/m}^3$。按国际标准 ISO 8778，标准状态下的单位后面可标注"(ANR)"。如标准状态下的空气流量是 $30\text{m}^3/\text{h}$，可写成 $30\text{m}^3/\text{h}$（ANR）。

基准状态：温度为 0℃、压力为 101.3kPa 的干空气的状态。基准状态下空气的密度 $\rho = 1.293 \text{kg/m}^3$。

1.2 热力学基本概念

1. 热力系统、闭口系统、开口系统、绝热系统

气体在吸热、放热以及热能与机械能的转换过程中表现出来的性质，称为气体的热力性质。图 1-2a 所示为活塞对封闭的气缸腔内的气体进行压缩。为了研究气缸腔内气体的物理量变化，用边界将腔室容积包围起来，并将边界内部包围着的所有工作介质作为我们的研究对象，则此边界以内的部分就称为热力系统，简称系统。

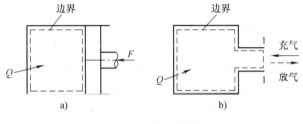

图 1-2 热力系统
a) 闭口系统 b) 开口系统

边界以外与系统有联系的物质称为外界。如活塞及其所受的外力 F、外界空气及加入的热量 Q 等都属于外界。图 1-2b 所示为向气室充气（或放气）的情况。取边界如图中虚线所示，边界 1—1 是假想的，其余边界都是真实存在的。

通常，系统与外界之间可能有质量交换和能量交换。按系统与外界之间有无质量交换，可将系统分成闭口系统和开口系统。与外界之间无质量交换的系统，称为闭口系统（见图 1-2a）。闭口系统内部的质量是保持不变的。与外界之间有质量交换的系统，称为开口系统（见图 1-2b）。开口系统有物质穿过边界，系统内部的质量可以变化，也可以不变化。对这种系统，边界所限定的某确定的空间体积称为控制体，其边界称为控制面，并将占有此控制体的工作介质作为研究对象。

与外界没有热交换的系统，称为绝热系统。自然界不存在完全绝热的材料，只是当系统与外界传递的热量小到可以忽略不计时，就可假设该系统为绝热系统，以使研究得到简化。

2. 状态参数、热力过程、准平衡过程

热力系统在某瞬时呈现的宏观物理状态称为热力状态。它反映着系统内大量气体分子热运动的平均特性。我们把描述系统所处状态的一些宏观物理量称为状态参数，如压力、温度、质量体积等。

在没有外界影响的条件下，系统各部分的状态参数长时间内不发生变化的状态，称为平衡状态。平衡状态是指系统的宏观性质不随时间变化，从微观看，平衡状态下系统内的分子仍在做永不停息的热运动，只不过这种分子热运动的平均效果不随时间变化。若系统与外界发生能量交换，系统的状态就会发生变化。系统从一种状态连续地变化到另一种状态，它所经历的全部过程称为热力过程。严格讲，任何实际的热力过程都是不平衡过程。因为当系统

与外界发生能量交换时，原有的平衡状态被破坏，需要经过一段时间才能达到新的平衡状态，但在未达到新的平衡状态之前，系统与外界又发生了新的能量交换，故热力过程中，系统经历一系列的不平衡状态。由于系统工质的宏观运动速度一般都不大，如气动系统的控制元件和执行元件的机械运动速度，一般不超过 10m/s，而空气压力波的传播速度为每秒达几百米，分子热运动的平均速度每秒也达几百米以上。因此，可以假设，由于外界条件的变化，系统内的气体能够极快地建立一系列新的平衡状态，我们把气动系统的这种热力过程称为准平衡过程，即过程中的每一个中间状态都可看成是平衡状态，有确定的状态参数。这样，准平衡过程就可用随时间连续变化的状态参数来描述。

3. 完全气体及其状态方程

系统与外界只有热功交换的简单系统，在平衡状态下，三个基本状态参数：绝对压力 p、质量体积 v 和热力学温度 T 之间的函数关系，称为气体的状态方程，可表示成

$$F(p、v、T) = 0$$

完全气体（perfect gas）是一种假想的气体，它的分子之间的内聚力十分微小，小到在讨论状态变化时可以忽略不计；所有分子的实有体积和系统所占的空间相比是可以忽略不计的；气体分子在相互碰撞时，像完全弹性的小球那样，动能一点损失都没有。应当注意，完全气体在热力学书中常译成理想气体，但它与没有黏性的理想气体是完全不同的两个概念，不要混为一谈。对于完全气体，三个基本状态参数之间保持着一个简单的关系，称为完全气体的状态方程

$$pv = RT \tag{1-1}$$

式中 p——压力（绝对压力），单位为 Pa；
　　v——质量体积，单位为 m³/kg；
　　R——气体常数，对空气，$R = 287$N·m/（kg·K）；
　　T——热力学温度，单位为 K。

完全气体的状态方程也可写成

$$p = \rho RT = \frac{m}{V}RT \tag{1-2}$$

式中 ρ——密度，单位为 kg/m³；
　　m——质量，单位为 kg；
　　V——体积，单位为 m³。

对一定质量的气体，状态方程可写成

$$\frac{p_1 V_1}{T_1} = \frac{p_2 V_2}{T_2} \tag{1-3}$$

它表达了系统两种状态的状态参数之间的关系。

实际气体只要不处于很高的压力或很低的温度，都可当作完全气体。按完全气体状态方程计算，带来的误差不会太大。

对封闭容器中的气体和流动中的气体，气体状态方程都可使用。对流动中的气体，p、ρ 和 T 是同一流体质点处于不同位置时的三个基本状态参数。

利用气体状态方程，可将有压状态下的气体体积折算成标准状态下的气体体积。设标准状态下气体的压力为 p_a，温度为 T_a，体积为 V_a，将该状态下一定质量的气体压缩成压力为

p、温度为 T 的有压状态，则有压状态下气体的体积

$$V = V_a \frac{T}{T_a} \frac{p_a}{p} \tag{1-4}$$

4. 热量、功

由于温度不同，在系统和外界之间，穿越边界而传递的能量称为热量。从微观讲，热量是通过物体相互接触处的分子碰撞或以热辐射方式所传递的能量。在传递过程中，物体并不发生宏观运动。只有在传热过程中，才能说系统得到（或失去）了多少热量。传递热量的大小不仅与传热过程中系统的初始与终结状态有关，而且与传热具体过程的特征有关。故热量不是状态参数，而是过程量。热力学中规定，系统吸收热量，$Q > 0$；系统向外界放热，$Q < 0$。热量的法定计量单位是焦耳（J），$1J = 1N \cdot m$。单位质量的气体与外界交换的热量以 q 表示，单位为 J/kg。

由气体组成的可压缩系统，当其反抗外力的作用使系统的容积增大时，与外界交换的功称为膨胀功。相反，在外力作用下，系统的容积减小，与外界交换的功称为压缩功。这两种功统称容积（变化）功。

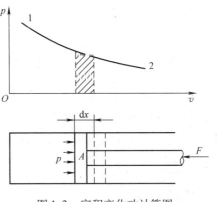

图1-3 容积变化功计算图

将图 1-3 所示气缸内的气体选为系统，设气体的压力为 p，气缸内盛有 m kg 气体，活塞是系统的一个可移动的边界，面积为 A，活塞所受的外力为 F。当系统克服外力进行一个准平衡膨胀过程，由 1 状态变化到 2 状态时，系统将对外输出功。若不计摩擦，系统在整个过程中对外所做的功为

$$W = \int_1^2 F dx = \int_1^2 pA dx = \int_1^2 p dV = m \int_1^2 p dv$$

1kg 气体所做的功为

$$w = \frac{W}{m} = \int_1^2 p dv \tag{1-5}$$

这就是任意准平衡过程容积功的表达式。只要知道过程中函数 $p(v)$ 及过程的始末状态，就能算出容积功。系统膨胀，$dV > 0$，对外做功，功为正；系统压缩，$dV < 0$，说明外界对系统做功，功为负。

功的计量单位也是焦耳（J）。单位质量气体的容积功的单位为 J/kg。

功不是系统的状态参数，而是过程量。过程一结束，系统与外界之间的功的传递就停止。

功是系统与外界通过宏观的运动，发生相互作用而传递的能量。热量是系统与外界通过微观的分子运动，发生相互作用而传递的能量。

5. 热力学能、焓、熵

物质微观分子运动所具有的能量称为热力学能，它包括分子运动（平动、转动、振动）的动能和分子间由于相互作用力的存在而具有的位势能。

由分子运动的理论可知，分子运动的动能是物质温度的函数，分子运动的位势能是物质

质量体积的函数，故气体的热力学能

$$I = f(T,v)$$

单位质量气体的热力学能 i 称为质量热力学能

$$i = f(T,v)$$

热力学能是状态参数。热力学能的单位是焦耳（J），质量热力学能的单位是 J/kg。

根据气体状态方程，质量热力学能也可写成

$$i = f(T,p)$$

对完全气体，分子间的相互作用力可忽略不计，故气体的热力学能只有分子运动的动能。这种情况下，质量热力学能只与温度有关，即

$$i = f(T) \tag{1-6}$$

在热工计算中，热力学能经常与推动功 pV 同时出现，它们合在一起称为焓 H，焓表示热含量的意思。它们之间的关系式如下

$$H = I + pV$$

单位质量气体的焓称为质量焓 h，有

$$h = i + pv \tag{1-7}$$

焓是气体在流动时所具有的微观运动的能量。当 1kg 气体通过边界流入系统时，不仅将气体的质量热力学能 i 带进系统，同时还把从后面获得的推动功（也有称为压力能）pv 也带进系统。当气体流动滞止时，焓就是气体的总能量。

焓是状态参数。焓的单位是焦耳（J），质量焓的单位是 J/kg。

功和热量都是系统内的气体与外界之间传递的能量。功是系统内的气体和外界发生机械作用时传递的能量。对于无摩擦的微元准平衡过程，系统内气体的膨胀功是 $\delta W = pdV$。压力 p 是工作介质对外做功的推动力，而容积变化则是衡量系统内气体对外做功与否的标志。只有容积发生了变化，系统内的气体才会对外做出膨胀功。

压力 p 是工作介质对外做功的推动力，但是否做功要看容积的变化，故有 $\delta W = pdV$。用类比的方法，温度 T 是工作介质与外界发生热交换时的推动力，但必然有一个气体的状态参数的变化，标志着热交换是否进行，这个状态参数就是熵 S。与膨胀功的关系式相类似，写成 $\delta Q = TdS$。热量 δQ 被温度 T 除，故称"熵"。对微元准平衡过程，有

$$dS = \frac{\delta Q}{T}$$

单位质量气体的熵称为质量熵 s，有

$$ds = \frac{\delta q}{T} \tag{1-8}$$

熵的单位是 J/K，质量熵的单位是 J/(K·kg)。

6. 可逆过程和不可逆过程

当某一热力过程完成后，如果令过程逆行，系统和外界都能够回复到它们各自的原始状态，则此过程称为可逆过程。如果没有这种可能，则称为不可逆过程。

图 1-4a 所示，与外界绝热的气缸内气体的压力为 p，且处于平衡状态。当突然拿去活塞上的重块时，系统失去力平衡，气体会突然膨胀，推动活塞对外做功，直到系统内压力降至 p' 为止（见图 1-4b）。这样，外界得到的功是 $p'\Delta V$，而系统在膨胀过程中，因压力是由 p

逐渐降至 p' 的,故其膨胀功 $\int_1^2 p dV$ 一定大于 $p'\Delta V$,其差值消耗在膨胀过程中活塞与缸筒之间的摩擦损失,以及气体内部的扰动形成的内摩擦损失等。这些损失又以热的形式回到系统中,使系统的温度比可逆过程的温度高。假如将重块

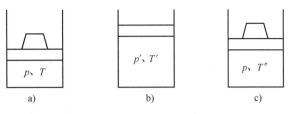

图 1-4 不可逆过程例

重新放到活塞上(见图 1-4c),系统不可能回到原来图 1-4a 的状态,因为压缩过程中,仍存在摩擦损失,而膨胀时以热的形式加于系统的那部分能量,不可能转化为功的形式再用来压缩该系统。如果系统的压力和原来的压力一样,则温度 T'' 一定比原来的温度 T 高,且容积也比原来的大。可以说,实际的热力过程都是不可逆过程,只不过是不可逆程度有所不同。

在不可逆过程中,总的质量熵的变化应等于外界加给系统的热量 δq 引起的质量熵的变化以及摩擦损失转化成的热量 δq_l 引起的质量熵的变化之和,即

$$ds = \frac{\delta q + \delta q_l}{T} \tag{1-9}$$

式(1-9)可以说明如下几点:

1)可逆的($\delta q_l = 0$)绝热($\delta q = 0$)系统,其热力过程是等熵过程,即 $ds = 0$,$s =$ 常数。

2)可逆过程,熵的增减表明了系统与外界的热交换的方向(吸热或放热)。

3)不可逆(存在摩擦损失等,$\delta q_l > 0$)的绝热系统,其热力过程是熵增过程,即 $ds > 0$。

4)不可逆过程中,熵的变化 ds 不等于 $\delta q/T$,ds 与过程 $\delta q/T$ 值之差是对过程的不可逆程度的量度。

可逆过程必然是准平衡过程,但准平衡过程只是可逆过程的条件之一,二者是有区别的。可逆过程要求系统与外界随时保持力平衡和热平衡,而且在过程进行中,没有不可逆损失(如摩擦)。准平衡过程仅限于系统内部的力平衡和热平衡,不涉及系统和外界的能量交换。譬如,系统与外界稍有力和热的不平衡,只要系统内部及时恢复状态参数均匀便可。活塞与缸壁之间虽有摩擦,但对系统内部状态参数达到均匀并无妨碍。可见,准平衡过程是针对系统内部的状态变化而言的,而可逆过程是针对过程中系统所引起的外部效果而言的。

1.3 热力学第一定律

热力学第一定律就是热能与其他形式的能量进行相互转换,而保持总能量不变的能量转换与守恒定律。

1. 闭口系统的能量方程

以图 1-3 所示的活塞与气缸内的气体作为系统,在由 1 状态变成 2 状态的过程中,任一微元过程,系统吸热 δQ,对外做膨胀功为 $p dV$,系统的热力学能变化为 dI。由于系统没有明显的宏观运动和位置变化,因而系统的动能和位能变化可忽略不计。根据能量守恒定律,

可写出
$$\delta Q = dI + pdV$$

对单位质量气体而言，有
$$\delta q = di + pdv \tag{1-10}$$

式 (1-10) 中，吸热时 δq 为正，放热时 δq 为负；热力学能增加，di 为正，减少，di 为负；系统对外做功 pdv 为正，外界对系统做功 pdv 为负。

对闭口系而言，热力学第一定律可表述为：在任何过程中，系统吸收的热量等于系统热力学能的增量与对外做功之和。

2. 开口系统的能量方程

对于图 1-5 所示的开口系统，取控制体如图中虚线所示。单位时间内通过控制面 1—1 流入的气体质量为 m_1，通过控制面 2—2 流出的气体质量为 m_2，气体在控制面 1—1 处的流速为 u_1，在控制面 2—2 处的流速为 u_2，1—1 截面和 2—2 截面离基准面的高度分别为 z_1 和 z_2，外界加入控制体的热量为 Q，控制体内介质对外做功为 W。

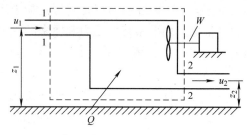

图 1-5 开口系统

单位时间内控制体内能量的增加有：

气体带入控制体的焓　　$m_1 h_1$

气体带入控制体的动能　　$\frac{1}{2} m_1 u_1^2$

气体带入控制体的位能　　$m_1 g z_1$

外界加入控制体的热量　　Q

同一单位时间内控制体内能量的减少有：

气体流出控制体的焓　　$m_2 h_2$

气体流出控制体的动能　　$\frac{1}{2} m_2 u_2^2$

气体流出控制体的位能　　$m_2 g z_2$

控制体内气体对外做功　　W

这样，单位时间内，控制体内能量的变化为
$$\Delta E = m_1 h_1 + \frac{1}{2} m_1 u_1^2 + m_1 g z_1 + Q - \left(m_2 h_2 + \frac{1}{2} m_2 u_2^2 + m_2 g z_2 + W \right)$$

这就是开口系统的能量方程。

常见的情况下，各点的状态参数不随时间变化，流入气体的质量与流出气体的质量相等，且对气体而言，位能与其他能量相比是个小量，可以忽略不计。因各点状态参数不随时间变化，故控制体内的能量也不会随时间变化，即 $\Delta E = 0$。对单位质量气体而言，上式变成
$$q = h_2 - h_1 + \frac{1}{2}(u_2^2 - u_1^2) + w$$

在开口系统中，外界加入的热量，除使气体的焓增加外，其余转化为系统对外做功及提高气体的动能。

写成微分形式的开口系统热力学第一定律为

$$\delta q = \mathrm{d}h + u\mathrm{d}u + \delta w \tag{1-11}$$

或
$$\delta q = \mathrm{d}i + \mathrm{d}(pv) + u\mathrm{d}u + \delta w \tag{1-12}$$

式（1-11）、式（1-12）是单位质量气体在与外界有热功交换情况下的能量守恒方程。
对控制体与外界既无热交换又无功交换的开口系统，其能量方程可简化成

$$\mathrm{d}h + u\mathrm{d}u = 0 \tag{1-13}$$

积分后为

$$h + \frac{u^2}{2} = h_0 \tag{1-14}$$

式中　h_0——总质量焓，它是单位质量气体所具有的总能量。
　　　h——静质量焓，是微观能量。

3. 质量热容

单位质量气体，温度升高 1K 所需要的热量，称为质量热容。其表达式为

$$c = \frac{\delta q}{\mathrm{d}T} \tag{1-15}$$

质量热容的常用单位是 $\mathrm{J/(kg \cdot K)}$。因热量 q 是个过程量，故质量热容也是个过程量。不同的加热过程，质量热容的数值也不同。常用的有质量定容热容和质量定压热容。

（1）质量定容热容 c_V　单位质量的气体，在等容加热过程中，温度升高 1K 所需的热量，称为质量定容热容。

对等容过程，$\mathrm{d}v = 0$。由闭口系统的热力学第一定律，可得

$$(\delta q)_v = (\mathrm{d}i)_v$$

一般情况下，质量热力学能 $i = f(T,v)$，可得

$$\mathrm{d}i = \left(\frac{\partial i}{\partial T}\right)_v \mathrm{d}T + \left(\frac{\partial i}{\partial v}\right)_T \mathrm{d}v$$

对等容过程

$$(\mathrm{d}i)_v = \left(\frac{\partial i}{\partial T}\right)_v \mathrm{d}T$$

故

$$(\delta q)_v = \left(\frac{\partial i}{\partial T}\right)_v \mathrm{d}T$$

$$c_V = \left(\frac{\delta q}{\mathrm{d}T}\right)_v = \left(\frac{\partial i}{\partial T}\right)_v$$

对完全气体，i 只与温度 T 有关，则得

$$c_V = \frac{\mathrm{d}i}{\mathrm{d}T} \quad 或 \quad \mathrm{d}i = c_V \mathrm{d}T \tag{1-16}$$

（2）质量定压热容 c_p　单位质量的气体，在等压加热过程中，温度升高 1K 所需的热量，称为质量定压热容。

由式（1-7），可写出微分式

$$\mathrm{d}h = \mathrm{d}i + \mathrm{d}(pv) = \mathrm{d}i + p\mathrm{d}v + v\mathrm{d}p$$

对等压过程，$\mathrm{d}p = 0$，则

$$(\mathrm{d}h)_p = \mathrm{d}i + p\mathrm{d}v$$

由闭口系统的热力学第一定律，得

$$(\delta q)_p = (dh)_p$$

一般情况下，焓 $h = f(T, p)$，故

$$dh = \left(\frac{\partial h}{\partial T}\right)_p dT + \left(\frac{\partial h}{\partial p}\right)_T dp$$

对等压过程，有

$$(dh)_p = \left(\frac{\partial h}{\partial T}\right)_p dT$$

故

$$(\delta q)_p = \left(\frac{\partial h}{\partial T}\right)_p dT$$

$$c_p = \left(\frac{\delta q}{dT}\right)_p = \left(\frac{\partial h}{\partial T}\right)_p$$

对完全气体，质量焓只是温度的函数，则得

$$c_p = \frac{dh}{dT} \quad \text{或} \quad dh = c_p dT \tag{1-17}$$

$$c_p = \frac{dh}{dT} = \frac{di + d(pv)}{dT} = \frac{di}{dT} + \frac{d(RT)}{dT} = c_V + R \tag{1-18}$$

对完全气体，$c_p / c_V = \kappa$，κ 称为等熵指数，故可导出

$$c_V = \frac{R}{\kappa - 1} \tag{1-19}$$

$$c_p = \frac{\kappa R}{\kappa - 1} \tag{1-20}$$

1.4 热力学过程

在气动系统中，工作介质的实际变化过程是很复杂的。为了便于分析，通常是突出状态参数变化的主要特征，把复杂的过程简化为一些基本的热力过程。

1. 等温过程

一定质量的气体，若其状态变化是在温度不变的条件下进行的，则称为等温过程。由式（1-3），可得等温过程方程为

$$p_1 V_1 = p_2 V_2 \tag{1-21}$$

例如，大气罐经小孔较长时间地向外放气，气罐中气体的状态变化过程可看作是等温过程。

2. 等容过程

一定质量的气体，若其状态变化是在容积不变的条件下进行的，则称为等容过程。由式（1-3），可得等容过程方程为

$$\frac{p_1}{T_1} = \frac{p_2}{T_2} \tag{1-22}$$

密闭气罐中的气体，由于外界环境温度的变化，使罐内气体状态发生变化的过程可看作等容过程。

3. 等压过程

一定质量的气体，若其状态变化是在压力不变的条件下进行的，则称为等压过程。由

式（1-3），可得等压过程方程为

$$\frac{V_1}{V_2} = \frac{T_1}{T_2} \tag{1-23}$$

负载一定的密闭气缸，被加热或放热时，缸内气体便在等压过程中改变气缸的容积。

4. 绝热过程

一定质量的气体，若其状态变化是在与外界无热交换的条件下进行的，则称为绝热过程。

因 $\delta q = 0$，由式（1-10）可得

$$di + pdv = c_V dT + pdv = 0$$

由于 $T = pv/R$，代入上式，得

$$c_V d\frac{pv}{R} + pdv = c_V \frac{pdv + vdp}{R} + pdv = 0$$

$$(c_V + R)pdv + c_V vdp = 0$$

$$\kappa pdv + vdp = 0$$

$$\kappa \frac{dv}{v} + \frac{dp}{p} = 0$$

积分后，得绝热过程方程为

$$pv^\kappa = c \tag{1-24}$$

或

$$\frac{p}{\rho^\kappa} = c \tag{1-25}$$

$$\frac{p}{T^{\frac{\kappa}{\kappa-1}}} = c \tag{1-26}$$

应当注意，式（1-24）~式（1-26）对可逆的绝热过程，即等熵过程，才是正确的。虽热力系统与外界无热交换，但热力过程中存在摩擦损失，所以是不可逆的绝热过程，式（1-24）~式（1-26）不能使用。气罐内的气体，在很短的时间内向外放气时，罐内气体状态变化的过程可看作是等熵过程。流动的绝热过程往往是不等熵过程，不流动的绝热过程是等熵过程。

5. 多变过程

一定质量的气体，若基本状态参数 p、v 和 T 都在变化，与外界也不是绝热的，这种变化过程称为多变过程。

根据热力学第一定律式（1-10）及质量热容的定义式（1-15），则有

$$\delta q = cdT = c_V dT + pdv$$

即

$$(c_V - c)dT + pdv = 0$$

对状态方程 $pv = RT$ 进行微分，可得

$$dT = \frac{1}{R}(pdv + vdp)$$

将此式代入上式，整理后得

$$\left(\frac{c_V - c}{R} + 1\right)pdv + \frac{c_V - c}{R}vdp = 0$$

用 $\dfrac{c_V - c}{R} pv$ 除上式，且令 $c_p = c_V + R$，得

$$\dfrac{c_p - c}{c_V - c} \dfrac{\mathrm{d}v}{v} + \dfrac{\mathrm{d}p}{p} = 0$$

令 $\dfrac{c_p - c}{c_V - c} = n$，则上式积分后得

$$pv^n = C \qquad (1\text{-}27)$$

这就是多变过程的状态方程。n 称为多变指数。

当 $n = 0$ 时，$pv^0 = p = C$ 为等压过程。

当 $n = 1$ 时，$pv = C$ 为等温过程。

当 $n = \kappa$ 时，$pv^\kappa = C$ 为可逆的绝热过程。

当 $n = \pm \infty$ 时，$p^{\frac{1}{n}} v = C$，$v = C$ 为等容过程。

从图 1-6 的 p-v 关系中，可以看出各种基本热力过程的状态。

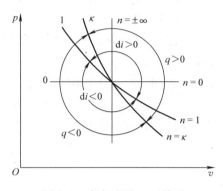

图 1-6 多变过程 p-v 关系

例 1-1 往复式空压机将大气状态的空气（$p_\mathrm{a} = 101.3\mathrm{kPa}$，$T_\mathrm{a} = 293\mathrm{K}$）吸入压缩。若一次压缩至 $1.0\mathrm{MPa}$，空压机出口温度可达多少？若使用两级空压机压缩至 $1.0\mathrm{MPa}$，第一级压缩至 $0.3\mathrm{MPa}$，使用中间冷却器，使空气温度降至 $313\mathrm{K}$，第二级再压缩至 $1.0\mathrm{MPa}$，则空压机出口温度又是多少？

解 设空压机对空气的压缩过程是可逆绝热过程。对空气，等熵指数 $\kappa = 1.4$。

若一次压缩至 $1.0\mathrm{MPa}$，因 $p_\mathrm{a} = 0.1013\mathrm{MPa}$，$T_\mathrm{a} = 293\mathrm{K}$，$p_1 = 1.0 + 0.1013 = 1.1013\mathrm{MPa}$，由式（1-26）可得

$$T_1 = T_\mathrm{a} \left(\dfrac{p_1}{p_\mathrm{a}}\right)^{\frac{\kappa - 1}{\kappa}} = 293 \left(\dfrac{1.1013}{0.1013}\right)^{\frac{1.4 - 1}{1.4}} \mathrm{K} = 579.4\mathrm{K}$$

所以，一次压缩至 $1.0\mathrm{MPa}$，空压机出口温度最高可达 $306.4\mathrm{℃}$。

若是两级压缩，对第一级，$p_1 = 0.3\mathrm{MPa} + 0.1013\mathrm{MPa} = 0.4013\mathrm{MPa}$，则

$$T_1 = T_\mathrm{a} \left(\dfrac{p_1}{p_\mathrm{a}}\right)^{\frac{\kappa - 1}{\kappa}} = 293 \left(\dfrac{0.4013}{0.1013}\right)^{\frac{1.4 - 1}{1.4}} \mathrm{K} = 434.2\mathrm{K}$$

对第二级，$p_1 = 0.4013\mathrm{MPa}$，T_1 由 $434.2\mathrm{K}$ 冷却至 $313\mathrm{K}$，$p_2 = 1.1013\mathrm{MPa}$，则

$$T_2 = T_1 \left(\dfrac{p_2}{p_1}\right)^{\frac{\kappa - 1}{\kappa}} = 313 \left(\dfrac{1.1013}{0.4013}\right)^{\frac{1.4 - 1}{1.4}} \mathrm{K} = 417.6\mathrm{K}$$

所以，若两级压缩至 $1.0\mathrm{MPa}$，空压机出口温度最高只有 $144.6\mathrm{℃}$。

例 1-2 空压机吸入标准状态下的空气流量为 $1\mathrm{m}^3/\mathrm{min}$，将大气状态的空气（$p_\mathrm{a} = 0.1\mathrm{MPa}$，$T_\mathrm{a} = 283\mathrm{K}$）吸入压缩后，充入 $3\mathrm{m}^3$ 的气罐中，问

1）空压机工作多长时间才能使气罐内的压力达 $0.95\mathrm{MPa}$，温度为 $60\mathrm{℃}$？

2）当气罐中压缩空气的温度降至环境温度 $10\mathrm{℃}$ 时，气罐内的压力是否变化？

3）若气动系统在标准状态下的耗气量是 $1\mathrm{m}^3/\mathrm{min}$，当压力降至 $0.4\mathrm{MPa}$ 时，气动系统已不能正常进行工作，问该系统工作时间多长？

解 1) 当 $3m^3$ 气罐内的压力为 0.95MPa、温度为 60℃时，吸入气罐内的空气质量为

$$m_1 = \frac{p_1 V_1}{RT_1} = \frac{0.95 \times 10^6 \times 3}{287 \times (273+60)} \text{kg} = 29.82 \text{kg}$$

每分钟吸入空压机的体积 $V_a = 1m^3$，故每分钟吸入空气的质量为

$$m_0 = \frac{p_a V_a}{RT_a} = \frac{0.1 \times 10^6 \times 1}{287 \times 283} \text{kg} = 1.23 \text{kg}$$

故气罐内的压力达 0.95MPa、温度达 60℃时，空压机需工作时间为

$$t = \frac{m_1}{m_0} = \frac{29.82}{1.23} \text{min} = 24.24 \text{min}$$

2) 气罐内初始压力 $p_1 = 0.95$MPa，初始温度 $T_1 = 333$K。若温度降至环境温度 $T_2 = 283$K，因气罐容积不变，气罐内气体状态变化过程为等容过程，由式（1-22）可知，罐内温度降至 283K 时的绝对压力为

$$p_2 = p_1 \frac{T_2}{T_1} = \left[(0.95+0.1) \frac{283}{333} \right] \text{MPa} = 0.892 \text{MPa}$$

即气罐内表压力降至 0.792MPa。此压力下降不是泄漏，而是热力变化的结果。

3) 由于排气，使气罐内的压力降至 0.4MPa 时的状态，设为状态 3。设压力由 $p_2 = 0.792$MPa 降至 $p_3 = 0.4$MPa 的过程，气罐内为等温过程，即 $T_3 = T_2 = 283$K。压力从 0.792MPa 降至 0.4MPa 所排出的气量为

$$\Delta m = m_1 - m_3 = m_1 - \frac{p_3 V_3}{RT_3} = \left(29.82 - \frac{0.4 \times 10^6 \times 3}{287 \times 283} \right) \text{kg} = 15.05 \text{kg}$$

标准状态下空气的密度为 1.185kg/m^3，故每分钟消耗 $1m^3$ 空气的质量 $m_4 = (1 \times 1.185) \text{kg} = 1.185 \text{kg}$。

该系统工作时间为

$$t = \frac{\Delta m}{m_4} = (15.05/1.185) \text{min} = 12.7 \text{min}$$

因系统工作时间长，系统与外界能充分进行热交换，故假设气罐内气体状态变化过程为等温过程是正确的。

1.5 准平衡过程的能量

在几种特定的热力过程中，单位质量气体的热力学能变化、焓的变化、过程功及过程热量等见表 1-4。由表中可见，能量守恒与转换的具体表现与热力过程有关。如等容过程中，从外界吸收的热量，全部用于增加容器内气体的热力学能，表现为温度上升。等温过程中，热力学能不变化。等温膨胀时，从外界吸收的热量全部用于对外做功；等温压缩时，外界对气体做功全部转化为向外界放出的热量。

前已说明，静止气体的质量焓 h 就是气体的总能量（含质量热力学能 i 和推动功 pv）。在热力变化的过程中，虽然质量热力学能 i 与推动功 pv 可相互转化，但只有转化后的推动功才能作为机械能，即未转化为推动功的热力学能是不能作为机械能的。故对质量为 m 的气体而言，其总机械能

$$E_p = mpv = pV = mRT \tag{1-28}$$

此总机械能就是该压缩气体具有做机械功的能力。总机械能就是静止压缩气体的压力 p 与所占容积 V 的乘积。

应当注意，对气罐、气缸而言，总机械能的压力应以表压力计。因为推动气缸运动必须克服外界已存在的大气压力的反作用力，故实际具有的总机械能必须扣除大气压力的作用。

还应注意，总机械能并不是压缩气体的总能量。质量为 m 的静止压缩气体的总能量为

$$E_{\text{总}} = mh = m(i+pv) = mC_vT + mpv = m\frac{R}{\kappa-1}T + pV = \frac{\kappa}{\kappa-1}pV \tag{1-29}$$

可见，静止压缩气体的总能量是远大于总机械能的。

表1-4 几种特定的热力过程

特定热力过程	等容过程 $V=C$	等压过程 $p=C$	等温过程 $T=C$	绝热过程 $q=0$
状态方程	$\dfrac{p_1}{T_1} = \dfrac{p_2}{T_2}$	$\dfrac{v_1}{T_1} = \dfrac{v_2}{T_2}$	$p_1v_1 = p_2v_2$	$\dfrac{p_1}{p_2} = \left(\dfrac{v_2}{v_1}\right)^\kappa = \left(\dfrac{T_1}{T_2}\right)^{\frac{\kappa}{\kappa-1}}$
热力学能变化	$\Delta i = c_V(T_2-T_1)$	$\Delta i = c_V(T_2-T_1)$	$\Delta i = 0$	$\Delta i = c_V(T_2-T_1)$
焓的变化	$\Delta h = c_p(T_2-T_1)$	$\Delta h = c_p(T_2-T_1)$	$\Delta h = 0$	$\Delta h = c_p(T_2-T_1)$
过程功 $w = \int_1^2 pdv$	$w = 0$	$w = p(v_2-v_1)$ $= R(T_2-T_1)$	$w = RT\ln\dfrac{v_2}{v_1}$ $= RT\ln\dfrac{p_1}{p_2}$ $= pv\ln\dfrac{p_1}{p_2}$	$w = \dfrac{1}{\kappa-1}(p_1v_1 - p_2v_2)$ $= \dfrac{1}{\kappa-1}R(T_1-T_2)$ $= \dfrac{p_1v_1}{\kappa-1}\left[1-\left(\dfrac{p_2}{p_1}\right)^{\frac{\kappa-1}{\kappa}}\right]$
过程热量 $q = \int_1^2 cdT$	$q = c_V(T_2-T_1)$	$q = c_p(T_2-T_1)$	$q = RT\ln\dfrac{v_2}{v_1}$ $= RT\ln\dfrac{p_1}{p_2}$	$q = 0$
热力学第一定律	$q = \Delta i$	$q = \Delta i + w$	$q = w$	$\Delta i + w = 0$

还应注意，大气压状态的空气也具有机械能。相对于真空状态，大气压力的空气仍具有做机械功的能力。

例 1-3 3m^3 的气罐中，存储了压力为 0.7MPa（g）的空气。问该气罐内的空气具有多少机械能？

解 由式（1-28），气罐内压缩空气的总机械能 $E_p = pV = 0.7\times10^6\times3\text{J} = 21\times10^5\text{J}$。

有一种观点，把气动功率定义成：空气流动时，空气流束所含的有效能表现为动力形式。用式（1-30）表示。

$$P = \frac{dE}{dt} = pq\ln\frac{p}{p_a} = p_a q_a \ln\frac{p}{p_a} \tag{1-30}$$

式中 p——压缩空气的绝对静压力，单位为 MPa；

p_a——标准状态下的绝对压力，$p_a = 0.1\text{MPa}$；

q——压力状态下的体积流量，单位为 L/min；

q_a——标准状态下的体积流量，单位为 L/min（ANR）；

P——气动功率，单位为 kW。

式（1-30）是假定压缩空气流动过程为等温过程，由压力 p 降至 p_a 时所具有的功率。例如，流量 1000L/min（ANR）的输送管路压力从 0.8MPa 降到 0.6MPa 时，其气动功率从 3.49kW 降到 3.00kW，能量损失为 0.49kW。

气动功率按压缩空气流动过程假设为等温过程的依据不足。为什么不是多变过程或绝热过程呢？压缩空气的流动过程，由于压差大，流速快，设为绝热过程比等温过程更贴切。气动回路的流道窄处，由于流速快、温度低，在潮湿气候，管路外表会凝结水珠。动作频率较高的气缸外表，由于温度高，手不能触碰。若设为等温过程是无法解释的。上例，输送 1000L/min（ANR）的流量，压力从 0.8MPa 降至 0.6MPa，气动功率从 3.49kW 降至 3.0kW，减少的 0.49kW，也不一定都是能量损失，也许是推动气马达，做出了有用功。

提出气动功率的概念是可以的。但如何计算气动功率似乎不会像式（1-30）那么简单，还需大家共同探讨。

能量损失应以滞止压力的减少来度量。所谓滞止压力是指流速等熵滞止为零时压缩空气的压力。例如，通过某气动元件的上下游管路内的滞止压力，上游管路内的滞止压力 p_{01} = 6bar（g），下游管路内的滞止压力 p_{02} = 5.5bar（g），通过气动元件的流量 q_a = 1000L/min（ANR），则能量损失 $p = (p_{01} - p_{02})q_a = (6 - 5.5) \times 10^5 \times 1000 \times 10^{-3}/60 \text{W} = 833\text{W}$。

第 2 章 湿 空 气

2.1 绝对湿度、相对湿度、露点

1. 绝对湿度

每立方米湿空气中含有的水蒸气的质量,称为绝对湿度。也就是湿空气中水蒸气的密度。

空气中水蒸气的含量是有极限的。在一定温度和压力下,空气中所含水蒸气达到最大可能的含量时,这时的空气叫饱和空气。饱和空气所处的状态叫饱和状态。

在 2MPa 压力以下,可近似认为饱和空气中水蒸气的密度 ρ_b 与压力大小无关,只取决于温度。不同温度下,饱和水蒸气的密度及分压力见表 2-1。

表 2-1 饱和水蒸气的密度及分压力

温度/℃	饱和水蒸气密度 $\rho_b/(g/m^3)$	饱和水蒸气分压力 p_b/kPa	温度/℃	饱和水蒸气密度 $\rho_b/(g/m^3)$	饱和水蒸气分压力 p_b/kPa	温度/℃	饱和水蒸气密度 $\rho_b/(g/m^3)$	饱和水蒸气分压力 p_b/kPa	温度/℃	饱和水蒸气密度 $\rho_b/(g/m^3)$	饱和水蒸气分压力 p_b/kPa
-60	0.019	0.0011	-18	1.26	0.125	12	10.65	1.400	33	35.60	5.025
-58	0.024	0.0014	-16	1.48	0.151	13	11.33	1.495	34	37.54	5.314
-56	0.030	0.0018	-14	1.73	0.181	14	12.06	1.595	35	39.55	5.617
-54	0.038	0.0024	-12	2.02	0.218	15	12.81	1.702	36	41.65	5.936
-52	0.049	0.0031	-10	2.25	0.260	16	13.61	1.813	37	43.87	6.270
-50	0.060	0.0039	-8	2.73	0.310	17	14.46	1.936	38	46.15	6.619
-48	0.075	0.0050	-6	3.16	0.369	18	15.36	2.060	39	48.54	6.985
-46	0.093	0.0064	-4	3.66	0.437	19	16.29	2.193	40	51.05	7.371
-44	0.114	0.0081	-2	4.22	0.517	20	17.28	2.334	45	65.28	9.576
-42	0.141	0.0102	0	4.845	0.610	21	18.31	2.484	50	82.77	12.33
-40	0.172	0.0129	1	5.190	0.656	22	19.41	2.640	55	103.9	15.73
-38	0.210	0.0161	2	5.555	0.705	23	20.55	2.806	60	129.6	19.91
-36	0.255	0.0201	3	5.944	0.757	24	21.76	2.980	65	160.3	24.98
-34	0.309	0.0249	4	6.356	0.812	25	23.02	3.163	70	196.8	31.13
-32	0.373	0.0309	5	6.793	0.871	26	24.34	3.357	75	239.9	38.51
-30	0.448	0.0381	6	7.255	0.934	27	25.73	3.561	80	290.6	47.32
-28	0.536	0.0468	7	7.745	1.001	28	27.19	3.776	85	349.8	57.75
-26	0.640	0.0573	8	8.263	1.071	29	28.73	4.000	90	418.3	70.04
-24	0.761	0.0701	9	8.811	1.147	30	30.32	4.239	95	497.5	84.44
-22	0.903	0.0853	10	9.390	1.226	31	32.01	4.488	100	588.7	101.23
-20	1.07	0.102	11	10.00	1.310	32	33.77	4.751			

湿空气中的水蒸气可近似认为它服从完全气体的状态方程,故饱和水蒸气的分压力

$$p_b = \rho_b R_b T \tag{2-1}$$

式中　R_b　——水蒸气的气体常数，$R_b = 461\text{N}\cdot\text{m}/(\text{kg/K})$。

不同温度下的饱和水蒸气分压力 p_b，列于表 2-1。

绝对湿度只能说明湿空气中所含水蒸气的多少，但不能说明湿空气所具有的吸收水蒸气的能力，故引出相对湿度的概念。

2. 相对湿度

每立方米湿空气中，水蒸气的实际含量（即未饱和空气的水蒸气密度 ρ_{Vb}）与同温度下最大可能的水蒸气含量（即饱和水蒸气密度 ρ_b）之比叫相对湿度，记为 φ。

$$\varphi = \frac{\rho_{Vb}}{\rho_b} \tag{2-2}$$

φ 值在 0～100% 之间。对干空气，$\varphi = 0$。当湿空气达饱和时，$\varphi = 100\%$。φ 可表示湿空气吸收水蒸气的能力。φ 值越大，表示湿空气吸收水蒸气的能力越弱。$\varphi = 60\% \sim 70\%$ 的湿度，人体感觉舒适，但气动系统中，空气的相对湿度越低越好。

3. 露点

未饱和空气，保持水蒸气分压力不变而降低温度，使之达到饱和状态时的温度叫露点。温度降至露点温度以下，湿空气便有水滴析出。降温法清除湿空气中的水分，就是利用此原理。

2.2　压缩空气的相对湿度、压力露点

1. 压缩空气的相对湿度 φ'

湿空气在压缩前，绝对压力为 p，温度为 T，相对湿度为 φ，在温度 T 下的饱和水蒸气密度为 ρ_b，饱和水蒸气分压力为 p_b。该湿空气经压缩后，绝对压力为 p'，温度为 T'，在温度 T' 下的饱和水蒸气密度为 ρ'_b，饱和水蒸气分压力为 p'_b，则压缩后的相对湿度

$$\varphi' = \varphi \frac{p'}{p} \frac{p_b}{p'_b} \tag{2-3}$$

式中压力都应是绝对压力。

若求出 $\varphi' \geq 1$，说明湿空气压缩后已达饱和状态。

2. 压力露点

令 $\varphi' = 1$，由式（2-3），可得压缩后开始析出水滴时的饱和水蒸气分压力

$$p'_b = \frac{\varphi p_b p'}{p} \tag{2-4}$$

根据 p'_b，查表 2-1，对应温度即为压力露点，即湿空气被压缩后开始析出水滴时的温度。压力越高，开始析出水滴的温度也越高。

3. 压力露点与大气压露点的对应关系

式（2-4）中，设 $p = p_a$（大气压力），$\varphi = 1$（大气压力下湿空气处于饱和状态），则

$$p'_b = \frac{p_b p'}{p_a} \tag{2-5}$$

已知大气压露点温度，由表 2-1，可查得大气压力下饱和水蒸气分压力 p_b。由式（2-5），可求得 p'_b。由 p'_b 再查表 2-1，便可得到被压缩至 p' 压力时的压力露点温度。可

见，压力露点与大气压露点的对应关系与压缩比 p'/p_a 有关，如图 2-1 所示。

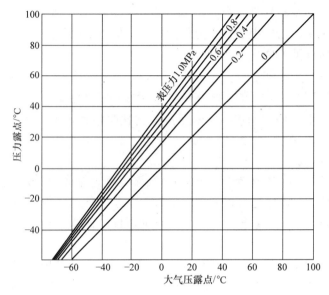

图 2-1 压力露点与大气压露点的换算

例 2-1 空压机吸入空气量为 $3m^3/min$，空压机房内大气压力 $p_a = 0.1MPa$，大气温度 $t = 20℃$，相对湿度 $\varphi = 65\%$，求 30min 内空压机从空气中吸入水分有多少？

解 由 $t = 20℃$，查表 2-1，得 $\rho_b = 17.28g/m^3$。由式（2-2），得 $\rho_{Vb} = \varphi\rho_b = 0.65 \times 17.28 = 11.23g/m^3$。30min 吸入空气量 $V = 3 \times 30m^3 = 90m^3$，故 30min 内空压机从空气中吸入水分 $m = \rho_{Vb}V = 11.23 \times 90g = 1010.7g$。

例 2-2 已知大气压力 $p_a = 0.1MPa$，大气温度 $t = 20℃$，相对湿度 $\varphi = 65\%$，空压机吸入空气量为 $3m^3/min$。压缩后的空气经冷却器冷却后充入 $3m^3$ 的气罐中，最终气罐内压力 $p' = 0.7MPa$，温度 $t = 40℃$，问冷却器至气罐内是否有水析出？若有，析出水量是多少？若压缩空气温度冷却至环境温度 $t = 20℃$，能否继续析出水滴？压缩空气中还含有多少水蒸气？

解 已知 $p = p_a = 0.1MPa$，$T = 273 + 20 = 293K$，$p' = (0.7 + 0.1)MPa = 0.8MPa$，$T' = 273 + 40 = 313K$，$\varphi = 0.65$，$V' = 3m^3$。由例 2-1 知，$\rho_b = 17.28g/m^3$，$\rho_{Vb} = 11.23g/m^3$。

气罐内的压缩空气折算成吸入大气状态的体积可按式（2-3）计算

$$V = V'\frac{p'}{p}\frac{T}{T'} = \left(3 \times \frac{0.8}{0.1}\frac{293}{313}\right)m^3 = 22.47m^3$$

则吸入湿空气中所含水分

$$m = \rho_{Vb}V = (11.23 \times 22.47)g = 252.3g$$

已知大气温度为 20℃，由表 2-1，查得压缩前湿空气的饱和水蒸气的分压力 $p_b = 2.334kPa$。压缩气罐内的空气温度为 40℃，由表 2-1，查得压缩后气罐内湿空气的饱和水蒸气分压力 $p'_b = 7.371kPa$。由式（2-3），有

$$\varphi' = \varphi\frac{p'}{p}\frac{p_b}{p'_b} = 0.65 \times \frac{0.8}{0.1} \times \frac{2.334}{7.371} = 1.64 > 1$$

说明气罐内压缩空气已处于过饱和状态，即有水滴析出。

因 $t'=40℃$，查表 2-1，得气罐内压缩空气的饱和水蒸气密度 $\rho'_b=51.05\text{g/m}^3$。则气罐内压缩空气中含有的水蒸气量 $m'=\rho'_b V'=(51.05\times3)\text{g}=153.15\text{g}$。可知冷却器至气罐内排出的水量 $\Delta m=m-m'=(252.3-153.15)\text{g}=99.15\text{g}$。

若压缩空气温度再降至20℃，罐内压缩空气的饱和水蒸气密度 $\rho'_b=17.28\text{g/m}^3$，罐内压缩空气中含有的水蒸气量 $m'=\rho'_b V'=(17.28\times3)\text{g}=51.84\text{g}$。可见，罐内温度由40℃降至20℃，将再析出水滴 $153.15-51.84=101.31\text{g}$。

从上例计算可见，加压并降温至40℃，析出水滴99.15g。再降温至20℃，又析出水滴101.31g。罐内压缩空气中尚含有水蒸气51.84g。

例 2-3 已知湿空气的温度为20℃，相对湿度 $\varphi=65\%$，问该湿空气的大气压露点是多少？

解 由温度20℃，查表2-1，得饱和水蒸气密度 $\rho_b=17.28\text{g/m}^3$，则湿空气密度 $\rho_{Vb}=\varphi\rho_b=(0.65\times17.28)\text{g/m}^3=11.23\text{g/m}^3$。由 $\rho_b=11.23\text{g/m}^3$，查表2-1，对应温度12.85℃便是该湿空气的大气压露点。

例 2-4 例2-2中，当气罐内压缩空气的温度降至20℃时，该罐内压缩空气的压力露点是多少？该压力露点换算成大气压露点是多少？

解 已知压缩前湿空气的饱和水蒸气的分压力 $p_b=2.334\text{kPa}$，由式（2-4），压缩后湿空气开始析出水滴的饱和水蒸气分压力 $p'_b=\varphi p_b p'/p=(0.65\times2.334\times0.8/0.1)\text{kPa}=12.15\text{kPa}$。查表2-1，得压力露点49.67℃。

因 $\varphi'=1$，$\varphi=1$，$p'_b=12.15\text{kPa}$，由式（2-3），得 $p_b=p'_b p/p'=(12.15\times.1/.8)\text{kPa}=1.52\text{kPa}$。查表2-1，得大气压露点13.25℃。

上述气罐内的压缩空气，当温度降至49.67℃便开始析出水滴。若将此压缩空气降至大气压力，则温度降至13.25℃开始析出水滴。

2.3 高洁净气动系统

在半导体、液晶、药品、医疗、分析仪器、洗净、食品等许多行业的部分生产流程中，对控制空气的洁净度提出了越来越严格的要求，即能稳定地供给低露点（大气压露点要求达到 $-20\sim-70℃$）和低发尘（要求 $0.1\mu m$ 以上的微粒在1个以下）的洁净压缩空气。下面简要介绍为实现上述要求的气动系统。

1. 洁净压缩空气系统

图2-2为洁净压缩空气系统，其主要由以下组件组成。

（1）冷冻式空气干燥器　它是让干燥器内的液态冷媒膨胀气化，以便吸收进入干燥器内的高温潮湿的压缩空气的热量。压缩空气在降温过程中，便将大量气态水分冷凝成液态水，并自动被排除，从而在出口得到干燥的压缩空气。

这种干燥器的压力露点可以达到 $-10\sim2℃$（在进口压力为0.5MPa的条件下，相当于大气压露点为 $-21\sim-14℃$），处理空气流量大。如大型冷冻式空气干燥器的处理空气流量可以达54000L/min（ANR）。出口压力露点的高低与通过干燥器的流量、进口压力和温度及环境温度等许多因素有关，是可以估算的。

这种干燥器在一次侧，必须设置后冷却器（HAA或HAW系列）和主管路过滤器（AFF

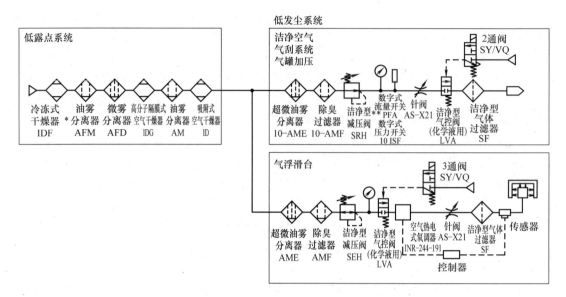

图 2-2　洁净压缩空气系统（文中的型号系 SMC 产品）

系列），以便对压缩空气进行初级净化，并降低干燥器进口的压缩空气的温度。

（2）高分子隔膜式空气干燥器　本干燥器内设置有高分子材料构成的中空隔膜，它只让水蒸气透过，空气中的氮气和氧气不能透过。当潮湿的压缩空气进入中空隔膜时，在隔膜内外侧的水蒸气分压力差的作用下，仅水蒸气透过隔膜，进入中空隔膜的外侧，这样，干燥器出口便得到干燥的压缩空气。利用出口少量的干燥空气，通过极细的小孔流向中空隔膜外侧，将水蒸气带出干燥器外。

这种干燥器体积小、重量轻，不需要自动排水器就能自动排出水蒸气，不用电源，不使用氟利昂，无振动，无排热，安装方便，可与前置过滤器（AFM 和 AFD 系列）组合使用，并有露点显示器指示露点温度是否正常。

本干燥器的额定流量在 10~1000L/min（ANR）范围内。出口压缩空气的大气压露点在 $-60 \sim -15$℃ 之间，主要取决于分流流量（吹除掉水蒸气所用的流量）与进口流量之比。分流流量所占比重越大，则出口空气大气压露点越低。当然，还与进口空气压力和温度等许多因素有关。

在一次侧，必须安装油雾分离器（AFM 系列）和微雾分离器（AFD 系列），以清除压缩空气中的油分和固态微粒等污染物，确保干燥器的性能。

（3）吸附式空气干燥器　本干燥器内设置有吸附剂。吸附剂对水分具有高压吸附、低压脱附的特性，利用这个特性来清除压缩空气中的气态水分。

本干燥器体积小、重量轻，不需要外加热源便可实现吸附剂的再生，故吸附剂能较长时间反复使用。但处理空气流量较小，处理流量在 80~780L/min（ANR）范围内。

本干燥器出口压缩空气的大气压露点可以达到 -30℃。若在一次侧设置冷冻式空气干燥器，则大气压露点可以达到 -50℃。出口大气压露点高低还与吸附剂品种、进口空气压力和温度等许多因素有关。

在一次侧，必须安装空气过滤器（AFF 系列）和油雾分离器（AM 系列），以进一步清除压缩空气中含有的油雾和固态微粒等污染物，防止他们堵塞吸附剂的毛细组织，造成吸附能力的下降。

(4) 油雾分离器　在油雾分离器内，设置有由超细纤维和玻璃纤维材料为主构成的滤芯。压缩空气进入滤芯内侧，空气中的油粒子依靠其运动惯性被拦截，油粒子之间相互碰撞或与多层纤维碰撞被纤维吸附，更小的油粒子靠布朗运动被纤维吸附。越向外层，油粒子逐渐增大而成为液态油滴，凝集在特殊的泡沫塑料表面，在重力作用下流落至杯子底部后被排出。

油雾分离器能清除空气过滤器难以清除掉的气态溶胶状油粒子及大于 $0.3\mu m$ 的固态污染物。出口压缩空气中，大于 $0.3\mu m$ 的固态污染物可清除掉95%以上，出口油雾浓度可降至 $1mg/m^3$（ANR）以下。AM 系列油雾分离器的额定流量在 300～12000L/min（ANR）之间，AFM 系列油雾分离器的额定流量在 200～1100L/min（ANR）之间。

在油雾分离器的一次侧，应设置空气过滤器和空气干燥器，以保证油雾分离器的使用寿命较长。

(5) 微雾分离器　其工作原理类似于油雾分离器，仅滤芯材料有所不同。

微雾分离器的出口，大于 $0.01\mu m$ 的固态污染物可清除95%以上，油雾浓度在油饱和前可降至 $0.01mg/m^3$（ANR）以下，在油饱和后可降至 $0.1mg/m^3$（ANR）以下。AMD 系列微雾分离器的额定流量在 200～24000L/min（ANR）之间，AFD 系列在 120～600L/min（ANR）之间。

在微雾分离器的一次侧，应设置油雾分离器，以保证微雾分离器的使用寿命较长。

(6) 超微油雾分离器　其工作原理类似于油雾分离器，但滤芯材料有所不同。滤芯采用特殊结构，使用寿命长。铝质器体经酸洗后，内表面涂上环氧树脂。当滤芯油饱和后，表面由白变红，此时应更换。

出口压缩空气中，$0.01\mu m$ 以上的油粒子（气态）在 3.5 个/L（ANR）以下，可认为已是无油状态。AME 系列超微油雾分离器的额定流量在 200～12000L/min（ANR）之间。

在超微油雾分离器的一次侧，必须输入干燥空气，必须设置油雾分离器。

(7) 除臭过滤器　本过滤器内的滤芯是使用吸附面积很大的活性炭素纤维（$1420m^2/g$），故能清除压缩空气中的气味及许多有害气体等。

出口压缩空气中除无气味外，$0.01\mu m$ 以上的固态污染物可清除95%以上，$0.3\mu m$ 以上的微粒在 3.5 个/L（ANR）以下。AMF 系列除臭过滤器的额定流量在 200～2400L/min（ANR）之间。

(8) 洁净型减压阀　这类减压阀不仅要有降压（二次侧压力低于一次侧压力）和稳压（设定压力受一次侧压力及输出流量变动的影响小）功能，而且要保证接触流体部是禁油的材质，并要在洁净室内进行组装、检查和包装，以保证减压阀的洁净度。

SRH 系列洁净型减压阀接触流体部的材质全是不锈钢 SUS316，耐蚀性强。膜片材质有 PTFE 和氟橡胶两种。零件全部使用非油脂类材质。膜片室内设有吸气、排气孔，易于流动，故流体滞留少。虽是非溢流型结构，但却采用了有抑制输出压力脉动的结构，故输出压力稳定。本阀的设定压力有两种：0.01～0.2MPa 和 0.05～0.7MPa。

SRP 系列是洁净型精密减压阀。接触流体部采用非油膜类材质，如不锈钢 SUS316、PTFE、氟树脂、氟橡胶等。系溢流型结构，故有少量耗气量，0.5L/min（ANR）左右，但设定灵敏度高（满值的0.3%）、重复精度高（满值的±1%）。设定压力有两种：0.005～

0.2MPa 和 0.01~0.4MPa。

（9）数字式压力开关　气压力达到一定值，电气触点便接通或断开的组件称为压力开关。本系统中是用于检测压力的大小。它可以发出电信号，反馈给控制电路。其压力大小可以在控制器的显示屏上用数字显示出来，故称为数字式压力开关。

数字式压力开关的品种规格很多。图2-2所示的洁净空气系统使用的是压力传感器和控制器一体型的压缩空气用的高精度（重复精度为满值的±0.02%±1digit以下，1digit是可能显示的最小压力值）、高分辨率（1/1000，即使用压力范围为-0.1~1.0MPa时，分辨率为0.001MPa）的数字式压力开关ISE40系列和10-ISE40系列（10-系列是在等级100的洁净室内进行洁净吹气、二层包装）。

（10）数字式流量开关　当流体（如空气、水等）的流量达到一定值时，电触点便接通或断开的组件称为流量开关。其流量大小可以在控制器的显示屏上用数字显示出来，故称为数字式流量开关。空气用PFA系列流量开关不仅可以测量瞬时流量，也可测量累计流量，传感器部和控制器部有分离型也有一体型。

本流量开关应使用洁净干燥的压缩空气，使用压力范围为0~0.5MPa，使用温度范围为0~50℃，但温度不得急骤变化。接管口径不同，其测量流量范围也不同。可测最小流量是1L/min（ANR），可测最大流量是12000L/min（ANR），重复精度是满值的±（1~2）%。

（11）针阀　针阀是用来调节通过气路的流量大小。洁净空气系统使用的针阀部分产品见表2-2。其最高使用压力为1.0MPa，额定流量与接管口径有关，有快换接头连接（连接管φ3.2~φ12）和螺纹连接（M3、M5、1/8~1/2），最大流量可达1700L/min（ANR）。

表2-2　洁净型针阀

型　号	系列	金属部材质	润滑脂	特　征	
AS※F-X21	标准型	铜材，部分无电解镀镍	锂系		快换接头连接
10-AS※F-X21	洁净型	铜材，全部无电解镀镍	氟系	发尘少	
AS※FG-X21	标准型	不锈钢SUS303	锂系	耐蚀性好	
10-AS※FG-X21	洁净型	不锈钢SUS303	氟系	耐蚀性好，发尘少	
AS※FPQ-X21	洁净型	黄铜，无电解镀镍	无	发尘更少	
AS※FPG-X21	洁净型	不锈钢SUS304	无	发尘更少，耐蚀性好	
10-AS※-X21	洁净型	黄铜镀镍，直通螺纹拧入	无	极低发尘	

"X21"是禁油规格，且阀内单向型密封圈改为O形圈，故速度控制阀无单向阀功能，改称为针阀。

（12）超洁净型气控阀　超洁净型气控阀LVA系列的结构简图如图2-3所示，是二位二通阀，有单气控和双气控两种，单气控又有N.O.和N.C.。接管口径有1/8in、1/4in、3/8in、1/2in、3/4in和1in。使用压力0~0.5MPa，控制压力0.3~0.5MPa，使用温度范围0~100℃，有效面积S值在1.19~28.9mm^2之间。

LVA系列气控阀有以下特点：

阀体有3种材质（SUS、PPS、NewPFA）可供选择。使用NewPFA具有优良的耐蚀性，能适应酸、碱、超纯水等多种化学液的流动。

从产品洗净到组装、包装，都在洁净室内进行，按彻底的洁净品质管理，以防止固态微

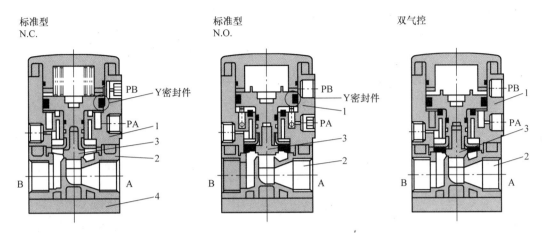

图 2-3 LVA 系列气控阀的结构简图
1—作动器 2—阀体 3—膜片组件 4—端板

粒进入。

发尘少：控制活塞动作时，有缓冲垫进行软接触，可防止因阀芯急速碰撞而产生微粒。

能防止液体的滞留：本阀内部流路没有死区，液体流动性好，极少产生液体滞留，即具有优良的置换性。

能防止微小的起泡：采用特殊的膜片（材质为 PTFE）结构，阀芯开闭轻便，可抑制液体微小的起泡。

可防止内泄漏：设置有导环，防止控制活塞的横向运动造成密封面的偏移，保证一定的接触面，防止内泄漏。

背压强：缓冲腔内有背压，膜片动作时，由于背压支持，可防止膜片的变形和破损，故使用寿命长。

本阀控制口的气信号可以由二位三通直动式电磁阀 SY100 或 VQ100 提供。

（13）超洁净型气体过滤器　SF※系列超洁净型气体过滤器的规格见表 2-3。其中内置高分子隔膜式滤芯，过滤精度达 $0.01\mu m$。在洁净室内进行洗净、组装、检查和包装。每个过滤器都进行洁净度检查，要求 $0.1\mu m$ 以上的粒子不得超过 1 个，相当于 100% 清除。对夹头型要进行压力检查及氦泄漏检查，要求泄漏量小于 $4\times10^{-8} MPa\cdot cm^3/s$。

表 2-3　SF※系列超洁净型气体过滤器的规格

形式	型号	结构	最高使用压力/MPa	最高使用温度/℃	滤芯最大耐差压/MPa	滤芯最大耐逆压/MPa	过滤面积/cm²	允许流速（0.5MPa 下）/(m/s)
圆盘式	SFA100	夹头型	1	80	0.10	0.05	13.85	0.22
	SFA200						33.18	0.20
	SFA300						56.75	0.25
直筒式	SFB100	一次性使用型			0.50	0.07	10	0.25
	SFB300		15	120				
多层盘式	SFC100		18		0.42		300	0.044

夹头型过滤器可对电子工业等一般气体（压缩空气、H_2、O_2、N_2、氟利昂、氩、氦、CO_2、N_2O）进行精密过滤。过滤后的气体可用于洁净吹气、用洁净空气压送液体（如涂料等）、静电喷涂、空气测微计用气等。

一次性使用型过滤器可对半导体生产流程用的气体及其他装置用的气体进行精密过滤。小流量时选用SFB300，大流量时选用SFC100。

在进口压力为0.5MPa下，通过过滤器的流量可按允许流速和过滤面积的乘积来计算。在此流量下，通过过滤器两端的压降不超过0.1MPa（对SFC100为0.02MPa）。

（14）温调器 在半导体、液晶的制造工程中，为了提高硅圆片和液晶基板上形成薄膜时的厚度均匀性，清除生成物，在腐蚀、化学蒸着气体、溅射流程的真空室中，必须控制电极板和硅圆片基板等的温度。在印制线路板的流程中，要控制显像液、抗腐蚀液等的温度，保持这些介质黏性的稳定，以保证膜厚均匀。在洗净流程中，要控制洗净液的温度，以保证一定洗净度。

向气浮轴承、气浮滑台的非接触部供给的压缩空气，就应控制该压缩空气的温度，使金属变形尽可能小，以便提高位置控制及加工精度。

温调器就是用于控制各种液体和气体温度的器件。温调器有冷冻式温调器、水冷式温调器和应用珀尔帖组件的电子式温调器。

冷冻式温调器是使用冷媒与循环液进行热交换，对循环液进行温度控制。冷却能力为$1\sim3kW$，体积大。使用温度范围为$-30\sim90℃$，控制精度为$±1℃$。

水冷式温调器是使用冷却水与循环液进行热交换，来控制循环液的温度。冷却能力可达100kW，体积比冷冻式小些。使用温度范围为$30\sim80℃$，控制精度为$±1℃$。

电子式温调器是利用珀耳帖组件的热电效应对化学液进行温度控制，冷却能力小，最大为600W，但体积很小。使用温度范围为$10\sim60℃$，控制精度可达$±0.1℃$或$0.01℃$。

空气热电式温调器是利用珀耳帖组件的热电效应对压缩空气（最高使用压力为0.5MPa）进行温度控制。只适合局部温度调节和小流量温度调节。恒温流量范围在$20\sim200L/min$（ANR）之间，与设定温度等有关。温度设定范围为$0\sim50℃$，控制精度可达$±0.1℃$。

热电式模块由珀耳帖组件构成如图2-4a所示。珀耳帖组件是把P型和N型两种热电组件按图2-4a所示的方式连接，当直流电流流过时，利用一侧电极面吸热（低温），另一侧电极面发热（高温）。电流方向改变时，吸热和发热位置随之被切换。

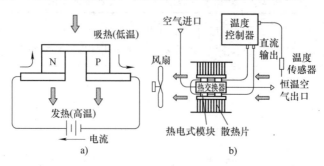

图2-4 空气热电式温调器的原理

INR-244-191系列空气热电式温调器的原理如图2-4b所示,热电式模块夹在热交换器和散热片之间,压缩空气进入热交换器,靠热电式模块进行温度调节,由空气出口的温度传感器测得温度,反馈至温度控制器,与事先设定的温度进行比较,以控制珀耳帖组件的直流电流的方向,使出口压缩空气的温度控制在设定温度。

(15)管接头及连接管 洁净空气系统中使用的管接头及管材见表2-4。

表2-4 洁净空气系统中使用的管接头及管材

材质		管接头							管材
		PBT POM CU SUS303	聚丙烯	铜 无电解镀镍	不锈钢	氟树脂	聚氨酯	聚烯	氟树脂
系列		10-KQ 10-KG	KP	10-KF	10-M	10-MS	LQ	10-TU	TPH	TL
大气压露点	-20℃	● ●	●	●	●	●	●	●	●	●
	-40℃	★ ●	●	●	●	●	●	★	●	●
	-50℃	★ ★	●	●	●	●	●	★	★	●
	-60℃	★ ★	●	●	●	●	●	★	★	●
	-70℃	★ ★	★	★	●	●	●	★	★	●
接气部禁油			●	●	●	●	●			●
CR内组装、包装			●				●			CR内制造
CR内吹气、包装		●		●	●	●		管材外部吹气	管材内外吹气	
说明		快换接头	不锈钢规格,耐腐蚀,快换接头	快换接头	嵌入式接头	微型管接头	微型管接头、耐腐蚀	超洁净型、防漏、高可靠,滞留液体少,连接管不易弯曲变形,耐蚀性强,使用温度可达200℃,适用于多种流体			使用温度可达260℃。超洁净型、适用于多种流体

注:●可用,★不可用。

大气压露点在-20℃以下,因聚氨酯管具有吸湿性,受周围空气的影响,在末端所定的低露点有可能达不到,故不要使用聚氨酯管。-40℃以下的场合,只宜使用氟树脂管接头及管材和不锈钢管接头。

CR内组装、包装,是指将零部件脱脂洗净后,在标准作业场所进行组装、检查;在洁净室内,用酒精清除表面油分,吹气后进行2层包装。

2. 低露点系统(见图2-2)

使用冷冻式空气干燥器(大气压露点可达-20℃)、高分子隔膜式空气干燥器(大气压露点可达-60℃)、吸附式空气干燥器(大气压露点可达-30℃)及其组合(大气压露点可达-70℃),可以获得大气压露点在-70~-20℃之间的低露点。

表 2-5 列出了 -20℃、-40℃ 和 -70℃ 的低露点系统有关气动组件的组合，四点说明如下。

1) 仅使用 IDF 系列干燥器，压缩空气的大气压露点是达不到 -20℃ 以下的，但只使用 IDG 系列或 ID 系列的干燥器是可以的。使用 IDG 系列，必须前置油雾分离器和微雾分离器，故应选用 IDG※M 或 IDG※LM 系列。IDG※M 系列的基准露点温度是 -20℃，为了确保达到 -20℃，应前置 IDF 系列，以降低 IDG 系列进口的空气温度。IDG※LM 系列的基准露点温度是 -40℃，要达到大气压露点 -20℃，就不必前置 IDF 系列了。使用 ID※Z 系列（"Z" 表示吸附剂是合成沸石）必须前置油雾分离器。

2) 进口空气流量与出口空气流量之差是用于作为高分子隔膜式干燥器的分流流量或作为吸附式干燥器的再生流量。

3) IDG※LM 系列干燥器的基准大气压露点是 -40℃。若在其进口侧设置 IDF 系列干燥器，降低 IDG 系列干燥器的进口空气温度，则可使大气压露点达到 -60℃。

4) 吸附剂为硅胶的吸附式干燥器，当进口空气压力为 0.7MPa、进口空气温度为 35℃ 时，出口空气的大气压露点可达 -30℃。若吸附剂改为合成沸石及活性钴（-X50）或细石成沸石（-X41），在 ID 系列干燥器前设置 IDF 系列干燥器，使 ID 系列进口空气温度降至 30℃ 以下，则出口空气的大气压露点可达 -70℃。

表 2-5 几种低露点系统有关气动组件的组合

大气压露点	进口空气流量/(L/min)(ANR)	冷冻式空气干燥器型号①	高分子隔膜式空气干燥器型号	吸附式空气干燥器型号	出口空气流量/(L/min)(ANR)
-20℃	69	—	IDG 30LM	—	50
	115	—	IDG 50LM	—	85
	193	—	IDG 60LM	—	150
	260	—	IDG 75LM	—	200
	327	—	IDG 100LM	—	250
	444	IDF 4D	IDG 50M	—	350
	646	IDF 6D	—	ID 600-06Z	500
	896	IDF 8D	—	ID 600-06Z	750
-40℃	80	IDF 1D	IDG 50LM	—	50
	143	IDF 2D	IDG 60LM	—	100
	210	IDF 2D	IDG 75LM	—	150
	275	IDF 3D	IDG 100LM	—	200
	364	IDF 4D	—	ID 400-X50	300
	550	IDF 6D	—		400
	650	IDF 6D	—		500
	750	IDF 8D	—	ID 600-X50	600
	850	IDF 8D	—		700
	950	IDF 11C	—		780

（续）

大气压露点	进口空气流量/(L/min)（ANR）	冷冻式空气干燥器型号①	高分子隔膜式空气干燥器型号	吸附式空气干燥器型号	出口空气流量/(L/min)（ANR）
-70℃	65	IDF 1D	—	ID 200 - X41	50
	128	IDF 2D	—	ID 300 - X41	100
	178	IDF 2D	—		150
	264	IDF 3D	—	ID 400 - X41	200
	364	IDF 4D	—		300
	547	IDF 6D	—	ID 600 - X41	400
	647	IDF 6D	—		500

① 冷冻式干燥器的进口空气条件：压力为 0.5MPa，温度为 35℃（饱和）。

3. 低发尘系统（见图 2-2）

低发尘系统可用洁净空气进行吹气，向气室加压，压送涂料等液体，防止水足迹的气刮等。可由气路中的压力开关或流量开关检测出的压力或流量来发出电信号进行某种控制动作。气路的压力大小由 SRH 系列减压阀来调整。气路的开闭由 LVA 系列气控阀来实现。气路的流量由 AS - X21 系列针阀来调整。

图 2-5 所示为 3 种吹气系统。系统 A 和 B 都使用洁净型禁油组件，但在系统末端，系统 A 安装了超洁净气体过滤器，故出口空气中，0.1μm 以上的微粒几乎没有，系统 B 未安装超洁净气体过滤器，故出口 0.1μm 以上的微粒在 1min 内大约流出 (15~30)×10³ 个左右。

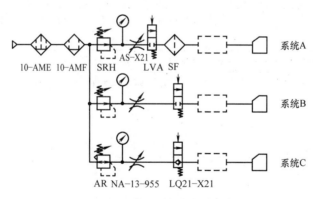

图 2-5 3 种吹气系统的发尘特性

图 2-2 的低发尘系统可用于气浮滑台等处，实现高定位精度。

关于低发尘系统气动组件的匹配可参见表 2-6，八点说明如下。

1）进口空气流量是指进口空气压力在 0.5MPa 下，允许通过超微油雾分离器 10 - AME 系列及除臭过滤器 10 - AMF 系列的流量，应按通过的流量来选择 AME 和 AMF 的型号。

2）洁净型减压阀 SRH 系列的进口侧压力为 0.5MPa，出口侧压力为 0.3MPa。当通过流量不大于 200L/min（ANR）时，应选 SRH3010，并与气控阀 LVA20 相匹配；当通过流量大于 200L/min（ANR）、小于 780L/min（ANR）时，应选 SRH4010，并与气控阀 LVA30 相匹配。

3）应根据通过低发尘系统的流量来选择数字式流量开关的型号。

4）表2-6中的针阀其耐蚀性和低发尘性由左至右变优，可根据对系统的要求及表2-2进行选择。

5）表2-6中的管接头及管材，其耐蚀性及低发尘性由左至右变优，可根据对系统的要求及表2-4进行选择。

6）表2-6中通过超洁净气体过滤器SF系列的流量是在下列条件下得到的值：

SRH进口侧压力为0.5MPa，出口侧压力为0.3MPa；PFA751；10－AS2201F－06－X21；LVA20（对应88L/min（ANR））、LVA30（对应116L/min（ANR））；TP0604；喷嘴φ2；配管总长（从SRH至喷嘴）1m。

若系统通过的流量是100L/min（ANR），则应选LVA30及一个SFC100；或选LVA20及两个SFB100。

7）若从SRH系列减压阀至喷嘴的组件型号及条件改变，通过SF的流量也随之改变。

8）针阀设置在LVA气控阀之后，一旦针阀节流过分，由于背压增大，可能导致LVA阀动作不良，故推荐针阀设置在LVA阀的进口侧。

表2-6 低发尘系统的气动组件的匹配

进口空气流量/(L/min)（ANR）		<180				<440	<880
超洁净油雾分离器型号		10－AME150				10－AME250	10－AME350
除臭过滤器型号		10－AMF150				10－AMF250	10－AMF350
洁净型减压阀型号		SRH3010				SRH4010	
数字式压力开关型号		10－ISE40					
数字式流量开关	型号	PFA550 PFA750	PFA511 PFA711	PFA521 PFA721	PFA551 PFA751	—	
	允许通过流量/[L/min（ANR）]	5~50	10~100	20~200	50~500		
针阀型号		10－AS※F－X21/10－AS※FG－X21/10－AS※FPQ－X21/10－AS※FPG－X21/10－AS※－X21					
超洁净气控阀型号		LVA20				LVA30	
管接头系列		10－KQ/10－KG/KP/10－M/10－KF/10－MS/LQ					
管子系列		10－TU/TP/TL					
超洁净气体过滤器	型号	SFA100	SFA200	SFA300	SFB100 SFB300	SFC100	SFC100
	允许通过流量/(L/min)（ANR）	55	69	78	60	88	116

第3章 不可压缩管流的基础

3.1 流体的概念

1. 流体的定义

受微小剪切力都能连续发生变形的物质称为流体。

变形就是指流动。固体在一定作用力下会变形,但流体只需微小剪切力就会连续变形。这里所讲的物质,含固体流动时(如斜坡上的煤粉)也可当流体来处理。

2. 流体的研究对象

微观讲,流体是由分子组成的。不论从时间还是空间维度分析,流体都是不连续的物质。因此,流体力学不是研究微观的分子运动,只研究宏观的流体流动。以流体质点为研究对象。

流体质点是指流体中宏观尺寸非常小,而微观尺寸又足够大的任意一个物理实体。

宏观尺寸非常小,是指可以使用数学解析工具,如 $\lim \Delta V \to 0$。

微观尺寸又足够大,即质点中含足够多的分子,个别分子的行为不会影响质点总体的统计平均特性。

物理实体是表示质点具有质量、密度、压强、温度等物理性质。

任意一个,表示流体质点的形状可以任意划定,即质点之间完全没有间隙。流体质点的一切物理量都是时间和空间变量的单值连续可微分函数,即 $B(x, y, z, t)$。

一般工程问题,可认为流体是由连续分布的流体质点所组成,称为连续介质假设。此假设有局限性(如 100km 以上的高空,气体是非常稀薄的,分子自由程约为 0.1m)和相对性(不适合用于在高空稀薄气体中飞行的火箭的计算)。

3. 流体的主要物理性质

(1) 流体的压缩性和膨胀性 质量一定的任意流体,由于压力 p 的变化,导致体积 V 变化的现象称为压缩性;由于温度 T 的变化,导致体积 V 变化的现象,称为膨胀性。

对完全气体而言,$p = \frac{m}{V}RT$。当 m 一定时,V 是 p、T 的函数。故 V 的全微分为

$$dV = \frac{\partial V}{\partial p}dp + \frac{\partial V}{\partial T}dT$$

则有

$$\frac{dV}{V} = \frac{\partial V}{\partial p}\frac{dp}{V} + \frac{\partial V}{\partial T}\frac{dT}{V} \tag{3-1}$$

令 $\beta_p = -\frac{\partial V}{\partial p}\frac{1}{V}$,$\beta_p$ 称为流体的体积压缩系数。该系数可衡量温度不变时,单位压力的变化所产生的流体体积的相对变化。因压力 p 增大时,体积 V 减小,故 $\partial V/\partial p$ 为负。为使 β_p 为正值,故加"−"号。单位为 m^2/N。

β_p 的倒数 $E_y = \dfrac{1}{\beta_p}$ 称为流体的体积弹性系数,单位是 N/m^2。

令 $\beta_T = \dfrac{\partial V}{\partial T} \dfrac{1}{V}$,$\beta_T$ 称为流体的体积膨胀系数。该系数可衡量压力不变时,单位温度变化所产生的流体体积的相对变化。单位为 $1/K$。

一个大气压力下,水在 10~20℃ 时的 $\beta_T = 1.5 \times 10^{-4} K^{-1}$,$\beta_p = 0.46 \times 10^{-4} bar^{-1}$,$E_y = 2.18 \times 10^9 Pa$。油在 20℃ 时的 $\beta_p = 0.6 \times 10^{-4} bar^{-1}$。

虽液体的 β_T 和 β_p 很小,但并不为 0,即液体不是刚体。故水击、水下爆炸仍应考虑压缩性。

例 3-1 某液压缓冲器的活塞直径为 5mm,最大允许推力为 245N,问液压缓冲器的内部压强是多少?该内部油的体积缩小多少?

解 内部压强 $p = \dfrac{F}{\dfrac{\pi}{4}d^2} = \dfrac{245}{0.785 \times 5^2} MPa = 12.48 MPa$

由体积压缩系数可写出 $\dfrac{\Delta V}{V} = -\beta_p \Delta p = -0.6 \times 10^{-4} \times 12.48 \times 10 = -0.0075$

即内部压强为 12.48MPa(g),油液的体积被压缩 0.75%。

对完全气体,当 m 一定时,$V = mRT/p$,则有

$$\beta_T = \left(\dfrac{\partial V}{\partial T} \dfrac{1}{V}\right)_{p=C} = \dfrac{mR}{p} \dfrac{1}{V} = \dfrac{1}{T}$$

$$\beta_p = \left(-\dfrac{\partial V}{\partial p} \dfrac{1}{V}\right)_{T=C} = \dfrac{mRT}{p^2} \dfrac{1}{V} = \dfrac{1}{p}$$

当 $T = 273K$,$p = 100bar$ 时,则得 $\beta_T = \dfrac{1}{273} K^{-1}$,$\beta_p = 10^{-7} Pa^{-1}$,$E_y = 10^7 Pa$。

气体与液体(如水、油)的 β_T 和 β_p 相比较,气体的压缩性和膨胀性大得多。故液体通常被看作不可压缩流体,传递信号快;而气体通常被看作可压缩流体。

(2)流体的黏性

1)牛顿平板实验。图 3-1 所示相距 δ 很小的两大平板之间充满液体,上板在力 F 的推动下,以匀速 u 沿 x 向移动。由于附着力的作用,贴在上板的一层液体黏附于上板以速度 u 运动;紧贴下板的一层液体黏附于 F 板上固定不动。由于液体分子间的内聚力作用,上层液体必然带动下层液体,下层液体则阻止上层液体,于是液体横断面上就出现如图 3-1 所示的速度分布。当 δ 很小时,速度分布呈线性分布,即 $u = ky$。层与层之间互相滑动必然在层与层之间产生内部摩擦力或切应力 τ。这个切应力作为流体的内力总是大小相等、方向相反成对出现,并分别作用在紧邻两层流体上。

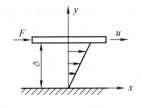

图 3-1 牛顿平板实验

流体运动时,内部产生切应力的这种性质称为流体的黏性。即流体具有抗拒剪切力(变形)的特性称为黏性。

2)牛顿内摩擦定律 图 3-1 实验发现,推动上板的外力 F 与上板的运动速度 u 及摩擦

面积 A 成正比，与两板之间的微小相距 δ 成反比，比例常数 μ 与充入两板之间的流体种类及其温度、压力有关，即

$$F = -\mu \frac{uA}{\delta} \tag{3-2}$$

流体的切应力 τ 为

$$\tau = \frac{F}{A} = -\mu \frac{u}{\delta} \tag{3-3}$$

式（3-3）中的 u/δ 代表沿速度的法线方向每单位长度上的速度变化，称为速度梯度。

若液流截面上的速度非线性分布时的切应力如图 3-2 所示，可取截面上一点的速度梯度为

$$\lim_{\Delta y \to 0} \frac{\Delta u}{\Delta y} = \frac{du}{dy}$$

故式（3-3）可改写成

$$\tau = \pm \mu \frac{du}{dy} \tag{3-4}$$

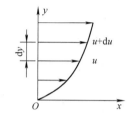

图 3-2 液流截面上速度非线性分布时的切应力

当 $\frac{du}{dy} > 0$ 时，取"+"号；当 $\frac{du}{dy} < 0$ 时，取"-"号。以保证切应力永远为正值。式（3-4）就称为牛顿内摩擦定律。

$$\text{黏性摩擦力} \quad F = \tau A = \pm \mu \frac{du}{dy} A \tag{3-5}$$

黏性摩擦力与速度梯度、作用面积和流体性质有关，与正压力无关。固体之间的库仑摩擦力 $F = fN$ 与正压力 N 和摩擦系数 f 有关，与接触面积及速度几乎无关。且有静摩擦力和动摩擦力之分。黏性摩擦力不存在静摩擦力，即流体不运动时，黏性表现不出来。

牛顿内摩擦定律仅适用于切应力与速度梯度成正比的牛顿流体，如空气、石油、水等。不适用于非牛顿流体，如牙膏、纸浆、油漆、油墨、血液、乳化液、鸡蛋等。

3）动力黏性系数 μ 和运动黏度 ν。不同的流体，系数 μ 不同。在常压下（指低于 100bar），μ 主要受温度的影响。空气在 20℃ 时，$\mu = 18.3 \times 10^{-6} \text{Pa} \cdot \text{s}$。

μ 的量纲是 $[\mu] = \dfrac{[\tau]}{[u]/[L]} = \dfrac{[F]/[L^2]}{[L][T]^{-1}/[L]} = \dfrac{[F][T]}{[L^2]} = \dfrac{[M]}{[L][T]}$

因量纲中有力，故称动力黏性系数。

$\nu = \mu/\rho$，其量纲是

$$[\nu] = \left[\frac{\mu}{\rho}\right] = \frac{[M]}{[L][T]} \bigg/ \frac{[M]}{[L]^3} = \frac{[L]^2}{[T]}$$

因量纲中只有运动量，故称为运动黏度。

4）理想流体与完全气体。没有黏性（$\mu = 0$）的流体称为理想流体，自然含理想气体。实际上理想气体是不存在的。当 μ 值很小，且 $\frac{du}{dy}$ 也很少时，黏性摩擦力不起主导作用时，忽略黏性力的作用，可使解题大大简化，找出基本规律后，再对黏性作用做些修正，是很好的解题方法。故通常将 μ 很小的气体当作理想气体处理。

经常有人把理想气体（ideal gas）与完全气体（perfect gas）当成一回事，这是错误的。理想气体是指无黏性的气体，而完全气体是假设分子无体积，分子间无内聚力，服从气体状

态方程的气体。

(3) 流体的表面张力　几十米高的大树，为什么能把地下水吸上树梢？是压强差的作用吗？若是，则需要上百个大气压力差！这不可能。是木质小孔的毛细作用，即表面张力拉上去的。

图 3-3 所示为液体自由面（即液体与气体的分界面）处的分子作用球，即分子吸力的影响范围。在离液面的距离小于"分子作用球"的半径 R 时，液体分子力大于气体分子力，此层内的分子会受到一个不平衡的分子合力 N 的作用，它指向液体内部，表面层的分子都力图向液体内部收缩。

由于表面层（分子作用球的半径 R）中的分子总有被拉向液体内部的趋势，使液体表面总处于绷紧状态。在单位长度上所受的拉力 T，称作表面张力 σ，方向与表面相切，见图 3-4。

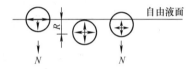 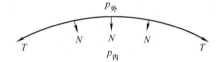

图 3-3　液体的分子作用球　　图 3-4　液体的表面张力

表面张力是线应力。水对空气，$\sigma = 0.075\text{N/m}$。

对球形液滴，

$$p_内 - p_外 = \frac{2\sigma}{R} \tag{3-6}$$

对液泡，

$$p_内 - p_外 = \frac{4\sigma}{R} \tag{3-7}$$

液滴（泡）破碎的条件是

$$p_内 - p_外 > \frac{4\sigma}{R} \tag{3-8}$$

可见，R 越小，越难破碎。由此可知，油雾器产生的油雾直径很小时，是不可能再继续破碎下去，因 $p_外$ 难以变小。

油雾器中的油滴为什么在流动中会破碎？

在空气中流动的油滴，表面存在不均匀的压力分布，导致油滴从球形变形至扁球形，一旦气压力形成的拉力大于油滴的表面张力时，就断裂成较小的油滴。当油滴尺寸小到气压力形成的拉力小于油滴的表面张力时，油滴就不会再破碎了。

(4) 液体中的含气量、空气分离压和汽化压强　液体中会含有少量的空气。液体中的空气以两种方式存在。呈气泡状态悬浮在液体中称为空气混入状态。均匀溶解于液体中称为空气溶入状态。为了改善液体的性能，希望空气不要以混入的状态存在。

加压，可使部分混入气体溶于液体中。

液体中若不混入、溶入气体，就不会出现气穴。

固体、液体和气体是物质的三种普通形态。在不同温度、压力之下，它们是可以相互转化的。图 3-5 所示为纯净物质三态界限示意。

液态转化成气态有两种方式。当压力 p 不变，温度由 T 增大至 T' 时，沿 ab 线越过 AB 线，液态变成气态，这种现象叫沸腾。当温度 T 不变，压力由 p 降至 p'，沿 ac 线越过 AB 线，由液态变成气态，这种现象叫汽化。

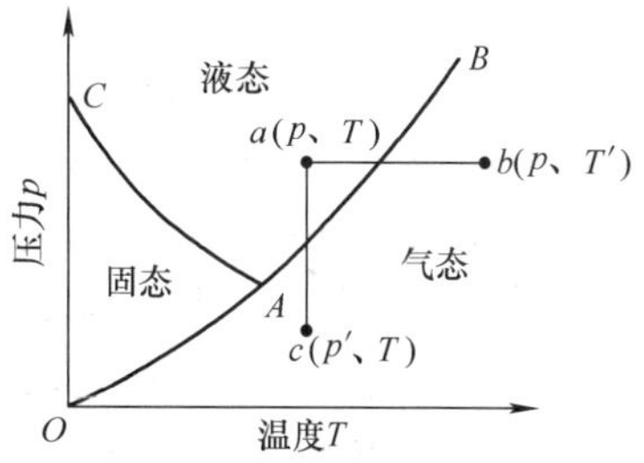

沸腾的原因是，温度升高，分子动能增大，克服液体表面张力束缚，由液体变成气体逸出液体表面。

汽化的原因是，压力降低后，减弱了分子间的引力，减弱了液体的表面张力，液体分子的动能并未加大，也同样可以挣脱表面张力的束缚，液体分子也易飞出液面。

图 3-5 纯净物质三态界限示意

AB 线上的每一点，都对应一个沸点 T_v 和一个汽化压强 p_v。

水在不同温度下的汽化压强 p_v 与不同压强下的沸点温度 T_v 的对应关系列于表 3-1。

表 3-1 水的汽化压强（绝对）与沸点温度对应关系

温度 T/℃	100	80	60	40	20	10	0	沸点温度 T_v/℃
汽化压强 p_v/Pa	101300	47400	20000	7400	2340	1230	615	压强 p/Pa

水银的汽化压强为 0.17Pa，故制作成大气压力计（气压计）。

空气分离压 p_g 是指溶入油液中的空气开始从油液中析出成气泡的压力。此时油液并未汽化。油温升高，空气分离压 p_g 也增大。

分离压和汽化压对分析垂直输送液体中某处出现气泡的原因是有帮助的。

3.2 流体静力学基础

1. 重力作用下，静止液体中的压力

静压强：流体处于静止或相对静止（指跟随流体一起等速运动）时，单位面积上的压力。

图 3-6 所示圆柱筒内装有高度为 h 的水。假想把容器内的水柱取出，要保持水柱处于静止状态的原状，则作用在液体柱上的所有作用力必处于平衡状态（见图 3-6b）。

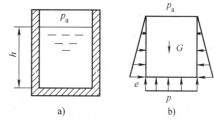

图 3-6 静止液体在重力场中的静压力

沿液柱水平方向圆筒壁对液柱的作用力，一定是大小相等、方向相反。

沿液柱铅垂方向对液柱的作用力有：

液柱上表面为大气压力，它产生的作用力为 $p_a A$，A 是圆筒的截面面积。

液柱重力为 $\gamma_{液} A h$，方向向下。h 是液柱的高度。

圆筒底壁对液柱的反作用力为 pA，方向向上。

故力平衡式为

$$p_a A + \gamma_{液} A h = pA$$

简化后得

$$p = p_a + \gamma_{液}h = p_a + \rho_{液}gh \tag{3-9}$$

上式就是重力作用下静止液体的平衡方程式。

对式（3-9）说明如下。

1) 公式的条件：均质（即为同一介质）、重力场中、静止液体。与介质的黏性无关。

2) 静压力 p 的大小与液体的深度 h 呈线性关系。

3) 任一点的静压力大小与所取方位无关。若用一个压力传感器测静止液体中某点的压力，就会发现，传感器的受压口方向不同时，测出的压力读数是一样的。如图 3-6b 中的 e 点，侧壁方向的静压力与底壁方向的静压力是一样的。

4) 静压力是作用面的内法线方向。若静压力不是内法线方向，必存在切向分力或拉力，就无法使液体保持静止。应学会画压力分布图，如图 3-7 所示。

5) 等高面就是等压面。自由面也是等压面。应学会判断等压面。如图 3-8、图 3-9、图 3-10 中的 ab 面是等压面；图 3-10 的 cd 面就不是等压面，因连通介质不是同一介质。

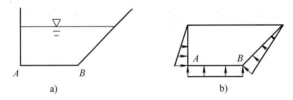

图 3-7 静压力分布图

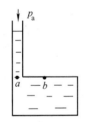 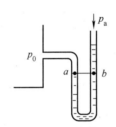 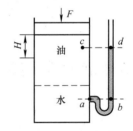

图 3-8 等压面图之一　　图 3-9 等压面图之二　　图 3-10 液面上不同的压力

6) 液面上存在不同的压力。式（3-9）中，静压强是由两部分组成的。p_a 可理解成液面上存在的压强，记为 p_0，还有液体自重产生的压强。图 3-11a 所示为敞开容器，$p_0 = p_a$（大气压力）；图 3-11b 中外力 F 通过活塞加压于液面，$p_0 = \dfrac{F}{\frac{\pi}{4}D^2}$，$D$ 为活塞直径；图 3-11c 为密封容器液体的上腔存在有压 p_0 的气体。图 3-10 是存在不同液体的加压。

7) 式（3-9）也适用于气体。只是因为气体密度 ρ 很小，ρgh 与 p_0 相比是个小量，故认为气罐内的压力 p_0 各处相等。

8) 对图 3-11a，若以容器底部为 z 轴的原点，则容器内 A 点的静压力 p 按式（3-9）可写成

$$p = p_a + \rho gh = p_a + \rho g(z_0 - z)$$

改写成
$$p + \rho gz = p_a + \rho gz_0 = C \tag{3-10}$$

式（3-10）中，可称 p 为压力势能，ρgz 为位势能，C 为总势能。

将 $\rho g = \gamma$ 代入式（3-10），则有

$$\frac{p}{\gamma} + z = C \tag{3-11}$$

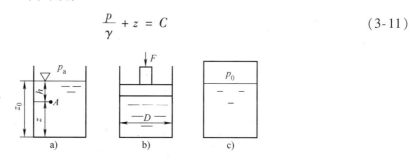

图 3-11　不同液体的加压

式（3-11）中，p/γ 为单位重量流体的压力势能。以压强的形式储存的能量，它能转化成 $h_p = p/\gamma$ 这么高的位势能，故也称为静压水头、压强水头或压强高度。

z 称为单位重量流体的位势能，也称位（置）水头或位置高度。

C 称为单位重量流体的总势能，也可称为静止流体的总水头。

式（3-11）也称为静止流体的能量守恒方程。

2. 压力测量仪器

（1）气压计　用于测量大气压力的仪器，如图 3-12 所示。装着水银的大容器液面与大气相通，另一端的长细管的头部是封闭的，上面为真空，实际上的压力为水银的气化压，$p_v = 0.17 p_a$。两端水银面的高度差为 h。设大气压力 $p_a = 0.1013\text{MPa}$，水银重度 $\gamma = 13.33 \times 10^4 \text{N/m}^3$，按式（3-11），两端水银柱的高度差

$$h = \frac{p_a}{\gamma} = \frac{0.1013 \times 10^6}{13.33 \times 10^4}\text{m} = 0.76\text{m}$$

即一个工程大气压力相当于 760mm 汞柱。观察气压计的水银高度差就是当天的大气压力。

（2）U 形管压力计　用 U 形管压力计可以测量压力不高的液体或气体的压力，如图 3-13 所示。U 形管一端连接被测点，另一端通大气，管内液体可使用水银、水或酒精。因两端压力不等，形成高度差 h，利用式（3-11），则有

$$p = p_a + \gamma h$$

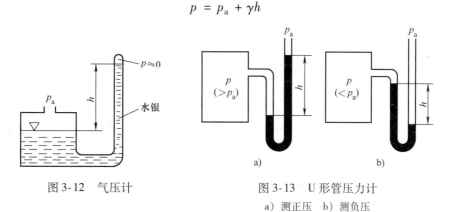

图 3-12　气压计　　图 3-13　U 形管压力计
　　　　　　　　　a）测正压　b）测负压

$p > p_a$，h 为正；$p < p_a$，h 为负。此方法测量压力成本低、操作简单、测量精度高。

例3-2 图3-14中，已知$F=588$N，$G=520$N，$d=12$cm，$h=0.5$m，求p_A。若A处插竖直管，水可上升多少？

解 $p_B = \dfrac{F+G}{\dfrac{\pi}{4}d^2} = \dfrac{588+520}{0.785 \times 0.12^2}\text{N/m}^2 = 97311\text{N/m}^2$

$$p_B = p_a + \gamma_{水}(H+h)$$

代入数值解得 $H = 9.43\text{mH}_2\text{O}$

$$p_A = \gamma_{水} H = 9800 \times 9.43\text{Pa} = 92411\text{Pa}$$

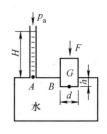

图3-14 例3-2用图

3. 液体的浮力

将一个边长为a的正方体浸入液体中，如图3-15。该正方体前后左右的受力是平衡的，但上下表面的受力是不同的。

下表面受力为$F_下 = a^2\gamma(h+a)$，方向向上。

上表面受力为$F_上 = a^2\gamma h$，方向向下。

故该正方体受到的合力为$F = F_下 - F_上 = a^3\gamma$，方向向上。

此合力即为该物体的浮力

$$F_{浮} = \gamma V \tag{3-12}$$

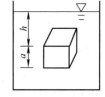

图3-15 液体的浮力

这就是阿基米德原理。即浸入液体中的物体的浮力等于该物体排开同体积V的液体重量。

图3-16是自动排水式的空气过滤器。

当存水杯中水不多时，由于压缩空气作用在直径为d的密封垫8的面积上的力加浮筒7的重量大于浮力，浮筒上端的密封垫8封死节流孔1，膜盒中的膜片6处于平衡状态。由于弹簧4的作用力，水阀门5被关闭。

当存水杯中的水增加时，浮力也逐渐增大。当浮力增大到比浮筒重量和直径d的面积上所受气压力之和还大时，浮筒开始上升，密封垫8离开节流孔1，有压气体从节流孔1进入膜片6的上腔，由于孔1大于孔3，所以是向膜盒内充气，膜盒中的膜片下移，克服4的弹簧力，水阀门5开启，水经节流孔2从水阀门5排出。

例3-3 对图3-16的自动排水式的空气过滤器，若节流孔3的$d_1=0.5$mm，$d=1$mm，上腔气压力$p=7$bar（g），浮筒重力$G=30$g，浮筒外径$D_2=48$mm，内径$D_1=8$mm，问水位上升到多高时，开始自动排水？

解 当浮力大于浮筒重力G和面积$\dfrac{\pi}{4}d^2$上的气压力之和时，浮筒才会浮起。设浮筒没入水中的高度为h时，浮筒开始浮起，可建立下式

$$\dfrac{\pi}{4}(D_2^2-D_1^2)h\gamma_{水} > G + \dfrac{\pi}{4}d^2 p \quad (p\text{应是表压力})$$

$$\therefore h > \dfrac{G+\dfrac{\pi}{4}d^2 p}{\dfrac{\pi}{4}(D_2^2-D_1^2)\gamma_{水}} = \dfrac{0.03 \times 9.8 + 0.785 \times 1^2 \times 0.7}{0.785 \times (48^2-8^2) \times 10^{-6} \times 9800}\text{m} = 0.049\text{m}$$

当水位淹没浮筒49mm以上时，开始自动排水。

由计算公式可知，浮筒越轻，d越小，气压力p越低，浮筒直径越大，浮筒淹没深度越

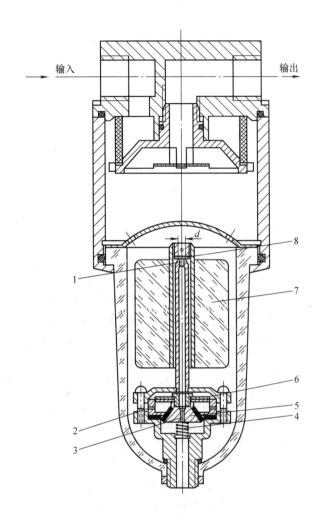

图 3-16 自动排水式的空气过滤器
1~3—节流孔 4—弹簧 5—水阀门 6—膜片 7—浮筒 8—密封垫

小。但浮筒越轻与浮筒直径越大是矛盾的，故二者存在一个合理值。d 值的选值很重要，选大了会失去自动排水功能。d 应大于 d_1，但要能封住节流孔 1 不漏气。

3.3 流动的分类

为了便于分析流体的流动，先对流动进行分类。

1. 均匀流动和不均匀流动

流体在管道中流动时，如果管道截面上流体各点的速度、压力等物理量相等，则这种流动称为均匀流动。通常，在等截面的长直管内与截面变化很小的长直管内的流动都可看成是均匀流动，如图 3-17a 所示。

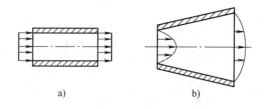

图 3-17 均匀流动与不均匀流动
a) 均匀流动 b) 不均匀流动

流体在管道内流动时，若截面上各点的速度等物理量不同，则这种流动称为不均匀流动，如图 3-17b 所示。大扩张管内的流动、弯管内的流动、阀门内的流动都是不均匀流动。

2. 定常流动和不定常流动

定常流动和不定常流动也分别称为稳定流动和不稳定流动。

按运动流体的速度等物理量是否随时间 t 变化来分类，可分成定常流动和不定常流动。

流体流动时的速度等物理量不随时间 t 变化的流动称为定常流动。如保持节流阀上游的压力、温度一定，两端压力差不变，当节流阀的开度一定时，通过节流阀的流动是定常流动。

流体流动时的速度等物理量随时间 t 变化的流动称为不定常流动。如向气罐内的充气过程，气缸的充排气过程，换向阀切换过程中流体的流动，都是不定常流动。

不定常流动，不仅某个截面上的物理量随时间 t 在变化，而且整个流道内各处的物理量都随时间在变化。如图 3-18 所示，从气罐经换向阀向外界放气的过程中，用 A、B、C 三点表示气罐出口、换向阀进口和放气管的出口，不仅 A、B、C 三点的物理量都随时间在变化，而且任一瞬时，A、B、C 三点的物理量都不相同。认为某一时刻，通过 A、B、C 三点的流速是相同的也是错误的。即便根据气

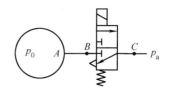

图 3-18 从气罐放气

罐内的压力变化来计算流出气罐的质量流量，也必须取极短的时间间隔 Δt 内气罐内的压力变化，数学表达式是 $q_m = \lim_{\Delta t \to 0} \frac{\Delta m}{\Delta t} = \lim_{\Delta t \to 0} \frac{V}{RT} \frac{\Delta p}{\Delta t}$。即要求 $\Delta t \to 0$，Δt 不可以是有限量。

3. 一元流动

按运动流体的物理量与几个空间坐标有关，可分成一元流动、二元流动和三元流动。运动流体的物理量（通常用速度代表）只与一个空间坐标（如 x 或 r）有关的流动称为一元流动。一元流动也称为一维流动。图 3-19 所示气体在等截面直管道内的流动就是一元流动，速度 u 只与 r 有关。由于气体有黏性，截面上各点的速度不一样，边壁上速度为 0，管中间速度最大。

图 3-20 所示收缩管内的流动是二元流动。因速度 u 与两个坐标 r 和 x 有关。如将各截面上的速度取平均值，称为平均速度，则平均速度 $\bar{u}$ 只与一个坐标 x 有关，此时二元流动简化为一元流动。

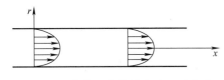
图 3-19 等截面直管道内的一元流动

图 3-20 收缩管内的二元流动

4. 理想流体和黏性流体

按流体有无黏性来分类，可分成理想流体和黏性流体（实际流体）。黏性系数 $\mu = 0$ 或黏性力的作用占比很小时的流体，可视为理想流体。黏性系数 $\mu \neq 0$ 或黏性力不可忽略的流体称为黏性流体。

5. 不可压缩流体和可压缩流体

按流体流动时的密度是否变化来分类，可分成不可压缩流体和可压缩流体。

一般使用场合，液体的密度 ρ 是不变的，故通常把液体看成是不可压缩流体。气体流速小于 70m/s 时，其密度相对变化小于 2%，工程上，常将流动时的密度相对变化可以忽略不计的流体，称为不可压缩流体。即不可压缩流动认为密度 ρ 是不变的。流动时密度变化不能忽略的流体称为可压缩流体。气体在高速流动时，就属于可压缩流体，必须考虑密度及温度的变化。

6. 亚声速流动和超声速流动

按马赫数 M 是否等于 1 来分类，可分成亚声速流动（$M<1$）和超声速流动（$M>1$），$M<1$ 与 $M \geq 1$ 的许多流动现象或流动规律是绝然不同甚至相反，绝不能将 $M<1$ 时的流动现象和规律的认识应用于 $M \geq 1$ 中去，以免造成颠覆性的错误。

7. 系统和控制体

按研究对象分类，可分成系统和控制体。

在理论力学中，是以系统为研究对象。所谓系统，是指一个确定不变的物质集合的机构运动学和动力学的规律。但流体力学不是研究机构。气体流过气阀、气缸、气管道等，不是研究气阀、气缸、气管道的强度、刚度、结构原理的改进等，而是研究空气流过这些器件时，气体的各种物理量（如压力、温度、流量、能量损失等）的变化，从而指导气动产品的流道设计，在达到所需要的功能（如压力大小、流量大小……）的前提下，节省更多能量。所以，我们关注的不是流体质点或流体微团的运动规律和性能的变化，而是空间各处流体的物理量的分布及其变化规律。故提出"控制体"概念，作为流体力学的研究对象。

所谓"控制体"，就是流场中某确定的空间体积（研究占有此体积的流体团）。其几何边界称为"控制面"，控制体以外称为"外界"。

图 3-21 所示是流体在管道内流动。取 $11'1'$ 为控制体（用虚线表示），作为研究对象。

对控制体，可建立质量守恒方程、动量守恒方程、能量守恒方程等，进行性能分析。

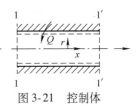
图 3-21 控制体

对控制体而言：

1) 相对于某坐标而言，控制体的位置和形状均不变。

2) 通过控制面，允许进行质量交换，功和能量交换。

3) 控制面可以是真实的（如11′），也可以是假想的（如11，1′1′）。

4) 外界通过控制面对控制体内的物质可以有力的作用。

8. 迹线和流线

迹线：流体质点的运动轨迹。

流线：某一瞬时，顺着速度方向作一光滑曲线，曲线上各点的切线方向就是该点的速度方向，如图3-22所示。

图3-22 流线

流线的性质：

1) 定常流动，流线不随时间变化，且迹线与流线重合，但二者含义不同。迹线是同一质点不同时刻的轨迹；流线是同一时刻不同质点的连线。

不定常流动，流线随时间变化。迹线与流线一般不重合。如U形管中的流体振荡是不定常流动，但迹线与流线是重合的。

2) 过一点只能作一条流线。即流线一般不能相交或折转。因一点只有一个速度，若相交，则交点必是驻点 A（即速度为0的点）或奇点 B（即速度为∞的点）或速度不连续点 C（同一点有两个速度，方向一致，大小不同或大小方向都不同）。驻点和奇点只存在于理想流体中，不连续点存在于冲波中（见图3-23）。

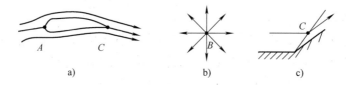

图3-23 驻点、奇点、不连续点
a) 驻点 b) 奇点 c) 不连续点

3) 流体不能穿越流线，因没有法向分速，故流线可以看成象固壁。

9. 层流和紊流

流体流动时，按流体质点的运动轨迹来分类，可分成层流和紊流。

流体质点的运动轨迹是层次分明，互不相混的流动，称为层流。

流体质点的运动轨迹是杂乱无章的流动，称为紊流或湍流。

10. 缓变流和急变流

流体流动时，按流线的形状分类，可分成缓变流和急变流。

缓变流：流线几乎是平行的直线，如等截面长直管内的流动，角度小的收缩管内的流动。

急变流：流线不平行或不是直线的流动。非缓变流就是急变流。如弯管、阀门内的流动。

3.4 质量方程

流量：单位时间内流过某流管的流体量。

体积流量 q_V：流量以体积计量，常用单位为 m³/s 或 L/s。

$$q_V = \bar{u}A \tag{3-13}$$

式中　A——流管的流通面积；
　　　$\bar{u}$——流管内的平均流速。

质量流量 q_m：流量以质量计量，常用单位为 kg/s。

$$q_m = \rho \bar{u} A \tag{3-14}$$

式中　ρ——流体的密度。

对不可压缩流动，常用 q_V；对可压缩流动，应使用 q_m。

有效面积：与流线相垂直的各微元流束截面的总和。一般有效面积为曲面。当流线方向一致时，才是平面。式（3-13）中的流通面积 A 应理解为有效面积。有效面积与管截面不一定相同。如排污管的有效面积通常比管截面小。

质量方程，即质量守恒方程，也称为连续性方程。流体在图 3-24 所示的一元管道内作定常流动时，根据质量守恒原理，通过 1—1 截面的质量流量应等于通过 2—2 截面的质量流量，即

$$q_{m1} = q_{m2}$$

由式（3-14），则有

$$\rho_1 u_1 A_1 = \rho_2 u_2 A_2 \tag{3-15}$$

图 3-24　质量守恒原理

对不可压缩流动，有

$$u_1 A_1 = u_2 A_2 \tag{3-16}$$

说明：

1) 式（3-15）的条件是一元定常连续流动。对不均匀流动，u 应取平均速度 $\bar{u}$。

2) 一元定常连续流动，通过管道的质量流量 q_m 保持不变。

3) 一元定常不可压缩连续流动，通过管道的体积流量 q_V 保持不变，截面大处流速小，截面小处流速大。

例 3-4　已知图 3-25 的缸径 $D = 80\text{mm}$，杆径 $d = 25\text{mm}$。当活塞向上运动时，$q_{V1} = 272\text{L/min}$（ANR），求活塞上升速度 u_1。若活塞向下运动，并保持与上升速度相同，求 q_{V2}。

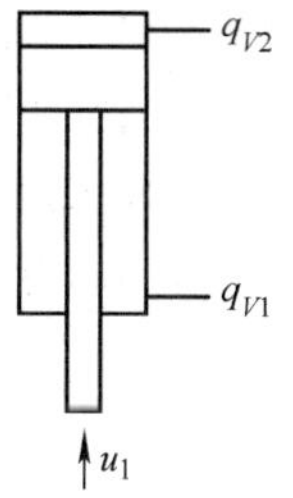

解
$$q_{V1} = \frac{\pi}{4}(D^2 - d^2) u_1$$

$$\therefore u_1 = \frac{4 q_{V1}}{\pi (D^2 - d^2)}$$

$$= \frac{4 \times 272 \times 10^{-3} \times 60^{-1}}{3.1416 \times (0.08^2 - 0.025^2)} \text{m/s}$$

$$= 1 \text{m/s}$$

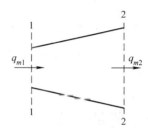

图 3-25　例 3-4 用图

$$q_{V2} = \frac{\pi}{4} D^2 u_1 = 0.785 \times 0.08^2 \times 1 = 5.024 \times 10^{-3} \text{m}^3/\text{s}, \text{折算成 } 301.4 \text{L/min（ANR）}$$

q_{V2} 不等于 q_{V1}，因为活塞杆伸出与缩回时的作用面积不同。从质量守恒的角度分析两者属于不连续流动，不可令 $q_{V1} = q_{V2}$。

例 3-5 连接口径为 Rc1/2 的某减压阀,阀前压力 $p_1 = 0.7\text{MPa}$,阀后稳定后压力 $p_2 = 0.35\text{MPa}$,通过流量 $q_V = 4000\text{L/min}$(ANR),已知阀前温度 $T_1 = 288\text{K}$,问阀前后管道内的流速是多少?

解 通过减压阀的质量流量

$$q_m = \rho_a q_V = 1.185 \times 4000 \times 10^{-3}/60 \text{kg/s} = 0.079 \text{kg/s}$$

阀前管道内的空气密度

$$\rho_1 = p_1/RT_1 = (0.7 + 0.1) \times 10^6/(287 \times 288) \text{kg/m}^3 = 9.68 \text{kg/m}^3$$

阀前后管道内流速不高,属不可压缩流动,故可认为阀后空气温度仍为 288K,则阀后空气的密度为

$$\rho_2 = p_2/RT_2 = (0.35 + 0.1) \times 10^6/(287 \times 288) \text{kg/m}^3 = 5.44 \text{kg/m}^3$$

Rc1/2 连接口径的管道内径为 16mm,故阀前、阀后的空气流速为

$$u_1 = q_m/\rho_1 A_1 = 0.079/(9.68 \times 0.785 \times 16^2 \times 10^{-6}) \text{m/s} = 40.6 \text{m/s}$$

$$u_2 = q_m/\rho_2 A_2 = 0.079/(5.44 \times 0.785 \times 16^2 \times 10^{-6}) \text{m/s} = 72.3 \text{m/s}$$

3.5 能量方程

3.5.1 位能、动能和压力能

质量为 m 的物质,离基准高度为 z,具有的位能是

$$E_z = mgh \tag{3-17}$$

质量为 m 的物质,以速度 u 运动时,所具有的动能是

$$E_u = \frac{1}{2}mu^2 \tag{3-18}$$

这个 m 也可以是流体在管道内流动时的某微小质点的质量,u 是其速度。

图 3-26 所示为活塞面积为 A 的气缸,充入压力为 p 的空气,活塞杆上受力为 F,使气缸在位置 1 处于力平衡状态。外界继续向气缸内充气,并一致保持气缸内压力 p 不变,使活塞移动了距离 L,达到位置 2,则外界补入的压缩空气所做的功 W 是

$$W = pAL = pV$$

这个功就是压力能转化而来,故压力能是

$$E_p = pV \tag{3-19}$$

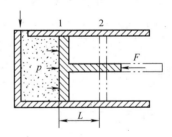

图 3-26 压力能示例

3.5.2 伯努利方程

图 3-27 所示管道内为不可压缩(ρ = 常数)理想流体($\mu = 0$)做一元(各截面上都为均匀流)定常(流动参数不随时间变化)流动。任取一段流体为 1 至 2 截面。设 1—1 截面积为 A_1,速度为 u_1,压力为 p_1,离基准面的高度为 z_1,设 2—2 截面积为 A_2、速度为 u_2、压力为 p_2,离基准面的高度为 z_2。经微小时间间隔 Δt 后,由 1122 移至 $1'1'2'2'$。

按质量守恒，1122 的质量与 $1'1'2'2'$ 的质量是相同的。因 $1'1'22$ 是共同的部分，故 $111'1'$ 与 $222'2'$ 的微元质量 Δm 是相等的。对不可压缩流体，同理 $11'$ 与 $22'$ 的微元体积 ΔV 也是相等的，能量 ΔE 也是相等的。

对微段 $11'$ 来说，有 $\Delta E_{z_1} = \Delta m g z_1$，$\Delta E_{u_1} = \frac{1}{2}\Delta m u_1^2$，$\Delta E_{p_1} = p_1 \Delta V$。

对微段 $22'$ 来说，有 $\Delta E_{z_2} = \Delta m g z_2$，$\Delta E_{u_2} = \frac{1}{2}\Delta m u_2^2$，$\Delta E_{p_2} = p_2 \Delta V$。

按能量守恒，则有

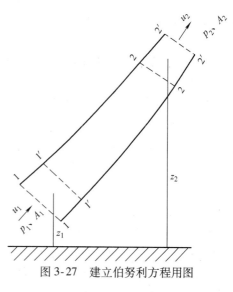

图 3-27　建立伯努利方程用图

$$p_1 \Delta V + \Delta m g z_1 + \frac{1}{2}\Delta m u_1^2 = p_2 \Delta V + \Delta m g z_2 + \frac{1}{2}\Delta m u_2^2$$

用 ΔV 除以上式，且 $\lim\limits_{\Delta V \to 0} \frac{\Delta m}{\Delta V} = \rho$，则上式变成

$$p_1 + \rho g z_1 + \frac{1}{2}\rho u_1^2 = p_2 + \rho g z_2 + \frac{1}{2}\rho u_2^2 \tag{3-20}$$

上式也可写成

$$p + \rho g z + \frac{1}{2}\rho u^2 = p_0 \tag{3-21}$$

式（3-20）就是一元定常不可压缩理想流体的能量守恒方程（伯努利方程）。

对气体而言，因 $\rho g z$ 是小量，可忽略不计，则式（3-21）变成

$$p + \frac{1}{2}\rho u^2 = p_0 \tag{3-22}$$

式（3-22）就是单位体积流体的机械能守恒方程（伯努利方程）。p 称为静压，$\rho g z$ 称为位压，$\frac{1}{2}\rho u^2$ 称为速压，p_0 称为总压（即将位压、速压都转化为压力的总和）。

式（3-21）用重度 γ 除之，则有

$$\frac{p}{\gamma} + z + \frac{u^2}{2g} = \frac{p_0}{\gamma} \tag{3-23}$$

式（3-23）是单位重量流体的机械能守恒方程（伯努利方程）。式中，p/γ 称为静压水头，z 称为位（置）水头，$u^2/2g$ 称为速度水头，p_0/γ 称为总水头。

速度水头表示以此速度垂直向上喷射所能达到的高度（不计空气阻力）。

对气体而言，总压就是速度 $u=0$ 处的压力，如驻点及气罐内的压力。也就是将速度滞止为 0 时的压力与静压力之和，也称为滞止压力。

3.5.3 伯努利方程的应用

1. 测静压

流动没有受到外界物体扰动所测出的压力为静压力。或者说,静压力一定是垂直于流速方向所感受的压力。

方法一:使用静压孔。当管道内的流体为均匀流动时,在管壁上垂直方向开个孔径 0.5mm、孔深 1.5mm 的孔,孔边缘不应有毛刺。若静压孔太大,会对流动产生干扰,使测出的静压力不准。

方法二:使用静压管(见图 3-28)。使用一根很细的管材,在细管壁上沿圆周方向开 4 个相互垂直孔(即静压孔),孔径为管径的十分之一,管头堵死。该管材轴线应安装成与流体的流动方向一致,偏角小于 ±5°,静压孔离管头部的距离大于 3 倍管径。

2. 测总压

总压是指流体流动中速度为 0 处的压力。

若流场中没有速度为零的点,可使用总压管测总压。总压管如图 3-29 所示。总压管的轴线与流体流动的方向一致,偏角小于 ±10°。管头可用平头,管内径 d(即总压孔)与外径 D 之比为 0.5 左右。出口接至 U 形管压力计上,便可测出总压。

总压管可以测不均匀流动中各点的总压。

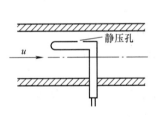

图 3-28 使用静压管测静压

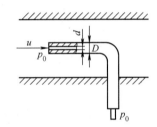

图 3-29 使用总压管测总压

3. 测速度

测得总压和静压后,可由式(3-22)求出速度 u。

也可用风速管(又称皮托管)直接测速度,如图 3-30 所示。风速管上同时开有静压孔和总压孔,用 U 形管压力计测出总压与静压的水头高度差 Δh,便可由式(3-24)计算出气流的速度 u。

$$u = \sqrt{\frac{2}{\rho}(p_0 - p)} = \sqrt{\frac{2}{\rho}\gamma_水 \Delta h} \tag{3-24}$$

4. 测流量

(1)使用孔板流量计 这是工程上常用的一种测量流量的仪器。其测试原理如图 3-31 所示。它是将一块带孔的薄板放置于管道中。当流体流过孔板时,测出孔板前后的压力,便可推算出管内流体的流量大小。

该孔板的孔口直径为 d_0,孔口面积为 A_0。流体流过孔板,在孔板前产生一个小旋涡区,在孔板后有个较大的旋涡区,造成能量损失。取孔板前的均匀流为 1—1 截面(直径为 d_1),流体流过孔板稍后处的流动截面 A_2(直径为 d_2)最小,取为 2—2 截面,称为颈缩现象。

按式(3-22),可写出(不计损失时)

$$p_1 + \frac{1}{2}\rho u_1^2 = p_2 + \frac{1}{2}\rho u_2^2 \quad 或 \quad \frac{p_1 - p_2}{\rho} = \frac{u_2^2 - u_1^2}{2}$$

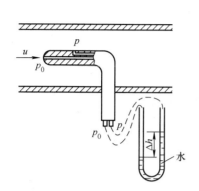

图 3-30 风速管测速度

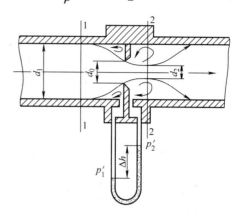

图 3-31 孔板流量计测试原理

按质量方程,有

$$q_V = u_1 A_1 = u_2 A_2 \quad 或 \quad \frac{u_1}{u_2} = \left(\frac{d_2}{d_1}\right)^2$$

上述两方程联立,可解得

$$u_2 = \frac{1}{\sqrt{1 - \eta^2 \left(\frac{d_0}{d_1}\right)^4}} \sqrt{\frac{2(p_1 - p_2)}{\rho}} \tag{3-25}$$

式中 η——截面收缩系数,$\eta = \left(\frac{d_2}{d_0}\right)^2$。

式(3-25)中,没有考虑到流体流动的能量损失。同时,工程上要测量 p_1 和 p_2 是困难的。因此,将测压孔开在紧靠孔板的前后,用 U 形管压力计测出 $(p_1' - p_2')/\rho$,而不是 $(p_1 - p_2)/\rho$。因此,引出一个修正系数 ψ,来修正压力和能量损失的影响,则式(3-25)变成

$$u_2 = \frac{\psi}{\sqrt{1 - \eta^2 \left(\frac{d_0}{d_1}\right)^4}} \sqrt{\frac{2(p_1' - p_2')}{\rho}} \tag{3-26}$$

孔板流量计测出的是质量流量 $q_m = \rho u_2 A_2$,因 $A_2 = \eta A_0$,则

$$q_m = \frac{\eta \psi}{\sqrt{1 - \eta^2 \left(\frac{d_0}{d_1}\right)^4}} A_0 \sqrt{2\rho(p_1' - p_2')}$$

令 $\dfrac{\eta \psi}{\sqrt{1 - \eta^2 \left(\dfrac{d_0}{d_1}\right)^4}} = C_f$,称为流量系数,由实验测定。

则

$$q_m = C_f A_0 \sqrt{2\rho(p_1' - p_2')} \tag{3-27}$$

(2)使用浮子流量计 浮子流量计是常用的一种简便的流量计,如图 3-32 所示。它是由一个垂直的锥形玻璃管与管内的浮子所组成。锥形管大端朝上,浮子随流量大小

沿轴线方向上下移动。当被测介质自下而上通过锥形管，作用在浮子上的上升力大于浸在介质中的浮子重量时，浮子上升，浮子最大外径与锥形管内壁之间的环隙面积随浮子的升高而增大，介质的流速也随之下降，作用于浮子的上升力也逐渐减小，直到上升力等于浮子浸在介质中的重量时，浮子便稳定在某一高度上。这时，便可直接从锥形管的刻度上读出实际流量值。使用时，以浮子上表面所对应的刻度值为流量值。

设浮子重量为 G，浮子材质的密度为 ρ_1，浮子最大直径为 d，浮子高度为 h，浮子在介质中的高度为 H，锥管最小直径为 D，半锥角为 α。

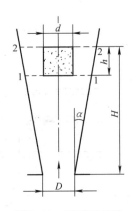

图 3-32 浮子流量计

当浮子稳定在某一高度时，暂不计流动的阻力损失，对 1—1，2—2 截面应用能量方程，则有

$$\rho g(H-h) + p_1 + \frac{1}{2}\rho u_1^2 = \rho g H + p_2 + \frac{1}{2}\rho u_2^2 \tag{3-28}$$

浮子的力平衡式为

$$p_1 \frac{\pi}{4} d^2 = p_2 \frac{\pi}{4} d^2 + G \tag{3-29}$$

按质量方程

$$u_1 A_1 = u_2 A_2 \tag{3-30}$$

按几何关系，有

$$A_1 = \frac{\pi}{4}[2(H-h)\tan\alpha + D]^2 - \frac{\pi}{4}d^2$$

$$A_2 = \frac{\pi}{4}[2H\tan\alpha + D]^2 - \frac{\pi}{4}d^2$$

利用式（3-28）和式（3-29）消去 "$p_1 - p_2$"，整理后得

$$u_2 = \sqrt{u_1^2 + \frac{2}{\rho}\left[\frac{G}{\frac{\pi}{4}d^2} - \rho g h\right]}$$

将 u_2 代入式（3-30），则得

$$u_1 = \sqrt{\frac{\frac{8G}{\pi d^2 \rho} - 2gh}{\left(\frac{A_1}{A_2}\right)^2 - 1}} = \sqrt{\frac{2gh[(\rho_1/\rho) - 1]}{(A_1/A_2)^2 - 1}} \tag{3-31}$$

通过流量计的体积流量 q_V 为

$$q_V = u_1 A_1 = A_1 A_2 \sqrt{\frac{2gh[(\rho_1/\rho) - 1]}{A_1^2 - A_2^2}} \tag{3-32}$$

对某一浮子流量计来说，当工作介质一定，则 ρ、ρ_1、h、d、D、α 都已知，A_1、A_2 与 H 有关，于是式（3-32）可表示成

$$q_V = kf(H) \tag{3-33}$$

式（3-33）中 k 为浮子常数，q_V 与浮子在介质中的高度 H 是一一对应的。

浮子流量计上的刻度是在标准状态下（$p_H = 1\text{bar}$，$T_H = 293.15\text{K}$）标定的。若浮子流量计安装在有压状态下测定流量，由浮子飘浮的高度读出的刻度读数既不是有压状态下的体积流量，也不是标准状态下的体积流量。怎样将标定的体积流量（记为 $q_{V标定}$）换算成有压状态下的体积流量（记为 $q_{V有压}$）或标准状态下的体积流量（记为 q_{VH}）呢？

浮子高度一定，则式（3-32）可简写成

$$q_V = K'\sqrt{\rho_1/\rho - 1}$$

对标定介质而言

$$q_{V标定} = K'\sqrt{\rho_1/\rho_{标定} - 1}$$

对有压介质而言

$$q_{V有压} = K'\sqrt{\rho_1/\rho_{有压} - 1}$$

故

$$\frac{q_{V有压}}{q_{V标定}} = \sqrt{\frac{\rho_{标定}(\rho_1 - \rho_{有压})}{\rho_{有压}(\rho_1 - \rho_{标定})}}$$

通常，浮子密度 ρ_1 远大于介质密度，故上式可简化成

$$\frac{q_{V有压}}{q_{V标定}} = \sqrt{\frac{\rho_{标定}}{\rho_{有压}}}$$

按气体状态方程，有

$$\frac{p_{有压}}{\rho_{有压} T_{有压}} = \frac{p_{标定}}{\rho_{标定} T_{标定}}$$

则

$$\frac{q_{V有压}}{q_{V标定}} = \sqrt{\frac{p_{标定} T_{有压}}{p_{有压} T_{标定}}}$$

故有压状态下的体积流量

$$q_{V有压} = q_{V标定}\sqrt{\frac{p_{标定} T_{有压}}{p_{有压} T_{标定}}} \tag{3-34}$$

若将有压状态下的体积流量化为标准状态下的体积流量，则应作如下变换。

按气体状态方程，有

$$\frac{p_{有压}}{\rho_{有压} T_{有压}} = \frac{p_H}{\rho_H T_H}$$

按质量方程，有

$$\rho_{有压} q_{V有压} = \rho_H q_{VH}$$

所以

$$q_{VH} = \frac{\rho_{有压} q_{V有压}}{\rho_H} = \frac{p_{有压} T_H}{p_H T_{有压}} q_{V有压} = \frac{p_{有压} T_H}{p_H T_{有压}} q_{V标定}\sqrt{\frac{p_{标定} T_{有压}}{p_{有压} T_{标定}}}$$

因流量计是在标准状态下标定的，即存在 $p_{标定} = p_H$，$T_{标定} = T_H$，则上式变成

$$q_{VH} = q_{V标定}\sqrt{\frac{p_{有压} T_H}{p_H T_{有压}}} \tag{3-35}$$

当 $T_{有压} = T_H$，令 $p_H = 1\text{bar}$ 时，相当于浮子流量计安装在测试回路的出口，即处于大气压状态，忽略大气压状态与标准状态之间的区别，则式（3-35）就变成

$$q_{VH} = q_{V标定}\sqrt{p_{有压}} \tag{3-36}$$

式（3-36）中，$q_{V标定}$ 是从流量计上读出的流量值，$p_{有压}$ 以 bar（a）计。

例 3-6 图 3-33 为 Rc1/4 油雾器,已知进出口直径 $D_1=8\mathrm{mm}$,喉部直径 $D_2=7.4\mathrm{mm}$,进口空气压力 $p_1=0.5\mathrm{MPa}$(g),进口空气温度 $T_1=300\mathrm{K}$,通过空气流量 $q_V=500\mathrm{L/min}$(ANR),油杯内油的密度 $\rho_0=800\mathrm{kg/m^3}$。问油杯内油面比喉部低多少就不能将油吸入管内进行雾化?

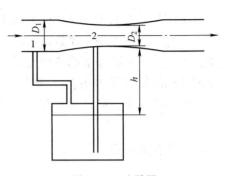

图 3-33 油雾器

解 进口空气密度

$$\rho_1=\frac{p_1}{RT_1}=\frac{(0.5+0.1)\times 10^6}{287\times 300}\mathrm{kg/m^3}=6.97\mathrm{kg/m^3}$$

通过油雾器的质量流量

$$q_m=\rho_a q_V=1.185\times 500\times 10^{-3}/60\mathrm{kg/s}$$
$$=0.009875\mathrm{kg/s}$$

通过截面 1 和截面 2 处的平均速度

$$u_1=q_m/(\rho_1 A_1)=0.009875/(6.97\times 0.785\times 0.008^2)\mathrm{m/s}=28.2\mathrm{m/s}$$
$$u_2=q_m/(\rho_2 A_2)=0.009875/(6.97\times 0.785\times 0.0074^2)\mathrm{m/s}=33\mathrm{m/s}$$

管内流速很低,可看成是不可压缩流动。故上式计算时,设 $\rho_2=\rho_1$ 是正确的。
设截面 1 至截面 2 之间没有流动损失,由伯努利方程,则有

$$p_1-p_2=\frac{1}{2}\rho(u_2^2-u_1^2)=\frac{1}{2}\times 800(33^2-28.2^2)\mathrm{Pa}=1014\mathrm{Pa}$$

吸油管内为静止油液,若能将油吸入喉部,必须满足

$$p_1-p_2\geqslant \rho_0 gh$$

$$\therefore\quad h<\frac{p_1-p_2}{\rho_0 g}=\frac{1014}{800\times 9.8}\mathrm{m}=0.129\mathrm{m}$$

说明油杯内油面比喉部低 129mm 以上便不能喷油。

例 3-7 图 3-34 的喷嘴挡板机构内若为不可压缩流动,即进口压力 p_1 不高的条件下,证明

$$p_2=\frac{p_1}{1+\frac{16D^2l^2}{d^4}\left(\frac{C_{f2}}{C_{f1}}\right)^2}$$

式中 p_2——喷嘴腔内的表压力;
C_{f1}——恒节流孔的流量系数;
C_{f2}——喷嘴挡板间的流量系数;
D——喷嘴直径;
d——恒节流孔孔径;
l——喷嘴与挡板之间的间距。

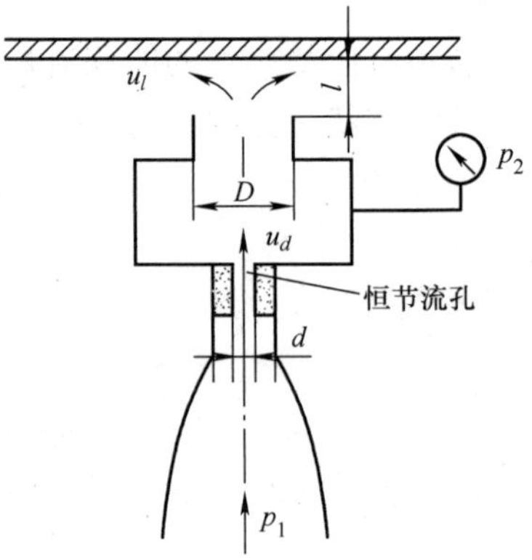

图 3-34 喷嘴挡板机构

证 假定喷嘴挡板机构内为理想不可压缩的流动,根据能量守恒,对恒节流孔处,$p_1=p_2+\frac{1}{2}\rho u_d^2$,故 $u_d=\sqrt{\frac{2(p_1-p_2)}{\rho}}$;对喷嘴挡板处,$p_2=$

$\frac{1}{2}\rho u_l^2$,故 $u_l = \sqrt{\frac{2p_2}{\rho}}$。

通过恒节流孔的流量 $q_{Vd} = C_{f1}u_dA_d$,其中,C_{f1} 是考虑到实际流量与理论计算出的流量之间的差别而引出的修正系数,称为流量系数。

$$q_{Vd} = C_{f1}\sqrt{\frac{2(p_1 - p_2)}{\rho}}\frac{\pi}{4}d^2$$

设喷嘴挡板之间的流量系数为 C_{f2},则通过喷嘴挡板之间流道的流量

$$q_{Vl} = C_{f2}u_lA_l = C_{f2}\sqrt{\frac{2p_2}{\rho}}\pi Dl$$

按质量守恒,有 $q_{Vd} = q_{Vl}$,则有

$$C_{f1}\sqrt{\frac{2(p_1 - p_2)}{\rho}}\frac{\pi}{4}d^2 = C_{f2}\sqrt{\frac{2p_2}{\rho}}\pi Dl$$

整理后,得

$$p_2 = \frac{p_1}{1 + \frac{16D^2l^2}{d^4}\left(\frac{C_{f2}}{C_{f1}}\right)^2}$$

例 3-8 图 3-35 的风机进出口都通大气,说明 0 点、1 点和 2 点的静压、动压和总压各是多少?

答 0 点为外界,是静止气体,故静压(指表压)、动压和总压都为 0。

1 点有速度 u_1,故有动压 $\frac{1}{2}\rho u_1^2$。从 0 点至 1 点是能量守恒的,故 1 点总压为 0。可知 1 点的静压为 $-\frac{1}{2}\rho u_1^2$。若在侧壁开静压孔,测出压力一定为负。

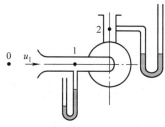

图 3-35 风机各处的压力

2 点有速度 u_2,则动压为 $\frac{1}{2}\rho u_2^2$,2 点出口通大气,静压一定为 0,故 2 点总压为 $\frac{1}{2}\rho u_2^2$。

总压 $p_{02} > p_{01}$,总压增大是电动机提供的能量转化为压力。

例 3-9 图 3-36 的水箱容积很大,用一倒置塑料管,将水吸出。若已知 $H = 1\text{m}$,$z_C = 1.25\text{m}$,问 p_B 是多少?当 H 达到多大时,就没有虹吸效应。

解 以自由液面为 z 轴的坐标原点,对 A、C 两点建立伯努利方程,有

$$z_A + p_A/\gamma + u_A^2/2g = z_C + p_C/\gamma + u_C^2/2g$$

因 $z_A = 0$,$p_A = 0$(指表压力),$u_A = 0$,$z_C = -1.25\text{m}$,$p_C = 0$

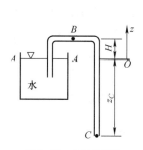

图 3-36 虹吸原理

∴ $u_C = \sqrt{2gz_C} = \sqrt{2 \times 9.8 \times 1.25}\text{m/s} = 4.95\text{m/s}$

对 A、B 两点建立伯努利方程,有

$$z_A + p_A/\gamma + u_A^2/2g = z_B + p_B/\gamma + u_B^2/2g$$

因 $z_B = 1\text{m}$, $u_B = u_C = 4.95\text{m/s}$

$$\therefore p_B = -\gamma\left(z_B + \frac{u_B^2}{2g}\right) = -9800\left(1 + \frac{4.95^2}{2 \times 9.8}\right)\text{Pa} = -22051\text{Pa}$$

即 $p_B = 1.013 \times 10^5 - 22051\text{Pa}$（a）$= 79249\text{Pa}$（a）

所谓没有虹吸效应，就是 p_B 达气化压时。比如，水在20℃时的气化压为2334Pa（a），即 $p_B = 2334\text{Pa}$（a）时，就不能吸水。即存在

$$\frac{101300}{9800} = \frac{2334}{9800} + H + \frac{4.85^2}{2 \times 9.8}$$

$\therefore H < 8.849\text{m}$

此题等于回答了水（油）管顶端为什么有时候会出现气泡，因该处一旦形成负压，达到空气分离压，则水中混入的空气便会溢出形成气旋涡。

例 3-10 图 3-37 所示的离心水泵，抽水量 $q_V = 60\text{m}^3/\text{h}$，泵的进口真空度测得为300mmHg，水管直径 $d = 150\text{mm}$，不计损失，求吸水高度 H_s。请问，3点的压力是大气压吗？抽水管进口的静压是多少？设进口离自由液面的深度 $h = 0.5\text{m}$。

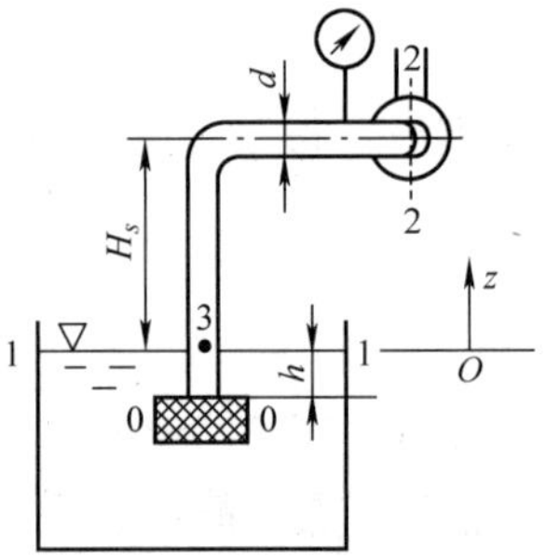

解 1) 取控制面为 1—1、2—2，知 $z_1 = 0$, $\frac{p_1}{\gamma} = 0$（表压力），$\frac{u_1^2}{2g} = 0$, $z_2 = H_s$。

图 3-37 水泵抽水

泵进口的流速 $u_2 = \frac{q_V}{A} = \frac{60 \times 3600^{-1}}{0.785 \times 0.15^2}\text{m/s} = 0.943\text{m/s}$

因 1mmHg = 133.3Pa，所以，$p_2 = -300 \times 133.3\text{Pa} = -40000\text{Pa}$

对控制面 1—1、2—2 建立伯努利方程，有

$$0 + 0 + 0 = H_s + \frac{p_2}{\gamma} + \frac{u_2^2}{2g} = H_s - \frac{40000}{9800} + \frac{0.943^2}{2 \times 9.8}$$

$\therefore H_s = 4.036\text{m}$

2) 3点不在自由液面上，该处压力不是大气压力。取 3 截面及 2—2 截面建立伯努利方程，有

$$0 + \frac{u_3^2}{2g} + \frac{p_3}{\gamma} = H_s + \frac{u_2^2}{2g} + \frac{p_2}{\gamma}$$

按质量方程，$q_{V3} = q_{V2}$，故 $u_3 = u_2$，

则

$$\frac{p_3}{\gamma} = H_s + \frac{p_2}{\gamma} = 4.036 - \frac{40000}{9800} = -0.0456$$

$\therefore p_3 = -0.0456 \times 9800\text{Pa} = -447\text{Pa}$

p_3 低于大气压力447Pa。

3) 设抽水管进口截面为 0—0，由 0—0，3—3 截面建立伯努利方程，有

$$z_0 + \frac{p_0}{\gamma} + \frac{u_0^2}{2g} = z_3 + \frac{p_3}{\gamma} + \frac{u_3^2}{2g}$$

∵ $z_0 = -h$, $z_3 = 0$, 按质量方程, $u_0 = u_3$,
∴ $p_0 = p_3 + \gamma h = -447 + 9800 \times 0.5 \text{Pa} = 4453 \text{Pa}$
即抽水管进口的静压力为 4455Pa。

例 3-11 图 3-38 为射流泵的示意图。

来自水箱的水经喷嘴喷出，从出水管流出。由于喷流的抽吸作用，很快将真空室内空气抽走。在真空室所形成的真空度的作用下，可将一定深度的池水吸上，并与引射水流混合后从出水管一起流出。

已知 $H = 1\text{m}$, $h = 5\text{m}$, $D = 50\text{mm}$, $d = 30\text{mm}$, 不计流动损失，试求真空室中的压强 p_2 及出水管流量 q_{V3}。

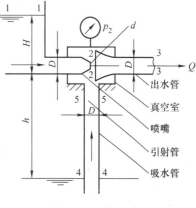

图 3-38 射流泵

解 列 1—1、2—2 截面的伯努利方程

$$H = \frac{p_2}{\gamma} + \frac{u_2^2}{2g} \qquad ①$$

列 4—4、5—5 截面的伯努利方程

$$O = h + \frac{p_2}{\gamma} + \frac{u_5^2}{2g} \qquad ②$$

列出水管进口与出口截面的伯努利方程

$$\frac{p_2}{\gamma} + \frac{u_2^2 + u_5^2}{2g} = \frac{p_a}{\gamma} + \frac{u_3^2}{2g} \xrightarrow{p_a = 0} u_3^2/2g \qquad ③$$

列质量方程

$$q_{V3} = q_{V2} + q_{V5}, \text{即 } u_3 = \left(\frac{d}{D}\right)^2 u_2 + u_5 \qquad ④$$

①-② $\qquad \dfrac{(u_2^2 - u_5^2)}{2g} = H + h, \quad u_2^2 - u_5^2 = 2g(H+h) \qquad ⑤$

①-③ $\qquad -\dfrac{u_5^2}{2g} = H - \dfrac{u_3^2}{2g}, \quad 2gH + u_5^2 = u_3^2 \qquad ⑥$

⑤-⑥ $\qquad u_2^2 - u_3^2 = 2gh \qquad ⑦$

将④中的 u_5 代入⑥，

$$2gH + \left[u_3 - \left(\frac{d}{D}\right)^2 u_2\right]^2 = u_3^2$$

将⑦中的 u_2 代入上式，

$$2gH + \left[u_3 - \left(\frac{d}{D}\right)^2 \sqrt{2gh + u_3^2}\right]^2 = u_3^2$$

解得 $u_3 = 4.462 \text{m/s}$, 由⑦, $u_2 = 10.86 \text{m/s}$, 由⑥, $u_5 = 0.556 \text{m/s}$, 由②, $p_2 = -49170 \text{Pa}$,

$$q_{V3} = \frac{\pi}{4} d^2 u_2 + \frac{\pi}{4} D^2 u_5 = 0.00876 \text{m}^3/\text{s}$$

3.5.4 总流的伯努利方程

流管：沿封闭周线（不是流线）上各点做流线所形成的管状表面，如图 3-39 所示。

流管的特性：1) 流体不会穿越流管，流管如同真实管道一样。2) 定常流，流管形状及位置是不变的。

流束：流管内部的流体。

微元流束：封闭周线是微元截面所形成的流束。内部可视为均匀流。

总流：封闭周线是管道内壁所构成的流动，内部不一定是均匀流。

图 3-39 流管

对黏性流体而言，沿流线从 1 点到 2 点存在流动损失。设单位重量流体的能量损失水头为 h'_w，按能量守恒，有

$$\frac{p_1}{\gamma} + z_1 + \frac{u_1^2}{2g} = \frac{p_2}{\gamma} + z_2 + \frac{u_2^2}{2g} + h'_w$$

如何将微元流束（流线）的能量守恒方程演变成有限流束（总流）的能量守恒方程呢？

实际流管很复杂，但按流线形状不同，可分成缓变流和急变流。如图 3-40 所示，一个弯头和一个阀门为两个急变流。在弯头的两端及阀门的两端，存在一段缓变流。在总流上，取两个缓变流截面 1—1、2—2，沿其中一条流线，可写出能量守恒方程。通过微元流束的重量流量为 $\gamma \mathrm{d}q_V$。微元流束可以看成均匀流，则微元流束在 1、2 截面间流体的能量方程为

$$\left(\frac{p_1}{\gamma} + z_1 + \frac{u_1^2}{2g}\right)\gamma \mathrm{d}q_V = \left(\frac{p_2}{\gamma} + z_2 + \frac{u_2^2}{2g}\right)\gamma \mathrm{d}q_V$$

图 3-40 两缓变流截面间

总流的能量守恒方程就是对所有微元流束能量方程的积分，故总流的伯努利方程为

$$\int_{q_V}\left(\frac{p_1}{\gamma} + z_1 + \frac{u_1^2}{2g}\right)\gamma \mathrm{d}q_V = \int_{q_V}\left(\frac{p_2}{\gamma} + z_2 + \frac{u_2^2}{2g} + h'_w\right)\gamma \mathrm{d}q_V \tag{3-37}$$

下面分析一下，在缓变流截面中的 $\frac{p}{\gamma} + z$。

在缓变流中，取一微元面积为 dA，微元流体柱的长度为 dl，见图 3-41，则微元流体柱的重量为 $\gamma \mathrm{d}A\mathrm{d}l$。设微元流体柱与重力方向的夹角为 α，微元流体柱下底的压力为 p，上底的压力为 $p + \mathrm{d}p$，则可得到微元流体柱的力平衡式为

$$p\mathrm{d}A - (p + \mathrm{d}p)\mathrm{d}A - \gamma \mathrm{d}A\mathrm{d}l\cos\alpha = 0$$

∵ $\mathrm{d}l\cos\alpha = \mathrm{d}z$，消去 dA，则上式变成

$$\mathrm{d}p + \gamma \mathrm{d}z = 0$$

γ 是常数，故上式积分后，得

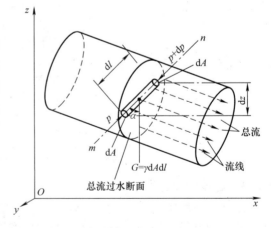

图 3-41 缓变流截面

$$\frac{p}{\gamma} + z = C \tag{3-38}$$

因此，对缓变流

$$\int_{q_V}\left(\frac{p}{\gamma} + z\right)\gamma \mathrm{d}q_V = \left(\frac{p}{\gamma} + z\right)\gamma q_V$$

又

$$\int_{q_V}\left(\frac{u^2}{2g}\right)\gamma \mathrm{d}q_V = \frac{\gamma}{2g}\int_{q_V} u^2 \mathrm{d}q_V = \frac{\gamma}{2g}\int_A u^3 \mathrm{d}A \tag{3-39}$$

设 $\frac{1}{A}\int_A u\mathrm{d}A = \bar{u}$，称为截面的平均速度，$\bar{u} = \frac{q_V}{A}$ 则式（3-39）可改写成

$$\int_{q_V}\frac{u^2}{2g}\gamma \mathrm{d}q_V = \frac{\gamma}{2g}\bar{u}^2 \frac{q_V}{A}\int_A \left(\frac{u}{\bar{u}}\right)^3 \mathrm{d}A \tag{3-40}$$

设 $\frac{1}{A}\int_A \left(\frac{u}{\bar{u}}\right)^3 \mathrm{d}A = \alpha$，称为截面上的动能修正系数。

又设 $\frac{1}{q_V}\int_{q_V} h'_w \mathrm{d}q_V = h_w$，为 1、2 两缓变流截面间单位重量流体的能量损失的平均值。则式（3-37）变成

$$\left(\frac{p_1}{\gamma} + z_1\right)\gamma q_V + \alpha_1 \frac{\bar{u}_1^2}{2g}\gamma q_V = \left(\frac{p_2}{\gamma} + z_2\right)\gamma q_V + \alpha_2 \frac{\bar{u}_2^2}{2g}\gamma q_V + h_w \gamma q_V$$

简化后，得

$$\frac{p_1}{\gamma} + z_1 + \alpha_1 \frac{\bar{u}_1^2}{2g} = \frac{p_2}{\gamma} + z_2 + \alpha_2 \frac{\bar{u}_2^2}{2g} + h_w \tag{3-41}$$

式（3-41）就是总流的伯努利方程。

说明：

1) 方程的条件：定常、不可压缩、两缓变流截面间（但1、2截面之间允许存在急变流）。

2) $\alpha \geq 1$。对均匀流，$\alpha = 1$；速度分布越不均匀，α 越大。

3) 若1，2截面之间有机械功的输入（出），可折算成单位重量流体的机械功（即扬程 H）加在1侧。总流的伯努利方程则写成

$$\frac{p_1}{\gamma} + z_1 + \alpha_1 \frac{\bar{u}_1^2}{2g} \pm H = \frac{p_2}{\gamma} + z_2 + \alpha_2 \frac{\bar{u}_2^2}{2g} + h_w \tag{3-42}$$

泵为输入，取"+"号；马达为输出，取"-"号。

$$功率\ N = \gamma q_V H = \Delta p_H q_V \tag{3-43}$$

例 3-12 图 3-42 的输水管路，已知 $d_1 = 12\mathrm{cm}$，$d_2 = 8\mathrm{cm}$，用水泵将水池中的水注入高 $H = 1\mathrm{m}$ 的水压系统。要求流量 $q_V = 60\mathrm{L/s}$，出口压力 $p_2 = 2\mathrm{bar}$（g），测得水泵进口 $p_1 = -0.26\mathrm{bar}$（g），不计管路损失，求水泵功率 N。

解 对1、2两截面建立总流的伯努利方程，有

$$p_1 + \gamma z_1 + \frac{1}{2}\rho u_1^2 + \frac{N}{q_V} = p_2 + \gamma z_2 + \frac{1}{2}\rho u_2^2$$

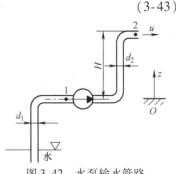

图 3-42 水泵输水管路

$$u_1 = \frac{q_V}{\frac{\pi}{4}d_1^2} = \frac{60 \times 10^{-3}}{0.785 \times 0.12^2} \mathrm{m/s} = 5.31 \mathrm{m/s}$$

$$u_2 = \frac{q_V}{\frac{\pi}{4}d_2^2} = \frac{60 \times 10^{-3}}{0.785 \times 0.08^2} \mathrm{m/s} = 11.94 \mathrm{m/s}, \rho_{水} = 1000 \mathrm{kg/m^3}$$

$$-0.26 \times 10^5 + 0 + \frac{1}{2} \times 1000 \times 5.31^2 + \frac{N}{60 \times 10^{-3}}$$

$$= 2 \times 10^5 + 1000 \times 9.8 \times 1 + \frac{1}{2} \times 1000 \times 11.94^2$$

$$\therefore N = 17.58 \mathrm{kW}$$

3.6 动量方程

1. 不可压缩定常流动总流的动量方程

理论力学中讲过，质点系的动量 $\sum m\boldsymbol{u}$ 对时间 t 的导数，等于作用在该质点系上诸外力之和 $\sum \boldsymbol{F}$，即

$$\frac{\mathrm{d}(m\boldsymbol{u})}{\mathrm{d}t} = \sum \boldsymbol{F} \tag{3-44}$$

称为动量定理。

现将该动量定理用于不可压缩定常流动的总流上。

在总流中，选出一条微元流束（见图 3-43）12 段作为控制体。在 1—1 截面上，压力为 p_1，流速为 u_1。在 2—2 截面上，压力为 p_2，流速为 u_2。经 Δt 时间后，微元流束位移至 1′2′ 段。其动量变化应该是 1′2′ 段的动量与 12 段的动量之差。但对定常流动来说，1′2 段是共同的，故微元流束 12 段至 1′2′ 段的动量变化，实际上就是 11′ 段和 22′ 段的动量变化，即

$$\mathrm{d}m_2\boldsymbol{u}_2 - \mathrm{d}m_1\boldsymbol{u}_1 = \rho \mathrm{d}q_{V2}\Delta t\boldsymbol{u}_2 - \rho \mathrm{d}q_{V1}\Delta t\boldsymbol{u}_1$$

则总流的动量变化为

$$\int_{q_{V2}} \rho \mathrm{d}q_{V2}\Delta t\boldsymbol{u}_2 - \int_{q_{V1}} \rho \mathrm{d}q_{V1}\Delta t\boldsymbol{u}_1 = \rho \Delta t \left[\int_{A_2} u_2\boldsymbol{u}_2 \mathrm{d}A_2 - \int_{A_1} u_1\boldsymbol{u}_1 \mathrm{d}A_1 \right]$$

按质量方程

$$\int_{A_2} u_2 \mathrm{d}A_2 = \int_{A_1} u_1 \mathrm{d}A_1 = q_V$$

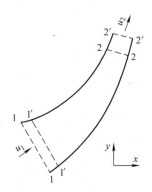

图 3-43 微元流束的动量变化

故总流的动量变化可简化成

$$\rho q_V \mathrm{d}t(\boldsymbol{u}_2 - \boldsymbol{u}_1)$$

由式（3-44），则得

$$\boldsymbol{F} = \rho q_V(\boldsymbol{u}_2 - \boldsymbol{u}_1) \tag{3-45}$$

这就是不可压缩定常流总流的动量方程。$\boldsymbol{F}$ 是表面力（控制面上的压力合力和摩擦阻力等）和质量力（如重力）之和。

式 (3-45) 可分解到直角坐标的三个方向：

$$F_x = \rho q_V(u_{x2} - u_{x1})$$
$$F_y = \rho q_V(u_{y2} - u_{y1})$$
$$F_z = \rho q_V(u_{z2} - u_{z1})$$

(3-46)

控制面应垂直于或平行于流线选取，则解题容易些。

截面上各点流速 u 的动量与该截面上平均流速 $\bar{u}$ 的动量之比称为动量修正系数 β，即

$$\beta = \frac{\int_A \rho u \mathrm{d}A \cdot u}{\int_A \rho \bar{u} \mathrm{d}A \cdot \bar{u}} = \frac{\int_A u^2 \mathrm{d}A}{\int_A \bar{u}^2 \mathrm{d}A}$$

(3-47)

通常，$\beta = 1.02 \sim 1.05$。

2. 动量方程的应用

例 3-13 自由射流的冲击力。

有压喷管射入外界大气的一股流束称作自由射流。自由射流的特点是流束中的静压均为大气压力。

图 3-44 是在水平管的末端接上一个喷嘴，该喷口直径为 d，水平管直径为 D，设喷嘴喷出速度为 u_2，体积流量为 q_V，自由射流冲击到固定的二向曲面后，左右对称的分为两段，二向曲面偏转角为 θ，问喷嘴与直管接合处的连接螺钉的拉力是多少？射流对固定二向曲面的冲击力是多少？

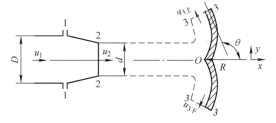

图 3-44 自由射流的冲击力

解 1) 求喷嘴与直管接合处的连接螺钉的拉力 F。

取出喷管内的流体作为控制体，如图 3-45 所示，左侧 1—1 控制面上有压力 p_1（表压力），右侧表压力为 0（大气压力），喷嘴管壁对流体的反作用力的合力为 F，方向向左。1—1 控制面流入速度为 u_1，2—2 控制面流出速度为 u_2，沿 x 向建立动量方程，则有

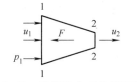

图 3-45 计算拉力 F 的控制体

$$p_1 \frac{\pi}{4}D^2 - F = \rho q_V(u_2 - u_1)$$

水平直管内的流速 $u_1 = \dfrac{q_V}{\frac{\pi}{4}D^2}$，喷管出口速度 $u_2 = \dfrac{q_V}{\frac{\pi}{4}d^2}$

结合 1—1、2—2 控制面建立伯努利方程

$$p_1 + \frac{1}{2}\rho u_1^2 = p_2 + \frac{1}{2}\rho u_2^2$$

∵ $p_2 = 0$

∴ $p_1 = \dfrac{1}{2}\rho(u_2^2 - u_1^2) = \dfrac{\rho}{2}\left[\left(\dfrac{q_V}{\frac{\pi}{4}d^2}\right)^2 - \left(\dfrac{q_V}{\frac{\pi}{4}D^2}\right)^2\right]$

$$F = p_1 \frac{\pi}{4}D^2 - \rho q_V(u_2 - u_1) = \frac{2\rho q_V^2}{\pi D^2}\left[\left(\frac{D}{d}\right)^2 - 1\right]^2$$

2) 求射流对固定二向曲面的冲击力 R。

取图 3-44 上的虚线为射流对固定二向曲面上流动的控制体。不计黏性，则二向曲面表面上无切向力。二向曲面对控制体的压力，由于对称性，其压力的合力为 R，方向为 $-x$ 方向。其他所有控制面上的表压力为 0（大气压力）。2—2 控制面上的流速为 u_2，3—3 控制面上的流速为 $u_{3上}$ 及 $u_{3下}$。

建立伯努利方程：

2 至 0 点，$p_2 + \frac{1}{2}\rho u_2^2 = p_0 + \frac{1}{2}\rho u_0^2$

$\because p_2 = p_a = 0$（表压力），$u_0 = 0$，则有 $p_0 = \frac{1}{2}\rho u_2^2$

0 至 $3_上$ 点，$p_0 = p_{3上} + \frac{1}{2}\rho u_{3上}^2$

$\because p_{3上} = p_a = 0$（表压力），则有 $p_0 = \frac{1}{2}\rho u_{3上}^2$

0 至 $3_下$ 点，同理得

$$p_0 = \frac{1}{2}\rho u_{3下}^2$$

故 $u_{3上} = u_{3下} = u_2$

建立质量方程：

$$u_2 A_2 = u_{3上}A_{3上} + u_{3下}A_{3下}$$

根据对称性，则 $A_{3上} = A_{3下} = \frac{A_2}{2}$

建立动量方程：

$$\rho u_{3上}A_{3上}(+u_{3上}\cos\theta) + \rho u_{3下}A_{3下}(+u_{3下}\cos\theta) - \rho u_2 A_2 u_2 = -R$$

简化后，得

$$R = \rho u_2^2 A_2(\cos\theta - 1)$$

射流对固定二向曲面的冲击力与二向曲面对控制体的作用力大小相等、方向相反，故 $R = \rho u_2^2 A_2(1 - \cos\theta)$，方向为 $+x$ 方向。

当 $\theta = 90°$ 时，$R = q_{m2}u_2$

当 $\theta = 180°$ 时，$R = 2q_{m2}u_2$

例 3-14 射流对倾斜板的冲击力。

如图 3-46 所示，从喷口直径为 d 的一股射流，以速度 u_1 射向倾角为 α 的倾斜板上，设该射流为不可压缩理想流体，求射流对板面的作用力 R。

解 取控制体如图 3-46 中的虚线所示。取图示坐标。

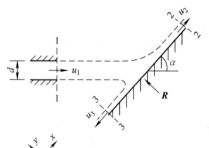

图 3-46 射流对倾斜板的冲击力

由于切向力为 0，$F_x = 0$，$F_y = R$，R 是倾斜板给控制体的反作用力。

列质量方程：
$$u_1 \frac{\pi}{4} d^2 = u_2 A_2 + u_3 A_3$$

列伯努利方程：
因 $p_1 = p_2 = p_3 = p_a$，故有 $u_2 = u_3 = u_1$，则 $A_1 = A_2 + A_3$

列动量方程：

x 向：
$$0 = \rho u_2 A_2 u_2 - \rho u_3 A_3 u_3 - \rho u_1 A_1 u_1 \cos\alpha$$

简化后得 $A_2 - A_3 = A_1 \cos\alpha$

y 向：
$$R = \rho(-u_1 A_1)(-u_1 \sin\alpha) = \rho u_1^2 A_1 \sin\alpha$$

故射流对板面的作用力 $R = \rho u_1^2 A_1 \sin\alpha$，方向为 $-y$ 向。

还可解得
$$A_2 = \frac{A_1}{2}(1 + \cos\alpha)$$
$$A_3 = \frac{A_1}{2}(1 - \cos\alpha)$$

3.7 层流和紊流

实验表明，长直管中的流动，从层流变成紊流或从紊流变成层流的分界点的速度主要与流体的密度 ρ、流体的动力黏度 μ 和圆管的内径 d 有关。雷诺发现这个分界点与无因次量 $\rho u d/\mu$ 有关，就把此无因次量称为雷诺数 $Re = \rho u d/\mu$。

当层流变成紊流时，$Re = 2320$；当紊流变成层流时，$Re = 13800$；雷诺数 Re 处在 $2320 \sim 13800$ 之间时，层流与紊流都可能存在，不过紊流的可能性更大。$Re > 13800$ 则一定是紊流。

雷诺数代表惯性力与黏性力之比。Re 较小时，支配流动的主要因素是黏性力。流体质点受到黏性力的作用，会沿运动方向改变流动速度的大小，而不会偏离其原来的运动方向，故流体流动呈现层流状态，不会发生各向混杂。当 Re 增大到一定值时，惯性力取代黏性力成为主要支配流动的因素时，沿流动方向的黏性力对质点的束缚作用降低，质点向其他方向运动的自由度增大，故容易偏离其原来的运动方向，形成无规则的脉动混杂，甚至产生可见尺度的旋涡，这就是紊流。

3.7.1 圆管中的层流

圆管中的层流如图 3-47 所示。

1. 条件

定常、不可压、层流、充分发展流。

2. 充分发展流

管流的各个截面上的速度分布都是一样的。

3. 研究对象

在管流中，取出一圆环微元柱体，长为 $\mathrm{d}x$，内半径为 r，柱体外半径为 $r + \mathrm{d}r$。

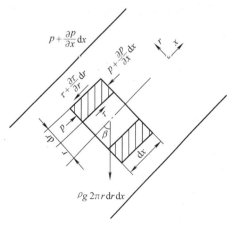

图 3-47 圆管中的层流

4. 受力分析

微元柱体左侧压力为 p，右侧压力为 $p+\mathrm{d}p$。因有黏性力，内环面切向应力为 τ，外环面切向应力为 $\tau+\frac{\partial \tau}{\partial r}\mathrm{d}r$，对于力的方向，内环面是速度大的流体质点跳入，动量增加，故切应力 τ 是推力，为 $+x$ 方向；外环面是速度小的流体质点跳入，动量减小，故切应力 $\tau+\frac{\partial \tau}{\partial r}\mathrm{d}r$ 是阻力，为 $-x$ 方向。微元柱体的重力为 $\rho g 2\pi r \mathrm{d}r \mathrm{d}x$，方向向下，与圆柱体轴线的夹角为 β。

5. 基本方程

对充分发展流，x 向受力平衡，即 $\sum F_x = 0$。

故有

$$p2\pi r\mathrm{d}r - \left(p + \frac{\partial p}{\partial x}\mathrm{d}x\right)2\pi r\mathrm{d}r + \tau 2\pi r\mathrm{d}x - \left(\tau + \frac{\partial \tau}{\partial r}\mathrm{d}r\right)2\pi(r+\mathrm{d}r)\mathrm{d}x - \rho g 2\pi r\mathrm{d}r\mathrm{d}x\cos\beta = 0$$

$$\because \cos\beta = \lim_{\delta x \to 0}\frac{\partial z}{\partial x} = \frac{\partial z}{\partial x}$$

简化后，得

$$-\frac{\partial p}{\partial x} - \frac{\tau}{r} - \frac{\partial \tau}{\partial r} - \rho g \frac{\partial z}{\partial x} = 0$$

对不可压缩流动，有

$$-\frac{1}{r}\frac{\partial(\tau r)}{\partial r} = \frac{\partial}{\partial x}(p + \gamma z) \tag{3-48}$$

对缓变流，有

$$\frac{p}{\gamma} + z \text{ 与 } r \text{ 无关，即 } \frac{\partial(p + \gamma z)}{\partial r} = 0$$

对充分发展流，τ 与 x 无关。

故式（3-48）的偏微分可改写成全微分，即

$$-\frac{1}{r}\frac{\mathrm{d}(\tau r)}{\mathrm{d}r} = \frac{\mathrm{d}}{\mathrm{d}x}(p + \gamma z) = C \tag{3-49}$$

左侧是 r 的函数，右侧是 x 的函数，故两函数只可能为常数 C。

式（3-49）改写成

$$-\mathrm{d}(\tau r) = \frac{\mathrm{d}}{\mathrm{d}x}(p + rz)r\mathrm{d}r$$

两端积分

$$-\int \mathrm{d}(\tau r) = \int \frac{\mathrm{d}}{\mathrm{d}x}(p + \gamma z)r\mathrm{d}r$$

得

$$-\tau r = \frac{\mathrm{d}}{\mathrm{d}x}(p + \gamma z)\frac{r^2}{2} + C_1$$

6. 速度分布

对层流，$\tau = -\mu\frac{\mathrm{d}u}{\mathrm{d}r}$，"$-$"号表示，随 r 的增大，速度 u 是减小的。

$$\mu\frac{\mathrm{d}u}{\mathrm{d}r} = \frac{r}{2}\frac{\mathrm{d}}{\mathrm{d}x}(p + \gamma z) + \frac{C_1}{r}$$

$$du = \frac{1}{\mu}\left[\frac{r}{2}\frac{d}{dx}(p+\gamma z) + \frac{C_1}{r}\right]dr$$

$$\therefore u = \frac{r^2}{4\mu}\frac{d}{dx}(p+\gamma z) + \frac{C_1}{\mu}\ln r + C_2$$

当 $r=0$ 时，u 为有限值，故 $C_1=0$;

当 $r=R$ 时，$u=0$，故 $C_2 = \frac{-R^2}{4\mu}\frac{d}{dx}(p+\gamma z)$

$$\therefore u = -\frac{R^2 - r^2}{4\mu}\frac{d}{dx}(p+\gamma z) \tag{3-50}$$

式 (3-50) 就是一元定常不可压缩流体充分发展层流流动截面上的速度分布公式。速度分布是旋转抛物面。

7. 切应力

$$\tau = -\mu\frac{du}{dr} = -\frac{r}{2}\frac{d}{dx}(p+\gamma z)$$

因 $\frac{d}{dx}(p+\gamma z) = C$，故可写成 $\frac{d}{dx}(p+\gamma z) = -\frac{\Delta(p+\gamma z)}{l}$

$\Delta(p+\gamma z)$ 是管长 l 内，进口端与出口端的 $(p+\gamma z)_1 - (p+\gamma z)_2$，而 $d(p+\gamma z) = (p+\gamma z)_2 - (p+\lambda z)_1$，故前面加"-"号。

故对水平直管，管壁上的切应力

$$\tau_0 = \frac{R}{2}\frac{\Delta p}{l} \tag{3-51}$$

管壁上的摩擦力

$$F = \tau_0 2\pi R l = \pi R^2 \Delta p \tag{3-52}$$

层流管流内速度分布和切应力分布如图 3-48 所示。

8. 流量

对水平直管，有

$$q_V = \int_0^A u dA = \int_0^R u 2\pi r dr$$
$$= \int_0^R \left[-\frac{R^2-r^2}{4\mu}\frac{d(p+\gamma z)}{dx}\right] 2\pi r dr$$
$$= -\frac{\pi}{2\mu}\frac{d(p+\gamma z)}{dx}\int_0^R (R^2-r^2) r dr$$

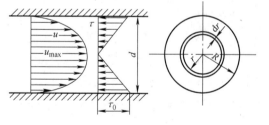

图 3-48 层流管流内速度分布和切应力分布

解得

$$q_V = \frac{\pi d^4 \Delta p}{128\mu l} \tag{3-53}$$

式 (3-53) 中，$\Delta p = p_1 - p_2$。利用式 (3-53)，测得 q_V 和 Δp，可测出流体的动力黏性系数 μ。

9. 流阻

压降 Δp 与通过的体积流量 q_V 之比称为流阻。记为 R。对气体，则称为气阻。

$$R = \frac{\Delta p}{q_V} = \frac{128\mu l}{\pi d^4} \tag{3-54}$$

对层流而言，R 为常数，故称为线性气阻（对气体）。

10. 平均流速 $\bar{u}$

$$\bar{u} = \frac{q_V}{A} = \frac{\Delta p d^2}{32\mu l} \tag{3-55}$$

11. 最大流速 $u_{\max}$

最大流速即 $r=0$ 处的流速。由式（3-50），可得

$$u_{\max} = \frac{\Delta p d^2}{16\mu l} = 2\bar{u} \tag{3-56}$$

12. 动能修正系数 α

动能修正系数的计算公式如下

$$\alpha = \frac{1}{A}\int_A \left(\frac{u}{\bar{u}}\right)^3 dA = \frac{1}{\frac{\pi}{4}d^2}\int_0^R \left[\frac{\frac{\Delta p}{4\mu l}(R^2-r^2)}{\frac{\Delta p R^2}{8\mu l}}\right]^3 2\pi r dr = 2 \tag{3-57}$$

13. 压力损失 Δp

一元定常不可压缩流体充分发展层流的压力损失为

$$\Delta p = \frac{128\mu l q_V}{\pi d^4}$$

水头损失：

$$h_l = \frac{\Delta p}{\gamma} = \frac{128\mu l q_V}{\pi d^4 \rho g} = \frac{64}{\frac{\rho \bar{u} d}{\mu}}\frac{l}{d}\frac{\bar{u}^2}{2g} = \frac{64}{Re}\frac{l}{d}\frac{\bar{u}^2}{2g} \tag{3-58}$$

其中，

$$\lambda = \frac{64}{Re} \tag{3-59}$$

式（3-59）称为层流的沿程损失系数。

功率损失：

$$N = \gamma q_V h_l = \Delta p q_V \tag{3-60}$$

14. 层流起始段和充分发展段（见图 3-49）

管道进口为均匀流。之后，由于黏性作用，管壁上速度 $u=0$，近管壁处速度小。对定常流，为保持连续流动，中间速度加大。再往后，黏性阻滞作用一直扩展到管轴中心线。之后，速度分布不再变化，即进入充分发展流段。

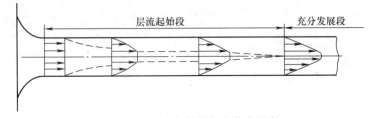

图 3-49 层流起始段与充分发展段

起始段长度约为 $L = 0.057 d Re$

起始段与充分发展段的能量损失 h_f 是不同的。按能量守恒，有

$$\frac{p_0}{\gamma} + \frac{u_0^2}{2g} = \frac{p_1}{\gamma} + \alpha_1\frac{u_1^2}{2g} + h_{l1} = \frac{p_2}{\gamma} + \alpha_2\frac{u_2^2}{2g} + h_{l2}$$

按质量守恒，平均流速存在 $u_0 = u_1 = u_2$，但 $\alpha_2 = 2$，α_1 在 $1 \sim 2$ 之间，可见起始段各截面上的 h_l 是不同的。

15. 层流流量计

对层流管流而言，其两端的压力差 $\Delta p = p_1 - p_2$ 与通过该管的体积流量 q_V 成正比，测得两端的压差，便可由式（3-53）计算出流量 q_V，按此原理可制作成层流流量计。

为了测出质量流量，则有

$$q_m = \rho q_V = \frac{p}{RT}\rho_a \frac{RT_a}{p_a} q_V = \rho_a \frac{p}{p_a}\frac{T_a}{T} q_V$$

式中　p——进口压力；

　　　T——进口温度；

p_a、T_a、ρ_a——标准状态下的压力、温度和密度。

一根毛细钢管，保证 $Re < 2300$，通过的流量很小。若用数千根毛细钢管并联组成层流组件，便可以测量较大的质量流量。将式（3-53）的 q_V 代入上式，则有

$$q_m = kn\rho_a \frac{p}{p_a}\frac{T_a}{T}\frac{\pi d^4 \Delta p}{128\mu l} \tag{3-61}$$

式中　n——毛细管根数；

　　　k——流量系数。

层流流量计是双向流量计，即可测量正反向的流量，正向为"＋"，反向为"－"。

16. 压缩空气中的水滴

在油水分离器等气源处理容器中，压缩空气自下而上流动，对下降的水滴产生流动阻力，该阻力相当于升力。当升力小于水滴重量时，该水滴便落至容器底部被定期排出。这个升力的大小与流速有关，流速大于一定值，水滴就被吹至出口，除水效率降低。流速与水滴直径存在怎样的关系呢？

由于液体（如水）表面存在表面张力，极小的自由下落的水滴呈球状。设水滴直径为 d，其下落速度为 u，就相当于压缩空气以速度 u 吹向水滴。当水滴的重量大于下落遇到的阻力（即升力）时，水滴便落入器底。故有

$$\rho_水 g \frac{1}{6}\pi d^3 \geqslant c \frac{1}{2}\rho_空 u^2 \frac{\pi}{4} d^2 \tag{3-62}$$

式中，c 为阻力系数。对下落的水滴来说，其流动时的雷诺数很小，呈层流状态。水滴阻力系数 c 与雷诺数 Re 的关系见表 3-2。

表 3-2　水滴阻力系数 c 与雷诺数 Re 的关系

$Re = \dfrac{\rho u d}{\mu}$	1	10	10^2	10^3
c	28	4	1.1	0.46

充气过程中，设除油水容器内的平均压力 $p = 4\text{bar}$（a），温度 $T = 293\text{K}$，则其空气密度

$$\rho = \frac{p}{RT} = \frac{4 \times 10^5}{287 \times 293} = 4.76 \text{kg/m}^3$$

空气的动力黏性系数

$$\mu = 18.1 \times 10^{-6} \text{Pa} \cdot \text{s}$$

设 $u=1\text{m/s}$，$d=0.40\text{mm}$，则 $Re = \dfrac{\rho u d}{\mu} = \dfrac{4.76 \times 1 \times 0.4 \times 10^{-3}}{18.1 \times 10^{-6}} = 105 < 2300$。属层流。查表 3-2，$c = 1.1\text{mm}$，式（3-62）变成

$$u \leqslant \sqrt{\dfrac{8\rho_\text{水} g d}{6\rho_\text{空} c}} = \sqrt{\dfrac{4 \times 1000 \times 9.81}{3 \times 4.76 \times 1.1}} \times \sqrt{d \times 10^{-3}} = 1.58\sqrt{d} \qquad (3\text{-}63)$$

式（3-63）中，u 以 m/s 计，d 以 mm 计。$d > 4\text{mm}$ 时，式（3-63）已不能用。

由式（3-63）可知，若除水容器内的压缩空气上升速度选为 1m/s，则能将 $d > 0.4\text{mm}$ 的水滴沉入器底。若选 $u = 2\text{m/s}$，则只能将 $d > 1.6\text{mm}$ 的水滴沉入器底，除水效率过低。故除水容器内压缩空气的流速宜取 1m/s 左右，以此确定容器的直径。

3.7.2 圆管中的紊流

1. 瞬时速度 u

紊流是指流体质点作复杂无规律的运动。即在三个方向（x，y，z）都有脉动速度 u'_x、u'_y 和 u'_z。在主流方向（如 x 方向）脉动速度 u'_x 大些，在其他方向的脉动速度 u'_y、u'_z 会小些。

2. 时均速度 $\bar{u}$

通常使用"时均法"来研究紊流运动。时均速度是指某空间点的速度对时均周期 T 的平均，即 $\bar{u} = \dfrac{1}{T}\int_0^T u \text{d}t$。它与平均速度不同，平均速度是指某时刻对空间某点（或某截面）的速度取平均值，即 $\bar{u} = \dfrac{1}{A}\int_0^A u \text{d}A$。

3. 准定常紊流

本来，紊流是不定常流动，但若时均速度与时间无关，则称为准定常紊流。

对准定常紊流，按时均值 $\bar{u}$、$\bar{p}$、$\bar{\rho}$……来描述流动，则为定常流动，此时就可以使用定常流的质量方程、能量方程、总流的伯努利方程等。

4. 脉动速度 u'

瞬时速度 u 与时均速度 $\bar{u}$ 的差值，就是脉动速度 u'，即 $u' = \pm(u - \bar{u})$。

脉动速度的时均值为 0。因

$$\bar{u} = \dfrac{1}{T}\int_0^T u\text{d}t = \dfrac{1}{T}\int_0^T(\bar{u} \pm u')\text{d}t = \dfrac{1}{T}\int_0^T \bar{u}\text{d}t \pm \dfrac{1}{T}\int_0^T u'\text{d}t = \bar{u} \pm \dfrac{1}{T}\int_0^T u'\text{d}t$$

$$\therefore \dfrac{1}{T}\int_0^T u'\text{d}t = 0$$

对管流，$\bar{u}_x \neq 0$，但 $\bar{u}_y = 0$，$\bar{u}_z = 0$。

5. 紊流的切向应力 τ

紊流有两种切向应力，即

$$\tau = \tau_1 + \tau_2$$

式中，τ_1 是时均速度在 y 方向的速度梯度所引起的黏性切向应力，$\tau_1 = \mu\dfrac{\text{d}\bar{u}}{\text{d}y}$；$\tau_2$ 是指单位时间内，通过单位面积上，沿 x 方向的动量变化所引起的切向应力，称为紊流附加切向应力，即流体质点在层间进行动量交换引起的切向应力。

$$\tau_2 = -\rho \overline{u'_x u'_y}$$

如图 3-50 所示，当 $\dfrac{\mathrm{d}\overline{u}_x}{\mathrm{d}y} > 0$ 时，从上层流入 ab 层的质点具有的动量大，使 ab 层质点加速，故 u'_x 为正，但 u'_y 是 y 的负方向，故 u'_y 为负，所以，$u'_x u'_y$ 为负。从下层流入 ab 层的质点具有的动量小，使 ab 层质点减速，故 u'_x 为负，但 u'_y 是 y 的正方向，因此，$u'_x u'_y$ 也为负。因 $\dfrac{\mathrm{d}\overline{u}_x}{\mathrm{d}y} > 0$，沿 y 向速度是增大的，故 τ_2 应是正应力（朝 x 的正方向）。

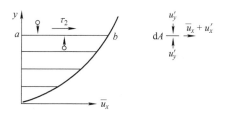

图 3-50 层间质点的动量交换引起的切向应力 τ_2

根据动量方程，在 Δt 时间内，通过两层流体的交界面上的微元面积 ΔA 流入的质量形成的动量变化等于该面上的切向力 $\tau_2 \Delta A$ 和时间 Δt 的乘积，则有

$$-(\rho u'_y \Delta A) u'_x \Delta t = \tau_2 \Delta A \Delta t$$

简化后，有

$$\tau_2 = -\rho u'_x u'_y$$

因 $u'_x u'_y$ 为负，故 τ_2 为正值。若 τ 取时均值，则有 $\tau_2 = -\rho \overline{u'_x u'_y}$。此式右端是 u'_x 和 u'_y 乘积的时均值，不是二者时均值的乘积，因 u'_y 的时均值为 0。

6. 紊流起始段和充分发展段（见图 3-51）

靠近管壁处为黏性底层，黏性底层为层流流动，紊流脉动越厉害，底层越薄。因速度梯度越大，τ_1 大，所以造成压力损失越大，但散热性好。u'_x 可能很大，但受壁面限制，$u'_y \to 0$，故 $\tau_2 \to 0$。通常，底层厚度 δ' 约为管件半径 r_0 的 1%，有经验公式（λ 是沿程损失系数）

$$\delta' = \dfrac{60 r_0}{Re \sqrt{\lambda}}$$

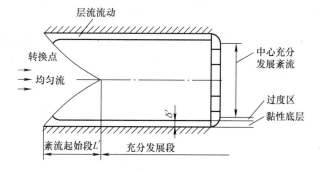

图 3-51 紊流起始段和充分发展段

中心充分发展紊流区，虽然速度均匀，$\tau_1 \to 0$，但层间质点的动量交换显著，故 τ_2 是很大的。

对光滑管的紊流充分发展流的速度分布，有经验公式

$$\dfrac{u}{u_{\max}} = \left(1 - \dfrac{r}{r_0}\right)^n \tag{3-64}$$

式中，$n = \dfrac{1}{10} \sim \dfrac{1}{6}$，$Re$ 越大，n 越小。此式不适用于黏性底层。

起始段的长度 $L' = (25 \sim 40)d$（d 为管件内径）。

3.8 沿程损失和局部损失

气动元件中，除气管道属于沿程损失外，其他气动元件几乎都属于局部损失。

本节讲的沿程损失和局部损失的前提是，元件内必须是不可压缩流体的流动。这对气动元件来说，只有少数气动元件内的流动属于这种情况。大多数气源处理系统中的气动元件内为不可压缩流动，如主管路系统中的后冷却器、过滤器、油雾器和干燥器等。

虽然大多数气动元件不用沿程损失和局部损失来表达，但这节内容在工程上应用很广泛，故这些知识是必须掌握的。且对高速流动下的气动元件的性能分析是有比较作用的。

1. 水力光滑管与水力粗糙管

管道内壁会存在各种不同程度的凸凹不平，它们的平均尺寸 Δ 称为绝对粗糙度，如图 3-52 所示。图中 δ' 是附面层的黏性底层的厚度。

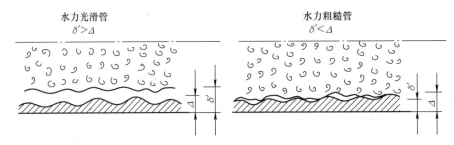

图 3-52 水力光滑管与水力粗糙管

当 $\delta' > \Delta$ 时，管壁的凸凹不平完全被黏性底层所覆盖，粗糙度对紊流核心没有影响，这种情况称为水力光滑管。

当 $\delta' < \Delta$ 时，管壁凸凹不平部分或全部暴露在黏性底层之外，紊流核心的运动流体冲击凸起部分，不断形成旋涡，加剧紊乱程度，增大能量损失，这种情况称为水力粗糙管。

2. 沿程损失

沿程损失是指缓变流的能量损失。可用压力损失 $\Delta p = \gamma h_f$、水头损失 h_f 和功率损失 $N = \Delta p q_V$ 三种形式来表达。

沿程损失最常用的形式为

$$\Delta p = \lambda \frac{l}{d} \frac{1}{2}\rho u^2 \tag{3-65}$$

式中　λ——沿程损失系数；

　　　l——管长；

　　　d——管内径；

　　　$\frac{1}{2}\rho u^2$——管内的动压力。

3. 莫迪图

测实际管道的能量损失时，可整理出如图 3-53 所示的莫迪图。横坐标是雷诺数，计算公式如下

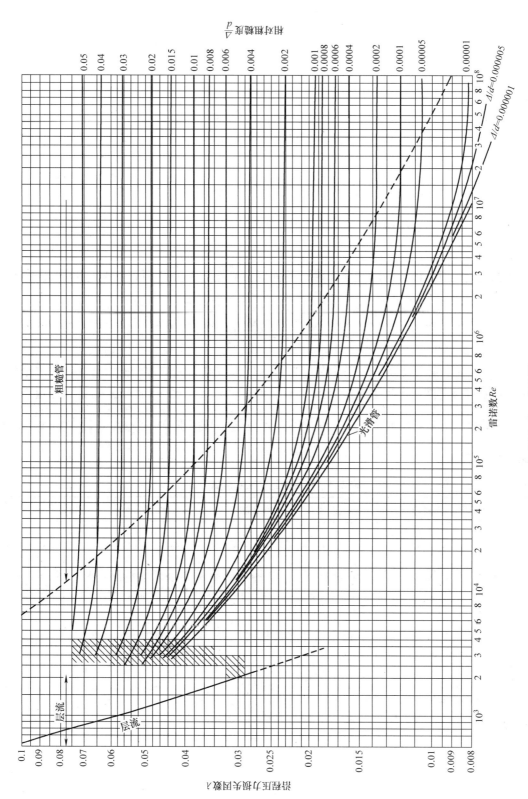

图 3-53 莫迪图

$$Re = \frac{\rho u d}{\mu} \tag{3-66}$$

式中 ρ——流体的密度,单位为 kg/m³;

u——流动截面上的平均流速,单位为 m/s;

d——直管的内径,单位为 mm;

μ——流体的动力黏度,单位为 Pa·s。

纵坐标是沿程损失系数 λ。参变量是相对粗糙度 Δ/d。

莫迪图可分成五个区域。

Ⅰ区:层流区,标志为"层流"的斜线。$\lambda = \frac{64}{Re}$,$Re \le 2320$。

Ⅱ区:层流与紊流的过渡区。"层流"的斜线与"光滑管"曲线之间。层流与紊流的不稳定区。

Ⅲ区:紊流光滑管区。标志"光滑管"的曲线。λ 与 $\frac{\Delta}{d}$ 无关(因 $\delta' > \Delta$)。也可用经验公式计算

$$Re < 10^5, \lambda = \frac{0.3164}{Re^{0.25}} \tag{3-67}$$

$$10^5 < Re < 3 \times 10^6, \quad \lambda = 0.0032 + 0.221 R^{-0.237} \tag{3-68}$$

Ⅳ区:紊流过渡区,由水力光滑管过渡至水力粗糙管。即图 3-53 中,标志"光滑管"与图中粗虚线之间。$\lambda = f(Re、\frac{\Delta}{d})$。$Re$ 越大,δ' 越薄,易出现 $\Delta > \delta'$;Δ/d 越大,扰动越大,λ 越大。表 3-3 列出了常用管材的绝对粗糙度 Δ。

表 3-3 管材的绝对粗糙度 Δ

管材	塑料管	铜、铝管	橡胶软管	无缝钢管	新钢管
Δ/mm	0.001	0.0015	0.01 ~ 0.03	0.04 ~ 0.17	0.12

Ⅴ区:紊流粗糙管平方阻力区,即图 3-53 中的粗虚线之上区。其特点,λ 只与 Δ/d 有关,与 Re 无关。原因是,Re 增大,δ' 变薄,$\Delta > \delta'$,速度 u 再增大,旋涡分离程度已变化不大了。

对模型实验而言,进入此区,已不需要保证雷诺数 Re 相等,称为进入自模区。

例 3-15 已知图 3-54 油箱出油管长 $l = 44$m,$H = 2$m,油的运动黏度 $\nu = 1$cm²/s,不计局部损失。

1)已知 $q_V = 1$L/s,求管径 d。

2)若 $H = 3$m,管内为层流,求管径最大值 d_{max}。

解 1)列自由液面及出油口的总流伯努利方程,有

$$H = \frac{u^2}{2g}\left(1 + \lambda \frac{l}{d}\right)$$

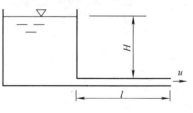

图 3-54 例 3-15 用图

设管内为层流，$\lambda = \dfrac{64}{Re} = \dfrac{64\nu}{ud}$，$u = \dfrac{q_V}{\dfrac{\pi}{4}d^2}$，

$$\therefore H = \dfrac{(q_V/\dfrac{\pi}{4}d^2)^2}{2g}\left(1 + \dfrac{64\nu}{ud}\dfrac{l}{d}\right) = \dfrac{8q_V^2}{g\pi^2 d^4}\left(1 + \dfrac{16\pi\nu l}{q_V}\right)$$

$$d = \sqrt[4]{\dfrac{8q_V^2}{g\pi^2 H}\left(1 + \dfrac{16\pi\nu l}{q_V}\right)} = \sqrt[4]{\dfrac{8q_V^2}{g\pi^2 H} + \dfrac{128\nu l q_V}{\pi g H}}$$

$$= \sqrt[4]{\dfrac{8 \times 1 \times 10^{-6}}{9.8 \times 3.1416^2 \times 2} + \dfrac{128 \times 1 \times 10^{-4} \times 44 \times 1 \times 10^{-3}}{3.1416 \times 9.8 \times 2}}\text{m} = 0.055\text{m}$$

$u = \dfrac{q_V}{\dfrac{\pi}{4}d^2} = \dfrac{1 \times 10^{-3}}{0.785 \times 0.055^2}\text{m/s} = 0.421\text{m/s}$，$Re = \dfrac{ud}{\nu} = \dfrac{0.421 \times 0.055}{1 \times 10^{-4}} = 232$，确认是层流。

故该油管直径为55mm。

2) 若 $H = 3$m，管内为层流，设最大 d 对应 $Re \leq 2000$，则

$$\lambda = \dfrac{64}{2000} = 0.032，按 H = \dfrac{u^2}{2g}\left(1 + \lambda\dfrac{l}{d}\right) = \dfrac{u^2 d^2}{2gd^2}\left(1 + \lambda\dfrac{l}{d}\right),$$

$ud = Re\nu = 2000 \times 1 \times 10^{-4} = 0.2$，则上式成为 $3 = \dfrac{0.2^2}{2 \times 9.8 d^2}\left(1 + 0.032\dfrac{44}{d}\right)$

解得 $d_{max} = 0.101$m，选 $d_{max} = 0.1$m

$$u = \dfrac{2000\nu}{d} = \dfrac{2000 \times 1 \times 10^{-4}}{0.1}\text{m/s} = 2\text{m/s}$$

$$\therefore q_V = u\dfrac{\pi}{4}d^2 = 2 \times 0.785 \times 0.1^2\text{m}^3/\text{s} = 0.0157\text{m}^3/\text{s}$$

例 3-16 已知图 3-55 管中介质为油，沿竖直管以 $u = 1$m/s 的速度流下，$\rho_{油} = 920$kg/m³，管径 $d = 25$mm，在管长 $l = 3$m 的范围内，用水银 U 形管测得水银柱高差 $\Delta h = 90$mmHg。求流态及油的黏性系数 μ。

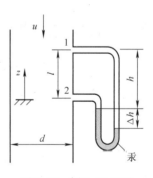

图 3-55 例 3-16 用图

解 对 1，2 两截面建立总流的伯努利方程，

$$p_1 + \gamma_{油}z_1 + \dfrac{1}{2}\rho_{油}u_1^2 = p_2 + \gamma_{油}z_2 + \dfrac{1}{2}\rho_{油}u_2^2\left(1 + \lambda\dfrac{l}{d}\right)$$

按质量方程：$u_1 = u_2 = 1$m/s

因 $z_1 = l$，$z_2 = 0$，则有

$$p_1 - p_2 = \dfrac{1}{2}\rho_{油}u_2^2\lambda\dfrac{l}{d} - \gamma_{油}l \qquad ①$$

设 1 点与水银 U 形管左侧水银面高差为 h，按静力学方程，有

$$p_1 + \gamma_{油}(h + \Delta h) = p_2 + \gamma_{油}(h - l) + \gamma_{汞}\Delta h$$

$$\therefore \quad p_1 - p_2 = (\gamma_{汞} - \gamma_{油})\Delta h - \gamma_{油}l \qquad ②$$

① = ②，$\lambda \dfrac{l}{d} \dfrac{1}{2}\rho_{油} u_2^2 - \gamma_{油} l = -\gamma_{油} l + (\gamma_{汞} - \gamma_{油})\Delta h$

∴ $\lambda = \left(\dfrac{\gamma_{汞}}{\gamma_{油}} - 1\right)\dfrac{\Delta h 2gd}{l u_2^2} = \left(\dfrac{13.6}{0.92} - 1\right)\dfrac{0.09 \times 2 \times 9.8 \times 0.025}{3 \times 1^2} = 0.2026$

$Re = \dfrac{64}{\lambda} = \dfrac{64}{0.2026} = 316 < 2320$，确认是层流。

$\mu = \dfrac{\rho u d}{Re} = \dfrac{920 \times 1 \times 0.025}{316} \text{Pa·s} = 7.28 \times 10^{-2} \text{Pa·s}$

例3-17 图3-56 液压缸缸径 $D_1 = 200\text{mm}$，杆径 $D_2 = 40\text{mm}$，$\rho_{油} = 850\text{kg/m}^3$，$\nu_{油} = 7 \times 10^{-6} \text{m}^2/\text{s}$，输油铜管 $d = 20\text{mm}$，$l = 2\text{m}$，$\Delta = 0.0015\text{mm}$。缸右移时，$p_1 = 25\text{bar}$，$p_2 = 24.5\text{bar}$，不计局部损失，求缸速 v。若缸速提高一倍，只改变管径，d 应取多少？

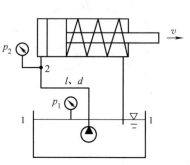

图3-56 例3-17用图

解 1）已知 d、l、h_l，求 v。

$\Delta/d = 0.0015/20 = 0.000075$，查莫迪图，得 $\lambda = 0.011$。

忽略高度差的影响，列1、2点的总流的伯努利方程，得

$$\Delta p = \lambda \dfrac{l}{d} \dfrac{1}{2}\rho u^2$$

$u = \sqrt{\dfrac{2d\Delta p}{\lambda l \rho}} = \sqrt{\dfrac{2 \times 0.02 \times (25 - 24.5) \times 10^5}{0.011 \times 2 \times 850}}\text{m/s} = 10.34\text{m/s}$，$Re = \dfrac{ud}{\nu} = \dfrac{10.34 \times 0.02}{7 \times 10^{-6}} = 29548$

按 $\Delta/d = 0.000075$ 及 $Re = 29548$，查莫迪图，得 $\lambda = 0.024$。

∴ $u = \sqrt{\dfrac{2d\Delta p}{\lambda l \rho}} = \sqrt{\dfrac{2 \times 0.02 \times 0.5 \times 10^5}{0.024 \times 2 \times 850}}\text{m/s} = 7\text{m/s}$，$Re = \dfrac{ud}{\nu} = \dfrac{7 \times 0.02}{7 \times 10^{-6}} = 2 \times 10^4$

按 Δ/d 及 Re，再查莫迪图，$\lambda = 0.026$

∴ $u = \sqrt{\dfrac{2 \times 0.02 \times 0.5 \times 10^5}{0.026 \times 2 \times 850}}\text{m/s} = 6.727\text{m/s}$

$Re = \dfrac{6.727 \times 0.02}{7 \times 10^{-6}} = 19219$，再查莫迪图，$\lambda = 0.0258$。

经两次迭代，得 $u = 6.727\text{m/s}$，

按质量守恒，$\dfrac{\pi}{4}(D_1^2 - D_2^2)v = \dfrac{\pi}{4}d^2 u$

则缸速 $v = \dfrac{d^2}{D_1^2 - D_2^2}u = \dfrac{0.02^2}{0.2^2 - 0.04^2} \times 6.727 \text{m/s} = 0.07\text{m/s}$

2）已知 h_l、l、q_V，求 d。

$q_V = \dfrac{\pi}{4}(D_1^2 - D_2^2)v = 0.785(0.2^2 - 0.04^2) \times 0.07 \times 2 \text{m}^3/\text{s} = 4.22 \times 10^{-3} \text{m}^3/\text{s}$

根据经济、安全的原则，一般压油管管径在 $\phi 15 \sim \phi 50\text{mm}$ 之间，推荐 $u = 3\text{m/s}$；管径 $> \phi 50\text{mm}$ 时，推荐 $u = 4\text{m/s}$。此题求解管径 d 应大于20mm，故预选 $u = 3\text{m/s}$。

则 $d = \sqrt{\dfrac{4q_V}{\pi u}} = \sqrt{\dfrac{4 \times 4.22 \times 10^{-3}}{3.1416 \times 3}}\text{m} = 0.0423\text{m}$

$Re = \dfrac{ud}{\nu} = \dfrac{3 \times 0.0423}{7 \times 10^{-6}} = 18137$

$\Delta/d = 0.0015/42.3 = 3.55 \times 10^{-5}$

查莫迪图，$\lambda = 0.026$。

$\Delta p = \lambda \dfrac{l}{d} \dfrac{1}{2} \rho u^2 = \lambda \dfrac{l}{d} \dfrac{1}{2} \rho \left(\dfrac{q_V}{\dfrac{\pi}{4}d^2}\right)^2$

$\therefore d = \sqrt[5]{\dfrac{8\lambda l q_V^2 \rho}{\pi^2 \Delta p}} = \sqrt[5]{\dfrac{8 \times 0.026 \times 2 \times (4.22 \times 10^{-3})^2 \times 850}{3.1416^2 \times 0.5 \times 10^5}}\text{m} = 0.0264\text{m}$

$u = \dfrac{q_V}{\dfrac{\pi}{4}d^2} = \dfrac{4.22 \times 10^{-3}}{0.785 \times 0.0264^2}\text{m/s} = 7.71\text{m/s}$

$Re = \dfrac{ud}{\nu} = \dfrac{7.71 \times 0.0264}{7 \times 10^{-6}} = 29078$

$\Delta/d = 0.0015/26.4 = 0.000057$

查莫迪图，$\lambda = 0.0235$。

$\therefore d = \sqrt[5]{\dfrac{8 \times 0.0235 \times 2 \times (4.22 \times 10^{-3})^2 \times 850}{3.1416^2 \times 0.5 \times 10^5}}\text{m} = 0.0258\text{m}$

选铜管外径 $\phi 30\text{mm}$，壁厚 2mm，则内径为 $\phi 26\text{mm}$。

4. 局部损失

急变流中的能量损失，称为局部损失。

局部损失常用下列方式表达：

压力损失 $\qquad\qquad\qquad\qquad \Delta p = \zeta \dfrac{1}{2}\rho u^2 \qquad\qquad\qquad$ (3-69)

水头损失 $\qquad\qquad\qquad\qquad h_f = \zeta \dfrac{u^2}{2g} \qquad\qquad\qquad$ (3-70)

式中，ζ 称为局部损失系数。

(1) 突然扩大管　图 3-57 是突然扩大管的水头线。

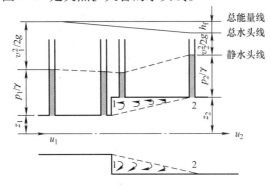

图 3-57　突然扩大管的水头线

取控制体为 1122。涡区 11 侧壁的压力，实测近似为 p_1。

质量方程 $\quad\quad\quad\quad\quad u_1 A_1 = u_2 A_2 = q_V$

伯努利方程 $\quad\quad z_1 + \dfrac{p_1}{\gamma} + \dfrac{u_1^2}{2g} = z_2 + \dfrac{p_2}{\gamma} + \dfrac{u_2^2}{2g} + h_f$

动量方程 $\quad\quad\quad (p_1 - p_2) A_2 = \rho q_V (u_2 - u_1)$

则得 $\quad\quad\quad h_f = \left(1 - \dfrac{A_1}{A_2}\right)^2 \dfrac{u_1^2}{2g}, \quad \zeta_1 = \left(1 - \dfrac{A_1}{A_2}\right)^2$ （3-71）

或 $\quad\quad\quad h_f = \left(\dfrac{A_2}{A_1} - 1\right)^2 \dfrac{u_2^2}{2g}, \quad \zeta_2 = \left(\dfrac{A_2}{A_1} - 1\right)^2$ （3-72）

说明：

1) 流体流动具有惯性，不可能拐 90°角流动。由于沿流动方向管径扩大，速度突降，压力突增，形成逆压梯度（即下游压力大于上游压力），在边壁速度小处，易出现倒流（回流），造成能量损失。

2) 局部损失系数 ζ 取决于使用进口或出口速度水头。

3) 总水头线沿流动方向是下降的，静水头线沿流动方向是上升的（部分速度能转化成压力能），总能量线是不变的。

4) 当 $A_2 \gg A_1$ 时，$\zeta_1 = 1$。表示直管路排向大气，则出口速度水头全部损失掉，即在离开出口一段距离内，被黏性阻尼消耗掉。

5) 局部损失系数 ζ 只与几何形状有关，与雷诺数无关。这是因为，对局部损失来说，形状引起的扰动强烈，Re 变化，对流动状态的影响已不大，但要注意，当 Re 较小时，ζ 会受 Re 的影响的。

(2) 弯管　弯管内存在的二次流损失如图 3-58 所示。

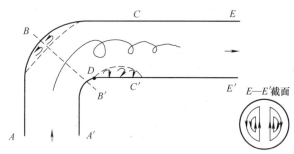

图 3-58　弯管内存在的二次流损失

1) 流动分析：进口 AA'、出口 EE' 取在缓变流截面上。

由于流体拐弯时的离心作用，外侧压力高于内侧压力，p_B 最高，p_D 最低，而不是 $p_{C'}$ 最低。因 B' 至 D 的流动有加速。

A 至 B 点和 D 至 C' 点是增压，存在逆压梯度，下游必产生回流，形成旋涡分离。靠管壁处边界层内流动的动能不足以克服逆压梯度的压力能，要产生倒流。但中心区流动的动能大，仍按主流方向流动。

在截面上形成了非主流方向的双旋涡流动，称为二次流，见 EE' 截面。

此二次流与主流一起形成一对螺旋流，可达数十倍管径远，形成二次流损失。

弯管的压力损失 = 一次流损失（为主）+ 两分离区损失。

2）测 ζ 的方法：用图 3-59 所示原理可测出弯管的局部损失系数 ζ。

1、2 两截面取在缓变流截面上。

总流的伯努利方程可列出

$$\frac{p_1}{\gamma} + z_1 + \frac{u_1^2}{2g} = \frac{p_2}{\gamma} + z_2 + \frac{u_2^2}{2g} + \left(\zeta + \lambda \frac{l}{d}\right)\frac{u_2^2}{2g}$$

$\therefore \dfrac{p_1}{\gamma} + z_1 - \left(\dfrac{p_2}{\gamma} + z_2\right) = \Delta h$

$\therefore \Delta h = \dfrac{u_2^2 - u_1^2}{2g} + \left(\zeta + \lambda \dfrac{l}{d}\right)\dfrac{u_2^2}{2g}$

$\therefore d_1 = d_2 = d$，则 $u_1 = u_2$

故 $\Delta h = \left(\zeta + \lambda \dfrac{l}{d}\right)\dfrac{u_2^2}{2g}$

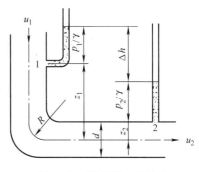

图 3-59 测弯管 ζ 的原理

若 $\lambda \dfrac{l}{d} \ll \zeta$，则测出 Δh 及 q_V（或 u_2），便可由上式计算出 ζ。通常，ζ 与 d/R 有关。

（3）突然收缩管　图 3-60 所示为突然收缩管。虽然沿流动方向，压力是下降的，即属于顺压梯度。但依然存在旋涡分离。因流体流动具有惯性，流体撞到直角边，速度必然要被部分滞止成压力，压力一提高，就形成逆压，产生旋涡分离，迫使主流离开旋涡区。

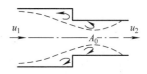

图 3-60 突然收缩管

流体进入小管时，由于流动的惯性，在小管进口处还要形成一个小旋涡区，出现一个最小收缩截面 A_0，A_0 与 A 之比称为截面收缩系数。

（4）边界层、渐扩管

1）边界层：在直管道内若是层流流动，截面上的速度分布呈旋转抛物面形状，最大速度在中心线上，不存在速度梯度为零区。也就是说管壁对流动的影响一直达到中心线上。故层流管流的边界层厚度是管件半径。若管内是紊流流动，在中心充分发展流区，速度梯度 $\dfrac{du}{dy}$ 近似为零，故可认为紊流管流的边界层就是黏性底层 + 过渡区。边界层就是边壁上速度从零增大至接近最大速度处的那一层，如图 3-61 所示。

2）渐扩管：对渐扩管而言，沿流动方向，由于速度逐渐减小，则静压力逐渐增大，形成逆压梯度，会阻滞流动。运动较慢的边界层中的质点将受到更强烈的阻滞。最后，当动能被耗尽后，就会被迫折回。离边壁较远的流动，由于能量较大，仍可继续向前流动。靠近边壁的流体则发生停滞甚至是倒流。由于新流入的流体沿边界全都遭遇同样的情况，越来越多的流体在边界和中心流之间堆积起来，回流便迅速向外扩展，中心流就逐渐被推离边界，流动发生分离，所形成的分离层便迅速地盘绕起来成为涡流，如图 3-62 所示。

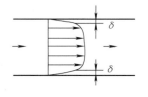

图 3-61 边界层

（5）减小局部损失的措施　流动损失的内因是流体存在黏性。黏性使管截面上的速度分布不均匀，管壁处速度为零，越靠近管件中心的速度越大，即中心处流动动能大，越靠近管壁的流动动能越小。

流动损失的外因是元器件的形状不同，流体运动时具有惯性。即保持原有运动状态的特性。运动质点一旦碰到物体，流速被滞止，部分动能就转化为压力能，压力能的累积超过原有的动能，便产生反向流动。管道扩大，速度变小，部分动能转化成压力能，也会形成逆压梯度。流体转弯，产生离心力，也迫使压力提高，形成逆压梯度。故减小局部损失的关键是防止逆压梯度的形成。

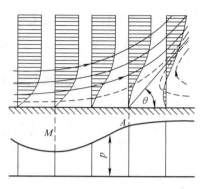

图 3-62 分离的过程

M—最大速度点　A—分离点　θ—分离角

1）将突然扩大变成逐渐扩大，如图 3-63 所示。实验表明，当扩张角 $\theta = 5° \sim 7°$ 时，阻力最小（见图 3-64）。图 3-64 中 k 是实验系数。

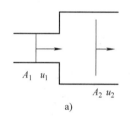
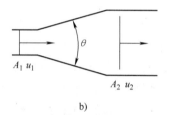

图 3-63 突然扩大变成逐渐扩大

a）突然扩大　b）逐渐扩大

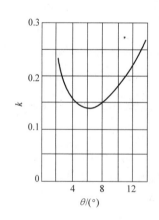
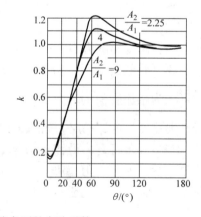

图 3-64 扩张角下的实验系数

水头损失

$$h_f = k \frac{(u_1 - u_2)^2}{2g}$$

2）将突然收缩改成逐渐收缩（见图 3-65）。逐渐收缩的局部损失系数如图 3-66 所示。管路内不会出现旋涡分离现象，主要是沿程损失。

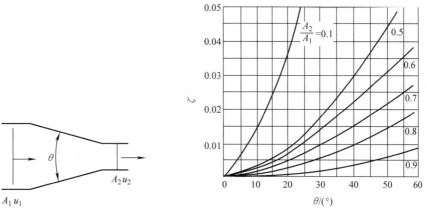

图 3-65　逐渐收缩管　　　　图 3-66　逐渐收缩的局部损失系数

3）管道的进出口（见图3-67）：①处是突然扩大，$A_1/A_2 \to 0$，$\zeta=1$，速压水头 $u_1^2/2g$ 全部损耗于容器中。②处是突然收缩，$A_2/A_1=0$，$\zeta=0.5$。③处管道进口修圆，$\zeta=0.1$ 左右。④处呈圆滑曲线，ζ 在 0.01~0.05 之间。

4）三通接头：在管路中及设计气动元件的内部通道时，类似表3-4中的三通通道是很常见的。由表3-4可以看出，怎样的通道局部损失系数最小或最大。

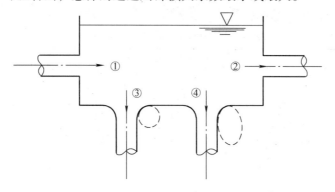

图 3-67　管道进出口

表 3-4　三通通道的局部损失系数

90°三通				
ζ	0.1	1.3	1.3	3
45°三通				
ζ	0.15	0.05	0.5	3

5）闸板阀（见图3-68）和截止阀（见图3-69）在不同开度下的局部损失系数参见表3-5。

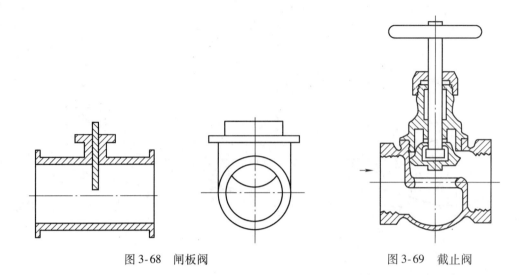

图 3-68 闸板阀　　　　　　　　图 3-69 截止阀

表 3-5　闸板阀与截止阀的局部损失系数

开度（%）	10	20	30	40	50	60	70	80	90	全开
闸板阀 ζ	60	15	6.5	3.2	1.8	1.1	0.60	0.30	0.18	0.1
截止阀 ζ	85	24	12	7.5	5.7	4.8	4.4	4.1	4.0	3.9

6）各种阀口形状的局部损失系数参见表 3-6。

表 3-6　各种阀口形状的局部损失系数

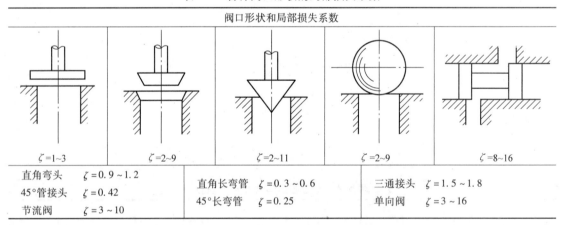

（6）涡街流量计　涡街流量计是根据冯·卡门（F. Kaman）涡街原理研究生产的流量计。主要用于工业管道中的空气、气体、液体、蒸气等多种介质的流量测量。其特点是压力损失小，量程范围大（1:10 甚至 1:20），精度高（±1% F.S.）。

测量体积流量时，几乎不受流体密度、压力、温度、黏度等参数的影响，无可动件。因此，可靠性高，维修量小。涡街流量计使用压电应力式传感器，可靠性高，可在 −20 ~ 150℃ 的范围内工作。有模拟标准信号，也有数字脉冲信号输出，容易与计算机等数字系统配套使用。

测试原理：

在流体中，设置三角柱形旋涡发生体，当流体流过该发生体时，从发生体的两侧，交替产生有规则的两排直线平行旋涡，如图 3-70，称为卡门涡街。卡门发现，当 $h/l = 0.281$ 时，该涡街才是稳定的。旋涡发生体下游上下交替出现的两列旋涡的释放频率 f（单位：Hz）与流体的平均速度 u（单位：m/s）和旋涡发生体的宽度 H（单位：m）存在如下关系

$$f = St \frac{u}{H} \tag{3-73}$$

式中　St——斯特罗哈数，无量纲，与雷诺数 Re 是一一对应的关系。

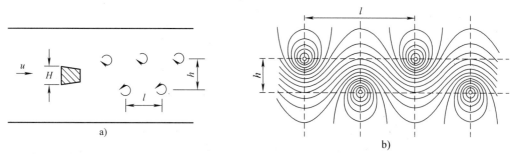

图 3-70　卡门涡街
a）测试原理　b）涡街的流线

斯特罗哈数与雷诺数的关系如图 3-71 所示，流体流动雷诺数大约在 $2 \times 10^4 \sim 7 \times 10^6$ 范围内，相当于 $St = 0.17$，f 与 u 呈线性关系。气体的流速 u 大约在 $5 \sim 50$ m/s。

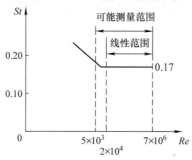

图 3-71　斯特罗哈数与雷诺数

3.9　管路计算

此处所讲的管路，通常是指气源系统的气管路系统。该管路系统内的压力较高，通常为 $7 \sim 10$ bar（g），但管中的流速不高，因此，属于不可压缩流动。

该管路系统可分成串联回路、并联回路和管网（又可分成枝状管网和环状管网）。本节主要讲解这些管路计算的特点，并列举一些计算实例。

至于可压缩流动的管路计算，参见第 7 章。

1. 损失叠加原理

流过两截面间的能量损失，等于此两截面间各段的沿程损失和各处的局部损失的总和，即

$$h_f = \sum \lambda \frac{l}{d} \frac{u^2}{2g} + \sum \zeta \frac{u^2}{2g} \tag{3-74}$$

要求各局部损失前后必须是缓变流,即存在一段 $l/d \geqslant 25$ 的等直长管。

2. 串联回路(见图 3-72)

式 (3-72) 可改写成

$$\Delta p_f = \left(\sum \lambda \frac{l}{d} + \sum \zeta\right) \frac{\rho}{2} \left(\frac{q_V}{\frac{\pi}{4}d^2}\right)^2 = k q_V^2 \qquad (3\text{-}75)$$

k 称为管路特性系数,$k = \left(\sum \lambda \frac{l}{d} + \sum \zeta\right) \frac{8\rho}{\pi^2 d^4}$,$k$ 的单位是 kg/m^7。

按质量方程,$q_V = q_{Vi}$

按能量方程,$\Delta p_{串} = p_1 - p_a = \sum (\Delta p_i)$

故有 $k_{串} q_V^2 = k_1 q_{V1}^2 + k_2 q_{V2}^2 + \cdots + k_n q_{Vn}^2 = (k_1 + k_2 + \cdots + k_n) q_V^2$

$$k_{串} = \sum k_i \qquad (3\text{-}76)$$

图 3-72 串联回路

3. 并联回路(见图 3-73)

按质量方程,$q_V = \sum q_{Vi}$

按能量方程,$\Delta p_{并} = \Delta p_i$

$\because \Delta p_{并} = k_{并} q_V^2$,$\Delta p_i = k_i q_{Vi}^2$,

$q_V = \sqrt{\frac{\Delta p_{并}}{k_{并}}}$,$q_{Vi} = \sqrt{\frac{\Delta p_i}{k_i}}$

$\therefore \sqrt{\frac{\Delta p_{并}}{k_{并}}} = \sum \sqrt{\frac{\Delta p_i}{k_i}}$

则有

$$\sqrt{\frac{1}{k_{并}}} = \sum \sqrt{\frac{1}{k_i}} \qquad (3\text{-}77)$$

各分支的 k_i 越大,通过的流量 q_{Vi} 越小。

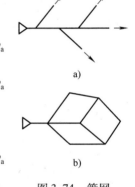

图 3-73 并联回路   图 3-74 管网
a) 枝状管网 b) 环状管网

4. 管网(见图 3-74)

管网中有许多节点,每个节点流入流量为正,流出流量为负,二者之和必为 0。即

$$\sum q_{Vi} = 0 \qquad (3\text{-}78)$$

在任一封闭环内,流体由某一节点沿两个方向流向另一个节点,两个方向的水头损失相等。若顺时针方向的水头损失为正,逆时针方向的水头损失为负,则二者总和必为 0,即

$$\sum h_{fi} = 0 \qquad (3\text{-}79)$$

例 3-18 图 3-75 的液压缸回路系统中,缸径 $D = 200mm$,杆径 $D_1 = 80mm$。油的密度 $\rho = 880kg/m^3$,油的运动黏度 $\nu = 30cst = 0.3cm^2/s$。压力油路中,泵的流量 $q_V = 200L/min$,进出油管直径 $d = 32mm$,油管长 $l_1 = 2.4m$,$l_2 = 5.1m$,$\zeta = 1.13$ 的 90°弯头 3 个,$\zeta = 0.15$ 的 45°弯头一个。回油路中,油管长 $l_3 = 5m$,$l_4 = 2.9m$,$\zeta = 1.13$ 的 90°弯头 3 个,$\zeta = 0.15$ 的 45°弯头一个。另外,单向阀的 $\zeta = 8$,换向阀的 $\zeta = 12$,滤油器的 $\zeta = 6$,出口的 $\zeta = 1$,求

管路系统的功率损失。

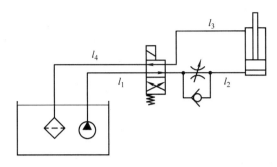

图 3-75 例 3-18 用图

解 对压力回路，

$$u = \frac{q_V}{\frac{\pi}{4}d^2} = \frac{200 \times 10^{-3}/60}{0.785 \times 0.032^2}\text{m/s} = 4.15\text{m/s}$$

$$Re = \frac{ud}{\nu} = \frac{4.15 \times 0.032}{0.3 \times 10^{-4}} = 4423，设为水力光滑管，\lambda = \frac{0.3164}{Re^{0.25}} = \frac{0.3164}{4423^{0.25}} = 0.0388$$

$$\Delta p_{\text{压}} = \left(\lambda \frac{l_1 + l_2}{d} + \Sigma \zeta\right)\frac{1}{2}\rho u^2 = \left(0.0388 \times \frac{2.4 + 5.1}{0.032} + 1.13 \times 3 + 0.15 + 12 + 8 + 1\right) \times \frac{1}{2} \times 880 \times 4.15^2 \text{Pa} = 2.549 \times 10^5 \text{Pa}$$

液压缸运动速度 $\dfrac{q_V}{\frac{\pi}{4}D^2} = \dfrac{q_V'}{\frac{\pi}{4}(D^2 - D_1^2)}$

$$\therefore q_V' = q_V\left[1 - \left(\frac{D_1}{D}\right)^2\right] = \frac{200 \times 10^{-3}}{60}\left[1 - \left(\frac{0.08}{0.2}\right)^2\right]\text{m}^3/\text{s} = 0.0028\text{m}^3/\text{s}$$

对回油回路，

$$u' = \frac{q_V'}{\frac{\pi}{4}d^2} = \frac{0.0028}{0.785 \times 0.032^2}\text{m/s} = 3.483\text{m/s}, \quad Re' = \frac{u'd}{\nu} = \frac{3.483 \times 0.032}{0.3 \times 10^{-4}} = 3715$$

$$\lambda' = \frac{0.3164}{3715^{0.25}} = 0.0405$$

$$\Delta p_{\text{回}} = \left(\lambda'\frac{l_3 + l_4}{d} + \Sigma \zeta\right)\frac{1}{2}\rho u'^2 = \left(0.0405\frac{5 + 2.9}{0.032} + 1.13 \times 3 + 0.15 + 12 + 6\right) \times \frac{1}{2} \times 880 \times 3.483^2 \text{Pa} = 1.6834 \times 10^5 \text{Pa}$$

$$\therefore 总管路的功率损失 N = q_V \Delta p_{\text{压}} + q_V' \Delta p_{\text{回}} = \frac{200 \times 10^{-3}}{60} \times 254900 + 0.0028 \times 168340 \text{W} = 1321\text{W}$$

例 3-19 水网系统如图 3-76。已知 $q_{V1} = 0.6\text{m}^3/\text{s}$，$\lambda = 0.02$，$d_1 = 0.6\text{m}$，$l_1 = 1000\text{m}$，$d_2 = 0.35\text{m}$，$l_2 = 1100\text{m}$，$d_3 = 0.3\text{m}$，$l_3 = 800\text{m}$，$d_4 = 0.1\text{m}$，$l_4 = 900\text{m}$，$d_5 = 0.7\text{m}$，$l_5 = 1500\text{m}$，求压力水头 h_{AD}。

解 因是长管，故局部损失可忽略不计。仅对沿程损失计算，管路特性系数 k 为

$$k_1 = k_{AB} = \lambda_1 \frac{l_1}{d_1}\frac{8\rho}{\pi^2 d_1^4} = 0.02 \times \frac{1000}{0.6} \times \frac{8 \times 1000}{3.1416^2 \times 0.6^4}\text{kg/m}^7 = 208480\text{kg/m}^7$$

$$k_2 = 0.02 \times \frac{1100}{0.35} \times \frac{8 \times 1000}{3.1416^2 \times 0.35^4} \text{kg/m}^7 = 3395241 \text{kg/m}^7$$

$$k_3 = 0.02 \times \frac{800}{0.3} \times \frac{8 \times 1000}{3.1416^2 \times 0.3^4} \text{kg/m}^7 = 5337058 \text{kg/m}^7$$

$$k_4 = 0.02 \times \frac{900}{0.1} \times \frac{8 \times 1000}{3.1416^2 \times 0.1^4} \text{kg/m}^7 = 14590 \times 10^5 \text{kg/m}^7$$

$$k_5 = k_{CD} = 0.02 \times \frac{1500}{0.7} \times \frac{8 \times 1000}{3.1416^2 \times 0.7^4} = 144684 \text{kg/m}^7$$

由式（3-77），有

$$\frac{1}{\sqrt{k_{BC}}} = \frac{1}{\sqrt{k_2}} + \frac{1}{\sqrt{k_3}} + \frac{1}{\sqrt{k_4}} = \frac{1}{\sqrt{3395241}} + \frac{1}{\sqrt{5337058}} + \frac{1}{\sqrt{1459 \times 10^6}} = 0.0005427 + 0.0004329 + 0.0000262 = 0.001002$$

$\therefore \quad k_{BC} = 996410 \text{kg/m}^7$

由式（3-76），有

$$k_{AD} = k_{AB} + k_{BC} + k_{CD} = 208480 + 996410 + 144684 \text{kg/m}^7 = 1349574 \text{kg/m}^7$$

$$\Delta p_{AD} = k_{AD} q_{V1}^2 = 1349574 \times 0.6^2 \text{Pa} = 485847 \text{Pa}$$

$\therefore \quad h_{AD} = \dfrac{\Delta p_{AD}}{\gamma} = \dfrac{485847}{9800} = 49.58 \text{mH}_2\text{O}$

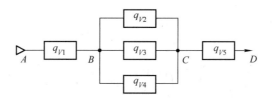

图 3-76　例 3-19 用图

例 3-20　图 3-77 是大水池向两个小水池输水。

已知 $H_A = 60\text{m}$，$H_B = 30\text{m}$，$H_C = 15\text{m}$，$d_1 = d_2 = d_3 = 300\text{mm}$，$l_1 = l_2 = l_3 = 1500\text{m}$，$\lambda = 0.04$，求 q_{V2} 及 q_{V3}。

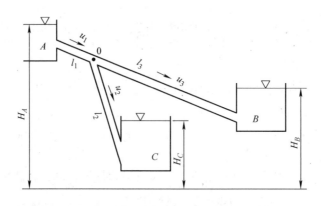

图 3-77　例 3-20 用图

解 因是长管,可忽略局部损失。

对节点 0,存在

$$q_{V1} = q_{V2} + q_{V3}$$

对 A、B 自由液面,存在

$$H_A = H_B + \lambda_1 \frac{l_1}{d_1} \frac{u_1^2}{2g} + \lambda_3 \frac{l_3}{d_3} \frac{u_3^2}{2g}$$

对 A、C 自由液面,存在

$$H_A = H_C + \lambda_1 \frac{l_1}{d_1} \frac{u_1^2}{2g} + \lambda_2 \frac{l_2}{d_2} \frac{u_2^2}{2g}$$

$\because d_1 = d_2 = d_3$,有 $u_1 = u_2 + u_3$

$$H_A - H_B = \lambda \frac{l}{d} \frac{1}{2g}(u_1^2 + u_3^2), u_1^2 + u_3^2 = \frac{(H_A - H_B)2gd}{\lambda l} = \frac{(60-30) \times 2 \times 9.8 \times 0.3}{0.04 \times 1500} = 2.94$$

$$H_A - H_C = \lambda \frac{l}{d} \frac{1}{2g}(u_1^2 + u_2^2), u_1^2 + u_2^2 = \frac{(H_A - H_C)2gd}{\lambda l} = \frac{(60-15) \times 2 \times 9.8 \times 0.3}{0.04 \times 1500} = 4.41$$

$$u_1 = u_2 + u_3 = \sqrt{4.41 - u_1^2} + \sqrt{2.94 - u_1^2}$$

解得 $u_1 = 1.669 \text{m/s}$,$u_2 = \sqrt{4.41 - 1.669^2} \text{m/s} = 1.275 \text{m/s}$

$u_3 = \sqrt{2.94 - 1.669^2} \text{m/s} = 0.394 \text{m/s}$

$\therefore q_{V1} = u_1 \frac{\pi}{4} d^2 = 1.669 \times 0.785 \times 0.3^2 \text{m}^3/\text{s} = 0.118 \text{m}^3/\text{s}$

$q_{V2} = u_2 \frac{\pi}{4} d^2 = 1.275 \times 0.785 \times 0.3^2 \text{m}^3/\text{s} = 0.090 \text{m}^3/\text{s}$

$q_{V3} = q_{V1} - q_{V2} = 0.028 \text{m/s}$

3.10 自由淹没射流及其应用

气动应用中,经常利用吹气(包括使用洁净空气)进行除尘、除铸砂、除切屑末、除冷却液(包括水)、吹除废品、薄膜分离(如纸张、塑料膜等)、引射其他液体(如涂料等),也有利用吹气推动气马达来带动高速旋转的刀具进行切管作业等。据统计,吹气系统的耗气量占气动应用总耗气量的 50% ~ 70%。故谈论气动系统的节能,摆在第一位的当然就是进行吹气系统的节能。

目前,吹气系统能耗大的主要原因有:1)将喷管直接接到气源接口上进行吹气;2)不论是工作状态,还是非工作状态,一直吹气不停;3)使用不合理的供气回路及配管尺寸;4)使用不合理的供气压力;5)选用了不合理的喷嘴口径、喷射距离及吹气时间;6)未选用合理的喷嘴形状及高效喷嘴等。

在谈论吹气节能之前,必须要了解吹气时的流动图案及其流动特性。

1. 自由淹没射流的流动图案

吹气就是让压缩空气从喷嘴吹出来,进行各种作业。吹气就是一种射流。下面介绍一下自由淹没射流的流动特性。

自由射流一般为紊流。黏性大的流体,喷出速度小,且 $Re < 2320$,才会是层流射流。

所谓自由淹没射流，是指气体从某口射入无固壁限制、充满与射出气体为同一介质的静止气体的空间，在一定距离内，不断扩散，相互淹没的流动。其流动图案如图 3-78 所示。射流以极角 θ（大约为 28°）向外扩散。外边界是射流与静止气体的交接面。在交接面上，平行于射流轴线的分速度 $u_x=0$，但 y 方向的分速度 u_y 不为 0，是靠它才使气流的质量在增加。在射流出口，存在一个核心区，即内边界包围的区域。内外边界都是直线。核心区段（喷嘴出口至转折截面）为初始段，初始段之外称为发展段。在核心区内，射流的轴向速度是一致的，等于出口截面的速度 u_0。核心区的长度大约是喷口宽度 b（或直径 d_0）的 5 倍。内外边界之间称为射流边界层。在边界层内，气体不仅有剧烈的轴向运动，而且还有纵向运动，但纵向运动的速度 u_y 远小于轴向运动的速度 u_x。由于紊流扰动，射流带动周围的静止气体一起运动，故沿射流方向的速度不断减小，而射流的宽度不断增大。整个射流区的静压力是一样的，等于周围静止气体的压力（即大气压力 p_a）。

射流与周围静止流体有质量交换和动量交换。由于紊流扰动，射流带动周围静止流体一起流动，故射流质量不断增加。

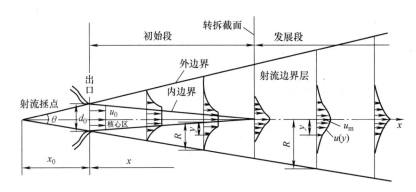

图 3-78　自由淹没射流的流动图案

射流将一部分动量传递给带入的静止流体，故射流的速度不断减小，射流的宽度不断加大，但总动量是不变的，如图 3-79 所示。

对自由射流的控制体，在控制面上不存在切向应力，按动量方程，合力为 0，则有 $0 = \int_{A_1} u\rho u dA - u_0 \rho u_0 A_0$，即 $\int_{A_1} \rho u^2 dA = \rho u_0^2 A_0 = C$。说明总动量不变。但沿流动方向，动能是逐渐减少，转化为热能了。

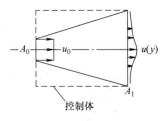

图 3-79　自由射流的控制体

2. 自由淹没射流的特性

实验与理论研究都表明，不论是轴对称射流（圆喷管），还是平面平行射流（长方形喷管）等，射流边界层内的速度分布具有相似性，如图 3-78 所示。

初始段　　　　　　　　　　　$\dfrac{u}{u_0} = \left[1 - \left(\dfrac{y}{R}\right)^{3/2}\right]^2$　　　　　　　　　　　(3-80)

发展段　　　　　　　　　　　$\dfrac{u}{u_m} = \left[1 - \left(\dfrac{y}{R}\right)^{3/2}\right]^2$　　　　　　　　　　　(3-81)

式中 u——射流边界层内某点的轴向速度；

u_m——发展段内任一截面轴向的最大速度；

y——对初始段,是某点离内边界的垂直距离；对发展段,是某点离轴线的垂直距离；

R——对初始段,是内边界至外边界的宽度；对发展段,是轴线至外边界的宽度。

发展段内,轴向最大速度 u_m 可按下式计算

对圆喷嘴 $\quad \dfrac{u_m}{u_0} = \dfrac{3.31}{1+0.46x/d_0} \quad \dfrac{x}{d_0} \geqslant 5 \quad (3-82)$

对扁平喷嘴 $\quad \dfrac{u_m}{u_0} = \dfrac{1.2}{\sqrt{0.41+0.2x/b}} \quad \dfrac{x}{b} \geqslant 5 \quad (3-83)$

射流冲击垂直壁面（见图 3-80）上的中心压力称为冲击压力。因该点流速被滞止为零,故就是该点射流的总压。

若壁面处在核心区内,且外界是大气压力 p_a,则冲击压力 p_0（表压）为

$$p_0 = \dfrac{1}{2}\rho u_0^2 \quad (3-84)$$

式中 ρ——喷嘴出口的气体密度。

若壁面处在发展段,则冲击压力 p_m（表压）

$$p_m = \dfrac{1}{2}\rho u_m^2 \quad (3-85)$$

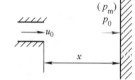

图 3-80 射流冲击垂直壁面

在射流中心轴线上,离喷嘴越远,速度 u_m 越小,故离喷嘴越远,冲击压力 p_m 也越小。可以推导出中心轴线上冲击压力比 p_m/p_0 与射出距离 x/d_0 的关系式（p_m 和 p_0 均以表压计）。

$$\dfrac{p_m}{p_0} = \left(\dfrac{3.31}{1+0.46x/d_0}\right)^2 \quad (3-86)$$

其曲线如图 3-81 所示。

从图 3-81 可知,要想喷射力大,喷射距离 $x/d_0 < 10$ 为宜,喷射距离过大,冲击力极小。

以上介绍的内容仅适合不可压缩流动的射流。作为工程估算,可以用到 $M < 0.4$（马赫数 M 是流速与声速之比）。

对可压缩流动射流,当 $1 > M > 0.4$ 时,虽然喷嘴出口截面上的静压 p_e 与外界大气压力 p_a 仍相等,但射流在射出方向的速度衰减规律应另行研究。冲击压力可进行实测。

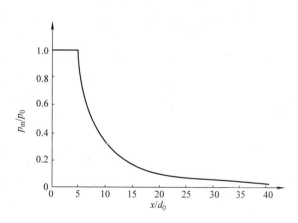

图 3-81 冲击压力比与射出距离的关系曲线

若供给压力 p_0 高,p_a/p_0 已小于喷嘴的临界压力比 0.528,则收缩喷嘴出口 $M=1$,且喷管出口压力 $p_e > p_a$。这种情况下,喷嘴出口的流动图案与图 3-78 完全不同,不考虑气体黏性时的流动图案如图 3-82 所示。

当出口截面上压力 p_e 高于外界大气压力 p_a 时,从出口上下缘处各产生一束膨胀波,使

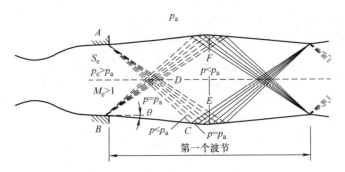

图 3-82 出口压力高于外界压力的收缩扁喷嘴的超声速射流图案

马赫数从出口 M 数值逐渐增大。沿射流方向的气流方向也由出口的轴向逐渐向外偏折,使射流截面逐渐增大,而压力从出口 p_e 逐渐降低。由于膨胀过度,压力过低,气流又被压缩,使压力又回升至大致等于 p_e,就这样形成膨胀波束—压缩波束第一个波节。这个过程一再重复产生,如图 3-82 所示。只是在射流边界上,压力才等于外界大气压力。图 3-82 是对理想流体(没有黏性)画出的图案。实际上,由于黏性作用,该波束会很快衰减掉。

从以上分析可见,收缩喷嘴的超声速射流与图 3-78 所示的低速射流的流动图案截然不同。

1)超声速射流的形状是以膨胀波束—压缩波束一个波节一个波节地进行下去,随 p_e/p_0 的减小,波节也减少,而不是低速射流以极角 28°左右那样扩散下去。

2)超声速射流区内的速度是超声速,在任一截面上的速度,不仅大小不同,而且方向也不同,最大速度也不在轴线上。

3)超声速射流任一截面上各点压力不相等,也不等于外界大气压力,而是围绕大气压力 p_a 上下变动。

4)计算低速射流的式(3-80)~式(3-86)不能用于超声速射流。

3. 节气要选择合理的气动回路

喷管直接接到气源上是浪费气源。应改进成在主路及各支路上,都设置二位三通换向阀 A,改进前后对比见图 3-83。当某支路上的喷嘴要工作时,才接通阀 A;不工作时,切断阀 A,停止供气。这就完全避免了非工作状态浪费气源的情况。

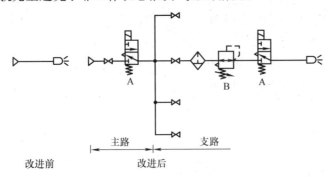

图 3-83 气动回路改进前后对比

在各支路上设置减压阀 B,将减压阀的设定压力设定在最节省气量的使用压力上,可避免使用过高的使用压力及供气管路内流动损失过大而造成的能源浪费。

仅设置阀 A 和阀 B 两项措施，就可节约气量约 80%（与不设置阀 A 和阀 B 相比较）。

4. 节气要选择合理的配管尺寸

设减压阀的出口压力为 p_1，喷嘴进口压力为 p_2，见图 3-84。从减压阀出口至喷嘴进口的临界流态下的有效面积为 S_1，喷嘴临界流态下的有效面积为 S_2。设喷嘴出口达声速流动（使用喷嘴时，希望如此。要求 $p_a/p_2 \leq b$ 便可，b 是喷嘴的临界压力比，一般在 0.5 左右），则喷嘴上游侧为亚声速流动，按流量计算公式。

对喷嘴
$$q_a = 0.124 S_2 p_2 \sqrt{\frac{273}{T_2}} \left(\frac{p_2}{p_1} \leq 0.528 \right) \tag{3-87a}$$

对上游配管系统 $\quad q_a = 0.248 S_1 \sqrt{p_2(p_1 - p_2)} \sqrt{\frac{273}{T_1}} \left(1 \geq \frac{p_2}{p_1} > 0.528 \right) \tag{3-87b}$

注意：在式（3-87）中，q_a 以 L/min（ANR）计；S_1 和 S_2 以 mm² 计；p_1 和 p_2 以 kPa 计，且是绝对压力；T_1 和 T_2 以 K 计，可令 $T_1 = T_2$。

根据流量不变，由式（3-87）可得出

$$\frac{p_2}{p_1} = \frac{1}{1 + 0.25(S_2/S_1)^2} \tag{3-88}$$

式（3-88）对应的曲线如图 3-85 所示。当 $S_1/S_2 > 2$ 时，$p_2/p_1 > 0.941$；当 $S_1/S_2 > 4$ 时，$p_2/p_1 > 0.985$。可见，上游配管系统的有效面积大于喷嘴的有效面积 1 倍或 3 倍，配管系统的压力损失只占 5.9% 或 1.5% 以下。为了减少上游配管系统的压力损失，应选择 $S_1/S_2 > 3$ 为宜。

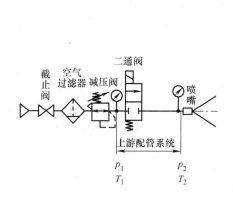

图 3-84　合理的配管尺寸

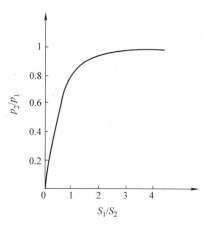

图 3-85　式（3-88）对应的曲线

5. 喷嘴及其使用参数的合理选择

使用喷嘴进行各种作业，其核心是希望喷嘴产生需要的冲击压力 p_m。对 $M < 0.4$ 的喷嘴射流，由式（3-86）可知，为了达到一定的冲击压力 p_m，希望射出距离 x 越小越好，而 p_0 和 d_0 则越大越好。但 p_0、d_0 增大，耗气量也随之增大。

若对冲击压力 p_m 及射出距离 x 有一定要求，从式（3-86）可知，p_0 与 d_0 有一一对应的关系，且 d_0 减小，p_0 增大。对亚声速喷嘴，式（3-87b）中的 p_2 就是大气压力 p_a（=100kPa），p_1 应是喷嘴进口压力 p_0。故式（3-87b）中的（$p_1 - p_2$）就是喷嘴进口压力

p_0 的表压力，则式（3-87b）可变成 $q_a \alpha d_0^2 \sqrt{p_0}$（式中 p_0 以表压力计）。由此式可知，随 d_0 的减小，虽 p_0 增大，但 q_a 却是减小的。若限制 $M < 0.4$，查气动力函数表，得 $p_a/p_0 > 0.895$，当 $p_a = 0.1$MPa（绝对压力）时，则 $p_0 < 0.012$MPa（表压力），依此可由式（3-86）计算出最合理的 d_0 值。

例 3-21 已知 $p_m = 0.0014$MPa，$x = 100$mm，$p_0 = 0.012$MPa，由式（3-84）可算出最合理的 $d_0 = 5.3$mm。按式（3-87b）可算出 $q_a = 171$L/min（ANR）（设 $T_1 = 273$K，$S = 0.9\frac{\pi}{4}d_0^2$）。

表 3-7 中，给出了在一定冲击压力 $p_m = 0.0014$MPa 和一定射出距离 $x = 100$mm 条件下，选取 3 种不同喷嘴口径 d_0，得出喷嘴进口压力 p_0 和所消耗的空气量 q_a。

表 3-7 喷嘴及其使用参数

冲击压力 p_m/MPa（表压）	0.0014			0.0017		
射出距离 x/mm	100	100	100	300	300	200
喷嘴口径 d_0/mm	φ4	φ1.7	φ1	φ4	φ2.5	φ2.5
喷嘴进口压力 p_0/MPa（表压）	0.02	0.10	0.28	0.20	0.49	0.22
理论空气消耗量 q_a/L·min^{-1}（ANR）	121	49	33	407	310	170
实际空气消耗量 q'_a/L·min^{-1}（ANR）	144	57	38	469	359	195

也给出了在一定冲击压力 $p_m = 0.0017$MPa 下，同一射出距离 $x = 300$mm，不同喷嘴口径 d_0 和喷嘴进口压力 p_0 下的耗气量 q_a，以及在同一喷嘴口径 $d_0 = 2.5$mm，不同射出距离 x 和喷嘴进口压力 p_0 下的耗气量 q_a。

从表 3-7 中可以得出以下结论。

1）要求一定冲击压力和一定射出距离时，喷嘴口径选得越小，对应喷嘴进口压力越大，其耗气量越少。

2）要求一定冲击压力，使用同一喷嘴，若射出距离缩短，则对应喷嘴进口压力可降低，耗气量也随之减少。

上两条结论是正确的，但表 3-7 中所列出的喷嘴进口压力（或喷嘴口径）及理论空气消耗量的值是不正确的，读者应当注意。

为什么说表 3-7 中的 p_0 及 q_a 是不正确的呢？因表 3-7 中的 p_0 是给定 p_m、x 和 d_0 由式（3-86）计算出来的。q_a 是按式（3-87b）（式中 p_1 应为 p_0，T_1 应为 T_0，且 $p_a/p_0 < 0.5$ 时）或式（3-87a）（式中 p_2 应为 p_a，p_1 应为喷嘴进口压力 p_0，T_1 应为 T_0，且 $p_a/p_0 > 0.5$ 时）计算出来的。计算时，令 $T_0 = 273$K，S_1 与 S_2 都是喷嘴的临界流态下的有效面积，且令 $S = 0.87\frac{\pi}{4}d_0^2$。

可是，当表 3-7 中的表压 $p_0 > 0.1$MPa 时，喷嘴出口 $M = 1$，口外应为超声速射流，流动图案类似于图 3-82。所以，利用低速射流推导出来的式（3-86）算出的 p_0 值自然是不可信的。再由此 p_0 计算出 q_a 当然也不可信。即便对表 3-7 中的最低 p_0（$= 0.02$MPa），其压力

比 $p_a/p_0 = 0.1/(0.1+0.02) = 0.833$，查气动力函数表，可得 $M = 0.517$，虽属于亚声速流动，但按式（3-86）估算 p_0 值，也会出现明显偏差。

对收缩喷嘴产生的超声速射流［通常 $p_0 > 0.2\text{MPa}$（绝对压力）便可能］和亚声速射流［通常 p_0 在 $0.112 \sim 0.2\text{MPa}$（绝对压力）］，根据喷嘴进口压力，当喷口处 M 大时，可由式（5-37）（亚声速流）和式（5-38）（$M=1$）计算出空气消耗量 q_a' 如表3-7第6行所示。可见，比按式（3-87）大 $15\% \sim 19\%$。也可以通过实测来寻找喷嘴的合理使用参数。

具体实测方法是，使用图3-84所示的气动回路，在要求的射出距离 x 下，利用压力计（如图3-86a中的U形压力计或图3-86b中的PPA系列数字式压力计）及总压管（如图3-86b中的标准测头和针形测头），便可测定冲击压力 p_m。对图3-86a，有

$$p_m = \gamma H$$

式中　γ——U形压力计中液体（如酒精、水）的重度；

　　　H——U形管两侧液位的高度差。

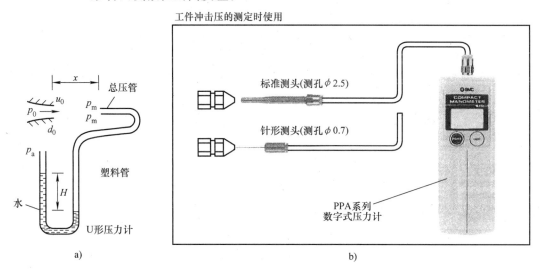

图3-86　冲击压力 p_m 的测定方法

PPA系列压力计可直接读出冲击压力 p_m 的数值。

对不同口径 d_0 的喷嘴，利用减压阀调节喷嘴进口压力 p_0，便可测得在不同射出距离 x 下的冲击压力 p_m。若要求在一定射出距离 x 下，达到一定的冲击压力 p_m，则由上述测得的数据，便可得到喷嘴口径 d_0 与喷嘴进口压力 p_0 之间的一一对应关系。从节能（即减少耗气量）角度讲，当然应选较小的 d_0 值。然后，便可由式（3-87）计算出所选喷嘴口径 d_0 及喷嘴进口压力 p_0 下的空气消耗量 q_a。

6. 吹气时间的合理选择

实验发现，利用喷嘴吹气清除水的场合，除水率与吹气时间的关系如图3-87所示。吹气5s，可除水90%左右；吹气20s，可基本除完水。可见，吹气5s以上，对提高除水效率已不明显。故用同样的吹气时间，若使用几个 $2 \sim 5\text{s}$ 吹气，比连续吹气的除水率高。反之，达到同样的除水率，使用间歇式吹气方法消耗的气量少。如每次吹气2.5s，间歇吹4次，除水率可达99.97%，与连续吹气20s的效果相当，则间歇吹气可节气50%。

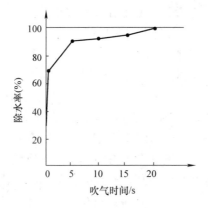

图 3-87　除水率与吹气时间的关系

7. 选喷嘴形状和高效气枪

应根据吹气的具体情况，选择不同的喷嘴形状，可提高吹气效果，也就大大减少了耗气量。同时，应选择压力损失少的高效气枪，如 VMG 系列气枪，在气枪上装有各种喷嘴，使用方便。

第4章 相似理论与量纲分析

4.1 概述

本章主要回答以下问题。

理论方法求解不了的问题，只能通过测试实验来解决。如何实验才能得到正确解？实验时，限于各种条件难以满足，又怎么办呢？

例如，ISO 6358：1989 国际标准规定，通常气动元件的通径只测到 3/4″，原因是大于 3/4″的气动元件测试时的耗气量太大，各国测试中心提供不了这么大的气源条件。为了解决供气难的问题，我国提出了串接声速排气法，并制定成国家标准（GB/T 14513—1993），彻底解决了供气难的问题。但该方法不能测出口无连接口的气动元件，如消声器等，这个问题利用相似理论就能解决。

再例如，通用机械行业阀门的通径远大于气动行业气阀的通径。目前，国内气动换向阀的最大通径为 50mm，利用串接声速排气法，使用 $1.2m^3$ 左右的气罐，便能测出该大口径换向阀的 S 值和 b 值。但对通径 200mm 的阀门来说，根本不可能使用国际标准 ISO 6358：1989，因为耗气量过大，无法实现。即便使用串接声速排气法，也需 $20m^3$ 以上的气罐才能测出该阀的 S 值和 b 值。为了测量一个阀门的流量特性曲线，专门制作一个 $20m^3$ 的气罐，这是不现实的。利用相似理论，不用建大气罐，就能测出大通径阀的 S 值和 b 值。但怎样安排这个试验，才能测出大通径阀的 S 值和 b 值呢？这就是本章要解决的问题。

许多问题通过理论计算是可以解决的。但也有许多问题，由于认识不足，理论计算一时还解决不了。比如，气动换向阀的两个流量特性参数 S 值和 b 值，目前，还想不出办法计算出来，只能通过试验方法测量出来。

如果就产品本身进行测试，叫"原型试验"。若产品过大或过小，无法进行测试，只能按原型缩小或放大的产品进行测试，这叫"模型试验"。

模型做成什么样？与原型是什么关系？

试验怎么做？测哪些量才能得到完整的资料？怎样做节省人力物力？

测试结束后如何整理数据，才能推广应用于同类产品上？

这些都是本章要解决的问题。

4.2 力学相似条件

下面，"实物"用下角标"n"表示，"模型"用下角标"m"表示。

在力学范围内，测量单位的种类，称为"量纲"。如，mm、m、in 等都是长度单位，量纲用 $[L]$ 表示。秒（s）、分钟（min）、时（h）等都是时间单位，量纲用 $[t]$ 表示。克（g）、公斤（kg）等都是质量单位，量纲用 $[M]$ 表示。摄氏温度（℃）、绝对温度（K）

等都是温度单位，量纲用 $[T]$ 表示。

为了能够在模型流动上表现出实物流动的主要现象和性能，为了从模型流动上预测实物流动的结果，必须使模型流动与实物流动具有力学相似关系，即二者对应点上对应的物理量应具有一定的比例关系。它应该包括下列三个方面。

1) 几何相似：相对于实物，模型应成比例地放大或缩小，即对应边成比例，对应角相等。如

长度常数 $\delta_l = \dfrac{l_n}{l_m} = \dfrac{\Delta_n}{\Delta_m} = \cdots$

面积常数 $\delta_A = \dfrac{A_n}{A_m} = \delta_l^2$

体积常数 $\delta_V = \dfrac{V_n}{V_m} = \delta_l^3$

它们可统称为几何常数。

2) 运动相似：两相似物体的相似流场上，在对应时刻、对应点上的运动量（如速度 u、加速度 a、黏度 ν、角速度 ω 等）应大小互成比例、方向一致。

速度常数 $\delta_u = \dfrac{u_n}{u_m} = \dfrac{l_n/t_n}{l_m/t_m} = \dfrac{\delta_l}{\delta_t}$，$\delta_t$ 是时间常数

加速度常数 $\delta_a = \dfrac{a_n}{a_m} = \dfrac{u_n/t_n}{u_m/t_m} = \dfrac{\delta_u}{\delta_t} = \dfrac{\delta_l}{\delta_t^2}$

运动黏度常数 $\delta_\nu = \dfrac{\nu_n}{\nu_m} = \dfrac{l_n^2/t_n}{l_m^2/t_m} = \dfrac{\delta_l^2}{\delta_t}$

对应时刻不能理解成任一时刻（点）或某一时刻（点）。

3) 动力相似：相似流场上，对应时刻对应点，两个几何相似的流体微团上的各种力，彼此方向相同、大小互成比例。即力多边形相似，含惯性力在内。

力常数 $\delta_F =$（压力）$\dfrac{p_n}{p_m} =$（重力）$\dfrac{G_n}{G_m} =$（黏性力）$\dfrac{F_{\mu n}}{F_{\mu m}} =$（惯性力）$\dfrac{F_n}{F_m} = \delta_\rho \delta_l^2 \delta_u^2$

动力黏性系数常数 $\delta_\mu = \dfrac{\mu_n}{\mu_m} = \dfrac{\rho_n \nu_n}{\rho_m \nu_m} = \delta_\rho \delta_l \delta_u = \delta_\rho \delta_l^2 / \delta_t$

4.3 相似准则

判断两现象是否力学相似，本来是要检查所有有关比例常数是否都为定值，但这样难以做到。比如，几何相似应要求管路内各处的表面粗糙度及进口来流的紊流度（也属于边界条件）的几何常数、运动常数也得是定值，这就很难做到。故应寻找更简便的判断相似的准则。

两现象相似，只要运动微分方程相同，及决定唯一解的起始条件（对不定常流动而言）和边界条件相似便可以了。

以理想流体沿流线（l 是指流线坐标）的运动微分方程为例

$$\dfrac{\partial u}{\partial t} + u \dfrac{\partial u}{\partial l} + g \dfrac{\partial z}{\partial l} + \dfrac{1}{\rho} \dfrac{\partial p}{\partial l} = 0$$

式中，对不定常流动，存在 $\dfrac{\partial u}{\partial t}$ 项，重力场存在 $g\dfrac{\partial z}{\partial l}$ 项，压力场存在 $\dfrac{1}{\rho}\dfrac{\partial p}{\partial l}$ 项，速度场存在 $u\dfrac{\partial u}{\partial l}$ 项。

对原型而言，有

$$\frac{\partial u_n}{\partial t_n} + u_n\frac{\partial u_n}{\partial l_n} + g_n\frac{\partial z_n}{\partial l_n} + \frac{1}{\rho_n}\frac{\partial p_n}{\partial l_n} = 0$$

对模型而言，有

$$\frac{\partial u_m}{\partial t_m} + u_m\frac{\partial u_m}{\partial l_m} + g_m\frac{\partial z_m}{\partial l_m} + \frac{1}{\rho_m}\frac{\partial p_m}{\partial l_m} = 0$$

$$\frac{\delta_u}{\delta_t}\frac{\partial u_n}{\partial t_n} + \frac{(\delta_u)^2}{\delta_l}u_n\frac{\partial u_n}{\partial l_n} + \delta_g g_n\frac{\partial z_n}{\partial l_n} + \frac{\delta_p}{\delta_\rho \delta_l}\frac{1}{\rho_n}\frac{\partial p_n}{\partial l_n} = 0$$

保证原型和模型的基本微分方程相似必须存在

$$\frac{\delta_u}{\delta_t} = \frac{(\delta_u)^2}{\delta_l} = \delta_g = \frac{\delta_p}{\delta_\rho \delta_l}$$

$\dfrac{(\delta_u)^2}{\delta_l} = \dfrac{\delta_l}{(\delta_t)^2}$ 是加速度常数。不论存在什么力，惯性力（以加速度常数为代表）总是存在的，故以 $\dfrac{(\delta_u)^2}{\delta_l}$ 为基准，用其他三项除以 $\dfrac{(\delta_u)^2}{\delta_l}$，则得

$$\frac{(\delta_u)^2}{\delta_l}\bigg/\frac{\delta_u}{\delta_t} = \frac{\delta_u\delta_t}{\delta_l} = 1，则有\frac{u_n t_n}{l_n} = \frac{u_m t_m}{l_m}，\frac{ut}{l} = St \tag{4-1}$$

St 称为斯特罗哈数。它代表变位惯性力与不定常流惯性力之比。也称不定常流准则。对定常流动，$St = 1$。

$$\frac{(\delta_u)^2}{\delta_l}\bigg/\delta_g = \frac{(\delta_u)^2}{\delta_l\delta_g} = 1，则有\frac{u_n^2}{g_n l_n} = \frac{u_m^2}{g_m l_m}，\frac{u^2}{gl} = Fr \tag{4-2}$$

Fr 称为弗劳德数。它代表了惯性力与重力之比，也称重力准则。

$$\frac{(\delta_u)^2}{\delta_l}\bigg/\frac{\delta_p}{\delta_\rho\delta_l} = \frac{(\delta_u)^2\delta_\rho}{\delta_p} = 1，则有\frac{p_n}{\rho_n u_n^2} = \frac{p_m}{\rho_m u_m^2}，\frac{p}{\rho u^2} = Eu \tag{4-3}$$

Eu 称为欧拉数。它代表了压力与惯性力之比，也称压力准则。

相似准则就是判断是否相似的准则。

St、Fr 和 Eu 就是理想流体沿流线做不定常流动保证相似必须满足的三个相似准则。即这一类问题要完全相似，必须 $St_n = St_m$，$Fr_n = Fr_m$ 和 $Eu_n = Eu_m$，还要保证起始条件（即 $t = 0$ 时的条件）和边界条件（指进出口、边壁的条件）的相似。

同理，对不可压缩实际流体的运动微分方程，可求解出弗劳德数 Fr、欧拉数 Eu 和雷诺数。其中

雷诺数 $$Re = \frac{\rho u d}{\mu} \tag{4-4}$$

它代表了惯性力与黏性力之比。也称为黏性准则。

与流体力学相关的相似准则还有

韦伯数
$$We = \frac{u}{\sqrt{\sigma/\rho l}} \tag{4-5}$$

它代表了惯性力与表面张力之比,也称表面张力准则。

马赫数
$$M = \frac{u}{Q} = \sqrt{\frac{\rho}{E}} u \tag{4-6}$$

它代表了惯性力与弹性力之比,也称弹性准则。E 是流体的体积弹性系数,是气体做高速流动时必须考虑的相似准则。

实际上,要做到完全相似是极为困难的,故通常只能保证主要相似准则相等,适当考虑次要的相似准则来安排模型实验,这称为不完全相似。

比如,对定常流动,不考虑 St;重力作用很小时,如气体的流动,平面上的液体的流动等,不考虑 Fr;压缩性很小的低速流动,不考虑 M;理想流体或 Re 很大,已进入自模区的流动,不考虑 Re;不是薄层的流动,不考虑 We。

对定常流动,不考虑斯特罗哈数 St。由于重力的影响可忽略,不考虑弗劳德数 Fr。因属于不可压缩流动,不计及马赫数 M。由于不存在薄层流动,不考虑韦伯数 We。因此,这种流动的主要相似准则,只有欧拉数 Eu 和雷诺数 Re。

例 4-1 用孔板流量计(见图 4-1)测空气流量。已知孔板流量计主管路 $D=20$cm,孔口 $d=10$cm。校正时,用水做试验。当流量为 8L/s 时,测得压强差 $\Delta h=22$mmHg。已知 $\nu_{空气}=16\times10^{-6}$m²/s,$\nu_水=1\times10^{-6}$m²/s,$\rho_{空气}=1.183$kg/m³,问

1)测空气时的 q_V 是多少?
2)测空气时的压力差 ΔH(以 mmH₂O 计)是多少?

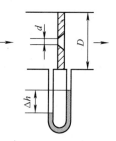

图 4-1 孔板流量计

解 流量计大小不变,故 $\delta_l=1$。

1) $\delta_\nu = \dfrac{\nu_水}{\nu_{空气}} = \dfrac{1}{16}$

根据 $Re_水 = Re_{空气}$,有 $\dfrac{u_水 d_水}{\nu_水} = \dfrac{u_{空气} d_{空气}}{\nu_{空气}}$,$\dfrac{\delta_u \delta_l}{\delta_\nu}=1$,因 $\delta_l=1$,$\delta_\nu=\dfrac{1}{16}$

$\therefore \delta_u = \delta_\nu = \dfrac{1}{16} = \dfrac{u_水}{u_{空气}}$,$u_{空气}=16 u_水$,$\dfrac{q_{V空气}}{q_{V水}} = \dfrac{u_{空气} \frac{\pi}{4} d^2}{u_水 \frac{\pi}{4} d^2} = \dfrac{u_{空气}}{u_水}=16$

$\therefore q_{V空气} = 16 q_{V水} = 16\times 8 \text{L/s} = 128 \text{L/s}$

2) 根据 $Eu_水 = Eu_{空气}$,则有 $\delta_{\Delta p} = \delta_\rho (\delta_u)^2 = \dfrac{1000}{1.183}\left(\dfrac{1}{16}\right)^2 = 3.302$

$\delta_{\Delta p} = \dfrac{\Delta p_{H_2O}}{\Delta p_{air}} = \dfrac{(\gamma_{Hg}-\gamma_{H_2O})\Delta h}{\gamma_{H_2O}\Delta H} = \dfrac{(13.6-1)\times 22}{1\times \Delta H} = \dfrac{277.2}{\Delta H}$

$\therefore \Delta H = \dfrac{277.2}{3.302}\text{mmH}_2\text{O} = 83.95 \text{mmH}_2\text{O}$

例 4-2 $d=5$cm 的输油管,管道上有弯头、开关等装置,安装后需在实验室内用空气测其压力损失。已知工作温度为 20℃,$\gamma_油=8727$N/m³,$\nu_油=0.01$cm²/s,$\gamma_{空气}=11.65$N/m³,$\nu_气=0.157$cm²/s。

1）输油管内 $u=2\text{m/s}$，实验时应选空气的 u 为多少？
2）实验测得空气压力损失 $\Delta p = 7747\text{N/m}^2$，油通过输油管时，压力损失 Δp 为多少？

解 低速流有损失、应计及 Re；涉及压力测量，应考虑 Eu。

1）$\because Re_\text{油} = Re_\text{空气}$

$\therefore \dfrac{\delta_u \delta_l}{\delta_\nu} = 1$

$\because \delta_l = 1$，$\delta_\nu = \dfrac{\nu_\text{油}}{\nu_\text{空气}} = \dfrac{0.01}{0.157} = 0.0637$，$\delta_u = \dfrac{\delta_\nu}{\delta_l} = \dfrac{0.0637}{1} = 0.0637$，$\delta_u = \dfrac{u_\text{油}}{u_\text{空气}}$

$\therefore u_\text{空气} = \dfrac{u_\text{油}}{0.0637} = \dfrac{2}{0.0637}\text{m/s} = 31.4\text{m/s}$

2）$\because Eu_\text{油} = Eu_\text{空气}$

$\therefore \dfrac{\delta_{\Delta p}}{\delta_\rho (\delta u)^2} = 1$

$\because \delta_\rho = \dfrac{\gamma_\text{油}}{\gamma_\text{空气}} = \dfrac{8727}{11.65} = 749$，$\delta_{\Delta p} = \delta_\rho (\delta u)^2 = 749 \times 0.0637^2 = 3.04$

$\therefore \Delta p_\text{油} = \delta_{\Delta p} \Delta p_\text{空气} = 3.04 \times 7747\text{N/m}^2 = 23545\text{N/m}^2$

4.4 量纲分析

前面讲过，已知数学物理方程，加上起始条件和边界条件，可以得到描述该物理现象必须保证相似的相似准则。若没有建立起数学物理方程，如何得到相似准则呢？量纲分析法就是解决此问题的有效方法。

影响某现象的各种特征量（几何量、物理量），一定存在内在联系，即可用一个函数式 $f(a_1, a_2, \cdots, a_n) = 0$ 来描述这个物理现象。如果把这些特征量变换成 i 个相似准则表达的函数式 $g(\Pi_1, \Pi_2, \cdots, \Pi_i) = 0$，这个说明各相似准则之间的关系式叫"$\Pi$ 定理"。因广义的把相似准则记为 Π 而得名。

根据量纲分析，找出该物理现象存在几个相似准则，通过实验求出具体的函数，即准则方程式，便可称为该物理现象的实验解。

Π 定理：某物理现象，包含 n 个特征量，这些量的函数关系式为 $f(a_1, a_2, \cdots, a_n) = 0$。这些量的基本量纲若是 k 个，则 n 个特征量，一定可以组成 $i = n - k$ 个独立的无因次量，记为 Π，并存在函数关系式 $g(\Pi_1, \Pi_2, \cdots, \Pi_i) = 0$，称为相似准则关系式。上面提到的独立的无因次量是指该无因次量 Π 不是由其他无因次量的积和商所组成的。如 $\Pi_5 = \Pi_1^{4/3} \Pi_2^{-2}$，这个 Π_5 就不是独立的无因次量。

确定函数 $g(\Pi_1, \Pi_2, \cdots, \Pi_i) = 0$ 的步骤：

1）列出所有应考虑的 n 个特征量。特征量选多了没关系，多余的 Π 在实验时若发现它没有必要，可舍弃，但工作量加大了。特征量选少了就得不到完整的结果。如果主要特征量没选上，则可能会得到错误的结果。

不要丢掉有因次的常数。如重力加速度 g，气体常数 R，流体体积弹性系数 E 等。

可见，有实践知识，善于调查研究，才能做到不多选，也不少选。

2）选择 k 个量纲系统。牛顿力学中，常见的有 M（质量）、L（长度）、t（时间）制或 F（力）Lt 制。

广义力学（含热力学）中，应使用 $MLtT$（温度）制。

3）用基本量纲表示所有的特征量。独立的量叫基本量（如时间和长度都是相互独立的量），基本量的量纲称为基本量纲。对 MLt 系，力的量纲 $[F] = [M][L][t]^{-2}$。

4）从 n 个特征量中，选出 k 个量作为主要特征量。但 k 个量中，应包含所有基本量纲。k 个量中，不能出现量纲相同，仅指数不同的情况。如不能同时选 A 和 d，否则写不出量纲方程。k 个量中，不要含待求量。

若 n 个特征量中的量纲少于基本量纲数，则 k 应等于 n 个量中出现的基本量纲数。

选不同的特征量为主要特征量，将得出不同的相似准则，但独立的相似准则仍不变。所谓不同的相似准则，只不过是独立相似准则的另行组合而已，是相似准则的和、差、积、幂而已。

5）将主要特征量分别与其他特征量一起组合为无因次量，建立因次方程（自然有 $i = n - k$ 个无因次量）。解因次方程，可求出 i 个独立的无因次组合参数。

6）由实验确定无因次量之间的函数形式。按准则方程式安排实验，是以相似准则为变量，而不是以各个特征量为变量，自然变量大为减少，实验工作量也大大减少，成本就大大降低。按相似准则整理实验数据图表，则可推广到同类现象中。

例 4-3 应用量纲分析法确定不可压定常黏性管流的压力损失关系式。

解 根据实验观察得知，

1）$\Delta p = f(d, l, \rho, \mu, \Delta, u)$，特征量 $n = 7$。

2）选 $[M][L][t]$，$k = 3$。

3）用基本量纲表示所有特征量。

Δp	ρ	u	d	Δ	l	μ
$\dfrac{M}{Lt^2}$	$\dfrac{M}{L^3}$	$\dfrac{L}{t}$	L	L	L	$\dfrac{M}{Lt}$

4）选 ρ、u、d 为主要特征量。

5）建立因次方程式。求 $i = 7 - 3 = 4$ 个无因次量。

$$\Pi_1 = \frac{\Delta p}{\rho^\alpha u^\beta d^\gamma} = \frac{ML^{-1}t^{-2}}{M^\alpha L^{-3\alpha}L^\beta t^{-\beta}L^\gamma}$$

按分子、分母中 M、L、t 的指数相等，则得 $\alpha = 1$（对 M），$\beta = 2$（对 t），$-3\alpha + \beta + \gamma = -1$（对 L），解出 $\gamma = 0$。

$\therefore \Pi_1 = \dfrac{\Delta p}{\rho u^2} = Eu$

$\Pi_2 = \dfrac{\mu}{\rho^\alpha u^\beta d^\gamma} = \dfrac{ML^{-1}t^{-1}}{M^\alpha L^{-3\alpha}L^\beta t^{-\beta}L^\gamma}$，解出：$\alpha = 1$（对 M），$\beta = 1$（对 t），$-3\alpha + \beta + \gamma = -1$（对 L），得 $\gamma = 1$

$\therefore \Pi_2 = \dfrac{\mu}{\rho u d} = \dfrac{1}{Re}$

$\Pi_3 = \dfrac{l}{\rho^\alpha u^\beta d^\gamma} = \dfrac{L}{M^\alpha L^{-3\alpha} L^\beta t^{-\beta} L^\gamma}$，解出：$\alpha = 0$（对 M），$\beta = 0$（对 t），$-3\alpha + \beta + \gamma = 1$（对 L），得 $\gamma = 1$

$\therefore \Pi_3 = \dfrac{l}{d}$

$\Pi_4 = \dfrac{\Delta}{\rho^\alpha u^\beta d^\gamma}$，同上，$\Pi_4 = \dfrac{\Delta}{d}$

6）设 $Eu = g\left(Re,\ \dfrac{\Delta}{d},\ \dfrac{l}{d}\right)$，函数的具体形式取决于实验。实验表明，$Eu$ 与 l/d 成正比，故 l/d 可提出函数式，即 $Eu = \dfrac{l}{d} f\left(Re,\ \dfrac{\Delta}{d}\right)$。因 $Eu = \dfrac{\Delta p}{\frac{1}{2}\rho u^2}$，设 $\lambda = f(Re,\ \dfrac{\Delta}{d})$，则得 $\Delta p = \lambda \dfrac{l}{d} \dfrac{1}{2}\rho u^2$。

按 $\Delta p = f(d,\ l,\ \rho,\ \mu,\ \Delta,\ u)$ 安排实验，要得到完整资料，一个因素改变 10 个值，则要做 10^6 次实验，每次工作半小时，一天工作八小时，则需 200 年！而且，要给出 10 个不同的 μ 值，还要画出 10^4 张图来分析规律，工作量太大了！

若按 Π 定理，将特征量函数式转化为无因次量函数式，然后再用量纲分析法，确定具体的无因次量（相似准则），则只需做 100 次实验，加上证明 Eu 与 l/d 成正比的几十次实验，用一张图表 $\lambda = f(Re,\ \Delta/d)$ 便表达了。而且，改变雷诺数 $Re = \rho u d / \mu$ 中最易改变的速度 u 便可。这样，可节省大量人力物力。一张图表可适用于各种介质（ρ、μ）、各种管材（Δ）、各种流态中去。可见，Π 定理与量纲分析法的重大意义。

4.5 利用相似理论完成大通径气动元件的流量特性参数测试

以通径 50mm 的气动换向阀为例，若通径 8mm 的气动换向阀保证做到与通径 50mm 的换向阀的流道完全几何相似，即两者流道各处对应边成比例，对应角相等，测试时提供的进出口气流的物理条件也相似，如进口压力和温度、出口压力等都相似，则测出 8mm 的换向阀的 S/S_0 和 b 值就是 50mm 换向阀的 S/S_0 和 b 值。根本无须去测 50mm 阀的性能，即可知道该阀的性能。论证如下。

用量纲分析法，对换向阀流量特性的测试，可得出特征量函数关系式。

1）$f(S,\ b,\ \rho,\ u,\ d_0,\ T,\ p,\ R,\ \mu)$，特征量 $n = 9$。
2）选量纲系统为 $MLtT$ 制，$k = 4$。
3）用基本量纲表示所有特征量。

S	b	ρ	u	d_0	T	p	R	μ
L^2	—	$\dfrac{M}{L^3}$	$\dfrac{L}{t}$	L	T	$\dfrac{M}{Lt^2}$	$\dfrac{L^2}{t^2 T}$	$\dfrac{M}{Lt}$

4）选 ρ、u、d_0、T 为主要特征量。
5）建立因次方程式，求 $i = 9 - 4 = 5$ 个无因次量。

$$\varPi_1 = \frac{S}{\rho^\alpha u^\beta d_0^\gamma T^\zeta} = \frac{L^2}{M^\alpha L^{-3\alpha} L^\beta t^{-\beta} L^\gamma T^\zeta}$$

解出，$\alpha=0$，$\beta=0$，$\zeta=0$，$-3\alpha+\beta+\gamma=2$，得 $\gamma=2$

$\therefore \varPi_1 = \dfrac{S}{d_0^2}$

$\because S_0 = \dfrac{\pi}{4} d_0^2$，$\therefore \varPi_1 = \dfrac{S}{S_0}$

$$\varPi_2 = \frac{p}{\rho^\alpha u^\beta d_0^\gamma T^\zeta} = \frac{ML^{-1}t^{-2}}{M^\alpha L^{-3\alpha} L^\beta t^{-\beta} L^\gamma T^\zeta}$$

解出，$\alpha=1$，$\zeta=0$，$\beta=2$，$-3\alpha+\beta+\gamma=-1$，得 $\gamma=0$

$\therefore \varPi_2 = \dfrac{p}{\rho u^2} = Eu$

$$\varPi_3 = \frac{R}{\rho^\alpha u^\beta d_0^\gamma T^\zeta} = \frac{L^2 t^{-2} T^{-1}}{M^\alpha L^{-3\alpha} L^\beta t^{-\beta} L^\gamma T^\zeta}$$

解出，$\alpha=0$，$\zeta=-1$，$\beta=2$，$-3\alpha+\beta+\gamma=2$，得 $\gamma=0$

$\therefore \varPi_3 = \dfrac{R}{u^2 T^{-1}} \rightarrow \dfrac{kRT}{u^2} = \dfrac{1}{M^2}$，$\varPi_3 = M$

$$\varPi_4 = \frac{\mu}{\rho^\alpha u^\beta d_0^\gamma T^\zeta} = \frac{ML^{-1}t^{-1}}{M^\alpha L^{-3\alpha} L^\beta t^{-\beta} L^\gamma T^\zeta},$$

解出，$\alpha=1$，$\zeta=0$，$\beta=1$，$-3\alpha+\beta+\gamma=-1$，得 $\gamma=1$

$\therefore \varPi_4 = \dfrac{\mu}{\rho u d_0} = \dfrac{1}{Re}$

$\varPi_5 = b$（本就是无因次量）

6）用上述量纲分析法，可得出相似准则关系式为

$$\frac{S}{S_0} = g_S(Eu, Re, M)$$
$$b = g_b(Eu, Re, M)$$

对 Re 而言，若原型（8mm 通径的换向阀）的 Re 达几万量级，则模型（50mm 通径的换向阀）的 Re 远大于几万量级，故 Re 处于自模区，就不必考虑相似准则 Re_n（8mm 通径阀）与 Re_m（50mm 通径阀）必须相等。

对 Eu 而言，应 $Eu_n = Eu_m$，即 $\dfrac{p_n}{\rho_n u_n^2} = \dfrac{p_m}{\rho_m u_m^2}$，因 $\dfrac{p}{\rho} = RT$，故也可写成 $\dfrac{T_n}{u_n^2} = \dfrac{T_m}{u_m^2}$，当 $T_n = T_m$ 时，则 $u_n = u_m$。即保证两阀流道的几何相似，测试时令原型与模型的温度相同，速度相同就保证了欧拉数相等。

对 M 而言，应 $M_n = M_m$，即 $\dfrac{u_n}{\sqrt{kRT_n}} = \dfrac{u_m}{\sqrt{kRT_m}}$，若 $T_n = T_m$，则 $u_n = u_m$。表明马赫数 M 也相等。

这就证明了原型与模型的 S/S_0 和 b 是相同的。测出 8mm 通径的 S/S_0 和 b，便知道流道相似的 50mm 通径的 S/S_0 和 b。

问题在于，目前的气动元件产品，同一个系列不同通径做不到完全几何相似。以消声器

为例，同一系列甚至同一名义口径，各个消声器的通径都不一样。比如，1/8″口径通径应该为6mm，实测有的才4.93mm。空隙率就更不一致了，从0.3~0.54都有。就更不要讲消声器的外径和高度的几何相似性了。这就阻碍了利用相似理论来推算大通径气动元件的S值和b值。

虽然如此，奉化气动检验中心的惠伟安高工，测量了各个国产厂家、各种消声材料、6~25mm通径的各种规格的消声器，发现其b值都在0.42~0.48之间。这是因为宏观上讲，消声器的流道是具有相似性的。因此，通径50mm的消声器，不必测试，其b值一定在0.42~0.48之间。但不保证几何相似，大通径消声器的S值就无法估算了。

以上分析表明，现有产品系列要讲标准化，才能估算大通径气动元件的流量特性参数。

通用机械行业的大通径阀的流量特性参数不可能通过原型测试获得，只能利用相似理论与量纲分析法，使用小通径的模型试验来获取。这样做，不仅工作量很小，而且可以节省大量的经费。

第 5 章 可压缩管流

气体在管道内流动,当出口与进口压力比 $p_2/p_1<0.8$ 时,若流道简单的话,往往就出现高速流动(马赫数 $M>0.4$)、声速流动、甚至超声速流动,可以统称为可压缩管流。这种情况,不仅在气动行业很普遍,在各行各业都大量存在。气动技术中,不论是气动元件内的流动,还是气动回路中的流动,通常气源压力在 10bar 以下,故可压缩管流是从事气动行业的专家、工程技术人员及博士生和硕士生必须要掌握的基本知识。

过去,液压与气动专业的学生,有一门流体力学课,但很少涉及气体力学知识。现在,液压与气动专业归入机械电子工程或机电自动化专业。流体力学课程已压缩了许多,甚至根本不开设流体力学课程。连流体传动与控制专业方向的硕士生、博士生,都不学气体力学知识,故遇到可压缩管流的问题,一些硕士生、博士生,甚至气动行业的专家、教授,都不能正确解决可压缩管流方面的技术难题。

最典型的例子就是测试气动元件流量特性方法的争论。

自 20 世纪 70 年代英国巴斯大学 F. Sanville 教授提出使用定压法原理测出气动换向阀的流量特性曲线近似于四分之一椭圆,可用两个特性参数(声速流导 C 值和临界压力比 b 值)来完整表达流量特性曲线以来,至今已 50 年了,如何能测出正确的流量特性,仍得不到解决,处于无休止的争论中。

争论完全偏离了可压缩管流的基本常识。比如,有人认为,椭圆公式不能准确反应测点数据,就把公式修正得更加复杂。其实,测量出的数据错误的原因是仪表测量精度不足,测试原理存在问题,测试方法有错误,这些问题不解决,靠修正数学公式是徒劳的!再比如,有人认为测 5 点太少,应测 16 点,测点再多也不能解决测试原理和测试方法的错误。归根结底,他们缺乏气体力学知识,未发现测试原理出现了错误。

从气体力学基本知识出发,测试气动元件的两个流量特性参数并不是难题。20 世纪 80 年代,国内就提出了串接声速排气法,不仅能正确测出两个流量特性参数,而且测试原理、测试方法简单,耗气量很小,能测 ISO 6358 不能测的大通径气动元件。故制定成国家标准(GB/T 14513—1993)。该国家标准唯一缺陷是不能测出口无连接口的气动元件。故后来又提出"直接测量法",能彻底解决气动元件的两个流量特性参数的测量问题。

气动系统中,空气在气动元件和气动回路中做高速流动。空气做高速流动时,空气的密度和温度都会发生明显的变化,这种空气密度明显变化的流动称为可压缩流动。它与不可压缩流动有许多不同之处。

5.1 声速 a 和马赫数 M

声速就是无限微弱强度的压力波的传播速度。

图 5-1 中,面积为 A 的活塞,在充满静止空气的直管道内以微弱速度 du 向右移动。在 dt 时间内,活塞运动产生的扰动传播距离为 adt。扰动区之前(波前),空气处于静止状态,

$u = 0$，状态参数为 p、ρ、T。扰动区内（波后），空气扰动速度为 du，状态参数变成 $p + dp$、$\rho + d\rho$ 和 $T + dT$。

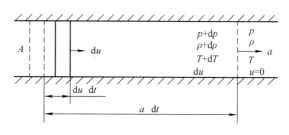

图 5-1 声波的传播

扰动区这部分质量，在扰动前为 $\rho a dt A$，在扰动后为 $(\rho + d\rho)(a - du)dtA$，根据质量守恒定律，有

$$\rho a dt A = (\rho + d\rho)(a - du)dtA$$

得
$$du = a d\rho / \rho \tag{5-1}$$

根据动量定理，扰动区内这部分气体，在 dt 前后的动量变化应等于它们受到的合外力的冲量。扰动前动量为 0，扰动后动量为 $\rho a dt A du$，而该扰动区内气体在 dt 内所受到的合外力为 $(p + dp)A - pA = A dp$，则有

$$\rho a dt A du = A dp dt$$

得
$$du = \frac{dp}{\rho a}$$

将此式代入式 (5-1)，整理后得

$$a = \sqrt{\frac{dp}{d\rho}} \tag{5-2}$$

微弱扰动波在传播过程中的扰动速度 du 和温度变化 dT 都是非常微小的，传播过程是无摩擦绝热的，故可认为声波的传播是可逆的绝热过程，即等熵过程，存在关系式 $p/\rho^{\kappa} = C$，则

$$\frac{dp}{d\rho} = \kappa \frac{p}{\rho} = \kappa RT$$

则有
$$a = \sqrt{\kappa \frac{p}{\rho}} = \sqrt{\kappa RT} \tag{5-3}$$

可见，声速与当地绝对温度有关。声速 a 是声音的传播速度，要与流体的运动速度相区别。马赫数 M 是流速与当地声速之比

$$M = \frac{u}{a} \tag{5-4}$$

流动时的马赫数 $M < 0.2 \sim 0.3$，可当作不可压缩流动；$M < 1$，称为亚声速流动；$M = 1$，称为声速流动；$M > 1$，称为超声速流动。

管道亚声速出流，下游管外的扰动会波及上游，使上游的流动发生变化，直至出口压力与口外压力相等，扰动消失，才成为定常流动。

对声速和超声速出流，下游管外存在扰动的话，因扰动速度是声速，但上游以声速或超声速出流，下游的扰动就不会影响上游。故声速和超声速定常流动，允许出口压力与口外压力不相等。这与亚声速出流是不同的。

5.2 基本方程组

空气高速流动时，空气的密度和温度都会发生较明显的变化。对一元定常可压缩流动，除速度 u、绝对压力 p 为变量外，还增加了密度 ρ 和温度 T 两个变量。故求解高速流动的问

题，必须列出四个基本方程。

1. 质量方程

一元定常可压缩流动，质量流量保持不变，即

$$q_m = \rho u A = C \tag{5-5}$$

对上式作如下演算

$$d[\ln(\rho u A)] = d(\ln C) = 0$$

则得微分形式的质量方程

$$\frac{d\rho}{\rho} + \frac{du}{u} + \frac{dA}{A} = 0 \tag{5-6}$$

2. 动量方程

在一元定常可压缩直管道中，取出一微段 dx 的气体微团，如图 5-2 所示。在 dt 时间内，该气体微团由 1—2 移至 1′—2′。由于是定常流动，在 dt 时间内，1′—2 段的质量和动量都不发生变化。故 1—1′ 和 2—2′ 两段的质量 dm 是相等的，$dm = \rho A u dt$。该微团在 dt 时间内的动量变化应等于 2—2′ 与 1—1′ 两部分动量之差，即 $\rho A u dt(u + du - u) = \rho A u dt du$。该微团沿 x 向的合外力是

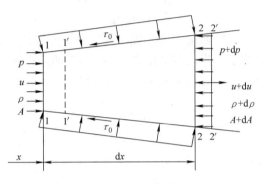

图 5-2 微元气体微团

$$pA - (p + dp)(A + dA) + \left(p + \frac{dp}{2}\right)dA - \tau_0 \pi D dx = -A dp - \tau_0 \pi D dx$$

式中　D——x 处的管径；

τ_0——dx 微段管壁作用在气体上的摩擦切向应力。

在 dt 时间内，根据该微团的动量变化等于该微团所受到的合外力的冲量，有

$$\rho A u dt du = (-A dp - \tau_0 \pi D dx) dt$$

整理后，得

$$u du + \frac{dp}{\rho} + \frac{4\tau_0}{\rho} \frac{dx}{D} = 0 \tag{5-7}$$

这就是一元定常可压缩流动的微分形式的动量方程。

3. 气体状态方程

由 $p = \rho R T$，可以得出气体状态方程的微分形式

$$\frac{dp}{p} = \frac{d\rho}{\rho} + \frac{dT}{T} \tag{5-8}$$

4. 能量方程

与外界无热功交换（称为绝热）的一元定常流动的能量方程为

微分形式
$$dh + u du = 0 \tag{5-9}$$

积分形式
$$h + \frac{u^2}{2} = h_0 \tag{5-10}$$

对完全气体，$h = c_p T$，$c_p = \dfrac{\kappa}{\kappa - 1} R$，$\kappa = \dfrac{c_p}{c_v}$

故式（1-14）可写成

$$\frac{\kappa}{\kappa-1}RT + \frac{u^2}{2} = h_0 = \frac{\kappa}{\kappa-1}RT_0 \tag{5-11}$$

或
$$\frac{a^2}{\kappa-1} + \frac{u^2}{2} = \frac{a_0^2}{\kappa-1} \tag{5-12}$$

$$\frac{\kappa}{\kappa-1}\frac{p}{\rho} + \frac{u^2}{2} = h_0 = \frac{\kappa}{\kappa-1}\frac{p_0}{\rho_0}$$

式中，T_0、p_0、ρ_0 是当地速度 $u=0$ 处的滞止温度、滞止压力和滞止密度，也称为总温、总压和总密度。

5.3 一元定常完全气体等熵流动的特性分析

等熵流动就是理想气体做绝热流动。对一元定常等熵流动，微分形式的基本方程可作如下演变。

理想气体流动时，$\tau_0 = 0$。式（5-7）变成

$$u\mathrm{d}u + \frac{\mathrm{d}p}{\rho} = 0$$

上式除以 u^2，变成

$$\frac{\mathrm{d}u}{u} = -\frac{\mathrm{d}p}{\rho u^2} = -\frac{\kappa p}{\rho}\frac{1}{\kappa u^2}\frac{\mathrm{d}p}{p}$$

因 $a^2 = \kappa p/\rho$，则上式变成

$$\frac{\mathrm{d}u}{u} = -\frac{1}{\kappa M^2}\frac{\mathrm{d}p}{p} \tag{5-13}$$

等熵流动，存在 $p/\rho^\kappa = C$，其微分式为 $\frac{\mathrm{d}p}{p} = \kappa\frac{\mathrm{d}\rho}{\rho}$，引入式（5-13），消去 $\frac{\mathrm{d}p}{p}$，得

$$\frac{\mathrm{d}\rho}{\rho} = -M^2\frac{\mathrm{d}u}{u} \tag{5-14}$$

将式（5-14）代入式（5-6），得

$$\frac{\mathrm{d}A}{A} = (M^2 - 1)\frac{\mathrm{d}u}{u} \tag{5-15}$$

式（5-9）可改写成

$$c_p\mathrm{d}T + u\mathrm{d}u = \frac{\kappa R}{\kappa-1}\mathrm{d}T + u\mathrm{d}u = 0$$

上式除以 $\frac{\kappa R}{\kappa-1}T$，且令 $\kappa RT = a^2$，则得

$$\frac{\mathrm{d}T}{T} = -(\kappa-1)M^2\frac{\mathrm{d}u}{u} \tag{5-16}$$

由式（5-13）至式（5-16），可以得出如下结论。

1）当 $M = 0.2$ 时，设 $\frac{\mathrm{d}\rho}{\rho} = 2\%$，则 $\frac{\mathrm{d}p}{p} = 2.8\%$，$\frac{\mathrm{d}T}{T} = 0.8\%$，$\frac{\mathrm{d}u}{u} = -50\%$。可见，若 $\frac{\mathrm{d}\rho}{\rho} \leqslant 2\%$ 认为是不可压缩流动，温度变化更小，但压力和速度变化必须考虑。

2) 当 $M<1$ 时，$\mathrm{d}A$ 与 $\mathrm{d}u$ 异号，$\mathrm{d}u$ 与 $\mathrm{d}p$、$\mathrm{d}T$、$\mathrm{d}\rho$ 都异号。说明 A 增大，则 u 减小，相应 p、ρ 和 T 都增大；反之，若 A 减小，则 u 增大，相应 p、ρ 和 T 都减小。A、u 和 p 之间的变化规律与不可压缩流动是相同的（不可压缩流动，设 ρ 和 T 不变）。

3) 当 $M>1$ 时，$\mathrm{d}A$ 与 $\mathrm{d}u$ 同号，$\mathrm{d}u$ 与 $\mathrm{d}p$、$\mathrm{d}T$、$\mathrm{d}\rho$ 都异号。说明 A 增大，则 u 增大，相应 p、ρ 和 T 都减小；反之，若 A 减小，则 u 减小，相应 p、ρ 和 T 都增大。超声速流动物理量的变化规律与亚声速流动的变化规律正好相反。

4) 当 $M=1$ 时，由式 (5-15)，有 $\mathrm{d}A/\mathrm{d}u = (M^2-1)A/u = 0$。说明一个管道沿流动方向，在 $M=1$ 处的截面积是极小值。即在最小截面，M 才可能等于 1。故要想使亚声速流动变成超声速流动，管截面形状必须先收缩，使亚声速流动逐渐加速至最小截面达 $M=1$，然后再扩张，才可能得到超声速流动，如图 5-3 所示。这种先收缩后扩张以获得超声速流动的管道称为拉瓦尔管。

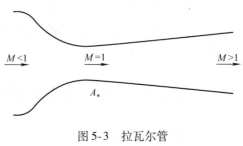

图 5-3 拉瓦尔管

应当注意的是，管道先收缩后扩张是获得超声速流的几何条件。但几何条件只是必要条件，要得到超声速流，还须有压比条件，即管道两端必须存在足够的压力差。

5.4 一元定常等熵流动的参考状态

把一些特定状态作为参考状态，有利于分析、计算和测量。

5.4.1 滞止状态

气体流动时，在一定流速下的热力状态参数称为静参数，如静压 p、静温 T、静密度 ρ 和静焓 h 等。当流速被滞止为零时的状态称为滞止状态。滞止状态的热力参数称为滞止参数或总参数，通常用下角标 "0" 表示。如总压 p_0、总温 T_0 和总焓 h_0 等。滞止过程若是等熵过程，称为等熵滞止。等熵滞止时无能量损失。

与外界无热功交换的一元定常流动，其能量方程式 (5-10) 可改写成

$$c_p T_0 = c_p T + u^2/2$$

$$\frac{T_0}{T} = 1 + \frac{u^2}{2c_p T} = 1 + \frac{u^2}{2\dfrac{\kappa R}{\kappa-1}T} = 1 + \frac{\kappa-1}{2}M^2$$

等熵流动，有

$$\frac{p_0}{p} = \left(\frac{T_0}{T}\right)^{\frac{\kappa}{\kappa-1}}, \quad \frac{\rho_0}{\rho} = \left(\frac{T_0}{T}\right)^{\frac{1}{\kappa-1}}$$

则可得到总参数与静参数的关系式如下

$$\frac{T_0}{T} = 1 + \frac{\kappa-1}{2}M^2 \tag{5-17}$$

$$\frac{p_0}{p} = \left(1 + \frac{\kappa-1}{2}M^2\right)^{\frac{\kappa}{\kappa-1}} \tag{5-18}$$

$$\frac{\rho_0}{\rho} = \left(1 + \frac{\kappa-1}{2}M^2\right)^{\frac{1}{\kappa-1}} \tag{5-19}$$

滞止状态可以是真实存在的，可以是假想的。如气罐中的气体状态便是真实存在的滞止状态，气罐内的压力为总压 p_0，温度为总温 T_0。对实际流动，可由流动马赫数 M 及静参数 p、ρ 和 T 推算出当地的滞止状态参数 p_0、ρ_0 和 T_0。这个滞止状态便是假想的。

若气体流动是绝热的，沿流线各点的总温 T_0 保持不变。因总温代表单位质量气体所具有的总能量，即便气体黏性产生摩擦损失，但摩擦损失变成的热量仍保留在气体内没有逸散至外界。

若气体流动是等熵流动，沿流线各点，不仅总温 T_0 保持不变，而且总压 p_0 也保持不变。因等熵流动没有能量损失，故代表单位质量气体所具有的总机械能的总压 p_0 便保持不变。

因一元定常等熵流动的滞止参数不变，故以滞止状态作为比较（参考）状态，将各物理量转化为无因次量，如 p_0/p、T_0/T 等，有利于特性计算。

5.4.2 临界状态

临界状态是指流体质点的速度等于当地声速处的状态。临界状态通常用角标"*"表示。

临界速度 u_* 指临界状态时的速度。$u_* = a_*$。

临界截面是指处于临界状态时的流动截面。通常用 S 表示其截面积。

临界压力比是指临界截面上的静压力 p 与总压力 p_0 之比。通常用 b 表示，$b = \left(\frac{p}{p_0}\right)_*$。由式（5-18）可知，当 $M_* = 1$ 时，$b = 0.528$。

由式（5-12），当 $u_* = a_*$ 时，可得

$$a_* = \sqrt{\frac{2}{\kappa+1}}\, a_0 = \sqrt{\frac{2\kappa R T_0}{\kappa+1}} \tag{5-20}$$

可见，气体的临界声速 a_* 除与气体的种类（κ、R 不同）有关外，仅取决于气体的总温 T_0，与气体的总压 p_0 无关。

临界压力 p_*、临界温度 T_* 和临界密度 ρ_* 可由式（5-18）、式（5-17）和式（5-19）求得，当 $M = 1$ 时，有

$$\frac{p_0}{p_*} = \left(\frac{\kappa+1}{2}\right)^{\frac{\kappa}{\kappa-1}} \tag{5-21}$$

$$\frac{T_0}{T_*} = \frac{\kappa+1}{2} \tag{5-22}$$

$$\frac{\rho_0}{\rho_*} = \left(\frac{\kappa+1}{2}\right)^{\frac{1}{\kappa-1}} \tag{5-23}$$

$$\frac{a_0}{a_*} = \sqrt{\frac{T_0}{T_*}} = \left(\frac{\kappa+1}{2}\right)^{1/2} \tag{5-24}$$

可见，各物理量的滞止参数与临界参数之比只与气体的绝热指数有关。

设速度 u 与临界速度 a_* 之比，称为速度系数 λ。即

$$\lambda = \frac{u}{a_*} \tag{5-25}$$

M 与 λ 的关系推导如下。

$$M^2 = \frac{u^2}{a^2} = \frac{u^2}{a_*^2}\frac{a_*^2}{a_0^2}\frac{a_0^2}{a^2} = \lambda^2\left(\frac{2}{\kappa+1}\right)\frac{T_0}{T} = \lambda^2\left(\frac{2}{\kappa+1}\right)\left(1+\frac{\kappa-1}{2}M^2\right)$$

∴
$$\lambda^2 = \frac{\kappa+1}{2}M^2 \bigg/ \left(1+\frac{\kappa-1}{2}M^2\right) \tag{5-26}$$

或
$$M^2 = \frac{2}{\kappa+1}\lambda^2 \bigg/ \left(1-\frac{\kappa-1}{\kappa+1}\lambda^2\right) \tag{5-27}$$

由式（5-17）可知，当 $M\to\infty$ 时，$T=0$。对式（5-26），当 $M\to\infty$ 时，利用数学上的罗彼塔法则，可求得 λ 是有限值，也是极大值。

$$\lambda_{\max} = \sqrt{\frac{\kappa+1}{\kappa-1}} \tag{5-28}$$

对空气，$\kappa=1.4$，则 $\lambda_{\max}=2.4495$。对应 $M=\infty$。

使用 λ 的好处是，它的分母 a_* 是常数（已知 T_0 的话），已知 λ 值，就可求出速度 u。

式（5-14）～式（5-16）也可用 λ 来表示。本书附录中，列出了气动力函数表。用 $\tau(\lambda)$ 代表 T/T_0，$\Pi(\lambda)$ 代表 p/p_0，$\varepsilon(\lambda)$ 代表 ρ/ρ_0，有

$$\tau(\lambda) = \frac{T}{T_0} = 1 - \frac{\kappa-1}{\kappa+1}\lambda^2 \tag{5-29}$$

$$\Pi(\lambda) = \frac{p}{p_0} = \left(1 - \frac{\kappa-1}{\kappa+1}\lambda^2\right)^{\frac{\kappa}{\kappa-1}} \tag{5-30}$$

$$\varepsilon(\lambda) = \frac{\rho}{\rho_0} = \left(1 - \frac{\kappa-1}{\kappa+1}\lambda^2\right)^{\frac{1}{\kappa-1}} \tag{5-31}$$

5.5 质量流量、壅塞现象

图 5-4 所示大容器从收缩喷管出流，设喷管出口面积为 A_2，喷管出口处压力为 p_2，口外外界压力为 p_b，出口流速为 u_2。由于容器内流速 $u_0\approx 0$，故容器内压力为总压 p_0、温度为总温 T_0。假定是理想气体流过收缩管，则可认为管内为一元等熵流动。若保持容器内 p_0 和 T_0 不变，则收缩管内各处的总压和总温都分别与容器内的 p_0 和 T_0 是一样的。

图 5-4 通过收缩喷管的流动

式（5-11）可改写成

$$\frac{\kappa R}{\kappa-1}T_0 = \frac{\kappa R}{\kappa-1}T_2 + \frac{u_2^2}{2} \tag{5-32}$$

$$\frac{\kappa}{\kappa-1}\frac{p_0}{\rho_0} = \frac{\kappa}{\kappa-1}\frac{p_2}{\rho_2} + \frac{u_2^2}{2}$$

$$u_2 = \sqrt{\frac{2\kappa}{\kappa-1}\left(\frac{p_0}{\rho_0} - \frac{p_2}{\rho_2}\right)} = \sqrt{\frac{2\kappa}{\kappa-1}\frac{p_0}{\rho_0}\left(1 - \frac{p_2}{p_0}\frac{\rho_0}{\rho_2}\right)}$$

对等熵流动，$\dfrac{p_2}{p_0} = \left(\dfrac{\rho_2}{\rho_0}\right)^\kappa$，则理想气体流过喷管出口处的流速

$$u_2 = \sqrt{\frac{2\kappa}{\kappa-1}RT_0\left[1-\left(\frac{p_2}{p_0}\right)^{\frac{\kappa-1}{\kappa}}\right]} \tag{5-33}$$

对收缩喷管，当 $M_2 < 1$ 时，$p_2 = p_b$；当 $M_2 = 1$ 时，$p_2 \geq p_b$。

理想气体通过喷管出口处的质量流量

$$q_m = \rho_2 u_2 A_2 = \frac{\rho_2}{\rho_0}\rho_0 A_2 \sqrt{\frac{2\kappa}{\kappa-1}RT_0\left[1-\left(\frac{p_2}{p_0}\right)^{\frac{\kappa-1}{\kappa}}\right]}$$

$$= \left(\frac{p_2}{p_0}\right)^{\frac{1}{\kappa}}\frac{p_0}{RT_0}A_2\sqrt{\frac{2\kappa}{\kappa-1}RT_0\left[1-\left(\frac{p_2}{p_0}\right)^{\frac{\kappa-1}{\kappa}}\right]}$$

$$q_m = p_0 A_2 \sqrt{\frac{2\kappa}{\kappa-1}\frac{1}{RT_0}\left[\left(\frac{p_2}{p_0}\right)^{\frac{2}{\kappa}}-\left(\frac{p_2}{p_0}\right)^{\frac{\kappa+1}{\kappa}}\right]} \tag{5-34}$$

若 p_0、T_0 保持一定，则 q_m 只是 p_2/p_0 的函数。当 $\frac{\mathrm{d}q_m}{\mathrm{d}(p_2/p_0)} = 0$ 时，求得 $\frac{p_2}{p_0} = \left(\frac{2}{\kappa+1}\right)^{\frac{\kappa}{\kappa-1}}$。

对空气，$\kappa = 1.4$，则 $\frac{p_2}{p_0} = 0.528$。这表示收缩小孔出口处达临界状态时，通过收缩管的质量流量达最大值，记为 q_m^*。将 $\frac{p_2}{p_0} = \left(\frac{2}{\kappa+1}\right)^{\frac{\kappa}{\kappa-1}}$ 代入式 (5-34)，则得

$$q_m^* = \left(\frac{2}{\kappa+1}\right)^{\frac{\kappa+1}{2(\kappa-1)}}\sqrt{\frac{\kappa}{R}}\frac{p_0}{\sqrt{T_0}}A_2 \tag{5-35}$$

对空气，$\kappa = 1.4$，$R = 287\text{N}\cdot\text{m}/(\text{kg}\cdot\text{K})$，则

$$q_m^* = 0.04\frac{p_0}{\sqrt{T_0}}A_2 \tag{5-36}$$

当 $p_b = p_2 = 0.528p_0$ 后，再继续使 p_b 下降，即 $p_b < 0.528p_0$，由于 p_b 减小产生的扰动是以声速传播的，但孔口出流也是以声速向外流动，故扰动无法影响到收缩管内。这就是说，p_b 不断下降，但收缩管内流动并不发生变化，自然 q_m^* 也不变。这样，空气在收缩管内做一元定常等熵流动时，其质量流量的计算可总结如下。

当 $1 \geq \frac{p_b}{p_0} > 0.528$ 时，管内为亚声速流，且 $p_2 = p_b$，

$$q_m = p_0 A_2 \sqrt{\frac{2\kappa}{\kappa-1}\frac{1}{RT_0}\left[\left(\frac{p_2}{p_0}\right)^{\frac{2}{\kappa}}-\left(\frac{p_2}{p_0}\right)^{\frac{\kappa+1}{\kappa}}\right]} \tag{5-37}$$

当 $\frac{p_b}{p_0} \leq 0.528$ 时，收缩管出口 $M_2 = 1$，且 $p_2 \geq p_b$，

$$q_m^* = 0.04\frac{p_0}{\sqrt{T_0}}A_2 \tag{5-38}$$

其流量特性曲线如图 5-5 所示。

由于收缩喷管不断向外排气，使容器内总压 p_0 不断下降，则通过收缩喷管的质量流量 q_m 与两端压比 p_0/p_b 的关系如图 5-6 所示。当 p_0 降至 $p_b/0.528 = 1.893p_b$ 之前，喷管出口 $M_2 = 1$，仍按式 (5-38) 计算 q_m^*，显然 q_m^* 与 p_0 呈线性关系。当 $p_0 < 1.893p_b$ 后，$M_2 < 1$，

应按式（5-37）计算 q_m，且 $p_2 = p_b$。

一元定常等熵流动的条件下，喷管截面积的变化 A/A_* 与马赫数 M 的关系推导如下。根据质量方程，可以写出

$$\frac{A}{A_*} = \frac{\rho_* u_*}{\rho u} = \frac{\rho_*}{\rho_0} \frac{\rho_0}{\rho} \frac{a_*}{a} \frac{a}{u} = \frac{\rho_*}{\rho_0} \frac{\rho_0}{\rho} \sqrt{\frac{T_*}{T_0} \frac{T_0}{T}} \frac{1}{M}$$

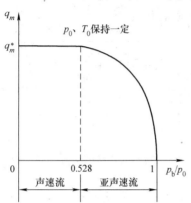

图 5-5　理想气体流过收缩
喷管的流量特性曲线

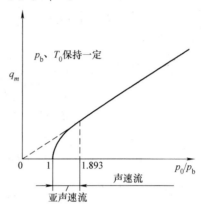

图 5-6　理想气体流过收缩喷管的
流量特性曲线的另一种形式

借助式（5-17）和式（5-19），整理后得

$$\frac{A}{A_*} = \frac{1}{M} \left(\frac{2}{\kappa+1} + \frac{\kappa-1}{\kappa+1} M^2 \right)^{\frac{\kappa+1}{2(\kappa-1)}} \tag{5-39}$$

A/A_* 与 M 的关系如图 5-7 所示。同一 A/A_* 值有两个 M 值，一个对应亚声速（$M<1$），一个对应超声速（$M>1$）。

压缩空气通过收缩管或拉瓦尔管、在最小截面处达声速时，若上游总压 p_0 和总温 T_0 保持一定，无论怎样降低管路下游的压力，通过管路的质量流量都不会增大的现象，称为壅塞现象。这是声速流或超声速流才存在的一种流动现象。

例 5-1　真空发生器内有一个产生超声速射流的拉瓦尔喷管，已知该喷管喉部（最小截面处）直径为 1mm，喷管出口直径为 2mm。当气源压力为 0.6MPa、气源温度

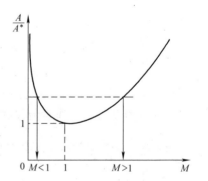

图 5-7　管道面积比 A/A_*
与 M 的关系

为 289K 时，通过喷管的流量是 58L/min（ANR），求喷管出口马赫数 M 及喷管的流量因数 C_d。

解　拉瓦尔管出口面积 A 与喉部面积 A_* 之比为 $A/A_* = (d/d_*)^2 = (2/1)^2 = 4$，由式（5-39），可求得 $M = 2.94$（超声速解）。

由式（5-38），可求得通过喷管的理论质量流量

$$q_m^* = 0.04 \frac{p_0}{\sqrt{T_0}} A_* = \left[0.04 \frac{(0.6+0.1) \times 10^6}{\sqrt{289}} \frac{\pi}{4} \times 1^2 \times 10^{-6} \right] \text{kg/s} = 0.001293 \text{kg/s}$$

实际通过喷管的质量流量

$$q_m = \rho_a q_V = (1.185 \times 58 \times 10^{-3}/60)\,\text{kg/s} = 0.0011455\,\text{kg/s}$$

故喷管的流量因数（实际流量与理论流量之比）

$$C_d = \frac{q_m}{q_m^*} = \frac{0.0011455}{0.001293} = 0.886$$

例 5-2 通径 8mm 的减压阀，进口压力为 0.7MPa，进口总温为 300K，当输出流量为 1500L/min（ANR）时，保持输出压力为 0.24MPa，上下游测压管的通径为 9mm。求进口和出口马赫数 M_1 和 M_2 以及减压阀两端的总压力损失 $p_{01} - p_{02}$，见图 5-8。

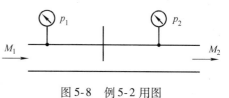

图 5-8 例 5-2 用图

解 通过减压阀的质量流量 $q_m = \rho_a q_a = (1.185 \times 1500 \times 10^{-3}/60)\,\text{kg/s} = 0.029625\,\text{kg/s}$。对定常流动，质量流量保持不变，有 $q_{m1} = q_{m2} = q_m$。

$$q_{m1} = \rho_1 u_1 A_1 = \frac{p_1}{RT_1} M_1 \sqrt{\kappa R T_1} A_1 = p_1 M_1 A_1 \sqrt{\frac{\kappa}{RT_1}} \tag{5-40}$$

$$\frac{T_{01}}{T_1} = 1 + \frac{\kappa - 1}{2} M_1^2 \tag{5-41}$$

因 $p_1 = (0.7 + 0.1)\,\text{MPa} = 0.8\,\text{MPa}$，$A_1 = (0.785 \times 8^2)\,\text{mm}^2 = 50.24\,\text{mm}^2$，$T_{01} = 300\text{K}$，$q_{m1} = 0.029625\,\text{kg/s}$，代入式（5-40）和式（5-41），可解得 $M_1 = 0.182$，$T_1 = 298\text{K}$。

$$p_{01} = p_1 \left(1 + \frac{\kappa - 1}{2} M_1^2\right)^{\frac{\kappa}{\kappa-1}} = \left[0.8\left(1 + \frac{1.4-1}{2} \times 0.182^2\right)^{\frac{1.4}{1.4-1}}\right]\text{MPa} = 0.8187\,\text{MPa}$$

设减压阀内流动与外界是绝热的，则总温不变，即 $T_{02} = T_{01} = 300\text{K}$。

又

$$q_{m2} = p_2 M_2 A_2 \sqrt{\frac{\kappa}{RT_2}} \tag{5-42}$$

$$\frac{T_{02}}{T_2} = 1 + \frac{\kappa - 1}{2} M_2^2 \tag{5-43}$$

因 $q_{m2} = 0.029625\,\text{kg/s}$，$p_2 = (0.24 + 0.1)\,\text{MPa} = 0.34\,\text{MPa}$，$A_2 = 50.24\,\text{mm}^2$，$T_{02} = 300\text{K}$，代入式（5-42）和式（5-43），联立求解，得 $M_2 = 0.423$，$T_2 = 289.7\text{K}$。

$$p_{02} = p_2 \left(1 + \frac{\kappa-1}{2} M_2^2\right)^{\frac{\kappa}{\kappa-1}} = \left[0.34\left(1 + \frac{1.4-1}{2} \times 0.423^2\right)^{\frac{1.4}{1.4-1}}\right]\text{MPa}$$
$$= 0.3845\,\text{MPa}$$

减压阀两端的总压力损失 $p_{01} - p_{02} = (0.8117 - 0.3845)\,\text{MPa} = 0.4272\,\text{MPa}$。总压力损失并不是静压差 $p_1 - p_2$。

例 5-3 用真空泵抽气，使容器内绝对压力保持在 $p_1 = 0.095\,\text{MPa}$，该容器的进气口是一个入口圆滑过度的截面积为 $30\,\text{cm}^2$ 的短管，如图 5-9 所示。求短管出口处的马赫数 M_1、流速 u_1 及质量流量 q_m。并求通过此短管的最大吸入流量 q_m^*。已知大气状态为 $p_a = 0.102\,\text{MPa}$，$t_a = 27\text{℃}$。

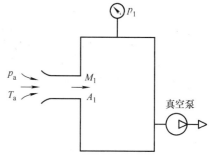

图 5-9 例 5-3 用图

解 设短管内是一元定常等熵流动。大气状态为滞止状态，即 $p_0 = p_a = 0.102\text{MPa}$，$T_0 = T_a = 300\text{K}$。短管出口 $p_1 = 0.095\text{MPa}$。由式 (5-18)，得

$$M_1 = \sqrt{\frac{2}{\kappa-1}\left[\left(\frac{p_0}{p_1}\right)^{\frac{\kappa-1}{\kappa}}-1\right]} = \sqrt{\frac{2}{1.4-1}\left[\left(\frac{0.102}{0.095}\right)^{\frac{1.4-1}{1.4}}-1\right]} = 0.32$$

由式 (5-17)，得短管出口静温

$$T_1 = \frac{T_0}{1+\frac{\kappa-1}{2}M_1^2} = \frac{300}{1+\frac{1.4-1}{2}\times 0.32^2}\text{K} = 294\text{K}$$

出口声速　　$a_1 = \sqrt{\kappa R T_1} = \sqrt{1.4\times 287\times 294}\text{m/s} = 343.7\text{m/s}$

出口流速　　$u_1 = M_1 a_1 = (0.32\times 343.7)\text{m/s} = 110\text{m/s}$

出口密度　　$\rho_1 = p_1/RT_1 = (0.095\times 10^6/287\times 294)\text{kg/m}^3 = 1.126\text{kg/m}^3$

通过短管的质量流量 $q_m = \rho_1 u_1 A_1 = (1.126\times 110\times 30\times 10^{-4})\text{kg/s} = 0.3715\text{kg/s}$

当 $M_1 = 1$，即 $p_1 \leqslant 0.5283 p_0 = (0.5283\times 0.102)\text{MPa} = 0.05386\text{MPa}$ 时，通过此短管的质量流量达最大值 q_m^*

$$q_m^* = 0.04\frac{p_0}{\sqrt{T_0}}A_1 = \left(0.04\frac{0.102\times 10^6}{\sqrt{300}}\times 30\times 10^{-4}\right)\text{kg/s} = 0.707\text{kg/s}$$

当然，真空泵的抽吸能力必须能满足要求。

例 5-4 气罐内压力 $p = 7\text{bar}$ (a)，$t = 40℃$，经喉部 $A_* = 25\text{mm}$ 的拉瓦尔管向外界大气排气，大气压 $p_a = 0.98\text{bar}$，求拉瓦尔管出口马赫数 M_2、通过拉瓦尔管的质量流量 q_m 及拉瓦尔管出口直径 d。

解 $q_m = 0.04\frac{p_0}{\sqrt{T_0}}A_* = 0.04\frac{7\times 10^5}{\sqrt{273+40}}\times\frac{\pi}{4}\times 0.025^2 = 0.7765\text{kg/s}$

设拉瓦尔管出口为超声速流，且 $p_2 = p_a$，则

$$\frac{p_0}{p_a} = \left(1+\frac{\kappa-1}{2}M_2^2\right)^{\frac{\kappa}{\kappa-1}},\quad \frac{7}{0.98} = \left(1+\frac{1.4-1}{2}M_2^2\right)^{\frac{1.4}{1.4-1}},\text{解得 }M_2 = 1.9414$$

$$q_m = \rho_2 u_2 A_2 = \frac{p_2}{RT_2}M_2\sqrt{\kappa R T_2}\frac{\pi}{4}d^2$$

$$T_2 = \frac{T_0}{1+\frac{\kappa-1}{2}M_2^2} = \frac{273+40}{1+\frac{1.4-1}{2}\times 1.9414^2} = 178.5\text{K}$$

$$d = \sqrt{\frac{4q_m}{\pi p_2 M_2}}\sqrt{\frac{RT_2}{\kappa}} = \sqrt{\frac{4\times 0.7765}{3.1416\times 0.98\times 10^5\times 1.9414}}\sqrt{\frac{287\times 178.5}{1.4}}\text{m} = 0.0315\text{m}$$

若 $p_2 > p_a$，出口外生膨胀波；

若 $p_2 < p_a$，出口外生压缩波系（冲波系）或正冲波。

上述两种情况，拉瓦尔管出口直径则不是 31.5mm。

5.6 气动力函数表

气动力函数表有用马赫数 M 来表达的，也有用速度系数 λ 来表达的。管流中使用 λ 较多，故本节主要介绍以 λ 表达的气动力函数表。

前面已经介绍过 $\tau(\lambda)=T/T_0$，式 (5-29)；$\Pi(\lambda)=p/p_0$，式 (5-30) 和 $\varepsilon(\lambda)=\rho/\rho_0$，式 (5-31)。

式 (5-39) 可改写成

$$\frac{A_*}{A}=M\left[\frac{2}{\kappa+1}+\frac{\kappa-1}{\kappa+1}M^2\right]^{-\frac{\kappa+1}{2(\kappa-1)}}=q(M) \tag{5-44}$$

$q(M)=A_*/A$ 也列入气动力函数表。将 M 变换成 λ，则有

$$q(\lambda)=A_*/A=\left(\frac{\kappa+1}{2}\right)^{\frac{1}{\kappa-1}}\lambda\left(1-\frac{\kappa-1}{\kappa+1}\lambda^2\right)^{\frac{1}{\kappa-1}} \tag{5-45}$$

已知 λ，利用气动力函数表，查得 $q(\lambda)$，即查得 A_*/A，便可由 p_0、T_0、A_* 求得 q_m^*。

$$q_m=\rho u A=\frac{\rho}{\rho_0}\frac{p_0}{RT_0}\lambda\sqrt{\frac{2\kappa RT_0}{\kappa+1}}A=\left(1-\frac{\kappa-1}{\kappa+1}\lambda^2\right)^{\frac{1}{\kappa-1}}\sqrt{\frac{2\kappa}{\kappa+1}\frac{1}{RT_0}}p_0\lambda A$$

$$=q(\lambda)\left(\frac{\kappa+1}{2}\right)^{-\frac{1}{\kappa-1}}p_0 A\sqrt{\frac{2\kappa}{(\kappa+1)RT_0}}$$

$$q_m=\sqrt{\frac{\kappa}{RT_0}\left(\frac{2}{\kappa+1}\right)^{\frac{\kappa+1}{\kappa-1}}}p_0 A q(\lambda) \tag{5-46}$$

工程计算中，若给出静压 p，未给出总压 p_0，按 $\Pi(\lambda)$ 可求出 p_0，令 $\kappa=1.4$，$R=287\mathrm{N\cdot m/(kg\cdot K)}$，式 (5-46) 可改写成

$$q_m=q_m^* q(\lambda)=0.04\frac{A}{\sqrt{T_0}}\frac{p}{\Pi(\lambda)}q(\lambda)$$

令

$$y(\lambda)=\frac{q(\lambda)}{\Pi(\lambda)}=\left(\frac{\kappa+1}{2}\right)^{\frac{1}{\kappa-1}}\frac{\lambda}{1-\frac{\kappa-1}{\kappa+1}\lambda^2} \tag{5-47}$$

因计算中常出现 $q(\lambda)/\Pi(\lambda)$，故将 $y(\lambda)$ 也列入气动力函数表。

实际计算中，常出现气体在管路内流动任一截面上的压强力 pA 与秒动量 $q_m u$ 之和，称为该截面上气体的冲量，即

$$q_m u+pA=q_m\left(u+\frac{pA}{\rho u A}\right)=q_m\left(\lambda a_*+\frac{RT}{\lambda a_*}\right)=q_m\left(\lambda a_*+\frac{RT_0\tau(\lambda)}{\lambda a_*}\right)$$

利用式 (5-20)，消去上式中的 T_0，则得

$$q_m u+pA=q_m\left(\lambda a_*+\frac{\kappa+1}{2\kappa}a_*^2\frac{\tau(\lambda)}{\lambda a_*}\right)=q_m a_*\frac{\kappa+1}{2\kappa}\left[\frac{2\kappa}{\kappa+1}\lambda+\frac{1-\frac{\kappa-1}{\kappa+1}\lambda^2}{\lambda}\right]$$

$$=q_m a_*\frac{\kappa+1}{2\kappa}\left[\frac{2\kappa}{\kappa+1}\lambda+\frac{1}{\lambda}-\frac{\kappa-1}{\kappa+1}\lambda\right]=\frac{\kappa+1}{2\kappa}q_m a_*\left(\lambda+\frac{1}{\lambda}\right) \tag{5-48}$$

令

$$Z(\lambda)=\lambda+\frac{1}{\lambda} \tag{5-49}$$

$Z(\lambda)$ 见附录 B 中。

故用流量来表达截面气流的总冲量为

$$q_m u+pA=\frac{\kappa+1}{2\kappa}a_* q_m Z(\lambda) \tag{5-50}$$

也可以用总压 p_0 来表达截面气流的总冲量。因 $q_m = q_m^* q(\lambda)$, q_m^* 以式（5-35）代入, 整理后得

$$q_m u + pA = \left(\frac{2}{\kappa+1}\right)^{\frac{1}{\kappa-1}} p_0 A q(\lambda) Z(\lambda)$$

令

$$f(\lambda) = \left(\frac{2}{\kappa+1}\right)^{\frac{1}{\kappa-1}} q(\lambda) Z(\lambda) = (\lambda^2 + 1)\left(1 - \frac{\kappa-1}{\kappa+1}\lambda^2\right)^{\frac{1}{\kappa-1}} \quad (5\text{-}51)$$

于是，总冲量为

$$q_m u + pA = p_0 A f(\lambda)$$

也可把总压 p_0 改为静压 p, 利用 $p = p_0 \Pi(\lambda)$, 则有

$$q_m u + pA = pAf(\lambda)/\Pi(\lambda)$$

令

$$r(\lambda) = \Pi(\lambda)/f(\lambda) = \frac{1 - \frac{\kappa-1}{\kappa+1}\lambda^2}{1+\lambda^2} \quad (5\text{-}52)$$

则

$$q_m u + pA = pA/r(\lambda)$$

将 $f(\lambda)$、$r(\lambda)$ 也列入气动力函数表，以便于工程计算。

5.7 微弱扰动波及冲波的形成

1. 微弱扰源的传播

在静止气体中，微弱扰源的扰动都是以声速 a 向四周传播。如果扰源以不同的速度 u 运动，其扰源的传播图案如图 5-10 所示。假设扰源是静止的，气流从左边以某个匀速 u 流过去。

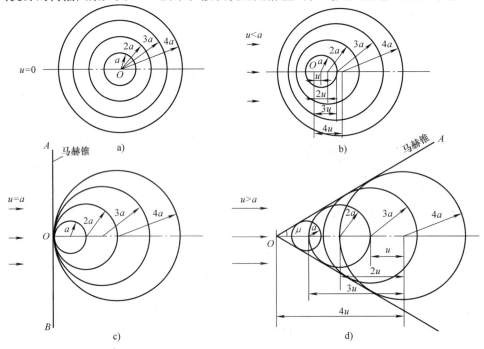

图 5-10 扰源的传播
a) $u=0$ b) $u<a$ c) $u=a$ d) $u>a$

图 5-10a 中的 $u=0$。每秒发出一个扰动，第 4 秒末就是四个同心圆，球半径是 $4a$。时间足够长时，扰动头波可传至全场。

图 5-10b 中，$u<a$。每秒发出的扰动，会向四面八方传播的同时，还跟着气流向右流去。扰源也随着气流以速度 u 向右移，扰动向右扩展比向左扩展快。时间足够长时，扰动头波也可传至全场。

图 5-10c 中，$u=a$。虽然每秒发出的扰动仍会向四面八方传播，但扰动同时随气流向右移动的速度 u 等于 a，所以每个扰动的左边界都在初始扰源的 O 点。这样，扰动的范围就存在一个左边界，那就是初始扰源所在点 O 而垂直于来流的平面 AOB。在 AOB 平面左边，扰动是达不到的寂静区。时间再长，扰动也达不到 AOB 左边，声速流就有一条扰动达不到的边界线。这与亚声速流有本质的区别。

图 5-10d 中，$u>a$。在第 4 秒末看，第 1 秒发出的扰动，其球面半径扩展为 $4a$，球心随气流向下游移动了 $4u$ 的距离，$4u>4a$。4 秒 4 个球面（扰动区）的公切面是一个母线为 OA 的圆锥面。扰动只能及于此锥以内的区域，锥面外是达不到的，母线 OA 与来流之间的夹角 μ 是

$$\mu = \arcsin \frac{a}{u} = \arcsin \frac{1}{M} \tag{5-53}$$

μ 称为马赫角，OA 称为马赫线，公切圆锥称为马赫锥。

马赫锥只在超声速和声速中才存在。$M=1$ 时，马赫角最大为 90°，$\mu_{max}=90°$。马赫数 M 越大，马赫角 μ 越小。

若喷管出口是超声速流，口外的任何扰动（如压力的增减）都不会波及至喷管内的流动。

2. 冲波的形成

超声速气流流过 $ABCD$ 上弯曲曲面（见图 5-11）时，在 B 点开始折转。产生扰动波，由于波后面积在减小，因是超声速，速度 u 是减小的，对应压力和温度在增大。因波后压力提高，是压缩波，故 M 数减小，则马赫角增大。一系列马赫角在增大的压缩波迭加则形成一个突跃面，这就形成了斜冲波。波后 M 减小，压力和温度突增。通过冲波，部分机械能转化成热能，系不可逆流动过程，熵增。

若向上弯曲面改成楔角，如图 5-12a 所示，则在楔角始点产生斜冲波；若是纯头体，如图 5-12b 所示，则前方产生正冲波再逐渐变成斜冲波，称为脱体波。

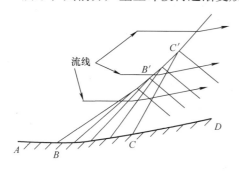

图 5-11 冲波的形成

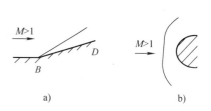

图 5-12 斜冲波和脱体波
a) 斜冲波　b) 脱体波

5.8 正冲波

1. 正冲波的形成

如图 5-13 所示,当活塞在一个很长的直管路内运动,$t=0$ 时,活塞在 O—O 截面,向右做急剧的加速运动,对管内的气体进行压缩,至 $t=t_1$ 时刻达到 B—B 截面,活塞不再加速,而是以某个速度向右做匀速运动。在 $t=0\sim t_1$ 这个加速阶段,活塞右边的气体受到越来越强的压缩,活塞与被压缩气体相接触的面上的气体压强不断提高,到 $t=t_1$ 时,活塞面上的气压力从原来的 p_1 上升至 p_2(见图 5-13a)。A—A 截面是已扰动气体与未扰动气体的分界面。这个 A—A 界面离起始的 O—O 界面的距离 $OA=at_1$。从 0 至 t_1 的时间内,不仅活塞右端 B—B 面的气体不断被压缩,温度也会不断地升高,故声速也随之从 a_1 升至 a_2,即后面的压缩波的推进速度比前面的一个压缩波的推进速度快,如图 5-13b 所示。A—A 至 B—B 的长度就比图 5-13a 的 A—A 至 B—B 的长度缩小。由于从 t_1 时刻活塞以匀速运动,故活塞右边与 B—B 之间的压力 p_2 不再增加。再经一段时间达 t_3 时,B—B 界面会赶上 A—A 界面,这时压缩就变成突跃波了,如图 5-13c 中的 C—C 界面,这就是正冲波。波前是 p_1、T_1、ρ_1,波后突跃至 p_2、T_2、ρ_2。$t>t_3$ 后,界面 C—C 继续向右推进。未经扰动的气体,一旦被这个突跃压缩波扫过之后,它的流动参数就立即突跃式地由 p_1 升至 p_2,T_1 升至 T_2,而且,C—C 界面之后的气体微团也具有一定的运动速度 u。

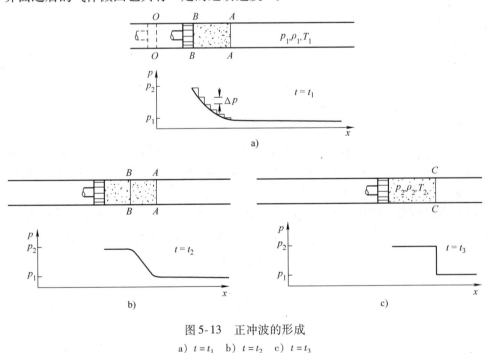

图 5-13 正冲波的形成
a) $t=t_1$ b) $t=t_2$ c) $t=t_3$

2. 正冲波的特性计算

管内有运动速度为 u_1 的正冲波(见图 5-14)向左运动,波后速度为 u_2',为不定常流动。

若站在正冲波上看,则来流的波前速度为 u_1（向右），波后速度为 $u_2 = u_1 - u_2'$，则变成定常流了。

取含正冲波的 1122 为控制体,则

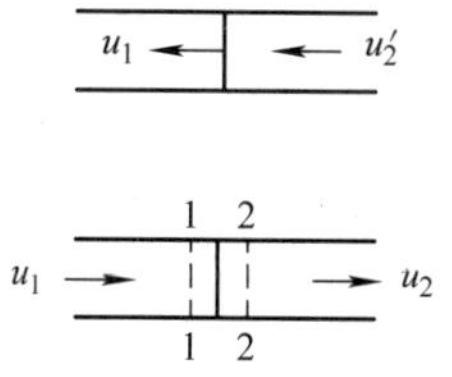

质量方程:对等截面,有 $\rho_1 u_1 = \rho_2 u_2$ (5-54)

能量方程:利用气体状态方程,式（5-11）可改写成

$\dfrac{\kappa}{\kappa-1}\dfrac{p_1}{\rho_1}+\dfrac{u_1^2}{2}=\dfrac{\kappa}{\kappa-1}RT_0$，利用式（5-20），$\kappa RT_0 = \dfrac{\kappa+1}{2}a_*^2$，因 $c_p = \dfrac{\kappa R}{\kappa-1}$，则能量方程就变成

图 5-14 管内正冲波

$$T_1 + \dfrac{u_1^2}{2c_p} = T_2 + \dfrac{u_2^2}{2c_p} = T_0 \tag{5-55}$$

或

$$\dfrac{\kappa}{\kappa-1}\dfrac{p_1}{\rho_1}+\dfrac{u_1^2}{2}=\dfrac{\kappa}{\kappa-1}\dfrac{p_2}{\rho_2}+\dfrac{u_2^2}{2}=\dfrac{\kappa+1}{2(\kappa-1)}a_*^2$$

动量方程:正冲波两侧是绝热流动。冲波内速度梯度很大，黏性切应力 τ_0 大，τ_0 会产生切向摩擦力 $F_x = \tau_0 \pi d d\delta$，$d$ 是管径，$d\delta$ 是正冲波厚度。因正冲波很薄，$d\delta \to 0$，故 $F_x \to 0$。即冲波造成的切向摩擦力可忽略不计。

因 $\tau_0 = 0$，由式（5-7），动量方程为 $-dp = \rho u du$，两端积分 $\int_1^2 -dp = \int_1^2 \rho u du$，

则得

$$p_1 - p_2 = \int_1^2 \dfrac{\rho u A}{A} du = \dfrac{q_m}{A}(u_2 - u_1)$$

因 $q_m/A = \rho_1 u_1 = \rho_2 u_2$，

则动量方程可改写成 $p_1 - p_2 = \rho_2 u_2^2 - \rho_1 u_1^2$ (5-56)

用式（5-54）除以式（5-56），得

$$\dfrac{p_1}{\rho_1 u_1} + u_1 = \dfrac{p_2}{\rho_2 u_2} + u_2$$

或

$$u_1 - u_2 = \dfrac{p_2}{\rho_2 u_2} - \dfrac{p_1}{\rho_1 u_1} \tag{5-57}$$

式（5-55）可改写成

$$\dfrac{\kappa}{\kappa-1}\dfrac{p}{\rho}=\dfrac{\kappa+1}{2(\kappa-1)}a_*^2 - \dfrac{u^2}{2}$$

由上式，则式（5-57）可改写成

$$u_1 - u_2 = \dfrac{1}{u_2}\left(\dfrac{\kappa+1}{2\kappa}a_*^2 - \dfrac{\kappa-1}{2\kappa}u_2^2\right) - \dfrac{1}{u_1}\left(\dfrac{\kappa+1}{2\kappa}a_*^2 - \dfrac{\kappa-1}{2\kappa}u_1^2\right) = \dfrac{\kappa+1}{2\kappa}a_*^2\left(\dfrac{1}{u_2}-\dfrac{1}{u_1}\right)+\dfrac{\kappa-1}{2\kappa}(u_1-u_2)$$

$$= (u_1 - u_2)\left[\dfrac{\kappa+1}{2\kappa}\dfrac{a_*^2}{u_1 u_2}+\dfrac{\kappa-1}{2\kappa}\right]$$

$\therefore \dfrac{\kappa+1}{2\kappa}\dfrac{a_*^2}{u_1 u_2}+\dfrac{\kappa-1}{2\kappa}=1$，即 $\dfrac{a_*^2}{u_1 u_2}=1$，则有

$$\lambda_1 \lambda_2 = 1 \tag{5-58}$$

式（5-58）表明，超声速气流经正冲波后必变成亚声速流，$\lambda_1 = \dfrac{1}{\lambda_2}$。但 $\lambda_1 < 1$，$\lambda_2 > 1$

的流动是不存在的。

令 $(\lambda_1\lambda_2)^2=1$，代入式（5-26），则为

$$\frac{\frac{\kappa+1}{2}M_1^2}{1+\frac{\kappa-1}{2}M_1^2}\frac{\frac{\kappa+1}{2}M_2^2}{1+\frac{\kappa-1}{2}M_2^2}=1,\text{ 此式可推出}$$

$$M_2^2=\frac{1+\frac{\kappa-1}{2}M_1^2}{\kappa M_1^2-\frac{\kappa-1}{2}} \tag{5-59}$$

由式（5-54）

$$\frac{\rho_2}{\rho_1}=\frac{u_1}{u_2}=\frac{\lambda_1}{\lambda_2}=\lambda_1^2=\frac{\frac{\kappa+1}{2}M_1^2}{1+\frac{\kappa-1}{2}M_1^2} \tag{5-60}$$

由式（5-56）

$$\frac{p_2}{p_1}=1+\frac{\rho_1 u_1^2}{p_1}-\frac{\rho_2 u_2^2}{p_1}=1+\frac{\rho_1 u_1^2}{p_1}\left(1-\frac{u_2}{u_1}\right)=1+\frac{\kappa u_1^2}{\kappa RT_1}\left(1-\frac{\rho_1}{\rho_2}\right)=1+\kappa M_1^2\left(1-\frac{1+\frac{\kappa-1}{2}M_1^2}{\frac{\kappa+1}{2}M_1^2}\right)$$

$$=\frac{2\kappa}{\kappa+1}M_1^2-\frac{\kappa-1}{\kappa+1}$$

$$\frac{p_2}{p_1}=\frac{2\kappa}{\kappa+1}M_1^2-\frac{\kappa-1}{\kappa+1}=\frac{1-\frac{\kappa+1}{\kappa-1}\lambda_1^2}{\lambda_1^2-\frac{\kappa+1}{\kappa-1}} \tag{5-61}$$

$$\frac{T_2}{T_1}=\frac{p_2}{p_1}\frac{\rho_1}{\rho_2}=\frac{2+(\kappa-1)M_1^2}{(\kappa+1)M_1^2}\left(\frac{2\kappa}{\kappa+1}M_1^2-\frac{\kappa-1}{\kappa+1}\right)=\frac{1}{\lambda_1^2}\frac{1-\frac{\kappa+1}{\kappa-1}\lambda_1^2}{\lambda_1^2-\frac{\kappa+1}{\kappa-1}} \tag{5-62}$$

总压比

$$\sigma=\frac{p_{02}}{p_{01}}=\frac{p_2}{p_1}\frac{\Pi(\lambda_1)}{\Pi(\lambda_2)}=\lambda_1^2\left[\frac{1-\frac{\kappa-1}{\kappa+1}\lambda_1^2}{1-\frac{\kappa-1}{\kappa+1}\frac{1}{\lambda_1^2}}\right]^{\frac{1}{\kappa-1}}=\left(\frac{2\kappa}{\kappa+1}M_1^2-\frac{\kappa-1}{\kappa+1}\right)^{-\frac{1}{\kappa-1}}\left[\frac{(\kappa+1)M_1^2}{(\kappa+1)M_1^2+2}\right]^{\frac{\kappa}{\kappa-1}}$$

$$\tag{5-63}$$

冲波的厚度与大气分子自由行程的量级相近。

例 5-5 拉瓦尔喷管中，已知气源压力 $p_0=6.8\text{bar}$（a），$T_0=280℃$，在 $p_1=0.87\text{bar}$（a）处产生了正冲波，求正冲波前后的 M_1、M_2、T_1、T_2、p_2、p_{02} 及总压损失比。

解 $\Pi(M_1)=\frac{p_1}{p_{01}}=\frac{0.87}{6.8}=0.1279$，查气动力函数表（附录 A），得 $M_1=2$。查正冲波函数表（附录 C），得 $M_2=0.577$。

由 $T_{02}=T_{01}=273+280\text{K}=553\text{K}$，由 $M_1=2$，查附录 A，得 $\tau(M_1)=T_1/T_0=0.5556$

∴ $T_1 = 0.5556 \times 553\text{K} = 307\text{K}$

由 $M_2 = 0.577$,查附录 A,得 $T_2/T_0 = 0.9376$

∴ $T_2 = 0.9376 \times 553\text{K} = 518\text{K}$。

由 $M_1 = 2$,查附录 C,得 $p_2/p_1 = 4.5$,则 $p_2 = 4.5 \times 0.87\text{bar}(\text{a}) = 3.915\text{bar}(\text{a})$

由 $M_2 = 0.577$,查附录 A,得 $\Pi(\lambda_2) = 0.798$,$p_{02} = 3.915/0.798\text{bar}(\text{a}) = 4.906\text{bar}(\text{a})$

∴ $\sigma = \dfrac{p_{02}}{p_{01}} = \dfrac{4.906}{6.8} = 0.721$

总压损失比为 27.9%,即通过正冲波,能量损失了 27.9%。

5.9 斜冲波

超声速流动中,遇到属二元流动的楔形角的物体,当楔角不大时,会产生斜冲波。

图 5-15 表示顶角为 2δ 的尖劈在超声速气流中产生的斜冲波。

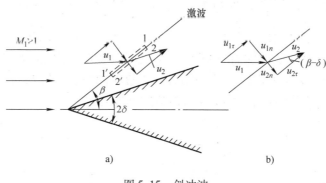

图 5-15 斜冲波

在斜冲波上取一块 $11'2'2$ 微元控制面,按波面方向,将波前速度 u_1 分解成法向分速 u_{1n} 和切向分速 $u_{1\tau}$,波后速度 u_2 也分解成法向分速 u_{2n} 和切向分速 $u_{2\tau}$。

1. 质量方程

法向方向
$$\rho_1 u_{1n} = \rho_2 u_{2n} \tag{5-64}$$

2. 动量方向(切向方向)

因端面 12 和 $1'2'$ 上的压强相等,没有压力差,在 $11'$ 和 $22'$ 面上只有法向分力,没有切向分力,则动量方程为

$$-\rho_1 u_{1n} u_{1\tau} + \rho_2 u_{2n} u_{2\tau} = 0 \tag{5-65}$$

将式(5-64)代入式(5-65)可得

$$u_{1\tau} = u_{2\tau} = u_\tau \tag{5-66}$$

说明气流越过斜冲波时,切向分速度没有变化。这就可以将斜冲波看成是正冲波加上与波面平行的速度 u_τ。

3. 动量方程(法向方向)

法向分速度经冲波是有突跃的,由 u_{1n} 突跃至 u_{2n},切向分速度没有变化,分速度 u_2 便折转了一个 δ 角。波后的气流方向与物面平行。法向分速度有多大的突跃,取决于波后气流应平行于物面这个边界条件,所以冲波的倾角 β(波面与来流方向之间的夹角)正是被这个

δ 决定的。

利用式（5-56），可写出

$$p_1 + \rho_1 u_{1n}^2 = p_2 + \rho_2 u_{2n}^2 \tag{5-67}$$

4. 能量方程

由式（5-11）及 $c_p = \dfrac{\kappa R}{\kappa - 1}$，可写出

$$T_0 = T_1 + u_1^2/2c_p = T_2 + u_2^2/2c_p \tag{5-68}$$

∵ $u^2 = u_n^2 + u_\tau^2$，又 $u_{1\tau} = u_{2\tau}$，故式（5-68）可简化成

$$T_1 + \frac{u_{1n}^2}{2c_p} = T_2 + \frac{u_{2n}^2}{2c_p} = T_0 - \frac{u_\tau^2}{2c_p} = T_{0n} \tag{5-69}$$

式中 T_{0n}——不计切向运动速度 u_τ^2 的总温，称为部分总温。

由式（5-69），可知 $T_{0\tau} = u_\tau^2/2c_p$，即 $T_{0n} + T_{0\tau} = T_0$

由式（5-20）可得 $a_*^2 = \dfrac{2\kappa R T_0}{\kappa + 1} = \dfrac{2\kappa R}{\kappa + 1}(T_{0n} + T_{0\tau}) = \dfrac{2\kappa R}{\kappa + 1}\left(T_{0n} + \dfrac{u_\tau^2}{2c_p}\right) = a_{*n}^2 + \dfrac{\kappa - 1}{\kappa + 1}u_\tau^2$ （5-70）

式（5-64）、式（5-67）和式（5-69）与式（5-54）、式（5-56）和式（5-55）相比较，可以看出，斜冲波的关系式与正冲波的关系式是相似的，不同之处仅是，斜冲波是用法向分速度 u_n 代替正冲波的总速度 u，用部分滞止温度 T_{0n} 代替正冲波的总滞止温度。故推演斜冲波的关系式时，只要按正冲波的关系式对应改变即可。

式（5-58）变成

$$\lambda_{1n}\lambda_{2n} = 1 \tag{5-71}$$

或

$$u_{1n}u_{2n} = a_{*n}^2$$

从图 5-15b 可知，

$u_{1n} = u_1\sin\beta$，$u_{2n} = u_2\sin(\beta - \delta)$，$u_\tau = u_1\cos\beta - u_2\cos(\beta - \delta)$，故 $M_{1n} = M_1\sin\beta$

由式（5-61），有

$$\frac{p_2}{p_1} = \frac{2\kappa}{\kappa + 1}M_{1n}^2 - \frac{\kappa - 1}{\kappa + 1} = \frac{2\kappa}{\kappa + 1}M_1^2\sin^2\beta - \frac{\kappa - 1}{\kappa + 1} \tag{5-72}$$

由式（5-60），有

$$\frac{\rho_2}{\rho_1} = \frac{\dfrac{\kappa + 1}{2}M_{1n}^2}{1 + \dfrac{\kappa - 1}{2}M_{1n}^2} = \frac{\dfrac{\kappa + 1}{2}M_1^2\sin^2\beta}{1 + \dfrac{\kappa - 1}{2}M_1^2\sin^2\beta} = \frac{\dfrac{\kappa + 1}{\kappa - 1}}{1 + \dfrac{2}{(\kappa - 1)M_1^2\sin^2\beta}} \tag{5-73}$$

$$\frac{T_2}{T_1} = \frac{p_2}{p_1}\frac{\rho_1}{\rho_2} = \left(\frac{\kappa - 1}{\kappa + 1}\right)^2\left(\frac{2\kappa}{\kappa - 1}M_1^2\sin^2\beta - 1\right)\left(\frac{2}{\kappa - 1}\frac{1}{M_1^2\sin^2\beta} + 1\right) \tag{5-74}$$

冲波两侧为绝热过程，故 $T_{02} = T_{01}$

已知 $T_{01}/T_1 = 1 + \dfrac{\kappa - 1}{2}M_1^2$，$T_{02}/T_2 = 1 + \dfrac{\kappa - 1}{2}M_2^2$，由式（5-74），则可导出

$$M_2^2 = \frac{M_1^2 + \dfrac{2}{\kappa - 1}}{\dfrac{2\kappa}{\kappa - 1}M_1^2\sin^2\beta - 1} + \frac{\dfrac{2}{\kappa - 1}M_1^2\cos^2\beta}{M_1^2\sin^2\beta + \dfrac{2}{\kappa - 1}} \tag{5-75}$$

$$\sigma = \frac{p_{02}}{p_{01}} = \left(\frac{2\kappa}{\kappa+1}M_1^2\sin^2\beta - \frac{\kappa-1}{\kappa+1}\right)^{-\frac{1}{\kappa-1}} \times \left[\frac{(\kappa+1)M_1^2\sin^2\beta}{(\kappa-1)M_1^2\sin^2\beta + 2}\right]^{\frac{\kappa}{\kappa-1}} \tag{5-76}$$

由式（5-70）和式（5-71），有

$$u_{1n}u_{2n} = a_{*n}^2 = a_*^2 - \frac{\kappa-1}{\kappa+1}u_\tau^2$$

式（5-20）得 $a_0^2 = \frac{\kappa+1}{2}a_*^2$，将其代入式（5-12），有

$$\frac{a_1^2}{\kappa-1} + \frac{u_1^2}{2} = \frac{\kappa+1}{2(\kappa-1)}a_*^2$$，将此式的 a_*^2 代入上式，则有

$$u_{1n}u_{2n} = \frac{2}{\kappa+1}a_1^2 + \frac{\kappa-1}{\kappa+1}u_1^2 - \frac{\kappa-1}{\kappa+1}u_\tau^2 = \frac{2}{\kappa+1}a_1^2 + \frac{\kappa-1}{\kappa+1}u_{1n}^2$$

用 u_{1n}^2 除以上式，

$$\frac{u_{2n}}{u_{1n}} = \frac{2}{\kappa+1}\frac{1}{M_1^2\sin^2\beta} + \frac{\kappa-1}{\kappa+1}$$

从图 5-15b 看出，

$$\frac{u_{2n}}{u_{1n}} = \frac{u_{2n}}{u_\tau}\frac{u_\tau}{u_{1n}} = \frac{\tan(\beta-\delta)}{\tan\beta}$$

则有

$$\tan(\beta-\delta) = \left(\frac{2}{\kappa+1}\frac{1}{M_1^2\sin^2\beta} + \frac{\kappa-1}{\kappa+1}\right)\tan\beta$$

解得

$$\tan\delta = \frac{M_1^2\sin^2\beta - 1}{\left[M_1^2\left(\frac{\kappa+1}{2} - \sin^2\beta\right) + 1\right]\tan\beta} \tag{5-77}$$

按式（5-77），已知 M_1 和 δ，去计算 β 是极不方便的。可以由 M_1 及 β 计算出 δ，然后以 M_1 为横坐标，以 δ 为参变量，以 β 为纵坐标，画出图 5-16a 所示图线，计算就方便了。同理，可做出以 M_1 为横坐标，以 δ 为参变量，纵坐标分别为 p_2/p_1（见图 5-16b）、M_2（见图 5-16c）和 σ（见图 5-16d）的图线。

5. 产生冲波的条件

1）流动方向折转决定的冲波，由固体边界条件决定。

在超声速流中放置一尖劈，其斜面把气流的流道挤小了，气流会发生冲波。冲波的强度由斜面的角度 δ 所决定。

如图 5-16a 所示，一个 M_1 和 δ 对应有两个 β 角。小 β 对应一个弱冲波，大 β 对应一个强冲波。但凡由 δ 决定的冲波一定是弱冲波，弱冲波后的 M_2 是大于 1 的。

例 5-6 把半顶角为 $10°$ 的尖劈放在 $M_1 = 2.5$ 的超声速流中，求冲波斜角 β、波后 M_2、压强比 p_2/p_1、温度比 T_2/T_1、密度比 ρ_2/ρ_1 和总压比 p_{02}/p_{01}。

解 由 $M_1 = 2.5$，$\delta = 10°$，查图 5-16a，得 $\beta = 31.8°$ 和 $85.5°$，应取 $\beta = 31.8°$。

由式（5-75），得 $M_2 = 2.088$。

由式（5-72），得 $p_2/p_1 = 1.858$。

由式（5-74），得 $T_2/T_1 = 1.202$。

由式（5-73），得 $\rho_2/\rho_1 = 1.546$。

由式（5-76），得 $\sigma = p_{02}/p_{01} = 0.976$。

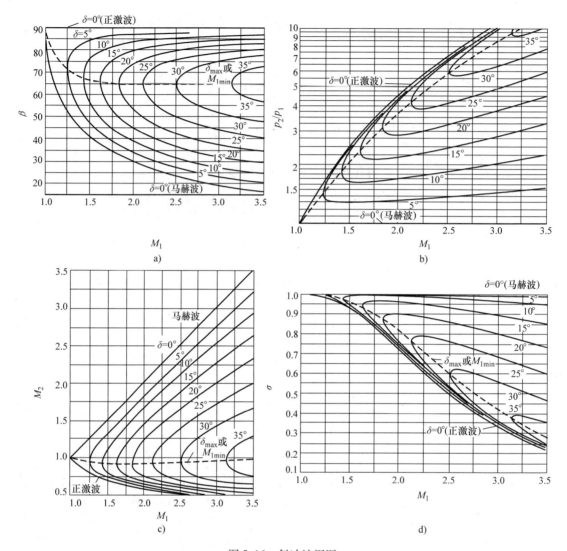

图 5-16 斜冲波用图

2) 压强条件决定的冲波, 是由自由边界条件决定的。

超声速气流从喷管射出时, 若出口的压强低于外界环境的压强, 超声速气流是通过产生冲波来提高压强, 使波后的压强恰等于外界的压强, 这就是自由边界的压强条件。

例 5-7 超声速气流在喷管出口处, 如图 5-17 所示, $M_1 = 1.8$, $p_1 = 0.294$ bar (a), 外界反压 $p_a = 1$ bar (a), 求气流出口产生的压缩波的 β 角、气流的折角 δ 及波后 M_2。

解 由式 (5-72), 已知 $M_1 = 1.8$, $p_2/p_1 = p_a/p_1 = \dfrac{1}{0.294} = 3.4$, 求得 $\beta = 76.3°$。由图 5-16b, 查得 $\delta = 15.3°$。$M_1 = 1.8$ 和 $p_2/p_1 = 3.4$ 的交点是在 $\delta = 15.3°$ 曲线的上部, 故系强斜冲波。再由式 (5-75), 求解出 $M_2 = 0.719$。

图 5-17 例 5-7 用图

从图 5-16a 中发现, 不同 δ 下的 M_1 与 β 线近似于抛物线。该抛物线有一个顶点。如 $\delta =$

30°，顶点的 $M_1 = 2.5$，表示 $M_1 = 2.5$ 时，依附冲波的最大 δ 角为30°，若 $\delta > 30°$，则冲波不能依附于尖劈上，只得变成脱体波，如图5-18所示。

3）壅塞决定冲波，在管路的某个截面发生了限制流量的作用，上游来的流量通不过这个截面所造成的现象。这时会迫使超声速的上游气流在某处发生冲波，使气流作某种调整变化。这种冲波既不是气流方向改变决定的，也不是反压决定的。而是由于壅塞造成的。

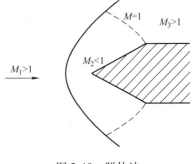

图5-18　脱体波

5.10　膨胀波

平面上有超声速流动。假如在 O 点有向外的一个折角 δ，如图5-19所示。超声速气流遇到空间扩大，如前所述，速度系数 λ 会增大，压力、温度和密度会下降。

理想气体做超声速流动，任一条流线（如 $CDEF$）可看成是个固体壁面。曲壁 $CDEF$ 就相当于绕外折角 δ 加速运动的一条流线。即外折角的超声速流动，就相当于绕无数个微小折角的流动。膨胀波系就是无数个马赫线组成的。

膨胀加速是等熵过程，总压力不变，式（5-17）、式（5-18）和式（5-19）都是可以使用的。

图5-20给出了膨胀波系各量之间的关系。膨胀后的速度系数 λ_i 与壁面的折转角 δ 有关。设来流 $\lambda_1 = 1$，第一条膨胀波与来流垂直，马赫角 $\mu = 90°$，马赫线的转角 $\theta = 0°$。若用极坐标 (r, θ) 表示，P 点坐标为 (r, θ)，P 点速度系数为 λ_i，马赫线为 OL_i。从 $\lambda_1 = 1$ 的起始马赫线 OL_1 至 P 点马赫线 OL_i 气流指向之间的角度有 $\frac{\pi}{2} + \delta = \theta + \mu$。即

$$\delta = \theta + \mu - \frac{\pi}{2} \tag{5-78}$$

如果初始气流的速度系数 $\lambda_1 = 1$，绕外折角 δ 流动，膨胀后的气流的速度系数 λ 只与壁面折角 δ 有关。理论推导此处从略。只给出 λ 与 δ 的关系式如下。

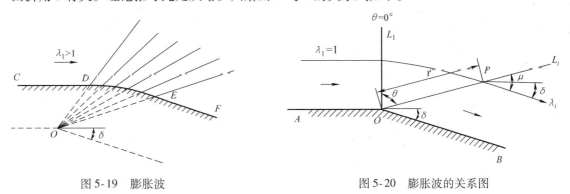

图5-19　膨胀波　　　　　　　图5-20　膨胀波的关系图

$$\delta = \sqrt{\frac{\kappa+1}{\kappa-1}} \arctan\left[\sqrt{\frac{\lambda^2-1}{\frac{\kappa+1}{\kappa-1}-\lambda^2}}\right] + \arctan\left[\sqrt{\frac{1-\frac{\kappa-1}{\kappa+1}\lambda^2}{\lambda^2-1}}\right] - \frac{\pi}{2} \tag{5-79}$$

上式由 δ 计算 λ 很麻烦，但反过来，由 λ 计算出对应的 δ 很容易。故列表（见附录 D）查表运算就方便了。

前面提过，$\lambda_{max} = 2.449$（相当于 $M \to \infty$），代入式（5-79），得 $\delta = 130°27'$。

说明，从 $\lambda_1 = 1$ 的气流，膨胀波的最大折转角为 $130°27'$。膨胀至极限，压强、温度都降至 0 了，自然无法再膨胀了。实际上，膨胀波是不可能折转至 $130°27'$ 的。

例 5-8 按图 5-20，已知 $\lambda_1 = 1$，$p_1 = 2\text{bar}$（a），$\delta = 10°$，求 λ_2 及 p_2。

解 $\lambda_1 = 1$，$\delta = 10°$，查附录 D，得 $\lambda_2 = 1.323$，$p_2/p_0 = 0.2991$，$\lambda_1 = 1$，$p_1/p_0 = 0.5283$。

因 $p_1 = 2\text{bar}$（a），$\therefore p_0 = 2/0.5283\text{bar}$（a）$= 3.786\text{bar}$（a）。

$\therefore p_2 = 0.2991 \times 3.786\text{bar}$（a）$= 1.1323\text{bar}$（a）

例 5-9 上题若 $\lambda_1 = 1.5$，$p_1 = 2\text{bar}$（a），$\delta = 10°$，求 λ_2 及 p_2。

解 $\lambda_1 = 1.5$，查附录 D，$\because \lambda_1 = 1$ 至 $\lambda_1 = 1.5$ 已偏转了 $\delta_1 = 18.75°$，再偏转 $10°$，即总偏转角为 $28.75°$，查得 $\lambda_2 = 1.671$。查得 $p_1/p_0 = 0.193$，$p_2/p_0 = 0.11$，故 $p_2 = \dfrac{p_2/p_0}{p_1/p_0} \times p_1 = \dfrac{0.11}{0.193} \times 2\text{bar}$（a）$= 1.14\text{bar}$（a）。

例 5-10 图 5-21 所示喷管出口 $\lambda_1 = 1.628$，静压 $p_1 = 1.2\text{bar}$（a）外界反压 $p_a = 1\text{bar}$（a），问气流出口后第一步膨胀到多大的速度 λ_2，气流边界线外折了多少度？

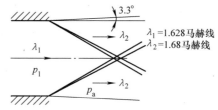

图 5-21 例 5-10 用图

解 出口气流从声速加速至 $\lambda_1 = 1.628$，查附录 D，知气流预折角 $\delta = 26°$，其 $p_1/p_0 = 0.13$。压强边界条件 $p_2/p_0 = p_a/p_0 = \dfrac{p_a}{p_1}\dfrac{p_1}{p_0} = \dfrac{1}{1.2} \times 0.13 = 0.1083$。按压强比 0.1083 查附录 D，得 $\lambda_2 = 1.68$，对应 $\delta = 29.3°$，故气流在出口实际折角 $\delta = 29.3° - 26° = 3.3°$。

5.11 超声速自由射流

从喷管出口以超声速气流流至外界大气中称为超声速自由淹没射流。它与亚声速自由淹没射流的流动特征截然不同。

超声速自由淹没射流有三种情况。

1）喷管出口压力 p_1 大于外界大气压力 p_a 时，流动图案如图 5-22 所示。

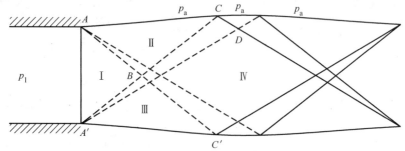

图 5-22 膨胀波束从静止空气的自由边界的反射（当 $p_1 > p_a$ 时）

因 $p_1 > p_a$，在 A 与 A' 点会产生膨胀波束，它们相对于射流中心区，形成四个区域。Ⅰ区压强为 p_1。Ⅱ区和Ⅲ区由 p_1 通过膨胀波系变成 p_a。当膨胀波达到射流边界上 C 点时，压强 p_a 是不变的，膨胀波 $A'D$ 的 D 点压强一定小于 p_a，因 C 至 D 是继续膨胀之故。故Ⅳ区的压强一定小于 p_a，必然要反射成压缩波才能做到，故膨胀波系一定反射成压缩波系。如果是理想气体，就会膨胀波系反射成压缩波系，再反射成膨胀波系，周而复始。但实际气体的黏性，就会使这种超声速射流很快部分转化为热能，而逐步消失于大气中。可见，超声速自由淹没射流与亚声速自由淹没射流完全不同。

2）喷管出口压力 p_1 小于外界大气压力时，流动图案如图 5-23 所示。

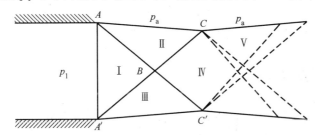

图 5-23　冲波从静止空气自由边界的反射（当 $p_1 < p_a$ 时）

因 $p_1 < p_a$，从 A 与 A' 点会产生斜冲波，使压强从 p_1 增大至 p_a。在Ⅰ区，压强为 p_1。在Ⅱ区和Ⅲ区，压强为 p_a。由于两道冲波在射流中心区相交，故Ⅳ区的压强还要增大，但 C 点及Ⅴ区压强必为 p_a，故从 C 点及 C' 点必产生膨胀波系，使Ⅳ区的压强再降至Ⅴ区的 p_a。同样，对理想气体，形成压缩波系→膨胀波系→压缩波系……周而复始。但对黏性气体，超声速自由淹没射流会逐渐消失于大气中。

3）喷管出口压力 p_1 等于外界大气压力时，流动图案如图 5-24 所示。

流动图案分成超声速段与亚声速段。

超声速段是自喷口至射流中心流速降至声速的横截面。超声速段有三个边界面，外部为射流边界，内部有核心区（$M = M_1$，M_1 为喷管出口处的马赫数）和声速边界（这个边界上 $M = 1$）。在核心区边界与声速边界之间，为超声速流区（$1 < M < M_1$）。

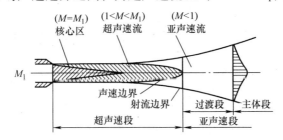

图 5-24　喷管出口压力 p_1 等于外界大气压 p_a 时的超声速射流的结构

超声速的射流边界具有较强的稳定性，外界气体难于冲破边界进入射流内部，故射流横断面基本不扩张。只有当射流边界的流速 u 小于声速 a 时，外界气体才能较多的混入射流内部。在超声速段内，射流内部的气体压力、温度、密度与环境气体有显著的差异，M_1 越大，气体的属性与环境气体的属性差异越大。

在亚声速段，可分成过渡段和主体段。

随着外界被引射的空气量的增加，射流内的速度逐渐下降，温度和密度逐渐趋近于环境气体的温度和密度，射流由等直径边界逐渐转化为直线扩张。

主体段与亚声速自由射流相类似。当射流断面的速度分布达到相似以后，便进入主体段。在主体段，射流的压力、密度、温度与环境状态基本相同。

4）超声速自由淹没射流的特点如下：

① 亚声速自由射流内的静压与环境压力相同，超声速自由射流可以不相同。

② 超声速自由射流轴向和径向的静压力都可能是不均匀的，断面的最大速度不一定在中心线上。

③ 超声速自由射流各处的温度、密度、压强都可能与环境状态不同。

④ 超声速自由射流的边界有较大的稳定性，难以与环境气体进行动量交换。

5.12 超声速风洞的建立

1960年下学期，教研室让笔者筹建一条教学用的超声速风洞，笔者欣然接受。因为笔者有把握独自完成。上大学时，伍荣林教授曾讲过"风洞设计"课；徐华舫教授曾讲过特征线法，可用于设计超声速风洞中的核心部件——超声速喷管。两年多时间，一条开口式小型超声速风洞及其配套的测试仪器（多管水银压力计、纹影仪、M 数测量仪器等）便建成，原理如图5-25所示。

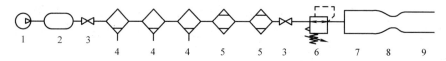

图5-25 开口式超声速风洞设备系统原理
1—空压机 2—气罐 3—截止阀 4—油水分离器 5—干燥器 6—调压阀
7—稳流段 8—超声速喷管 9—实验段

该风洞的主要设计参数：$M = 2.2$；实验段（高×宽）为 30mm×20mm；测试时间为15s。

设实验压力 $p_1 = 5\text{bar}$（g），$T_1 = 289\text{K}$，实验时的质量流量 $q_m = 0.04\dfrac{p_1 A}{\sqrt{T_1}} = 0.04 \times \dfrac{(0.5+0.1)\times 30 \times 20}{\sqrt{289}}\text{kg/s} = 0.85\text{kg/s}$，15s耗气量为 $0.85 \times 15\text{kg} = 12.7\text{kg}$，选留有余量系数为1.5，则需供气量 $m = 12.7 \times 1.5\text{kg} = 19\text{kg}$。

设气罐最高压力为8bar（g），实验时最低压力比实验压力大0.5bar，即最低压力为5.5bar（g），故气罐容积

$$V = \frac{mRT}{p_1 - p_2} = \frac{19 \times 287 \times 289}{(8-5.5)\times 10^5}\text{m}^3 = 6.3\text{m}^3$$

那个年代，设计气罐是不需要许可证的。我就设计了一个最高工作压力为10bar（g）、气罐容积为6m³的气罐，让压力容器工厂加工出来就可以了。

按半小时以内，能将6m³的气罐内充至8bar（g）的压力，便可选择出空压机的规格。

因 $M=2.2$，设总温 $T_0=289\text{K}$，则实验时实验段内的温度 $T=\dfrac{T_0}{1+\dfrac{\kappa-1}{2}M^2}=\dfrac{289}{1+\dfrac{1.4-1}{2}\times 2.2^2}\text{K}=147\text{K}$，即实验段内的温度可达 $-126℃$。这对气源处理提出了极高的要求。当时是买不到这样的气源处理设备的。只能自己设计制作。如图 5-25 所示，该风洞系统选择了 3 级油水分离器和 2 级空气干燥器。

在油水分离器中，使用高速旋转和高速碰撞，以除去油水尘组成的胶状大颗粒，然后压缩空气以 1.2m/s 左右的低速向上流动，使稍大的胶状颗粒都能靠其重力沉降至容器底部，估计只有 0.58mm 以下的胶状颗粒才会随压缩空气进入第二级油水分离器。测试结果表明：第一级油水分离器可排出不少污油水之外，第二级油水分离器基本就没有污油水排出了。

在 3 级油水分离器之后，再安装了 2 级空气干燥器。该干燥器内，在上下两层多孔板之间，放置有较厚的毛毡和矽胶，以除去尚存的少量油水雾粒子。保证了超声速实验段内，从未发生过结霜现象。

图 5-25 中的调压阀 6 是有特殊要求的调压阀。因超声速风洞实验的耗气量很大，噪声也极高，故要求在很短的实验时间（大约15s）内供气压力要基本稳定。该调压阀是按照北京航空学院空气动力学实验室的调压阀图纸加工的。

超声速风洞的核心部件是几乎没有能量损失的超声速流喷管（见图 5-26）。其收缩段是按维辛斯基公式，即式（5-80）计算的。

$$r=\dfrac{r_1}{\sqrt{1-\left[1-\left(\dfrac{r_1}{r_2}\right)^2\right]\dfrac{\left(1-\dfrac{x^2}{l^2}\right)^2}{\left(1+\dfrac{x^2}{3l^2}\right)^3}}} \quad (5\text{-}80)$$

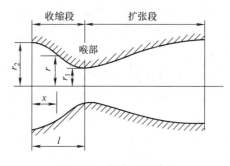

图 5-26 超声速流喷管

扩张段是按特征线法计算的。这种特殊形状的曲线，是先制作出模板，利用模板，制作出该先收缩后扩张的超声速喷管。

1963 年，超声速风洞建成后，一次试车成功，没有出现任何问题。利用该风洞设备，指导过流体力学专业的学生进行了专题研究和毕业设计。

实验时，用纹影仪拍摄实验段的流场，发现如图 5-27 所示，在开口风洞靠近出口处存在斜冲波，百思不得其解。因风洞实验段平整，光洁度很高，没有任何凸起。教研室其他教师也无法解释此现象。笔者回想起上大学时，陆士嘉教授讲"边界层理论"，课时，曾提到冲波与附面层干扰问题，据此，斜冲波的问题则迎刃而解了。因实验段管壁上，存在一层很薄的附面层，附面层截面上的速度分布是从管壁上的速度为 0 一直迅速上升至超声速。但附面层内的静压与实验段核心区内的静压是相同的。若 $M=2.2$，供给压力 $p_0=5\text{bar}$（g），则核心区的静压 $p=p_0/\left(1+\dfrac{\kappa-1}{2}M^2\right)^{3.5}=(0.5+0.1)\times 10^6/\left(1+\dfrac{1.4-1}{2}\times 2.2^2\right)^{3.5}=0.0561\text{MPa}$（a），即 p 的绝对压力为 0.561bar，低于外界大气压力 1bar。出口是超声速流，外界大气压是不可能影响超声速流的,但附面层内存在亚声速流区,该处压力是低于大气压力的,故外界大气压的气体可沿着附面层内逆流而上,形成与主流方向相反的流动,使附面层逐渐鼓起,甚至会发生旋涡分离现象,这鼓起的附面层,对超声速流动来说,就像一个凸起一样,一定会产生斜冲波。这个斜冲波如图 5-28 所示,是压缩波系包络线形成的。斜冲波不会伸入到低于声速的附面层内。

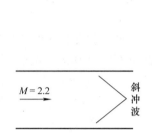
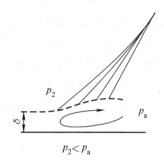

图 5-27　实验段出口存在斜冲波　　　　图 5-28　附面层导致斜冲波的产生

设计超声速风洞对气源处理的要求并不亚于气动技术中半导体芯片行业对气源处理的要求,只不过现在有许多级别的气源处理产品可供选择罢了。

测定气动元件的流量特性时,气动元件内的流道比超声速风洞的实验段要复杂得多。当进口压力 p_1 较高时［如 p_1 >5bar（g）］,气动元件内达声速后,必存在一定的超声速流区,会产生复杂的波系,它与边壁上的附面层也存在相互干扰,但很快就被气流的黏性,分离耗损掉,降为亚声速流。声速流导,特别是临界压力比只不过是人们对这种复杂的超声速流用两个简单的数据来概括表达出来。

在流量特性的测试过程中,对气动元件内的流场及流动机理一般人知之甚少。像上文提到的超声速流中,附面层引发的冲波的出现,那是看不见、摸不着的现象,但它是真实存在的。气动技术深入下去,必然会出现许多新现象,新问题。有志于气动技术研究的人们,不学习气体力学的知识,连正确分析的能力也没有,是无法解决气动技术中的疑难问题的。

5.13　超声速喷管的等熵出流

广义讲,气动元件几乎都是先收缩后扩张的管路。因为绝大多数气动元件的最小截面都处在气动元件内部,进出口截面比最小截面大。当出口压力与进口压力之比小于该气动元件的临界压力比 b 时,即 $p_2/p_1<b$ 时,气动元件就是个超声速喷管。区别在于,气动元件内部结构复杂,不是简单的拉瓦尔管。因内部流动损失大,不属于等熵流动,内部虽有超声速流区,但由于黏性损失大,这种超声速流区会很快消失,使出口仍变成亚声速流。

本节讲理想气体流过超声速喷管时的各种流态变化,有助于实际气体流过各种气动元件时的流态分析。

图 5-29 所示为理想气体流过拉瓦尔喷管,在不同压力比下喷管内的流态变化。

保持上游总压 p_0 和总温 T_0 不变,调节喷管下游阀门(图 5-29 中未画出)的开度,以改变喷管出口外的反压 p_b。也就是说, p_b 的大小是可以调节的。随着 p_b 的逐渐减小,来观察拉瓦尔喷管内及出口处的流动状态的变化。

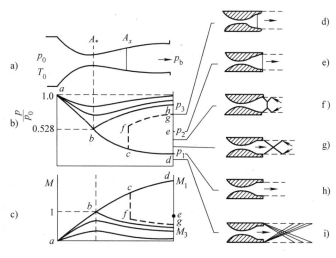

图 5-29 拉瓦尔喷管内的流态变化

当下游阀门关闭时，$p_b = p_0$，喷管内无流动，喷管内的压力均为 p_0，如图 5-29b 喷管内压力分布图中最上面的虚线。

当下游阀门逐渐开启，p_b 逐渐减小，喷管内的流速逐渐增大。只要反压力 $p_b > p_3$，则整个喷管内都处于亚声速流动。收缩段流速越来越大，至喉部流速达最大，但扩张段流速又越来越小。收缩段压力越来越小，至喉部压力最小，在扩张段压力又越来越大，直至出口压力达 p_b。

当 $p_b = p_3$ 时，喉部马赫数 $M = 1$。喷管内其他各处仍处于亚声速流动。喷管内的压力分布曲线为图 5-29b 中的 abh 线。此流动状态为临界状态。在此状态下，通过喷管的质量流量 q_m 达最大 q_m^*，即 $q_m^* = 0.04 p_0 A_* / \sqrt{T_0}$，式中 A_* 为喉部面积。也就是说，无论下游的阀门的开度开多大，背压 p_b 降至多低，通过喷管的质量流量 q_m 也不会大于 q_m^*，我们把这种现象称为壅塞现象。是指再大的流量无法通过。

当反压 p_b 小于 p_3 而大于 p_2 时，随着 p_b 的降低，在喷管扩张段内部的某截面（如图 5-29a 中的 A_x）上，产生压力突跃的正冲波（如图 5-29d），喉部至波前的超声速流通过正冲波突变成波后的亚声速流。通过正冲波，将波前很低的压力突跃升至波后很高的压力，再通过波后扩张段升压，将波后压力升至出口反压 p_b，以满足反压的要求。喷管内的压力分布曲线如图 5-29b 中的 abcfg 所示。喷管内的马赫数分布曲线如图 5-29c 中的 abcfg 所示。

随着反压 p_b 从 p_3 逐渐降至 p_2，喷管内的正冲波则从喉部逐渐向喷管出口移动。当 $p_b = p_2$ 时，管内正冲波正好移至喷管出口上，如图 5-29e 所示。喷管内的压力分布曲线为图 5-29b 中的 abcde。波前 d 点的马赫数 $M_1 > 1$，压力为 p_1，波后 e 点的马赫数 M_2 突降为 $M_2 < 1$，压力为 p_2。喷管内的马赫数分布曲线如图 5-29c 中的 abcde。

当反压 p_b 小于 p_2、大于 p_1 时，随着 p_b 的降低，为了满足出口外反压 p_b 的要求，出口外的波系由正冲波变成强斜冲波（见图 5-29f），再变成弱斜冲波系（见图 5-29g）。即通过冲波系的强度不同，把波前压力 p_1 提高到与反压 p_b 相等才能流出去。图 5-29f 表示反压 p_b 比 p_2 低些，需要强斜冲波来提高压力，故形成三叉波系，仅中间有一段是正冲波，波后为亚声速流，其余斜冲波后可能仍是超声速流。p_b 再降低，只需要口外生成两道斜冲波，在中心区发生正常相交，便可以使压力 p_1 通过斜冲波将压力提高至 p_b，如图 5-29g 所示。

当 $p_b = p_1$ 时，出口为纯正的超声速流，如图 5-29h 所示。详细流态参见图 5-24。

当 $p_b < p_1$ 时，出口生成膨胀波系，如图 5-29i 所示。出口 $M = M_1$，管内流动完全不受反压的影响。反压高低只改变口外的膨胀波的强弱。反压越低，膨胀波膨胀得越厉害。管内的压力分布曲线仍是图 5-29b 中的 $abcd$ 曲线。通过一系列的膨胀波系，将出口压力 p_1 逐渐降至口外的反压 p_b。通过膨胀波系，口外马赫数 M 逐渐增大。膨胀波系相交后，至射流边界被反射成压缩波系。对理想气体，膨胀压缩波系周而复始地重复进行。对黏性气体，该波系不断损耗而消失。

例 5-11 有一二元拉瓦尔喷管，宽 $H = 20\text{mm}$，喉部高 $h_* = 15\text{mm}$，出口高 $h = 30\text{mm}$，总压 $p_0 = 5\text{bar}$（g），总温 $T_0 = 300\text{K}$，求最大流量 q_m^*，出口产生正冲波、扩张段中部产生正冲波和出口无波系时的背压 p_b 各是多少？当出口背压 p_b 为大气压时，喷管内是何流态？

解 最大流量是喉部 $M = 1$ 时，故有

$$q_m^* = 0.04 \frac{p_0 A_*}{\sqrt{T_0}} = 0.04 \times \frac{(5+1) \times 10^5 \times 20 \times 15 \times 10^{-6}}{\sqrt{300}} \text{kg/s} = 0.42 \text{kg/s}$$

根据出口面积比 $\dfrac{A_*}{A_{出}} = \dfrac{15 \times 20}{30 \times 20} = 0.5$，即 $q(\lambda) = 0.5$，查附录 A，则出口速度系数的亚声速解 $\lambda_3 = 0.332$，超声速解 $\lambda_1 = 1.7168$。

对 $\lambda_3 = 0.332$，由附录 A 查得 $\Pi(\lambda_3) = \dfrac{p_3}{p_{03}} = 0.9372$。

$\therefore p_3 = 0.9372 \times 6 \text{bar (a)} = 5.62 \text{bar (a)}$。

对 $\lambda_1 = 1.7168$，由附录 A 查得 $\Pi(\lambda_1) = \dfrac{p_1}{p_{01}} = 0.094$。

$\therefore p_1 = 0.094 \times 6 \text{bar (a)} = 0.564 \text{bar (a)}$。

当喉部 $M = 1$ 时，求得最大流量 $q_m^* = 0.42 \text{kg/s}$。当喉部 $M = 1$，扩张段内均为亚声速流时，出口 $\lambda_3 = 0.332$，出口压力 $p_3 = 5.62 \text{bar (a)}$。即要保持出口外背压 $p_b = 5.62 \text{bar (a)}$，流动才稳定。

当出口 $\lambda_1 = 1.7168$ 时，$p_1 = 0.564 \text{bar (a)}$，即出口外背压 $p_b = 0.564 \text{bar (a)}$ 时，才能维持出口 $\lambda_1 = 1.7168$ 的超声速流不变，出口无波系存在。

若出口产生正冲波，由 $\lambda_1 = 1.7168$，查附录 A，知对应 $M_1 = 2.197$。查附录 C，知 $M_1' = 0.5475$。$p_1'/p_1 = 5.4646$，则 $p_1' = 5.4646 \times 0.564 \text{bar (a)} = 3.082 \text{bar (a)}$。表明：当出口产生正冲波时，若出口背压 $p_b = 3.082 \text{bar (a)}$ 时，才能保证出口正冲波不变。

若在扩张段中部产生正冲波，即正冲波处的面积 $A_{中} = \dfrac{A_* + A_{出}}{2} = \dfrac{(15+30) \times 20}{2} \text{mm}^2 = 45 \text{mm}^2$，由 $q(\lambda_{中}) = \dfrac{A_*}{A_{中}} = \dfrac{15 \times 20}{45} = 0.6667$，查附录 A，得 $\lambda_{中} = 1.5635$，$p_{中}/p_{0中} = 0.1602$，$p_{中} = 0.1602 \times 6 \text{bar (a)} = 0.9612 \text{bar (a)}$，对应 $M_{中} = 1.8541$，查附录 C，得 $M_{中}' = 0.6049$，$p_{中}'/p_{中} = 3.844$，则 $p_{中}' = 3.844 \times 0.9612 \text{bar (a)} = 3.6949 \text{bar (a)}$，$p_{0中}'/p_{0中} = 0.7884$，则 $p_{0中}' = 4.7304 \text{bar (a)}$。

下面求正冲波处在扩张段中部时的出口流动参数（见图 5-30）。

根据质量守恒

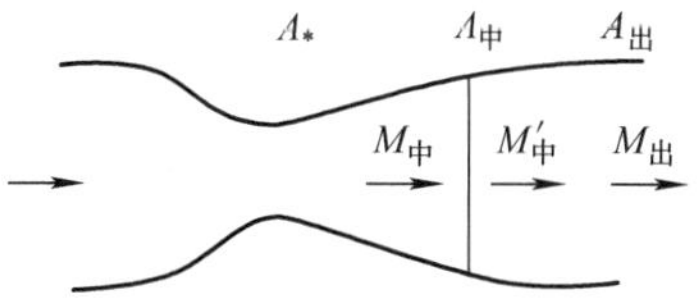

$$\rho'_{\text{中}} u'_{\text{中}} A'_{\text{中}} = \rho_{\text{出}} u_{\text{出}} A_{\text{出}}$$

$$\frac{p'_{\text{中}}}{RT'_{\text{中}}} M'_{\text{中}} \sqrt{\kappa R T'_{\text{中}}} A'_{\text{中}} = \frac{p_{\text{出}}}{RT_{\text{出}}} M_{\text{出}} \sqrt{\kappa R T_{\text{出}}} A_{\text{出}}$$

$$\frac{p_{\text{出}}}{p'_{\text{中}}} = \frac{M'_{\text{中}} A'_{\text{中}}}{M_{\text{出}} A_{\text{出}}} \sqrt{\frac{T_{\text{出}}}{T'_{\text{中}}}}$$

图 5-30 例 5-11 用图

$$\because M'_{\text{中}} = 0.6049, T'_{\text{中}} = T_{0\text{中}}/\left(1 + \frac{\kappa-1}{2} M'^2_{\text{中}}\right) = 300/\left(1 + \frac{1.4-1}{2} \times 0.6049^2\right) \text{K} = 279.5 \text{K}$$

$$\frac{p_{\text{出}}}{3.6949} = \frac{0.6049}{M_{\text{出}}} \times \frac{450}{600} \sqrt{\frac{T_{\text{出}}}{279.5}} \tag{5-81}$$

$\frac{p_{\text{出}}}{p_{0\text{出}}} = \left(1 + \frac{\kappa-1}{2} M^2_{\text{出}}\right)^{-\frac{\kappa}{\kappa-1}}$,因 $p_{0\text{出}} = p'_{0\text{中}}$,故有 $\frac{p_{\text{出}}}{p'_{0\text{中}}} = \left(1 + \frac{1.4-1}{2} M^2_{\text{出}}\right)^{-\frac{1.4}{1.4-1}} = (1 + 0.2 M^2_{\text{出}})^{-3.5}$

$$\therefore \quad p_{\text{出}} = 4.7304 \times (1 + 0.2 M^2_{\text{出}})^{-3.5} \tag{5-82}$$

$$T_{\text{出}} = T_{0\text{出}}/\left(1 + \frac{\kappa-1}{2} M^2_{\text{出}}\right) = 300/(1 + 0.2 M^2_{\text{出}}) \tag{5-83}$$

式 (5-81) ~ 式 (5-83) 联立,解得 $M_{\text{出}} = 0.405$,$p_{\text{出}} = 4.225 \text{bar (a)}$

即在扩压段中部产生正冲波时,出口背压 $p_b = 4.225 \text{bar (a)}$ 能保持流动的稳定。

当出口外背压 p_b 为大气压力 $p_a = 1 \text{bar (a)}$ 时,因 $\lambda_1 = 1.7168$ 时的 $p_1 = 0.564 \text{bar (a)}$,表明出口压力从 0.564bar (a) 突跃升至 $p_b = 1 \text{bar (a)}$,必有斜冲波存在。由式 (5-72),则有

$$\sin\beta = \frac{1}{M_1} \sqrt{\frac{\kappa+1}{2\kappa}\left(\frac{p_b}{p_1} + \frac{\kappa-1}{\kappa+1}\right)} = \frac{1}{2.197} \sqrt{\frac{1.4+1}{2 \times 1.4} \times \frac{1}{0.564} + \frac{1.4-1}{2 \times 1.4}} = 0.5869$$

$$\therefore \beta = 35.94°$$

由式 (5-77),则有

$$\tan\delta = \frac{M^2_1 \sin^2\beta - 1}{\left[M^2_1\left(\frac{\kappa+1}{2} - \sin^2\beta\right) + 1\right]\tan\beta} = \frac{(2.197 \times \sin 35.94°)^2 - 1}{\left[2.197^2\left(\frac{1.4+1}{2} - \sin^2 35.94°\right) + 1\right]\tan 35.94°} = 0.1782$$

$$\therefore \delta = 10.1°$$

说明,本题拉瓦尔喷管出口通大气时,在喷管出口产生斜冲波,偏转角 $\delta = 10.1°$,斜冲波的倾角 $\beta = 35.94°$。

5.14 一元有摩擦的绝热定常流

气动元件中的长管道内就属于这种流动。

5.14.1 特性分析

质量方程(一元定常流)

$$\frac{\text{d}\rho}{\rho} + \frac{\text{d}u}{u} + \frac{\text{d}A}{A} = 0 \tag{5-84}$$

动量方程(一元定常流)

$$udu + \frac{dp}{\rho} + \frac{4\tau_0}{\rho}\frac{dx}{d} = 0 \qquad (5\text{-}85)$$

$$\tau_0 = \frac{d}{4}\frac{\Delta p}{l} \qquad (5\text{-}86)$$

气体状态方程

$$\frac{dp}{p} = \frac{d\rho}{\rho} + \frac{dT}{T} \qquad (5\text{-}87)$$

能量方程（一元、定常、绝能流动）

$$dh + udu = 0$$

或

$$c_p dT + udu = 0 \qquad (5\text{-}88)$$

$$\frac{dp}{\rho} = \frac{dp}{p}\frac{p}{\rho} \xrightarrow{\text{式}(5\text{-}87)}{\text{式}(5\text{-}3)} \left(\frac{d\rho}{\rho} + \frac{dT}{T}\right)\frac{a^2}{\kappa} \xrightarrow{\text{式}(5\text{-}84)}{\text{式}(5\text{-}88)} \left(-\frac{du}{u} - \frac{dA}{A} - \frac{udu}{c_p T}\right)\frac{a^2}{\kappa}$$

将 dp/ρ 代入式（5-85），用式（5-86）消去 τ_0，式（5-85）变成

$$udu - \frac{a^2}{\kappa}\left(\frac{du}{u} + \frac{dA}{A} + \frac{udu}{c_p T}\right) + \frac{\Delta p}{\rho l}dx = 0 \qquad (5\text{-}89)$$

对沿程损失 $\Delta p = \lambda \frac{l}{d}\frac{1}{2}\rho u^2$，为了与速度系数 λ 相区别，将沿程损失系数 λ 改用 ζ 表示。则 $\Delta p = \zeta \frac{l}{d}\frac{1}{2}\rho u^2$。

式（5-89）乘以 κ/a^2，且 $c_p = \frac{\kappa R}{\kappa - 1}$，$a^2 = \kappa RT$，整理后变成

$$\frac{du}{u}(M^2 - 1) = \frac{dA}{A} - \frac{\kappa}{2}\zeta M^2 \frac{dx}{d} \qquad (5\text{-}90)$$

讨论：

1）对一元等熵定常流，$\zeta = 0$，则有 $(M^2 - 1)\frac{du}{u} = \frac{dA}{A}$。

2）考虑到黏性引起摩擦力，有 $\zeta > 0$，则有 $(M^2 - 1)\frac{du}{u} < \frac{dA}{A}$，即摩擦力的作用相当于把等熵流的截面积缩小，见图 5-31。

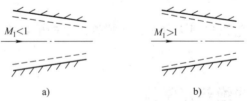

图 5-31　亚声速流与超声速流过有摩擦的收缩管
a) $M_1 < 1$　b) $M_1 > 1$

当 $M_1 < 1$ 时，对等熵的收缩管内是加速，对有摩擦的收缩管内加速更快。
对 $M_1 > 1$ 时，对等熵的收缩管内是减速，对有摩擦的收缩管内减速更快。

3）对等截面摩擦管，$dA = 0$，则有

$$\frac{du}{u}(M^2 - 1) = -\frac{\kappa}{2}\zeta M^2 \frac{dx}{d}$$

沿流动方向，$\dfrac{\mathrm{d}u}{u}(M^2-1)<0$。

当 $M<1$，$\mathrm{d}u>0$ 时，沿流动方向是加速，直至 $M=1$。不会出现超声速流。

当 $M>1$，$\mathrm{d}u<0$ 时，沿流动方向是减速，直至 $M=1$。若无突跃的话（即出现正冲波），不会出现超声速变成亚声速。

4）$M=1$ 时，$\dfrac{\mathrm{d}A}{A}=\dfrac{\kappa}{2}\zeta M^2\dfrac{\mathrm{d}x}{d}>0$，说明声速截面在扩张段（$\mathrm{d}A>0$），不在喉部。

5）等截面定常绝热摩擦管内，不是充分发展流。因 $\rho u=C$，ρ 变化大，则 u 变化大。

6）绝热是指与外界没有热交换，内部摩擦生热还是存在的。

7）密度变化很大（即压力变化大）的短管也应按可压缩管流处理。

8）对摩擦管来讲，因不是等熵流动，公式 $a^2=\mathrm{d}p/\mathrm{d}\rho$ 是不成立的。

5.14.2 等截面直管有摩擦的绝热定常流的特性计算

已知等直管的内径为 d、长度为 L，如图 5-32 所示。

由于 $\mathrm{d}A=0$，故式（5-90）变成

$$(M^2-1)\dfrac{\mathrm{d}u}{u}=-\dfrac{\kappa}{2}\zeta M^2\dfrac{\mathrm{d}x}{d} \qquad (5\text{-}91)$$

图 5-32　等直摩擦管

对摩擦管而言，滞止参数（如总压 p_0）沿流动方向在不断变化，故不宜用滞止参数作为参考状态，应以临界状态作为参考状态，故常使用速度系数 λ，而不用马赫数 M。

根据式（5-27）及 $\mathrm{d}u/u=\mathrm{d}\lambda/\lambda$，代入式（5-91），则得

$$\left(\dfrac{1}{\lambda^2}-1\right)\dfrac{\mathrm{d}\lambda}{\lambda}=\dfrac{\kappa}{\kappa+1}\zeta\dfrac{\mathrm{d}x}{d} \qquad (5\text{-}92)$$

ζ 应是 Re、Δ/d 及 M 的函数。对光滑管来说，不考虑 Δ/d 的影响；不论是亚声速流，还是超声速流，ζ 受 M（即 λ）的影响很小，主要是受黏性，即 Re 的影响。$Re=4q_m/\pi D\mu$。μ 主要是温度 T 的函数，随 T 的增大，气体的 μ 略有增大。对摩擦管，当 $M<1$ 时，随流向（即 $+x$ 方向），T 是下降的，故 Re 沿 $+x$ 方向，Re 略有增大。总体来讲，ζ 值随 $+x$ 方向变化不大。

对式（5-92）进行积分，有

$$\int_{\lambda_1}^{\lambda_2}\left(\dfrac{1}{\lambda^2}-1\right)\dfrac{\mathrm{d}\lambda}{\lambda}=\dfrac{\kappa}{\kappa+1}\int_0^L\zeta\dfrac{\mathrm{d}x}{d}$$

得

$$\dfrac{1}{\lambda_1^2}-\dfrac{1}{\lambda_2^2}-\ln\dfrac{\lambda_2^2}{\lambda_1^2}=\dfrac{2\kappa}{\kappa+1}\zeta\dfrac{L}{d} \qquad (5\text{-}93)$$

对等直管来说，不论 $\lambda_1<1$，还是 $\lambda_1>1$，出口的极限一定是 $\lambda_2=1$。这可以用普通求极值的方法加以证明。令

$$\chi=\dfrac{2\kappa}{\kappa+1}\zeta\dfrac{L}{d} \qquad (5\text{-}94)$$

式中　χ——折合长度。

折合长度 χ 对 λ_2^2 的一次微分等于 0（λ_1 为常数）

$\dfrac{\mathrm{d}\chi}{\mathrm{d}\lambda_2^2} = \dfrac{1}{\lambda_2^4} - \dfrac{1}{\lambda_2^2} = 0$，则得 $\lambda_2 = 1$。再对 χ 进行二次微分 $\dfrac{\mathrm{d}^2\chi}{\mathrm{d}(\lambda_2^2)^2} = -\dfrac{2}{\lambda_2^3} + \dfrac{1}{\lambda_2^4}$

当 $\lambda_2 = 1$ 时，$\dfrac{\mathrm{d}^2\chi}{\mathrm{d}(\lambda_2^2)^2} = -1$。因一次微分 $\dfrac{\mathrm{d}\chi}{\mathrm{d}\lambda_2^2} = 0$，二次微分 $\dfrac{\mathrm{d}^2\chi}{\mathrm{d}(\lambda_2^2)^2} = -1$，为负，故 $\lambda_2 = 1$ 时的 χ 为极大值。

当 $\lambda_2 = 1$ 时的 χ 为临界管长，即最大管长 $\chi_{\max}$。

$$\chi_{\max} = \dfrac{2\kappa}{\kappa+1}\zeta\dfrac{L_{\max}}{d} = \dfrac{1}{\lambda_1^2} - 1 - \ln\dfrac{1}{\lambda_1^2} \tag{5-95}$$

说明：

1) 当 $\lambda_1 < 1$ 时，

若 $L < L_{\max}$，$\lambda_2 < 1$。

若 $L = L_{\max}$，$\lambda_2 = 1$。

若 $L > L_{\max}$，所给出的初始 λ_1 是实现不了的。按式（5-95）求出的 λ_1 值才是真实的 λ_1 值。若管长已达 $L_{\max}$，$\lambda_2 = 1$，能流过去的流量已达最大，λ_1 再增大，多余流量无法通过，只能从进口溢出。这是由于临界截面（$\lambda_2 = 1$）的限制而出现的壅塞现象。

2) 当 $\lambda_1 > 1$ 时，

若 $L < L_{\max}$，$\lambda_2 > 1$。

若 $L = L_{\max}$，$\lambda_2 = 1$。

若 $L > L_{\max}$，也会发生壅塞。但不一定需要立即调整进口的流量，可以在管内某截面上产生一正冲波，使超声速流变成亚声速流，亚声速流可以流过长得多的距离才达到声速。

正冲波的位置可如下推算。

设 $\lambda_1 > 1$，按式（5-94），求出折合长度 χ。按式（5-95），求出最大的折合长度 $\chi_{\max}$。若 $\chi > \chi_{\max}$，设在离进口 χ_c 处产生正冲波，波前 λ' 与波后 λ'' 存在关系

$$\lambda'\lambda'' = 1 \tag{5-96}$$

波前 λ' 应按式（5-93）计算

$$\dfrac{1}{\lambda_1^2} - \dfrac{1}{\lambda'^2} - \ln\dfrac{\lambda'^2}{\lambda_1^2} = \dfrac{2\kappa}{\kappa+1}\zeta\dfrac{\chi_c}{d} \tag{5-97}$$

波后 λ''（<1）在管长 $L - \chi_c$ 内不断加速至出口 $\lambda_2 = 1$。利用式（5-95），有

$$\dfrac{1}{\lambda''^2} - 1 - \ln\dfrac{1}{\lambda''^2} = \dfrac{2\kappa}{\kappa+1}\zeta\dfrac{L - \chi_c}{d} = \chi - \chi_c$$

代入式（5-96），得
$$\lambda'^2 - 1 - \ln\lambda'^2 = \chi - \chi_c \tag{5-98}$$

由式（5-97）及式（5-98）联立，可求解出 λ' 及 χ_c。χ_c 就是正冲波的位置。

计算截面上的流动参数：

等直管内是绝热流动，滞止温度不变，即 $T_{02} = T_{01}$，故有

$$\dfrac{T_2}{T_1} = \dfrac{1 - \dfrac{\kappa-1}{\kappa+1}\lambda_2^2}{1 - \dfrac{\kappa-1}{\kappa+1}\lambda_1^2} \tag{5-99}$$

由于总温不变，临界声速 a_* 是不变的。故速度系数之比 λ_1/λ_2 等于速度比 u_1/u_2，按质量方程 ρ 与 u 成反比，则有

$$\frac{u_1}{u_2} = \frac{\lambda_1}{\lambda_2} = \frac{\rho_2}{\rho_1} \tag{5-100}$$

按气体状态方程，则有

$$\frac{p_2}{p_1} = \frac{\rho_2}{\rho_1}\frac{T_2}{T_1} = \frac{\lambda_1}{\lambda_2}\frac{1-\dfrac{\kappa-1}{\kappa+1}\lambda_2^2}{1-\dfrac{\kappa-1}{\kappa+1}\lambda_1^2} \tag{5-101}$$

由式（5-30），有

$$\frac{p_{02}}{p_{01}} = \frac{p_2}{p_1}\left(\frac{1-\dfrac{\kappa-1}{\kappa+1}\lambda_1^2}{1-\dfrac{\kappa-1}{\kappa+1}\lambda_2^2}\right)^{\frac{\kappa}{\kappa-1}} = \frac{\lambda_1}{\lambda_2}\left(\frac{1-\dfrac{\kappa-1}{\kappa+1}\lambda_1^2}{1-\dfrac{\kappa-1}{\kappa+1}\lambda_2^2}\right)^{\frac{1}{\kappa-1}} \tag{5-102}$$

出口静压 p_2 与进口总压 p_{01} 之比，称为临界压力比，记为 b'，以区别于 ISO 6358：1989 定义的临界压力比 b。

$$b' = \frac{p_2}{p_{01}} = \frac{p_2}{p_{02}}\frac{p_{02}}{p_{01}} = \left(1-\frac{\kappa-1}{\kappa+1}\lambda_2^2\right)^{\frac{\kappa}{\kappa-1}}\frac{\lambda_1}{\lambda_2}\left(\frac{1-\dfrac{\kappa-1}{\kappa+1}\lambda_1^2}{1-\dfrac{\kappa-1}{\kappa+1}\lambda_2^2}\right)^{\frac{1}{\kappa-1}} = \frac{\lambda_1}{\lambda_2}\left(1-\frac{\kappa-1}{\kappa+1}\lambda_1^2\right)^{\frac{1}{\kappa-1}}\left(1-\frac{\kappa-1}{\kappa+1}\lambda_2^2\right) \tag{5-103}$$

由式（5-93）和式（5-103），可做出以 $\zeta\dfrac{L}{d}$ 和 p_2/p_{01} 为参变量的 λ_1 和 λ_2 之间的通用曲线，如图 5-33 所示。

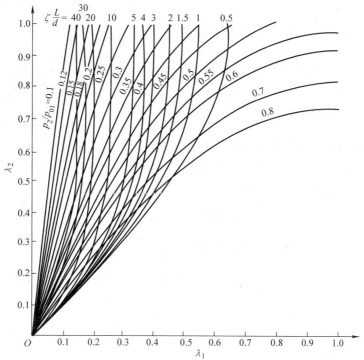

图 5-33　等直绝热摩擦管的通用特性曲线

说明：

1) 已知管道的 $\zeta \dfrac{L}{d}$ 及管道两端的压力比 p_2/p_{01}，由图 5-33 可查得管道进口的 λ_1 和出口的 λ_2。

2) 当管道出口达临界流态时，即 $\lambda_2 = 1$，由式（5-93）可求得 $\zeta \dfrac{L}{d}$ 与 λ_1 的关系；由式（5-103）可求得 p_2/p_{01} 与 λ_1 的关系，见表 5-1 及图 5-34。

表 5-1　当 $\lambda_2 = 1$ 时，$\zeta \dfrac{L}{d}$、p_2/p_{01} 与 λ_1 的关系

$\zeta \dfrac{L}{d}$	0.5	1.0	1.5	2.0	3.0	4.0	5.0	10	20	30	40
λ_1	0.634	0.544	0.491	0.451	0.398	0.362	0.335	0.256	0.193	0.162	0.144
p_2/p_{01}	0.10	0.12	0.15	0.18	0.20	0.25	0.30	0.35	0.40	0.45	0.50
λ_1	0.121	0.145	0.183	0.220	0.245	0.313	0.383	0.460	0.545	0.647	0.790

$\zeta \dfrac{L}{d}$ 取 0.5~40，相当于 L/d 大约是 25~2000。$L/d < 25$，已属于短管，不能使用摩擦管流理论来分析。通常气动行业中 $L/d = 2000$，已足够使用。

p_2/p_{01} 取 0.1~0.5，是因为 $p_2/p_{01} = 0.1$，相当于管道进口为 10bar，管道出口为 1bar。当 $p_2/p_{01} = 0.528$ 时，理论上出口 $\lambda = 1$，这是不可能存在的摩擦管，故 p_2/p_{01} 最大取 0.5 足够使用。

3) 从图 5-33 中可以看出，$\lambda_2 = 1$ 时的 $\zeta \dfrac{L}{d}$ 及 p_2/p_{01} 见表 5-1。比如，当 $p_2/p_{01} = 0.2$ 时，相当于出口是大气压，进口为 5bar（a）时，当 $\lambda_1 = 0.245$ 时，出口便达临界流态，即 $\lambda_2 = 1$。如图 5-33 所示，对应 $\zeta \dfrac{L}{d}$ 大约为 11，若设 $\zeta = 0.02$，相当于 L/d 大约为 550。也就是说，管道的长径比小于 550 时，出口才会达临界流态（$\lambda_2 = 1$），若大于 550，在 $p_2/p_{01} = 0.2$ 的压比下，是不会出口达临界流态的。说明 p_2/p_{01} 与 $\zeta \dfrac{L}{d}$ 的交点必须在 $\lambda_2 = 1$ 的横线上或二者在图中没有交点，出口才会达临界状态。

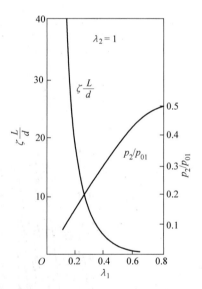

图 5-34　$\lambda_2 = 1$ 时，$\zeta \dfrac{L}{d}$ 和 p_2/p_{01}，与 λ_1 的关系

通过管道的质量流量 $q_m = \rho_1 u_1 S_0$，式中 $S_0 = \dfrac{\pi}{4} d^2$，$\rho_1 = \dfrac{p_1}{RT_1}$，$u_1 = \lambda_1 a_{*1}$，$a_{*1} = \sqrt{\dfrac{2\kappa RT_{01}}{\kappa + 1}}$，$\dfrac{p_1}{p_{01}} = \left(1 - \dfrac{\kappa - 1}{\kappa + 1}\lambda_1^2\right)^{\frac{\kappa}{\kappa - 1}}$，$\dfrac{T_1}{T_{01}} = 1 - \dfrac{\kappa - 1}{\kappa + 1}\lambda_1^2$，经整理后，可得

$$q_m = \sqrt{\dfrac{2\kappa}{(\kappa + 1)RT_{01}}} p_{01} \lambda_1 S_0 \left(1 - \dfrac{\kappa - 1}{\kappa + 1}\lambda_1^2\right)^{\frac{1}{\kappa - 1}} \tag{5-104}$$

管道在临界流态下的有效面积为 S，则临界流态下通过该管道的质量流量为

$$q_m^* = \left(\frac{2}{\kappa+1}\right)^{\frac{\kappa+1}{2(\kappa-1)}} \sqrt{\frac{\kappa}{RT_{01}}} p_{01} S \tag{5-105}$$

若令式（5-104）的 q_m 等于式（5-105）的 q_m^*，则得

$$\frac{S}{S_0} = \left(\frac{\kappa+1}{2}\right)^{\frac{1}{\kappa-1}} \lambda_1 \left(1 - \frac{\kappa-1}{\kappa+1}\lambda_1^2\right)^{\frac{1}{\kappa-1}} = 1.5774 \lambda_1 \left(1 - \frac{\kappa-1}{\kappa+1}\lambda_1^2\right)^{\frac{1}{\kappa-1}} \tag{5-106}$$

这就是在相同条件下（p_{01}、T_{01} 和 λ_1 相同），实际有效面积 S 与理论有效面积 S_0 之比。由式（5-106）可计算出气管道出口达临界流态时的 S/S_0 与 λ_1 的关系，见表 5-2 和图 5-35。

表 5-2　$\lambda_2 = 1$ 时，S/S_0 与 λ_1 的关系

λ_1	0.1	0.2	0.3	0.4	0.5	0.6	0.7	0.8	0.9	1.0
S/S_0	0.157	0.310	0.456	0.590	0.709	0.811	0.892	0.952	0.988	1.0

例 5-12　已知某气管道 $d = 8\text{mm}$，$L = 800\text{mm}$，$\zeta = 0.2$，$p_{01} = 5.1\text{bar}$（a），$T_{01} = 293\text{K}$，$p_2 = 1.02\text{bar}$（a），求此气管道的 S 值、b' 值和 q_m。又，若 $p_{01} = 2.04\text{bar}$（a），其他值不变，求 q_m。

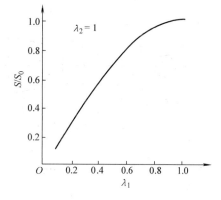

图 5-35　$\lambda_2 = 1$ 时，S/S_0 与 λ_1 的关系

解　$\zeta \dfrac{L}{d} = 0.02 \times \dfrac{800}{8} = 2$，$\dfrac{p_2}{p_{01}} = \dfrac{1.02}{5.1} = 0.2$，查图 5-33，$\zeta \dfrac{L}{d} = 0.02$ 与 $\dfrac{p_2}{p_{01}} = 0.2$ 两曲线无交点，故 $\lambda_2 = 1$。

曲线 $\zeta \dfrac{L}{d} = 2$ 与 $\lambda_2 = 1$ 横线的交点对应的 $p_2/p_{01} = 0.343$，故知 $b' = 0.343$。

$\zeta \dfrac{L}{d} = 2$ 与 $\lambda_2 = 1$ 的交点对应的 $\lambda_1 = 0.451$。查图 5-35，得 $S/S_0 = 0.65$，故知 $S = 0.65 \dfrac{\pi}{4} \times 8^2 \text{mm}^2 = 32.66 \text{mm}^2$。

由式（5-36），知 $q_m^* = 0.0404 \dfrac{p_{01}}{\sqrt{T_{01}}} S = 0.0404 \times \dfrac{0.51 \times 32.66}{\sqrt{293}} \text{kg/s} = 0.0393 \text{kg/s}$。

若 $p_{01} = 2.04\text{bar}$（a），则 $p_2/p_{01} = 1.02/2.04 = 0.5$，$p_2/p_{01} = 0.5$ 与 $\zeta \dfrac{L}{d} = 2$ 两条曲线的交点（见图 5-33）的 $\lambda_1 = 0.435$，$\lambda_2 = 0.725$。

由式（5-104），求得 $q_m = \sqrt{\dfrac{2 \times 1.4}{(1.4+1) \times 287 \times 293}} \times 0.204 \times 0.435 \times \dfrac{\pi}{4} 8^2 \left(1 - \dfrac{1.4-1}{1.4+1} \times 0.435^2\right)^{\frac{1}{1.4-1}} \text{kg/s} = 0.0153 \text{kg/s}$。

5.15 气体引射器

引射器是靠气体的黏性及压力差的作用,由一股高压气流带动另一股低压气流在有限的空间内流动的一种气动器件。它广泛用于送风、排烟、降温、抽吸等。气动产品中的真空发生器也是引射器的一种应用。

典型的引射器由四部分组成,如图 5-36 所示。它们是产生高压气流(引射气流)的喷管 1、低压气流(被引射气流)的喷管 2、混合室 3 和扩压段 4。

喷管 1 有收缩喷管和拉瓦尔喷管两种。

本节讲收缩喷管引射器。关于拉瓦尔喷管引射器在第 21 章介绍。

为加工方便,收缩喷管的收缩角可设计成 60° 左右,进出口直径比为 1.2~1.4。

拉瓦尔喷管若按特征线法设计出管壁曲线,则流动损失极小,但加工困难。故工程上拉瓦尔喷管常设计成图 5-37 所示的收缩扩张管。收缩角 β 取 30°~60°,扩张角 α 取 6°~8°,最小直径 d_* 的长径比 l/d_* 取 0.5~1.0。

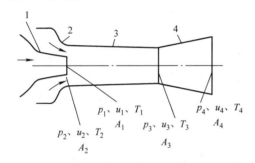

图 5-36 引射器原理简图

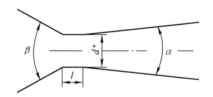

图 5-37 简易拉瓦尔喷管

混合室可以是全部直筒状,也可以有一段形状为截圆锥体的筒管,后面是直管。混合室的长径比与喷管出口马赫数 M 有关。当 $M=0.4~0.9$ 时,$L/d=3~8$;当 $M>1$ 时,$L/d=8~12$。喷管 1 的出口可以与混合室直筒段的进口在同一截面,也可以不在同一截面上。

扩压段通常是截锥形,扩张角宜取 6°~8°,它能将部分速度能转化为压力能,以减少流动损失。扩压段出进口直径比为 1.5~2.0。也可不设扩压段。

5.15.1 收缩喷管引射器

1. 当 $p_{01}/p_2 < 1.893$ 时

引射器内的流态稳定后,当喷管 1 的滞止压力 p_{01} 与喷管出口静压力 p_2 之比小于 1.893 时,属于亚声速射流。混合室中的流动状态如图 5-38 所示。在混合室进口,由于喷管 1 的出口与喷管 2 的进口都是亚声速流,则该两处的静压 p_1 和 p_2 是相等的。且 p_2 一定低于被引射气流的滞止压力 p_{02}。通常,p_{02} 就是大气压力 p_a。因 $p_2 < p_a$,才能把外界大气吸入混合室。

在混合室内,这两股气流的各种流动参数逐渐拉平,其流态可分成初始段和主体段。

在初始段,这两股气流彼此拉扯,射流边层逐渐扩大。和自由射流一样,引射气流也有速度一定的核心流。被引射气流处于混合地带。O 点是射流的极点。由于高速气流不断吸引

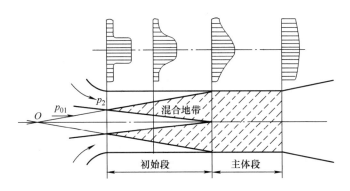

图 5-38 混合室中的亚声速流态

被引射气流,把它带入混合地带,以维持混合室进口保持低压,这就保证了被引射气体的供给。

离喷口有一定的距离后,便达到初始段与主体段的分界面上。在这个截面上,引射气流与被引射气流已渗混在一起了。但气流的各参数沿半径方向仍有相当大的差别。靠边气流的速度大约等于 u_2,而中心速度仍接近喷管出来的速度 u_1。在分界面后的主体段里,气流的各参数在继续扯平中,直径 6~8 个混合室直径的距离,各流动参数才混合得相当均匀。混合后气流的滞止压力 p_{03},高于被引射气流的滞止压力 p_{02},引射系数 $n = q_{m2}/q_{m1}$ 越小,p_{03} 比 p_{02} 高得越多。

2. 当 $p_{01}/p_2 > 1.893$ 时

这种压比下,引射器内的流态如图 5-39 所示。在混合室进口处的喷管 1 的出口,$\lambda_1 = 1$,而被引射气流在该截面上的流速是亚声速,故两处的静压可以不相等。喷管 1 出口处的静压 p_1 必大于被引射气流进口的静压 p_2,喷管 1 出口处气流要继续膨胀,形成一束膨胀波,变成超声速流。截面积不断扩大超过喷管 1 的最小截面积 A_*。也就是说,超声速流就像在一段扩张的拉瓦尔管内流动那样,气流的边界好像变成了拉瓦尔管的管壁。

在混合室的初始段中,被引射气流在主射流与管壁之间流动。在起始截面 1—1 上,被引射气流以亚声速沿收缩的"通路"流去,被引射气流在加速,静压在不断降低。

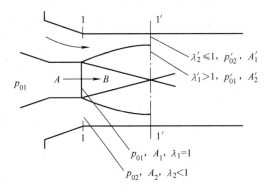

图 5-39 $p_{01}/p_2 > 1.893$ 时,混合室初始段中的流态

设离混合室进口一段距离后至截面 1′—1′,是混合室初始段上两股气流的静压相等的截面,即 $p'_{01} = p'_{02}$,称为等压截面。

若混合室较短,等压截面不一定存在。

离喷口很远处,两股气流之间的界限才被破坏。引射气流的超声速核心区逐渐缩小,气流沿混合室各截面流去,各项流动参数逐渐持平。

在混合室内流动的过程中,除混合室管壁的摩擦损失外,还存在两股气流混合过程中的动能损失。

假定两股气流是在一定压力下进行混合，则混合后的动量 $q_{m3}u_3$ 应等于原来两股气流的动量之和 $q_{m1}u_1 + q_{m2}u_2$，则有

$$u_3 = \frac{q_{m1}u_1 + q_{m2}u_2}{q_{m3}} \tag{5-107}$$

混合后的动能 E_3

$$E_3 = \frac{1}{2}(q_{m1} + q_{m2})u_3^2 = \frac{(q_{m1}u_1 + q_{m2}u_2)^2}{2(q_{m1} + q_{m2})}$$

原来两股气流的动能

$$E_1 + E_2 = \frac{1}{2}q_{m1}u_1^2 + \frac{1}{2}q_{m2}u_2^2$$

上二式相减，就是动能损失 ΔE

$$\Delta E = \frac{q_{m1}q_{m2}}{q_{m1} + q_{m2}} \frac{(u_1 - u_2)^2}{2} \tag{5-108}$$

可见，动能损失与温度、密度无关。两种气流相混合，其速度差 $u_1 - u_2$ 越大，动能损失也越大。

在混合室的直管中，速度逐渐被拉平，静压 p 逐渐上升，如图 5-40 所示。从大气里把空气吸进来，仍排入大气，只有在混合室进口压力低于出口压力时，才能进行。

5.15.2 收缩喷管引射器的特性计算

1. 当 $p_{01}/p_2 < 1.893$ 时

先不考虑扩压段，取图 5-41 所示的混合室为控制体1133。设引射气流在控制面 1—1 上的速度系数为 λ_1、压力为 p_1、密度为 ρ_1、流通面积为 A_1、质量流量为 q_{m1}；被引射气流相应的参数为 λ_2、p_2、ρ_2、A_2 和 q_{m2}。控制面 3—3、即混合室出口上相应的参数为 λ_3、p_3、ρ_3、A_3 和 q_{m3}。

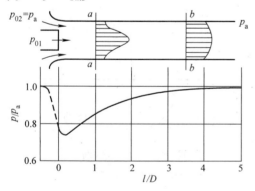

图 5-40 静压沿混合室长度的变化

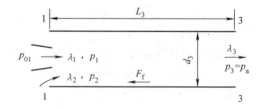

图 5-41 收缩喷管引射器的控制体（$p_{01}/p_2 < 1.893$）

因 λ_1 和 λ_2 都小于 1，属亚声速流动，故 $p_1 = p_2$，则有

$$p_{01}\Pi(\lambda_1) = p_{02}\Pi(\lambda_2) \tag{5-109}$$

根据质量守恒，有

$$q_{m3} = q_{m1} + q_{m2}$$

设

$$n = \frac{q_{m2}}{q_{m1}} \tag{5-110}$$

n 称为引射系数，则有
$$q_{m3}/q_{m1} = 1 + n \tag{5-111}$$

根据能量守恒，通过混合室壁面与外界无热交换的话，则混合后气体的总焓等于引射气流的总焓与被引射气流的总焓之和，有
$$q_{m3} c_{p3} T_{03} = q_{m1} c_{p1} T_{01} + q_{m2} c_{p2} T_{02}$$

引射气流与被引射气流为同一介质，且 $T_{01} = T_{02}$，由上式可得
$$T_{03} = T_{01} = T_{02} \tag{5-112}$$

混合室壁面上的摩擦力引起的压力损失
$$\Delta p_f = \zeta \frac{L_3}{d_3} \frac{1}{2} \rho_3 u_3^2$$

$$F_f = \Delta p_f A_3 = \zeta \frac{L_3}{d_3} \frac{1}{2} \rho_3 u_3^2 A_3 = \frac{\zeta L_3}{2 d_3} q_{m3} u_3 = \frac{\zeta L_3}{2 d_3} q_{m3} a_{*3} \lambda_3 \tag{5-113}$$

动量方程为
$$p_3 A_3 + F_f - p_2 A_2 - p_1 A_1 = q_{m1} u_1 + q_{m2} u_2 - q_{m3} u_3$$

可变换成
$$q_{m3} u_3 + p_3 A_3 + F_f = q_{m1} u_1 + p_1 A_1 + q_{m2} u_2 + p_2 A_2 \tag{5-114}$$

由式 (5-50) 可得
$$q_m u + pA = \frac{\kappa + 1}{2\kappa} q_m a_* z(\lambda) \tag{5-115}$$

将式 (5-113) 也代入式 (5-114)，则式 (5-114) 变成
$$q_{m3} a_{*3} \left[z(\lambda_3) + \frac{2\kappa}{\kappa + 1} \frac{\zeta L_3}{2 d_3} \lambda_3 \right] = q_{m1} a_{*1} z(\lambda_1) + q_{m2} a_{*2} z(\lambda_2) \tag{5-116}$$

用 $q_{m1} a_{*1}$ 除上式，得
$$z(\lambda_1) + \frac{q_{m2}}{q_{m1}} \frac{a_{*2}}{a_{*1}} z(\lambda_2) = \frac{q_{m3} a_{*3}}{q_{m1} a_{*1}} \left[z(\lambda_3) + \frac{2\kappa}{\kappa + 1} \frac{\zeta L_3}{2 d_3} \lambda_3 \right]$$

$\because \dfrac{q_{m2}}{q_{m1}} = n$，$\dfrac{q_{m3}}{q_{m1}} = 1 + n$，$\dfrac{a_{*3}}{a_{*1}} = \sqrt{\dfrac{T_{03}}{T_{01}}} = 1$，$\dfrac{a_{*2}}{a_{*1}} = \sqrt{\dfrac{T_{02}}{T_{01}}} = 1$，

动量方程变成
$$z(\lambda_1) + n z(\lambda_2) = (1 + n) \left[z(\lambda_3) + \frac{2\kappa}{\kappa + 1} \frac{\zeta L_3}{2 d_3} \lambda_3 \right] \tag{5-117}$$

根据式 (5-46)，则
$$n = \frac{q_{m2}}{q_{m1}} = \frac{p_{02}}{p_{01}} \frac{A_2}{A_1} \frac{q(\lambda_2)}{q(\lambda_1)} \tag{5-118}$$

$$1 + n = \frac{q_{m3}}{q_{m1}} = \frac{p_{03} A_3 q(\lambda_3)}{p_{01} A_1 q(\lambda_1)} \tag{5-119}$$

$\therefore$
$$p_{03} = (1 + n) p_{01} \frac{A_1}{A_3} \frac{q(\lambda_1)}{q(\lambda_3)} \tag{5-120}$$

由式 (5-30)，可写出
$$p_2 = p_{02} \Pi(\lambda_2) = p_a \Pi(\lambda_2) \tag{5-121}$$

$$p_{03} = \frac{p_3}{\Pi(\lambda_3)} = \frac{p_a}{\Pi(\lambda_3)} \tag{5-122}$$

由式（5-109）、式（5-117）、式（5-118）、式（5-120）、式（5-121）和式（5-122）联立，可解出 p_2、λ_2、λ_1、n、λ_3 和 p_{03}。再进一步计算其他流动参数，便可设计出符合设计要求的引射器。

解题方法：式（5-121）中，p_2 肯定小于 p_a，设定一个 p_2，计算框图如下。

$$\text{设定 } p_2 \xrightarrow{\text{式}(5\text{-}121)} \lambda_2 \xrightarrow{\text{式}(5\text{-}109)} \lambda_1 \xrightarrow{\text{式}(5\text{-}118)} n \xrightarrow{\text{式}(5\text{-}117)} \lambda_3 \begin{array}{l} \xrightarrow{\text{式}(5\text{-}122)} p_{03} \\ \xrightarrow{\text{式}(5\text{-}120)} p_{03} \end{array}$$

两个 p_{03} 若不一致，重新设定 p_2，直至两个 p_{03} 基本一致，则 p_2 为正确解

若混合室后面有扩压段，气流流过扩压段，滞止温度不变，即

$$T_{04}=T_{03} \text{ 或 } a_{*4}=a_{*3} \tag{5-123}$$

扩压段内的损失，可用损失系数 σ 表示。

$$\sigma=\frac{p_{04}}{p_{03}} \tag{5-124}$$

扩压段出口截面 A_4 上的速度系数 λ_4 可按质量守恒 $q_{m4}=q_{m3}$ 求得，按式（5-46），有 $p_{04}A_4 q(\lambda_4)=p_{03}A_3 q(\lambda_3)$，又 $\Pi(\lambda_4)=\dfrac{p_4}{p_{04}}$，$y(\lambda_4)=\dfrac{q(\lambda_4)}{\Pi(\lambda_4)}$，则有

$$y(\lambda_4)=q(\lambda_3)\frac{p_{03}}{p_4}\frac{A_3}{A_4} \tag{5-125}$$

因 $p_4=p_a$，由式（5-125），可求得 λ_4，继而可求出 p_{04}。

实测表明，在不同扩张角 α 下的 σ 与 M_3 的关系如图 5-42 所示。测试用扩压器如

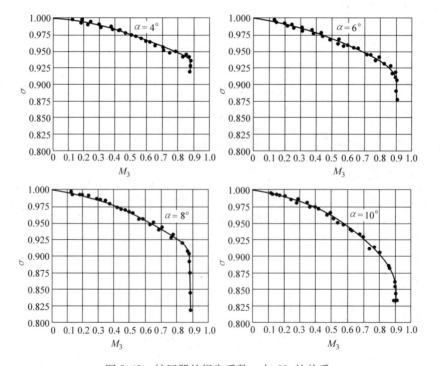

图 5-42　扩压器的损失系数 σ 与 M_3 的关系

图 5-43 所示。扩压段进口直径 $d_3 = 100$mm,出口直径 $d_4 = 222$mm,扩张角 $\alpha = 4°$、$6°$、$8°$ 和 $10°$,$3'$ 点是紧靠扩压段进口,3 点是进口前一个直径的距离。当 3 点 M_3 接近 0.9 时,$3'$ 点 $M_{3'}$ 会达 1。3 和 $3'$ 在直管段中。在扩压的起始段内形成超声速区,只有通过冲波出现,才会使波后变成亚声速,以便出口压力达到外界大气压力。冲波出现,造成较大的压力损失,故图 5-42 在 $M_3 = 0.9$ 时的 σ 急骤减小。

例 5-13 收缩喷管引射器的喷口最小通径 $d_1 = 1.2$mm,$A_1/A_2 = 0.4$,$p_{01} = 1.5$bar(a),$p_a = 1.013$bar(a)。混合室直通大气,混合室长度 $L_3 = 25$mm,求 λ_1、λ_2、n、λ_3 和 p_{03}。

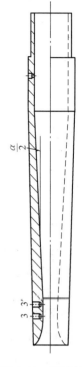

图 5-43 测试用扩压器简图

解 ∵ $d_1 = 1.2$mm,∴ $A_1 = \dfrac{\pi}{4} \times 1.2^2 = 1.13$mm^2

∵ $A_1/A_2 = 0.4$,∴ $A_2 = 2.825$mm^2,$A_3 = A_1 + A_2 = 3.955$mm^2,$d_3 = 2.245$mm

$p_{01}/p_2 = 1.5/1.013 = 1.481 < 1.893$,系亚声速引射器。

设 $p_1 = 1$bar(a),有 $p_1/p_{01} = 1/1.5 = 0.6667 = \Pi(\lambda_1)$,查附录 A,得 $\lambda_1 = 0.81$。

当 $\lambda_1 = 1$ 时,$q_{m1}^* = 0.04 \dfrac{p_{01}}{\sqrt{T_{01}}} A_* = 0.04 \times \dfrac{0.15 \times 1.13}{\sqrt{289}}$ kg/s = 0.0004 kg/s,设 $q_{m3} = q_{m1}^*$,选 $t = 15$℃,$\mu = 18 \times 10^{-6}$Pa·s,估算 $Re_3 = \dfrac{4 q_{m3}}{\pi d_3 \mu} = \dfrac{0.0004}{0.785 \times 2.245 \times 18 \times 10^{-6}} = 12610$,查莫迪图,得 $\zeta = 0.03$,故 $\dfrac{2\kappa}{\kappa+1} \dfrac{\zeta L_3}{2 d_3} = \dfrac{2 \times 1.5 \times 0.03 \times 25}{(1.4+1) \times 2 \times 2.245} = 0.195$。

由式(5-121)得

$$p_2 = p_a \Pi(\lambda_2) = 1.013 \Pi(\lambda_2) \tag{5-126}$$

由式(5-109)得

$$\Pi(\lambda_1) = \dfrac{p_{02}}{p_{01}} \Pi(\lambda_2) = \dfrac{p_a}{p_{01}} \Pi(\lambda_2) = \dfrac{1.013}{1.5} \Pi(\lambda_2) = 0.6753 \Pi(\lambda_2) \tag{5-127}$$

由式(5-118)得

$$n = \dfrac{p_a}{p_{01}} \dfrac{A_2}{A_1} \dfrac{q(\lambda_2)}{q(\lambda_1)} = 0.6753 \times \dfrac{2.825}{1.13} \times \dfrac{q(\lambda_2)}{q(\lambda_1)} = 1.6883 \dfrac{q(\lambda_2)}{q(\lambda_1)} \tag{5-128}$$

由式(5-117)得

$$z(\lambda_3) + \dfrac{2\kappa}{\kappa+1} \dfrac{\zeta L_3}{2 d_3} \lambda_3 = \dfrac{z(\lambda_1) + n z(\lambda_2)}{1+n} \tag{5-129}$$

由式(5-122)得

$$p_{03} = \dfrac{p_a}{\Pi(\lambda_3)} = \dfrac{1.013}{\Pi(\lambda_3)} \tag{5-130}$$

由式(5-120)得

$$p_{03} = (1+n) p_{01} \dfrac{A_1}{A_3} \dfrac{q(\lambda_1)}{q(\lambda_3)} = 1.5 \times \dfrac{1.13}{3.955} (1+n) \dfrac{q(\lambda_1)}{q(\lambda_3)} = 0.4286 (1+n) \dfrac{q(\lambda_1)}{q(\lambda_3)} \tag{5-131}$$

根据式（5-126）~式(5-131)代入相应数据，可得到所需的相应参数，具体计算参数见表 5-3。

表 5-3 例 5-13 的计算参数

设 p_2	$\Pi(\lambda_2)$	λ_2	$\Pi(\lambda_1)$	λ_1	$q(\lambda_1)$	$q(\lambda_2)$	n	$z(\lambda_1)$	$z(\lambda_2)$	$z(\lambda_3)+0.195\lambda_3$	λ_3	$\Pi(\lambda_3)$	$q(\lambda_3)$	p_{03}	p_{03}	Δp_{03}
0.85	0.8391	0.5416	0.5667	0.9481	0.9967	0.7536	1.2765	2.0028	2.3881	2.2188	0.770	0.6948	0.9364	1.4580	1.0385	0.4195
0.90	0.8885	0.4464	0.6000	0.9026	0.9885	0.6448	1.1013	2.0105	2.6868	2.365	0.611	0.7886	0.8207	1.2846	1.0847	0.1999
0.95	0.9378	0.3300	0.6333	0.8568	0.9753	0.4972	0.8607	2.0240	3.3663	2.6421	0.4852	0.8691	0.6920	1.1656	1.1239	0.0417
0.96	0.9477	0.3024	0.6400	0.8475	0.9720	0.4590	0.7973	2.0275	3.6100	2.7295	0.4584	0.8827	0.6616	1.1476	1.1317	0.0159
0.965	0.9526	0.2875	0.6433	0.8429	0.9702	0.4381	0.7624	2.0293	3.7666	2.7808	0.4445	0.8896	0.6448	1.1387	1.1365	0.0022
0.967	0.9546	0.2813	0.6447	0.8410	0.9695	0.4292	0.7474	2.0301	3.8362	2.8027	0.4390	0.8920	0.6382	1.1356	1.1376	0.0020

计算结果：$p_1 = p_2 = 0.967\text{bar}$（a），$\lambda_1 = 0.841$，$\lambda_2 = 0.281$，$\lambda_3 = 0.439$，$n = 0.747$，$p_{03} = 1.137\text{bar}$（a）。

2. 当 $p_{01}/p_2 > 1.893$ 时

参见图 5-39，引射气流喷口处，$\lambda_1 = 1$。混合室进口截面上两股气流的静压力可以不同，这时，λ_2 的选取便与 λ_1 无关了。

5.15.1 节提到，在离混合室进口一段距离后，才出现引射气流与被引射气流的静压相等。在等压截面 $1'\text{—}1'$ 上，引射气流为超声速，$\lambda_1' > 1$；被引射气流的截面积最小处，$\lambda_2' = 1$。

可近似认为，在等压（$p_1' = p_2'$）截面之前，两股气流没有彼此渗混，而且，二者的滞止压力和滞止温度仍保持为原值。虽引射气流沿断面的流动参数并不均匀，被引射气流沿断面流动参数接近均匀，为便于计算，都假定沿断面的流动参数是均匀的。

对等压面，$p_1' = p_2'$，则有

$$p_{01}\Pi(\lambda_1') = p_{02}\Pi(\lambda_2') \tag{5-132}$$

对直筒混合室，1—1 截面积与 $1'\text{—}1'$ 截面积是相等的，则有

$$A_1 + A_2 = A_1' + A_2'$$

$$\frac{A_1}{A_2} + 1 = \frac{A_1'}{A_1}\frac{A_1}{A_2} + \frac{A_2'}{A_2}，设 \frac{A_1}{A_2} = \alpha，则有$$

$$\frac{A_2'}{A_2} = 1 + \alpha\left(1 - \frac{A_1'}{A_1}\right) \tag{5-133}$$

由式（5-46）可知，对 p_0、T_0 不变的同一通道，应使 $Aq(\lambda) = $ 常数，故式（5-133）可写成

$$1 + \alpha = \frac{A_2'}{A_2} + \alpha\frac{A_1'}{A_1} = \frac{q(\lambda_2)}{q(\lambda_2')} + \alpha\frac{q(\lambda_1)}{q(\lambda_1')}$$

或

$$q(\lambda_2) = q(\lambda_2')\left[1 + \alpha - \alpha\frac{q(\lambda_1)}{q(\lambda_1')}\right] \tag{5-134}$$

由式（5-132），给出 λ_1' 和 λ_2' 中的一个，就可以求出另一个。按式（5-134），便可求出 λ_2。显然 $\lambda_2 < \lambda_2'$，且 λ_2' 的极限值是 1。

在 $p_{01}/p_2 < 1.893$ 时导出的式（5-117）、式（5-118）、式（5-120）、式（5-121）和式（5-122）仍适用于 $p_{01}/p_2 > 1.893$ 的情况下。

若混合室长径比不大，不存在等压截面，对无扩压段的引射器来说，由式（5-117）、式（5-118）、式（5-120）和式（5-122），便可解出 λ_2、λ_3、n 和 p_{03}。对有扩压段的引射器来说，在较高 p_{01} 下，混合室带扩压器的情况下，会存在超声速流。在最小截面处（只能是混合室出口），一定是声速流动，即 $\lambda_3 = 1$。由式（5-117）、式（5-118）、式（5-120）、式（5-30）和式（5-125），便可解出 λ_2、n、p_{03}、λ_4 和 p_{04}。

若混合室长径比较大，存在等压截面，可利用式（5-132）和式（5-134），求出 λ_2 的极限值 $\lambda_{2\max}$。对无扩压段的引射器来说，设 $\lambda_2 < \lambda_{2\max}$，由式（5-117）、式（5-118）、式（5-120）及式（5-122），便可解出 λ_2、λ_3、n 和 p_{03}。有扩压段的引射器求解同上述。但应注意，混合室长径比过大，有可能无解。

混合室的等压截面上，λ_2' 的极限值为 1。由式（5-132），可求出 $\lambda_2' = 1$ 时对应的引射气流的 λ_1'。再由式（5-134）可求出在已知引射器给定的气流初始参数下，被引射气流所能达到的极限 λ_2 值，以此作为选取 λ_2 值的依据。

例如，某引射器的几何参数 $\alpha = 0.4$，引射气流的滞止压力 $p_{01} = 4\mathrm{bar}$（a），被引射气流的滞止压力 $p_{02} = 1.013\mathrm{bar}$（a）。利用式（5-132），设 $\lambda_2' = 1$，则 $\Pi(\lambda_2') = 0.5283$，则 $\Pi(\lambda_1') = 0.1338$，查附录 A 得 $\lambda_1' = 1.62$。因 $\lambda_1 = 1$，$\lambda_2' = 1$，$q(\lambda_1) = 1$，$q(\lambda_2') = 1$，$q(\lambda_1') = 0.6067$，由式（5-120），可得 $q(\lambda_2) = 0.7407$，查得 λ_2 的极限值 $\lambda_{2\max} = 0.5292$。即在上述给定引射器的各参数的情况下，被引射气流进口的速度系数 $\lambda_2 \leqslant 0.5292$。

混合室等压截面上，λ_2' 是否为 1 可用来判断混合室出口达超声速（含声速）或亚声速的依据。若 $\lambda_2' < 1$，混合室出口一定是亚声速流。

若保持 p_{01} 和 p_{02} 不变，降低混合室出口外的静压，由于混合室内不存在等压截面，或等压截面上 $\lambda_2' < 1$，即便引射气流已发生壅塞，但被引射气流并未壅塞时，则引射系数 n 仍会增大的。

若保持引射器的 p_{01} 和 p_{02} 不变，降低混合室出口外的静压，当被引射气流在等压截面上达到声速，并且这时引射气流在该截面上做超声速流动时，若再继续降低出口外的静压，对混合室进口截面上的 q_{m1} 和 q_{m2} 已没有影响，称此为壅塞现象。这时，引射系数 n 保持不变，称此时的 n 为极限引射系数，记为 n_*。也可称此临界流态（$\lambda_2' = 1$）为超声速引射器的最佳工况。

一个引射器，若被引射气流的滞止压力 p_{02} 与引射器出口静压力 p_4 都是大气压力，随引射气流滞止压力 p_{01} 的增大，从收缩喷管流出的流量与 $p_{01}q(\lambda_1)$ 成正比，该气流的引射能力增加，被引射气流在混合室进口截面上的速度增大。但被引射气流的流量增加较引射气流为慢，因 p_{02} 不变，且 p_{02} 低于或远低于 p_{01}，被引射气流的流量只与 $q(\lambda_2)$ 成正比。因此，引射系数 $n = q_{m2}/q_{m1}$ 随引射气流的滞止压力的增大反而减小。引射气流在混合室的前半段中进行（超声速）膨胀时，在等压截面上，被引射气流的截面积在缩小，引射系数 n 减小得更厉害。当滞止压力 p_{01} 达到某个值之后，引射气流会占满混合室的整个截面。这时，被引射气流的流量为 0，这种现象称为引射器的关闭。引射器就失去引射功能，故 p_{01} 并不是越大越好。

引射器关闭点，$q(\lambda_2) = 0$。由式（5-134），有

$$1 + \alpha - \alpha \frac{q(\lambda_1)}{q(\lambda_1')} = 0$$

在 $p_{01}/p_2 > 1.893$ 的情况下，则关闭点的

$$q(\lambda_1') = \frac{q(\lambda_1)}{1 + 1/\alpha} \tag{5-135}$$

关闭点的 λ_1' 与 α 及 λ_1 有关。当 $\alpha = 0.4$ 时，$q(\lambda_1') = 0.2857$，则 $\lambda_1' = 1.914$。

例 5-14 收缩喷管引射器，已知喷口直径 $d_1 = 10\text{mm}$，$\alpha = A_1/A_2 = 0.4$，混合室长度 $L_3 = 93.6\text{mm}$，进口滞止压力 $p_{01} = 4\text{bar}$（a），$T_{01} = 300\text{K}$，混合室进口和出口都通大气，$p_a = 1.013\text{bar}$，求 λ_1、λ_2、λ_3、n 及 p_{03}。

解 因 $p_{01}/p_2 > 1.893$，属超声速流引射器。

∵ $\lambda_1 = 1$，∴ $\Pi(\lambda_1) = 0.5283$，$q(\lambda_1) = 1$，$p_{02} = p_a$，$p_3 = p_a$。

已知 $d_1 = 10\text{mm}$，$\alpha = 0.4$，

∴ $A_1 = 78.5\text{mm}^2$，$A_2 = 196.25\text{mm}^2$，$A_3 = A_1 + A_2 = 78.5 + 196.25\text{mm}^2 = 274.75\text{mm}^2$，$d_3 = 18.71\text{mm}$。

基本公式有：

由式（5-118）得

$$n = \frac{p_{02}}{p_{01}} \frac{A_2}{A_1} \frac{q(\lambda_2)}{q(\lambda_1)} = \frac{1.013}{4} \times \frac{1}{0.4} q(\lambda_2)$$

由式（5-120）得

$$p_{03} = (1 + n) p_{01} \frac{A_1}{A_3} \frac{q(\lambda_1)}{q(\lambda_3)} = (1 + n) \times 4 \times \frac{78.5}{274.75} \frac{1}{q(\lambda_3)}$$

因 $z(\lambda_1) = \lambda_1 + \frac{1}{\lambda_1} = 2$，由式（5-117）得

$$\frac{2 + nz(\lambda_2)}{1 + n} = z(\lambda_3) + 0.0671\lambda_3$$

由式（5-122）得

$$p_{03} = \frac{p_a}{\Pi(\lambda_3)}$$

$$Re = \frac{q_m^*}{\frac{\pi}{4} d_3 \mu} = \frac{0.04 \times 0.4 \times 78.5 \times (\sqrt{300})^{-1}}{0.785 \times 18.71 \times 10^{-3} \times 18.6 \times 10^{-6}} = 2.05 \times 10^5$$

查莫迪图，$\zeta = 0.023$，则

$$\frac{2\kappa}{\kappa + 1} \frac{\zeta L_3}{2d_3} = \frac{2 \times 1.4 \times 0.023 \times 93.6}{(1.4 + 1) \times 2 \times 18.71} = 0.0671$$

设 λ_2 →式（5-118）→ n →式（5-117）→ λ_3 →式（5-120）→ p_{03}
                                                    →式（5-122）→ p_{03}

两个 p_{03} 差别大，重设 λ_2，直至两个 p_{03} 相近，则 λ_2 确认

具体计算参数见表 5-4。

表 5-4 例 5-14 的计算参数

设 λ_2	$q(\lambda_2)$	n	$z(\lambda_2)$	$z(\lambda_3)+0.0671\lambda_3$	λ_3	$\Pi(\lambda_3)$	$q(\lambda_3)$	式(5-120) p_{03}	式(5-122) p_{03}	Δp_{03}
0.7	0.8924	0.5650	2.1286	2.0464	无解	—	—	—	—	—
0.6	0.8109	0.5134	2.2666	2.0905	0.8300	0.6526	0.9652	1.7920	1.5523	+0.2397
0.65	0.8543	0.5409	2.1885	2.0662	0.9500	0.5653	0.9970	1.7663	1.7920	−0.0257
0.648	0.8526	0.5398	2.1912	2.0670	0.9400	0.5726	0.9957	1.7674	1.7691	−0.0017

解得：$\lambda_1=1$，$\lambda_2=0.648$，$\lambda_3=0.94$，$n=0.5398$，$p_{03}=1.769\text{bar}$（a）。

上表计算中，存在 $z(\lambda_3)+0.0671\lambda_3=2.067$，因 $z(\lambda_3)\geqslant 2$，故应 $0.0671\lambda_3\leqslant 0.067$。$0.067$ 是 $\dfrac{2\kappa}{\kappa+1}\dfrac{\zeta L_3}{2d_3}$ 计算出来的。可见混合室长径比 L_3/d_3 不是随意的，而是有限制的。若 L_3/d_3 过大，会出现 $z(\lambda_3)<2$ 的情况，这种引射器是不可能实现的。

例 5-15 上题仅混合室出口背压不是大气压力，而降至 $p_b=0.9\text{bar}$（a），求 λ_1，λ_2，λ_3，n 及 p_{03}。

解 $\lambda_1=1$，故 $\Pi(\lambda_1)=0.5283$，$q(\lambda_1)=1$。

按例 5-14，混合室出口压力 p_3 若降至 0.9bar（a），则 λ_3 必为 1。

由式（5-118），$n=\dfrac{1.013}{4}\times\dfrac{1}{0.4}q(\lambda_2)=0.6331q(\lambda_2)$

由式（5-117），$\dfrac{2+nz(\lambda_2)}{1+n}=2+0.0671=2.0671=\dfrac{2+0.6331q(\lambda_2)z(\lambda_2)}{1+0.6331q(\lambda_2)}$

$$2+0.6331\left(\dfrac{\kappa+1}{2}\right)^{\frac{1}{\kappa-1}}f(\lambda_2)=2.0671+2.0671\times 0.6331q(\lambda_2)$$

$$f(\lambda_2)=0.0671+1.3104q(\lambda_2)$$

解得：$\lambda_2=0.76$，$n=0.5893$，$p_{03}=1.8163$，$p_3=p_{03}\Pi(\lambda_3)=1.8163\times 0.5283\text{bar}$（a）$=0.96\text{bar}$（a）。

在混合室出口，出现膨胀波，让 p_3 从 0.96bar（a）降至口外背压 $p_b=0.9\text{bar}$（a）。

例 5-16 若在例 5-14 的混合室出口加一扩压段，扩张角 $\alpha=10°$，$A_4/A_3=4$，扩压段出口通外界大气，求 λ_1、λ_2、λ_3、λ_4，n，p_{03} 和 p_{04}。

解 $\lambda_1=1$，$\Pi(\lambda_1)=0.5283$，$q(\lambda_1)=1$，$z(\lambda_1)=2$。且 $p_{02}=p_a$，$p_4=p_a$。

基本方程有：

由式（5-118）得

$$n=\dfrac{p_{02}}{p_{01}}\dfrac{A_2}{A_1}\dfrac{q(\lambda_2)}{q(\lambda_1)}=\dfrac{1.013}{4}\times\dfrac{1}{0.4}q(\lambda_2)=0.6331q(\lambda_2)$$

由式（5-120）得

$$p_{03}=(1+n)p_{01}\dfrac{A_1}{A_3}\dfrac{q(\lambda_1)}{q(\lambda_3)}=(1+n)\dfrac{4}{3.5}\dfrac{1}{q(\lambda_3)}=1.1429(1+n)/q(\lambda_3)$$

由式（5-30）得

$$p_{04}=p_4/\Pi(\lambda_4)=1.013/\Pi(\lambda_4)$$

由式（5-125）得

$$y(\lambda_4) = q(\lambda_3)\frac{p_{03}}{p_4}\frac{A_3}{A_4} = q(\lambda_3)\frac{p_{03}}{1.013}\frac{1}{4} = 0.2468 p_{03} q(\lambda_3)$$

由式（5-117）得

$$\frac{z(\lambda_1) + nz(\lambda_2)}{1+n} = z(\lambda_3) + \frac{2\kappa}{\kappa+1}\frac{\zeta L_3}{2d_3}\lambda_3 = z(\lambda_3) + 0.0671\lambda_3$$

由式（5-124）得

$$\sigma = \frac{p_{04}}{p_{03}}$$

设混合室出口 $\lambda_3 = 1$，由式（5-117），有 $\dfrac{2 + 0.6331 q(\lambda_2) z(\lambda_2)}{1 + 0.6331 q(\lambda_2)} = 2.0671$，解得 $\lambda_2 = 0.76$。由式（5-118），得 $n = 0.5893$。由式（5-120），得 $p_{03} = 1.8164\text{bar}$（a）。$p_3 = 0.96\text{bar}$（a）。由式（5-125），$y(\lambda_4) = 0.2468 \times 1.8164 = 0.4483$，得 $\lambda_4 = 0.2805$。由式（5-30）得，$p_{04} = 1.013/0.9548\text{bar}$（a）$= 1.061\text{bar}$（a）。则 $\sigma = \dfrac{1.061}{1.8164} = 0.584$。

表明：在扩压段入口某处，必存在正冲波。混合室出口 $\lambda_3 = 1$，扩压段入口产生超声速流。由于扩压段出口的背压为大气压力，且出口是亚声速流（$\lambda_4 = 0.2805$），通过扩压段入口某处产生正冲波，将波前超声速突降至亚声速，将波前的低压突升至波后压力，该压力经波后的扩张段，将压力继续升至出口的大气压力。

第6章 气动元件流量特性的表述

气动元件的流量特性,是指元件进出口两端的压降与通过该元件的流量之间的关系。表述气动元件流量特性的方法主要有以下几种。

1. 流通能力 C_V 值和 K_V 值

(1) C_V 值[注] 被测元件全开,元件两端压差 $\Delta p_0 = 1\text{lbf/in}^2$ ($1\text{lbf/in}^2 = 6.89\text{kPa}$),温度为 60°F (15.5°C) 的水,通过元件的流量为 q_V,gal(美)/min [1gal(美)/min = 3.785L/min],则流通能力 C_V 值为

$$C_V = q_V \sqrt{\frac{\rho \Delta p_0}{\rho_0 \Delta p}} \tag{6-1}$$

式中 C_V——流通能力,单位为 gal(美)/min;

q_V——实测水的流量,单位为 gal(美)/min;

ρ——实测水的密度,单位为 g/cm³;

ρ_0——60°F温度下水的密度,$\rho_0 = 1\text{g/cm}^3$;

$\Delta p = p_1 - p_2$。p_1 和 p_2 是被测元件上、下游的压力,单位为 lbf/in²。

(2) K_V 值 被测元件全开,元件两端压差 $\Delta p_0 = 0.1\text{MPa}$,流体密度 $\rho_0 = 1\text{g/cm}^3$ 时,通过元件的流量为 q_V m³/h,则流通能力 K_V 值为

$$K_V = q_V \sqrt{\frac{\rho \Delta p_0}{\rho_0 \Delta p}} \tag{6-2}$$

式中 K_V——流通能力,单位为 m³/h;

ρ——实测流体的密度,单位为 g/m³;

$\Delta p = p_1 - p_2$。被测元件上、下游的压差,单位为 MPa。

测定 C_V 值或 K_V 值是以水为工作介质,可能对气动元件带来不利的影响(如生锈)。而且,它是测定特定压降下的流量,只表示流量特性曲线的不可压缩流动范围上的一个点,故用于计算不可压缩流动时的流量与压降之间的关系比较合理。

C_V 值与 K_V 值只是使用了不同的计量单位,它们之间的关系是

$$C_V = 1.167 K_V \tag{6-3}$$

2. 额定流量下的压力降

为了限制空气流过气动元件时所造成的压力损失,规定压缩空气通过不同通径气动元件的上下游管道内的流速应在 15~25m/s 范围内,并对不同通径所通过的流量值加以规范化而得到的流量值,称为额定流量。有时在减压阀中使用。

有压状态下的额定流量见表6-1。

[注] 流通能力 C_V 值是按非法定计量单位来定义的,在目前的产品样本中还在大量应用。

表 6-1　有压状态下的额定流量

元件公称通径/mm	3	6	8	10	15	20	25	32	40	50
额定流量/（m³/h）	0.7	2.5	5	7	10	20	30	50	70	100

气动元件常常在额定流量下工作，故测定额定流量下气动元件上下游的压降，作为该元件的流量特性指标。显然，此指标也只反映不可压缩流态下的流量特性。

定常流法测定元件的流量特性如图 6-1 所示。图中 d 为上下游管道内径。

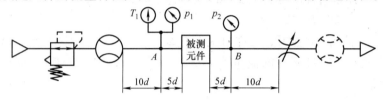

图 6-1　定常流法测定元件的流量特性

3. 流量-压降特性曲线

像过滤器、油雾器之类的气动元件，空气在它们内部的流动基本上都处于不可压缩流动的范围。利用图 6-1 的测试原理，测定的流量-压降特性曲线如图 6-2 所示。从图中便可查得元件在一定进口压力 p_1 和通过流量下的压降 $p_1 - p_2$。

4. 不可压缩流态下的有效面积 A 值

A 值按式（6-4）计算

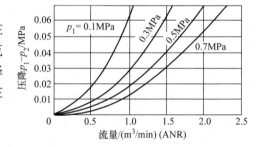

图 6-2　某过滤器的流量特性曲线

$$A = q_V \sqrt{\frac{\rho}{2\Delta p}} \times 10^{-3} \tag{6-4}$$

式中，A 的单位为 mm^2；q_V 的单位为 m^3/s；ρ 的单位为 kg/m^3；$\Delta p = p_1 - p_2$，单位为 MPa。

国际标准 ISO 6358：1989 中规定，在气动元件两端相对压差 $\Delta p/p_1 \leq 0.02$ 的条件下，测定有效面积 A 值。实际上，在 $\Delta p/p_1 \leq 0.02$ 的条件下，虽属不可压缩流动，但测出的 A 值大小与雷诺数 Re 有关，即 A 值不是一个定值。因此，应规定在某特定相对压差下（譬如 $\Delta p/p_1 = 0.02$），测定 A 值才是合理的。

A 值与流通能力 C_V 值和 K_V 值的关系为

$$A = 16.98 C_V = 19.82 K_V \tag{6-5}$$

5. 临界流态下的有效面积 S 值

理想气体流过最小截面面积为 S 的收缩喷管，当流动处于临界流态下，由式（5-38），可求得通过该喷管的质量流量

$$q_m^* = 0.04 \frac{p_0}{\sqrt{T_0}} S \tag{6-6}$$

若被测气动元件与上述喷管具有相同的进口总参数（总压 p_0、总温 T_0），流动也处于临界流态，且通过的质量流量 q_m^* 也相等，并同样用式（6-6）表述，则式中 S 值就被称为该气动元件处于临界流态下的有效面积。有人对"临界流态下的有效面积"提出质疑，认为有效面积前不需要加定语"临界流态"，这是错误的。对气动元件而言，在不同流态下的有效面积是不同的，故不能没有定语。

实验表明，当气动元件处于临界流态下，不论气动元件上游的总压 p_0 和总温 T_0 怎样变化，元件的 S 值大小几乎都不变。根据这个特性，可以使用绝热声速放气法测定 S 值。

绝热声速放气法的试验原理如图 6-3 所示。试验方法是，将被测阀 1 直接接在初始压力为 p_0（0.5MPa 左右）、初始温度为 T_0、容积为 V 的容器 2 上，迅速打开被测阀向外界大气放气。当容器内压力降至调定压力（0.2MPa 左右）时，迅速关闭被测阀。记录被测阀的开启至关闭的放气时间 t 及阀关闭后容器内的压力趋于稳定时的残余压力 p_∞，由下式便可算出被测阀在临界流态下的有效面积

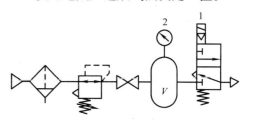

图 6-3 绝热声速放气法试验原理
1—被测阀 2—容器

$$S = 12.9 \frac{V}{t} \sqrt{\frac{273}{T_0}} \lg \frac{p_0 + 0.102}{p_\infty + 0.102} \tag{6-7}$$

式中，S 的单位为 mm^2；V 的单位为 L；t 的单位为 s；T_0 的单位为 K；表压 p_0 和 p_∞ 的单位为 MPa。

V 值按被测阀的预估 S 值来选取，见表 6-2，保证放气时间在 4~6s 范围内，以满足绝热放气的要求。

表 6-2 V 值选取表

S 值/mm^2	5	10	20	40	60	110	190	300	400	650	1000
V 值/L	7	13	27	54	81	148	255	403	537	873	1304

容器内压力 p 的变化规律如图 6-4 所示。公式（6-7）是假设容器内放气时为等熵过程、停止放气后为等容过程推导出来的。放气时容器内的最低压力不低于 0.2MPa，以保证被测阀内总处于声速放气状态。严格讲，最低压力 $p < 0.1/b$，b 是被测阀的临界压力比。

6. 流量系数 C_d

理想气体流过收缩喷管时，在亚声速流态下的质量流量由式（5-37）求得。实际气体流过内部流道复杂的气动元件时，流动

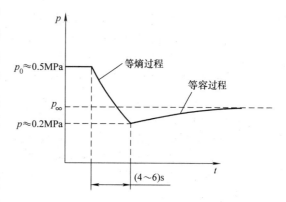

图 6-4 测 S 值时容器内的压力变化

损失是不能忽略的。故在一定的上游条件（静压 p_1、静温 T_1）和一定的压差（$p_1 - p_2$）条件下，实际通过元件的质量流量将小于按理论公式（5-37）计算出来的理论质量流量。设流量系数 C_d 是实际流量与理论流量之比，则实际流量

$$q_m = C_d p_1 A_2 \sqrt{\frac{2\kappa}{\kappa-1} \frac{1}{RT_1} \left[\left(\frac{p_2}{p_1}\right)^{\frac{2}{\kappa}} - \left(\frac{p_2}{p_1}\right)^{\frac{\kappa+1}{\kappa}}\right]} \quad 1 \geq \frac{p_2}{p_1} > 0.528 \tag{6-8}$$

此式有以下几点需要说明：

1）式（5-37）中，p_0、T_0 是收缩喷管上游的总压和总温，现改为元件上游管路内的静

压 p_1 和静温 T_1。当管道内流速较大时，总参数与静参数有一定误差。式 (5-37) 中，A_2、p_2 代表最小截面积及该处的静压，实际气动元件内最小截面积在何处难以确定，该处静压也无法测定。故 A_2、p_2 改为元件下游管道的截面积及该处的静压，与原来的含义有较大区别。

2）式 (6-8) 适用于气动元件内为亚声速流动，但实际气动元件亚声速与声速流动范围的分界点的压力比 p_2/p_1 不是 0.528，一般是小于 0.528 的。

3）在亚声速流动范围，实验表明，C_d 与 p_2/p_1 有关，即 C_d 不是不变值。

7. 声速流导 C 值与临界压力比 b 值

压缩空气流过气动元件时，由于元件内部流道复杂，流动损失较大，不能再假设元件内部为等熵流动了。按图 6-1 的试验原理，测出气动元件的流量特性曲线与理想气体流过收缩喷管的流量特性曲线（见图 5-5）很相似，如图 6-5 所示。从实用性考虑，流量特性曲线的横坐标压力比，改为被测元件下游和上游管道内的静压之比 p_2/p_1。

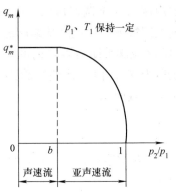

图 6-5 气动元件的流量特性曲线

保持元件上游管道内的压力 p_1 和温度 T_1 一定，当 $p_2/p_1 \leq b$ 时，元件内处于临界流态，即元件内最小截面处流速为声速，通过元件的质量流量 q_m 也保持不变，记为 q_m^*，有

$$q_m^* = C\rho_a p_1 \sqrt{\frac{293.15}{T_1}} \quad p_2/p_1 \leq b \tag{6-9}$$

式中　q_m^*——临界流态下，通过元件的质量流量，单位为 kg/s；

　　　ρ_a——标准状态下空气的密度，$\rho_a = 1.185 \text{kg/m}^3$；

　　　p_1——气动元件上游管道内的静压力（绝对压力），单位为 Pa；

　　　p_2——气动元件下游管道内的静压力（绝对压力），单位为 Pa；

　　　T_1——气动元件上游管道内的静温度，单位为 K；

　　　C——声速流导，单位为 $\text{m}^3/(\text{s} \cdot \text{Pa})$；

　　　b——临界压力比，元件内亚声速流动和声速流动分界点的下游与上游管道内的静压力之比。即元件内刚达到声速时，元件下游与上游管道内的静压力之比。

对一元等熵流动，临界压力比为 0.528。对一般气动元件的临界压力比 $b = 0.15 \sim 0.5$。气动回路的 b 值一般都小于 0.2。

当 $1 \geq p_2/p_1 > b$ 时，元件内处于亚声速流态，通过元件的质量流量 q_m 与压力比 p_2/p_1 之间的关系曲线近似于 1/4 椭圆，故可建立

$$\left(\frac{q_m}{q_m^*}\right)^2 + \left(\frac{p_2/p_1 - b}{1 - b}\right)^2 = 1$$

即

$$q_m = q_m^* \sqrt{1 - \left(\frac{p_2/p_1 - b}{1 - b}\right)^2} \quad 1 \geq \frac{p_2}{p_1} > b \tag{6-10}$$

国际标准 ISO 6358：1989 规定，用声速流导 C 值和临界压力比 b 值作为表述气动元件流量特性的两个特性参数。通过试验，测定了气动元件的 C 值和 b 值，就可画出完整的气动元件的流量特性曲线。即在任何压力差作用下，通过元件的质量流量都可按式 (6-9) 和

式（6-10）计算出来。但该标准规定的测试方法有不科学之处，难以保证准确测定两个特性参数，对测试仪表的测量范围和测量精度要求苛刻，且测试大通径元件时的耗气量太大，这是 ISO 6358：1989 标准存在的较大缺陷。

8. 临界流态下的有效面积 S 值和临界压力比 b 值

使用临界流态下的有效面积 S 值和临界压力比 b 值两个特性参数也可完整表达气动元件的流量特性。

已知 S 值和 b 值，可按下面公式计算在各种压力差下通过气动元件的质量流量。

$$q_m^* = \left(\frac{2}{\kappa+1}\right)^{\frac{\kappa+1}{2(\kappa-1)}} \sqrt{\frac{\kappa}{RT_1}} p_1 S = 0.04 \frac{p_1}{\sqrt{T_2}} S \quad \frac{p_2}{p_1} \leq b \tag{6-11}$$

$$q_m = q_m^* \sqrt{1 - \left(\frac{p_2/p_1 - b}{1-b}\right)^2} \quad 1 \geq \frac{p_2}{p_1} > b \tag{6-12}$$

S 值和 b 值的测定方法可参看国家标准 GB/T 14513—1993。

因液压元件中的流体属于不可压缩流体，有效面积与流态无关。气动元件中的流体属于可压缩流体，认为气动元件的有效面积与流态无关则是错误的。气动元件的有效面积与元件内部的流动状态有关。两个特定流态下的有效面积（不可压缩流态下的有效面积 A 值与临界流态下的有效面积 S 值）之间的关系推导如下。

令 $\Delta p = p_1 - p_2$，将式（6-11）代入式（6-10），则有

$$q_m = \frac{0.04S}{(1-b)\sqrt{T_1}} \sqrt{(1-b)^2 p_1^2 - (p_2 - bp_1)^2}$$

$$= \frac{0.04S}{(1-b)\sqrt{T_1}} \sqrt{(1-b)^2(p_2 + \Delta p)^2 - [p_2 - b(p_2 + \Delta p)]^2}$$

对不可压缩流动，$\Delta p \ll p_2$，将上式展开，忽略高阶小，整理后得

$$q_m = 0.04 \frac{S}{\sqrt{T_1}} \sqrt{\frac{2p_2 \Delta p}{1-b}} \tag{6-13}$$

式（6-4）可改写成 $q_V = A\sqrt{\frac{2\Delta p}{\rho}}$（$A$ 以 m^2 计），又 $\rho = \rho_2 = \frac{p_2}{RT_2} = \frac{p_2}{RT_1}$，则不可压缩流态下的质量流量

$$q_m = \rho q_V = A\sqrt{2\rho \Delta p} = A\sqrt{\frac{2p_2 \Delta p}{RT_1}} \tag{6-14}$$

由式（6-13）和式（6-14），则得

$$\frac{S}{A} = 1.46\sqrt{1-b} \tag{6-15}$$

对理想气体的流动，$b = 0.528$，则 $S = A$。但实际气体流过气动元件时，b 值一般在 0.15~0.5 之间，故 S/A 在 1.032~1.346 之间。可见 $S > A$。

临界流态下的有效面积 S 值与声速流导 C 值是一一对应的，二者之间仅计量单位不同，通过换算，存在

$$S = 5.022C \tag{6-16}$$

式中，S 以 mm^2 计，C 以 $L/(S \cdot bar)$ 计。

9. 流量计算的简易公式

在临界流态下，将质量流量 q_m^* 化为标准状态下（$\rho_a = 1.185 kg/m^3$）的体积流量 q_a，由

式(6-11),可得

$$q_a = \frac{q_m^*}{\rho_a} = \frac{0.04p_1}{1.185\sqrt{T_1}}S$$

进行单位换算后,得

$$q_a = 0.124Sp_1\sqrt{\frac{273}{T_1}} \quad \frac{p_2}{p_1} \leq 0.528 \tag{6-17}$$

式中 q_a——标准状态下的体积流量,单位为 L/min(ANR);
p_1——气动元件上游管道内的绝对压力,单位为 kPa;
p_2——气动元件下游管道内的绝对压力,单位为 kPa;
T_1——气动元件上游管道内的温度,单位为 K;
S——临界流态下的有效面积,单位为 mm^2。

对不可压缩流动,由式(6-14),将质量流量 q_m 化为标准状态下的体积流量 q_a,进行单位换算后,得

$$q_a = 0.256A\sqrt{p_2\Delta p}\sqrt{\frac{273}{T_1}} \quad \frac{\Delta p}{p_1} \leq 0.02 \tag{6-18}$$

式中,q_a 的单位为 L/min(ANR);绝对压力 p_2 和 Δp 的单位为 kPa;A 的单位为 mm^2;T_1 的单位为 K。作为粗略计算,不计 S 与 A 的区别时,即令 $A = S$。

当 $p_2 = 0.528p_1$ 时,由式(6-17)计算出的值为精确值,由式(6-18)计算出的值为近似值,精确值与近似值之比

$$x = \frac{0.124Sp_1\sqrt{\frac{273}{T_1}}}{0.256Sp_1\sqrt{\frac{p_2}{p_1}\left(1 - \frac{p_2}{p_1}\right)}\sqrt{\frac{273}{T_1}}} = \frac{0.124}{0.256\sqrt{0.528(1-0.528)}} = 0.97$$

可见,在临界流态下,式(6-18)算出的 q_a 比式(6-17)算出的 q_a 大 3.0%,若用式(6-18)计算亚声速流态下的流量,则式(6-18)可修正为

$$q_a = 0.256 \times 0.97S\sqrt{p_2\Delta p}\sqrt{\frac{273}{T_1}} = 0.248S\sqrt{p_2\Delta p}\sqrt{\frac{273}{T_1}}$$

最后得简易流量计算式如下。
标准状态下的体积流量

$$q_a = 0.248S\sqrt{p_2\Delta p}\sqrt{\frac{273}{T_1}} \quad 1 \geq \frac{p_2}{p_1} > 0.528 \tag{6-19}$$

$$q_a = 0.124Sp_1\sqrt{\frac{273}{T_1}} \quad \frac{p_2}{p_1} \leq 0.528$$

若将质量流量化为基准状态下($\rho_a = 1.293 kg/m^3$)的体积流量,则有

$$q_a = 0.227S\sqrt{p_2\Delta p}\sqrt{\frac{273}{T_1}} \quad 1 \geq \frac{p_2}{p_1} > 0.528 \tag{6-20}$$

$$q_a = 0.112Sp_1\sqrt{\frac{273}{T_1}} \quad \frac{p_2}{p_1} \leq 0.528 \tag{6-21}$$

式中,q_a 的单位为 L/min(基准状态)。

第7章 气动回路的流量特性

复杂的气动回路可以分解成若干条并联回路和串联回路。并联或串联回路是由若干个气动元件组成的。已知各气动元件的流量特性参数,便可计算出由这些气动元件组成的回路的合成流量特性参数。

如第6章所述,用两个流量特性参数(S值和b值),便可完整画出气动元件的流量特性曲线。作为粗略估算,用有效面积S值一个特性参数也可大致估算出通过气动元件的流量,如式(6-17)和式(6-18)所示。

已知组成气动回路的各个气动元件的有效面积,可以求得气动回路的合成有效面积。

7.1 并联回路

图7-1所示为n个气动元件并联,已知每个元件不可压缩流态下的有效面积A_i、临界流态下的有效面积S_i及临界压力比b_i,S_i、A_i和b_i服从式(6-15)。保持回路进口压力p_0、进口温度T_0不变,出口压力为p_e,并设所有连接管都是短管,即不计连接管内的流动损失。

根据总质量流量q_m等于n个分支上元件的质量流量q_{mi}之和,有

$$q_m = \sum_{i=1}^{n} q_{mi} \tag{7-1}$$

根据并联回路的总压降$\Delta p = p_0 - p_e$等于每个分支上元件两端压降$\Delta p_i = (p_0 - p_e)_i$,有

$$\Delta p = \Delta p_i \tag{7-2}$$

对不可压缩流动,将式(7-2)和式(7-1)代入式(6-14),则得并联回路在不可压缩流态下的合成有效面积为

$$A = \sum_{i=1}^{n} A_i \tag{7-3}$$

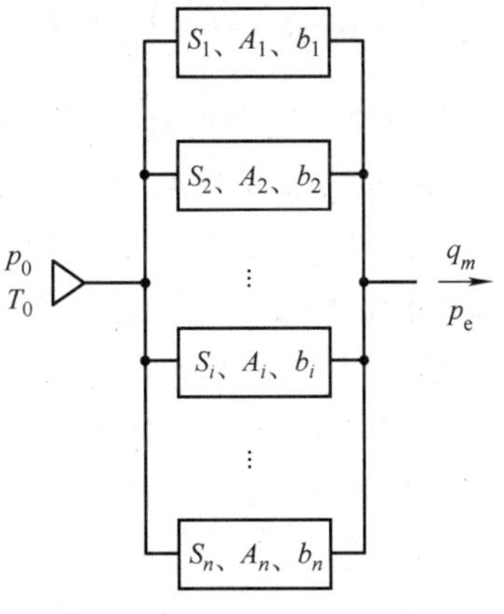

图7-1 并联回路

当全部元件都处于临界流态下,必然所有元件中临界压力比最小的那个元件要求$p_e/p_0 \leq b_{i\min}$,故并联回路的临界压力比为

$$b = b_{i\min} \tag{7-4}$$

将式(7-1)代入式(6-11),则得并联回路在临界流态下的合成有效面积,即

$$S = \sum_{i=1}^{n} S_i \tag{7-5}$$

并联回路求出的合成有效面积A值和S值与临界压力比b值的关系,不遵守式(6-15),因许多元件处于超临界流态。

例7-1 图7-2所示为三个元件的并联。已知$S_1 = 10\text{mm}^2$,$b_1 = 0.4$;$S_2 = 20\text{mm}^2$,$b_2 =$

0.2；$S_3 = 12\text{mm}^2$，$b_3 = 0.5$。已知 $p_1 = 4\text{bar（a）}$ 或 6bar（a），$T_1 = 289\text{K}$，$p_a = 1.013\text{bar}$。求该并联回路的 S 值和 b 值，及 $p_1 = 6\text{bar（a）}$ 或 4bar（a） 下的质量流量。

图 7-2 三个气动元件并联

解 1）设 $p_1 = 6\text{bar（a）}$，因 $p_a/p_1 = 1.013/6 = 0.1688$，小于 b_1、b_2 及 b_3，表明三个元件都处于超临界流态，通过并联回路的质量流量为

$$q_m = q_{m1} + q_{m2} + q_{m3} = 0.04 p_1 (S_1 + S_2 + S_3) / \sqrt{T_1} = 0.04 \times 0.6 \times (10+20+12) / \sqrt{289} \text{kg/s}$$
$$= 0.0593 \text{kg/s}$$

2）当 p_a/p_1 小于并联三个元件中最小的 b 值（即 0.2）时，则三个气动元件都会达到临界流态，故此并联回路临界流态下的合成有效面积 $S = \sum_{i=1}^{3} S_i = 42 \text{mm}^2$、合成临界压力比 $b = 0.2$。也就是说，该并联回路达到临界流态下的进口压力 p_1 应大于 $p_a/b_{\min} = 1.013/0.2 \text{bar（a）} = 5.065 \text{bar（a）}$。在 $p_1 = 5.065 \text{bar（a）}$ 下，通过该并联回路的质量流量为

$$q_m = 0.04 \times 0.5065 \times 42 / \sqrt{289} \text{kg/s} = 0.05005 \text{kg/s}$$

3）设 $p_1 = 4\text{bar（a）}$，因 $p_a/p_1 = 1.013/4 = 0.25325$，表明元件 1 和 3 已达临界流态，元件 2 未达临界流态，故通过该并联回路的质量流量为

$$q_m = q_{m1} + q_{m2} + q_{m3} = 0.04 \times \frac{0.4 \times 10}{\sqrt{289}} + 0.04 \times \frac{0.4 \times 20}{\sqrt{289}} \sqrt{1 - \left(\frac{0.1013/0.4 - 0.2}{1 - 0.2}\right)^2} +$$
$$0.04 \times \frac{0.4 \times 12}{\sqrt{289}} \text{kg/s} = 0.03948 \text{kg/s}$$

例 7-2 三个气动元件如图 7-3 所示连接，已知 $S_1 = 10\text{mm}^2$，$b_1 = 0.4$，$S_2 = 7.31\text{mm}^2$，$b_2 = 0.2$，$S_3 = 8.77\text{mm}^2$，$b_3 = 0.5$，$p_1 = 0.6\text{MPa（a）}$，$T_1 = 289\text{K}$，$p_a = 0.1013\text{MPa（a）}$，求 p_2 及 q_m。

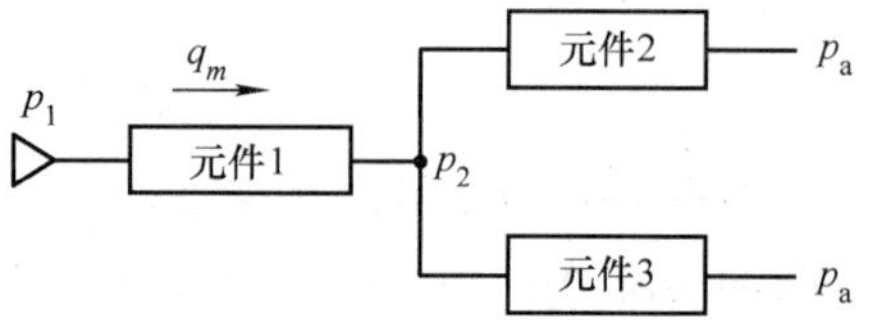

解 设元件 1 达临界流态，则 $p_2 \leq b_1 p_1 = 0.4 \times 0.6 = 0.24 \text{MPa（a）}$。对元件 2，$p_a/p_2 \geq 0.1013/0.24 = 0.42 > b_2$（$= 0.2$），表明元件 2 未达临界流态。因 $p_a/p_2 \geq 0.42 < b_3$（$= 0.5$），表明元件 3 达临界流态。

图 7-3 例 7-2 用图

根据 $q_{m1}^* = q_{m2} + q_{m3}^*$，则有

$$0.04 \frac{p_1 S_1}{\sqrt{T_1}} = 0.04 \frac{p_2 S_2}{\sqrt{T_2}} \sqrt{1 - \left(\frac{\frac{p_a}{p_2} - b_2}{1 - b_2}\right)^2} + 0.04 \frac{p_2 S_3}{\sqrt{T_3}}$$

因 $T_1 = T_2 = T_3$，将已知值代入上式，则上式成为

$$0.6 \times 10 = 7.31 p_2 \sqrt{1 - \left(\frac{\frac{0.1013}{p_2} - 0.2}{1 - 0.2}\right)^2} + 8.77 p_2$$

解得 $p_2 = 0.372 \text{MPa（a）}$，因 $p_2/p_1 = 0.372/0.6 = 0.62 > b_1$（$= 0.4$），表明假设元件 1 达到临界流态是不正确的。

设元件 1 和元件 2 未达临界流态，元件 3 达临界流态，根据 $q_{m1} = q_{m2} + q_{m3}^*$，有

$$p_1 S_1 \sqrt{1 - \left(\frac{\frac{p_2}{p_1} - b_1}{1 - b_1}\right)^2} = p_2 S_2 \sqrt{1 - \left(\frac{\frac{p_a}{p_2} - b_2}{1 - b_2}\right)^2} + p_2 S_3$$

$$0.6 \times 10 \times \sqrt{1 - \left(\frac{\frac{p_2}{0.6} - 0.4}{1 - 0.4}\right)^2} = 7.31 p_2 \sqrt{1 - \left(\frac{\frac{0.1013}{p_2} - 0.2}{1 - 0.2}\right)^2} + 8.77 p_2$$

求解上式中的 p_2，可使用假设 p_2 值，当两边数值相等时，假设的 p_2 值则为正确解，解得 $p_2 = 0.354 \text{MPa (a)}$。

则有

$$q_{m1} = 0.04 \times \frac{0.6 \times 10}{\sqrt{289}} \times \sqrt{1 - \left(\frac{\frac{0.354}{0.6} - 0.4}{1 - 0.4}\right)^2} \text{kg/s} = 0.0134 \text{kg/s} \quad \left(\frac{p_2}{p_1} = \frac{0.354}{0.6} = 0.59 > b_1\right)$$

$$q_{m2} = 0.04 \times \frac{0.354 \times 7.31}{\sqrt{289}} \times \sqrt{1 - \left(\frac{\frac{0.1013}{0.354} - 0.2}{1 - 0.2}\right)^2} \text{kg/s} = 0.0061 \text{kg/s} \quad \left(\frac{p_a}{p_2} = \frac{0.1013}{0.354} = 0.286 > b_2\right)$$

$$q_{m3} = 0.04 \times \frac{0.354 \times 8.77}{\sqrt{289}} \text{kg/s} = 0.0073 \text{kg/s} \quad \left(\frac{p_a}{p_2} = \frac{0.1013}{0.354} = 0.286 < b_3\right)$$

7.2 串联回路

图 7-4 所示为 n 个气动元件串联，保持回路进口总压力 p_{01}、进口总温度 T_{01} 不变，出口压力为 p_e，并设所有元件之间的连接管都是短管，即不计连接管内的流动损失。

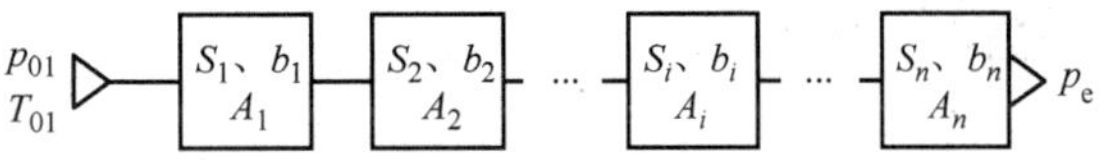

图 7-4 串联回路

在绝热流动条件下，回路中各处的总温度 T_{0i} 是不变的，即有

$$T_{0i} = T_{01} \tag{7-6}$$

通过串联回路的质量流量 q_m 等于通过每个元件的质量流量 q_{mi}，即

$$q_m = q_{mi} \tag{7-7}$$

串联回路的总压降 $p_1 - p_e$ 等于每个元件两端压降 $p_i - p_{i+1}$ 之和，即

$$p_1 - p_e = \sum_{i=1}^{n} (p_i - p_{i+1}) \tag{7-8}$$

对不可压缩流动，将式（7-7）和式（7-8）代入式（6-4），得串联回路在不可压缩流态下的合成有效面积为

$$\frac{1}{A^2} = \sum_{i=1}^{n} \frac{1}{A_i^2} \tag{7-9}$$

若整个串联回路处于临界流态，由式（6-11），则有

$$q_m^* = 0.04 \frac{p_{01} S}{\sqrt{T_{01}}} \qquad \frac{p_e}{p_{01}} \leq b \tag{7-10}$$

若临界截面处于第 i 个元件内，同理有

$$q_{mi}^* = 0.04 \frac{p_{0i}S_i}{\sqrt{T_{0i}}} \tag{7-11}$$

其他元件（除元件 i 外）内是亚声速流态，由式（6-12），则有

$$q_{mj} = 0.04 \frac{p_{0j}S_j}{\sqrt{T_{0j}}} \sqrt{1 - \left(\frac{\frac{p_{j+1}}{p_{0j}} - b_j}{1 - b_j}\right)^2} \tag{7-12}$$

式中　j——n 中除去 i 的正整数；
　　p_{j+1}——第 j 个元件下游的静压力；
　　p_{0j}——第 j 个元件上游的总压力；
　　T_{0j}——第 j 个元件上游的总温度；
　　S——整个串联回路处于临界流态下的合成有效面积；
　　S_j、b_j——第 j 个元件的临界流态下的有效面积及临界压力比。

根据式（7-7），令式（7-10）与式（7-11）相等，得

$$\frac{S}{S_i} = \frac{p_{0i}}{p_{01}} \tag{7-13}$$

取 $j = i - 1$，令式（7-12）与式（7-11）相等，即 $q_{m(i-1)} = q_{mi}^*$，得

$$\frac{p_{0i}}{p_{0(i-1)}} = \frac{\alpha_i b_{i-1} + (1 - b_{i-1}) \sqrt{\alpha_i^2 + (1 - 2b_{i-1})\left(\frac{S_i}{S_{i-1}}\right)^2}}{\alpha_i^2 + (1 - b_{i-1})^2 \left(\frac{S_i}{S_{i-1}}\right)^2} = f\left(\alpha_i, b_{i-1}, \frac{S_i}{S_{i-1}}\right) \tag{7-14}$$

式中，α_i 是第 i 个元件上游连接管内静压力 p_i 与总压力 p_{0i} 之比，此压力比只与该管内的马赫数 M_i 有关，而马赫数 M_i 取决于面积比 S/A_i。

当 $M_i \leq 0.3$ 时，有

$$\alpha_i = \frac{p_i}{p_{0i}} = 1 - \left(\frac{S}{2A_i}\right)^2 \tag{7-15}$$

式中，S 是串联回路在临界流态下的合成有效面积，A_i 是第 i 个元件上游连接管的流通面积。通常，$S/A_i \leq 0.3$，对应管内 $M_i < 0.18$，$p_i/p_{0i} < 0.98$，故可认为连接管内的静压力与总压力相等。粗略估算时，可令 $\alpha_i = 1$。

若两个气动元件之间没有连接管，则 $\alpha_i = 1$。改进后的串接声速排气法，将辅助元件管接头直接连接到被测元件的出口上，就没有连接管。

若 $\alpha_i = 1$，则式（7-14）就变成

$$\frac{p_i}{p_{i-1}} = \frac{b_{i-1} + (1 - b_{i-1}) \sqrt{1 + (1 - 2b_{i-1})\left(\frac{S_i}{S_{i-1}}\right)^2}}{1 + (1 - b_{i-1})^2 \left(\frac{S_i}{S_{i-1}}\right)^2} \tag{7-16}$$

取 $j = i - 2$，令 $q_{m(i-2)} = q_{mi}$，得

$$\frac{p_{i-1}}{p_{i-2}} = \frac{b_{i-2} + (1 - b_{i-2}) \sqrt{1 + (1 - 2b_{i-2})\left(\frac{S_i}{S_{i-2}} \frac{p_i}{p_{i-1}}\right)^2}}{1 + (1 - b_{i-2})^2 \left(\frac{S_i}{S_{i-2}} \frac{p_i}{p_{i-1}}\right)^2} = f\left(b_{i-2}, \frac{S_i}{S_{i-2}} \frac{p_i}{p_{i-1}}\right) \tag{7-17}$$

式（7-13）可改写成

$$\frac{S}{S_i} = \frac{p_i}{p_{i-1}} \frac{p_{i-1}}{p_{i-2}} \cdots \frac{p_3}{p_2} \frac{p_2}{p_1} \tag{7-18}$$

根据式（7-16）、式（7-17）的函数关系，从式（7-18）可以推理出，串联回路在临界流态下的有效面积 S 值只与该回路中达临界流态的元件及其上游的诸元件的两个流量特性参数 S_i 和 b_i、元件的排列次序和连接管的通径有关，与达临界流态的元件下游的诸元件无关，也与串联回路两端压力大小无关（只要保证回路处于临界流态便可）。

串联回路中，哪个元件处于临界流态的判断方法是，先假设临界截面在下游最后一个元件内，利用式（7-16）和式（7-17）往上游推算，若所有元件都满足 $p_{i+1}/p_i > b_i$，则最后一个元件便处于临界流态。若求得 $p_{i+1}/p_i \leq b_i$，则重新设第 i 个元件处于临界流态，然后从第 i 个元件开始，利用式（7-16）和式（7-17）往上游推算，若所有上游元件的 $p_{j+1}/p_j > b_j$，则第 i 个元件便处于临界流态。实际上，多数串联回路的临界截面都处于下游。

串联回路的临界压力比 b 值应当是第 i 个元件刚达到临界流态（存在 $p_{i+1}/p_i = b_i$）时，回路下游静压力 p_e 与上游静压力 p_1 之比，即

$$b = \left(\frac{p_e}{p_1}\right)_* = \frac{p_2}{p_1} \frac{p_3}{p_2} \cdots \frac{p_i}{p_{i-1}} \frac{p_{i+1}}{p_i} \frac{p_{i+2}}{p_{i+1}} \cdots \frac{p_n}{p_{n-1}} \frac{p_e}{p_n} \tag{7-19}$$

$$= \frac{p_2}{p_1} \frac{p_3}{p_2} \cdots \frac{p_i}{p_{i-1}} b_i \frac{p_{i+2}}{p_{i+1}} \cdots \frac{p_n}{p_{n-1}} \frac{p_e}{p_n}$$

由式（7-12），可推理得出

$$q_{m(i+1)} = 0.04 \frac{p_{i+1} S_{i+1}}{\sqrt{T_{i+1}}} \sqrt{1 - \left(\frac{\frac{p_{i+2}}{p_{i+1}} - b_{i+1}}{1 - b_{i+1}}\right)^2} \tag{7-20}$$

$$q_{m(i+2)} = 0.04 \frac{p_{i+2} S_{i+2}}{\sqrt{T_{i+2}}} \sqrt{1 - \left(\frac{\frac{p_{i+3}}{p_{i+2}} - b_{i+2}}{1 - b_{i+2}}\right)^2} \tag{7-21}$$

因 $q_{m(i+1)} = q_{mi}$，令 $\alpha_i = 1$，由式（7-20）和式（7-11），可得

$$\frac{p_{i+2}}{p_{i+1}} = b_{i+1} + (1 - b_{i+1}) \sqrt{1 - \left(\frac{p_i}{p_{i+1}} \frac{S_i}{S_{i+1}}\right)^2} \tag{7-22}$$

因 $q_{m(i+2)} = q_{mi}$，同理可得

$$\frac{p_{i+3}}{p_{i+2}} = b_{i+2} + (1 - b_{i+2}) \sqrt{1 - \left(\frac{p_i}{p_{i+2}} \frac{S_i}{S_{i+2}}\right)^2} \tag{7-23}$$

式（7-19）中，在 b_i 之前各项压力比，按式（7-16）和式（7-17）推理求出；在 b_i 之后各项压力比，按式（7-22）和式（7-23）推理求出。

根据式（7-16）、式（7-17）、式（7-22）和式（7-23）的函数关系，从式（7-19）可推理说明，串联回路的临界压力比 b 值，与组成该回路的所有元件的两个流量特性参数 S_i 和 b_i、元件的排列次序和连接管的通径有关，但与串联回路的两端压力大小无关（只要保证回路处于临界流态便可）。若串联回路未达临界流态，则串联回路的流量特性仍与回路的两端压力大小有关。

7.3 两个元件的串联

多个元件组成的串联回路,要计算出该串联回路的合成流量特性参数 S 值和 b 值,是比较复杂的。两个元件串联的使用很多,计算其合成流量特性比较简单,揭示其规律有重要意义。

两个元件串联,若存在临界流态,有两种可能,一是元件 1 达临界流态,二是元件 2 达临界流态。

1. 元件 1 处于临界流态(见图 7-5)

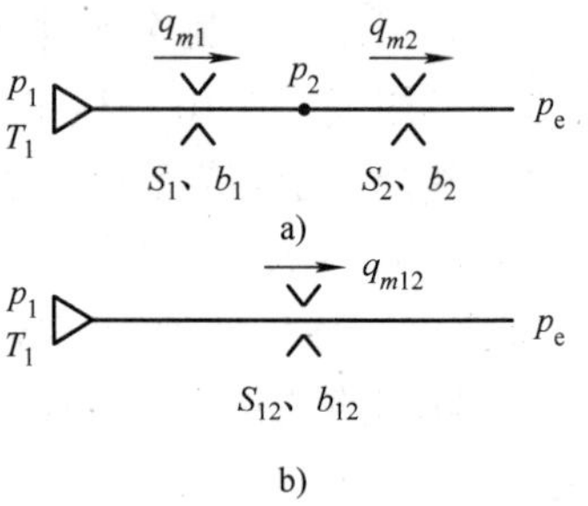

通过元件 1 的质量流量为

$$q_{m1} = 0.04 \frac{p_1 S_1}{\sqrt{T_1}}$$

通过元件 2 的质量流量为

$$q_{m2} = 0.04 \frac{p_2 S_2}{\sqrt{T_2}} \sqrt{1 - \left(\frac{p_e - b_2}{1 - b_2}\right)^2}$$

合成元件的质量流量为

$$q_{m12} = 0.04 \frac{p_1 S_{12}}{\sqrt{T_{12}}}$$

图 7-5 两元件串联

对绝热流动,总温度不变,即 $T_2 = T_1$。上面公式中,若将两个元件串接合并成一个元件,该合成元件的临界流态下的有效面积为 S_{12},临界压力比为 b_{12}。p_2 是两元件之间的压力,设连接管是短管,可认为连接管内的马赫数较小,总压 p_{02} 与静压 p_2 差别不大,故设 $p_{02} = p_2$。

因 $q_{m12} = q_{m1}$,则有

$$S_{12} = S_1 \tag{7-24}$$

因 $q_{m2} = q_{m1}$,则有

$$\frac{p_e}{p_2} \leqslant b_2 + (1 - b_2)\sqrt{1 - \left(\frac{p_1}{p_2}\frac{S_1}{S_2}\right)^2} \tag{7-25}$$

元件 1 刚达临界流态时,$p_2/p_1 = b_1$,$p_2/p_1 < b_1$ 的情况下,元件 1 内处于超临界流态,故式(7-25)中为"$\leqslant$"符号。

合成元件的临界压力比 b_{12} 应是合成元件内刚达临界流态时,出口静压力 p_e 与进口总压力(近似为静压力)p_1 之比。

$$b_{12} = \left(\frac{p_e}{p_1}\right)^* = \left(\frac{p_2}{p_1}\right)^* \frac{p_e}{p_2} = b_1 \frac{p_e}{p_2} \tag{7-26}$$

因 $\sqrt{1 - \left(\frac{p_e - b_2}{1 - b_2}\right)^2} < 1$,由 $q_{m1} = q_{m2}$,则得 $p_2 S_2 > p_1 S_1$,可见

$$\frac{S_1}{S_2} < \frac{p_2}{p_1} \leqslant b_1 \tag{7-27}$$

式（7-27）就是两元件串联，元件 1 处于临界流态的条件。若 $S_1/S_2 > b_1$，则元件 1 内肯定为亚声速流态。元件 1 内刚达临界流态时，$p_2/p_1 = b_1$。元件 1 可以处于超临界流态，即 $p_2/p_1 < b_1$。

结论：第 9 章讲的定压法，就是两元件串联。元件 1 是被测元件，元件 2 是下游测压管的出口。若流量控制阀的开度形成的开口面积小于下游测压管出口的面积，则元件 2 就是流量控制阀。只有在 $S_1/S_2 < b_1$ 的情况下，才能确认被测元件一定处于临界流态，测出 S 值才是被测元件在临界流态下的有效面积，测出 b 值才是被测元件的临界压力比。若出现 $S_1/S_2 > b_1$ 的情况，表明被测元件内未达到临界流态，测出的 S 值和 b 值就不是被测元件的 S 值和 b 值。

2. 元件 2 处于临界流态

存在
$$q_{m1} = 0.04 \frac{p_1 S_1}{\sqrt{T_1}} \sqrt{1 - \left(\frac{\frac{p_2}{p_1} - b_1}{1 - b_1}\right)^2} \tag{7-28}$$

$$q_{m2}^* = 0.04 \frac{p_2 S_2}{\sqrt{T_2}} \tag{7-29}$$

$$q_{m12}^* = 0.04 \frac{p_1 S_{12}}{\sqrt{T_{12}}} \tag{7-30}$$

由 $q_{m12}^* = q_{m2}^*$，则有

$$\frac{S_{12}}{S_2} = \frac{p_2}{p_1} \quad \text{或} \quad S_{12} = \frac{p_2}{p_1} S_2 \tag{7-31}$$

由 $q_{m2}^* = q_{m1}$，则有

$$\frac{p_2}{p_1} = \frac{b_1 + (1 - b_1)\sqrt{1 + (1 - 2b_1)\left(\frac{S_2}{S_1}\right)^2}}{1 + (1 - b_1)^2 \left(\frac{S_2}{S_1}\right)^2} = \frac{S_{12}}{S_2} \tag{7-32}$$

$$b_{12} = \left(\frac{p_e}{p_1}\right)^* = \frac{p_2}{p_1}\left(\frac{p_e}{p_2}\right)^* = \frac{p_2}{p_1} b_2 = \frac{S_{12}}{S_2} b_2 \tag{7-33}$$

因 $\sqrt{1 - \left(\frac{\frac{p_2}{p_1} - b_1}{1 - b_1}\right)^2} < 1$，由 $q_{m1} = q_{m2}^*$，得 $p_1 S_1 > p_2 S_2$，可见

$$\frac{S_1}{S_2} > \frac{p_2}{p_1} > b_1 \tag{7-34}$$

因元件 1 未达临界流态，$\frac{p_2}{p_1}$ 一定大于 b_1。

式（7-34）就是两元件串联，元件 2 内处于临界流态的条件。

结论：第 10 章讲的串接声速排气法，就是两元件串接，满足式（7-34）的条件，可确保元件 2 内处于临界流态。

分别测出元件 1 的 S_1 值，元件 2 的 S_2 值，元件 1 在前，元件 2 在后的合成元件的 S_{12} 值，将式（7-32）转化成

$$b_1 = \frac{\dfrac{S_{12}}{S_2} - \sqrt{1 - \left(\dfrac{S_{12}}{S_1}\right)^2}}{1 - \sqrt{1 - \left(\dfrac{S_{12}}{S_1}\right)^2}} \tag{7-35}$$

由式（7-35）便可计算出被测元件的临界压力比 b_1 值。

使用定压法时，若事先不根据式（7-27）判断被测元件内是否已达到临界流态，就盲目按式（6-11）计算出 S 值，盲目按式（6-12）计算出 b 值，一旦被测元件内并未达临界流态，实际临界流态是处于下游测压管的出口，则测出的根本不是被测元件的 S 值和 b 值。

7.4 三个元件的串联

元件 1 的两个特性参数为 S_1、b_1，元件 2 为 S_2、b_2，元件 3 为 S_3、b_3。合成元件为 S、b。

1. 元件 3 达临界流态（$n=3$，$i=3$）

由式（7-18），得

$$\frac{S}{S_3} = \frac{p_3}{p_2} \frac{p_2}{p_1} \tag{7-36}$$

由式（7-19），得

$$b = \frac{p_2}{p_1} \frac{p_3}{p_2} \left(\frac{p_e}{p_3}\right)^* = \frac{p_2}{p_1} \frac{p_3}{p_2} b_3 \tag{7-37}$$

由式（7-16），得

$$\frac{p_3}{p_2} = \frac{b_2 + (1-b_2)\sqrt{1 + (1-2b_2)\left(\dfrac{S_3}{S_2}\right)^2}}{1 + (1-b_2)^2 \left(\dfrac{S_3}{S_2}\right)^2} \tag{7-38}$$

由式（7-17），得

$$\frac{p_2}{p_1} = \frac{b_1 + (1-b_1)\sqrt{1 + (1-2b_1)\left(\dfrac{S_3}{S_1}\dfrac{p_3}{p_2}\right)^2}}{1 + (1-b_1)^2 \left(\dfrac{S_3}{S_1}\dfrac{p_3}{p_2}\right)^2} \tag{7-39}$$

2. 元件 2 达临界流态（$n=3$，$i=2$）

由式（7-18），得

$$\frac{S}{S_2} = \frac{p_2}{p_1} \tag{7-40}$$

由式（7-19），得

$$b = \frac{p_2}{p_1} b_2 \frac{p_e}{p_3} \tag{7-41}$$

由式（7-16），得

$$\frac{p_2}{p_1} = \frac{b_1 + (1-b_1)\sqrt{1 + (1-2b_1)\left(\dfrac{S_2}{S_1}\right)^2}}{1 + (1-b_1)^2 \left(\dfrac{S_2}{S_1}\right)^2} \tag{7-42}$$

由式（7-22），得

$$\frac{p_e}{p_3} = b_3 + (1-b_3)\sqrt{1-\left(\frac{p_2}{p_3}\frac{S_2}{S_3}\right)^2} \tag{7-43}$$

其中，$\dfrac{p_3}{p_2} = b_2$。

3. 元件 1 达临界流态（$n=3$，$i=1$）

由式（7-13），得

$$S = S_1 \tag{7-44}$$

由式（7-19），得

$$b = b_1 \cdot \frac{p_3}{p_2}\frac{p_e}{p_3} \tag{7-45}$$

由式（7-22），得

$$\frac{p_3}{p_2} = b_2 + (1-b_2)\sqrt{1-\left(\frac{p_1}{p_2}\frac{S_1}{S_2}\right)^2} \tag{7-46}$$

由式（7-23），得

$$\frac{p_e}{p_3} = b_3 + (1-b_3)\sqrt{1-\left(\frac{p_1}{p_3}\frac{S_1}{S_3}\right)^2} \tag{7-47}$$

其中，$p_1/p_3 = \dfrac{p_1}{p_2}\dfrac{p_2}{p_3} = \dfrac{1}{b_1}\dfrac{p_2}{p_3}$。

例 7-3 图 7-6 所示为使用二位五通双电控换向阀控制双作用气缸动作。图中，速度控制阀安装在换向阀的出口上，速度控制阀的出口使用内径为 6mm、长 10m 的塑料管与较远处的气缸相连。已知换向阀的 $S=10\text{mm}^2$，$b=0.48$。速度控制阀的控制流道的 $S=7\text{mm}^2$，$b=0.4$，自由流道的 $S=8\text{mm}^2$，$b=0.5$。查图 17-13，得该连接管的 $S=7.6\text{mm}^2$，查图 17-14，得该连接管的 $b=0.139$。消声器的 $S=15\text{mm}^2$，$b=0.48$。该气动回路的进口压力 $p_1=6\text{bar}$（g），出口压力 $p_e=p_a=1.013\text{bar}$（a）。求该回路的充气流道及排气流道的 S 值和 b 值。

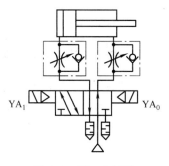

图 7-6 例 7-3 用图

解 充气流道是三个元件串联，如图 7-7 所示。

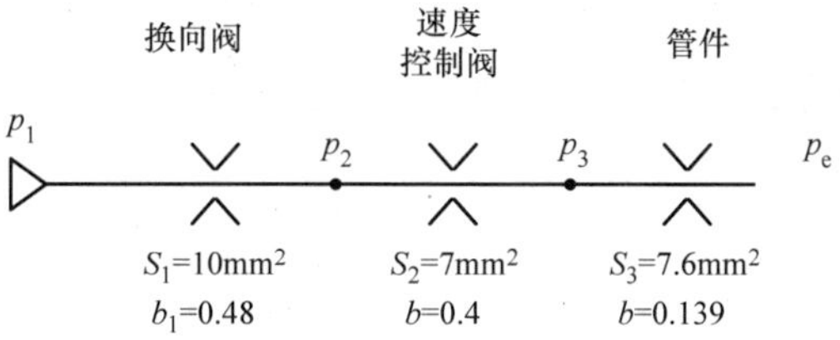

```
             换向阀        速度          管件
                         控制阀
  p₁           p₂            p₃           pₑ
  ▷──────V──────●──────V──────●──────V──────
              ∧            ∧            ∧
          S₁=10mm²     S₂=7mm²      S₃=7.6mm²
          b₁=0.48       b=0.4        b=0.139
```

图 7-7 例 7-3 的充气流道

设元件 3（管件）内达临界流态。由式（7-38）有

$$\frac{p_3}{p_2} = \frac{0.4 + 0.6\sqrt{1 + 0.2\left(\dfrac{7.6}{7}\right)^2}}{1 + \left(0.6 \times \dfrac{7.6}{7}\right)^2} = 0.749 > b_2(\,=0.4)$$

表明，元件 2 未达临界流态，元件 3 有可能达临界流态。

由式 (7-39)，有

$$\frac{p_2}{p_1} = \frac{0.48 + 0.52\sqrt{1 + 0.04\left(\frac{7.6}{10} \times 0.749\right)^2}}{1 + \left(0.52 \times \frac{7.6}{10} \times 0.749\right)^2} = 0.923 > b_1 \, (=0.48)$$

表明，元件 1 未达临界流态，故元件 3 达临界流态。

由式 (7-36)，有 $\frac{S}{S_3} = 0.749 \times 0.923 = 0.691$，则 $S = 0.691 \times 7.6 \text{mm}^2 = 5.252 \text{mm}^2$。

由式 (7-37)，有 $b = 0.923 \times 0.749 \times 0.139 = 0.096$。

故充气流道的 $S = 5.252 \text{mm}^2$，$b = 0.096$。

要充气流道达临界流态，$p_1 > p_e/b = 1.013/0.096 \text{bar (a)} = 10.55 \text{bar (a)}$，可见，气动回路的进口压力仅 6bar (g)，充气流道是处于亚声速流态。

排气流道是四个元件的串联，如图 7-8 所示。

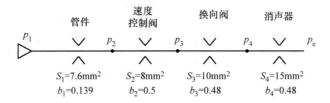

图 7-8　例 7-3 的排气流道

设元件 4（消声器）达临界流态，则 $n = 4$，$i = 4$，由式 (7-16) 推理，得

$$\frac{p_4}{p_3} = \frac{b_3 + (1 - b_3)\sqrt{1 + (1 - 2b_3)\left(\frac{S_4}{S_3}\right)^2}}{1 + (1 - b_3)^2 \left(\frac{S_4}{S_3}\right)^2}$$

$$= \frac{0.48 + 0.52\sqrt{1 + 0.04\left(\frac{15}{10}\right)^2}}{1 + \left(0.52 \times \frac{15}{10}\right)^2} = 0.636 > b_3 \, (=0.48)$$

表明，元件 3 未达临界流态，元件 4 有可能达临界流态。

由式 (7-17) 推理，得

$$\frac{p_3}{p_2} = \frac{b_2 + (1 - b_2)\sqrt{1 + (1 - 2b_2)\left(\frac{S_4}{S_2}\frac{p_4}{p_3}\right)^2}}{1 + (1 - b_2)^2 \left(\frac{S_4}{S_2}\frac{p_4}{p_3}\right)^2} = \frac{0.5 + 0.5\sqrt{1 + 0}}{1 + \left(0.5 \frac{15}{8} \times 0.636\right)^2} = 0.7377 > b_2 \, (=0.5)，$$

表明元件 2 未达临界流态。

由式 (7-17) 推理 $\frac{p_{i-2}}{p_{i-3}}$，得

$$\frac{p_2}{p_1} = \frac{b_1 + (1-b_1)\sqrt{1+(1-2b_1)\left(\frac{S_4}{S_1}\frac{p_4}{p_3}\frac{p_3}{p_2}\right)^2}}{1+(1-b_1)^2\left(\frac{S_4}{S_1}\frac{p_4}{p_3}\frac{p_3}{p_2}\right)^2} = \frac{0.139 + 0.861\sqrt{1+0.722\left(\frac{15}{7.6}\times 0.636\times 0.7377\right)^2}}{1+\left(0.861\times\frac{15}{7.6}\times 0.636\times 0.7377\right)^2}$$

$= 0.755 > b_1\,(=0.139)$

表明元件 1 未达临界流态，故元件 4 达临界流态。

由式（7-18）推理，得

$$\frac{S}{S_4} = \frac{p_4}{p_3}\frac{p_3}{p_2}\frac{p_2}{p_1} = 0.636\times 0.7377\times 0.755 = 0.354，故 S = 0.354\times 15\text{mm}^2 = 5.31\text{mm}^2$$

由式（7-19）推理，得

$$b = \frac{p_2}{p_1}\frac{p_3}{p_2}\frac{p_4}{p_3}b_4 = 0.755\times 0.7377\times 0.636\times 0.48 = 0.17$$

故排气流道的 $S = 5.31\text{mm}^2$，$b = 0.17$。

要排气流道达临界流态，$p_1 > \frac{p_e}{b} = \frac{1.013}{0.17}\text{bar (a)} = 5.96\text{bar (a)}$。

对排气流道，若 $p_1 = 7.013\text{bar (a)}$，则 $p_2 = 0.755\times 7.013\text{bar (a)} = 5.293\text{bar (a)}$，$p_3 = 0.7377\times 5.293\text{bar (a)} = 3.905\text{bar (a)}$，$p_4 = 0.636\times 3.905\text{bar (a)} = 2.484\text{bar (a)}$。因 $p_e = 1.013\text{bar (a)}$，$p_e/p_4 = 1.013/2.484 = 0.408 < b_4\,(=0.48)$，表明元件 4（消声器）确实达临界流态。注意，消声器进口表压力 $p_4 = 1.471\text{bar (g)}$。

此例中应注意以下两点：

1）充排气流道的合成有效面积（充气 $S = 5.252\text{mm}^2$，排气 $S = 5.31\text{mm}^2$）小于组成回路中的元件的最小有效面积（$S_{\min} = 7.6\text{mm}^2$），且充排气流路的有效面积是不一样的。

2）充气流道的合成临界压力比 $b = 0.096$，排气流道的合成临界压力比 $b = 0.17$。两个临界压力比差别较大。注意，合成临界压力比可以小于单个元件的 b 值，也可以大于元件中的最小 b 值（如 $b_1 = 0.139$）。若最末端单个元件的 b 值大，则合成元件的 b 值就大。

7.5 气动元件结构形状对流量特性的影响

气动元件的内部流道虽然很复杂，但大多数气动元件可以看成是由 1 个至多个节流口串接而成的。临界流态下的有效面积 S 值和临界压力比 b 值是气动元件的固有属性，它仅与气动元件内部的结构形状有关。探讨结构形状与两个流量特性参数之间的联系，对揭示两个流量特性参数的本质、分析和改进气动元件的性能等都是非常必要的。利用节流口串接理论进行分析，可以得出许多重要结论，对气动元件的性能研究及改进具有指导作用。

下面仅就 3 个节流口进行分析，如图 7-9 所示。用 3 个 S 值（分别为 10mm^2、20mm^2 和 30mm^2）代表节流口流通能力的大小，少数 S 值使用其他值。用 3 个 b 值（分别为 0.3、0.4 和 0.5）代表节流口能量损失的大小。让它们进行不同的串接组合，按式（7-32）～式（7-47）进行理论计算，可

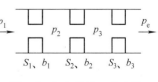

图 7-9 3 个节流口的串接

得到其合成有效面积 $S_{合}$ 和合成临界压力比 $b_{合}$，列于表 7-1 中。表 7-1 中的每个组号是由 3 个节流口组成，p_1、p_2 和 p_3 分别是第 1 个、第 2 个和第 3 个节流口的进口总压力，也是这 3 个节流口的出口静压力，这是假设节流口之间的流通面积远大于节流口的流通面积的条件下。临界位置是指临界截面所处节流口的编号。

表 7-1 3 个节流口不同组合的计算结果　　　　　　　　　　（S 单位：mm^2）

组号	3 个节流口						$S_{合}$	$b_{合}$	临界位置	p_3/p_2	p_2/p_1
	S_1	b_1	S_2	b_2	S_3	b_3					
1	20	0.5	20	0.5	20	0.5	13.79	0.345	3	0.800	0.862
2	20	0.3	20	0.3	20	0.3	12.72	0.191	3	0.757	0.840
3	10	0.5	30	0.5	30	0.5	10.0	0.359	1	0.873	0.500
4	30	0.3	20	0.3	10	0.3	8.92	0.268	3	0.921	0.968
5	10	0.3	20	0.3	30	0.3	9.48	0.095	3	0.602	0.525
6	30	0.5	20	0.5	10	0.5	9.18	0.459	3	0.941	0.976
7	30	0.5	10	0.4	30	0.5	9.73	0.302	2	0.400	0.973
8	30	0.5	3.5	0.5	30	0.5	3.49	0.287	2	0.300	0.997
9	30	0.3	20	0.4	20	0.5	14.24	0.356	3	0.777	0.916
10	30	0.5	30	0.5	30	0.5	20.69	0.345	3	0.800	0.862
11	20	0.5	20	0.4	30	0.3	15.30	0.153	3	0.620	0.822
12	20	0.3	20	0.4	20	0.5	12.96	0.324	3	0.777	0.833
13	20	0.5	20	0.4	20	0.3	13.51	0.203	3	0.777	0.869
14	30	0.3	30	0.3	30	0.3	19.08	0.191	3	0.757	0.840
15	30	0.5	20	0.5	20	0.3	16.97	0.283	3	0.620	0.912
16	10	0.5	20	0.5	20	0.5	9.99	0.167	3	0.640	0.520
17	30	0.5	40	0.5	30	0.5	22.06	0.368	3	0.877	0.839
18	30	0.5	15	0.4	30	0.5	13.96	0.233	3	0.494	0.943

从表 7-1 可以得出如下结论。

1) 流道形状的影响：流道复杂（如组号 2 中的 3 个节流口的 b 值都是 0.3）比流道简单（如组号 1 中的 3 个节流口的 b 值都是 0.5）的 $S_{合}$ 和 $b_{合}$ 都小，表明气动元件内的流道应尽量减少拐角，节流口不宜太小，不仅流通能力增大，且能耗也明显减少。

2) $S_{合}$ 与 S_{min} 的关系：气动元件内的最小节流口 S_{min} 不论处于何位置，一定存在 $S_{合} \leqslant S_{min}$。即气动元件的 S 值不会大于该元件内的最小节流口的有效面积。当最小节流口处于气动元件的最前端，且下游其他节流口的 S 值都远大于 S_{min}，且最小节流口的 b 值也较大时，才存在 $S_{合} = S_{min}$，如组号 3。也就是说，虽然最小节流口在最前端，临界截面并不一定就在 S_{min} 处，如组号 5。

3) S_{min} 的位置安排：可能的话，最小节流口宜设置在气动元件的最末端。流通能力（用 $S_{合}$ 代表）可能会小些，但能耗（用 $b_{合}$ 代表）可以大大减小。如组号 5 和组号 4 的比较，组号 3 和组号 6 的比较。

4) 气动元件临界截面的位置：若气动元件最小节流口在末端，则临界截面一定在末端。但气动元件的临界截面不一定处于最小节流口处。组号 3 和组号 5 的最小节流口都在最前端,组号 3 临界截面在最前端,但组号 5 的临界截面却在最末端。组号 18 和组号 8 的最小节流口在中间,组号 8 的临界截面处在中间,但组号 18 的临界截面并不在中间,而在最末端。

5) 气动元件临界截面之后的形状对 $S_合$ 和 $b_合$ 的影响:气动元件的有效面积 $S_合$ 只取决于气动元件内达临界流态的那个节流口及其之前的流道,与该节流口之后的流道无关,如组号 3 和组号 8。因该节流口后面的流道流通能力足够大,不会限制气动元件的流通能力。但该节流口后面的流道对 $b_合$ 仍然有影响,因 $b_合$ 定义为气动元件刚达临界流态时的出口静压力 p_e 与进口总压力 p_1 之比。

6) 收缩型节流口形状和扩张型节流口形状的比较:收缩型节流口形状是指几个节流口的有效面积沿流动方向是顺序减小的,如组号 4。扩张型节流口形状是指几个节流口的有效面积沿流动方向是顺序增大的,如组号 5。计算表明,收缩型节流口形状与扩张型节流口形状相比较,虽前者 $S_合$ 小些,但前者 $b_合$ 远大于后者。即前者的流通能力比后者小些,但前者的能耗远小于后者。总体来讲,前者沿流向是降压的,为顺压梯度,不易产生分离旋涡;后者沿流向是升压的,为逆压梯度,容易产生分离旋涡。节流口逐渐增大,对流通能力的限制减弱,故气动元件的流通能力比节流口逐渐减小的排列要大些。还表明,气动元件的 $S_合$ 和 $b_合$ 与几个节流口的排列次序有关。

7) 气动元件的临界压力比 $b_合$ 的分析:气动元件的临界压力比与该元件的所有节流口及其排列次序有关。各节流口排列合理,$b_合$ 可以大于节流口中的最小临界压力比 b_{min}。如组号 9,$b_合 = 0.356$,而 $b_{min} = 0.3$,$b_合 > b_{min}$。组号 10 的各节流口的 S_i 和 b_i 都大于或等于组号 9 的各节流口的 S_i 和 b_i,但组号 10 不仅 $b_合$(= 0.345)小于 b_{min}(= 0.5),而且 $b_合$ 还小于组号 9 的 $b_合$。若各节流口排列不合理,$b_合$ 有可能远小于 b_{min},使能耗大大增加。如组号 5 和 16,不论各节流口的 b 值大小,$b_合$ 都远小于 b_{min}。一般而言,几个节流口中,b_{min} 宜放前端;b_{max} 宜放后端,如组号 9 与组号 11 相比较,前者 $b_合$ 大于后者。另外,要尽量使用收缩型节流口形状,以提高 $b_合$。

8) 前端节流口 b 值小时,宜 S 值大,但后端节流口 b 值小时,不宜 S 值大:前端拐角较多(相当于 b 值小)处,宜流通面积大些(相当于 S 值大),可以减少能耗。如组号 9 与组号 12 相比较,第 2 个及第 3 个节流口的 S 和 b 相同,第 1 个节流口的 b 都是 0.3,但组号 9 的 $S_1 = 30 mm^2$,组号 12 的 $S_1 = 20 mm^2$,计算表明,组号 9 不仅 $S_合$ 大,$b_合$ 也大。若后端 b 值小,后端的 S 值加大,并不见得 $b_合$ 大。如组号 11 与组号 13 相比较,第 1 个及第 2 个节流口的 S 及 b 相同,第 3 个节流口的 b 都是 0.3,但组号 11 的 $S_3 = 30 mm^2$,组号 13 的 $S_3 = 20 mm^2$,计算表明,组号 11 的 $b_合$ 反而比组号 13 的 $b_合$ 小。这是因为组号 11 的第 2 个与第 3 个节流口形成扩张型,使能耗增大所致。

9) 若临界截面在末端,则末端应设置 b 值大的节流口:若气动元件有三个节流口,临界截面在末端,因 $b_合 = \frac{p_2}{p_1} \frac{p_3}{p_2} b_3$,可见,$b_3$ 大,$b_合$ 大。这有利于减少能耗。组号 12 及组号 13 两组的三个节流口的 S 值相同,但 b 值不同。组号 12 的 3 个 b 值按 0.3、0.4 和 0.5 排列,组号 13 的 3 个 b 值按 0.5、0.4 和 0.3 排列。计算表明,组号 12 的 $b_合$ 比组号 13 的 $b_合$ 大。

10) 两组所有节流口 b 值相同,但 S 值不同(每组 S 值一样)的影响:计算表明,S 值大的一组比 S 值小的一组的 $S_合$ 大,但两组的 $b_合$ 相同,如组号 1 与组号 10。

两组所有节流口的 S 值相同,但 b 值不同(每组 b 值一样)的影响:计算表明,b 值大的一组比 b 值小的一组的 $S_合$ 及 $b_合$ 都大,如组号 10 和组号 14。

11) 气动元件若是三个节流口,两端节流口的流动阻力小(即 b 大)、流通面积大(即 S 大),而中间节流口流动阻力大(即 b 小)且流通面积小(即 S 小)的性能分析:例如,速度控制阀的控制流道,当节流阀由全开状态变成逐渐关闭状态时,中间节流口的流通面积在减小,如组号 15、组号 18、组号 7 和组号 8,计算结果是,$S_合$ 在减小,但 $b_合$ 变化不定。这表明,速度控制阀的开度减小时,有效面积 $S_合$ 在减小,但临界压力比 $b_合$ 不一定在减小,这已被实验所证实。

12) 中位止回式三位五通阀的性能分析:此类阀的两端节流口的流动阻力小(即 b_1 及 b_3 大),流通面积大(即 S_1 及 S_3 大),但中间节流口不仅流动阻力大(即 b_2 小),且流通面积很小(即 $S_2 \ll S_1$),如组号 8 所示。计算表明,临界截面在中间节流口内,$S_合$ 仅比 S_2 略小,$b_合$ 虽小于 b_2,但并非远小于 b_2。这是由于节流口 2 至节流口 3 是过分扩张,节流口 3 内流速很低,虽分离旋涡大,但强度弱,相当部分的速度能转化为压力能,使能耗没有想象的那么大。

以上得出的结论,不仅适合气动元件的性能分析,对测试气动元件的流量特性和气动回路的性能分析都具有指导作用。

7.6 有关串联回路研究的分析

20 世纪 80 年代,在进行气动元件的流量特性研究的同时,就开始探讨气动回路流量特性的研究,提出了串接声速排气法,利用国内测 S 值的现有设备,作为本科生毕业设计课题,进行了理论分析和试验研究,于 1994 年公开发表了论文《计算气动回路流量特性参数的方法》。10 多年后,有人对气动回路流量特性的测试方法进行了考证,并在杂志上发表了相关的论文。

该论文把被测阀及两端的连接接头作为一个合成元件进行了性能分析和测试。被测合成元件如图 7-10 所示。被测阀是连接口径为 M5×0.8 的三个电磁阀。基准接头如图 7-11 所示。卡钳接头内径远大于电磁阀的内径(5 倍以上),靠端面密封的方法与电磁阀相连。相对被测元件而言,卡钳接头的流阻很小,可以忽略不计。故可将三件串接看成是两件串接。若基准接头称为 A,被测电磁阀称为 B,则合成元件是 $A+B$。上下游测压管为 G1/8($\phi6$)。

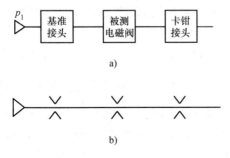

图 7-10 被测合成元件

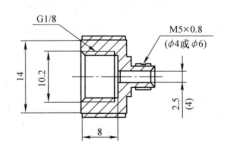

图 7-11 基准接头

计算及测量出的 A、B 和 $A+B$ 的流量特性数据见表7-2。

表7-2 串接回路流量特性参数的研究

电磁阀代号	计算出的电磁阀的流量特性参数	测量出的电磁阀的流量特性参数	测量出的基准接头的流量特性参数	测量出的合成元件的流量特性参数	电磁阀测量值与计算值的相对误差
B_1	$C_2 = 10.67\text{L}/(\text{s}\cdot\text{MPa})$	$C_2 = 11.01\text{L}/(\text{s}\cdot\text{MPa})$		$C_{12} = 8.12\text{L}/(\text{s}\cdot\text{MPa})$	$+3.1\%$
	$b_2 = 0.445$	$b_2 = 0.253$		$b_{12} = 0.339$	-76%
B_2	$C_2 = 8.3\text{L}/(\text{s}\cdot\text{MPa})$	$C_2 = 7.69\text{L}/(\text{s}\cdot\text{MPa})$	$C_1 = 8.62\text{L}/(\text{s}\cdot\text{MPa})$	$C_{12} = 7.04\text{L}/(\text{s}\cdot\text{MPa})$	-7.9%
	$b_2 = 0.363$	$b_2 = 0.265$	$b_1 = 0.641$	$b_{12} = 0.308$	-37%
B_3	$C_2 = 10.94\text{L}/(\text{s}\cdot\text{MPa})$	$C_2 = 11.5\text{L}/(\text{s}\cdot\text{MPa})$		$C_{12} = 8.21\text{L}/(\text{s}\cdot\text{MPa})$	$+4.9\%$
	$b_2 = 0.581$	$b_2 = 0.322$		$b_{12} = 0.436$	-80%

对三种不同的电磁阀，按该论文的合成元件计算公式计算出来的被测阀的流量特性参数 C_2 和 b_2 与测量出的对应参数 C_2 和 b_2 的相对误差，C_2 值在 $-7.9\% \sim +4.9\%$，b_2 值在 $-80\% \sim -37\%$。可见，C 值误差已较大，b 值误差过大。但该论文得出结论"C 值的误差在 8% 以内，b 值的误差除阀3（注：指 B_3）略微偏大外，阀1、阀2（注：指 B_1、B_2）均在 0.2 以内，说明计算结果与试验值基本一致。"

相对误差是指（实测值 – 计算值）/实测值。

测量值与理论计算值的相对误差达 80%，计算结果与试验值基本一致的结论是不妥当的。用测量值与理论计算值的差值作为标准是不妥的。虽差值在 0.2 以内，但 b 值本身仅 0.253。

作为从事过这方面研究的工作者，对上述理论计算结果与试验值相差太大的原因分析如下。

1. 理论推导公式本身是正确的

这是对1994年我们发表的论文《计算气动回路流量特性参数的方法》的重新论证。不同之处在于，我们论文使用 S 值，该论文使用 C 值；我们论文是 n 个气动元件串联，本论文是 2~3 个气动元件串联；我们论文对合成元件 b 值的求解方法表述清楚，该论文论述不够；我们论文是使用串接声速排气法，其结果是计算数据与测试结果的相对误差在 $\pm 5\%$ 以内，该论文使用 ISO 6358：1989 定压法，计算数据与测试结果的相对误差最高达 80%，无法说测试结果正确。

2. 测试值明显不正确

1) 基准接头测出 $b_1 = 0.641$，这不可能。基准接头属于局部损失，即使完全没有能量损失的情况下，b 值才是 0.528。它不是沿程损失，b 值不可能大于 0.528。

2) 被测电磁阀的 $C = 11.5\text{L}/(\text{s}\cdot\text{MPa})$，基准接头的 $C = 8.62\text{L}/(\text{s}\cdot\text{MPa})$，这也不可能。二者连接口都是 M5，被测电磁阀的内部流道肯定比基准接头要复杂得多，怎么可能被测阀的 C 值比基准接头还大呢？

3) 被测电磁阀的 $C = 11.5\text{L}/(\text{s}\cdot\text{MPa})$，相当于 $S = 5.75\text{mm}^2$。连接螺纹 M5 的通口是 $\phi 2.5$，其几何面积 $S_0 = \frac{\pi}{4} \times 2.5^2 = 4.9\text{mm}^2$。电磁阀的有效面积比通口的几何面积还大，这不可能。

4) 因测试值许多是错误的，由错误测试值计算出电磁阀的性能参数肯定有误。如被测电磁阀 B_3 的 $b=0.581$，这不可能。

3. 测试值错误的原因

1) 该论文未交代测量基准接头的 C 值和 b 值的测试装置，从测出 $C=8.62$L/(s·MPa) 和 $b=0.641$ 看，其测试装置选用不当，测出值有误。

2) 该被测回路选用 G1/8 上下游测压管是可行的，但测试方法和仪表的实际使用精度有问题。

7.7 ISO 6358-3:2014（即 GB/T 14513.3—2020）分析

本书交稿后，得知已将 ISO 6358-2：2013 等同转化为 GB/T 14513.2—2019，将 ISO 6358-3：2014 等同转化为 GB/T 14513.3—2020。在第 12 章中，已对 ISO 6358-2：2013 的基本原理、基本公式作了详细的分析。为了不影响原书稿，故补写了本节。

ISO 6358-3：2014，是给出组成气动系统的各个气动元件的流量特性参数，来估算该气动系统的流量特性参数。对这一课题，在本章已介绍了一种估算方法。该方法理论严谨、计算方法简单、计算结果可信。读者不妨与下面介绍的国际标准的方法作一对比。

该标准是以下列几种方式提供气动元件的流量特性参数的。（注：以下 [ ] 中的公式序号和图号与该标准一致，便于读者查询对照。）

7.7.1 ISO 6358-1: 2013（即 GB/T 14513.1—2017）中气动元件的流量特性参数表达式

ISO 6358-1：2013 用四个参数表达流量特性参数，即声速流导 C、临界背压比 b、亚声速指数 m 和开启压力 Δp_c。

当 $b < p_2/p_1 \leq (1-\Delta p_c/p_1)$ 时，元件内为亚声速流，通过气动元件的质量流量为

$$q_m = C\rho_a p_1 \sqrt{\frac{T_a}{T_1}\left[1-\left(\frac{\frac{p_2}{p_1}-b}{1-\frac{\Delta p_c}{p_1}-b}\right)^2\right]^m} \quad (7\text{-}48)\;[1]$$

当 $p_2/p_1 \leq b$ 时，元件内为壅塞流，通过气动元件的质量流量为

$$q_m^* = C\rho_a p_1^* \sqrt{\frac{T_a}{T_1^*}} \quad (7\text{-}49)\;[2]$$

当 $1-\Delta p_c/p_1 < p_2/p_1 \leq 1$ 时，通过气动元件的质量流量为

$$q_m = 0 \quad (7\text{-}50)\;[3]$$

式中 q_m——质量流量，单位为 kg/s；

q_m^*——壅塞流下的质量流量，单位为 kg/s；

C——声速流导，单位为 m³/(s·Pa)（ANR）；

ρ_a——标准状态下的空气密度，单位为 $\rho_a=1.185$kg/m³；

T_a——标准状态下的空气绝对温度，单位为 $T_a=293.15$K；

p_1——上游测压管内的绝对滞止压力，单位为 Pa；

p_2——下游测压管内的绝对滞止压力，单位为 Pa；

T_1——上游测压管内的绝对滞止温度，单位为 K；

Δp_{c}——开启压力,单位为Pa;

b——临界背压比;

m——亚声速指数;

*——指临界流态下的参数。

7.7.2 按摩擦因数 λ 计算气管道的流量特性参数

管件的声速流导

$$C_{\mathrm{pipe}} = \frac{\pi d^2}{4\rho_{\mathrm{a}}\sqrt{RT_{\mathrm{a}}}} \frac{1}{\sqrt{\left(1+\lambda\frac{L}{d}\right)+\sqrt{\frac{2}{\gamma(\gamma+1)}}\sqrt{1+\lambda\frac{L}{d}}+\frac{1}{\gamma(\gamma+1)}}} \quad (7\text{-}51)\ [4]$$

式中 R——气体常数,对空气,$R = 287\mathrm{N\cdot m/(kg\cdot K)}$;

λ——平均摩擦因数[○];

L——管长,单位为m;

d——管内径,单位为m;

γ——比热容比,对空气,$\gamma = 1.4$。

管件的临界背压比

$$b_{\mathrm{pipe}} = 1 - \frac{1}{1+\frac{1}{\sqrt{\frac{\gamma(\gamma+1)}{2}}\sqrt{1+\lambda\frac{L}{d}}} + \frac{1}{\gamma(\gamma+1)\left(1+\lambda\frac{L}{d}\right)}} \quad (7\text{-}52)\ [5]$$

管件的亚声速指数

$$m_{\mathrm{pipe}} = 0.5 \quad (7\text{-}53)\ [6]$$

管件的开启压力

$$\Delta p_{\mathrm{cpipe}} = 0 \quad (7\text{-}54)\ [7]$$

λ 值,根据莫迪图,由雷诺数 Re 及相对表面粗糙度 Δ/d 查得。

ISO 6358-3:2014 的附录 D.2.3 条目中,解释了式(7-51)~式(7-54)是如何得出的。

流量系数 α 与元件的出口几何面积(S_2)相关

$$\alpha = \frac{1}{\sqrt{\zeta + 1 + \left(\frac{S_2}{S_1}\right)^2}} \quad (7\text{-}55)\ [D.1]$$

式中 S_1——元件的进口几何面积;

S_2——元件的出口几何面积;

ζ——压力损失系数[○]。

全局[◎]流量系数 α 表征由 i 个元件串联构成的系统特性,由流量系数 α_i 表征元件 i 的特性,它们之间的关系式是:

○ 该参数即流体力学中的沿程损失系数。——作者注

○ 该参数具体含义在标准中未明确给出,应为压力损失系数,GB/T 14513.3 有说明。——作者注

◎ 全局应指串接系统。——作者注

$$\frac{1}{S_2^2 \alpha^2} = \sum_i \frac{1}{S_i^2 \alpha_i^2} \qquad (7\text{-}56)\;[\text{D.}2]$$

式（7-55）和式（7-56）取自 EN 1267：2012《阀——利用水作为介质时流动阻力的试验》。两个流量参数 A 和 S 的定义如下：

1）有效面积 A 是元件的出口几何面积 S_2 和流量系数 α 的乘积。

$$A = \alpha S_2 \qquad (7\text{-}57)\;[\text{D.}3]$$

2）压缩性系数 s，当流速为亚声速时，考虑到气体的压缩性，计算式为

$$s = 1 + \frac{\alpha}{\sqrt{\dfrac{\gamma(\gamma+1)}{2}}} + \frac{\alpha^2}{\gamma(\gamma+1)} \qquad (7\text{-}58)\;[\text{D.}4]$$

通过参数 A 和 s，质量流量也可以由分别与上游和下游静压（p_{s1} 和 p_{s2}）相关的式（7-59）和式（7-60）近似表达：

在亚声速流态下 $[\Delta p_s < (p_{s1}/s)]$，通过元件的质量流量为

$$q_m = A\sqrt{\frac{2\Delta p_s}{RT_1}\left(p_{s1} - \frac{s}{2}\Delta p_s\right)} \qquad (7\text{-}59)\;[\text{D.}5]$$

其中，$\Delta p_s = p_{s1} - p_{s2}$。式（7-59）对应于一定的上游条件下的近似于四分之一椭圆的质量流量。

在壅塞流状态下 $[\Delta p_s \geq (p_{s1}/s)]$，通过元件的质量流量为

$$q_m^* = \frac{A p_{s1}^*}{\sqrt{S R T_1^*}} \qquad (7\text{-}60)\;[\text{D.}6]$$

管内径为 d，管长为 L 的管件，其压力损失系数 ζ 为

$$\zeta = \lambda \frac{L}{d} \qquad (7\text{-}61)\;[\text{D.}7]$$

管件的流量系数

$$\alpha_{\text{pipe}} = \frac{1}{\sqrt{\zeta}} = \sqrt{\frac{d}{\lambda L}} \qquad (7\text{-}62)\;[\text{D.}8]$$

式（7-59）和式（7-60）中的 p_{s1} 和 p_{s2} 是管件上下游的静压力，而按 ISO 6358-1:2013 确定的流量特性与上下游的滞止压力有关。故计算系统的流量特性时，应将管件的上游滞止压力转换为静压力，将管件的下游静压力转换为滞止压力。

管件上游侧的等熵变换：在管件的上游侧，滞止压力与静压力之间的等熵变换等效于通过进口（即管件进口区域）远大于喉部区域的理想收缩型喷嘴，如图 7-12 所示。

对进口理想收缩喷嘴，可设 $\zeta = 0$、$\dfrac{S_2}{S_1} \to 0$，由式（7-55），可得 $\alpha_H = 1$。由式（7-56），可导出收缩喷嘴和管件的全局流量系数 α 为

$$\alpha = \frac{1}{\sqrt{1 + \lambda \dfrac{L}{d}}} \qquad (7\text{-}63)\;[\text{D.}9]$$

压缩系数计算式（7-58）写成

$$s = 1 + \frac{1}{\sqrt{\dfrac{\gamma(\gamma+1)}{2}}\sqrt{1 + \lambda \dfrac{L}{d}}} + \frac{1}{\gamma(\gamma+1)\left(1 + \lambda \dfrac{L}{d}\right)} \qquad (7\text{-}64)\;[\text{D.}10]$$

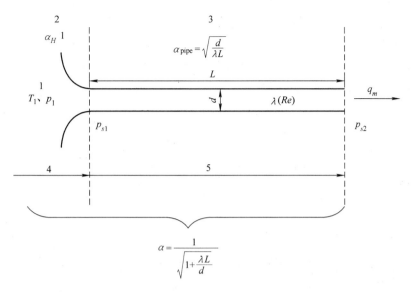

图 7-12 理想收缩型喷嘴上游等熵变换模型（摘自 ISO 6358-3:2014 的图 D.2）
1—上游滞止条件 2—喷嘴 3—管件 4—等熵变换 5—绝热变换

有效面积计算式（7-57）写成

$$A = \frac{1}{\sqrt{1 + \lambda \dfrac{L}{d}}} \frac{\pi d^2}{4} \qquad (7\text{-}65)\;[\text{D.11}]$$

管件的流量特性：在管件的上游滞止压力（即 p_1）和下游静压力 p_{s2} 的作用下，在亚声速流态下，即 $p_{s2}/p_1 > b_{\text{pipe}}$ 时，通过管件的质量流量为

$$q_m = C_{\text{pipe}} \rho_a p_1 \sqrt{\frac{T_a}{T_1}} \sqrt{1 - \left(\frac{\dfrac{p_{s2}}{p_1} - b_{\text{pipe}}}{1 - b_{\text{pipe}}}\right)^2} \qquad (7\text{-}66)\;[\text{D.12}]$$

在壅塞流态下，即 $p_{s2}/p_1 \leq b_{\text{pipe}}$ 时，通过管件的质量流量为

$$q_m^* = C_{\text{pipe}} \rho_a p_1^* \sqrt{\frac{T_a}{T_1^*}} \qquad (7\text{-}67)\;[\text{D.13}]$$

使用有效面积 A 和压缩性系数 s 表达 C_{pipe} 和 b_{pipe}，可得

$$C_{\text{pipe}} = \frac{A}{\rho_a \sqrt{sRT_a}} \qquad (7\text{-}68)\;[\text{D.14}]$$

$$b_{\text{pipe}} = 1 - \frac{1}{s} \qquad (7\text{-}69)\;[\text{D.15}]$$

由式（7-64）的 s 及式（7-65）的 A，代入式（7-68）和式（7-69），则可导出管件的流量特性公式（7-51）和式（7-65）。

式（7-66）和式（7-69），即为式（7-48）和式（7-49），可知 $m_{\text{pipe}} = 0.5$，$\Delta p_{\text{cpipe}} = 0$。

管件下游侧的等熵变换：采用 GB/T 14513.1—2017 中的式 [A.1] 计算下游静压力 p_{s2} 与滞止压力 p_{t2} 之间的等熵变换。即

$$p_{t2} = p_{s2} \left\{ \frac{1}{2} + \sqrt{\frac{\gamma - 1}{2\gamma} RT_t \left(\frac{q_m}{p_{s2} A_2}\right)^2 + \frac{1}{4}} \right\}^{\frac{\gamma}{\gamma-1}} \qquad (7\text{-}70)\;[\text{A.1}]$$

7.7.3 按实验结果计算气管道的流量特性参数

在 GB/T 14513.1—2017 中，对外/内径分别为 4mm/2.5mm、6mm/4mm 和 8mm/6.5mm 的聚氨酯管，管长分别为 0.1m、1m、10m 和 20m，压力测量管选择 G1/4，上游压力设为 5bar（g）的条件下，得出的流量特性曲线，总结出四个流量特性参数经验公式如下

$$C = \frac{\pi d^2}{20 \times 10^3 \sqrt{1 + k\dfrac{L}{d}}} \qquad (7\text{-}71)\,[13]$$

式中，L、d 的单位为 m，C 的单位为 $m^3/(s \cdot Pa)$（ANR）。

$$b = 4.8 \times 10^2 \frac{C}{d^2} \qquad (7\text{-}72)\,[14]$$

$$m = 0.58 - 0.1b \qquad (7\text{-}73)\,[15]$$

$$\Delta p_c = 0 \qquad (7\text{-}74)\,[16]$$

式中的实测摩擦因数 k 仅与管件的内径有关，与流动状态无关。

对树脂管

$$k = 2.35 \times 10^{-3} d^{-0.31} \qquad (7\text{-}75)\,[17]$$

对钢管

$$k = 3.61 \times 10^{-3} d^{-0.31} \qquad (7\text{-}76)\,[18]$$

对进口压力 p_1，不是 [5bar（g）]，根据 GB/T 14513.1—2017，使用压力依存系数 $K_p = 2 \times 10^{-7} Pa^{-1}$ 时的声速流导计算相应的流量特性。

7.7.4 用其他流量参数或者直管等效长度来估算流量特性参数

1. 流量特性用 C_V 表示的元件

各种气动换向阀的 C 值与 b 值的关系如图 7-13 所示。

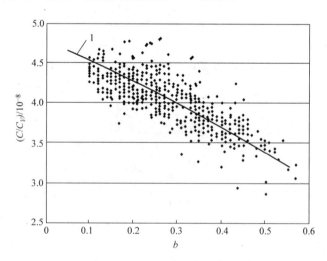

图 7-13 各种气动换向阀的 C/C_V 与 b 值的关系（摘自 ISO 6358-3:2014 图 D.5）

1—回归曲线

测了许多换向阀的 C_V 值，也按 ISO 6358 测试了 C 值和 b 值，画在图 7-13 上，得出回归曲线公式

$$\frac{C}{C_V} = 4.8 \times 10^{-8} \sqrt{1-b} \tag{7-77}$$

式中，C 的单位为 $m^3/(s \cdot Pa)$（ANR）计。

当

$$b = 0.3 \tag{7-78} [D.18]$$

$$C = 4 \times 10^{-8} C_V \tag{7-79} [D.17]$$

$$m = 0.5 \tag{7-80} [D.19]$$

$$\Delta p_c = 0 \tag{7-81} [D.20]$$

转换系数 C/C_V 可能会导致 C 值产生 ±15% 的误差。

2. 流量特性用 K_V 表示的元件

使用 K_V 表示气动元件的流量特性时，用式（7-82）计算声速流导 C 值（当 $b = 0.3$ 时），即

$$C = 4.78 \times 10^{-8} K_V \tag{7-82} [D.21]$$

回归曲线公式为

$$\frac{C}{K_V} = 5.71 \times 10^{-8} \sqrt{1-b} \tag{7-83}$$

转换系数 C/K_V 可能会导致 C 值产生 ±15% 的误差。

3. 流量特性由公称流量 q_N 表示的元件

设 $T_1 = T_a = 293.15K$，输入压力 $p_1 = 7bar$，输出压力 $p_2 = 6bar$，公称流量 q_N 可按式（7-84）计算

$$q_N = 420C \sqrt{1 - \left(\frac{0.857-b}{1-b}\right)^2} \tag{7-84} [D.23]$$

式中 q_N——公称流量，单位为 L/min(ANR)；

C——声速流导，单位为 $L/(s \cdot bar)$。

当 $b = 0.3$ 时，

$$C = 3.94 \times 10^{-3} q_N \tag{7-85} [D.22]$$

$$b = 0.3 \tag{7-86} [D.18]$$

$$m = 0.5 \tag{7-87} [D.19]$$

$$\Delta p_c = 0 \tag{7-88} [D.20]$$

式（7-85）中的转换可能会导致 C 值产生 ±15% 的误差。

4. 流量特性由直管等效长度表示的阀和连接件

截止阀或钢管用连接件的流量特性以直管等效长度 L_{eq} 表示。其流量特性按管道计算。长度 L 是直管等效长度 L_{eq} 与元件上下游管件的长度 L_{pipe} 之和。

$$L = L_{eq} + L_{pipe} \tag{7-89} [D.16]$$

图 7-14 所示为各种元件和连接件的直管等效长度的经验数据。

7.7.5 ISO 6358-3:2014 提供的气动元件流量特性参数表达方式的分析

要计算出正确的气动系统的流量特性参数，其前提是必须保证组成该气动系统的各个元件的流量特性参数是正确值。否则，就无法得出正确的气动系统的流量特性参数。

1. 对 ISO 6358-1:2013 用四个参数（声速流导 C、临界背压比 b、亚声速指数 m 和开启压力 Δp_c）表达气动元件流量特性的方式，在第 11 章中将说明，m 值没有任何意义，m

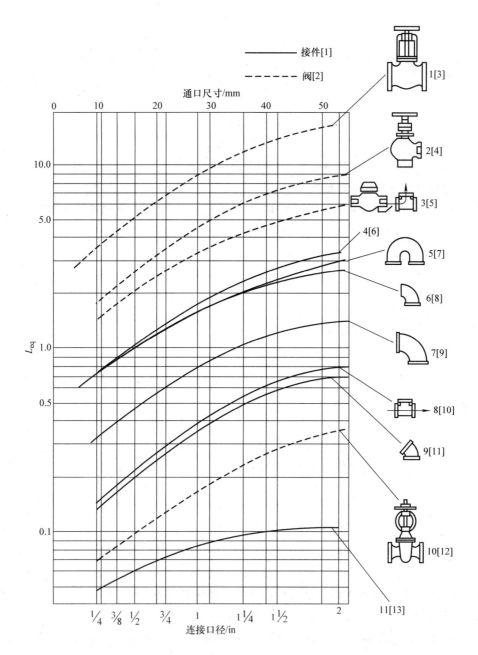

图 7-14 阀门和钢管连接件的直管等效长度（摘自 ISO 6358-3:2014）[图 D.4]，序号 [ ] 是图 D.4 的序号）
1—球阀 2—角阀 3—球座 4—单向阀 5—180°弯头 6—90°弯头
7—90°长弯头 8—球座 9—45°弯头 10—门阀 11—连接件

和 Δp_c 都不是流量特性参数。由于 ISO 6358-1:2013 的测试方法在测试时的耗气量惊人之大，奉化气动检验中心的气源，仅能测通径 6mm 至小部分 15mm 的气动元件的 C、b 值。而 ISO 6358-1:2013 的测试原理是错误的，在两测点之间，存在两个喉部，第一喉部是被测元件，第二喉部是转换接头内的最小通径，不论哪个喉部处于临界流态，测出 b 值都存在 12% 至 40% 的误差，根本测不出正确的 C、b 值。

结论：利用 ISO 6358-1:2013（即 GB/T 14513.1—2017），测不出正确的气动元件 C、b 值。故使用 ISO 6358-1:2013 提供的 C、b 值，不可能计算出气动系统正确的 C、b 值。

2. 按摩擦因数 λ 计算气管道的流量特性参数的方法

1）按雷诺数 Re 和相对粗糙度 Δ/d，查莫迪图，得出摩擦因数 λ（也就是沿程损失系数），通常是指管道内为不可压缩流动。气动系统除工厂里管网系统内为不可压缩流动外，气动回路中，连接阀、缸之间的连接管内，在充放气过程中的流动，因两端压差大，通常都属于可压缩流动，用不可压缩流动来分析高速流动的气管道的特性是不合适的。

2）该标准所述，式（7-55）和式（7-56）是来自 EN1267:2012 的测试结果。此文是以水为介质，测出液压阀的流量系数 α 与该阀的局部损失系数 ζ 和该阀出进口的几何面积比 S_2/S_1 有关。而式（7-57）又令流量系数 α 是不可压缩流态下的有效面积 A 与被测元件的出口几何面积 S_2 之比。这明摆着是面积比，而不是式（7-55）中的流量系数 α。

把式（7-55）应用于气管道中，这种四要素（介质由水变成空气，研究对象由阀变成气管道，局部损失变成沿程损失，不可压缩流动变成可压缩流动）的变化是会造成数据严重失真的。

ISO 6358:1989 可以用 C、b 两个参数来计算亚声速流态和临界流态下的质量流量，也可以用 A、s 两个参数来计算亚声速流态和临界流态下的质量流量。

气动元件的流量特性近似于椭圆曲线仅限于局部损失，如各种气阀、管接头等，不适用于以沿程损失为主的长管道。故式（7-66）~式（7-69）是有问题的。$m_{\text{pipe}} = 0.5$ 也是多余的。

3. 按实验结果计算气管道的流量特性参数的方法

1）式（7-71）和式（7-72）是假定所有测试的 12 根聚氨酯管的出口一定达临界流态，即 $M_2 = 1$ 得出的。可以肯定地说，在 $p_1 - p_a = 5\text{bar}(\text{g})$ 条件下，许多被测管的出口仍处于亚声速流态。比如，管内径 2.5mm，长 20m 的管子，其 M_2 一定小于 1。也就是说，式（7-71）和式（7-72）是不正确的。

2）式（7-73）$m = 0.58 - 0.1b$，当 $b = 0 \sim 0.5$ 时，m 在 $0.58 \sim 0.53$ 之间，而式（7-53）认为 $m_{\text{pipe}} = 0.5$，就不一致。且长管道的流量特性曲线与亚声速指数 m 毫不相干。

3）以标准中的管件（内径 8mm，长 5m）为例，使用摩擦因数法，得 $\lambda = 0.0175$，由式（7-51），得 $C_{\text{pipe}} = 3.778 \times 10^{-8} \text{m}^3/(\text{s} \cdot \text{Pa})$；按式（7-52），得 $b_{\text{pipe}} = 0.199$。使用经验公式法，由式（7-71），得 $C_{\text{pipe}} = 3.656 \times 10^{-8} \text{m}^3/(\text{s} \cdot \text{Pa})$；按式（7-72），得 $b_{\text{pipe}} = 0.274$。该国际标准用两种方法计算同一管件的 C_{pipe} 相差 3.3%，但 b_{pipe} 相差 37.7%，误差这么大，是用户无法接受的。

4）摩擦因数 k 与摩擦因数 λ 是一回事还是两回事？k 值仅与管内径有关，与流动状态无关，依据是什么？

5）式（7-71）~式（7-74）的进口压力 p_1 仅适用于 5bar（g），难道 $p_1 = 3$、4、6、7bar（g）还要提供另一组式（7-71）~式（7-74）吗？进口压力 p_1 不是 5bar（g），根据 GB/T 14513.1—2017 的压力依存系数 $K_p = 2 \times 10^{-7} \text{Pa}^{-1}$ 时的声速流导就能计算相应的流量特性吗？

4. 用其他流量参数或直管等效长度来估算流量特性参数的方法

开发气动元件的初期，对气动元件性能测试无标准可循，不得不借用以液体（如水、油）为介质的其他行业的标准，故引入了 C_V、K_V 等来表达气动元件的流通能力。C_V、K_V 是对内部为不可压缩流动的元件而言的，如液压阀。气动元件内的空气主要是高速流动，再用 C_V、K_V 来表达流通能力则局限性太大，故而制定了气动元件流量特性的测试标准，用声速流导 C 值和临界压力比 b 值两个特性参数便能完整地表达气动元件的流量特性。

制定的 ISO 6358-3:2014 标准，为了计算气动回路的流量特性参数，自然要提供各种气动元件的正确的流量特性参数 C、b 值或 S、b 值。C_V 值和 K_V 值是以水为介质，自然是不可压缩流态的参数，直管等效长度虽介质可以是空气，但仍属于不可压缩流态的参数。只用一个参数，是无法完整表达气动元件的流量特性的。故该标准又把可压缩流动时的两个参数声速流导 C 值和临界压力比 b 值掺和进来，画出图 7-13。从图 7-13 上总结出回归曲线式 (7-77)，给出 C_V 值，在不同 b 值下的 C 值可求出。

对图 7-13 及式 (7-77)，提出以下质疑：

1) 图 7-13 上的任一点，都代表着一个气动元件。其 C_V 值是以水为介质，在压力差为 1lbf/in^2 下通过的流量是 $q_V[\text{gal}（美）/\text{min}]$，由式 (6-1) 计算出 C_V 值。而 C 值和 b 值是以压缩空气为介质，按 ISO 6358-1:2013 测试方法测出的。使用两种不同介质的测试设备，测出不同的量，这种组合式的测试方法无优越性可言。

2) 只提供气动元件的 C_V 值，是无法得到该气动元件完整的流量特性的。设 $b=0.3$，由式 (7-77) 可求出 C 值。但不知道 C_V 值的气动元件的真实 b 值是多少，怎么能知道 C 值是多少。

3) 在第 11 章已充分论证了 ISO 6358-1:2013 的测试原理和测试方法是不合理的，无法保证图 7-13 中的 C、b 值的正确性。

4) 即便图 7-13 上所有测点的测值是正确的，总结出的回归曲线式 (7-77) 与各测点之间的误差达 ±15%~±25%，气动元件提供的 C、b 值存在这么大的误差，无法保证计算出来的气动回路的流量特性参数的正确性。

5) 1984 年《液压与气动》第 3 期上发表的论文《论气动元件的有效截面积》中，在气动元件的流量特性曲线是四分之一椭圆曲线的假设前提下，已导出临界流态下的有效面积 S 值和不可压缩流态下的有效面积 A 值与临界压力比 b 值之间的关系为

$$\frac{S}{A} = 1.46\sqrt{1-b} \tag{7-90}$$

S 值是在临界流态下测定，A 值是在 $(p_1-p_2)/p_1=0.02$ 条件下测定的，参考文献 [6] 已证明，只要保证测 S 值和 A 值的两点的实际仪表测量精度达 A 级，式 (7-90) 就是可信的。故测出 S、A 值，便可由式 (7-90) 计算出 b 值。

已知式 (7-91) 中，$\qquad A = 16.98 C_V = 19.82 K_V \tag{7-91}$

式中，A 以 mm^2 计，C_V 以 $\text{gal}(美)/\text{min}$ 计，K_V 以 m^3/h 计。

引入式 (7-91) $\qquad S = 5.022 C \tag{7-92}$

式中，S 以 mm^2 计，C 以 $\text{L}/(\text{s}\cdot\text{bar})$ 计。

由式（7-91）、式（7-90）和式（7-92），可导出

$$\frac{C}{C_V} = 4.936\sqrt{1-b} \tag{7-93}$$

$$\frac{C}{K_V} = 5.762\sqrt{1-b} \tag{7-94}$$

上两式中，C 以 $L/(s \cdot bar)$ 计。

回归曲线式（7-77）的正确解是式（7-93），回归曲线式（7-83）的正确解是式（7-94）。故 ISO 6358-3:2014 中的图 D.5 可信度不高。

关于用公称流量 q_V 表示元件的流量特性的方法应当肯定。

式（7-84）是在设定 $p_1 = 7\text{bar}(a)$、$T_1 = 293.15\text{K}$ 和 $p_2 = 6\text{bar}(a)$ 的条件下，表达三个参数 C、b 和 q_N 之间的关系式。元件在 p_1、p_2 压差作用下，测得 q_N；在临界流态，测得 q_N^* 计算出 C 值，便可由式（7-84）计算出 b 值。这种指定 p_1、p_2 的做法，可保证 q_N/q_N^* 处在 0.55~0.7 之间。这就容易实现实际的仪表测量精度较高，能保证测出 b 值的可信性。这也属于两点法，只不过是 q_N/q_N^* 没有选最佳测点（应 $q_N/q_N^* = 0.74 \pm 0.05$）。因 $q_N/q_N^* = 0.55 \sim 0.7$，已很接近最佳测点了。用此方法提供的气动元件的 C、b 值是可信的。

7.7.6　ISO 6358-3:2014 估算气动系统的流量特性参数方法的分析

从流动速度大小来分析，气动系统可分成低速流动部分和高速流动部分。如厂矿企业的压缩空气管网系统，就是低速流动区。主管道内的压缩空气的流速在 8~10m/s，支管道内的压缩空气的流速在 10~15m/s。这种管网系统的流量特性参数的估算，使用本书第 3 章第 3.9 节管路计算相关公式就可以解决。通常，管网系统中，沿程损失远大于局部损失，故局部损失可以忽略不计。由于是低速流动，流量特性只需要用一个流量特性参数来表达。如，不可压缩流态下的有效面积 A。当然，也可以使用 C_V 值、K_V 值等。它们都是不可压缩流态下的流量特性参数。差别仅是它们的计量单位不同，可以进行相互转化。

高速流动部分是指气动装置使用的压缩空气系统。该气动系统的进口压力高 [通常在 0.4bar（g）以上]，出口通大气，由于两端压力差大，气动系统内的各个气动元件内的流动都是高速流动（含声速流动和超声速流动）。这种高速流动，必须使用两个流量特性参数（C、b 值或 S、b 值）才能完整表达流量特性曲线。7.1~7.6 节的内容，就是给定组成气动系统的各个气动元件的流量特性参数 S_i 值和 b_i 值，便可计算出气动系统的流量特性参数 S 值和 b 值的一种方法。并能给出气动系统的临界截面在何处，而 ISO 6358-3:2014 却做不到这一点。读者将 7.1~7.6 节的内容与本节中 GB/T 14513.3—2020 的计算方法加以比较，就能分辨出两种计算方法的巨大差异。

ISO 6358-3:2014 为了计算气动系统的流量特性参数，先得提供正确的气动元件的流量特性参数。除用公称流量 q_N [式（7-84）] 表示元件流量特性的方法可以提供气动元件正确的 C、b 值外，其他的方法都提供不了气动元件正确的 C、b 值。

气动系统的流量特性也可以用两个系统流量特性参数（C、b 或 S、b）构成的流量特性曲线来完整地表达。故 C、b 或 S、b 是气动系统的固有属性，与气动系统的进出口参数（如进出口压力 p_1、p_2 和温度 T_1、T_2）无关。进出口参数大小只决定该气动系统内部的流态是亚声速、声速还是超声速流态。

从这个角度讲，ISO 6358-3:2014 计算气动系统的流量特性参数，要事先给出该气动系统的进出口压力 p_f、p_e 和进口温度 T_1，并提出声速流导初始值 C^{init} 及理论最大质量流量 $(q_m)_{max}$，才能通过试算法，求得该气动系统的 C、b 值。这本身就表明，求出气动系统的 C、b 值与进口压力 p_e 等有关，就否定了 C、b 值是气动系统流量特性是固有属性的论点。也就是说，不同进口压力 p_e 和进口温度 T_e 下，气动系统的 C、b 值是不同的值。既然气动系统的 C、b 值不是唯一解，求解 C、b 值就没有意义了。

ISO 6358-3:2014 中，有一个三元件串联例，如图 7-15 所示。给出的气动元件流量特性参数和计算出的串联回路的流量特性参数见表 7-3。将表 7-3 中的 C 值，按 $S = 5.02C$，转化成 S 值，列于表 7-4 中。按本章 7.4 节三元件串联的相关公式，计算出该串联回路的流量特性参数也列于表 7-4 中。

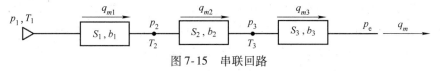

图 7-15 串联回路

表 7-3 摘自 ISO 6358-3:2014 表 A.6 计算例

参数	给定元件参数			算出系统参数	
	阀 1	管件 $\phi 8mm \times 5m$	阀 3	$p_e = 6bar$ (abs.)	$p_e = 10bar$ (a)
$C/[m^3/(s \cdot Pa)]$ (ANR)	4.023×10^{-8}	3.778×10^{-8}	2.699×10^{-8}	2.047×10^{-8}	2.07×10^{-8}
b	0.267	0.199	0.403	0.277	0.280
m	0.52		0.50	0.535	0.533
Δp_c	0	0	0	0	0

表 7-4 按 7.4 节串联回路的计算公式计算的结果

参数	给定元件参数			算出回路参数
	阀 1	管件 $\phi 8mm \times 5m$	阀 3	
S/mm^2	20.2	18.97	13.55	10.28
b	0.267	0.199	0.403	0.305

串联回路的计算过程。

设元件 3 达临界流态，由式 (7-38)，得

$$\frac{p_3}{p_2} = \frac{b_2 + (1-b_2)\sqrt{1+(1-2b_2)\left(\frac{S_3}{S_2}\right)^2}}{1+(1-b_2)^2\left(\frac{S_3}{S_2}\right)^2}$$

$$= \frac{0.199 + (1-0.199)\sqrt{1+(1-2\times 0.199)(13.55/18.97)^2}}{1+(1-0.199)^2\left(\frac{13.55}{18.97}\right)^2}$$

$$= 0.84 > b_2 (= 0.199)$$

上述计算结果表明件 2 未达临界。

由式 (7-39)，得

$$\frac{p_2}{p_1} = \frac{b_1 + (1-b_1)\sqrt{1 + (1-2b_1)\left(\frac{S_3}{S_1}\frac{p_3}{p_2}\right)^2}}{1 + (1-b_1)^2\left(\frac{S_3}{S_1}\frac{p_3}{p_2}\right)^2}$$

$$= \frac{0.267 + 0.733\sqrt{1 + 0.466 \times \left(\frac{13.55}{20.2} \times 0.84\right)^2}}{1 + \left(0.733 \times \frac{13.55}{20.2} \times 0.84\right)^2}$$

$$= 0.9 > b_1 (= 0.267)$$

上述计算结果表明件 1 未达临界。

因此，设元件 3 达临界流态是正确的。

由式 (7-36)，有 $S = S_3 \frac{p_3}{p_2}\frac{p_2}{p_1} = 13.55 \times 0.84 \times 0.9 \text{mm} = 10.24 \text{mm}^2$。折算成 $C = 2.04 \times 10^{-8} \text{m}^3/(\text{s} \cdot \text{Pa})$。与 ISO 6358 - 3:2014 求出的 $C = 2.07 \times 10^{-8} \text{m}^3/(\text{s} \cdot \text{Pa})$ 相比，小 1.5%。

由式 (7-37)，$b = \frac{p_2}{p_1}\frac{p_3}{p_2}b_3 = 0.9 \times 0.84 \times 0.403 = 0.305$。比 ISO 6358 - 3:2014 求出的 b 值（= 0.28）大 8.8%。

按 7.1~7.6 节计算气动回路流量特性参数的方法，比 ISO 6358 - 3:2014 试算过程简单快捷得多，而且可得出该气动回路的临界截面处于元件 3 内。至于其正确性，读者可自行判断。

ISO 6358 - 3:2014 中，有一个四元件并联例，如图 7-16 所示。给出的气动元件流量特性参数和计算出的并联回路的流量特性参数见表 7-5。按第 7 章并联回路计算临界流态下有效面积 S 的计算公式 (7-5)，得 $S = 16.757 \text{mm}^2$；由临界压力比的计算公式 (7-4)，

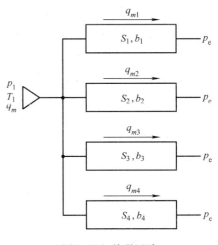

图 7-16 并联回路

得 $b = 0.12$。与 ISO 6358 - 3:2014 的试算方法相比，更加简单快捷。

表 7-5 摘自 ISO 6358 - 3:2014 中的表 B.1

回路	各支路的特性参数			并联回路的特性参数		
	$C(\text{m}^3/(\text{s} \cdot \text{Pa}))$ (ANR)	b	m	$C(\text{m}^3/(\text{s} \cdot \text{Pa}))$ (ANR)	b	m
支路 A	0.606×10^{-8}	0.12	0.56	3.15×10^{-8}	0.28	0.53
支路 B	1.920×10^{-8}	0.34	0.56			
支路 C	0.627×10^{-8}	0.37	0.52			
支路 D	0.185×10^{-8}	0.43	0.54			

ISO 6358 - 3:2014 计算出该并联回路的 $C = 3.15 \times 10^{-8} \text{m}^3/(\text{s} \cdot \text{Pa})$，相当于 $S = 15.82 \text{mm}^2$。比按 7.1 节计算出的 S 值（= 16.757 mm^2）小 5.6%。ISO 6358 - 3:2014 计算出

并联回路的 $b=0.28$,比按 7.1 节计算出的 b 值（$=0.12$）大 133%。

$b=0.12$,若 $p_e=1.013$bar（a）,相当于 $p_1 \geqslant 8.442$bar（a）,并联回路才达到临界流态。当 $p_1 \geqslant 2.356$bar（a）,支路 D 便达临界流态,直到 $p_1 \geqslant 8.442$bar（a）全部支路才都达临界流态。

按 ISO 6358-3:2014 的表 7-6,并联回路 $b=0.28$,表明供气压力 $p_1 \geqslant 3.571$bar（a）,并联回路就达临界流态。可在 $p_1=3.571$bar（a）时,支路 A 就未达临界流态,无法实现整个并联回路达临界流态。

表 7-6 按 7.1 节并联回路计算方法算出回路的特性参数

回路	各支路的特性参数		并联回路的特性参数	
	S/mm^2	b	S/mm^2	b
支路 A	3.042	0.12	16.757 相当于 $C=3.338 \times 10^{-8} \text{m}^3/(\text{s} \cdot \text{Pa})$（ANR）	0.12
支路 B	9.638	0.34		
支路 C	3.148	0.37		
支路 D	0.929	0.43		

第 8 章 充放气特性

充气和放气是气压传动与控制中最常见的现象。譬如，当气缸的活塞运动之前，通过进气回路向气缸进气腔充气，通过排气回路从气缸排气腔向外排气，属于固定容积的充放气问题。当气缸的活塞运动时，进气腔和排气腔的容积随时间不断发生变化，这时的气缸充放气便属于变容积的充放气问题。

充放气特性研究属开口系统的问题。控制体与外界之间，一般都有质量交换、能量交换和力的相互作用。要分析充放气特性，就必须建立质量方程、能量方程、气体状态方程和动力学方程。

8.1 充放气特性的基本方程

研究充放气特性，就是研究容器内与外界进行质量交换、能量交换和力的相互作用的过程中，容器内的物理量（如压力 p、温度 T 等）如何随时间变化的规律。

1. 变容积容器充放气时的能量方程

以图 8-1 所示气缸的活塞运动为例，进口总压力为 p_s、总温度为 T_s 的压缩空气，通过进气回路（用临界流态下的有效面积 S_1 值和临界压力比 b_1 值表示）向腔室充气，腔室内的气体经排气回路（用 S_2 和 b_2 表示）向压力为 p_e 的外界放气，活塞在气压力 p 和外加热量 dQ 的作用下，克服外力 F 以速度 u 运动。气缸腔室是一个变容积的容器。取 t 时刻腔室占有容积为开口系统，如图中虚线所示。

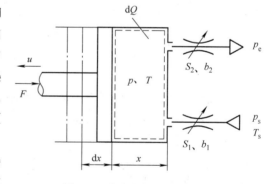

图 8-1 变容积的充放气系统

假定在任意瞬时，腔室内的气体总处于热力平衡状态，即整个充放气过程中，腔室内状态参数仅是时间的函数，与空间位置无关。根据热力学第一定律，在 dt 时间内，外界给予系统的热量 dQ，加上净流入系统的能量 dH_0（即流入系统的总焓 dH_{01} 减去流出系统的总焓 dH_{02}）应等于系统内的热力学能的变化 dI 和对外做功 dW 之和。即

$$dQ + dH_{01} - dH_{02} = dI + dW \tag{8-1}$$

流入系统的总焓 dH_{01} 应等于 dt 时间内流入系统的气体质量 dm_1 乘以单位质量气体所具有的总质量焓 h_s，即

$$dH_{01} = h_s dm_1 = c_p T_s dm_1 = \kappa c_v T_s dm_1 = \kappa i_s dm_1 \tag{8-2}$$

式中　i_s——流入系统气体的质量热力学能。

忽略腔室中气体的流动速度，则流出系统的总焓 dH_{02} 应等于腔室中气体的总质量焓 h 乘以 dt 时间内流出系统的气体质量 dm_2，即

$$dH_{02} = hdm_2 = c_p Tdm_2 = \kappa c_v Tdm_2 = \kappa i dm_2 \tag{8-3}$$

式中　T——腔室中气体的热力学温度；

　　　i——腔室中气体的质量热力学能。

在 dt 时间内，腔室内的热力学能变化

$$dI = (i+di)(m+dm) - im = mdi + idm = d(mi)$$

式中　m——腔室中某时刻气体的质量。

根据质量守恒定律，dt 时间内腔室中的质量增量

$$dm = dm_1 - dm_2 \tag{8-4}$$

则

$$dI = mdi + idm_1 - idm_2 \tag{8-5}$$

在 dt 时间内，系统对外所做的功

$$dW = pAdx = pdV = pd(mv) = pmdv + pvdm$$
$$= pmdv + pvdm_1 - pvdm_2$$

式中　p——腔室内气体的绝对压力；

　　　A——活塞的有效面积；

　　　V——腔室的容积；

　　　v——腔室内气体的质量体积；

　　　x——活塞的位移。

由式 (1-7)，有

$$pv = h - i = c_p T - c_v T = (\kappa - 1) c_v T = (\kappa - 1) i$$

将此式代入上式，则

$$dW = pmdv + (\kappa - 1) i (dm_1 - dm_2) \tag{8-6}$$

把式 (8-2)、式 (8-3)、式 (8-5) 和式 (8-6) 代入式 (8-1)，得

$$dQ + \kappa i_s dm_1 - \kappa i dm_1 = mdi + pmdv$$

用 m 除等式两边，且令 $dQ/m = dq$, $dm_1/m = \overline{dm_1}$, $dm_2/m = \overline{dm_2}$，则得

$$dq + \kappa (i_s - i) \overline{dm_1} = di + pdv \tag{8-7}$$

这就是变容积容器充放气时的能量方程。

2. 充放气时的热力过程

变容积容器充气或放气时，容器内的热力变化是复杂的，下面仅对基本的热力变化过程作些分析。当系统与外界完全没有热交换时（如热力变化过程非常迅速）的充（放）气称为绝热充（放）气。当系统与外界能充分地进行热交换，即过程进行得很缓慢时的充（放）气，称为等温充（放）气。

(1) 绝热放气　绝热条件下，$dq = 0$。仅有放气，$dm_1 = 0$。由式 (8-4)，有

$$dm = -dm_2 \tag{8-8}$$

由式 (8-7)，有

$$di + pdv = 0 \tag{8-9}$$

因 $v = RT/p$，对 v 求微分，得

$$dv = \frac{R}{p} dT - RT \frac{dp}{p^2} \tag{8-10}$$

将式 (8-10) 代入式 (8-9)，得

$$c_v \mathrm{d}T + R\mathrm{d}T - RT\frac{\mathrm{d}p}{p} = 0$$

$$c_p \frac{\mathrm{d}T}{T} - R\frac{\mathrm{d}p}{p} = 0$$

$$\frac{\mathrm{d}p}{p} = \frac{\kappa}{\kappa - 1}\frac{\mathrm{d}T}{T} \tag{8-11}$$

此式积分后,得

$$p = CT^{\frac{\kappa}{\kappa-1}} \tag{8-12}$$

C 值由容器内初始状态确定。

式 (8-12) 是等熵关系式。说明与外界无热交换的变容积的放气过程是等熵过程。

(2) 绝热充气　此条件下,$\mathrm{d}q = 0$,$\mathrm{d}m_2 = 0$,式 (8-4) 变成

$$\mathrm{d}m = \mathrm{d}m_1 \tag{8-13}$$

式 (8-7) 变成

$$\kappa(i_s - i)\overline{\mathrm{d}m_1} = \mathrm{d}i + p\mathrm{d}v \tag{8-14}$$

因 $m = pV/RT$,对 m 求微分,可得

$$\frac{\mathrm{d}m}{m} = \frac{\mathrm{d}p}{p} + \frac{\mathrm{d}V}{V} - \frac{\mathrm{d}T}{T} \tag{8-15}$$

将式 (8-10)、式 (8-13) 和式 (8-15) 代入式 (8-14),整理后得

$$\frac{\kappa - T/T_s}{\kappa(1 - T/T_s)}\frac{\mathrm{d}p}{p} + \frac{\mathrm{d}V}{V} = \frac{1}{1 - T/T_s}\frac{\mathrm{d}T}{T} \tag{8-16}$$

此式说明,与外界无热交换的变容积的充气过程,p 和 T 之间的关系还取决于容积的变化情况,故只能是个多变过程,且多变指数不是固定值。

(3) 等温放气　此条件下,$\mathrm{d}T = 0$,$\mathrm{d}m_1 = 0$。式 (8-7) 变成

$$\mathrm{d}q = p\mathrm{d}v$$

将式 (8-10) 代入上式,则

$$\mathrm{d}q = -RT\frac{\mathrm{d}p}{p}$$

设腔室内初始压力为 p_s,初始温度为 T_s,上式积分后得

$$q = RT_s \ln(p_s/p)$$

因 $q > 0$,故等温放气是从外界吸热。

(4) 等温充气　此条件下,$\mathrm{d}T = 0$,$\mathrm{d}m_2 = 0$。式 (8-7) 变成 (设 $T = T_s$)

$$\mathrm{d}q = p\mathrm{d}v$$

将式 (8-10) 代入上式,则

$$\mathrm{d}q = -RT\frac{\mathrm{d}p}{p}$$

设腔室内初始压力为 p_0,上式积分后得

$$q = RT_s \ln(p_0/p)$$

因 $q < 0$,故等温充气是向外界散热。

3. 质量方程

dt 时间内，充入容器内的气体质量

$$dm_1 = q_{m1}dt \qquad (8\text{-}17)$$

式中　q_{m1}——dt 时间内通过进气回路流入的质量流量。

dt 时间内，从容器内放出的气体质量

$$dm_2 = -q_{m2}dt \qquad (8\text{-}18)$$

式中　q_{m2}——dt 时间内通过排气回路流出的质量流量。

质量流量 q_{m1} 和 q_{m2} 的大小与回路中的流动状态有关。当回路处于临界流动时，通过的质量流量应按式（6-11）计算。当回路处于亚声速流动时，通过质量流量应按式（6-8）计算。

4. 动力学方程

充放气时的能量方程中的 dV 与系统中运动件的动力学方程有关。以图8-1的气缸为例，运动活塞的动力学方程为

$$pA - F = M\frac{d^2x}{dt^2} \qquad (8\text{-}19)$$

式中　F——水平放置气缸的轴向外负载力、活塞左侧气压力和运动件所受的摩擦力之和；
　　　M——活塞等运动件的质量；
　　　x——活塞的位移。又

$$dV = Adx \qquad (8\text{-}20)$$

质量方程、能量方程、气体状态方程和动力学方程的联立，加上系统的起始条件，便能求解任意变容积容器的充放气特性。

8.2　固定容器的充放气特性

下面仅分析绝热充（放）气和等温充（放）气的特性。

1. 绝热放气

变容积的绝热放气过程是等熵过程，当然定容积的绝热放气过程也是等熵过程，即绝热放气过程中，容器内绝对压力与温度的关系服从式（8-12）。

设容积为 V 的容器内，初始压力为 p_{10}、初始温度为 T_{10}，通过流量特性参数为 S 值和 b 值的气动元件（或回路），向压力为 p_2 的外界放气，如图8-2所示。

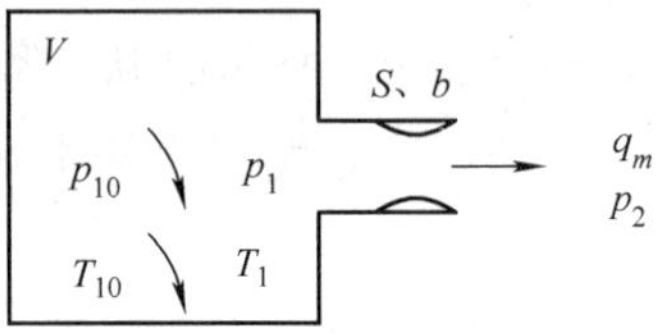

将容器内的初始状态参数 p_{10} 和 T_{10} 代入式（8-12），则绝热放气时容器内压力 p_1 和温度 T_1 的关系式是

$$\frac{p_{10}}{p_1} = \left(\frac{T_{10}}{T_1}\right)^{\frac{\kappa}{\kappa-1}} \qquad (8\text{-}21)$$

图8-2　定容积放气

将式（8-18），应用于图8-2的定容积绝热放气，则可写出

$$q_m = -\frac{dm_1}{dt} = -\frac{d}{dt}\left(\frac{p_1 V}{RT_1}\right) = -\frac{V d}{R dt}\left(\frac{p_1}{T_1}\right)$$

将式 (8-21) 代入上式，整理后得

$$q_m = \frac{V}{\kappa RT_1}\frac{dp_1}{dt} \tag{8-22}$$

当 $p_2/p_1 \leqslant b$ 时为声速放气，令式 (6-11) 与式 (8-22) 中的 q_m 相等，经积分运算后，当 p_{10} 降至 p_1 时所需的放气时间

$$t = 7.3016\frac{V}{S\sqrt{RT_{10}}}\left[\left(\frac{p_{10}}{p_1}\right)^{1/7} - 1\right] \tag{8-23}$$

$$S = 26.1\frac{V}{t}\sqrt{\frac{273}{T_a}}\left[\left(\frac{p_{10}}{p_{100}}\right)^{\frac{1}{5}} - 1\right] \tag{8-24}$$

式 (8-24) 是使用绝热声速排气法测定有效面积 S 的公式。式中的 p_{100} 是气罐放气完毕后，待气罐内压力稳定后的绝对压力，单位与 p_{10} 相同。

式中，p_{10} 和 p_{100} 以 MPa 计，T_a 以 K 计，V 以 dm³ 计，t 以 s 计，S 以 mm² 计。

当 $1 \geqslant p_2/p_1 > b$ 时为亚声速放气，令式 (6-10) 和式 (8-22) 中的 q_m 相等，经积分运算后，求得当 p_{10} 降至 p_1 时所需的放气时间

$$t = \frac{1.4603V(1-b)}{\kappa S\sqrt{RT_{10}}}\left(\frac{p_{10}}{p_2}\right)^{1/7}\int_{p_2/p_{10}}^{p_2/p_1}\frac{\left(\frac{p_2}{p_1}\right)^{-\frac{6}{7}}d\left(\frac{p_2}{p_1}\right)}{\sqrt{\left(1-\frac{p_2}{p_1}\right)\left(1-2b+\frac{p_2}{p_1}\right)}} \tag{8-25}$$

此式无解析解，只能进行数值积分。

由式 (8-23) 和式 (8-25) 画出的定容积绝热放气的特性曲线如图 8-3 所示。

2. 等温放气

放气过程中，若容器内为等温变化过程，则 $T_1 = T_{10}$。

将式 (8-18) 应用于图 8-2 的定容积等温放气，则可写出

$$q_m = -\frac{dm_1}{dt} = -\frac{d}{dt}\left(\frac{p_1 V}{RT_1}\right) = -\frac{V}{RT_{10}}\frac{dp_1}{dt} \tag{8-26}$$

当 $p_2/p_1 \leqslant b$ 时为声速放气，消去式 (6-11) 和式 (8-26) 中的 q_m，经积分运算，当 p_{10} 降至 p_1 时所需的放气时间

$$t = 1.4603\frac{V}{S\sqrt{RT_{10}}}\left(\ln\frac{p_2}{p_1} - \ln\frac{p_2}{p_{10}}\right) \tag{8-27}$$

当 $1 \geqslant p_2/p_1 > b$ 时为亚声速放气，消去式 (6-10) 和式 (8-26) 中的 q_m，经积分运算，当 p_{10} 降至 p_1 时所需的放气时间

当 $b = 0.528$ 时

$$t = 2.913\frac{V}{S\sqrt{RT_{10}}}\left[\sin^{-1}\left(1.1186 - 0.1186\frac{p_{10}}{p_2}\right) - \sin^{-1}\left(1.1186 - 0.1186\frac{p_1}{p_2}\right)\right] \tag{8-28}$$

当 $b = 0.5$ 时，

$$t = \frac{1.4603V}{S\sqrt{RT_{10}}}\left(\sqrt{\frac{p_{10}}{p_2} - 1} - \sqrt{\frac{p_1}{p_2} - 1}\right) \tag{8-29}$$

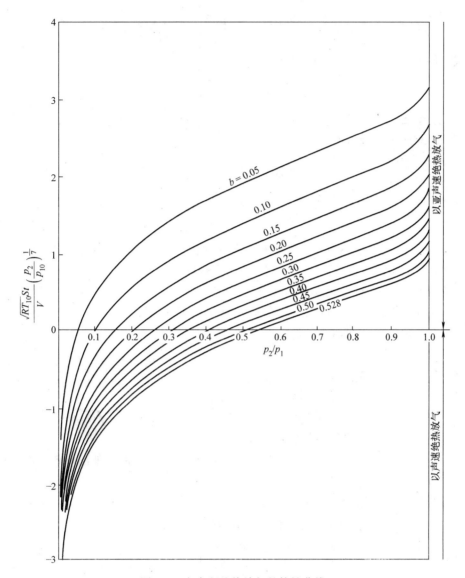

图 8-3 定容积绝热放气的特性曲线

当 $b < 0.5$ 时,

$$t = \frac{1.4603V(1-b)}{S\sqrt{1-2b}\sqrt{RT_{10}}}\left[\ln\left(\frac{\sqrt{\left(1-\frac{p_2}{p_{10}}\right)\left(1-2b+\frac{p_2}{p_{10}}\right)}+\sqrt{1-2b}}{p_2/p_{10}}+\frac{b}{\sqrt{1-2b}}\right)\right. \\ \left. -\ln\left(\frac{\sqrt{\left(1-\frac{p_2}{p_1}\right)\left(1-2b+\frac{p_2}{p_1}\right)}+\sqrt{1-2b}}{p_2/p_1}+\frac{b}{\sqrt{1-2b}}\right)\right] \tag{8-30}$$

由式(8-27)至式(8-30)画出的定容积等温放气的特性曲线如图 8-4 所示。

3. 绝热充气

压力为 p_1、温度为 T_1 的恒定气源,通过流量特性参数为 S 和 b 值的气动元件(或回

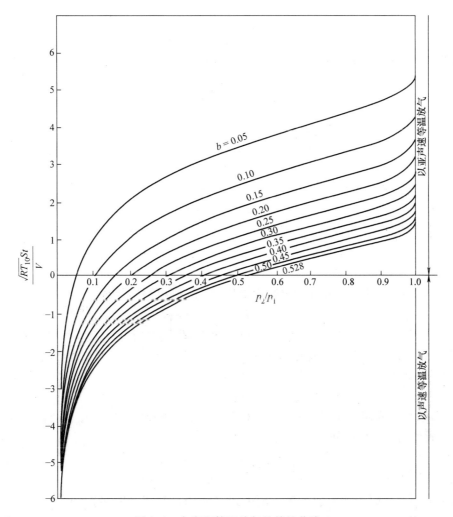

图 8-4 定容积等温放气的特性曲线

路），向始压为 p_{20}、始温为 T_{20}（设 $T_{20} = T_1$）、容积为 V 的容器内充气，如图 8-5 所示。

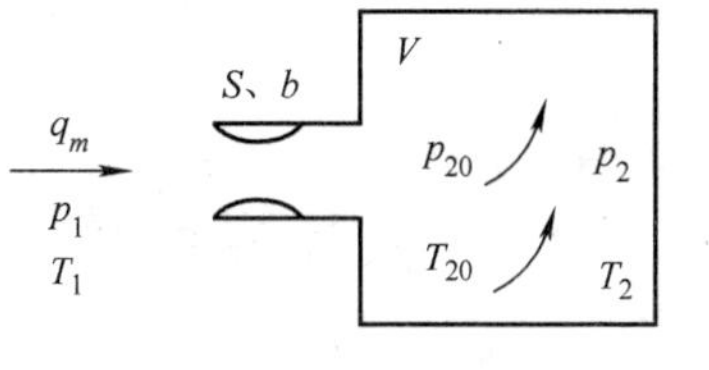

对图 8-5 所示定容积绝热充气，式（8-16）可简化成

$$\left(1 - \frac{1}{\kappa}\frac{T_2}{T_1}\right)\frac{\mathrm{d}p_2}{p_2} = \frac{\mathrm{d}T_2}{T_2}$$

图 8-5 定容积充气

积分后得

$$p_2 = \frac{CT_2}{1 - \dfrac{T_2}{\kappa T_1}}$$

将腔室内初始状态 $p_2 = p_{20}$，$T_2 = T_{20} = T_1$ 代入上式，可得积分常数 $C = \dfrac{\kappa - 1}{\kappa}\dfrac{p_{20}}{T_{20}}$，则上式变成

$$\frac{p_2}{p_{20}} = \frac{\kappa - 1}{(\kappa T_1/T_2) - 1} = \frac{\kappa - 1}{(\kappa T_{20}/T_2) - 1} \tag{8-31}$$

或
$$\frac{T_2}{T_{20}} = \frac{\kappa}{1 + (\kappa-1)p_{20}/p_2} \tag{8-32}$$

可见，与外界无热交换的定容积的充气过程是多变过程。设多变指数为 n，则可写出

$$\frac{p_2}{p_{20}} = \left(\frac{T_2}{T_{20}}\right)^{\frac{n}{n-1}} \tag{8-33}$$

由式 (8-32) 和式 (8-33)，可得

$$n = \frac{\ln\{[(\kappa-1)T_2/T_1]/(\kappa-T_2/T_1)\}}{\ln[(\kappa-1)/(\kappa-T_2/T_1)]}$$

由此式可见，充气开始时，因 $T_2 = T_1$，则 $n = \kappa$。当初始压力 p_{20} 很低，进口气源压力 p_1 足够高的条件下，在充气结束时，$p_2/p_{20} = p_1/p_{20} \to \infty$，由式 (8-31)，有 $T_2/T_1 \to \kappa$，则 $n \to 1$。说明无论容器内压力充至多高，容器内空气的平均温度不会超过气源温度的 κ 倍。充气过程中，多变指数 n 是从 κ 逐渐减小的，但仍大于 1。即由开始的等熵过程逐渐趋于等温过程。

将式 (8-17) 应用于图 8-5 的定容积绝热充气，则可写出

$$q_m = \frac{dm_2}{dt} = \frac{d}{dt}\left(\frac{p_2 V}{RT_2}\right)$$

将式 (8-32) 代入上式，消去 T_2 后得

$$q_m = \frac{V}{\kappa RT_1}\frac{dp_2}{dt} \tag{8-34}$$

当 $p_2/p_1 \leq b$ 时为声速充气，消去式 (6-11) 与式 (8-34) 中的 q_m，经积分运算后，当 p_{20} 充至 p_2 时所需的充气时间

$$t = 1.4603 \frac{V}{\kappa S \sqrt{RT_1}}\left(\frac{p_2}{p_1} - \frac{p_{20}}{p_1}\right) \tag{8-35}$$

当 $1 \geq p_2/p_1 > b$ 时为亚声速充气，消去式 (6-10) 和式 (8-34) 中的 q_m，经积分运算后，当 p_{20} 充至 p_2 时所需的充气时间

$$t = \frac{1.4603 V(1-b)}{\kappa S \sqrt{RT_1}}\left[\sin^{-1}\left(\frac{p_2/p_1 - b}{1-b}\right) - \sin^{-1}\left(\frac{p_{20}/p_1 - b}{1-b}\right)\right] \tag{8-36}$$

4. 等温充气

充气过程中，容器内的温度不变，即 $T_2 = T_{20} = T_1$。将式 (8-17) 应用于图 8-5 的定容积等温充气，则可写出

$$q_m = \frac{dm_2}{dt} = \frac{d}{dt}\left(\frac{p_2 V}{RT_2}\right) = \frac{V}{RT_1}\frac{dp_2}{dt} \tag{8-37}$$

式 (8-37) 与式 (8-34) 相比，仅分母上少一个常数 κ，故当 $p_2/p_1 \leq b$ 为声速充气时，由 p_{20} 充至 p_2 所需的充气时间

$$t = \frac{1.4603 V}{S \sqrt{RT_1}}\left(\frac{p_2}{p_1} - \frac{p_{20}}{p_1}\right) \tag{8-38}$$

当 $1 \geq p_2/p_1 > b$ 为亚声速充气时，由 p_{20} 充至 p_2 所需的充气时间

$$t = \frac{1.4603 V(1-b)}{S \sqrt{RT_1}}\left[\sin^{-1}\left(\frac{p_2/p_1 - b}{1-b}\right) - \sin^{-1}\left(\frac{p_{20}/p_1 - b}{1-b}\right)\right] \tag{8-39}$$

由式（8-35）、式（8-36）、式（8-38）和式（8-39）画出的定容积充气的特性曲线如图 8-6 所示。在相同条件下，等温充气时间比绝热充气时间长 κ 倍。

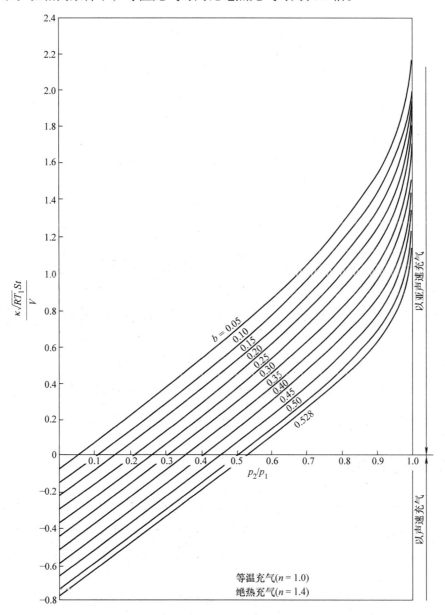

图 8-6 定容积充气的特性曲线

例 气源压力 $p_1 = 0.4\text{MPa}$、温度（即室温）$T_1 = 288\text{K}$，通过一个 $S = 78\text{mm}^2$、$b = 0.4$ 的二位二通电磁阀向容积 $V = 0.5\text{m}^3$ 的气罐内充气，罐内初始绝对压力 $p_{20} = 0.1\text{MPa}$，当罐内绝对压力充至 $p_2 = 0.265\text{MPa}$ 时，罐内温度 T_2 是多少？充气时间 t 是多少？充气完毕，待罐内温度降至室温 288K 时，罐内压力又是多少？

解 假定是绝热充气。罐内初始温度 T_{20} 为室温，故 $T_{20} = T_1$。式（8-32）可改写成

$$T_2 = \frac{\kappa T_1}{1+(\kappa-1)\dfrac{p_{20}}{p_2}} = \frac{1.4 \times 288}{1+(1.4-1)\dfrac{0.1}{0.265}} \text{K} = 350\text{K}$$

当罐内绝对压力充至 0.265MPa 时，罐内温度达 350K。

因 $p_{20}/p_1 = 0.1/(0.4+0.1) = 0.2 < b = 0.4$，又 $p_2/p_1 = 0.265/(0.4+0.1) = 0.53 > b = 0.4$，说明充气过程先是声速充气，充至绝对压力 $p_2 = bp_1 = (0.4 \times 0.5)$MPa $= 0.2$MPa 之后，变成亚声速充气，再充至绝对压力 $p_2 = 0.265$MPa。

声速充气段，由式（8-35）得充气时间

$$t_1 = \frac{1.4603V}{\kappa S \sqrt{RT_1}} \left(\frac{p_2}{p_1} - \frac{p_{20}}{p_1}\right) = \left[\frac{1.4603 \times 0.5}{1.4 \times 78 \times 10^{-6} \sqrt{287 \times 288}} \left(\frac{0.2}{0.5} - \frac{0.1}{0.5}\right)\right]\text{s} = 4.65\text{s}$$

亚声速充气段，由式（8-36）得充气时间

$$t_2 = \frac{1.4603V(1-b)}{\kappa S \sqrt{RT_1}} \left[\sin^{-1}\left(\frac{p_2/p_1 - b}{1-b}\right) - \sin^{-1}\left(\frac{p_{20}/p_1 - b}{1-b}\right)\right]$$

$$= \left\{\frac{1.4603 \times 0.5(1-0.4)}{1.4 \times 78 \times 10^{-6} \sqrt{287 \times 288}} \left[\sin^{-1}\left(\frac{0.265/0.5 - 0.4}{1-0.4}\right) - \sin^{-1}\left(\frac{0.2/0.5 - 0.4}{1-0.4}\right)\right]\right\}\text{s}$$

$$= 3.38\text{s}$$

充气时间 $t = t_1 + t_2 = (4.65 + 3.38)$s $= 8.03$s。充气时间很短，故假设为绝热充气是可以的。

充气完毕，罐内气体为等容变化过程。由式（1-22），可写成

$$p_2' = p_2 \frac{T_2'}{T_2} = \left(0.265 \times \frac{288}{350}\right)\text{MPa} = 0.218\text{MPa}$$

罐内温度降至室温时，绝对压力降至 0.218MPa。

8.3 充放气特性线

有一实例，容积 $V = 77.6$L 的等温容器，初始压力 $p_{10} = 7.012$bar（a），初始温度 $T_{10} = 290$K，通过被测阀（4V210-08）向外界大气 $p_a = 1.012$bar 放气。按 ISO 6358:1989 最佳测点（$q_m/q_m^* = 0.74 \pm 0.05$）法，测得 $S = 17.58$mm^2，$b = 0.447$，放气过程中，$p_1(t)$ 理论值与测试值的比较见表 8-1。因 $b = 0.447$，故声速排气最低压力 $p_1 = 1.012/b = 1.012/0.447 = 2.264$bar（a）。则 p_1 从 7.012bar（a）降至 2.264bar（a）为声速排气，按式（8-27）计算排气时间 t；从 2.264bar（a）降至 1.012bar（a）为亚声速排气，按式（8-30）计算排气时间 t。理论值与测试值的放气曲线如图 8-7 所示。从图 8-7 可以看出：

表 8-1 等温放气过程中 $p_1(t)$ 的理论值与测试值的比较

实测值	p_1/bar（a）	7.012	5.960	5.089	4.078	3.000	2.271	2.001	1.515	1.315	1.043
	t/s	0	3.59	7.23	12.43	19.71	26.49	29.59	36.87	46.75	51.43
计算值	p_1/bar（a）	7.012	6	5	4	3	2.264	2	1.5	1.012	
	t/s	0	3.476	7.540	12.52	18.93	25.21	27.91	34.64	50.81	

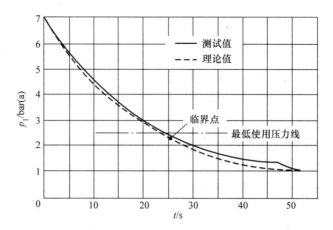

图 8-7 等温放气过程中 $p_1(t)$ 理论值与测试值的放气曲线

1) 总体讲,实测曲线与理论曲线还是相似的。
2) 受最低使用压力的影响还是比较明显的。
3) 由于临界点在最低使用压力线之下,由亚声速段的测试数据估算 b 值,会引起较大的测量误差,故等温容器放气法测出正确的 b 值估计较难。

第9章 定压法和变压法（ISO 6358:1989）

气动元件的流量特性是气动元件的最主要特性之一。不同的气动元件，由于其作用不同，表达其流量特性的方式不同，其测试方法也不同。像空气过滤器、油雾器等，空气在其内部以低速流动，故通常用不可压缩流态下的有效面积 A、C_V、K_V 或用流量—压降特性曲线表示。这类气动元件的流量特性的讨论在第 6 章已介绍。本章及以下几章是叙述可压缩流体流过气动元件的流量特性的测试方法。

1971 年，由英国巴斯工业大学的 F. E. Sanville 等人提出，气动元件的流量特性曲线近似于四分之一椭圆，用两个流量特性参数（声速流导 C 值和临界压力比 b 值）便可完整表达流量特性后，于 1979 年制定成国际标准草案 ISO/DIS 6358，这对气动元件流量特性的研究做出了重大贡献，大大推动了气动技术的发展。

从这一思想的提出至今已 50 年了，如何正确地测出 C、b 值却一直没有解决。40 多年来，虽世界各国的气动专家提出了许多测试方法，却没有达成共识。究竟这些测试方法存在哪些问题？究竟用什么测试方法才能正确测出 C、b 值？这就是以下 9 ~ 13 章论述的内容。

即便是可压缩气体流过气动元件，根据气动元件的类型不同，对其流量特性的分析方法和测试方法也不同。气动元件可分成两大类，一类称为局部损失型气动元件，如减压阀、速度控制阀、换向阀、管接头、消声器等；另一类称为沿程损失型气动元件，如长径比 $L/d > 100$ 的各种材质的管路。局部损失型气动元件又可分成流通面积是固定的和可变化的两种。流通面积在使用过程中是固定的，其流量特性曲线基本符合四分之一椭圆曲线的假设。但使用过程中，流通面积是变化的气动元件及沿程损失型的气动元件的流量特性曲线并不遵守四分之一椭圆曲线的假设，故使用过程中，流通面积是变化的局部损失型气动元件（如减压阀），将在第 16 章论述其特性测试方法。而沿程损失型气动元件的流量特性研究，将在第 17 章论述。

9.1 国际标准 ISO 6358:1989 的基本内容

图 9-1 所示为测试具有进出连接口的气动元件的流量特性，因进口压力 p_1 和进口温度

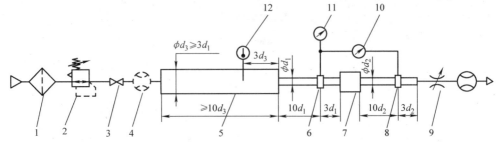

图 9-1 具有进出连接口的气动元件的测试回路（简称定压法）
1—空气过滤器 2—减压阀 3—截止阀 4—流量计 5—测温管 6—上游测压管 7—被测元件
8—下游测压管 9—流量控制阀 10—压差计 11—上游压力表 12—温度计

T_1 是保持一定值进行测试,故本书简称"定压法"。图 9-2 所示为测试直接向大气排放的气动元件的流量特性,因进口压力 p_1 是稳定在不同的值,故本书简称为"变压法"。

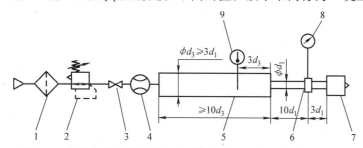

图 9-2 直接向大气排放的气动元件的测试回路(简称变压法)
1—空气过滤器 2—减压阀 3—截止阀 4—流量计 5—测温管 6—上游测压管 7—被测元件
8—上游压力表 9—温度计

压力测量管的内径 d 见表 9-1。
测量仪表的精度见表 9-2。

表 9-1 压力测量管的内径

连接螺纹	M5×0.8	G1/8	G1/4	G3/8	G1/2	G3/4	G1
d/mm	2	6	9	13	16	22	28

表 9-2 测量仪表精度

精度等级	A 级	B 级
温度/K	±1	±2
压力(%)	±1	±2
流量(%)	±2	±4

规定:流量控制阀的流通能力比被测元件的流通能力大。

壅塞流的定义:当上游压力 p_1 比下游压力 p_2 高至被测元件内某处达到声速时,气体的质量流量与上游压力成正比,与下游压力 p_2 无关。

临界压力比 b 值:流动变成壅塞流时的下上游压力比 p_2/p_1 称为 b 值。

声速流导 C 值:当 $T = T_a = 295.15\text{K}$,流动达壅塞时,通过被测元件的质量流量 q_m^* 被上游压力 p_1 和标准状态下的密度 $\rho_a (= 1.185\text{kg/m}^3)$ 除之,即为声速流导。

$$C = \frac{q_m^*}{\rho_a p_1}$$

测试元件范围:测试时,内部流道保持不变的气动元件,如换向阀、流量控制阀、快排阀、气动逻辑元件等。为了避免提供过大的气源,一般测至通径 20mm 及以下的气动元件。

测试方法(定压法):
1) 保持上游压力 p_1 在 4bar(g)及以上的压力不变。
2) 利用流量控制阀,降低下游压力 p_2,直至质量流量 q_m 不再增大的点,便进入壅塞流。测出该点的上游压力、温度、下游压力和质量流量,记为 p_1^*、T_1^*、p_2^* 和 q_m^*。
3) 逐渐关闭流量控制阀,分别记录 $q_m/q_m^* = 0.8$、0.6、0.4 和 0.2 时的 p_1、T_1、p_2 和 q_m。
4) 按式(9-1)计算出声速流导 C

$$C = \frac{q_m^*}{\rho_a p_1^*} \sqrt{\frac{T_1^*}{T_a}} \tag{9-1}$$

5) 按气动元件的流量特性近似于椭圆曲线的假设，则有

$$\frac{q_m}{q_m^*} = \sqrt{1 - \left(\frac{p_2/p_1 - b}{1 - b}\right)^2} \tag{9-2}$$

可导出式（9-3）

$$b = 1 - \frac{1 - p_2/p_1}{1 - \sqrt{1 - (q_m/q_m^*)^2}} \tag{9-3}$$

按式（9-3）依次计算 $q_m/q_m^* = 1.0、0.8、0.6、0.4$ 和 0.2 时的 b 值，计算出这 5 个 b 值的平均值，即为临界压力比 b 值。

测试方法（变压法）：

1) 测大气压力作为 p_2。设上游压力 p_1 比 p_2 高 0.1bar，记录 p_1、T_1 和 q_m。

2) 逐次设定上游压力 p_1 为 1.5、3、5bar 等，分别记录 p_1、T_1 和 q_m。

3) 按式（9-1）计算 C 值。按式（9-4），计算各测点 p_1、T_1 和 q_m 时的 b 值，取这些 b 值的平均值作为临界压力比 b 值。

$$b = 1 - \frac{1 - p_2/p_1}{1 - \sqrt{1 - \left(\frac{q_m}{C\rho_a p_1}\sqrt{\frac{T_1}{T_a}}\right)^2}} \tag{9-4}$$

流量特性曲线的表达：

定压法的流量特性曲线如图 9-3 所示。在进口压力 p_1 和进口温度 T_1 保持一定的条件下，画出 q_m 与 p_2/p_1 的关系曲线。横坐标 0 至 b 的范围为壅塞流，b 至 1 的范围为亚声速流。

变压法的流量特性曲线如图 9-4 所示。被测元件出口通大气，故 $p_2 = p_a$。调节减压阀 2，逐次设定上游压力 p_1 为 0.1、1.5、3.0 和 5bar（g），分别记录 p_1、T_1 和 q_m，画出 $q_m\sqrt{\frac{T_1}{T_a}}$ 与 p_1 的关系曲线。从原点对测点连线做切线，切点即为临界点，临界点的 $p_1 = p_2/b$。该图上 p_2 至 p_2/b 范围为亚声速流，p_2/b 至 p_1 范围为壅塞流。

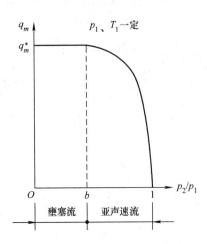

图 9-3 定压法的流量特性曲线

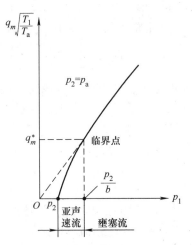

图 9-4 变压法的流量特性曲线

9.2 定压法两个流量特性参数（C、b 值）测量误差预估

为了研究测量仪表精度对两个流量特性参数的测量误差的影响，除 ISO 6358:1989 规定的 A 级和 B 级测量仪表精度外，还增设了 A^+ 级和特级。A^+ 级是第 11 章 ISO 6358-1:2013 规定的等级；特级是作者添加的，以便于研究提高仪表精度对 C、b 值的影响程度，见表 9-3。表中的 dC/C 见式（9-5），E 和 F 见式（9-8）和式（9-9）。

表 9-3　测量仪表精度等级

仪表等级	标准	仪表测量精度			dC/C	E	F
		压力	流量	温度	按式（9-5）计算		
B 级	ISO 6358:1989	±2%	±4%	±2K	±0.0449	$400E$	$4F$
A 级	ISO 6358:1989	±1%	±2%	±1K	±0.0224	$100E$	$1F$
A^+ 级	ISO 6358-1:2013	±0.5%	±2%	±1K	±0.0209	$25E$	$1F$
特级	国家气动产品监督检验（奉化）中心设备	±0.1%	±1%	±1K	±0.0106	$1E$	$0.25F$

9.2.1　声速流导 C 值的测量误差预估

由式（9-1），可得 dC/C 的均方根误差公式

$$\frac{dC}{C} = \sqrt{\left(\frac{\partial C}{\partial q_m^*}\frac{dq_m^*}{C}\right)^2 + \left(\frac{\partial C}{\partial p_1^*}\frac{dp_1^*}{C}\right)^2 + \left(\frac{\partial C}{\partial T_1^*}\frac{dT_1^*}{C}\right)^2}$$

$$= \sqrt{\left(\frac{1}{\rho_a p_1}\sqrt{\frac{T_1}{T_0}}\frac{dq_m^*}{C}\right)^2 + \left(-\frac{q_m^*}{\rho_a p_1^2}\sqrt{\frac{T_1}{T_0}}\frac{dp_1}{C}\right)^2 + \left(\frac{q_m^*}{\rho_a p_1}\frac{1}{2}\left(\frac{T_1}{T_0}\right)^{-\frac{1}{2}}\frac{1}{T_0}\frac{dT_1}{C}\right)^2} \quad (9\text{-}5)$$

$$= \sqrt{\left(\frac{dq_m^*}{q_m^*}\right)^2 + \left(\frac{dp_1}{p_1}\right)^2 + \frac{1}{4}\left(\frac{dT_1}{T_1}\right)^2}$$

根据表 9-3 的测量仪表精度，利用式（9-5）计算出的声速流导 C 值的测量误差 dC/C 列于表 9-3 中。例如，对 A 级仪表等级，$dq_m^*/q_m^* = 0.02$，$dp_1/p_1 = 0.01$，$dT_1/T_1 = 1/288$，得 $dC/C = \pm 2.24\%$；B 级仪表等级，$dC/C = \pm 4.49\%$。

从 dC/C 可以看出：

1）对测量 C 值而言，仪表等级从特级到 B 级的 C 值测量误差都小于 ±5%，是可信的。

2）影响 C 值测量误差最大的是流量仪表，占 78.1%～88.5%；影响 C 值测量误差最小的是温度仪表，只占 2.4%～10.7%。可见，提高 C 值测量误差的关键是提高流量仪表的测量精度。可惜，气动元件的连接口径从 M5 至 2″，流量测量范围太大，需要多个流量计的组合，且测量仪表精度高于 2% 的测量仪表价格高。

9.2.2　临界压力比 b 值的测量误差预估

设 $q_m/q_m^* = x$，则式（9-3）可改写成

$$b = 1 - \frac{1 - p_2/p_1}{1 - \sqrt{1 - x^2}}$$

$$db = \sqrt{\left(\frac{\partial b}{\partial p_1}dp_1\right)^2 + \left(\frac{\partial b}{\partial p_2}dp_2\right)^2 + \left(\frac{\partial b}{\partial q_m}dq_m\right)^2 + \left(\frac{\partial b}{\partial q_m^*}dq_m^*\right)^2}$$

$$= \sqrt{\left(\frac{p_2/p_1^2}{1-\sqrt{1-x^2}}dp_1\right)^2 + \left(\frac{1/p_1}{1-\sqrt{1-x^2}}dp_2\right)^2 + \left(\frac{\left(1-\frac{p_2}{p_1}\right)\left[-\frac{1}{2}(1-x^2)^{-\frac{1}{2}}\right]\frac{-2x}{q_m^*}}{(1-\sqrt{1-x^2})^2}dq_m\right)^2 + \left(\frac{\left(1-\frac{p_2}{p_1}\right)\left[-\frac{1}{2}(1-x^2)^{-\frac{1}{2}}\right]\frac{2xq_m}{q_m^{*2}}}{(1-\sqrt{1-x^2})^2}dq_m^*\right)^2}$$

$$= \sqrt{\left(\frac{p_2/p_1}{1-\sqrt{1-x^2}}\right)^2\left[\left(\frac{dp_1}{p_1}\right)^2 + \left(\frac{dp_2}{p_2}\right)^2\right] + \left[\frac{(1-p_2/p_1)x^2}{(1-\sqrt{1-x^2})^2\sqrt{1-x^2}}\right]^2\left[\left(\frac{dq_m}{q_m}\right)^2 + \left(\frac{dq_m^*}{q_m^*}\right)^2\right]}$$

$$= \sqrt{\left[\frac{(1-b)p_2/p_1}{1-p_2/p_1}\right]^2\left[\left(\frac{dp_1}{p_1}\right)^2 + \left(\frac{dp_2}{p_2}\right)^2\right] + \left[\frac{(1-b)(1-\sqrt{1-x^2})x^2}{(1-\sqrt{1-x^2})^2\sqrt{1-x^2}}\right]^2\left[\left(\frac{dq_m}{q_m}\right)^2 + \left(\frac{dq_m^*}{q_m^*}\right)^2\right]}$$

$$= \sqrt{\left(\frac{1-b}{p_1/p_2-1}\right)^2\left[\left(\frac{dp_1}{p_1}\right)^2 + \left(\frac{dp_2}{p_2}\right)^2\right] + \left[\frac{(1-b)(1+\sqrt{1-x^2})x^2}{(1-\sqrt{1-x^2})(1+\sqrt{1-x^2})\sqrt{1-x^2}}\right]^2\left[\left(\frac{dq_m}{q_m}\right)^2 + \left(\frac{dq_m^*}{q_m^*}\right)^2\right]}$$

$$= \sqrt{\left(\frac{1-b}{p_1/p_2-1}\right)^2\left[\left(\frac{dp_1}{p_1}\right)^2 + \left(\frac{dp_2}{p_2}\right)^2\right] + \left[(1-b)\left(1+\frac{1}{\sqrt{1-x^2}}\right)\right]^2\left[\left(\frac{dq_m}{q_m}\right)^2 + \left(\frac{dq_m^*}{q_m^*}\right)^2\right]}$$

$$\therefore \frac{db}{b} = \frac{1-b}{b}\sqrt{\frac{1}{(p_1/p_2-1)^2}\left[\left(\frac{dp_1}{p_1}\right)^2 + \left(\frac{dp_2}{p_2}\right)^2\right] + \left[1+\frac{1}{\sqrt{1-(q_m/q_m^*)^2}}\right]^2\left[\left(\frac{dq_m}{q_m}\right)^2 + \left(\frac{dq_m^*}{q_m^*}\right)^2\right]}$$

相同压力表测量 p_1 和 p_2，其测量仪表精度相同，即 $dp_1 = dp_2$。同一流量计测量 q_m 及 q_m^*，其测量仪表精度相同，即 $dq_m = dq_m^*$。故上式变成

$$\frac{db}{b} = \frac{1-b}{b}\sqrt{\frac{1+\left(\frac{p_1}{p_2}\right)^2}{\left(\frac{p_1}{p_2}-1\right)^2}\left(\frac{dp_1}{p_1}\right)^2 + \left[1+\frac{1}{\sqrt{1-\left(\frac{q_m}{q_m^*}\right)^2}}\right]^2\left[1+\left(\frac{q_m^*}{q_m}\right)^2\right]\left(\frac{dq_m^*}{q_m^*}\right)^2} \tag{9-6}$$

此式中的 dp_1/p_1 及 dq_m^*/q_m^* 使用了仪表精度，但实际的 p_1 和 q_m^* 都未达仪表的最大量程，故求出的 db/b 比实际值小。但因是均方根误差，都取正误差，究竟求出的 db/b 比实际值是大是小，难以确定。故最终 db/b 的取值，还要靠实际数值加以验证。

计算时，p_2/p_1 由式（9-3）可导出

$$\frac{p_2}{p_1} = b + (1-b)\sqrt{1-\left(\frac{q_m}{q_m^*}\right)^2} \tag{9-7}$$

为了计算方便，设 $\left(\frac{dp_1}{p_1}\right)^2\left[1+\left(\frac{p_1}{p_2}\right)^2\right] = \bar{p}$，$\left(\frac{dq_m^*}{q_m^*}\right)^2\left[1+\left(\frac{q_m^*}{q_m}\right)^2\right] = \bar{q}$

令

$$\frac{\bar{p}}{\left[\left(\frac{p_1}{p_2}\right)-1\right]^2} = E \tag{9-8}$$

$$\left[1+\frac{1}{\sqrt{1-\left(\frac{q_m}{q_m^*}\right)^2}}\right]^2 \bar{q} = F \tag{9-9}$$

则
$$\frac{db}{b} = \frac{1-b}{b}\sqrt{E+F} \tag{9-10}$$

由式（9-6）可见，当 $q_m/q_m^* \to 1$，$p_1/p_2 \to 1$ ［由式（9-2）可知，即 $q_m/q_m^* \to 0$］和 $b \to 0$ 时，$db/b \to \infty$。表明上述三种情况下，b 值的测量精度误差趋于无穷大。

为了在不同 q_m/q_m^* 测点下求出 b 值的测量精度误差 db/b 进行比较，根据表9-3测量仪表精度等级，表9-4列出了 b 值不同时，$q_m/q_m^* = 0.99$、0.90、0.80、0.74、0.70、0.60、0.50、0.40、0.30、0.20 和 0.10 条件下的 db/b。

从表9-4发现，从左至右的流量是从 q_m^* 降至 $10\% q_m^*$，压力 p_1 是从较高压力降至最低压力。计算出的 $\bar{p}$ 是逐渐减小，$\bar{q}$ 是逐渐增大。E 是快速增大，F 是两头大中间小。最终估算出的 db/b 也是两头大、中间小。不同 b 值下，$db/b = 0.74$ 左右时，db/b 最小。表明，$db/b = 0.74$ 是最佳测点，这是理论估算得出的结论，被实验结果证实是正确的。

表9-4　定压法不同仪表测量精度下的 db/b

b		0.1										
q_m/q_m^*		0.99	0.90	0.80	0.74	0.70	0.60	0.50	0.40	0.30	0.20	0.10
p_2/p_1		0.2270	0.4923	0.6400	0.7053	0.7427	0.8200	0.8794	0.9250	0.9585	0.9818	0.9955
$\bar{p}/10^{-6}$		20.41	5.1261	3.4414	3.0103	2.8129	2.4872	2.2930	2.1688	2.0880	2.0374	2.0090
$\bar{q}/10^{-6}$		808	894	1025	1130	1216	1511	2000	2900	4844	10400	40400
$E/10^{-6}$		1.76	5.452	10.817	17.241	23.44	51.60	122	330	1114	5940	97810
F		0.05287	0.0097	0.00729	0.0070	0.00701	0.00765	0.00929	0.01268	0.02032	0.04246	0.1624
$\frac{db}{b}$	特级	1.035	0.444	0.385	0.378	0.379	0.399	0.445	0.532	0.7083	1.158	3.348
	A$^+$级	2.070	0.893	0.783	0.775	0.784	0.851	1.000	1.302	1.975	3.933	14.58
	A级	2.073	0.911	0.823	0.840	0.870	1.019	1.319	1.923	3.266	7.174	28.38
	B级	4.146	1.822	1.646	1.68	1.74	2.038	2.638	3.846	6.532	14.35	56.76
b		0.2										
q_m/q_m^*		0.99	0.90	0.80	0.74	0.70	0.60	0.50	0.40	0.30	0.20	0.10
p_2/p_1		0.3129	0.5487	0.6800	0.7381	0.7713	0.8400	0.8928	0.9332	0.9631	0.9838	0.9960
$\bar{p}/10^{-6}$		11.214	4.3215	3.1622	2.8356	2.6810	2.4173	2.2546	2.1483	2.0781	2.0332	2.0080
$\bar{q}/10^{-6}$		808	894	1025	1130	1216	1511	2000	2900	4844	10400	40400
$E/10^{-6}$		2.326	6.388	14.28	22.52	30.49	66.61	175	419	1116	7503	124700
F		0.05287	0.0097	0.007289	0.00699	0.00701	0.00765	0.00929	0.01268	0.02032	0.04246	0.1624
$\frac{db}{b}$	特级	0.460	0.197	0.171	0.168	0.169	0.178	0.200	0.240	0.315	0.538	1.626
	A$^+$级	0.920	0.397	0.350	0.336	0.353	0.386	0.467	0.609	0.878	1.918	7.240
	A级	0.922	0.407	0.373	0.390	0.401	0.478	0.655	0.935	1.453	3.561	14.22
	B级	1.844	0.814	0.746	0.780	0.802	0.956	1.31	1.87	2.906	7.12	28.44
b		0.3										
q_m/q_m^*		0.99	0.90	0.80	0.74	0.70	0.60	0.50	0.40	0.30	0.20	0.10
p_2/p_1		0.3988	0.6051	0.7200	0.7708	0.7999	0.8600	0.9062	0.9415	0.9677	0.9859	0.9965
$\bar{p}/10^{-6}$		7.288	3.731	2.929	2.683	2.563	2.352	2.218	2.128	2.068	2.029	2.007
$\bar{q}/10^{-6}$		808	894	1025	1130	1216	1511	2000	2900	4844	10400	40400
$E/10^{-6}$		3.207	8.761	19.37	30.34	40.95	88.76	207	551	1856	9921	163200
F		0.05287	0.0097	0.007289	0.00699	0.00701	0.00765	0.00929	0.01268	0.02032	0.04226	0.1624

(续)

	b	0.3										
$\dfrac{db}{b}$	特级	0.268	0.115	0.100	0.098	0.099	0.104	0.117	0.142	0.194	0.334	1.053
	A$^+$级	0.537	0.232	0.206	0.205	0.209	0.232	0.281	0.380	0.603	1.258	4.806
	A级	0.538	0.240	0.224	0.233	0.246	0.300	0.404	0.608	1.059	2.373	9.473
	B级	1.076	0.480	0.448	0.466	0.492	0.600	0.808	1.216	2.118	4.746	18.94
	b	0.4										
	q_m/q_m^*	0.99	0.90	0.80	0.74	0.70	0.60	0.50	0.40	0.30	0.20	0.10
	p_2/p_1	0.4846	0.6615	0.7600	0.8036	0.8285	0.8800	0.9196	0.9499	0.9723	0.9879	0.9970
	$\bar{p}/10^{-6}$	5.2583	3.2853	2.7313	2.5487	2.4569	2.2914	2.1830	2.1082	2.0578	2.0246	2.0060
	$\bar{q}/10^{-6}$	808	894	1025	1130	1216	1511	2000	2900	4844	10400	40400
	$E/10^{-6}$	4.649	12.544	27.39	42.667	57.34	123.2	286	758	2534	13500	222900
	F	0.05287	0.0097	0.007289	0.00699	0.00701	0.00765	0.009285	0.01268	0.02032	0.04246	0.1624
$\dfrac{db}{b}$	特级	0.172	0.074	0.065	0.064	0.064	0.068	0.077	0.083	0.131	0.233	0.770
	A$^+$级	0.345	0.150	0.134	0.135	0.138	0.155	0.192	0.267	0.434	0.925	3.592
	A级	0.346	0.157	0.150	0.159	0.169	0.212	0.292	0.446	0.785	1.77	7.11
	B级	0.693	0.314	0.300	0.318	0.338	0.424	0.584	0.892	1.57	3.54	14.22
	b	0.5										
	q_m/q_m^*	0.99	0.90	0.80	0.74	0.70	0.60	0.50	0.40	0.30	0.20	0.10
	p_2/p_1	0.5705	0.7180	0.8000	0.8363	0.8571	0.9000	0.9330	0.9582	0.9770	0.9899	0.9975
	$\bar{p}/10^{-6}$	4.0725	2.940	2.5625	2.4298	2.3610	2.2346	2.1490	2.0891	2.0476	2.0205	2.0050
	$\bar{q}/10^{-6}$	808	894	1025	1130	1216	1511	2000	2900	4844	10400	40400
	$E/10^{-6}$	7.1853	19.05	41.00	63.43	84.90	181.1	416	1098	3696	19430	323400
	F	0.05287	0.0097	0.007289	0.00699	0.00701	0.00765	0.009285	0.01268	0.02032	0.04226	0.1624
$\dfrac{db}{b}$	特级	0.115	0.049	0.043	0.043	0.043	0.046	0.052	0.065	0.094	0.173	0.603
	A$^+$级	0.230	0.101	0.091	0.093	0.096	0.110	0.140	0.200	0.336	0.727	2.87
	A级	0.231	0.108	0.107	0.115	0.124	0.160	0.226	0.350	0.624	1.41	5.70
	B级	0.463	0.213	0.214	0.230	0.248	0.320	0.452	0.700	1.248	2.82	11.4

9.2.3 b 值测量误差的分析及"最佳测点"的发现

判断测量流量特性方法的优劣，关键是看哪个方法测出 b 值的可信性高。下面从 b 值的测量精度来分析定压法的可信度。

根据表9-4预估的 b 值测量误差，可以画出仪表测量精度为B级、A级和A$^+$级情况下，db/b 与 q_m/q_m^* 在不同 b 值条件下的关系曲线如图9-5～图9-8所示。

1) 通常，选用 A$^+$ 级仪表测量精度即可。

为了探求仪表测量精度对 b 值测量误差的影响，表9-3中，增设了 A$^+$ 级和特级仪表测量精度。从表9-4中 db/b 的计算结果看，特级比 A$^+$ 级的 db/b 小得多。按理，应选择特级仪表精度测量 b 值。但由于特级流量仪表价格较贵，如果对 b 值的测量精度无过高要求的话，选择 A$^+$ 级精度的仪表即可。从表9-4的 db/b 明显看出，按 ISO 6358:1989 规定选用 A

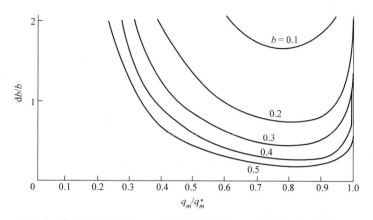

图 9-5　定压法 db/b 与 q_m/q_m^* 的关系曲线（B 级仪表测量精度）

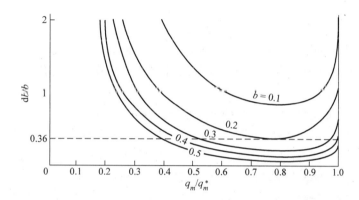

图 9-6　定压法 db/b 与 q_m/q_m^* 的关系曲线（A 级仪表测量精度）

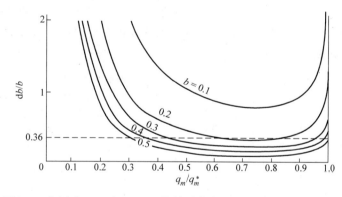

图 9-7　定压法 db/b 与 q_m/q_m^* 的关系曲线（A^+ 级仪表测量精度）

级和 B 级精度等级的仪表，测出 b 值的误差大，不宜使用。

2) $db/b \geqslant 1$，是不会存在的物理现象。

$db/b=1$，表示测出 b 值的误差与 b 值相等。如 $b=0.1$，测出 b 值的范围是 0.1 ± 0.1。即 b 值在 $0 \sim 0.2$ 之间。$b=0$，表示不论气动元件进口压力 p_1 多高，气动元件内都达不到声速，这是不可能的事。$db/b>1$，则意味着 b 值可以是负值，这更是不会存在的物理现象。出现这种问题的原因，就是测量仪表精度差引起的。这表明，任何实验，如果选用的测量仪表精度差，会出现这样不合理的测试结果。

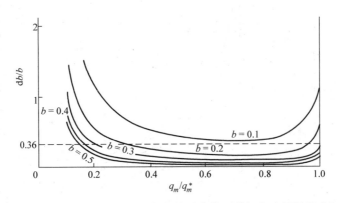

图 9-8 定压法 db/b 与 q_m/q_m^* 的关系曲线（特级仪表测量精度）

3) 影响 b 值测量精度的最大因素是 b 值的大小。

前面分析过，$b \to 0$，$db/b \to \infty$。表明，b 值越小，db/b 越大。即 b 值太小，是测不出正确 b 值的。好在目前尚未发现 $b<0.1$ 的气动元件。当气动元件的 $b<0.1$ 时，其临界流态下，80% 以上的能量都损耗掉了，无实际应用价值。由此看来，没有必要研究 $b<0.1$ 情况下 b 值的测量误差。

4) 五点测量法是 ISO 6358 的一种不合理的测量方法。

ISO 6358:1989 的测试方法规定，测 $q_m/q_m^* = 1.0$、0.8、0.6、0.4 和 0.2 五点，求出 5 个 b 值取其平均值作为临界压力比 b 值。其本意是好的，五点 b 值平均总比测一点 b 值更可信。但由于这五点的流量范围差 5 倍，压力范围差 50 倍（当 $q_m/q_m^* = 0.2$ 时，p_2/p_1 大约是 0.98），理论上，这就导致实际流量测量仪表精度变差 5 倍，实际压力测量仪表精度变差 50 倍。表 9-5 列出了用五点测量法得出的在不同仪表测量精度等级下的 db/b。可见，B 级仪表，不论 b 值多少，db/b 都在 0.9 以上，根本测不出正确的 b 值。只要 $db/b > 1$，测出 b 值就可能出现负值。A 级仪表也几乎不能测出正确的 b 值，因 $db/b > 0.452$，即 b 值在 0.5 ± 0.226 之间，即在 0.274 ~ 0.726。

表 9-5　五点测量法在不同仪表测量精度等级下的 db/b

仪表测量精度等级		b 值				
		0.1	0.2	0.3	0.4	0.5
$\dfrac{db}{b}$	B 级	5.205	2.507	1.624	1.170	0.903
	A 级	2.602	1.254	0.809	0.585	0.452
	A^+ 级	1.788	0.837	0.523	0.365	0.272
	特级	0.702	0.317	0.190	0.124	0.088

5) 多测点确定 b 值是不科学的。

有人总认为，测点多了，就能测得正确的 b 值。故 ISO 6358 - 1:2013 测试程序中就提出，"在亚声速区域内采集至少 5 个近似等间隔的数据点" 表 9-6 列出了 A^+ 级仪表测量精度下，使用不同测点间隔时的 db/b 值。可见，测点间隔为 10%，取 10 个测点，绝对是不可取的。因为它含有 $q_m/q_m^* = 0.1$ 在内。同样是测 5 点，随着测点间隔越大，db/b 越大，即测出 b 值的误差越大。这很好理解，间隔越大，含 q_m/q_m^* 的测点越小。虽然测点间隔改为

10%比ISO 6358:1989的测点间隔20%，测出 b 值的可信性有所提高，但与只测最佳测点确定 b 值相比，还是不可取的。

表9-6 A^+ 级仪表测量精度下，使用不同测点间隔时的 db/b

	测点间隔	测点数	测点 q_m/q_m^*	b				
				0.1	0.2	0.3	0.4	0.5
$\dfrac{db}{b}$	10%	5	0.9、0.8、0.7、0.6、0.5	0.862	0.391	0.232	0.154	0.108
		10	0.99、0.9、0.8、0.7、0.6、0.5、0.4、0.3、0.2、0.1	2.817	1.352	0.874	0.633	0.490
	15%	5	0.85、0.7、0.55、0.4、0.25	1.361	0.732	0.399	0.280	0.210
	20%	5	0.99、0.8、0.6、0.4、0.2	1.788	0.837	0.523	0.365	0.272

6）"最佳测点"是重大发现。

从表9-4和图9-5～图9-8中发现，当 $q_m/q_m^* = 0.74 \pm 0.05$ 时，db/b 值最小，称此为"最佳测点"。最佳测点是指各个测量仪表的精度达到最佳组合，使被测量达到最好的测量精度的测点。

从表9-4可以看出，随仪表测量精度等级的降低和 b 值的增大，最佳测点的 q_m/q_m^* 略有增大。

表9-7给出了ISO 6358:1989的最佳测点法与五点测量法理论估算 db/b 值的比较。最佳测点法测 b 值，不仅测试时的耗气量节省40%以上，而且 b 值测出值的可信性提高了1～2倍。

表9-7 最佳测点与五点法的理论估值 db/b 的比较

	测点	仪表精度等级	b				
			0.1	0.2	0.3	0.4	0.5
$\dfrac{db}{b}$	最佳测点 $q_m/q_m^* = 0.74$	A^+ 级	0.775	0.336	0.205	0.134	0.093
		特级	0.378	0.168	0.098	0.064	0.043
	五点法（$q_m/q_m^* = 0.99$、0.8、0.6、0.4、0.2）	A^+ 级	1.788	0.837	0.523	0.365	0.272
		特级	0.702	0.317	0.190	0.124	0.088

最佳测点的概念是从气动元件流量特性预估 b 值的测量误差时发现的，但这一概念完全适用于各行各业的实验研究，对各种测试工作有重要推动作用。

7）如何确定 db/b 是多大时，测出 b 值是可信的。

影响 b 值测量精度的因素有 p_1、p_2、q_m^* 和 q_m。用压力及流量仪表测量这些量时，会存在正误差和负误差。均方根误差方法是将正负误差都取平方则都成了正误差，故求出 b 值的理论误差 db/b 一定比实际误差大。即按仪表的测量精度计算出的 b 值的均方根误差 db/b 一定比实际 b 值的误差大。

前面已经说明，均方根误差 $db/b \geq 1$，求出 b 值会为0或为负值，这是不可能存在的情况。那么，究竟理论预估的 db/b 是多大，其 b 值是可信的呢？

从图9-7可以看出，当 $b > 0.3$ 时，在 $0.4 < q_m/q_m^* < 0.95$ 的范围内，db/b 值变化不大，故设定 $db/b \leq 0.36$ 时，认为测出 b 值是可信的。

对 A^+ 级和特级测量精度的仪表来说，能正确测出 b 值的 q_m/q_m^* 的适合范围见表9-8。

表 9-8 能正确测出 b 值的 q_m/q_m^* 的范围

仪表等级	b	q_m/q_m^* 的适合范围
A$^+$级	0.2	0.65 ~ 0.86
	0.3	0.42 ~ 0.96
	0.4	0.35 ~ 0.99
	0.5	0.30 ~ 0.99
特级	0.2	0.30 ~ 0.97
	0.3	0.20 ~ 0.99
	0.4	0.16 ~ 0.99
	0.5	0.15 ~ 0.99

按 $db/b \leq 0.36$，测出的 b 值是可信的设定，从表 9-4 可以看出，A$^+$级代表可测 $b > 0.195$ 的气动元件的 b 值。特级仪表估计可测 $b > 0.12$ 的气动元件的 b 值。

我们测量了大量各种品种和规格的气动元件，按表 9-8 的要求，测出 b 值尚未出现异常。其中最小的 $b = 0.17$。对有些气动元件，还用串接声速排气法测出 b 值，二者相符。

9.3 临界压力比 b 值的由来及其作用

1. 临界压力比的演变

临界压力比本意只表示马赫数 $M = 1$ 处流体的静压 p_* 与总压 p_{0*} 之比，即 $b = p_*/p_{0*}$。没有任何表达流动损失的含义。现在在气动行业广泛使用的临界压力比 b 值已变成代表流动时压力损失的特性参数了。

（1）理论临界压力比 $b_{理}$　按等熵流动（即理想气体的绝热流动）设计的拉瓦尔喷管中，存在一个最小截面 A_*。保持进口压力 p_{01} 不变，当该喷管出口静压力 p_2 降至某值时，在最小截面处的马赫数 $M_* = 1$，此截面称为临界截面。此临界截面上的静压力 p_* 与总压力 p_{0*} 之比，就称为临界压力比。此临界压力比称为理论临界压力比 $b_{理}$，记为

$$b_{理} = p_*/p_{0*} \tag{9-11}$$

对空气而言，$b_{理} = 0.5283$。理想气体流过拉瓦尔喷管是不存在压力损失的。故该喷管进口处的总压 p_{01} 与最小截面处的总压力 p_{0*} 是相等的，故 $b_{理}$ 也可写成

$$b_{理} = p_*/p_{01}$$

（2）实际临界压力比 $b_{实}$　气动元件内部流道很复杂，但从宏观看，内部流道总存在一个最小流通截面，气动元件从进口截面收缩至最小流通截面，又从最小流通截面扩张至出口截面，也是一个先收缩后扩张的喷管。空气在其中流动时，会产生许多分离旋涡。当两端压差足够大时，内部还会存在冲波扰动。这些都会造成很大的压力损失。

保持进口总压力 p_{01} 和总温度 T_{01} 不变，当出口压力降至某值时，在流道内某流道截面上的流速也可达到声速。此截面上的静压 p_* 与总压 p_{0*} 之比，仍为 0.5283。但 p_*/p_{01} 一定小于 0.5283。原因在于从进口截面至临界截面（即 $M = 1$ 的截面）存在较大的压力损失，代表机械能损失的总压从 p_{01} 降至 p_{0*}。把 p_* 与 p_{01} 之比称为实际临界压力比，即

$$b_{实} = \frac{p_*}{p_{01}} \tag{9-12}$$

显然，$b_实 < b_理$。$b_实$ 表示临界截面上的静压力 p_* 与气动元件进口截面上的总压力 p_{01} 之比，故 $b_实$ 已反映了气动元件从进口至临界截面之间的能量损失。

由于气动元件临界截面 A_* 具体位置在何处无法确定，该截面上的静压 p_* 更无法测量，所以，实际临界压力比无法测量得到。

b 值反映了能量损失的大小，但 b 值不等于能量损失。1 至 2 截面之间的流动造成的机械能的损失，应以总压比 $\sigma = p_{02}/p_{01}$ 来度量。比如，$\sigma = 0.8$，表示 1 至 2 截面之间机械能损失了 20%。$b = 0.3$ 与 $b = 0.5$ 相比，显然，$b = 0.3$ 比 $b = 0.5$ 的能量损失大得多，但究竟两个 b 值下的能量损失是多少，应计算出两个 b 值下的 σ 值才能明确回答。

（3）实测临界压力比　由于测量方法不同，实测的临界压力比是不同的。

1）定压法的临界压力比 $b_定$。ISO 6358:1989 的定压法，是保持上游测压管内的静压 p_1 不变，调节下游流量控制阀的开度，改变通过被测元件的流量的方法。当被测元件内刚达到临界流态时，下游及上游测压管内的静压之比 p_2/p_1 称为临界压力比。此处将其记为 $b_定$，是用定压法实测的临界压力比。

$$b_定 = \left(\frac{p_2}{p_1}\right)_* \tag{9-13}$$

显然，$b_定$ 与 $b_实$ 含义不同，也不相等。$b_定$ 可以测出，$b_实$ 无法测出。$b_定$ 是反映了上下游两测点之间流道的能量损失，当然主要是被测元件的能量损失。

2）变压法的临界压力比 $b_变$。ISO 6358:1989 的变压法，是指被测元件的出口直接通大气，改变上游测压管内的静压 p_1 来改变通过被测元件内的流量。当被测元件内刚达到临界流态时，出口压力（大气压力）与上游测压管内的静压力 p_1 之比称为临界压力比。此处将其记为 $b_变$，是用变压法实测的临界压力比。

$$b_变 = \left(\frac{p_a}{p_1}\right)_* \tag{9-14}$$

$b_变$ 与 $b_定$ 是有区别的，通常不会相等。原因之一是刚达临界流态时，定压法与变压法的上游测压管内的静压力 p_1 往往差别很大，相当于雷诺数相差很大，造成流动不相似。原因之二是，变压法是被测元件出口通大气，无下游测压管及流量控制阀，而定压法的被测元件出口是连接到下游测压管上，二者被测元件的出口流态完全不同。

3）串接声速排气法的临界压力比 $b_串$。串接声速排气法是让被测元件出口接上一个辅助元件，当两元件串接后达到临界流态时，临界截面一定处于下游辅助元件内，且被测元件与辅助元件在临界流态下的有效面积比 S_1/S_2 要保证测出被测元件的临界压力比 b_1 的测量误差最小。依此条件，当辅助元件内达临界流态时，被测元件内处于高亚声速流动，测出的临界压力比 $b_串$ 是按式（9-15）计算出来的。

$$b_串 = \frac{\dfrac{S_{12}}{S_2} - \sqrt{1 - \left(\dfrac{S_{12}}{S_1}\right)^2}}{1 - \sqrt{1 - \left(\dfrac{S_{12}}{S_1}\right)^2}} \tag{9-15}$$

式中，S_1、S_2 和 S_{12} 是在临界流态下测出的被测元件、辅助元件和被测元件与辅助元件串接时，利用绝热声速排气法的气罐测出的三个有效面积。这个 $b_串$（即 b_1）类似于本章前面提到的最佳测点法得出的 $b_定$。

4) 定容积等温容器放气法的临界压力比 $b_温$。定容积等温容器放气法的实测临界压力比 $b_温$ 定义为，被测元件内刚达到临界流态时，被测元件出口压力（大气压力 p_a）与等温容器内的压力 p_1 之比

$$b_温 = \frac{p_a}{p_{1*}} \tag{9-16}$$

这个 p_{1*} 远低于等温容器内的初始压力 p_0，$b_温$ 非常接近于 $b_变$。

2. 临界压力比大小的预估

气动元件按能量损失的类别，也可以分成沿程损失类（如长管道）和局部损失类（除长管道以外的所有气动元件）。

对长管道而言，其临界压力比 b 若按国际标准 ISO 6358:1989 的定义，则 b 值可在 0~1 之间。管道越长，b 趋于 0，但不会等于 0。管道越短，b 趋于 1，但不会等于 1。表明，气管路的 b 是可以大于 0.5283 的。若临界压力比定义成气管道出口的静压力与进口的总压力之比，即 $b' = p_2/p_{01}$，则 b' 是不会大于 0.5283 的。

对局部损失而言，按国际标准 ISO 6358:1989 对临界压力比的定义，通常，b 值在 0~0.5283 之间。b 值不会为 0 或负值。偶尔有可能出现 b 值略大于 0.5283。

例如，直通型快换接头内，通常，在出口上游不远处有个小孔口。当快换接头内处于临界流态时，临界截面一定处于小孔口下游某处，仍在接头出口以内，该处达到声速。故临界截面上的 $p_*/p_{0*} = 0.528$，则 p_*/p_{01} 一定小于 0.528。快换接头出口通大气，若出口是亚声速流的话，出口静压 $p_2 = p_a$，因 $p_* < p_a$，按国际标准对 b 值的定义，$b = (p_a/p_{01})_*$，故 b 值有可能大于 0.528。

气动元件的临界压力比 b 值的大小，根据气动元件内部流道的复杂程度，是可以大致预估的。

气动元件内达到临界流态，其临界截面处一定达到声速。声速大，摩擦损失一定要消耗能量。直射流（见图 9-9a 的消声器）一定比偏转一个角度的射流（见图 9-9b 的滑柱式阀芯从进口到出口）的能量损失小，即 b 值大；拐一个直角的流动（见图 9-9c 的座阀式阀芯）一定比拐两个直角的流动，也就是拐 180°角的流动（见图 9-9d 的滑柱式锥面密封，及图 9-9e 的滑板式阀芯）的能量损失小，即 b 值大；特别是拐弯处的流通面积很小时，其流动损失就更为严重，即 b 值更小。根据以上的这些原则，就可以大致判断各种气动元件 b 值的范围，供测试 b 值时参考。

比如消声器，主流就是直线射流，通过消声材料排出时虽然拐角近似直角，但其流速已很低。实测 b 值在 0.44~0.48 之间合情合理。有人测出消声器的 b 值在 0~0.6 之间，这显然是错误的。消声器不可能不产生能量损失，故 b 值不可能大于 0.528；如果消声器的能量都耗光了（因为 $b=0$），还能有那么大的噪声吗？显然，测出 $b=0$~0.6，一定是测试原理、测试方法或计算公式等出现了错误。这体现了正确的理论对实验的指导作用。

3. 临界压力比 b 值的作用

临界压力比的概念自 20 世纪 70 年代 ISO/DIS 6358 提出至今已 40 多年了，不论是 ISO 6358—1989，还是修改版 ISO 6358-1:2013，还是新提出的测试方法 ISO 6358-2:2013 及 GB/T 14513—1993，本质上说，这些标准的核心，就是哪个标准能正确测出 b 值。在此介绍一下，为什么要测气动元件的 b 值。

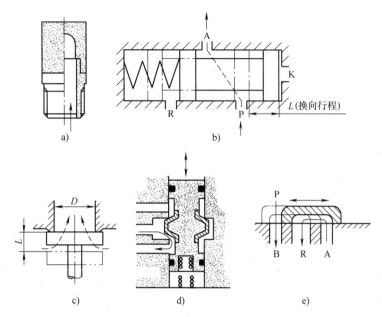

图 9-9 气动元件举例
a) 消声器 b) 滑柱式阀芯 c) 座阀式阀芯 d) 滑柱式锥面密封 e) 滑板式阀芯

1) 没有 b 值,实际上就是认为有效面积与流态无关。即认为临界流态下的有效面积 S 值与不可压缩流态下的有效面积 A 值是一样的。现已证明,$S/A=1.46\sqrt{1-b}$,即是说,对理想气体($b=0.528$),S 才与 A 相等;当 $b=0.2$ 时,$S/A=1.306$,即 S 比 A 大 30.6%。在计算气动元件和气动回路的性能时,将 30% 流通能力的差别忽略不计,是不可能得出正确结论的。

2) b 值是判断亚声速流和(超)声速流的分界线。这两种流动的分析方法,性能计算方法截然不同,甚至相反。

3) b 值反映了气动元件处于临界流态下的能量损失的大小。b 值越小,能量损失越大。b 值低于 0.2 的气动元件最好不用,不符合节能的要求。一般讲,$b<0.2$ 的气动元件极少。有的公司样本上,有些气动元件的 b 值都小于 0.2,是测试原理或测试方法有问题而测出错误的数据。

真正反映气动元件在临界流态下的能量损失大小应该用总压比 $\sigma=\dfrac{p_{02}}{p_{01}}$ 表示,p_{01} 和 p_{02} 是被测元件在临界流态下的上下游流道的总压力。由于计算比较复杂和烦琐,故用 b 来代表是可以的。

4) 有了 b 值,就可以用两个流量特性参数(S、b)来完整表达气动元件的流量特性,即给出气动元件两端的压力差,便可求得该压力差下通过气动元件的流量。这是过去只用一个特性参数 C_V、K_V 或 S 做不到的。用 C_V 或 K_V 值,只知道不可压缩流态下的流量;用 S 值,只知道临界流态下的流量。

5) 有了 b 值,才能进行充排气的计算。像气缸、气阀等许多气动元件的动特性,都离不开充排气的计算。如气动延时阀的延时性能,气动换向阀的换向时间和最大工作频率,气缸的瞬态特性等。

6）有了 b 值，才能进行气动回路（即气动系统）的性能计算。原本，测一个气阀的流量特性线，通常要测 10 点才能比较完整的描述流量特性线，只提供每个元件的 10 个测点数据，要计算出许多气动元件组合后的特性，是无法想象的工作量。若每个元件提供 S、b 两个特性参数，再计算许多元件组合后的特性，工作量会显著降低。

7）提供每个元件的 S、b 值，就能正确、完善地进行气动回路选型软件的设计制作工作。

8）气动元件生产厂家和气动技术方面的专家都是为使用气动元件的用户服务的，用户的需求才是我们的责任。气动设备，尤其是高精尖设备，都是由性能一流的气动元件有机组合起来的。如果气动产品极少提供各种性能指标，这种气动产品是不会被广泛选用的。

9.4 定压法的分析

9.4.1 对流量特性曲线近似为椭圆曲线的假设的可信性论证

当 $b=0.528$ 时，理论上的流量特性公式如式（5-34）、被式（5-36）来除，便可得到流量特性理论计算公式为（对空气为介质）

$$\frac{q_m}{q_m^*} = 3.8657 \sqrt{\left(\frac{p_2}{p_1}\right)^{1.4286} - \left(\frac{p_2}{p_1}\right)^{1.7143}} \tag{9-17}$$

椭圆假设公式

$$\frac{q_m}{q_m^*} = \sqrt{1 - \left(\frac{\frac{p_2}{p_1} - 0.5283}{0.4717}\right)^2} \tag{9-18}$$

式（9-17）和式（9-18）计算结果列于表 9-9。从表 9-9 可以看出，当 $b=0.5283$ 时，流量特性曲线的理论值与椭圆公式的假设之间的差别在 0.29% 以内。表明假设十分可信。

表 9-9 当 $b=0.5283$ 时，理论曲线与椭圆曲线 q_m/q_m^* 的差别

	p_2/p_1	0.5283	0.55	0.60	0.65	0.70	0.75	0.80	0.85	0.90	0.95	1.0
$\frac{q_m}{q_m^*}$	式（9-17）	1	0.9994	0.9886	0.9672	0.9326	0.8841	0.8191	0.7335	0.6173	0.4492	0
	式（9-18）	1	0.9989	0.9884	0.9661	0.9314	0.8827	0.8174	0.7314	0.6157	0.4481	0
	相对误差	0	-0.05%	-0.02%	-0.09%	-0.13%	-0.16%	-0.21%	-0.29%	-0.26%	-0.24%	0

当 $b \neq 0.5283$ 时，认为流量特性曲线仍遵守椭圆曲线还可信吗？显然，ISO 6358-1: 2013 是持否定态度的，故该标准中提出流量特性扩展式（11-1）来替代式（9-2）。对此，我们早就作过论证，认为，$b \neq 0.5283$，椭圆曲线假设仍是可信的。

在 1986 年《液压工业》第 1 期上，发表了《对气动元件流量特性国际标准草案的评述与建议》一文中，对 ISO/DIS 6358 的测试装置提出了变通方案，如图 9-10 所示。利用高校有限的气源条件及实验室现有的测试仪表，搭建了一台简易的测试装置。测试元件选用了通径 6mm 的 QQK-1422 型气动换向阀，其通径几何面积 $S_0 = \frac{\pi}{4}d^2 = \frac{\pi}{4} \times 6^2 = 28.26 \text{mm}^2$。设 $S/S_0 = 0.55$，则 $S = 15.54 \text{mm}^2$。设 $p_1 = 5\text{kgf/cm}^2$，$T_1 = 289\text{K}$（注：当年压力表还使用 kgf/cm^2 计量），按 $q_m^* = 0.04 \frac{p_1 S}{\sqrt{T_1}} = 0.04 \times \frac{0.5 \times 15.54}{\sqrt{289}} = 0.0183 \text{kg/s}$，将其折算成体积流量

$q_V^* = \dfrac{q_m^*}{\rho_0} = \dfrac{0.0183}{1.185} \times 3600 = 55.5 \text{m}^3/\text{h}$。因浮子流量计处于有压状态下，按式（3-34），有

$q_{V\text{有压}}^* = q_V^* \sqrt{\dfrac{1.033 T_1}{293 p_1}} = 55.5 \times \sqrt{\dfrac{1.033 \times 289}{5.0 \times 293}} = 25 \text{m}^3/\text{h}$。测最大流量时，应选用大浮子流量计 LZB-40（流量范围为 4~40m³/h）。测 A 值时，取 $q_m/q_m^* = 0.2$，则测最小流量时为 5m³/h，应选小浮子流量计 LZB-25（流量范围为 1~10m³/h）。

ISO 6358 规定，使用五点测量法测 b 值。即测 $q_m/q_m^* = 1.0$、0.8、0.6、0.4 和 0.2，按椭圆曲线公式计算出 5 个 b 值，取其平均值作为临界压力比 b 值。前面分析过，五点测量法中的 $q_m/q_m^* = 1.0$ 和 0.2，甚至 $q_m/q_m^* = 0.4$ 三测点的实际仪表测量精度差，导致测不出正确的 b 值，故引发对椭圆曲线假设可信性的质疑。

在第 6 章，根据椭圆公式假设，导出了临界流态下的有效面积 S 值、不可压缩流态下的有效面积 A 值和临界压力比 b 值三者之间的关系式如式（6-15）所示，即 $S/A = 1.46\sqrt{1-b}$。设想，只测两点，测出 S 值和 A 值，计算出 b 值，这就容易做到大大提高测量仪表的实际测量精度，是否就能正确测出 b 值呢？是否就能论证 $b \ne 0.5283$ 时的椭圆曲线假设的可信性呢？这就是提出图 9-10 所示变通方案的由来。

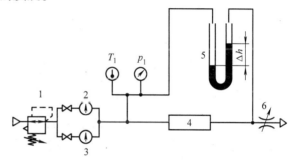

图 9-10　ISO/DIS 6358 测试装置的变通方案
1—减压阀　2—大浮子流量计　3—小浮子流量计
4—被测元件　5—水银 U 形压力计　6—流量控制阀

由于缺乏资金支持，只能利用现有的测试仪器自建测试台。因在被测元件上游使用了浮子流量计，读出流量不是真实流量，需要进行换算。故下面先导出一些换算公式。

由式（6-15），可导出

$$b = 1 - 0.4691 \left(\dfrac{S}{A}\right)^2 \quad (9\text{-}19)$$

由式（3-35），可写出标准状态下的体积流量 q_V' 与有压状态下的实际体积流量 q_V 之间的关系式为

$$q_V' = q_V \sqrt{\dfrac{p_1 \times 293}{1.033 \times T_1}} \quad (9\text{-}20)$$

式中，p_1 以 kgf/cm² 计，T_1 以 K 计，q_V 和 q_V' 以 m³/h 计。

浮子流量计是在标准状态下（当时 $p_H = 1.033 \text{kgf/cm}^2$，$T_H = 293\text{K}$）标定的，故

$$\rho_H = \dfrac{p_H}{RT_H} = \dfrac{1.033 \times 10^5}{287 \times 293} \text{kg/m}^3 = 1.2284 \text{kg/m}^3$$

由 ISO 6358:1989 的不可压缩流态下的有效面积 A，对不可压缩流，可认为 $\rho_1 = \rho_2 = \rho$。

$$A = \dfrac{q_m}{\sqrt{2\rho_2 \Delta p}} = \dfrac{\rho_2 q_V}{\sqrt{2\rho_2 \Delta p}} = \sqrt{\dfrac{\rho_1}{2\Delta p}} q_V \quad (9\text{-}21)$$

将式（9-20）代入上式，则有

$$A = \sqrt{\frac{\rho_1}{2\Delta p}} q'_V \sqrt{\frac{1.033 T_1}{p_1 \times 293}} = \sqrt{\frac{p_1}{RT_1 \cdot 2\Delta p}} q'_V \sqrt{\frac{1.033 T_1}{p_1 \times 293}}$$

上式中，$\sqrt{\frac{p_1}{RT_1 \cdot 2\Delta p}}$ 中的 p_1 以 Pa 计，$\sqrt{\frac{1.033 T_1}{p_1 \times 293}}$ 中的 p_1 以 kgf/cm² 计，1kgf/cm² = 0.981×10⁵Pa，则上式可改写成

$$A = \frac{q'_V}{\sqrt{\Delta p}} \sqrt{\frac{1.033 \times 0.981 \times 10^5}{293 \times 287 \times 2}} = 0.7762 \frac{q'_V}{\sqrt{\Delta p}}$$

若 q'_V 以 m³/h 计，Δp 以 mmHg 计，A 以 mm² 计，1mmHg = 7.5×10⁻³Pa，代入上式，则

$$A = 0.7762 \frac{\sqrt{7.5 \times 10^{-3}}}{3600} \frac{q'_V}{\sqrt{\Delta p}} = 18.67 \frac{q'_V}{\sqrt{\Delta p}} \tag{9-22}$$

由式 (6-6)，可写出

$$S = \frac{q_m^* \sqrt{T_1^*}}{0.0404 p_1^*} = \frac{\rho_0 q_V^* \sqrt{T_1^*}}{0.0404 p_1^*}$$

由式 (9-20)，将 q_V^* 转化成 $q_V'^*$，则上式变成

$$S = \frac{\rho_0 \sqrt{T_1^*}}{0.0404 p_1^*} q_V'^* \sqrt{\frac{p_1^* \times 293}{1.033 T_1^*}}$$

因分母中的 p_1^* 以 MPa 计，S 才能以 mm² 计。

$\sqrt{\frac{p_1^* \times 293}{1.033 T_1^*}}$ 中的 p_1^* 以 kgf/cm² 计，又 $q_V'^*$ 以 m³/h 计，则上式变成

$$S = \frac{1.2284 q_V'^*}{0.0404 \sqrt{p_1^*}} \sqrt{\frac{293}{1.033}} \times \frac{10}{3600} = 1.422 \frac{q_V'^*}{\sqrt{p_1^*}} \tag{9-23}$$

式中，$q_V'^*$ 以 m³/h 计，p_1^* 以 kgf/cm² 计。

ISO 6358:1989 的声速流导公式为

$$C = \frac{q_m^*}{\rho_0 p_1^*} \sqrt{\frac{T_1^*}{T_0}} \tag{9-24}$$

用两个浮子流量计、一个精密压力表和一个水银 U 形压力计，在 p_1 = 4.24kgf/cm²，T_1 = 301K 的条件下，对 QQK-1422 型气动换向阀，进行了五点测量。由式 (9-24)，算出 C = 3.318×10⁻⁸ m⁴·s/kg，折算成 S = 15.76mm²。由式 (9-3) 算出五点平均临界压力比 b = 0.325。该阀额定流量 q_V = 2.5m³/h，由式 (9-20) 求得 q_V' = 5m³/h，在此流量下，测得 Δp = 49mmHg。由式 (9-21) 求得 A = 13.34mm²。测得壅塞流量 $q_V'^*$ = 23.2m³/h，由式 (9-22) 算出 S = 16.02mm²。在 q_m/q_m^* = 0.2 时，测得 A = 13.35mm²，由式 (9-19) 算出 b = 0.324，与五点平均算出的临界压力比 b = 0.325 几乎一致。用额定流量下测出 A = 13.34mm²，与 q_m/q_m^* = 0.2 时测出的 A = 13.35mm² 也几乎一致。表明，提高了五点测量法各点的仪表实际测量精度，流量特性曲线近似为椭圆曲线的假设就是可信的。

根据五点测量法，测出的实际流量特性曲线如图 9-11 中的虚线所示，与图中画出的 b = 0.325 的椭圆曲线绝大部分是重合的，仅在临界点附近有较小偏差，最大偏差小于 3%。

9.4.2 有关定义的分析

1. 壅塞流

当上游滞止压力 p_1 和滞止温度 T_1 保持一定（定压法），逐渐打开流量控制阀至被测元件内某处的流速达到当地声速时，不论如何降低下游压力 p_2，通过被测元件的质量流量不会再增大的流动现象称为壅塞流现象。

"壅塞"是指管路中一旦出现声速截面，在一定条件下，这个截面是个限制流量的截面。

该标准对"壅塞流"的定义是不科学的，看不出有任何发生"壅塞"的含义。它只讲达到声速时，质量流量与上游压力成正比，与下游压力无关。那有壅塞含义呢？

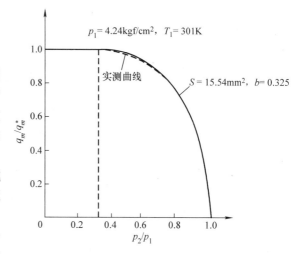

图 9-11 测出的 QQK-1422 气动换向阀的流量特性曲线

定压法中，一定要保证上游压力 p_1 和上游温度 T_1 保持一定，当被测元件内的某一截面上的流速从亚声速刚增大至当地声速（马赫数 $M=1$）时的那一点称为临界点。该点的流动状态称为临界流态。超过临界点的流态称为超临界流态。在该临界截面上，M 仍等于1，如图 9-3 所示。在超临界区域可以认为是壅塞流区域，因该区域随着下游压力 p_2 的减小，质量流量不能再增大，出现壅塞现象。

2. 声速流导 C 值

声速流导不能定义为流动发生壅塞时的流导。不发生壅塞，也会存在声速流导。比如，在变压法中，不会存在壅塞流，但却存在声速流导。

声速流导应定义成被测元件内某截面上刚达到声速时的流通能力。即临界点的流导。"刚"是不能省略的，因为在超临界区域，临界截面上仍保持声速，即 $M=1$，但由于流态的变化及流道材质的变化等多种因素，超临界区域求出的 C 值与临界点求出的 C 值不是一回事，后者才是声速流导，前者不可以当作声速流导。

声速流导 C 值和临界流态下的有效面积 S 值的比较：

临界流态下的质量流量 q_m^* 可以用两种方法计算。按式（9-1），可写成

$$q_m^* = C\rho_a p_1^* \sqrt{\frac{293.15}{T_1^*}}$$

按式（6-6），可写成

$$q_m^* = 0.04 \frac{p_1^* S}{\sqrt{T_1^*}}$$

上式中，$\rho_a = 1.185 \text{kg/m}^3$，$C$ 以 L/(s·bar) 计，S 以 mm² 计，则有

$$S = 5.02C \tag{9-25}$$

用 S 和 C 都可以计算质量流量，故特性参数 S 值和 C 值，其本质相同，只是表达单位不同而已。二者相比较，还是用 S 值更好理解，更适用。

C 值在标准上标注的单位是 m³/(s·Pa)，常用单位有 L/(s·bar) 及 L/(s·MPa)。声速流导是导出单位，很复杂，不好理解。有人解释为，在上下游压差为 1bar 的条件下，通过该元件的流量是 C L/s。这种解释显然是错误的。标准单位与常用单位之间，数值差别很

大，因 $1\text{m}^3/(\text{s}\cdot\text{Pa}) = 10^8\text{L}/(\text{s}\cdot\text{bar}) = 10^9\text{L}/(\text{s}\cdot\text{MPa})$。测出 C 值，因没有参照量，也很难判断测出值的正误。例如，在验证 ISO 6358:1989 的测试数据的文件 ISO/TC 131/SC8 N256 中，3/8″座阀，测出 $C = 22.07\text{L}/(\text{s}\cdot\text{bar})$，无法确认 C 值是否正确。但若折算成 S，则 $S = 110.35\text{mm}^2$。3/8″阀的通径是 10mm，$S_0 = \frac{\pi}{4} \times 10^2 = 78.5\text{mm}^2$，$S$ 远大于 S_0，可以直观判断 S 值测量错误。也就是说，用 S 值来表达流通能力，容易判断测出 S 值是否正确。

S 值的计量单位是 mm^2，用临界流态下的有效面积 S 值来表达气动元件的流通能力很好理解。用该元件的通径的几何面积 S_0 作为参照量，就容易判断测出 S 值是否正确。例如，1/4in 滑阀测出 $S = 37.5\text{mm}^2$，因 $S_0 = \frac{\pi}{4} \times 8^2 = 50.24\text{mm}^2$，则有 $S/S_0 = 0.746$。通常滑阀 S/S_0 在 0.4~0.6 之间，0.746 过大。如果找不到合理的理由，这个 S 值就是测量错误。

3. 临界压力比 b 值

该标准称，流动变成壅塞流时的下上游压力比 p_2/p_1 称为 b 值。这个定义是值得商榷的。对定压法而言，壅塞流是个很宽的区域，难道该区域内任何一点的压力比都是 b 值吗？那岂不有许多 b 值？对变压法而言，根本就不存在壅塞流，怎么确定 b 值呢？

临界压力比 b 值的正确定义是，被测元件内的流动刚达临界流态时，下游及上游测压管内两测点的静压力之比 p_2/p_1 为临界压力比 b 值。

4. 压缩效应系数 s 值

该标准中引入了一个在亚声速流动时，考虑到气体压缩性的系数称为压缩效应系数 s，且 $s = \frac{1}{1-b}$。这个系数含义难以理解，实用意义不大，不予讨论。

5. 有效面积 A 值

在压降很小时（$\Delta p/p_1 < 0.02$），压缩性已不重要，可用有效面积 A 表达气动元件的流通能力，且

$$A = \frac{q_m}{\sqrt{2\rho\Delta p}} \tag{9-26}$$

该标准引入不可压缩流态下的有效面积 A 来表达气动元件在不可压缩流态下的流通能力是科学的。但更确切地说，应在 $\Delta p/p_1 = 0.02$ 条件下测出 A 值。A 值在 $\Delta p/p_1 = 0.02$ 附近，变化不大；但 $\Delta p/p_1$ 若明显小于 0.02，A 值也会减小的。

20 世纪 80 年代，国际标准 ISO 6358 就已提出 C 值和 A 值，表明了气动元件的有效面积与流态有关的概念。

9.4.3 测试原理的分析

为了上下游测压点（p_1 和 p_2）处气流的均匀稳定，标准中规定上下游测压管的长径比为 13。为了调节流量大小，在下游测压管后面，设有流量控制阀，规定它的流通能力比被测元件的流通能力大。

两测点之间，含 3 倍管径长的上游测压管、被测元件和 10 倍管径长的下游测压管。

对这个测试回路，当被测元件内处于不可压缩流动时，可以用于流量特性的测试，会相安无事。但该标准是在被测元件内处于可压缩流动进行测试，在进出口压力差的作用下，该测试回路内要达到临界流态，即回路内某处要达到声速。该声速截面若处于不同位置，测出的 C、b 值是完全不一样的。

下面分别介绍临界截面处于被测元件内、下游测压管出口处或流量控制阀内，测出的 C、b 值是不同的，哪一组才是被测元件正确的 C、b 值呢？

1. 临界截面处于被测元件内

这种情况下，定压法的测试回路如图9-12所示。上下游测压点的滞止压力为 p_{01}、p_{02}，静压力为 p_1、p_2，滞止温度为 T_{01}、T_{02}，静温度为 T_1、T_2，下游出口压力为大气压力 p_a。被测元件的两个流量特性参数为 C_1、b_1，流量控制阀的两个流量特性参数为 C_2、b_2，且 C_2 小于下游测压管的流通能力。

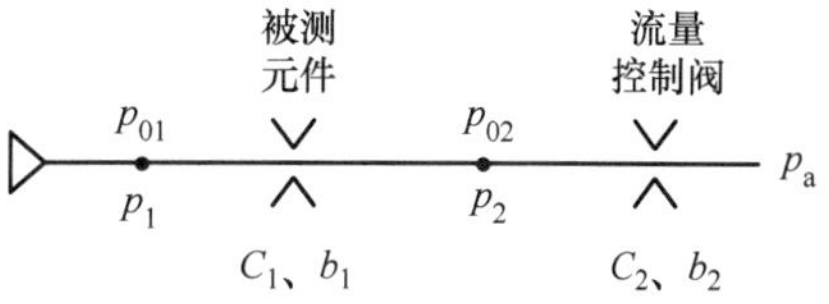

图9-12 定压法的测试回路

因被测元件处于临界流态，故通过被测元件内的质量流量

$$q_m^* = C_1 \rho_a p_{01} \sqrt{\frac{293.15}{T_{01}}} \tag{9-27}$$

因流量控制阀内处于亚声速流态，故通过流量控制阀的质量流量

$$q_m = C_2 \rho_a p_{02} \sqrt{\frac{293.15}{T_{02}}} \sqrt{1 - \left(\frac{\frac{p_a}{p_2} - b_2}{1 - b_2}\right)^2} \tag{9-28}$$

绝热流动条件下，

$$T_{02} = T_{01}$$

对定常流动，式（9-27）的 q_m^* 与式（9-28）的 q_m 相等，由于 $\sqrt{1 - \left(\frac{p_a/p_2 - b_2}{1 - b_2}\right)^2} < 1$，故有

$$C_2 p_{02} > C_1 p_{01}$$

即

$$\frac{C_1}{C_2} < \frac{p_{02}}{p_{01}} \tag{9-29}$$

式（9-29）就是被测元件内达临界流态必须满足的条件。

可见，为了保证被测元件内处临界流态，被测元件的声速流导 C_1 与流量控制阀的声速流导 C_2 之比必须小于被测元件下上游的滞止压力之比 p_{02}/p_{01}。这个滞止压力比反映了上下游两测点之间的机械能损失。它不仅包含被测元件内的流动损失，还包含两测点之间的上下游测压管内的流动损失。上游测压管内属低速流动，该处流动损失可忽略不计。但下游测压管内，通常属高速流动，尤其是被测元件内达临界流态时，故下游测压管内的流动损失是不可以忽略的。

严格讲，被测元件的临界压力比 b 应定义成下游和上游测点的滞止压力比 p_{02}/p_{01}，但由于静压力 p_1 和 p_2 可直接测出，滞止压力 p_{01} 和 p_{02} 不能直接测出，故才定义被测元件内刚达临界流态时的 $p_2/p_1 = b$。

两测压点的静压力 p 与总压力 p_0 之比，与该处的马赫数 M 有关。由式（5-18），有

$$\frac{p_{01}}{p_1} = \left(1 + \frac{\kappa - 1}{2} M_1^2\right)^{\frac{\kappa}{\kappa-1}}, \quad \frac{p_{02}}{p_2} = \left(1 + \frac{\kappa - 1}{2} M_2^2\right)^{\frac{\kappa}{\kappa-1}}$$

式（9-29）可改写成

$$\frac{C_1}{C_2} < \frac{p_2}{p_1}\left(\frac{1+\frac{\kappa-1}{2}M_2^2}{1+\frac{\kappa-1}{2}M_1^2}\right)^{\frac{\kappa}{\kappa-1}}$$

当被测元件内刚达临界流态时，$p_2/p_1 = b_1$。因 $M_2 > M_1$，$\left(\dfrac{1+\frac{\kappa-1}{2}M_2^2}{1+\frac{\kappa-1}{2}M_1^2}\right)^{\frac{\kappa}{\kappa-1}}$ 大致在 1.02~1.2 之间，故式（9-29）改成式（9-30）更安全

$$\frac{C_1}{C_2} < b_1 \tag{9-30}$$

式（9-30）表明，保证被测元件内处于临界流态，只要求流量控制阀的声速流导 C_2 比被测元件的声速流导 C_1 大是不行的。若 b_1 在 0.528~0.15 之间，则 C_2/C_1 应取 1.893（不含）~6.7 才行。

因声速流导 C 与临界流态下的有效面积 S 是一一对应的关系，故式（9-30）可改写成

$$\frac{S_1}{S_2} < b_1 \tag{9-31}$$

用 S_1/S_2 替代 C_1/C_2，物理概念更清楚。

若满足式（9-31），才表明临界截面处于被测元件内，测出 S 值和 b 值才是被测元件的两个流量特性参数。

2. 临界截面处于流量控制阀内或下游测压管的出口处

由式（9-31），可画出临界截面在何处的判断图，如图 9-13 所示。在分界线的下方，临界截面处于被测元件内；在分界线的上方，临界截面处于流量控制阀内或下游测压管的出口处。

设流量控制阀的临界流态下的有效面积为 S_2，下游测压管出口的临界流态下的有效面积为 S_2'。可令 $S_2' = (0.95~0.99)\dfrac{\pi}{4}d_0^2$，$d_0$ 是下游测压管的通径。当 $S_2 < S_2'$ 时，临界截面便处在流量控制阀内；当 $S_2 > S_2'$ 时，临界截面便处于下游测压管的出口处。

例如，已知 $S_1 = 20\text{mm}^2$，$b_1 = 0.2$，$S_2 = 60\text{mm}^2$，$S_2' = 55\text{mm}^2$。因 $S_2 > S_2'$，$S_1/S_2' = 20/55 = 0.364 > b_1$（$= 0.2$）。$S_1/S_2' = 0.364$ 和 $b_1 = 0.2$ 的交点在图 9-13 分界线的上方，故临界截面处在下游测压管的出口处，而不在被测元件内或流量控制阀内。

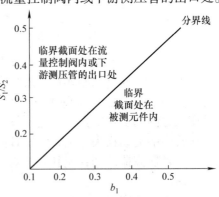

图 9-13　临界截面在何处的判断图

如果临界截面不在被测元件内，而在下游测压管出口处或流量控制阀内，必存在

$$S_1/S_2 > b_1 \tag{9-32}$$

且有

$$q_{m1} = 0.04 \frac{p_1 S_1}{\sqrt{T_1}} \sqrt{1 - \left(\frac{\frac{p_2}{p_1} - b_1}{1 - b_1}\right)^2} \tag{9-33}$$

$$q_{m2}^* = 0.04 \frac{p_2 S_2}{\sqrt{T_2}} \tag{9-34}$$

$$q_{12}^* = 0.04 \frac{p_1 S_{12}}{\sqrt{T_1}} \qquad (9\text{-}35)$$

$$S_{12} = \frac{p_2}{p_1} S_2 \qquad (9\text{-}36)$$

$$\frac{p_2}{p_1} = \frac{b_1 + (1-b_1)\sqrt{1+(1-2b_1)\left(\frac{S_2}{S_1}\right)^2}}{1+(1-b_1)^2 (S_2/S_1)^2} \qquad (9\text{-}37)$$

$$b_{12} = \frac{p_2}{p_1} b_2 \qquad (9\text{-}38)$$

如果认为临界截面仍在被测元件内,进行确定 S_1 值和 b_1 值,实际上就是用式(9-35)去计算 S_1(把 S_{12} 当作 S_1 了)。把 q_{m2}^* 当成 q_{m1}^* 了,按式(9-33)算出 b 值则都是错误值。也就是说,当 $S_1/S_2 > b_1$ 的情况下,仍认为被测元件处于临界流态,则测出的 S 值、b 值都不是被测元件的 S 值、b 值。

9.4.4 测试方法的分析

1. 关于上游压力 p_1

标准中规定"上游压力 p_1 在 4bar(g)及以上保持不变"是可行的。

若规定 $p_1 > \frac{1}{b}$ 更确切。b 是被测元件的临界压力比,p_1 以 bar(a)计。

根据被测元件内部流道的复杂程度,可以预估 b 值的大小,以确定选用 p_1 的高低,可以减少测试的盲目性。

2. 关于临界点的测试方法

标准中未作规定。测试时,通常都是迅速打开流量控制阀,让被测元件达到临界流态,以测得最大流量 q_m^*。其结果是,由于 p_2 降压过猛,p_2 会降至很低,甚至出现负压,即处于超临界流态,根本测不出临界点的压力比 p_2^*/p_1^*,即测不出临界点的 b 值。

测定临界点 b 值的正确方法是,首先缓慢打开流量控制阀,然后再极其缓慢地继续开启流量控制阀至质量流量不再增大的点即为临界点。该点的压力比 p_2/p_1 即为临界压力比 b 值。随着 p_2/p_1 的减小,q_m 是逐渐以渐近线的方式趋近于最大流量 q_m^*。故接近临界点时,q_m 的微小变化,其扰动会引起 p_2/p_1 的较大变化,故临界点附近,应极其缓慢地调节流量控制阀的开度,尽量减小扰动,维持气流的稳定,才能可靠的确定临界点及其临界压力比 b 值。

3. 关于五点测量法

ISO 6358 认为,气动元件的流量特性曲线近似为四分之一椭圆曲线,只要确定了临界点,则两个流量特性参数 C 值和 b 值便可知。但由于临界点处的流量特性线是渐近线,临界点的位置难以确定,故该国际标准规定测五点,即 $q_m/q_m^* = 1.0$、0.8、0.6、0.4 和 0.2,利用椭圆公式求出五个 b 值,取其平均值作为临界压力比 b 值。但制定标准者没有估计到 $q_m/q_m^* = 1.0$ 和 0.2 两点,甚至 $q_m/q_m^* = 0.4$ 点,其实际的仪表测量误差远低于仪表的测量精度,导致这三点求出的 b 值误差太大,五个 b 值的平均值太小,甚至出现负值,故该标准规定的五点测量法求出 b 值值得商榷。

4. 关于耗气量

五点测量法测一个气动元件相当于消耗 $3q_m^*$ 的耗气量。对大通径的气动元件来说,其耗气量是惊人的,各国的气动产品检测中心都难以承受。故该标准限定气动元件的最大通径只测到20mm。通径20mm以上的气动元件还得寻求其他的方法进行测试。

9.4.5 仪表测量精度的分析

表9-2列出了该标准规定的仪表测量精度。按此精度，求得C值的均方根误差dC/C为$\pm 2.26\%$（A级）、4.53%（B级），表明测出C值有可信性。求得b值的均方根误差db/b列于表9-5。可见，按该标准规定的五点测量法，不论是B级还是A级仪表测量精度，db/b都在0.452以上。按$db/b \leq 0.36$，测出b值才可信，则五点测量法测出b值都是不可信的。

若测试方法改成两点法，即在$q_m/q_m^* = 1$的超临界区测C值，在最佳测点（$q_m/q_m^* = 0.74 \pm 0.05$）测$b$值。用A级仪表测量精度，可以测$b > 0.195$的气动元件，测出$b$值还可信。也就是说，对ISO 6358:1989经必要修订，还可以测部分气动元件的b值。

9.4.6 气动元件结构形状对b值的影响

b值反映了气动元件内部流道造成能量损失的大小，故对各种气动元件，可事先预估b值的大小，不仅有利于选择上游压力p_1的大小，而且也可以判断测出b值的可信性。

b值大的元件：

1) 短管（长径比$L/d < 60$），不仅流道简单，且是直线流动。
2) 流道虽有部分转折处，但总体上讲仍是近似于直线流动，如部分滑阀。
3) 流道带简单孔口的直线流动，如管接头、快换接头、节流阀、消声器等。

b值小的元件：

1) 长径比很大的管道。
2) 阀的结构不复杂，但开度很小，且该处流速高。
3) 内部流道存在急转弯（$90°$，甚至$180°$），且该处速度高。拐角越大，拐角越多，b值越小。

错误的测试原理、错误的测试方法、测量仪表精度差、错误的理解计算公式、测试时的人为过错、数据处理方法不对等等，都会导致测量结果的错误。故应当重视理论分析对实验结果的指导作用，学会判断测试结果的正误。

普通的滑阀，虽流道较复杂，但宏观看，从P通口至A通口的流动，基本上是偏转角不大的直线流动，故b值在$0.4 \sim 0.5$之间。若测出$b = 0.1$，且该滑阀没有特殊情况，那测试结果必然有问题，应查明测试错误的原因。

座阀式阀芯，虽结构简单，但流道要拐$90°$直角弯，故座阀通常b值都小于滑阀。同样是二位三通式座阀，一个测出$b = 0.17$，另一个测出$b = 0.4$，仔细看该阀的内部流道，前者要拐两个直角弯，后者是偏转角不太大的拐角，故两个b值都是合理的。

9.4.7 测试元件范围的分析

标准规定可测试通径20mm及以下的内部流道保持不变的气动元件。这个规定是实事求是的。但定压法仍有以下品种的气动元件不能测量C值和b值。

1) 出口无连接通口的气动元件，如消声器、喷枪等。
2) 出口带快换接头或倒钩接头的气动元件，其数量是很多的。
3) 管接头，快换接头等。因必须插上连接管，才能测C值、b值。一旦插入连接管，就测不出被测元件的C值、b值了。
4) b值小于0.2的气动元件，只有少数可以用特级测量精度的仪表才能测C值、b值。
5) 在$S_1/S_2 > b_1$的情况下，是不能测被测元件的C值、b值的。

9.4.8 流量特性扩展式的分析

使用国际标准 ISO 6358:1989 的定压法测量气动元件的两个流量特性参数 C 值、b 值时，经常测出的临界压力比 b 值不正确，故不少人对标准中的椭圆公式假设式（9-2）提出了质疑，认为应将式（9-2）改成扩展表达式（9-39），就能准确描述气动元件的流量特性。

$$\frac{q_m}{q_m^*} = \left[1 - \left(\frac{p_2/p_1 - b}{a - b}\right)^m\right]^n \tag{9-39}$$

式（9-39）的作用是什么？该式只是描述实验点的正确表达式，对准确描述测点连线是有效的。但测点的数值是否是错误值，该表达式是判断不了的。也就是说，该表达式只是准确描述了这些测点的数据。如果测点数据是错误的，也就是准确描述了这些错误数据。故 a、m、n 三个值没有任何价值，即流量特性扩展式是没有意义的。我们不是要准确描述测出的流量特性线，而是要正确描述流量特性线。

用 ISO 6358:1989 的定压法测气动元件的 b 值经常出现错误的主要原因是：

一是测量仪表的精度差。因为测量范围太宽，压力测量范围差 50 倍，流量测量范围差 5 倍，故导致实际测量仪表精度大大变差。

二是测被测元件的 C 值、b 值，但临界截面却不在被测元件内，测不出被测元件正确的 C 值、b 值。

三是五点测量法中，有 2~3 点测量精度低，$db/b > 0.36$ 的情况下，让它们参与求平均 b 值，很难得到正确的 b 值，b 会出现负值。

四是有些气动元件根本不能用定压法测其 C 值、b 值，气动元件的品种规格达几十万种，任何一个标准都不可能测所有气动元件的流量特性。例如，ISO 6358:1989 说得很清楚，它只测流道不变的气动元件，在测试速度控制阀的自由流道方向的流量特性过程中，流道在变化，不能采用 ISO 6358:1989 测量。

上述问题都是物理问题，通过修改数学表达式是解决不了物理问题的。

9.4.9 定压法的修订建议

1）测量仪表精度应选 A^+ 级。少数 $b < 0.2$ 的气动元件，应选特级仪表测量精度。

2）五点测量法应改为两点测量法。在超临界流态下（即 $q_m/q_m^* = 1$）测 S 值；在最佳测点（即 $q_m/q_m^* = 0.74 \pm 0.05$）测 b 值。

3）应满足 $S_1/S_2 < b_1$。S_1 为被测元件的临界流态下的有效面积。b_1 为被测元件的临界压力比。S_2 为下游测压管的有效面积，可取 $S = 0.95 S_0$。$S_0 = \frac{\pi}{4} d_0^2$，$d_0$ 为下游测压管的通径。

4）$p_1 > 1/b_1$。b_1 为被测元件的临界压力比，p_1 以 bar（a）计。

5）正确定义以下名词：壅塞流、临界流态、声速流导、临界压力比。

6）建议使用临界流态下的有效面积 S 值，不使用声速流导 C 值。

7）对临界点的测试方法做规定。

9.5 变压法两个流量特性参数 C、b 值的测量误差预估

9.5.1 声速流导 C 值的测量误差预估

由式（9-1）得出的变压法的 dC/C 与定压法完全一致，见表 9-3。dC/C 也用式（9-5）

表达。可见，测出 C 值是可信的。

9.5.2 临界压力比 b 值的测量误差预估

因 $p_2 = p_a$，由式（9-4），可得出 db/b 的均方根误差公式

$$\frac{db}{b} = \sqrt{\left(\frac{\partial b}{\partial p_1}\frac{dp_1}{b}\right)^2 + \left(\frac{\partial b}{\partial q_m}\frac{dq_m}{b}\right)^2 + \left(\frac{\partial b}{\partial C}\frac{dC}{b}\right)^2 + \left(\frac{\partial b}{\partial T_1}\frac{dT_1}{b}\right)^2}$$

令 $\sqrt{1 - \left(\dfrac{q_m}{C\rho_a p_1}\sqrt{\dfrac{T_1}{293.15}}\right)^2} = \sqrt{}$，由式（9-4），有 $1 - \sqrt{} = \dfrac{1 - p_a/p_1}{1 - b}$，$\left(\dfrac{q_m}{C\rho_a p_1}\sqrt{\dfrac{T_1}{293.15}}\right)^2 = 1 - \left(\dfrac{\dfrac{p_a}{p_1} - b}{1 - b}\right)^2$

$$\frac{\partial b}{\partial p_1} = -\frac{\dfrac{p_2}{p_1^2}(1 - \sqrt{}) - \left(1 - \dfrac{p_a}{p_1}\right)\left(-\dfrac{1}{2\sqrt{}}\dfrac{-2q_m}{C\rho_a p_1}\sqrt{\dfrac{T_1}{293.15}}\dfrac{-q_m}{C\rho_a p_1^2}\sqrt{\dfrac{T_1}{293.15}}\right)}{(1 - \sqrt{})^2}$$

$$= \frac{-\dfrac{p_a}{p_1^2}}{1 - \sqrt{}} + \frac{\left(1 - \dfrac{p_a}{p_1}\right)\left[-\left(\dfrac{q_m}{C\rho_a p_1}\sqrt{\dfrac{T_1}{293.15}}\right)^2\right]\dfrac{1}{p_1\sqrt{}}}{(1 - \sqrt{})^2}$$

$$= -\frac{1 - b}{1 - \dfrac{p_a}{p_1}}\frac{p_a}{p_1^2} - \left(\frac{1 - b}{1 - \dfrac{p_a}{p_1}}\right)^2 \frac{\left(1 - \dfrac{p_a}{p_1}\right)\left[1 - \left(\dfrac{\dfrac{p_a}{p_1} - b}{1 - b}\right)^2\right]/p_1}{1 - \dfrac{\dfrac{p_a}{p_1}}{1 - b}}$$

$$= \frac{1 - b}{1 - \dfrac{p_a}{p_1}}\left(-\frac{p_a}{p_1^2}\right) - \frac{(1 - b)^2 - \left(\dfrac{p_a}{p_1} - b\right)^2}{\left(1 - \dfrac{p_a}{p_1}\right)\left(\dfrac{p_a}{p_1} - b\right)}\frac{1 - b}{p_1}$$

$$= \frac{1 - b}{\left(1 - \dfrac{p_a}{p_1}\right)p_1}\left[-b - \frac{(1 - b)^2}{\dfrac{p_a}{p_1} - b}\right]$$

$$\frac{\partial b}{\partial p_1}\frac{dp_1}{b} = \frac{1 - b}{b}\frac{1}{1 - \dfrac{p_a}{p_1}}\left[-b - \frac{(1 - b)^2}{\dfrac{p_a}{p_1} - b}\right]\frac{dp_1}{p_1} = \frac{1 - b}{b}\frac{-b\left(\dfrac{p_a}{p_1} - b\right) - (1 - b)^2}{\left(1 - \dfrac{p_a}{p_1}\right)\left(\dfrac{p_a}{p_1} - b\right)}\frac{dp_1}{p_1}$$

$$\frac{\partial b}{\partial q_m} = \frac{\left(1 - \dfrac{p_a}{p_1}\right)\left(-\dfrac{1}{2\sqrt{}}\right)\left(-\dfrac{2q_m}{C\rho_a p_1}\sqrt{\dfrac{T_1}{293.15}}\dfrac{1}{C\rho_a p_1}\sqrt{\dfrac{T_1}{293.15}}\right)}{(1 - \sqrt{})^2}$$

$$= \frac{\left(1 - \frac{p_a}{p_1}\right)\left\{1 - \left[\left(\frac{p_a}{p_1} - b\right)/(1-b)\right]^2\right\}/q_m}{\left(\frac{1 - \frac{p_a}{p_1}}{1 - b}\right)^2 \left(1 - \frac{1 - \frac{p_a}{p_1}}{1 - b}\right)}$$

$$= \frac{\left[(1-b)^2 - \left(\frac{p_a}{p_1} - b\right)^2\right]/q_m}{\left(1 - \frac{p_a}{p_1}\right)\left(\frac{\frac{p_a}{p_1} - b}{1 - b}\right)}$$

$$\frac{\partial b}{\partial q_m} \frac{dq_m}{b} = \frac{1-b}{b} \frac{(1-b)^2 - \left(\frac{p_a}{p_1} - b\right)^2}{\left(1 - \frac{p_a}{p_1}\right)\left(\frac{p_a}{p_1} - b\right)} \frac{dq_m}{q_m}$$

$$\frac{\partial b}{\partial C} = \frac{\left(1 - \frac{p_a}{p_1}\right)\left(-\frac{2q_m}{C\rho_a p_1}\sqrt{\frac{T_1}{293.15}}\right)\left(-\frac{q_m}{C^2 \rho_a p_1}\sqrt{\frac{T_1}{293.15}}\right)}{(1 - \sqrt{})^2 \cdot 2\sqrt{}}$$

$$= \frac{\left(1 - \frac{p_a}{p_1}\right)\left[1 - \left(\frac{\frac{p_a}{p_1} - b}{1-b}\right)^2\right]}{\left(\frac{1 - \frac{p_a}{p_1}}{1 - b}\right)^2 \frac{\frac{p_a}{p_1} - b}{1-b}} \frac{1}{C} = \frac{(1-b)\left[(1-b)^2 - \left(\frac{p_a}{p_1} - b\right)^2\right]}{\left(1 - \frac{p_a}{p_1}\right)\left(\frac{p_a}{p_1} - b\right)C}$$

$$\frac{\partial b}{\partial C} \frac{dC}{b} = \frac{1-b}{b} \frac{(1-b)^2 - \left(\frac{p_a}{p_1} - b\right)^2}{\left(1 - \frac{p_a}{p_1}\right)\left(\frac{p_a}{p_1} - b\right)} \frac{dC}{C}$$

$$\frac{\partial b}{\partial T_1} = \frac{-\left(1 - \frac{p_a}{p_1}\right)\left(-2\frac{q_m}{C\rho_a p_1}\sqrt{\frac{T_1}{293.15}}\right)\left(-\frac{q_m}{2C\rho_a p_1}\sqrt{\frac{T_1}{293.15}}\right)}{(1 - \sqrt{})^2 \cdot 2\sqrt{}}$$

$$= \frac{-\left(1 - \frac{p_a}{p_1}\right)\left[1 - \left(\frac{\frac{p_a}{p_1} - b}{1-b}\right)^2\right]\frac{1}{T_1}}{2\left(\frac{1 - \frac{p_a}{p_1}}{1 - b}\right)^2 \left(1 - \frac{1 - \frac{p_a}{p_1}}{1 - b}\right)} = \frac{-(1-b)\left[(1-b)^2 - \left(\frac{p_a}{p_1} - b\right)^2\right]}{2\left(1 - \frac{p_a}{p_1}\right)\left(\frac{p_a}{p_1} - b\right)T_1}$$

$$\frac{\partial b}{\partial T_1} \frac{dT_1}{b} = -\frac{1-b}{b} \frac{(1-b)^2 - \left(\frac{p_a}{p_1} - b\right)^2}{2\left(1 - \frac{p_a}{p_1}\right)\left(\frac{p_a}{p_1} - b\right)} \frac{dT_1}{T_1}$$

$$\therefore \frac{db}{b} = \frac{1-b}{b} \frac{1}{\left(1-\frac{p_a}{p_1}\right)\left(\frac{p_a}{p_1}-b\right)} \sqrt{\left[(1-b)^2 + b\left(\frac{p_a}{p_1}-b\right)\right]^2 \left(\frac{dp_1}{p_1}\right)^2 + \left[(1-b)^2 - \left(\frac{p_a}{p_1}-b\right)^2\right] \left[\left(\frac{dq_m}{q_m}\right)^2 + \left(\frac{dC}{C}\right)^2 + \frac{1}{4}\left(\frac{dT_1}{T_1}\right)^2\right]}$$

(9-40)

由式（9-40）可见，当 $b \to 0$，$p_a/p_1 \to 1$ 和 $p_a/p_1 \to b$ 时，$db/b \to \infty$。表明在上述三种情况下，b 值的测量误差趋于无穷大。

变压法通常使用的压力表的最大量程为 10bar（g），则 A 级和 B 级压力表的测量精度为 ±1% 和 ±2%，即压力表的测量误差为 $\Delta p = \pm 0.1$bar 和 ± 0.2bar。若测值 $p_1 = 2$bar（a），则 $dp_1/p_1 = \pm 0.05$ 和 ± 0.1。表明压力表的实际测量误差为 ±5% 和 ±10%，而不是压力表的测量精度 ±1% 和 ±2%。

A 级和 B 级精度的流量计的测量误差为 ±2% 和 ±4%，若流量计的最大量程为 1000L/min（ANR），则流量计的测量误差为 ±20L/min 和 ±40L/min（ANR）。若测量流量是 200L/min（ANR），则实际流量计的测量误差为 $dq_V/q_V = \pm 10\%$ 和 ±20%，而不是该流量计的测量精度 ±2% 和 ±4%。当然，实际仪表的测量精度也许不是随实际测量值的减小而线性降低，但计算时应考虑到最差的可能。

变压法在进行临界压力比 b 值的测量误差预估时，自变量设为 b 和 p_1，故 dp_1/p_1 是已知值。但 C 值、T_1 值和 q_m 值是未知的，故无法事先给出 dC/C、dT_1/T_1 和 dq_m/q_m。

dT_1 是已知的，A 级 $\Delta T_1 = 1$K，B 级 $\Delta T_1 = 2$K。因 $\frac{1}{4}\left(\frac{dT_1}{T_1}\right)^2$ 与 $\left(\frac{dC}{C}\right)^2$、$\left(\frac{dq_m}{q_m}\right)^2$ 相比是个小量，通常 T_1 在 273~303K 之间，故设定 $T_1 = 289$K，对 db/b 的预估，影响很小。

dC/C 预估的测量误差见表 9-3。

为了计算方便，令 $L = \left(\frac{dq_m}{q_m}\right)^2 + \left(\frac{dC}{C}\right)^2 + \frac{1}{4}\left(\frac{dT_1}{T_1}\right)^2$

不同等级仪表的测量精度及 L 值见表 9-10。

表 9-10　不同等级仪表的测量精度及 L 值

仪表等级	$\dfrac{dq_m}{q_m}$	dT_1/K	$\dfrac{dC}{C}$	$\left(\dfrac{dC}{C}\right)^2$	$\left(\dfrac{dq_m}{q_m}\right)^2$	$\dfrac{1}{4}\left(\dfrac{dT_1}{T_1}\right)^2$	L
B 级	0.04	2	0.0449	20.16×10^{-4}	16×10^{-4}	12.056×10^{-6}	36.28×10^{-4}
A 级	0.02	1	0.0224	5.018×10^{-4}	4×10^{-4}	3.014×10^{-6}	9.05×10^{-4}
A^+ 级	0.02	1	0.0209	4.368×10^{-4}	4×10^{-4}	3.014×10^{-6}	8.40×10^{-4}
特级	0.01	1	0.0106	1.1236×10^{-4}	1×10^{-4}	3.014×10^{-6}	2.154×10^{-4}

下面分析一下如何预估测值的 dq_m/q_m，即 dq_V/q_V。

b 值只能在亚声速流时确定。对变压法来说，被测元件出口通大气，即 $p_2 = 1$bar（a）。亚声速流时的最高压力 $p_1 < \dfrac{1}{b}$。如 $b = 0.5$，则 $p_1 < 2$bar（a）。对定压法，测试时通常选 $p_1 = 5$bar（g），即 $p_1 = 6$bar（a）。这对 $b > 0.2$ 的元件来说是可行的。若 $b = 0.1$，则必须 $p_1 < 10$bar（a）才能出现亚声速流。

就 $b = 0.5$ 来说，定压法通常使用 $p_1 = 6$bar（a），而变压法只能选用 $p_1 < 2$bar（a），即测试时使用的进口压力，定压法是变压法的 3 倍以上。通过被测元件的流量，定压法也假设

是变压法的 3 倍以上。流量计的仪表测量误差 Δq_m 是不变的，对 $\mathrm{d}q_m/q_m$ 来说，变压法就比定压法大了 3 倍以上，称此为 $\mathrm{d}q_m/q_m$ 的修正系数。故 $b=0.5$ 时，$\mathrm{d}q_m/q_m$ 的修正系数为 3。不同 b 值的修正系数见表 9-11。

表 9-11 变压法 $\mathrm{d}q_m/q_m$ 的修正系数

b		0.1	0.2	0.3	0.4	0.5
p_1/bar（a） <		10	5	3.33	2.5	2.0
$\dfrac{\mathrm{d}q_m}{q_m}$ 的修正系数		1	1.2	1.8	2.4	3.0
$\left(\dfrac{\mathrm{d}q_m}{q_m}\right)^2$	B 级	16×10^{-4}	23.041×10^{-4}	51.84×10^{-4}	92.16×10^{-4}	144×10^{-4}
	A 级	4×10^{-4}	5.76×10^{-4}	12.96×10^{-4}	23.04×10^{-4}	36×10^{-4}
	A^+ 级	4×10^{-4}	5.76×10^{-4}	12.96×10^{-4}	23.04×10^{-4}	36×10^{-4}
	特级	1×10^{-4}	1.44×10^{-4}	3.24×10^{-4}	5.76×10^{-4}	9×10^{-4}
L	B 级	36.64×10^{-4}	43.68×10^{-4}	72.48×10^{-4}	112.8×10^{-4}	164.64×10^{-4}
	A 级	9.138×10^{-4}	10.898×10^{-4}	18.098×10^{-4}	28.178×10^{-4}	41.138×10^{-4}
	A^+ 级	8.398×10^{-4}	10.158×10^{-4}	17.358×10^{-4}	27.438×10^{-4}	40.398×10^{-4}
	特级	2.154×10^{-4}	2.594×10^{-4}	4.394×10^{-4}	6.914×10^{-4}	10.154×10^{-4}

$b=0.1$ 时，因 p_1 很高，可近似认为 $\mathrm{d}q_m/q_m$ 可以达到仪表的测量精度，即上述修正系数为 1。其他 b 值的 $\mathrm{d}q_m/q_m$ 对不同等级仪表的 $\mathrm{d}q_m/q_m$ 乘以修正系数进行修正。如 $b=0.3$ 时，$p_1<3.33\mathrm{bar}$（a），定压法 $p_1=6\mathrm{bar}$（a），则修正系数 $=6/3.33=1.8$。得出 $(\mathrm{d}q_m/q_m)^2$ 见表 9-11。

为了计算方便，令

$$i=[(1-b)^2+b(p_\mathrm{a}/p_1-b)]^2$$

$$I=i\times\left(\dfrac{\mathrm{d}p_1}{p_1}\right)^2$$

$$l=[(1-b)^2-(p_\mathrm{a}/p_1-b)^2]$$

$$J=l\times L$$

$$K=\dfrac{1-b}{b}\dfrac{1}{(1-p_\mathrm{a}/p_1)(p_\mathrm{a}/p_1-b)}$$

则式（9-40）就变成

$$\dfrac{\mathrm{d}b}{b}=K\sqrt{I+J} \tag{9-41}$$

按式（9-41），在不同 b 值下，对不同等级的仪表测量精度，可计算出变压法的 b 值预估的测量误差 $\mathrm{d}b/b$ 与进口压力 p_1 的关系见表 9-12。

计算表 9-12 时，各种条件下，保留出现最小的 $\mathrm{d}b/b$ 值的前提下，删去 $\mathrm{d}b/b>2$ 的计算值。因 $\mathrm{d}b/b=1$，b 值就有出现负值的可能，这是根本不会存在的现象。为了显示 $\mathrm{d}b/b$ 曲线的变化趋势，$\mathrm{d}b/b$ 在 1~2 之间的计算点一般予以保留，并不表示它有存在的价值。

表 9-12 中，为了对不同仪表测量精度下的 $\mathrm{d}b/b$ 进行比较，不仅计算了 ISO 6358:1989 规定的 A 级和 B 级测量仪表的精度，也同时给出了后面 ISO 6358-1:2013 中规定的 A^+ 级测量仪表精度，还给出了国家气动产品质量监督检验（奉化）中心能达到的特级测量仪表精

表 9-12 变压法在不同等级仪表测量精度下的 db/b

($p_a = 1.013\text{bar}$)

b	p_1/bar (a)		1.05	1.1	1.2	1.3	1.5	2	2.5	3	4	5
	i		0.8965	0.7958	0.7822	0.7707	0.7526	0.7236	0.7065	0.6952	0.6812	0.6728
	l		0.003867	0.018525	0.065647	0.121554	0.229413	0.415713	0.513900	0.567784	0.618605	0.639157
	K		274.0	138.6	77.62	60.02	48.18	44.86	49.60	57.17	78.62	110
仪表等级	项目		计算值									
特级	I			65.76×10^{-6}	54.32×10^{-6}	45.6×10^{-6}	33.45×10^{-6}	18.09×10^{-6}	11.3×10^{-6}	7.724×10^{-6}	4.258×10^{-6}	2.691×10^{-6}
	J			3.99×10^{-6}	14.14×10^{-6}	26.18×10^{-6}	49.42×10^{-6}	100.3×10^{-6}	110.7×10^{-6}	121.5×10^{-6}	133.2×10^{-6}	137.7×10^{-6}
	db/b			1.16	0.64	0.51	0.44	0.49	0.548	0.65	0.92	1.30
A⁺级	I						836×10^{-6}	452×10^{-6}	283×10^{-6}	193×10^{-6}	127×10^{-6}	67.3×10^{-6}
	J						193×10^{-6}	384×10^{-6}	432×10^{-6}	477×10^{-6}	520×10^{-6}	
	db/b						1.55	1.30	1.31	1.48	2.00	
A级	I							1809×10^{-6}	1130×10^{-6}	772×10^{-6}		
	J							380×10^{-6}	470×10^{-6}	519×10^{-6}		
	db/b							2.1	1.98	2.05		
B级	I							0.007236	0.004520	0.003088		
	J							0.001523	0.001883	0.002080		
	db/b							4.20	3.97	4.11		

b	p_1/bar (a)		1.05	1.1	1.2	1.4	1.6	1.8	2.0	2.5	3	4	4.5
	i		0.7930	0.7842	0.7688	0.7447	0.7266	0.7126	0.7013	0.6810	0.6675	0.6565	0.6450
	l		0.003040	0.014470	0.052647	0.133863	0.204668	0.258463	0.298179	0.357476	0.385700	0.405979	0.408793
	K		148.6	70.15	39.85	27.64	25.17	25.22	26.44	32.77	43.86	100.5	205.6
仪表等级	项目		计算值										
特级	I		71×10^{-6}	64.8×10^{-6}	53.4×10^{-6}	38×10^{-6}	28.38×10^{-6}	21.99×10^{-6}	17.53×10^{-6}	10.9×10^{-6}	7.416×10^{-6}	4.066×10^{-6}	3.185×10^{-6}
	J		0.789×10^{-6}	3.75×10^{-6}	13.14×10^{-6}	34.72×10^{-6}	53.09×10^{-6}	67.04×10^{-6}	77.35×10^{-6}	92.73×10^{-6}	100.1×10^{-6}	105.3×10^{-6}	106×10^{-6}
	db/b		1.27	0.52	0.33	0.24	0.23	0.24	0.26	0.33	0.43	1.05	2.15

b = 0.1 (upper table), b = 0.2 (lower table)

	仪表等级	项目											
0.2	A+级	I	1335×10^{-6}	950×10^{-6}	709.5×10^{-6}	550×10^{-6}	438×10^{-6}	272×10^{-6}	185×10^{-6}	103×10^{-6}			
		J	51.4×10^{-6}	136×10^{-6}	208×10^{-6}	262.5×10^{-6}	303×10^{-6}	363×10^{-6}	392×10^{-6}	412×10^{-6}			
		db/b	1.48	0.91	0.76	0.72	0.72	0.83	1.01	2.28			
	A级	I		0.003800	0.002838	0.002199	0.001753	0.001090	0.000742				
		J		0.000146	0.000223	0.000282	0.000325	0.000390	0.000420				
		db/b		1.74	1.39	1.26	1.21	1.26	1.49				
	B级	I				0.008800	0.007012	0.004360					
		J				0.001128	0.001302	0.001561					
		db/b				2.513	2.41	2.52					

试验条件

p_1/bar (a)	1.05	1.1	1.2	1.3	1.4	1.6	1.8	2.0	2.5	3.0	3.2
i	0.4753	0.4574	0.4268	0.4017	0.3808	0.3481	0.3235	0.3047	0.2720	0.2513	0.2450
l	0.002313	0.010914	0.037590	0.067776	0.096464	0.143662	0.177197	0.200129	0.229377	0.238712	0.239831
K	99.71	47.51	27.52	22.05	19.93	19.09	20.30	22.90	37.30	93.50	206.2

计算值

b	仪表等级	项目	1.05	1.1	1.2	1.3	1.4	1.6	1.8	2.0	2.5	3.0	3.2
0.3	特级	I	43.11×10^{-6}	37.8×10^{-6}	29.6×10^{-6}	23.8×10^{-6}	19.4×10^{-6}	13.6×10^{-6}	9.98×10^{-6}	7.62×10^{-6}	4.35×10^{-6}	2.79×10^{-6}	2.39×10^{-6}
		J	1.02×10^{-6}	4.8×10^{-6}	16.5×10^{-6}	29.8×10^{-6}	42.4×10^{-6}	63.1×10^{-6}	77.9×10^{-6}	87.9×10^{-6}	100.8×10^{-6}	104.9×10^{-6}	105.4×10^{-6}
		db/b	0.662	0.310	0.187	0.161	0.157	0.167	0.190	0.224	0.382	0.970	2.14
	A+级	I		945×10^{-6}	741×10^{-6}	594×10^{-6}	486×10^{-6}	340×10^{-6}	250×10^{-6}	190×10^{-6}	109×10^{-6}	70×10^{-6}	
		J		18.9×10^{-6}	65.2×10^{-6}	117.6×10^{-6}	167.4×10^{-6}	249.4×10^{-6}	307.6×10^{-6}	347.4×10^{-6}	398.2×10^{-6}	414.4×10^{-6}	
		db/b		1.475	0.781	0.588	0.509	0.463	0.479	0.531	0.840	2.06	
	A级	I			0.002960	0.00238	0.00194	0.00136	0.001	0.000762	0.000435	0.000279	
		J			0.000068	0.000123	0.000175	0.00026	0.000321	0.000362	0.000415	0.000432	
		db/b			1.514	1.103	0.916	0.768	0.737	0.768	1.087	2.493	
	B级	I						0.007771	0.005439	0.003993	0.003235		
		J						0.0699	0.1284	0.1451			
		db/b						1.83	1.60	1.475	1.57		

(续)

b	p_1/bar (a)	项目	1.05	1.1	1.3	1.45	1.60	1.75	1.90	2.05	2.2	2.40	2.45
							试验条件						
0.4		i	0.3433	0.3231	0.2618	0.2298	0.2054	0.1862	0.1708	0.1581	0.1476	0.1360	0.1335
		l	0.001684	0.007859	0.046735	0.073347	0.093424	0.107591	0.117148	0.123297	0.126982	0.129249	0.129469
		K	75.05	36.40	17.92	16.67	17.54	19.91	24.11	31.51	46.00	117.4	189.9
	仪表等级						计算值						
	特级	I	31.14×10^{-6}	26.7×10^{-6}	15.49×10^{-6}	10.93×10^{-6}	8.02×10^{-6}	6.08×10^{-6}	4.73×10^{-6}	3.76×10^{-6}	2.62×10^{-6}	2.36×10^{-6}	2.22×10^{-6}
		J	1.16×10^{-6}	5.43×10^{-6}	32.3×10^{-6}	50.7×10^{-6}	64.6×10^{-6}	74.4×10^{-6}	81×10^{-6}	85.3×10^{-6}	87.8×10^{-6}	89.4×10^{-6}	89.5×10^{-6}
		db/b	0.429	0.206	0.124	0.131	0.149	0.179	0.223	0.297	0.437	1.124	1.818
	A^+级	I	0.000779	0.000668	0.000387	0.000273	0.000201	0.000152	0.000118	0.000094	0.000066	0.000059	
		J	4.6×10^{-6}	21.6×10^{-6}	128×10^{-6}	201×10^{-6}	256×10^{-6}	295×10^{-6}	321×10^{-6}	338×10^{-6}	348×10^{-6}	355×10^{-6}	
		db/b	2.1	0.956	0.407	0.363	0.375	0.421	0.501	0.655	0.936	2.388	
	A级	I		0.00267	0.001549	0.001093	0.000802	0.000608	0.000473	0.000376	0.000262		
		J		0.000022	0.000132	0.000207	0.000263	0.000303	0.00033	0.000347	0.000358		
		db/b		1.89	0.735	0.601	0.573	0.601	0.683	0.848	1.146		
	B级	I			0.00618	0.004372	0.003209	0.002432	0.001892	0.001505			
		J			0.000527	0.000827	0.001102	0.001214	0.001321	0.001391			
		db/b			1.468	1.106	1.152	1.202	1.367	1.696			

b	p_1/bar (a)	项目	1.05	1.1	1.2	1.3	1.4	1.5	1.6	1.7	1.8	1.9	1.95
							试验条件						
0.5		i	0.2327	0.2121	0.1782	0.1518	0.1309	0.1140	0.1002	0.0888	0.0792	0.0711	0.0675
		l	0.001156	0.0053	0.0173	0.0296	0.04000	0.0481	0.053953	0.057988	0.060545	0.061951	0.06231
		K	61.12	30.07	18.65	16.22	16.18	17.57	20.48	25.80	36.43	64.6	106.8
	仪表等级						计算值						
	特级	I	21.1×10^{-6}	17.53×10^{-6}	12.37×10^{-6}	8.98×10^{-6}	6.68×10^{-6}	5.07×10^{-6}	3.91×10^{-6}	3.07×10^{-6}	2.44×10^{-6}	1.97×10^{-5}	1.77×10^{-6}
		J	1.17×10^{-6}	5.38×10^{-6}	17.57×10^{-6}	30.1×10^{-6}	40.6×10^{-6}	48.8×10^{-6}	54.8×10^{-6}	58.9×10^{-6}	61.5×10^{-6}	62.9×10^{-5}	63.3×10^{-6}
		db/b	0.291	0.144	0.102	0.101	0.111	0.129	0.161	0.203	0.291	0.520	0.861
	A^+级	I	0.000528	0.000438	0.000309	0.000225	0.000167	0.000127	0.000098	0.000077	0.000061	0.000049	0.000044
		J	0.0000047	0.000021	0.00007	0.000120	0.000162	0.000194	0.000218	0.000234	0.000248	0.00025	0.000252
		db/b	1.41	0.645	0.363	0.301	0.293	0.315	0.364	0.455	0.641	1.12	1.84
	A级	I	0.00211	0.001753	0.001237	0.000898	0.000668	0.000507	0.000391	0.000307	0.000244	0.000197	0.000177
		J	0.0000048	0.000022	0.000071	0.000122	0.000165	0.000198	0.000222	0.000239	0.000249	0.000255	0.000256
		db/b	2.81	1.267	0.675	0.518	0.467	0.466	0.507	0.603	0.809	1.373	2.223
	B级	I			0.00495	0.003593	0.00267	0.002027	0.001564	0.001229	0.000977		
		J			0.000285	0.000487	0.000659	0.000791	0.000888	0.000955	0.000997		
		db/b			1.349	1.036	0.934	0.933	1.014	1.206	1.618		

度。这个测试台是从德国 Festo 公司购入的。

从表 9-12 看出，对 ISO 6358:1989 规定的 A 级和 B 级仪表测量精度来说，db/b 都在 0.466 以上，表明变压法使用 A 级和 B 级仪表精度无法测出正确的 b 值。

造成 b 值测不准的原因分析如下。

表 9-12 可以看出，不同 b 值下，都存在一个最小 db/b，记为 $(db/b)_{min}$，称为最佳测点。$(db/b)_{min}$ 对应的 p_1 记为 p_{1min}。变压法在 A 级和 B 级仪表测量精度下的 $(db/b)_{min}$ 和 p_{1min} 见表 9-13。不仅 $(db/b)_{min}$ 远大于 0.466，而且最佳测点的绝对压力 p_{1min} 在 1.45 ~ 2.5bar 之间。对 A 级仪表测量精度，若 10bar（g）时的测量精度为 0.1bar，则 1.45bar（a）的测量精度就变成 0.1/0.45 = 0.22，即由 ±1% 的测量精度变成了 ±22% 的测量精度。这么差的压力测量精度怎么可能测出正确的 b 值呢？

表 9-13 变压法在不同仪表测量精度下的 $(db/b)_{min}$ 和 p_{1min}

b	$(db/b)_{min}$				p_{1min}/bar（a）			
	B 级	A 级	A$^+$ 值	特级	B 级	A 级	A$^+$ 级	特级
0.1	3.969	1.980	1.30	0.44	2.5	2.5	2.0	1.5
0.2	2.410	1.210	0.72	0.23	2.0	2.0	1.8 - 2.0	1.6
0.3	1.475	0.737	0.463	0.157	1.8	1.8	1.6	1.4
0.4	1.106	0.573	0.363	0.124	1.45	1.6	1.45	1.3
0.5	0.933	0.466	0.293	0.101	1.5	1.5	1.4	1.3

因为 p_{1min} 太低，与定压法通常使用的 $p_1 = 5$bar（g）相比较，通过被测元件的流量，至少定压法比变压法大 4 倍。也就是说，使用同样的流量计，变压法的实际测量精度比定压法至少降低 4 倍。流量测量精度过低，又加剧了 b 值测量值的失真。

可能有人会问，为什么不可以在比较高的 p_1 下测 b 值呢？要知道，b 值只可能在亚声速流区间测出。若 $b = 0.5$，意味着 $p_1 < 2$bar（a）条件下，才会存在亚声速流动，$p_1 > 2$bar（a）已是超临界流态，无法测 b 值。

根据表 9-12，可画出变压法在 A$^+$ 级和特级仪表测量精度下，db/b 与 p_1 在不同 b 值条件下的关系曲线如图 9-14 和图 9-15 所示。

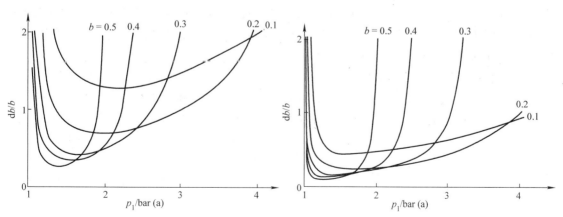

图 9-14 变压法 db/b 与 p_1 的关系曲线（A$^+$ 级仪表精度）　　图 9-15 变压法 db/b 与 p_1 的关系曲线（特级仪表精度）

9.6 变压法的分析

9.6.1 壅塞流定义的分析

变压法中，不存在壅塞流。壅塞流只可能存在于定压法中。

变压法中，在被测元件出口通大气的情况下，当被测元件内某截面上的流速达到当地声速后，再不断增大上游压力 p_1，通过被测元件的质量流量 q_m 随之不断增大的现象称为壅塞流，如图9-4所示，作者认为这是不正确的。超过临界点的流动，随 p_1 的增大，q_m 也随之增大，并未发生壅塞，怎么能叫壅塞流呢？这只能称为超临界流态的流动，如图9-16所示。

9.6.2 声速流导 C 值公式的分析

式（9-1）不仅适用于定压法，也适用于变压法。但式中的 p_1^*、T_1^* 和 q_m^* 必须是刚达临界点时的值。而不能取超临界流态区域的值。这一点，标准中并未说明。也就是说，用式（9-1），求出临界点的 C 值称为声速流导。用式（9-1），计算出超临界流态区的 C 值，它不是声速流导，而是超临界流态区的声速流导。

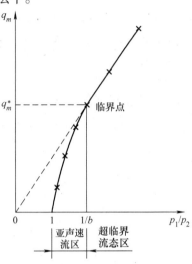

图 9-16　正确的变压法的流量特性线

同一个气动元件，用定压法和变压法测出的 C 值不一定相等。

一是所测流道不同。定压法在两测点（p_1 和 p_2）之间，若临界截面处在被测元件内，测出 C 值是被测元件加上 3 倍管径长的上游测压管和 10 倍管径长的下游测压管的合成值。当然，以被测元件为主。若临界截面不在被测元件内，而处于下游测压管的出口或流量控制阀内，测出 C 值一定小于被测元件的 C 值。对变压法，若不安装下游测压管，而是被测元件出口通大气，测出 C 值就是被测元件的。

二是被测元件的两端压力差 $p_1 - p_2$ 不同。设 $b = 0.4$，变压法达临界时的上游压力 $p_1 = 2.5\text{bar}$（a）。出口通大气，$p_a = 1.0\text{bar}$（a）。两端压力差 $\Delta p = p_1 - p_2 = 1.5\text{bar}$。定压法通常取 $p_1 = 6\text{bar}$（a），达临界时 $p_2 = p_1 b = 6 \times 0.4 = 2.4\text{bar}$（a），两端压力差 $p_1 - p_2 = 6 - 2.4 = 3.6\text{bar}$。故定压法通过的质量流量是变压法的 2.4 倍。即定压法的流动雷诺数也是变压法的 2.4 倍，两种方法的流动损失也不同，也会影响到 C 值的大小。

9.6.3 临界压力比 b 值公式的分析

式（9-3）是遵循气动元件的流量特性线近似于四分之一椭圆曲线的假设而导出的。变压法与定压法的流量特性线表达方式不同。变压法的流量特性线并不是椭圆曲线，故式（9-1）~式（9-4）仅适用于变压法中的临界点，都不能用于变压法中的亚声速流态区和超临界流态区。因定压法中，q_m 和 q_m^* 是在相同的 p_1、T_1 下，由于 p_2 不同测出的不同流量；而变压法中，流量 q_m 与 q_m^* 的进口压力 p_1 并不相同，q_m 是不同的 p_1、T_1 条件下的质量流量，但 C 值对应的 p_1^* 肯定大于 p_1。

9.6.4 测试方法的分析

变压法应使用作图法找出临界点，由临界点确定两个流量特性参数 b 值和 S 值。

由于是从原点对测点连线作切线，在切点附近，该切线是测点连线的渐近线，往往难以确定临界点的位置。

该标准规定变压法逐步调节进口压力 p_1 为 0.1、1.5、3 和 5bar（g），这种规定是难以找出临界点的。应在临界点附近，多测几点；在亚声速流区，测 2~3 点；在超临界点区，测 1~2 点便可。

若临界点难以确定，可取低压测点的连线开始偏离从原点所作切线的最上点与偏离高压测点连线（临界点之上）的最下点的中值作为临界点。

9.6.3 节已对式（9-4）提出了质疑，故不建议用式（9-4）计算 b 值。

9.6.5 测试原理的分析

图 9-16 是正确的变压法的流量特性线。从原点对测点连线作切线，切点就是临界点。切点的 q_m 就是被测元件内的流速刚达到当地声速时的质量流量，记为 q_m^*。临界点的 $p_1/p_2 = 1/b$，b 为临界压力比。p_1/p_2 在 1 和 $1/b$ 之间为亚声速流区，$p_1/p_2 > 1/b$ 为超临界流态区。

被测元件下游不连接下游测压管、而直接通外界大气时，是正确的变压法测试原理。若被测元件后接下游测压管，反而测不准 b 值。

通常气动元件的 b 值在 0.2~0.5 之间，故变压法的供气压力 p_1 在 2~5bar（a）以下才可以测 b 值。许多气动元件都存在最低使用压力，见表 9-14。最低使用压力在 1.5~3.0bar（a）之间。可见，有最低使用压力要求的许多气动元件，使用变压法是测不了 b 值的。如内部先导式的单电（气）控弹性密封滑阀，其最低使用压力为 0.15MPa（g），即 2.5bar（a）。当该阀的 $b > 0.4$ 时，就有可能测不出该阀的 b 值。

表 9-14 具有最低使用压力的气动元件　　　　　　［单位：MPa（g）］

密封形式	直动式（弹簧复位）		外部先导式	内部先导式			梭阀 双压阀	滑块式滑阀 速度控制阀 快排阀
	滑柱式	座阀式		气压混合复位	双电气控	三位式		
弹性密封	0		-0.1	0.15~0.20	0.1	0.15~0.20	0.05	0.1
间隙密封				0.10~0.15	0~0.1	0~0.1	—	—

气动元件的 b 值较大时，如 $b = 0.5$，其供气压力 p_1 必须小于 1bar（g）才能测该阀的 b 值。由于 p_1 低，导致实际的压力及流量的测量精度降低，有可能导致测出的 b 值误差大。

气动元件的 b 值偏小时，虽供气压力 p_1 高，压力和流量的实际测量精度较高，但从式（9-40）可知，$b \to 0$ 时 $db/b \to \infty$。这表明，变压法不能用于测 b 值偏小（如 $b < 0.2$）的气动元件的 b 值。

9.6.6 变压法的综合分析

1) 测量仪表精度不能选用 A 级和 B 级，应选用 A^+ 级。当 $b < 0.2$ 时，应选特级。
2) 变压法测 b 值，应使用作图法，不要使用计算法。
3) 有最低使用压力要求的气动元件，要注意有些气动元件不能用变压法测 b 值。
4) 变压法适合用于测量 b 值较大（如 $b > 0.35$），且无最低使用压力要求的气动元件。

第 10 章 串接声速排气法（GB/T 14513—1993）

国际标准 ISO 6358：1989 认为，气动元件的流量特性线近似于四分之一椭圆曲线，故可用两个流量特性参数（声速流导 C 值和临界压力比 b 值）来表述完整的流量特性线，这是正确的。这个观点，对气动技术的发展有重大的推动作用。但该标准对仪表测量精度要求苛刻，导致许多气动元件测出 b 值严重失真，甚至测出 b 值出现不可能存在的负值。而且，对大通径的气动元件，测试时的耗气量过大，测试单位难以满足要求。

制定测试气动元件的流量特性的国际标准或国家标准，有如下基本要求。

1）测试原理要有科学依据。测出两个流量特性参数应有可信度，这是首要的。

2）测试方法必须通过测试考核，切实可行。

3）测试装置及测试仪器等的投资成本不能太高。

气动行业都是中小企业，测试两个流量特性参数就要投资上百万人民币是难以接受的。

4）测试方法简便、测试数据处理简单。

测试方法及数据处理太复杂，测试人员是不欢迎的。容易出现人为错误。若数据处理必须由计算机代劳，会增加测试成本。像 ISO 6953-3 的测试数据要打印出来，会有上百页。

5）测试时的耗气量不能太大。

像 ISO 6358：1989 使用五点测量法测 b 值，测一个气动元件需 $3q_m^*$（q_m^* 是指气动元件达临界流态时的质量流量），故该标准交代只宜测通径 20mm 以下的气动元件。

像 ISO 6358-1：2013 改成测 14 点，测一个气动元件需 $11q_m^*$，连奉化中心的气源也只能测少部分通径 15mm 的气动元件。该国际标准缺少实用价值。

针对上述情况，1986 年，笔者便提出用串接声速排气法来解决气动元件流量特性的测试问题。该方法获得我国的国家发明专利。该方法使用机械部标准 JB/LQ 20703—1986《气动换向阀试验方法》的测试设备，便可测出 ISO 6358 规定的两个流量特性参数 C 值和 b 值。不仅测出 b 值的可信性大幅提高，而且耗气量仅为 ISO 6358：1989 的 10% 以内。此方法得到机械部基础件司总工程师吴筠高工、全国液压气动标准化委员会秘书长吴志明高工及北京机械部自动化所气动组组长双静娴高工的大力支持。1989 年，机械部责成国家气动元件产品质量监督检测中心（归口所为无锡气动技术研究所），利用它们现有测 S 值的设备，按串接声速排气法，测出一个系列（$\phi 6 \sim \phi 25$mm）的电磁换向阀的 C、b 值，证明该方法"简单可行、测试成本低、用气量少、测试结果可靠，测量精度达到 ISO 6358：1989 A 级"。经第三届气压传动和控制分技术委员会（简称：气标委）及全国液压气动标准化技术委员会（简称：液气总标委）两级全体委员审查通过后，制定成国家标准 GB/T 14513—1993，不采纳 ISO 6358—1989。

后来，笔者对串接声速排气法进行了 S 值和 b 值的测量误差分析，并找出最佳测点。在担任 SMC（中国）有限公司技术顾问时，利用该公司博士后流动站选题的机会，与该公司张士宏博士一起，对上述测量误差分析和最佳测点进行了实验论证，证明是正确的。这就大大提高了串接声速排气法测出的 S 值和 b 值的测量精度。再后来，奉化气动检验中心的副主任惠伟安高工，利用该中心的测试设备，也证实改进后的串接声速排气法是当时国内外所有有关测试方法中测量精度最高、测试设备成本低、数据处理简单，且大大节省用气量的最可信的方法。

10.1 串接声速排气法的基本原理

如图 10-1 所示，设元件 1 和元件 2 在临界流态下的有效面积和临界压力比分别为 S_1、b_1 和 S_2、b_2。两元件串接在压力差 $p_1 - p_a$ 的作用下，确保此串接回路处于临界流态，临界截面处于后面的元件 2 内。设两元件串接后的合成元件在临界流态下的有效面积为 S_{12} 和临界压力比为 b_{12}，则通过元件 1 的质量流量

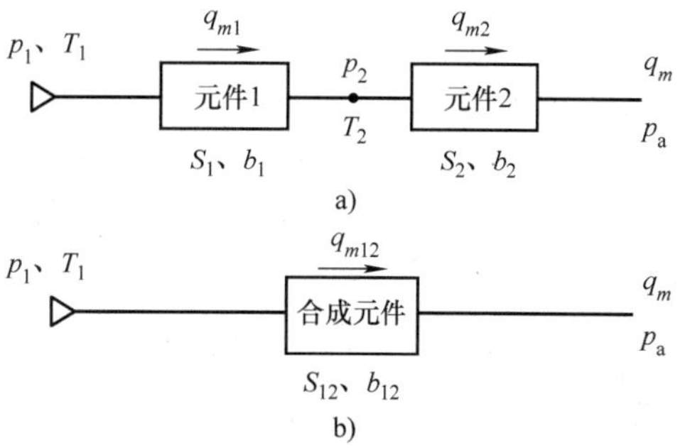

$$q_{m1} = 0.04 \frac{p_1 S_1}{\sqrt{T_1}} \sqrt{1 - \left(\frac{\frac{p_2}{p_1} - b_1}{1 - b_1}\right)^2} \tag{10-1}$$

图 10-1 两元件串接

通过元件 2 的质量流量

$$q_{m2}^* = 0.04 \frac{p_2 S_2}{\sqrt{T_2}} \tag{10-2}$$

通过合成元件的质量流量

$$q_{m12}^* = 0.04 \frac{p_1 S_{12}}{\sqrt{T_1}} \tag{10-3}$$

p_2、T_2 是两元件之间假想的压力和温度。

绝热流动条件下，$T_2 = T_1$。

因 $q_{m2}^* = q_{m12}^*$，则有

$$S_{12}/S_2 = p_2/p_1 \tag{10-4}$$

因 $q_{m1} = q_{m2}^*$，则得

$$\frac{p_2}{p_1} = \frac{b_1 + (1 - b_1)\sqrt{1 + (1 - 2b_1)(S_2/S_1)^2}}{1 + (1 - b_1)^2 (S_2/S_1)^2} = \frac{S_{12}}{S_2} \tag{10-5}$$

因 $q_{m1} = q_{m12}^*$，则得

$$b_1 = \frac{S_{12}/S_2 - \sqrt{1 - (S_{12}/S_1)^2}}{1 - \sqrt{1 - (S_{12}/S_1)^2}} \tag{10-6}$$

合成元件的临界压力比 b_{12} 就是合成元件刚达临界流态（即元件 2 刚达临界流态），出口压力 p_a 与进口压力 p_1 之比。

$$b_{12} = \left(\frac{p_a}{p_1}\right)^* = \left(\frac{p_a}{p_2}\right)^* \frac{p_2}{p_1} = b_2 \frac{S_{12}}{S_2} \tag{10-7}$$

测得 S_1、S_2 和 S_{12}，由式（10-6），可求得 b_1。

怎样测 S_1、S_2 和 S_{12} 呢？可利用 JB/LQ 20703—1986 测 S 值的测试设备（见图 10-2）进行。

第 6 章中，介绍了利用绝热声速排气法测气动元件在临界流态下的有效面积 S 值的方法（参见图 6-3）。测 S 值时，气罐内的压力 p_1 随时间 t 变化如图 6-4 所示。气罐内的初始压力为 p_{10}、初始温度为 T_{10}。在绝热声速排气段，该压力从 p_{10} 降至 p_1 的放气时间 t 按式（10-8）计算。

$$t = 7.3016 \frac{V}{S} \sqrt{RT_{10}} \left[\left(\frac{p_{10}}{p_1}\right)^{\frac{1}{7}} - 1 \right] \tag{10-8}$$

绝热声速放气过程为等熵过程，故有

$$\frac{p_{10}}{p_1} = \left(\frac{T_{10}}{T_1}\right)^{3.5} \tag{10-9}$$

停止放气后，让气罐内的压力从 p_1 升至趋于稳定时的残余压力为 $p_{1\infty}$，这个过程为等容过程，故有

$$\frac{p_1}{T_1} = \frac{p_{1\infty}}{T_{1\infty}} \tag{10-10}$$

因 $T_{10} = T_{1\infty}$ 为室温，由式（10-10），则有

$$\frac{T_{10}}{T_1} = \frac{p_{1\infty}}{p_1}$$

此式代入式（10-9），则有

$$\frac{p_{10}}{p_1} = \left(\frac{p_{1\infty}}{p_1}\right)^{3.5} \tag{10-11}$$

将式（10-11）中的 p_1 代入式（10-8），化简后，可得计算被测元件在临界流态下的有效面积 S 值的公式为

$$S = 26.1 \frac{V}{t} \sqrt{\frac{273}{T_{10}}} \left[\left(\frac{p_{10}}{p_{1\infty}}\right)^{\frac{1}{5}} - 1 \right] \tag{10-12}$$

式中　S——临界流态下的有效面积，单位为 mm^2；

p_{10}——气罐内的初始（绝对）压力，单位为 bar；

$p_{1\infty}$——被测元件停止排气后，经充分时间稳定后的气罐内的残余（绝对）压力，单位为 bar；

t——放气时间，单位为 s；

T_{10}——室温，单位为 K；

V——气罐容积，单位为 L。

测 S 值的方法：将被测元件安装在容积为 V 的气罐出口上，让气罐内的初始压力充至 p_{10}。打开被测元件，从气罐经被测元件排至外界大气的时间限于 4～6s。关闭被测元件，待气罐内压力趋于稳定时的值即为 $p_{1\infty}$。然后，由式（10-12），可算得被测元件的 S 值。排气时间不长于 6s，以保证属于绝热排气；排气时间不小于 4s，以保证时间的测量精度。在排气过程中，应记录气罐内降至最低的压力 p_1，要满足 $p_a/p_1 < b$（被测元件的临界压力比），以保证声速排气。

排气过程及排气完毕的稳压过程中的几分钟时间内，要保证被测元件不存在泄漏。

作为辅助元件的元件 2，建议使用一个系列（从 M5 到 1/2in）的直通快换接头作为备用的辅助元件。可使用定压法、变压法或串接声速排气法，测出它们的 S 值和 b 值。这样，元件 2 的 S_2 和 b_2 值便是已知值了。然后，利用图 6-3 测 S 值的设备，测出被测元件的 S 值（即 S_1 值）。再在被测元件出口连接合适的快换接头（S_2 已知）作为辅助元件，如图 10-2 所示，可测出合成元件的 S 值（即 S_{12} 值）。有了 S_1、S_2 和 S_{12} 值，便可由式（10-6）计算出 b_1 值。

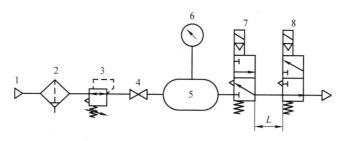

图 10-2 测合成元件的 S（即 S_{12}）值
1—气源 2—空气过滤器 3—减压阀 4—截止阀
5—气罐 6—标准压力表 7—被测元件 8—辅助元件

10.2 两个流量特性参数 S 值和 b 值的测量误差预估

依据公式是式（10-6）和式（10-12）。

仪表测量精度：为了与国际标准 ISO 6358 的仪表测量精度一致，以利于对各种方法进行比较，串接声速排气法的仪表测量精度也改为 A^+ 级和特级，见表 10-1。

表 10-1 仪表测量精度

种类	压力	温度	时间	容积
A^+ 级	±0.5%	±1K	±0.5%	±0.5%
特级	±0.1%	±1K	±0.5%	±0.5%

10.2.1 S 值的测量误差预估

由式（10-12），有

$$\frac{dS}{S} = \sqrt{\left(\frac{\partial S}{\partial V}\frac{dV}{S}\right)^2 + \left(\frac{\partial S}{\partial t}\frac{dt}{S}\right)^2 + \left(\frac{\partial S}{\partial T_{10}}\frac{dT_{10}}{S}\right)^2 + \left(\frac{\partial S}{\partial p_{10}}\frac{dp_{10}}{S}\right)^2 + \left(\frac{\partial S}{\partial p_{1\infty}}\frac{dp_{1\infty}}{S}\right)^2}$$

$$= \sqrt{\left(\frac{dV}{V}\right)^2 + \left(\frac{dt}{t}\right)^2 + \frac{1}{4}\left(\frac{dT_{10}}{T_{10}}\right)^2 + \left\{\frac{(p_{10}/p_{1\infty})^{\frac{1}{5}}}{5\left[\left(\frac{p_{10}}{p_{1\infty}}\right)^{\frac{1}{5}} - 1\right]}\frac{dp_{10}}{p_{10}}\right\}^2 + \left\{-\frac{(p_{10}/p_{1\infty})^{\frac{1}{5}}}{5\left[\left(\frac{p_{10}}{p_{1\infty}}\right)^{\frac{1}{5}} - 1\right]}\frac{dp_{1\infty}}{p_{1\infty}}\right\}^2}$$

$$= \sqrt{\left(\frac{dV}{V}\right)^2 + \left(\frac{dt}{t}\right)^2 + \frac{1}{4}\left(\frac{dT_{10}}{T_{10}}\right)^2 + \frac{(dp_{10}/p_{10})^2}{25\left[1 - \left(\frac{p_{1\infty}}{p_{10}}\right)^{\frac{1}{5}}\right]^2}\left[1 + \left(\frac{p_{10}}{p_{1\infty}}\right)^2\right]} \quad (10\text{-}13)$$

式 (10-13) 中，由表 10-1 可知，$dV/V = \pm 0.005$，$dt/t = \pm 0.005$，$dT_{10}/T_{10} = \frac{1}{288} = 0.00347$。对 $b = 0.1$，应使用最大量程为 16bar（g）的压力表，则 $dp_{10} = dp_{1\infty} = \pm 0.08$bar（$A^+$ 级）；对 $b \geqslant 0.2$，使用最大量程为 10bar（g）的压力表，则 $dp_{10} = dp_{1\infty} = \pm 0.05$bar（$A^+$ 级）。

p_{10} 的选取：

由式 (10-3) 可知，p_{10} 越大，$p_{1\infty}/p_{01}$ 越小，则压力测量仪表的实际精度越高，S 值的测量误差会变小。若测试单位的最高压力可达 10bar（g），则 p_{10} 应尽量选 9.5bar（g）为宜。

$p_{1\infty}$ 的选取方法：

设 $T_{10} = T_{1\infty} = T_a = 288K$。

$$p_1 > 1/b \tag{10-14}$$

由式 (1-26) 及式 (1-22)，算出 T_1 和 $p_{1\infty}$（见表 10-2）。故可设

$$p_{1\infty} \geqslant \frac{1}{b} + 1.2 \tag{10-15}$$

因 $b \leqslant 0.1$ 的气动元件目前尚未见到，故不考虑 $b = 0.1$ 的情况。

表 10-2　$p_{1\infty}$ 的选取

b	0.1	0.2	0.3	0.4	0.5
p_1/bar（a）应大于	10	5	3.33	2.5	2.0
选 p_{10}/bar（a）	16	10	10	10	10
T_1/K	252	237	211	194	182
$p_{1\infty}$/bar（a）	11.40	6.076	4.550	3.711	3.165
$p_{1\infty} - 1/b$/bar	1.4	1.076	1.220	1.211	1.165

式 (10-13) 中，$\left(\frac{dV}{V}\right)^2 + \left(\frac{dt}{t}\right)^2 + \frac{1}{4}\left(\frac{dT_{10}}{T_{10}}\right)^2 = (0.005)^2 + (0.005)^2 + \frac{1}{4} \times \left(\frac{1}{288}\right)^2 = 0.000053$。

在不同 b 和 p_{10} 下，$p_{1\infty}$ 由式 (10-15) 确定，按式 (10-13)，可计算出串接声速排气法的 dS/S（见表 10-3）。

表 10-3　串接声速排气法预估的 dS/S

①	②	③	④	⑤	⑥	⑦	⑧	⑦'	⑧'	⑨
b	p_{10}/bar（a）	$p_{1\infty}$/bar（a）	$\left(\dfrac{dp_{10}}{p_{10}}\right)^2$	$\dfrac{p_{10}}{p_{1\infty}}$	$\dfrac{1 + (p_{10}/p_{1\infty})^2}{25\left[1 - \left(\dfrac{p_{1\infty}}{p_{10}}\right)^{\frac{1}{5}}\right]^2}$	④×⑥	dS/S (A^+ 级)	⑦/25 (特级)	dS/S (特级)	dS/S (A 级)
0.1	16	11.4	28.4×10^{-6}	1.404	27.68	0.000786	0.0290	0.000031	0.0092	0.0565
0.1	15	11.4	32.7×10^{-6}	1.316	38.30	0.001252	0.0354	0.000050	0.0102	—
0.2	10.5	6.2	27.7×10^{-6}	1.694	15.47	0.000429	0.0219	0.000017	0.0084	0.0421
0.2	10.0	6.2	30.9×10^{-6}	1.613	17.32	0.000535	0.0243	0.0000214	0.0086	—
0.25	10.5	5.2	27.7×10^{-6}	2.019	11.816	0.000327	0.0195	0.000013	0.0081	0.0369

(续)

①	②	③	④	⑤	⑥	⑦	⑧	⑦'	⑧'	⑨
0.3	10.5	4.53	27.7×10^{-6}	2.316	10.64	0.000295	0.0186	0.0000118	0.0080	0.0351
	10.0	4.53	30.9×10^{-6}	2.206	10.94	0.000338	0.0198	0.0000135	0.00815	—
	9.5	4.53	34.6×10^{-6}	2.097	11.39	0.000394	0.0211	0.0000158	0.0083	
0.4	10.5	3.7	27.7×10^{-6}	2.838	10.21	0.000283	0.0183	0.0000113	0.0080	0.0344
	10.0	3.7	30.9×10^{-6}	2.703	10.22	0.000316	0.0192	0.0000126	0.0081	—
	8.5	3.7	44.4×10^{-6}	2.297	10.70	0.000475	0.0230	0.000019	0.0085	
	7.0	3.7	69.4×10^{-6}	1.892	12.78	0.000887	0.0307	0.0000355	0.0094	
0.5	10.5	3.2	27.7×10^{-6}	3.281	10.52	0.000291	0.0186	0.0000116	0.0080	0.0349
	10.0	3.2	30.9×10^{-6}	3.125	10.37	0.000320	0.0193	0.0000128	0.0081	—
	8.0	3.2	51×10^{-6}	2.5	10.35	0.000528	0.0241	0.000021	0.0086	
	6.0	3.2	100×10^{-6}	1.875	12.95	0.001295	0.0367	0.0000518	0.010	

表 10-3 中,特级的 $(dp_{10}/p_{10})^2$ 比 A^+ 级小 25 倍。A 级的 $(dp_{10}/p_{10})^2$ 比 A^+ 级大 4 倍。图 10-3 是按表 10-3 画出的不同精度等级的仪表 dS/S 与 b 值的关系图。从表 10-3 和图 10-3 可以看出:

1)首选 $p_{10} = 9.5\text{bar (g)}$。串接声速排气法测 S 值时,为了提高仪表的实际测量精度,供气压力 p_{10} 应尽量接近气源的最高压力选取。例如,气源最高压力为 10bar (g),则供气压力 p_{10} 应选 9.5bar (g)。从

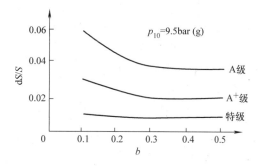

图 10-3 不同精度等级仪表的 dS/S 与 b 值的关系图

表 10-3 可以看出,p_{10} 越高,dS/S 越小。由式(10-16)可知,db_1/b_1 与 dS/S 成正比,为了提高 b_1 值的测量精度,自然 dS/S 越小越好。

2)仪表测量精度宜选 A^+ 级和特级。从表 10-3 看出,当 $p_{10} = 9.5\text{bar (g)}$ 时,对 A^+ 级仪表,当 $b > 0.25$ 时,dS/S 在 0.0186~0.0195 之间,S 值预估的测量误差小于 2%。其实际 S 值的测量误差一定小于 2%,这在工程应用中是令人满意的误差水平。若想测 $b < 0.25$ 的气动元件的 S 值,可以选取特级仪表,其预估的 S 值测量精度可低于 1%。但不要选取 A 级仪表,因为预估表明,当 $b > 0.25$ 时,$p_{10} = 9.5\text{bar (g)}$,其 dS/S 已达 0.0344~0.0369,虽然误差小于 4%,但由于 db/b 与 dS/S 成正比,会导致 b 值的误差增大近一倍。

3)当 b 值大时,p_{10} 也可选 6.3bar (g) 或 5bar (g)。计算结果表明,b 值越小,dS/S 随 p_{01} 的减小而迅速增大。b 值较大时,dS/S 随 p_{01} 的减小,而增大的趋势变缓。故 $p_{10} = 6.3\text{bar (g)}$ 或 5bar (g) 时,有可能 db/b 还在测出 b 值仍可信的范围内,这有利于扩大气罐的使用范围。

10.2.2 b 值的测量误差预估

由式(10-6),可写出

$$\frac{db_1}{b_1} = \sqrt{\left(\frac{\partial b_1}{\partial S_{12}}\frac{dS_{12}}{b_1}\right)^2 + \left(\frac{\partial b_1}{\partial S_2}\frac{dS_2}{b_1}\right)^2 + \left(\frac{\partial b_1}{\partial S_1}\frac{dS_1}{b_1}\right)^2}$$

设 $\sqrt{1-(S_{12}/S_1)^2} = \sqrt{\ }$,有

$$\frac{\partial b_1}{\partial S_2} = \frac{(1-\sqrt{\ })(-S_{12}/S_2^2)}{(1-\sqrt{\ })^2} = -\frac{S_{12}/S_2^2}{1-\sqrt{\ }}$$

$$\frac{\partial b_1}{\partial S_2}\frac{dS_2}{b_1} = \frac{-S_{12}/S_2^2/(1-\sqrt{\ })}{\dfrac{S_{12}/S_2-\sqrt{\ }}{1-\sqrt{\ }}}dS_2 = \frac{-S_{12}/S_2}{S_{12}/S_2-\sqrt{\ }}\frac{dS_2}{S_2}$$

$$\frac{\partial b_1}{\partial S_1} = \frac{(1-\sqrt{\ })\left(-\dfrac{-2(S_{12}/S_1)(-S_{12}/S_1^2)}{2\sqrt{\ }}\right)-\left(\dfrac{S_{12}}{S_2}-\sqrt{\ }\right)\left(-\dfrac{-2\dfrac{S_{12}}{S_1}\left(-\dfrac{S_{12}}{S_1^2}\right)}{2\sqrt{\ }}\right)}{(1-\sqrt{\ })^2}$$

$$= \frac{-\left(\dfrac{S_{12}}{S_1}\right)^2\dfrac{1}{S_1}}{\sqrt{\ }(1-\sqrt{\ })} - \frac{\left(\dfrac{S_{12}}{S_2}-\sqrt{\ }\right)\left(-\dfrac{(S_{12}/S_1)^2}{\sqrt{\ }}\dfrac{1}{S_1}\right)}{(1-\sqrt{\ })^2} = \frac{-\left(\dfrac{S_{12}}{S_1}\right)^2\dfrac{1}{S_1}}{\sqrt{\ }(1-\sqrt{\ })} + \frac{\left(\dfrac{S_{12}}{S_2}-\sqrt{\ }\right)\left(\dfrac{S_{12}}{S_1}\right)^2\dfrac{1}{S_1}}{\sqrt{\ }(1-\sqrt{\ })^2}$$

$$\frac{\partial b_1}{\partial S_1}\frac{dS_1}{b_1} = \frac{-\left(\dfrac{S_{12}}{S_1}\right)^2/\sqrt{\ }(1-\sqrt{\ }) + \left(\dfrac{S_{12}}{S_2}-\sqrt{\ }\right)\left(\dfrac{S_{12}}{S_1}\right)^2/\sqrt{\ }(1-\sqrt{\ })^2}{\left(\dfrac{S_{12}}{S_2}-\sqrt{\ }\right)/(1-\sqrt{\ })}\frac{dS_1}{S_1}$$

$$= \frac{-\left(\dfrac{S_{12}}{S_1}\right)^2(1-\sqrt{\ }) + \left(\dfrac{S_{12}}{S_2}-\sqrt{\ }\right)\left(\dfrac{S_{12}}{S_1}\right)^2}{\left(\dfrac{S_{12}}{S_2}-\sqrt{\ }\right)\sqrt{\ }(1-\sqrt{\ })}\frac{dS_1}{S_1}$$

$$= \frac{\left(\dfrac{S_{12}}{S_1}\right)^2\left(\dfrac{S_{12}}{S_2}-\sqrt{\ }-1+\sqrt{\ }\right)}{\left(\dfrac{S_{12}}{S_2}-\sqrt{\ }\right)\sqrt{\ }(1-\sqrt{\ })}\frac{dS_1}{S_1} = \frac{-\left(\dfrac{S_{12}}{S_1}\right)^2\left(1-\dfrac{S_{12}}{S_2}\right)}{\left(\dfrac{S_{12}}{S_2}-\sqrt{\ }\right)\sqrt{\ }(1-\sqrt{\ })}\frac{dS_1}{S_1}$$

$$\frac{\partial b_1}{\partial S_{12}} = \frac{(1-\sqrt{\ })\left(\dfrac{1}{S_2}-\dfrac{-2S_{12}/S_1^2}{2\sqrt{\ }}\right)-\left(\dfrac{S_{12}}{S_2}-\sqrt{\ }\right)\left(-\dfrac{-2S_{12}/S_1^2}{2\sqrt{\ }}\right)}{(1-\sqrt{\ })^2}$$

$$= \frac{\dfrac{1}{S_2}+\dfrac{S_{12}}{S_1^2}\dfrac{1}{\sqrt{\ }}}{1-\sqrt{\ }} - \frac{\left(\dfrac{S_{12}}{S_2}-\sqrt{\ }\right)\dfrac{S_{12}}{S_1^2}}{\sqrt{\ }(1-\sqrt{\ })^2}$$

$$\frac{\partial b_1}{\partial S_{12}}\frac{dS_{12}}{b_1} = \frac{\left(\dfrac{1}{S_2}+\dfrac{S_{12}}{S_1^2}\dfrac{1}{\sqrt{\ }}\right)/(1-\sqrt{\ }) - \left(\dfrac{S_{12}}{S_2}-\sqrt{\ }\right)\dfrac{S_{12}}{S_1^2}/(1-\sqrt{\ })^2\sqrt{\ }}{\left(\dfrac{S_{12}}{S_2}-\sqrt{\ }\right)/(1-\sqrt{\ })}dS_{12}$$

$$= \frac{\dfrac{S_{12}}{S_2} + \left(\dfrac{S_{12}}{S_1}\right)^2 \dfrac{1}{\sqrt{}} - \left(\dfrac{S_{12}}{S_2} - \sqrt{}\right)\left(\dfrac{S_{12}}{S_1}\right)^2 / \sqrt{}(1 - \sqrt{})}{\dfrac{S_{12}}{S_2} - \sqrt{}} \dfrac{\mathrm{d}S_{12}}{S_{12}}$$

$$= \frac{\dfrac{S_{12}}{S_2}\sqrt{}(1 - \sqrt{}) + \left(\dfrac{S_{12}}{S_1}\right)^2\left[(1 - \sqrt{}) - \left(\dfrac{S_{12}}{S_2} - \sqrt{}\right)\right]}{\left(\dfrac{S_{12}}{S_2} - \sqrt{}\right)\sqrt{}(1 - \sqrt{})} \dfrac{\mathrm{d}S_{12}}{S_{12}}$$

$$= \frac{\dfrac{S_{12}}{S_2}\sqrt{}(1 - \sqrt{}) + \left(\dfrac{S_{12}}{S_1}\right)^2\left(1 - \dfrac{S_{12}}{S_2}\right)}{\left(\dfrac{S_{12}}{S_2} - \sqrt{}\right)\sqrt{}(1 - \sqrt{})} \dfrac{\mathrm{d}S_{12}}{S_{12}}$$

$$\therefore \frac{\mathrm{d}b_1}{b_1} \sqrt{\left[\frac{\dfrac{S_{12}}{S_2}\sqrt{}(1-\sqrt{}) + \left(\dfrac{S_{12}}{S_1}\right)^2\left(1-\dfrac{S_{12}}{S_2}\right)}{\left(\dfrac{S_{12}}{S_2}-\sqrt{}\right)\sqrt{}(1-\sqrt{})} \dfrac{\mathrm{d}S_{12}}{S_{12}}\right]^2 + \left[\frac{-\left(\dfrac{S_{12}}{S_1}\right)^2\left(1-\dfrac{S_{12}}{S_2}\right)}{\left(\dfrac{S_{12}}{S_2}-\sqrt{}\right)\sqrt{}(1-\sqrt{})} \dfrac{\mathrm{d}S_1}{S_1}\right]^2 + \left[\frac{-\dfrac{S_{12}}{S_2}}{\dfrac{S_{12}}{S_2}-\sqrt{}} \dfrac{\mathrm{d}S_2}{S_2}\right]^2}$$

设有效面积的测量精度是相同的,即令 $\dfrac{\mathrm{d}S_1}{S_1} = \dfrac{\mathrm{d}S_2}{S_2} = \dfrac{\mathrm{d}S_{12}}{S_{12}} = \dfrac{\mathrm{d}S}{S}$,则上式简化成

$$\frac{\mathrm{d}b_1}{b_1} = \frac{1}{\dfrac{S_{12}}{S_2} - \sqrt{}} \sqrt{\left[\frac{\dfrac{S_{12}}{S_2}\sqrt{}(1-\sqrt{}) + \left(\dfrac{S_{12}}{S_1}\right)^2\left(1-\dfrac{S_{12}}{S_2}\right)}{\sqrt{}(1-\sqrt{})}\right]^2 + \left[\frac{\left(\dfrac{S_{12}}{S_1}\right)^2\left(1-\dfrac{S_{12}}{S_2}\right)}{\sqrt{}(1-\sqrt{})}\right]^2 + \left(\dfrac{S_{12}}{S_2}\right)^2} \dfrac{\mathrm{d}S}{S}$$

设 $\dfrac{S_1}{S_2} = x$, $\dfrac{S_{12}}{S_2} = y$, $\dfrac{S_{12}}{S_1} = \dfrac{y}{x}$, $\dfrac{S_{12}}{S_2} - \sqrt{} = y - \sqrt{1-\left(\dfrac{y}{x}\right)^2} = \dfrac{1}{K}$, $\dfrac{S_{12}}{S_2} = K_2$,

$\dfrac{\left(\dfrac{S_{12}}{S_1}\right)^2\left(1-\dfrac{S_{12}}{S_2}\right)}{\sqrt{}(1-\sqrt{})} = K_1$, $\dfrac{\dfrac{S_{12}}{S_2}\sqrt{}(1-\sqrt{}) + \left(\dfrac{S_{12}}{S_1}\right)^2\left(1-\dfrac{S_{12}}{S_2}\right)}{\sqrt{}(1-\sqrt{})} = K_2 + K_1 = K_{12}$,则上式简化成

$$\frac{\mathrm{d}b_1}{b_1} = K\sqrt{K_1^2 + K_2^2 + K_{12}^2}\,\frac{\mathrm{d}S}{S} \tag{10-16}$$

表 10-4 是按式(10-6)计算出在不同 b_1 值下的 $\mathrm{d}b_1/b_1$。

表 10-4　串接声速排气法在不同 b_1 值条件下的 $\mathrm{d}b_1/b_1$

序号		$b = 0.1$（A$^+$ 级 $\mathrm{d}S/S = 0.029$）											
①	$x = S_1/S_2$	0.50	0.55	0.60	0.65	0.70	0.75	0.80	0.85	0.90	0.95	1.00	1.05	1.10
②	$K_2 = y = S_{12}/S_2$	0.4586	0.4943	0.5279	0.5591	0.5881	0.6150	0.6399	0.6631	0.6844	0.7040	0.7224	0.7390	0.7549
③	$y/x = S_{12}/S_1$	0.9172	0.8988	0.8798	0.8602	0.8402	0.8201	0.8000	0.7801	0.7605	0.7410	0.7224	0.7039	0.6863
④	$(y/x)^2$	0.8412	0.8078	0.7741	0.7399	0.7059	0.6725	0.6400	0.6086	0.5783	0.5491	0.5218	0.4954	0.4710
⑤	$\sqrt{1-④}$	0.3985	0.4384	0.4753	0.5100	0.5423	0.5723	0.6000	0.6256	0.6494	0.6715	0.6915	0.7104	0.7273
⑥	$K = 1/(②-⑤)$	16.638	17.79	19.04	20.37	21.84	23.41	25.06	26.68	28.56	30.76	32.38	34.91	36.26

(续)

序号		$b=0.1$（A^+级 $dS/S=0.029$）												
⑦	$K_1=\dfrac{④(1-②)}{⑤(1-⑤)}$	1.9000	1.6595	1.4654	1.3054	1.1714	1.0578	0.9603	0.8754	0.8016	0.7368	0.6790	0.6285	0.5821
⑧	$K_{12}=②+⑦$	2.3586	2.1538	1.9933	1.8645	1.7595	1.6728	1.6002	1.5385	1.4860	1.4408	1.4014	1.3675	1.3370
⑨	$K\sqrt{K_1^2+K_2^2+K_{12}^2}$	50.966	49.16	48.165	47.74	47.92	48.52	49.44	50.43	52.03	54.28	55.58	58.53	59.54
⑩	$\dfrac{db_1}{b_1}=⑨\times\dfrac{dS}{S}$	1.478	1.426	1.397	1.385	1.390	1.407	1.434	1.463	1.509	1.574	1.612	1.697	1.727

序号		$b=0.2$（A^+级 $dS/S=0.0219$）												
①	$x=S_1/S_2$	0.50	0.55	0.60	0.65	0.70	0.75	0.80	0.85	0.90	0.95	1.00	1.05	1.10
②	$K_2=y=S_{12}/S_2$	0.4705	0.5077	0.5423	0.5744	0.6041	0.6315	0.6568	0.6800	0.7014	0.7210	0.7390	0.7555	0.7708
③	$y/x=S_{12}/S_1$	0.9411	0.9231	0.9038	0.8837	0.8630	0.8420	0.8210	0.8000	0.7793	0.7589	0.7390	0.7196	0.7007
④	$(y/x)^2$	0.8856	0.8521	0.8169	0.7810	0.7448	0.7090	0.6740	0.6400	0.6073	0.5760	0.5461	0.5178	0.4910
⑤	$\sqrt{1-④}$	0.3382	0.3846	0.4279	0.4680	0.5052	0.5394	0.5710	0.6000	0.6267	0.6512	0.6737	0.6944	0.7134
⑥	$K=\dfrac{1}{②-⑤}$	7.560	8.122	8.741	9.400	10.11	10.86	11.65	12.50	13.38	14.32	15.32	16.37	17.70
⑦	$K_1=\dfrac{④(1-②)}{⑤(1-⑤)}$	2.0951	1.7724	1.5273	1.3350	1.1800	1.0516	0.9443	0.8533	0.7751	0.7075	0.6484	0.5966	0.5504
⑧	$K_{12}=②+⑦$	2.5656	2.2801	2.0696	1.9094	1.7841	1.6831	1.6011	1.5333	1.4761	1.4285	1.3874	1.3521	1.3212
⑨	$K\sqrt{K_1^2+K_2^2+K_{12}^2}$	25.29	23.82	22.98	22.64	22.47	22.62	22.97	23.52	24.20	25.05	26.05	27.17	28.77
⑩	$\dfrac{db_1}{b_1}=⑨\times\dfrac{dS}{S}$	0.554	0.522	0.503	0.496	0.492	0.495	0.503	0.515	0.530	0.549	0.571	0.595	0.630

序号		$b=0.25$（A^+级 $dS/S=0.0203$）												
①	$x=S_1/S_2$	0.50	0.55	0.60	0.65	0.70	0.75	0.80	0.85	0.90	0.95	1.00	1.05	1.10
②	$K_2=y=S_{12}/S_2$	0.4766	0.5146	0.5499	0.5826	0.6217	0.6404	0.6658	0.6891	0.7105	0.7300	0.7479	0.7643	0.7793
③	$y/x=S_{12}/S_1$	0.9532	0.9356	0.9165	0.8963	0.8753	0.8539	0.8323	0.8107	0.7894	0.7684	0.7479	0.7279	0.7085
④	$(y/x)^2$	0.9086	0.8754	0.8400	0.8034	0.7661	0.7297	0.6926	0.6573	0.6231	0.5904	0.5593	0.5298	0.5019
⑤	$\sqrt{1-④}$	0.3023	0.3530	0.4000	0.4434	0.4836	0.5205	0.5544	0.5854	0.6139	0.6400	0.6639	0.6857	0.7058
⑥	$K=\dfrac{1}{②-⑤}$	5.7380	6.1876	6.6711	7.1837	7.7479	8.3389	8.9796	9.6437	10.354	11.111	11.898	12.724	13.600
⑦	$K_1=\dfrac{④(1-②)}{⑤(1-⑤)}$	2.2548	1.8605	1.5754	1.3588	1.1881	1.0505	0.9370	0.8420	0.7610	0.6919	0.6248	0.5794	0.5335
⑧	$K_{12}=②+⑦$	2.7314	2.3751	2.1253	1.9414	1.8008	1.6909	1.6028	1.5311	1.4715	1.4219	1.3727	1.3437	1.3128
⑨	$K=\sqrt{K_1^2+K_2^2+K_{12}^2}$	20.506	18.938	18.026	17.53	17.38	17.44	17.71	18.114	18.664	19.352	20.03	21.01	22.00
⑩	$\dfrac{db_1}{b_1}=⑨\times\dfrac{dS}{S}$	0.416	0.384	0.366	0.356	0.353	0.354	0.360	0.368	0.379	0.393	0.407	0.426	0.446

序号		$b=0.30$（A^+级 $dS/S=0.0186$）												
①	$x=S_1/S_2$	0.50	0.55	0.60	0.65	0.70	0.75	0.80	0.85	0.90	0.95	1.00	1.05	1.10
②	$K_2=y=S_{12}/S_2$	0.4827	0.5217	0.5578	0.5911	0.6217	0.6497	0.6753	0.6987	0.7200	0.7395	0.7572	0.7735	0.7882

（续）

序号		$b=0.30$（A^+级 $dS/S=0.0186$）												
③	$y/x=S_{12}/S_1$	0.9653	0.9485	0.9297	0.9094	0.8881	0.8663	0.8441	0.8220	0.8000	0.7784	0.7572	0.7366	0.7166
④	$(y/x)^2$	0.9319	0.8996	0.8644	0.8270	0.7888	0.7505	0.7126	0.6756	0.6400	0.6059	0.5734	0.5426	0.5135
⑤	$\sqrt{1-④}$	0.2610	0.3169	0.3682	0.4159	0.4596	0.4995	0.5361	0.5696	0.6000	0.6278	0.6531	0.6763	0.6975
⑥	$K=\dfrac{1}{②-⑤}$	4.510	4.882	5.275	5.709	6.168	6.658	7.184	7.744	8.333	8.953	9.610	10.29	11.02
⑦	$K_1=\dfrac{④}{⑤}\dfrac{(1-②)}{(1-⑤)}$	2.4993	1.9877	1.6431	1.3920	1.2015	1.0516	0.9304	0.8303	0.7467	0.6755	0.6145	0.5649	0.5155
⑧	$K_{12}=②+⑦$	2.9820	2.5094	2.2009	1.9831	1.8232	1.7013	1.6057	1.5290	1.4667	1.4150	1.3717	1.3384	1.3037
⑨	$K=\sqrt{K_1^2+K_2^2+K_{12}^2}$	17.68	15.83	14.78	14.24	14.00	14.00	14.19	14.52	14.97	15.52	16.17	16.94	17.72
⑩	$\dfrac{db_1}{b_1}=⑨\times\dfrac{dS}{S}$	0.329	0.295	0.275	0.265	0.260	0.260	0.264	0.270	0.278	0.289	0.301	0.315	0.330

序号		$b=0.40$（A^+级 $dS/S=0.0183$）												
①	$x=S_1/S_2$	0.50	0.55	0.60	0.65	0.70	0.75	0.80	0.85	0.90	0.95	1.00	1.05	1.10	1.3	1.4
②	$K_2=y=S_{12}/S_2$	0.4938	0.5358	0.5742	0.6092	0.6410	0.6699	0.6959	0.7195	0.7408	0.7600	0.7774	0.7932	0.8075	0.8529	0.8700
③	$y/x=S_{12}/S_1$	0.9877	0.9741	0.9569	0.9373	0.9158	0.8931	0.8699	0.8464	0.8231	0.8000	0.7774	0.7554	0.7341	0.6560	0.6215
④	$(y/x)^2$	0.9755	0.9489	0.9157	0.8785	0.8386	0.7977	0.7567	0.7164	0.6775	0.6400	0.6044	0.5706	0.5388	0.4304	0.3862
⑤	$\sqrt{1-④}$	0.1565	0.2260	0.2903	0.3486	0.4017	0.4498	0.4933	0.5325	0.5679	0.6000	0.6290	0.6553	0.6791	0.7547	0.7835
⑥	$K=\dfrac{1}{②-⑤}$	2.9649	3.2279	3.5229	3.8368	4.1789	4.5429	4.9347	5.3476	5.7834	6.2500	6.7370	7.2510	7.7892	10.1852	11.5550
⑦	$K_1=\dfrac{④}{⑤}\dfrac{(1-②)}{(1-⑤)}$	3.7407	2.5183	1.8925	1.5128	1.2526	1.0640	0.9206	0.8072	0.7156	0.6400	0.5765	0.5224	0.4759	0.3420	0.2960
⑧	$K_{12}=②+⑦$	4.2345	3.0539	2.4667	2.1220	1.8936	1.7339	1.6165	1.5267	1.4564	1.4000	1.3539	1.3156	1.2834	1.1949	1.166
⑨	$K=\sqrt{K_1^2+K_2^2+K_{12}^2}$	16.82	12.89	11.14	10.27	9.86	9.73	9.801	10.0	10.32	10.73	11.21	11.77	12.38	15.35	17.154
⑩	$\dfrac{db_1}{b_1}=⑨\times\dfrac{dS}{S}$	0.308	0.236	0.204	0.188	0.180	0.178	0.179	0.183	0.189	0.196	0.205	0.215	0.227	0.281	0.314

序号		$b=0.50$（A^+级 $dS/S=0.0186$）												
①	$x=S_1/S_2$	0.55	0.60	0.65	0.70	0.75	0.80	0.85	0.90	0.95	1.00	1.05	1.10	1.50	1.60
②	$K_2=y=S_{12}/S_2$	0.5475	0.5902	0.6283	0.6622	0.6923	0.7191	0.7429	0.7642	0.7831	0.8000	0.8152	0.8288	0.9000	0.9110
③	$y/x=S_{12}/S_1$	0.9955	0.9836	0.9665	0.9459	0.9231	0.8989	0.8740	0.8491	0.8243	0.8000	0.7764	0.7534	0.6000	0.5694
④	$(y/x)^2$	0.9910	0.9675	0.9342	0.8948	0.8521	0.8080	0.7639	0.7209	0.6795	0.6400	0.6028	0.5676	0.3600	0.3242
⑤	$\sqrt{1-④}$	0.0949	0.1803	0.2565	0.3243	0.3846	0.4382	0.4859	0.5283	0.5661	0.6000	0.6302	0.6576	0.8000	0.8221
⑥	$K=\dfrac{1}{②-⑤}$	2.2093	2.4395	2.6897	2.9599	3.2500	3.5600	3.8910	4.2390	4.6090	5.000	5.4054	5.8461	10.00	11.24
⑦	$K_1=\dfrac{④}{⑤}\dfrac{(1-②)}{(1-⑤)}$	5.2207	2.6827	1.8208	1.3794	1.1078	0.9220	0.7862	0.6821	0.6000	0.5333	0.4780	0.4316	0.2250	0.1973
⑧	$K_{12}=②+⑦$	5.7682	3.2729	2.4491	2.0416	1.8001	1.6411	1.5291	1.4463	1.3831	1.3333	1.2932	1.2604	1.125	1.1083
⑨	$K=\sqrt{K_1^2+K_2^2+K_{12}^2}$	17.23	10.556	8.38	7.55	7.23	7.17	7.29	7.51	7.83	8.22	8.66	9.16	14.18	16.28
⑩	$\dfrac{db_1}{b_1}=⑨\times\dfrac{dS}{S}$	0.320	0.196	0.156	0.140	0.134	0.133	0.136	0.140	0.146	0.153	0.161	0.170	0.271	0.303

表10-4的计算结果,可画出不同 b_1 条件下,$\mathrm{d}b_1/b_1$ 与 S_1/S_2 的关系曲线如图10-4所示。

从图10-4和表10-4可以看出:

1)串接声速排气法也存在最佳测点,即 $\mathrm{d}b_1/b_1$ 的最小点,记为 $(\mathrm{d}b_1/b_1)_{\min}$。其对应的 S_1/S_2,记为 $(S_1/S_2)_{\min}$。这些都列在表10-5中。

2)S_1/S_2 在很大的范围内,$\mathrm{d}b_1/b_1$ 都变化不大,这大大有利于辅助元件通径的选择。

3)若设 $\mathrm{d}b_1/b_1 \leq 0.36$ 作为 b_1 值是可信的依据,则对 A^+ 级仪表来说,可以测 $b>0.25$ 的气动元件。因为 $\mathrm{d}b_1/b_1$ 与 $\mathrm{d}S/S$ 成正比例关系,对特级仪表,b 在0.1至0.5范围内,$\mathrm{d}S/S$ 在 $0.0092 \sim 0.008$ 之间(见表10-3),求得 $(\mathrm{d}b_1/b_1)_{\min}$ 则在 $0.439 \sim 0.0575$ 之间。故对特级仪表来说,可以测 $b>0.13$ 的气动元件。最佳测点及 S_1/S_2 可使用范围见表10-5。

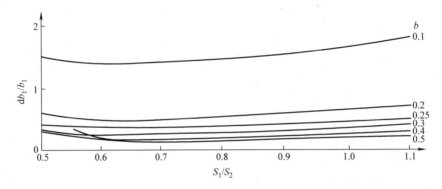

图10-4 串接声速排气法在不同 b_1 条件下,$\mathrm{d}b_1/b_1$ 与 S_1/S_2 的关系

表10-5 最佳测点及 S_1/S_2 可使用范围

b_1	A^+ 级仪表			特级仪表		
	$\left(\dfrac{\mathrm{d}b_1}{b_1}\right)_{\min}$	$\left(\dfrac{S_1}{S_2}\right)_{\min}$	S_1/S_2 可使用范围	$\left(\dfrac{\mathrm{d}b_1}{b_1}\right)_{\min}$	$\left(\dfrac{S_1}{S_2}\right)_{\min}$	S_1/S_2 可使用范围
0.1	1.385	0.65	—	0.439	0.65	—
0.2	0.492	0.70	—	0.189	0.70	0.5~1.1
0.25	0.353	0.70	0.65~0.80	0.141	0.70	0.5~1.1
0.3	0.260	0.70~0.75	0.50~1.1	0.1125	0.7~0.75	0.5~1.1
0.4	0.178	0.75	0.50~1.4	0.078	0.75	0.5~1.4
0.5	0.133	0.80	0.54~1.6	0.0575	0.80	0.54~1.6

10.3 辅助元件的最佳选择

在选择辅助元件之前,应先预估被测元件的 S 值(即 S_1 值)和 b 值(即 b_1 值)。这方面参看对各种气动元件论述的章节,就可大致判断出各种被测元件的 S 值和 b 值的大小。

10.3.1 辅助元件应具备的条件

表10-5给出了不同 b_1 值下的最佳测点是 $(S_1/S_2)_{\min}$。如 A^+ 级仪表,当 $b=0.3$ 时,最

佳测点的 S_1/S_2 在 0.7~0.75 之间。已知 S_1，便可求出 S_2 的大小。

但最佳测点不足之处是，得出辅助元件的有效面积 S_2 后，若找不到正好是 S_2 左右的辅助元件怎么办？故表 10-5 给出了 S_1/S_2 的可使用范围。这样，就可以在很宽的范围内选择 S_2 值，都能保证测出 b_1 值的可信性。

满足可使用范围的 S_1/S_2 中的 S_2 的气动元件，可能有很多的气动元件，选择什么样品种规格作为辅助元件最好呢？

由式（7-33）可知，b_{12} 与 b_2 及 S_{12}/S_2 有关。因 p_1 应大于 $1/b_{12}$，要想供气压力 p_1 低，就应使 b_{12} 大，即 b_2 和 S_{12}/S_2 大。由式（10-5）可知，S_{12}/S_2 取决于 b_1 及 S_2/S_1。故要求 b_{12} 大，只能使 b_2 大。

因此，辅助元件应选择 b 值为 0.5 左右、内部流道简单、规格齐全、连接方便、价格低的气动元件作为辅助元件。像 SMC 公司的内部带孔口的直通型快换接头（连接口径从 M5 至 1/2in）是合理的。它可直接连接到被测元件的出口上。

这种快换接头可事先测出它们的 S 值和 b 值作为备用品，则 S_2 及 b_2 就是已知值了。

测试被测元件的 S_1 值和 b_1 值时，利用串接声速排气法，只需测 S_1 及 S_{12}，便可由式（10-6）求得 b_1 值。测试工作量大大减少。

至于 3/4in 至 2in 的被测元件，由于选择不出合适的气动元件作为辅助元件，可加工一个系列如图 10-5 所示的管接头，其尺寸见表 10-6，作为辅助元件的参考。

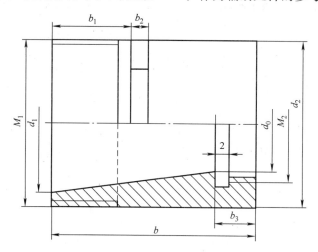

图 10-5　作为辅助元件的管接头

表 10-6　辅助元件管接头的尺寸　　（单位：mm）

M_1	M_2	d_0	d_1	d_2	b	b_1	b_2	b_3
R2	Rc1 $\frac{1}{2}$	34	50	60	79	20	6	14
R1 $\frac{1}{2}$	Rc1 $\frac{1}{4}$	26	39	48	67	20	5	14
R1 $\frac{1}{4}$	Rc1	20	31	42	59	20	4	14

(续)

M_1	M_2	d_0	d_1	d_2	b	b_1	b_2	b_3
R1	Rc3/4	16.5	25.5	34	47.5	20	4	11
R3/4	Rc1/2	13	19.5	26.5	37.5	13	4	11

这些管接头，由于内部流道是半收缩角为7°的收缩管，b 值也应在 0.5 左右，S/S_0 约为 0.94 左右（S_0 是该管接头出口的几何面积）。因没有条件验证，望后来人予以考证。

在 GB/T 14513—1993 中规定，选择两个同型号的气动元件，一个作为被测元件，一个作为辅助元件，利用串接声速排气法，便可测出被测元件的 S 值和 b 值。但从表 10-5 可知，取 $S_1/S_2 = 1$，不是最佳有效面积比，故测出 b_1 值误差偏大。b_1 值越小，b_1 值测出偏差越大。当 $b_1 \geq 0.3$ 时，因可使用范围的 S_1/S_2 允许大于 1，故测出 b_1 值还是可信的。

10.3.2 选择辅助元件的适用图表

若被测元件的连接口径从 M5 至 2in，其 S 值在 $4.3 \sim 880 \text{mm}^2$ 之间。按表 10-5 中的最佳面积比 $(S_1/S_2)_{\min}$ 和 S_1/S_2 的可使用范围，可推算出作为辅助元件用的各种管接头所对应的被测元件的 S_1 值合理范围见表 10-7。具体说明如下。

表 10-7 作为辅助元件的管接头对应的被测元件的 S_1 值合理范围

作为辅助元件用的管接头						对应被测元件 S_1 值的合理范围/mm²				
进口	出口/mm	管接头型号（SMC）	内部孔口/mm	S_2/mm²	b_2	$b_1=0.2$	$b_1=0.25$	$b_1=0.3$	$b_1=0.4$	$b_1=0.5$
M5	φ3.2	KQ2H23-M5 KQ2F23-M5	2.5	4.3		2.6~3.4	2.7~3.4	2.4~4.3	2.2~5.8	2.4~6.8
1/8in、1/4in	φ4	KQ2H04-01/02 KQ2F04-01/02	3.0	6.2	0.496	3.7~5.0	3.9~5.0	3.4~6.2	3.2~8.3	3.4~9.9
1/8in、1/4in	φ4	上述型号，孔口 φ3 改为 φ3.5	3.5	8.4		5.0~6.7	5.3~6.7	4.6~8.4	4.2~11.3	4.7~13.4
1/4in、3/8in	φ6	KQ2H06-02、03 KQ2F06-02、03	4.5	14.3	0.502	8.4~11.2	9~11	7.7~14	7.1~18.9	7.8~22.4
1/4in、3/8in	φ8	KQ2H08-02、03 KQ2F08-02、03	6.0	24.8		14.9~19.8	16~20	13.6~24.8	12.6~33.4	13.8~39.6
1/4in、3/8in、1/2in	φ10	KQ2H10-02、03、04 KQ2F10-02、03	7.5	38.7		23.2~31.0	24~31	21.2~38.7	19.7~52.2	21.6~61.9
1/4in、3/8in、1/2in	φ12	KQ2H12-02、03、04 KQ2F12-02、03、04	9.0	55.8		33.4~44.6	35~45	30.6~55.8	28.4~75.3	37.2~89.2
3/8in	φ16	KQ2H16-03	11.0	83.3		50~66.6	52~67	45.8~83.3	42.4~112.4	46.6~133
1/2in	φ16	KQ2H16-04 KQ2F16-04	13.0	116		69.6~92.8	73~93	63.8~116	59~156	65~185

（续）

作为辅助元件用的管接头						对应被测元件 S_1 值的合理范围/mm²				
进口	出口/mm	管接头型号（SMC）	内部孔口/mm	S_2/mm²	b_2	$b_1=0.2$	$b_1=0.25$	$b_1=0.3$	$b_1=0.4$	$b_1=0.5$
R3/4	φ13	见图10-5	13.0	124		74~99	78~99	68~124	63~167	69~198
R1	φ16.5		16.5	201		120~161	127~161	110~201	102~271	112~321
R1¼	φ20 通径		20.0	295		177~236	186~236	162~295	150~398	165~472
R1½	φ26		26.0	499		299~399	314~399	274~499	254~673	279~798
R2	φ34		34.0	853		498~682	537~682	469~853	435~1151	477~1364

1) 快换接头以内部孔口直径为基准，孔口直径一旦确定，该快换接头的 S_2 值便确定了。该 S_2 值与进口连接口径的大小关系不大。例如，孔口是 φ7.5mm，不论进口是 1/4in、3/8in 或 1/2in 的连接螺纹，其 S_2 值都是 38.7mm² 左右。

2) 作为辅助元件的接头是直接连接在被测元件的出口上，故辅助元件进口的连接口径是外螺纹还是内螺纹，要由被测元件出口的连接螺纹来确定。

3) 表 10-7 中的 S_2 值，是根据测量若干快换接头的 S 值的规律，推算出其他接头的 S_2 值。作为选择辅助元件用是可以的，不需要精确的 S_2 值。此 S_2 值是在出口不接管件、直通大气的条件下得出的。作为检验中心，应将作为辅助元件用的快换接头的 S_2 值和 b_2 值全部测出备用。

4) 表 10-7 可用图 10-6 来表达。以内部孔口为 φ3.5 为例，它是将 KQ2H04 的内部孔口 φ3 扩成 φ3.5，以保证 S_1 值全覆盖。内部孔口为 φ3.5 的两条实线包围的范围，就是 b_1 在 0.2~0.5 条件下对应的被测元件 S_1 的可使用范围。内部孔口为 φ4.5 用两条虚线包围 S_1 值的可使用范围。图中孔口直径相邻的数值依次用实线、虚线交替表示以作区分。图 10-6 中，仍会存在 S_1 值不能覆盖区，如图中阴影区。幸好这些阴影区的 b_1 基本都小于 0.27，即使测出 b_1 值，可信度也差。万一需要测量，快换接头可参照孔口 φ3 扩成 φ3.5 的方法来解决。

5) 利用图表选择辅助元件。

某连接口径 Rc1/2 的被测元件，预估其 $S_1=85$mm²，$b_1=0.3$。查图 10-6 可知，可用孔口 φ11，也可用孔口 φ13 的快换接头。从 b_1 测量可信度讲，宜选 φ13 孔口的快换接头，因该点处于孔口 φ13 可使用范围的中位。且孔口 φ13 的连接口径是 Rc1/2，没有 Rc3/8，故只能选用 KQ2H16-04 作为辅助元件。

通常，内部孔口的直径都大于出口连接管的内径，故插入连接管后，其合成的 S_{12} 值会比表 10-6 中的 S_2 值小，连接管的长度越长，合成的 S_{12} 值越比 S_2 小，在使用快换接头插上连接管时，要注意这一事实。

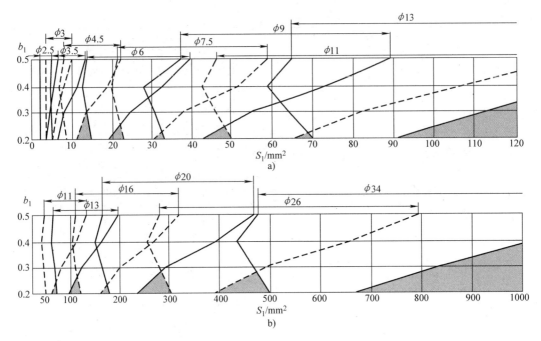

图 10-6　选择辅助元件用图

10.4　气罐容积 V 的选择

式（10-12）可改写成

$$V = \frac{St}{26.1}\sqrt{\frac{T_{10}}{273}}\bigg/\left[\left(\frac{p_{10}}{p_{1\infty}}\right)^{\frac{1}{5}} - 1\right] \tag{10-17}$$

式中，室温 $T_{10} = T_a$，对 V 值的影响不大，故可取 $T_a = 288\mathrm{K}$。被测元件测 S_1 值时，可取 $t = 5\mathrm{s}$，则式（10-17）可简化成

$$V = \frac{0.1968S}{\left(\dfrac{p_{10}}{p_{1\infty}}\right)^{\frac{1}{5}} - 1} \tag{10-18}$$

由表（10-3）可以看出，$p_{10}/p_{1\infty}$ 越大，$\mathrm{d}S/S$ 越小，即测出 S 值的可信度越高。

由式（10-16）可知，$\mathrm{d}b_1/b_1$ 与 $\mathrm{d}S/S$ 成正比，$p_{10}/p_{1\infty}$ 越大，$\mathrm{d}b_1/b_1$ 越小，即测出 b_1 值的可信度越高。

由式（10-18）可知，$p_{10}/p_{1\infty}$ 越大，气罐容积 V 越小。

p_{10} 的最大值，取决于测试单位的气源条件。若测试单位最高压力为 10bar（g），则 p_{10} 最高也只宜取 9.5bar（g）。还有两个常用的压力等级，$p_{10} = 6.3\mathrm{bar}$（g）或 5bar（g）。从提高压力测量精度和减小气罐容积来讲，当然选 $p_{10} = 9.5\mathrm{bar}$（g）为好。

因 $p_{1\infty} \geq \dfrac{1}{b_1} + 0.2$，而 p_{10} 与 $p_{1\infty}$ 的压差最好不要小于 2bar，以保证 S 值和 b 值的测量误差不大，故 $p_{1\infty}$ 的可使用范围便确定了。

另外,为保证 b_1 值测量的可信度,宜 $db_1/b_1 \leqslant 0.36$。

按以上条件,便可选择 V 值的可使用范围。

从表 10-4,可查得最佳测点的 $(S_1/S_2)_{min}$、$(db_1/b_1)_{min}$ 和 $(dS/S)_{min}$。因 dS/S 与 $\dfrac{db}{b}$ 成正比例关系,若允许 $db/b = 0.36$,便可求得其对应的 dS/S 如表 10-8 所示。

表 10-8 $db/b = 0.36$ 对应的 dS/S（A$^+$ 级）

	b	0.25	0.30	0.40	0.50
最佳测点	$(S_1/S_2)_{min}$	0.70	0.75	0.75	0.80
	$(db/b)_{min}$	0.353	0.260	0.178	0.133
	$(dS/S)_{min}$	0.0203	0.0186	0.0183	0.0186
$db/b = 0.36$ 对应的 dS/S		0.0207	0.0257	0.0370	0.0503

计算方法是,表 10-4 中,$b_1 = 0.25$、$dS/S = 0.0203$ 的 $(db/b)_{min} = 0.353$。当 $db/b = 0.36$ 时的 $dS/S = \dfrac{0.36}{0.353} \times 0.0203 = 0.0207$。

不同 p_{10} 条件下的 $p_{10}/p_{1\infty}$ 见表 10-9。$p_{10}/p_{1\infty}$ 取最小值时的 $p_{1\infty} = p_{10} - 2\text{bar}$,$p_{10}/p_{1\infty}$ 取最大值时的 $p_{1\infty} = \dfrac{1}{b} + 1.2\text{bar}$。如 $b = 0.25$,$p_{10} = 10.5\text{bar}(a)$,则有最小 $p_{10}/p_{1\infty} = 10.5/8.5 = 1.235$;最大 $p_{10}/p_{1\infty} = 10.5 \Big/ \left(\dfrac{1}{0.25} + 1.2\right) = 2.019$。

表 10-9 $p_{10}/p_{1\infty}$ 的可使用范围

		b	0.25	0.30	0.40	0.50
	$p_{1\infty}$/bar(a),大于		5.20	4.53	3.70	3.20
$\dfrac{p_{10}}{p_{1\infty}}$	p_{10}/bar(a)	10.5	1.235 ~ 2.019	1.235 ~ 2.318	1.235 ~ 2.838	1.235 ~ 3.281
		7.3	1.377 ~ 1.404	1.377 ~ 1.611	1.377 ~ 1.973	1.377 ~ 2.281
		6.0	—	—	1.5 ~ 1.622	1.5 ~ 1.875

从表 10-9 看出,$p_{10}/p_{1\infty}$ 处在 1.235 ~ 3.281 之间。

由式 (10-13),可计算出在不同 $p_{10}/p_{1\infty}$ 条件下的 dS/S 如表 10-10 所示。与表 10-8 中的 $db/b = 0.36$ 对应的 dS/S 相比较,便可知道在不同 p_{10} 条件下,许可的 $p_{10}/p_{1\infty}$ 的范围。如从表 10-8 中可知,$b = 0.25$,dS/S 必须小于 0.0207。但从表 10-10 中看出,只有 $p_{10} = 10.5\text{bar}(a)$ 时,$p_{10}/p_{1\infty} > 1.83$ 才符合要求。从表 10-9 知,在 $b = 0.25$,$p_{10} = 10.5\text{bar}(a)$ 时,$p_{10}/p_{1\infty}$ 不能大于 2.019。故 $b = 0.25$,$p_{10} = 10.5\text{bar}(a)$ 时的 $p_{10}/p_{1\infty}$ 的可使用范围是 1.83 ~ 2.019。以此类推,在不同 b 和 p_{10} 的条件下,许可的 $p_{10}/p_{1\infty}$ 的范围列于表 10-11 中。再由式 (10-18),求得 V 的许可范围,也列于表 10-11 中。

表 10-10   在不同 p_{10} 条件下,由 $p_{10}/p_{1\infty}$ 计算出的 dS/S

	$p_{10}/p_{1\infty}$	1.2	1.4	1.6	1.8	2.0	2.20	2.40	2.60	2.84	3.28
①	$1 + (p_{10}/p_{1\infty})^2$	2.44	2.96	3.56	4.24	5.00	5.84	6.76	7.76	9.052	11.77

（续）

	$p_{10}/p_{1\infty}$		1.2	1.4	1.6	1.8	2.0	2.20	2.40	2.60	2.84	3.28
②	$[1-(p_{1\infty}/p_{10})^{\frac{1}{5}}]^2$		0.001282	0.004238	0.008046	0.001230	0.01674	0.02129	0.02579	0.03030	0.03546	0.04473
③	①/(25×②)		76.13	27.94	17.70	13.79	11.95	10.97	10.48	10.24	10.23	10.52
	$\left(\dfrac{dp_{10}}{p_{10}}\right)^2$		$\left(\dfrac{0.05}{5}\right)^2=1\times10^{-4}$,			$\left(\dfrac{0.05}{6.3}\right)^2=63\times10^{-6}$,			$\left(\dfrac{0.05}{9.5}\right)^2=27.7\times10^{-6}$			
$\dfrac{dS}{S}$①	$p_{10}/$ bar(a)	6.0	0.0876	0.0534	0.0427	0.0378	0.0353	0.0339	0.0332	0.0328	0.0328	0.0332
		7.3	0.0696	0.0421	0.0342	0.0304	0.0284	0.0273	0.0267	0.0264	0.0264	0.0268
		10.5	0.0465	0.0288	0.0233	0.0209	0.0196	0.0189	0.0185	0.0183	0.0183	0.0186

① 按式 (10-13) 计算, 式中 $\left(\dfrac{dV}{V}\right)^2+\left(\dfrac{dt}{t}\right)^2+\dfrac{1}{4}\left(\dfrac{dT_a}{T_a}\right)^2=5.3\times10^{-5}$。

表 10-11　在不同 p_{10} 条件下，由许可的 $p_{10}/p_{1\infty}$ 范围，求得 V 的许可范围

	$p_{10}/$bar(a)		10.5	7.3	6.0
b	0.25	$p_{10}/p_{1\infty}$	1.83~2.019	因 dS/S=0.0203, 表 10-10 中无解	
		V/L	1.532S~1.304S	—	—
	0.30	$p_{10}/p_{1\infty}$	1.513~2.318	因 dS/S=0.0257, 表 10-10 中无解	
		V/L	2.279S~1.075S	—	—
	0.40	$p_{10}/p_{1\infty}$	1.307~2.838	1.529~1.973	1.5①~1.622
		V/L	3.578S~0.848S	2.22S~1.352S	2.344S~1.938S
	0.50	$p_{10}/p_{1\infty}$	1.235~3.281	1.340~2.281	1.458~1.875
		V/L	4.564S~0.734S	3.265S~1.098S	2.512S~1.469S

① $p_{10}=6$bar(a), $b=0.4$ 时, 按 $db/b\leq0.36$, 从表 10-8 查出许可 $dS/S=0.037$。从表 10-10, 查得 $p_{10}/p_{1\infty}=1.864$, 则 $p_{1\infty}=6/1.864=3.219$bar(a)。若 $p_{1\infty}$ 比 p_1 高 1.2bar, 则 $p_1=2.019$bar(a)。对 $b=0.4$ 来说, 要保证声速排气, p_1 必须大于 2.5bar(a), $p_{10}/p_{1\infty}=1.864$ 存在亚声速排气, 故此处取为 1.5, 而不取 1.864。

可见，当 $b\leq0.3$ 的情况下，气罐内初始压力 p_{10} 使用 7.3bar(a) 以下，测出 b 值不可信，只能使用 $p_{10}=10.5$bar(a)。

例 10-1　被测阀预估 $b=0.3$，$S=880$mm²，使用串接声速排气法测 S 值和 b 值，应选多大的气罐?

解　从表 10-11 可知，$b=0.3$，只有 $p_{10}=10.5$bar(a) 可选。按 $p_{10}/p_{1\infty}=1.513$~2.318 可知，$p_{1\infty}$ 只能处在 6.94~4.53bar(a) 之间，气罐容积 $V=2.279S$~$1.075S$ 之间，即 V 应在 946~2006L 之间。若实验室有 1000L 的气罐，则测试条件是，$p_{10}=10.5$bar(a)，$t=5$s，利用插值法 $p_{1\infty}$ 大约是 4.65bar(a)，p_1 比 $p_{1\infty}$ 小 1.2bar，则 p_1 大约在 3.45bar(a)，高于 $\dfrac{1}{b}=\dfrac{1}{0.3}=3.33$bar(a)，能满足声速排气要求。

例 10-2　某 1/4in 内部先导式二位五通滑阀，使用串接声速排气法测其 S 值和 b 值，如何选气罐容积和辅助元件?

解　滑阀 S/S_0 在 0.35~0.45 之间，预估 $S=18$mm²。b 值在 0.4~0.5 之间，预估 $b=0.45$。由表 10-7 可知，应选孔口为 $\phi4.5$ 的快换接头 KQ2H06-02 作为辅助元件。因 $b=$

0.45，按表 10-11 插值可得 p_{10} 分别为 10.5、7.3 和 6bar（a）下的气罐容积 V 公式见表 10-12。由表 10-12 可见，该被测阀测定其 S 值和 b 值时的气罐容积，可在 14.2～73.3L 之间选择。气罐容积存在极大的选择空间，只是 p_{10}、$p_{1\infty}$ 取值不同，都能保证测出 b 值的可信性。

表 10-12　例 10-2 用表

	p_{10}/bar（a）	10.5	7.3	6.0
	公式 V	$4.071S\sim0.791S$	$2.743S\sim1.225S$	$1.998S\sim1.704S$
	V/L	73.3～14.2	49.4～22.0	36.0～30.7
测试条件	t/s	5	5	5
	$p_{10}/p_{1\infty}$	1.271～3.059	1.437～2.127	1.661～1.748
	$p_{1\infty}$/bar（a）	8.27～3.43	5.08～3.43	3.61～3.43

上述被测阀，使用现有气罐 $V=50$L，$p_{10}=7.313$bar（a），$T_{10}=295.3$K，$t=4.92\sim5$s，测得被测阀 $S_1=17.39$mm^2，辅助元件 $S_2=20.72$mm^2，合成元件 $S_{12}=15.06$mm^2，算得 $b_1=0.453$。与 ISO 6358：1989 的最佳测点法测得的 $b_1=0.447$ 非常接近。证明 $b_1=0.453$ 是可信的。按表 10-12，当 $p_{10}=7.3$bar（a）时，可选气罐最大容积 $V=49.4$L。所用气罐容积为 50L，略大于 49.4L，也表明表 10-11 中的 V 公式是可信的。

10.5　串接声速排气法的测试步骤

串接声速排气法测试参数的确定见表 10-13。

表 10-13　串接声速排气法测试参数的确定

b_1	0.25	0.30	0.32	0.40	0.50	说明
$p_{1\infty}\left(\geq\dfrac{1}{b_1}+1.2\right)$	5.2	4.53	4.325	3.70	3.20	式（10-15），单位为 bar（a）
p_{10}/bar（a）	10.5	10.5	10.5	10.5	10.5	②
$p_{10}/p_{1\infty}$	2.019	2.318	2.4277	2.838	3.281	
$(p_{10}/p_{1\infty})^{\frac{1}{5}}-1$	0.1509	0.1831	0.1941	0.2320	0.2683	
t_1/s	5	5	5	5	5	①
V/L	$1.304S$	$1.075S$	$1.014S$	$0.848S$	$0.734S$	表 10-11
$(S_1/S_2)_{\min}$	0.70	0.75	0.75	0.75	0.80	表 10-5
S_{12}/S_2	0.6127	0.6497	0.6536	0.6699	0.7191	式（10-5）
$b_{12}=b_2\dfrac{S_{12}}{S_2}$	0.3063	0.3249	0.3268	0.3350	0.3595	式（10-7）
$p_{12\infty}\left(=\dfrac{1}{b_{12}}+1.2\right)$	4.465	4.278	4.260	4.185	3.982	式（10-15），单位为 bar（a）
t_{12}/s	5	5	5	4	4	①
$\dfrac{S_{12}}{S_1}=\dfrac{S_{12}}{S_2}\dfrac{S_2}{S_1}$	0.8753	0.8663	0.8715	0.8932	0.8989	

(续)

b_1	0.25	0.30	0.32	0.40	0.50	说明
$\dfrac{(St)_{12}}{(St)_1} = \dfrac{S_{12}}{S_1}\dfrac{t_{12}}{t_1}$	0.8753	0.8663	0.8715	0.7146	0.7191	
$\left(\dfrac{p_{120}}{p_{12\infty}}\right)^{\frac{1}{5}} - 1 = \dfrac{(St)_{12}}{(St)_1}\left[\left(\dfrac{p_{10}}{p_{1\infty}}\right)^{\frac{1}{5}} - 1\right]$	0.1321	0.1586	0.1692	0.1658	0.1929	因 V 不变
p_{120}/bar (a)	10	10	10	10	10	②
$p_{12\infty}/\mathrm{bar}$ (a)	5.38	4.79	4.58	4.64	4.14	①

① 当 $b_1 = 0.32$ 时，b_{12} 与 b_1 相近。当 $b_1 > 0.32$ 时，$b_{12} < b_1$，得 $p_{12\infty} > p_{1\infty}$，允许缩短放气时间，由 5s 降至 4s，结果证明，本表末行实际的 $p_{12\infty}$ 高于第 11 行的理论值 $p_{12\infty}$，仍能保证是声速排气。

② 因 $S_{12}/S_1 < 1$，故测 S_{12} 时的 p_{120} 可比测 S_1 时的 p_{10} 小些。

1. 预估被测元件的 S_1 和 b_1

根据被测元件的品种规格和内部流道的情况，预估该被测元件的 S_1 值和 b_1 值。

2. 选定气罐容积 V

按被测元件预估的 S_1 值和 b_1 值，在设定 $p_{10} = 10.5\mathrm{bar}$ (a) 和 $t_1 = 5\mathrm{s}$ 的条件下，按表 10-11 中的相关公式，计算气罐容积 V 的许可范围按现有条件，确定选用的 V 值大小，进而大致确定 $p_{1\infty}$ 的大小。

3. 选择辅助元件，确定 S_2 和 b_2

按预估的 S_1 和 b_1 值，在表 10-5 中的 S_1/S_2 可使用范围内，从表 10-7 中选出合适的辅助元件的型号，则 S_2 和 b_2 便被确定（辅助元件都是备用品，事先已测出其 S_2、b_2）。

4. 测定被测元件的 S_1 值

若被测元件具有开关功能，则被测元件可直接安装在容积为 V 的气罐上。通入 10bar (g) 的试验压力进行气密试验，保压 5min，压降不得大于 0.02bar。注意，被测元件不得使用泄漏量不符合规定的产品。

若被测元件不具有开关功能，在被测元件上游，应安装一个比被测元件通径大一倍并具有开关功能的开关阀（即临界流态下的有效面积比被测元件的 S_1 值大四倍）。

将 p_{10} 调至 10.5bar (a)，放气 5min，立即关闭被测元件，记录排气结束时气罐内的瞬时压力 p_1（大致值即可），待气罐内压力回升至稳定值后，记录 $p_{1\infty}$，测定环境温度 T_a 及大气压力 p_a。

按式 (10-12)，代入 V、t、T_a、p_{10} 和 $p_{1\infty}$，计算出 S_1 值。

5. 测定被测元件 + 辅助元件的 S_{12} 值

将辅助元件 2 连接在被测元件 1 的出口上，将 p_{120} 调至 10bar (a)。当 $b_1 < 0.32$，放气 5s；$b > 0.32$，放气 4s。记录刚停止放气瞬时的压力 p_{12}，并记录 $p_{12\infty}$、T_a 和 p_a。

按式 (10-12)，代入 V、t、T_a、p_{120} 和 $p_{12\infty}$，计算出 S_{12} 值。

6. 计算被测元件的 b_1 值

按式 (10-6)，计算出 b_1 值。按式 (10-7)，可计算出 b_{12}。

7. 验证被测元件及合成元件（被测元件 + 辅助元件）都达到临界流态

若 $p_1 > \dfrac{1}{b_1}$，则被测元件达到临界流态；若 $p_{12} > \dfrac{1}{b_{12}}$，则合成元件达到临界流态。

10.6 GB/T 14513—1993 的修订

10.6.1 修订内容

第一，仪表测量精度修改成与其他有关标准（ISO 6358：1989，ISO 6358-1：2013，ISO 6358-2：2013）一致，以便于与其他测试方法相互比较。

压力测量仪表精度由 ±1% 改为 ±0.5%（称为 A^+ 级）或 ±0.1%（称为特级）。

温度测量仪表精度由 ±0.2K 改为 ±1K。

时间测量仪表精度由 ±0.1% 改为 ±0.5%。

容积测量精度规定为 ±0.5%。

第二，对两个流量特性参数 S 值和 b 值进行了测量误差预估，并找出最佳测点，即 b_1 值测量误差最小点 $(db_1/b_1)_{min}$。

1) 最佳测点对应的有效面积比 S_1/S_2 在 0.7~0.8 之间（$b>0.2$ 时）。原标准未进行最佳测点分析，取 $S_1/S_2=1$，故不是最佳测点，即测出 b_1 值的误差比最佳测点测出 b_1 值误差大。

2) 根据预估的测量误差的变化规律及实测资料确认，当 $db_1/b_1 \leq 0.36$ 时，测出 b_1 值是可信的。原标准未作这方面的分析。

3) 测出 b_1 值是可信的范围是在 $(db_1/b_1)_{min}$ 与 $db_1/b_1 \leq 0.36$ 之间。

第三，辅助元件的最佳选择是直通型快换接头（通径为 M5~1/2in 之间）和管接头（图 10-5，通径为 3/4in~2in 之间）。

这类接头内部流道简单，故 S/S_0 大，b 值大（通常在 0.5 左右），规格齐全，连接方便，价格低。辅助元件可直接连接在被测元件出口上，不使用连接管，免去了连接管对测试性能的影响。有利于提高 b_1 值的测量精度，降低了对进口压力 p_1 的要求。

第四，对气罐容积 V 进行了优化设计，测被测元件的两个特性参数时，可以在非常宽的范围内选择气罐的容积 V。

预估了被测元件的 S_1 值和 b_1 值后，根据 b_1 的大小，p_{10} 可在 10.5、7.3 和 6bar（a）中选择，放气时间可在 5s 和 4s 中选择，利用表 10-11 中的容积 V 的公式，可以得到 V 值在很宽的范围中进行选择，大大减少了备用气罐数量。

10.6.2 S 值和 b 值的测量精度

GB/T 14513—1993 经上述修订后，对 S 值的测量，A^+ 级仪表的测量精度是 A 级仪表的 1.88 倍，特级仪表的测量精度是 A 级仪表的 4.30~5.01 倍。见表 10-14。对 b 值的测量精度，A^+ 级仪表的测量精度是 A 级仪表的 1.8 倍，特级仪表的测量精度是 A 级仪表的 4.24~5.12 倍，见表 10-15。可测 b 值，A 级大于 0.38，A^+ 级大于 0.25，特级大于 0.14。

表 10-14 GB/T 14513—1993 修订后的 S 值测量精度

	b		0.2	0.3	0.4	0.5
$\dfrac{dS}{S}$	GB/T 14513—1993	A 级	0.0421	0.0351	0.0344	0.0349
	修订后的 GB/T 14513—1993	A^+ 级	0.0219	0.0186	0.0183	0.0186
		特级	0.0084	0.0080	0.0080	0.0080
提高精度倍数	A 级/A^+ 级		1.92	1.89	1.88	1.88
	A 级/特级		5.01	4.39	4.30	4.36

表 10-15　GB/T 14513—1993 修订后的 b 值测量精度

b	最佳测点 (S_1/S_2) min	(db_1/b_1) /min			提高精度倍数	
		A 级	A^+ 级	特级	A 级/A^+ 级	A 级/特级
0.20	0.70	0.967	0.492	0.189	1.96	5.12
0.25	0.70	0.636	0.353	0.141	1.80	4.51
0.30	0.70 ~ 0.75	0.485	0.260	0.113	1.86	4.29
0.40	0.75	0.331	0.178	0.078	1.86	4.24
0.50	0.80	0.247	0.133	0.058	1.86	4.26
可测 b 大于		0.38	0.25	0.14	—	—

10.7　有关串接声速排气法的问答

1. 串接声速排气法是怎样产生的

自 1979 年发布 ISO/DIS 6358 后，笔者还在清华大学工作。由于对该标准的专业内容比较熟悉，便按该标准的要求，搭建了一个测试台。测试表明，流量特性近似于四分之一椭圆的假设是可行的。这对推动气动元件和气动回路的流量特性研究有很大的帮助。但对五点测量法，由于被测量（压力和流量）的测量范围太宽，难以满足测量精度的要求。因气动元件的通径，从 M5 ~ 2″，每个元件需测最大流量是最小流量的 5 倍，最大压力是最小压差的 50 倍。因 $q_m/q_m^* = 0.2$ 时，$\Delta p/p_1 = (p_1 - p_2)/p_1$ 大约为 0.02。这就是说，若最大流量的测量精度为 ±2%，则最小流量的实际测量精度就是 ±10%。若最大压力的测量精度为 ±1%，则最小压差的实际测量精度就是 ±50%。要么就得安装 2 个压力表和 1 个压差计。但这并不能完全解决实际测量精度差的问题。故五点测量法的实际测量误差远低于该标准规定的 A 级仪表测量精度。

该标准规定流量控制阀的能通能力比被测元件的流通能力大即可，这是违背超声速流动的基本规律的。这极有可能造成临界截面不在被测元件内，而处于下游测压管出口或流量控制阀内，根本测不出被测元件的 C 值和 b 值。

当时的机电部基础件司吴（筠）总非常重视该国际标准的验证工作。专门拨款让某单位进行验证。气标委也委托某高校进行论证。在一次机电部吴总召开的气动元件流量特性专题研讨会上，该高校公布了他们硕士研究生的研究报告，认为国际标准 ISO 6358 切实可行。但测试数据表明，$p_2/p_1 > b$，显示被测元件内并未达到临界状态，而 p_a/p_2 却很小，表明临界截面很可能处在流量控制阀内。

当时，对待 ISO 6358 的看法是都承认椭圆假设可行。但对五点测量法持反对意见的是清华大学蔡敏学老师和笔者（已调入北方工业大学），蔡老师曾设想找出最佳测点，但未找到。笔者当时提出串接声速排气法的方案。也有些人坚持 ISO 6358 可行，但缺乏依据。

1986 年，我对气动回路的流量特性的计算有些研究。受此启发，提出了串接声速排气法来解决气动元件在临界流态下的有效面积 S 值和临界压力比 b 值的测量问题。在校汽车队找 3 个废旧的气罐，利用实验室已有的电子秒表、压力表，搭建了一个测试台。利用新益公司及阜新气动元件厂赠送的阀类教具做了测试，证实串接声速排气法切实可行。

受 ISO 6358 对 C 值进行均方根误差分析的启发，为什么不可以对 b 值进行均方根误差分析呢？经过仔细研究和认真计算，得出 A 级仪表精度在五点（$q_m/q_m^* = 0.99$、0.80、

0.60、0.40 和 0.20）下的 b 值的均方根误差 $\mathrm{d}b/b$ 见表 10-16。A 级和 B 级仪表等级下、不同 b 值时五点平均的均方根误差见表 10-17。

表 10-16　ISO 6358：1989A 级仪表的 $\mathrm{d}b/b$

q_m/q_m^*	0.99	0.80	0.60	0.40	0.20	五点平均
$b=0.20$	0.9155	0.3246	0.3912	0.8251	3.4509	1.18
$b=0.35$	0.4254	0.1587	0.2118	0.4707	1.9765	0.649
$b=0.50$	0.2295	0.0942	0.4423	0.3300	1.3870	0.437

表 10-17　ISO 6358：1989 的 A 级和 B 级仪表等级下、不同 b 值时五点平均的均方根误差

仪表等级	$\mathrm{d}C/C$	$\dfrac{\mathrm{d}b}{b}$		
		$b=0.20$	$b=0.35$	$b=0.50$
A 级	2.24%	118%	65%	44%
B 级	4.48%	236%	130%	88%

从表 10-16 和表 10-17 可以看出，对国际标准 ISO 6358 可以得出如下结论：

1) 测出 C 值的误差，A 级仪表为 2.24%，B 级仪表，达 4.48%，表明测出 C 值是可信的。

2) 五点测量法，即便使用 A 级仪表，当 $b=0.5$ 时，b 值预估的测量误差最小，也达 $\pm 4.4\%$。当 $b=0.2$ 时，其预估的测量误差可达 $\pm 118\%$。也就是说，$b=0.5$ 时，测出 b 值在 $b=0.5\pm 0.22$ 范围内，即 b 值在 0.28～0.72 范围内。$b=0.2$ 时，测出 $b=0.2\pm 0.236$，即 b 值在 -0.036～0.436 范围内。这是无法接受的结果。表明，测出 b 值的误差太大，甚至出现 b 值为负值，这是根本不可能存在的现象。故五点测量法根本得不到正确的 b 值。

3) 从表 10-16 可以发现，当 $q_m/q_m^*=0.99$、0.40 和 0.20 时的 $\mathrm{d}b/b$ 太大，在 $q_m/q_m^*=0.80$ 时，$\mathrm{d}b/b$ 最小。这提示我们，不要在 $q_m/q_m^*=0.99$ 处和 $q_m/q_m^*<0.4$ 处测 b 值，而应在 q_m/q_m^* 在 0.8 左右测 b 值，称此点为最佳测点。即五点测量法应改成在最佳测点测 b 值。

4) 即便使用最佳测点测 b 值，从表 10-16 仍会发现，当 b 值越小，最佳测点的 $\mathrm{d}b/b$ 越大。故 b 值太小时，是不能用 ISO 6358：1989 测 b 值的。

鉴于上述研究，笔者曾建议对国际标准 ISO 6358，中国应投反对票。但最终结果是，12 个成员国仅两票反对（美国、德国），反对票未达到 25%，故该标准正式成为国际标准。为此，美国代表提出，要求标准起草国提供实验验证报告。这就是 ISO/TC131/SC8 N256 文件的由来。

文件中，分别在三个实验室轮流测六个换向阀的 20 个通道的 C 值和 b 值。统计表明，被测 20 个通道中，同一换向阀的同一通道，三个实验室的实测值与它们的平均值的偏差大小所占通道数见表 10-18。在 20 个通道中，偏差大于 $\pm 10\%$，C 值占 10 组，b 值占 16 组。b 值有 4 组的偏差大于 $\pm 100\%$。这个实验结果，根本谈不上有重复性，更谈不上正确性！最大偏差，C 值的最大正/负偏差分别为 19.4%、-20.4%，b 值的最大正/负偏差分别为 189%、-264%。有两组 $b>0.528$，有 4 组 b 值为负值。证实了我们预估的 b 值过大和 b 值为负的结论。

表 10-18　ISO 6358：1989 验证报告的数据

特性参数	C 值			b 值		
与平均值偏差大于	$\pm 10\%$	$\pm 15\%$	$\pm 20\%$	$\pm 10\%$	$\pm 15\%$	$\pm 100\%$
所占通道数（总通道 20 个）	10	4	1	16	13	4

2. 国家标准 GB/T 14513—1993 是怎样产生的

对串接声速排气法，在三个单位（北方工业大学、阜新气动元件厂和无锡气动技术研究所）分别测试了滑块式阀 1 个、座阀式换向阀 2 个和滑阀式换向阀 15 个。阀的通径（单位：mm）含 $\phi 5$、$\phi 6$、$\phi 8$、$\phi 10$、$\phi 15$、$\phi 20$ 和 $\phi 25$。测出 S/S_0 在 0.34 ~ 0.65 之间，b 值在 0.266 ~ 0.464 之间。在当时只有 A 级测量精度的条件下，得出上述测试结果，比国际标准提供的验证报告中的测试结果可信得多。

串接声速排气法是利用现有的测 S 值的实验设备便可以把 b 值测出来，不需要新建测试台，这就为国家节省了新设备的投资费用。最重要的两点，一是测出 b 值是目前所有测试方法中，可信度最高的。二是能测量大通径（如通径 20mm 以上）气动元件的 b 值，这是目前其他所有测试方法都做不到的。

1992 年，经气标委和液气总标委两级全体委员的审定，决定采用中国国家发明专利（CN86108725A）"测定气动元件流量特性的方法"作为国家标准，不采纳 ISO 6358：1989，制定成 GB/T 14513—1993。

由于机电部气动元件产品质量监督检测中心没有组织对 GB/T 14513—1993 进行宣传，许多气动行业从业者都不知道有此标准。直到奉化气动检验中心成立，才有人关注起该标准。

3. 串接声速排气法是怎样开展修订工作的

由于没有经费支持，学校自制的测试设备受条件的限制，故无法对串接声速排气法进行深入的试验研究工作。

前面提到，在笔者担任 SMC（中国）有限公司技术顾问期间，与张士宏博士一起，对串接声速排气法的两个流量特性参数 S 值和 b 值进行了测量误差的预估；找到 b 值的最佳测点；提出为了达到最佳测点的条件，应选择怎样的辅助元件；怎样选择最适合的气罐容积；怎样选择气罐内的初始压力 p_{10} 等。这些都被试验所证实。

后来，又与奉化气动检验中心惠伟安高工合作，利用他们检验中心更好的测试设备对上述观点做了进一步的论证。并使用多种测试方法（ISO 6358：1989、GB/T 14513—1993，ISO 6358 - 1：2013，ISO 6358 - 2：2013）对同一个电磁阀（4V210 - 02）进行了 S 值和 b 值的测试，结果表明，串接声速排气法是当时的所有测试方法中，测出 S 值和 b 值最可信的。这些内容都发表在《液压气动与密封》杂志上。

4. 电磁滑阀测试数据的比较与分析

表 10-19 列出了奉化气动检验中心等单位、按各种测定气动元件流量特性参数的国际标准和国家标准、测出同一品种（内部先导式二位五通电磁滑阀）和规格（通径 8mm）的临界压力比 b 值。笔者认为评价各个标准好坏的唯一标准就是看哪个标准测出 b 值正确。表 10-20 列出了 GB/T 14513—1993 和 ISO 6358 - 1：2013 其他指标的比较。

表 10-19　各种标准测出同一品种规格电磁滑阀的 b 值

测试单位	SMC 测试台	国家气动产品质量监督检验中心（奉化）测试台				
气动元件型号	SYJ7240 - 02	4V210 - 08（内部先导式二位五通电磁滑阀通径 8mm）				
测试标准	ISO 6358：1989	GB/T 14513—1993 修订后	ISO 6358：1989	GB/T 14513—1993	ISO 6358 - 1：2013（GB/T 14513—2017）	ISO 6358 - 2：2013
测试方法	定压法、五点法	串接声速排气法	最佳测点	串接声速排气法	放气试验	充气试验	等温容器放气法

(续)

测试单位	SMC 测试台			国家气动产品质量监督检验中心（奉化）测试台			
供气压力	5bar（g）	6.3bar（g）			5bar（a）		
测出 b 值	0.45	0.453	0.447	0.43	0.374	0.273	0.303
测试日期	2011 年	2015 年		2016 年			
测试人员	张士宏、徐文灿	惠伟安、徐文灿		郭丽丽、路波			

表 10-20 两个标准的比较

标准名称	GB/T 14513—1993	ISO 6358-1：2013（GB/T 14513—2017）
耗气量	$0.3q_m^*$	$11q_m^*$
测试工作量及数据处理工作量	1	>10
气动元件可测最大通径	50mm	15mm
测试设备成本	1	>10

从表 10-19 和表 10-20 可以看出：

1）使用串接声速排气法，即国家标准 GB/T 14513—1993，标准未修改时，测出 $b=0.43$，标准作修改后，测出 $b=0.453$。使用国际标准 ISO 6358：1989，按最佳测点测出 $b=0.447$，按五点法测出 $b=0.45$（五点 b 值很分散，$q_m/q_m^*=0.993$ 的 $b=0.531$；$q_m/q_m^*=0.230$ 的 $b=0.328$）。不同测试人员，利用不同测试台，按不同测试标准和测试方法，测出 8mm 通径的滑阀的 b 值为 0.45 是可信的。

2）奉化气动检验中心的测试台的仪表测量精度达特级，在国内是最好的测试台，测出的数据应该是权威的、可信的。

按 ISO 6358-1：2013 的放气试验法，测出 $b=0.374$，比 0.453 小 17%；按充气试验法，测出 $b=0.273$，比 0.453 小 40%。

按 ISO 6358-2：2013 的等温容器放气法，测出 $b=0.303$，比 0.453 小 33%。

3）表 10-20 中，对 GB/T 14513—1993 和 ISO 6358-1：2013（即 GB/T 14513—2017）这两个标准的其他指标也进行了比较。可以看出，测同一个元件，ISO 标准的耗气量是 GB 标准的 43 倍以上！奉化气动检验中心的气源，使用 ISO 6358-1：2013 标准，只能测 15mm 通径以下的气动元件！而使用 GB/T 14513—1993，可以测国内最大通径 50mm 的气动元件。而且，不论是测试设备的成本，还是测试工作量和数据处理工作量，ISO 6358-1：2013 都是 GB/T 14513—1993 的 10 倍以上。

5. GB/T 14513—1993 中的试验程序应做修正

试验程序中规定，选择两个同型号的被测元件，或选择一个被测元件和另一个与被测元件 S 值相近的不同型号的元件，一个作为元件 1，另一个作为元件 2。这样，可以以较少的工作量，测出两个元件的流量特性参数。

经后来的研究发现，串接声速排气法的最佳测点的 S_1/S_2 在 0.7~0.8 之间，即 $S_1/S_2=1$ 不是最佳测点，即选择两个同型号的被测元件测出的 b_1 值不是测量精度最佳点。故标准应做必要修正。

6. 被测元件与辅助元件之间的连接管对被测元件的特性测定有多大影响

该标准规定，若连接管的内径与上下游测压管的内径相等，连接管的长径比为 6，可避免连接管对被测元件的流量特性测定的影响。

改进后的标准,是将辅助元件直接连接到被测元件的出口上,已不再使用连接管。

7. 两元件串接,为什么要求被测元件在前、辅助元件在后,且临界截面要处于辅助元件内

要测被测元件的 b 值,而 b 值只能在亚声速流动下才能算出,故不让被测元件内达临界流态。要保证合成元件达临界流态,合成元件在临界流态下的有效面积 S_{12} 才能不变,故让后面的辅助元件达临界流态。

8. 使用串接声速排气法,放气完毕后气罐内稳压时有漏气怎么办

漏气不是串接声速排气法的问题。原因有二,一是该测试系统的开关阀漏气。测试前,应对该测试设备做密封检测。二是被测元件是漏气超标的不合格产品。

9. 串接声速排气法抗干扰能力如何

抗干扰能力,是指测量两个流量特性参数 S 值和 b 值时,由于被测元件内或测压管内的流动中存在分离旋涡,冲波与附面层的相互干扰,使压力和流量都存在不同程度的脉动。这些脉动,会造成测量 S 值和 b 值的误差。

对 ISO 6358 测量方法来说,测试时,会出现压力值或流量值在小范围内的波动。当 b 值较小时(如 $b=0.2$),流量若有 $\pm 1\% \sim 3\%$ 的脉动,有可能造成 b 值测量偏差达 50% 左右。故称 ISO 6358 抗干扰能力差。

对等温容器放气法来说(ISO 6358 – 2:2013),在排气过程中,只记录等温容器内的压力 p 随时间 t 的变化。等温容器内的压力受被测元件内的流动的影响是间接的,故抗干扰能力比 ISO 6358 强一些。

对串接声速排气法来说,只测室温 T_a,放气时间 t,气罐内的初始压力 p_{10},放气完毕待气罐内的压力达到稳定时的压力 $p_{1\infty}$。刚放气完毕时的瞬时压力 p_1 只作为判断是否是声速排气的依据,并不参与计算 S 值。而 p_{10} 与 $p_{1\infty}$ 都是稳态时的压力。在放气过程中,被测元件内虽存在分离旋涡或冲波扰动,但本测试方法并不测放气过程中的压力,故本方法抗干扰能力很强。这也是本方法测出 S 值和 b 值可信度高的原因之一。

10. 若没有合适气罐,串接声速排气法还能测被测元件的 S 值和 b 值吗

若没有合适的气罐,也可以利用 ISO 6358:1989 的测试装置,利用定压法,进口压力设定为 6.3bar (g),分别测出被测元件的 S_1 值,辅助元件的 S_2 值和被测元件+辅助元件的合成元件的 S_{12} 值,然后由式(10-6)计算出 b_1 值,便可得到被测元件的 S_1 值和 b_1 值。也可使用变压法,测出 S_1、S_2 和 S_{12},由式(10-6)计算出 b_1 值。

10.8 串接声速排气法的综合分析

1)测试原理正确。测出的 S 值和 b 值的测量可信性比现有其他所有方法都高。A^+ 级仪表可测 $b>0.25$ 的气动元件,特级仪表可测 $b>0.14$ 的气动元件。

2)测试设备成本低。成本仅为 ISO 6358:1989 测试设备成本的十分之一以下。

3)测试方法简单,测试时的数据处理简单,是现有测试方法中最简单的方法。

4)测试时的耗气量很少。仅为 ISO 6358:1989 耗气量的十分之一以下。

5)通径唯一不受限制的测试方法。通径从 M5~2″ 的气动元件都可以测试。

6)不能测出口无连接口的气动元件(如消声器、喷枪等)。不能测出口带快换接头及倒钩接头的气动元件。

第 11 章 定压法和变压法（ISO 6358 – 1：2013）

国际标准 ISO 6358 于 1989 年颁布。从它提供的测试数据（ISO/TC131/SC8 N256）便知道，该标准测试的两个流量特性参数 C 值和 b 值的可信性很差。其原因，不仅是测量仪表的精度差，而且测试原理和测试方法也存在许多缺点和错误。

针对 ISO 6358 存在的问题，中国提出了串接声速排气法来替代该国际标准，并制定成国家标准 GB/T 14513—1993。它的测试原理与测试方法与国际标准完全不同。

日本对 ISO 6358：1989 也进行了修订。提出 ISO 6358 – 1：2013 是在原国际标准的基础上进行了重要的修改，并提出了新的等温容器放气法，制定成 ISO 6358 – 2：2013。

11.1 ISO 6358：1989 的修订内容

1. 仪表测量精度的修订

ISO 6358：1989 的仪表测量精度分为 A、B 两级，本书将 ISO 6358 – 1：2013 的仪表测量精度称为 A^+ 级，都列于表 11-1 中。

表 11-1 ISO 6358 仪表测量精度等级

国际标准	等级	压力	流量	温度
ISO 6358：1989	B 级	±2%	±4%	±2K
	A 级	±1%	±2%	±1K
ISO 6358 – 1：2013	A^+ 级	±0.5%	±2%	±1K

ISO 6358 – 1：2013 提高仪表测量精度的等级是正确的。

2. 流量特性参数数量调整

流量特性参数由 2 个变成 5 个。

ISO 6358：1989 中的流量特性参数为声速流导 C 值和临界压力比 b 值；ISO 6358 – 1：2013 中的流量特性参数为声速流导 C 值、临界背压比 b 值、亚声速指数 m 值、开启压力 Δp_c 和压力依存系数 K_p。

3. 压力测量管通径调整

将上下游压力测量管的通径加大两挡，见表 11-2。

表 11-2 压力测量管的通径

连接口径	G1/8	G1/4	G3/8	G1/2	G3/4	G1	$G1\frac{1}{4}$	$G1\frac{1}{2}$	G2	$G2\frac{1}{2}$	G3
公称通径/mm	6	8	10	15	20	25	32	40	50		
d_1/mm	6	9	12.5	16	22	28	36	42	53	68	81
d_2/mm	12.5	16	22	28	36	42	53	68	81		

连接口径和公称通径都是指被测元件的。d_1 是 ISO 6358-1:2013 中的转（换）接头内的最小通径，也就是 ISO 6358:1989 规定的上下游压力测量管的通径。d_2 是 ISO 6358-1:2013 规定的上下游压力测量管的通径，比 1989 年标准的通径加大两挡。

4. 测点数量调整

测试方法中，将原标准测 5 点改成测 14 点以上。

原标准测 5 点，即 $q_m/q_m^* = 1.0, 0.8, 0.6, 0.4$ 和 0.2。

新标准规定，流量减小方向，在壅塞流区采集 2 个及以上的数据点，在亚声速流区采集至少 5 个等间隔（未规定间隔是多少）的数据点。这意味着至少测 7 点。同样，在流量增大方向，仍按上述要求测 7 点以上，共测 14 点以上。

5. 可测元件范围不同

原标准限定被测气动元件在测试过程中，内部流道不发生变化，且一般只测到最大通径 20mm 的气动元件。

新标准修改成"适用于具有固定或可变内部流道的气动元件"。取消了只测到通径 20mm 的限制。

从表 11-2 对 d_2 的规定看，似乎可测到通径 50mm 的气动元件。并可测内部流道在测试过程中发生变化的气动元件。

6. 对流量控制阀的流通能力的修订

原标准规定，流量控制阀的流通能力比被测元件大。

新标准规定，流量控制阀的声速流导应为被测元件的 4 倍左右。

11.2　ISO 6358-1:2013 基本概念和基本公式的分析

1. 引言中的疑问

1）ISO 6358-1:2013 认为，ISO 6358:1989 是基于收缩喷嘴模型开发的，只有 ISO 6358-1:2013 才能测收缩—扩张特性的气阀。这是不准确的。ISO 6358:1989 中未曾表述只能测收缩喷嘴模型的气阀。ISO 6358:1989 明确表示，可以用于测量换向阀、速度控制阀、快排阀等，也可用于测定气动逻辑元件。它们都是收缩—扩张型气动元件。气阀根本不存在收缩喷嘴模型。

2）ISO 6358:1989 规定，它可以用于测量通径达 20mm 的，在测试过程中流道不发生变化的气动元件。若要测通径 20mm 以上的气动元件，必须提供足够的气源。

ISO 6358-1:2013 认为，本标准适用于具有固定或可变内部流道的气动元件。至于气动元件的最大通径，从表 11-2 看，可以测通径达 50mm（2in）。

实际上，按该标准规定的测试方法，奉化气动检验中心 9m³ 气罐，提供 10bar（g）的气源，也只能测通径 6~15mm（一小部分）的气动元件。至于说可测测试过程中内部流道发生变化的气动元件，仍值得再探讨。

3）ISO 6358:1989 用两个流量特性参数 C、b 就能完整描述气动元件的流量特性。ISO 6358-1:2013 嫌 ISO 6358:1989 的表达不科学，改用 4 个（或 5 个）流量特性参数 C、b、m、Δp_c（K_p）来描述气动元件的流量特性。其实，ISO 6358:1989 用两个参数 C、b 描述流量特性是简明、正确的，而 ISO 6358-1:2013 引入 3 个新参数 m、Δp_c 和 K_p，使流量特性研究大大复杂化。

2. ISO 6358 壅塞流定义的疑问

壅塞流是指保持上游压力 p_1 一定（即定压法），逐渐打开下游的流量控制阀，则通过被测元件的质量流量 q_m 不断增大。当被测元件内某处的流速刚达到当地声速时（即达临界点），不论如何加大流量控制阀的开度，下游压力 p_2 如何降低，通过被测元件内的质量流量 q_m 都不会超过刚达临界点时的质量流量 q_m^*，这种现象称为壅塞现象。

按上述壅塞流定义，对定压法来说，图 11-1 中的超临界流区才发生壅塞现象，故可称为壅塞流区。对变压法来说，图 9-14 中的超临界流区，随 p_1 的增大，通过被测元件的质量流量也随之增大，没有发生壅塞现象。故 ISO 6358：1989 和 ISO 6358 – 1：2013 把该处称为壅塞流区是需要进一步验证的。

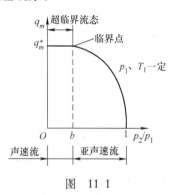

图 11-1

ISO 6358 – 1：2013 对壅塞流的定义是："元件中至少有一个截面处流速达到当地声速的流动，即马赫数等于 1。注：在此状态下，气体的质量流量与上游压力 p_1 成比例的，和下游压力 p_2 无关。"这个壅塞流定义的疑问在于：一是既然通过气动元件的质量流量与 p_1 成比例，表示 p_1 越大，通过的质量流量越大，那么壅塞还存在吗？二是元件中至少有一处 $M=1$，也就是说，元件中可以有多处存在 $M=1$，推理则是一个气动元件声速流导 C 和临界压力比 b 不唯一。

3. 声速流导定义的疑问

ISO 6358 – 1：2013 把声速流导定义成"在壅塞流区域的流导"，是值得商榷的。

声速流导讲的是气动元件内某截面上刚达到声速时的流通能力，即临界点的流通能力。壅塞是一种流动现象，流动现象与元件流通能力的关联性值得商榷。

声速流导定义成被测元件内某截面上 $M=1$ 的流导，也是值得商榷的，不论是定压法，还是变压法，在超临界流态，临界截面处 M 仍为 1。但由于流态的变化或流道有变化等因素，超临界流态中求出的 C 值与临界点的 C 值不是同一概念。

4. "放气试验"与"充气试验"用词的疑问

ISO 6358 – 1：2013 把"上游压力恒定试验"简称为"放气试验"，把"上游压力变化试验"简称为"充气试验"。"充放气"是不稳定流动的用词。实验时，p_1 必须稳定后才能记录数据，故笔者认为标准上不可以把不稳定流动时的用词用于稳定流动中。

笔者认为上游压力恒定的测试方法应称为"定压法"。不宜称为"恒压法"，因上游压力不是恒定的。也不宜称为"稳压法"，因定常流动都需上游压力稳定时才能测量。

上游压力变化的测试方法应称为"变压法"。

5. ISO 6358 – 1：2013 中的临界背压比

ISO 6358 – 1：2013 规定，将上下游测压管的通径加大两挡（与 ISO 6358：1989 相比），使被测元件内的流速达到当地声速时，上下游测压管内的流速都很低，p_1 和 p_2 都接近于滞止压力 p_{01} 和 p_{02}，故将 ISO 6358：1989 的临界压力比 $b=(p_2/p_1)^*$ 改成临界背压比 $b=p_{02}^*/p_{01}^*$。笔者不理解 ISO 6358 – 1：2013 标准中背压是什么含义？p_{01} 和 p_{02} 是谁的背压？临界背压比有什么实用价值？能取代临界压力比吗？

什么是背压？笔者认为，对变压法来说，当被测元件出口通大气，外界大气压力才是被测元件的背压。当背压小于出口压力时，出口通过膨胀波系，将出口压力降至外界大气压力（背压），以维持流态的稳定。当背压大于出口压力时，出口会通过冲波系，将出口压力增大至外界大气压力（背压），以维持流态的稳定。

ISO 6358-1：2013 的放气试验，p_{01}、p_{02} 只表示被测元件的上下游的测量管内（近似）滞止压力，与背压没有关系。

提出临界压力比 b 值，是为了用两个流量特性参数 C、b 值就能完整地表达气动元件的流量特性曲线。提出临界背压比 $b = p_{02}^*/p_{01}^*$，笔者认为，是不可能用声速流导 C 值和临界背压比 b 值来完整地表达气动元件的流量特性曲线的，即式 $q_m/q_m^* = \sqrt{1 - \left(\dfrac{\dfrac{p_{02}}{p_{01}} - b}{1 - b}\right)^2}$ 不能成立，无法证明过 q_m/q_m^* 与滞止压力比 p_{02}/p_{01} 的关系符合椭圆曲线假设。

6. 流量特性扩展式的本质

ISO 6358-1：2013 中认为，气动元件流量特性曲线用四分之一椭圆表达不严格，应改成流量特性扩展式（11-1），才能正确表达实测的流量特性线。于是，又多出两个流量特性参数：亚声速指数 m 和开启压力 Δp_c。

$$\frac{q_m}{q_m^*} = \left[1 - \left(\frac{\dfrac{p_2}{p_1} - b}{1 - \dfrac{\Delta p_c}{p_1} - b}\right)^2\right]^m \tag{11-1}$$

由 ISO 6358-1：2013 标准可知：不论 ISO 6358：1989 的五点测量法（$q_m/q_m^* = 1.0$、0.8、0.6、0.4 和 0.2），还是 ISO 6358-1：2013 的至少 14 点测量法（壅塞流区至少测 2 点，亚声速流区至少测 5 点，流量增大及减小方向都要测一遍），测出的数据都是正确可信的；只有用式（11-1）才能正确表达测试数据。

按 ISO 6358-1：2013 的规定，压力测量仪表的精度为 ±0.5%，流量测量仪表的精度为 ±2%。这是对压力和流量的最大量程来说的。实际测试时，不论是压力还是流量，测值都低于甚至远低于仪表的最大量程。随着 q_m/q_m^* 取点越小，压力和流量的实际测量精度就越低于仪表的指示精度。如 $q_m/q_m^* = 0.2$，对应 p_2/p_1 大约为 0.98。这就是说，流量测量精度会降低 80%，压力差测量精度会降低 8%。

根据对 C 值和 b 值的均方根误差分析，笔者早已提出，对定压法来说，气动元件测 b 值的最佳测点是 $q_m/q_m^* = 0.74 \pm 0.05$。也就是说，只测最佳测点一点，就可测出正确的 b 值。不必像 ISO 6358：1989 非得测 5 点，像 ISO 6358-1：2013 非得测 14 点以上，且耗气量增加 70%，甚至增加至 600% 多，还是测不出正确的 b 值。

7. 亚声速指数 m 不是流量特性参数，是个无意义的值

上面已说明式（11-1）仅是描述错误测试数据的表达式，式（11-1）不成立，m 就失去意义，更谈不上是流量特性参数。

8. 开启压力 Δp_c 不属于流量特性参数

ISO 6358-1：2013 把开启压力定义成"当质量流量大于 q_m/q_m^* 的实际最小值时，上游

压力与下游压力的差值。"笔者不明白,这个"q_m/q_m^*的实际最小值"是什么含义?是多大?它能控制流量吗?把它作为流量特性参数的理由是什么?

对单向阀来说,开启压力是指:保持阀芯开启并达到一定流量时的进出口压力差。开启压力一般在 0.05~0.2bar 之间,开启压力是实现单向阀的开闭功能的。开启压力下的流量是很小的,不可能用它来进行流量控制的。故不能把 Δp_c 归入流量特性参数。

9. 压力依存系数 K_p 的本质

ISO 6358-1: 2013 把压力依存系数定义成声速流导受上游压力影响的系数。该标准给出的计算 K_p 的公式为式 (11-2)。式中,C_{low} 是上游压力 $p_{1\text{low}}$ 的声速流导,C_{max} 是上游压力 $p_{1\text{max}}$ 时的声速流导。

$$K_p = \frac{1 - \dfrac{C_{\text{low}}}{C_{\text{max}}}}{p_{1\text{max}} - p_{1\text{low}}} \tag{11-2}$$

用塑料纤维作为吸声材料的消声器中,当上游压力 p_1 大于一定值时,该吸声材料会产生一定的弹性变形,导致流导 C 值会变大。例如,当 $p_1 = 2.375\text{bar (a)}$ 时,该消声器达临界流态,即在临界压力比 $b = 0.421$ 时,对应声速流导 $C = 8.86\text{L/(s·bar)}$。在上游压力 $p_1 = 3.028\text{bar (a)}$ 时的 $C = 9.52\text{L/(s·bar)}$。在上游压力 $p_1 = 5.98\text{bar (a)}$ 时的 $C = 10.86\text{L/(s·bar)}$。按式 (11-2) 求得 $K_p = 0.0418\text{bar}^{-1}$。表示上游压力 p_1 增大 1bar,流导增大 4.18%。要注意,临界点的声速流导 $C = 8.86\text{L/(s·bar)}$,而 $C = 9.52\text{L/(s·bar)}$ 和 10.86L/(s·bar) 已处于超临界区域,K_p 不影响临界点 C、b 值的确定。另外,表面上看,K_p 与压力 p_1 有关,但铜未烧结为吸声材料的消声器,随 p_1 的增大,$K_p = 0$。可见,本质上,K_p 是由于吸声材料在高压下变形引起的,并非压力增大一定存在 K_p。

定压法中,当上游压力 p_1 由 5bar (g) 增至 7bar (g) 时,通常声速流导 C 值略有增大,而临界压力比 b 值却有明显增大,这是正常的。因为 p_1 增大,压力、流量的实际测量误差越接近于仪表的测量精度,故测出 C、b 值越接近其真实值。p_1 值越小,相对于 C、b 值的真实值而言,C、b 值会变小,出现误差越大。也就是说,一个气动元件的 C、b 值的真实值是固有不变的,与 p_1 大小无关,但只有 p_1、q_m 达到仪表的测量精度时,才能测得 C、b 值的真实值。

对定压法而言,测出 C、b 值应说明上游压力 p_1 是多少为宜。以了解测出的 C、b 值是否接近其真实值。

对变压法,当上游压力 p_1 较高时,因 p_1 值远离临界点的 p_1 值,故对测出的临界压力比 b 值不会有什么影响。

10. 对流导公式的疑问

ISO 6358-1: 2013 中,把流导定义成:衡量气动元件或管路内气体的流动能力(注:由标准大气条件下的质量流量、滞止压力和滞止温度比产生的流动来确定)。公式为

$$C_e = \frac{q_V}{p_1}\sqrt{\frac{T_1}{T_a}} = \frac{q_m}{\rho_a p_1}\sqrt{\frac{T_1}{T_a}} \tag{11-3}$$

式 (11-3) 中的 C_e,显然是指亚声速流态下的流导,是按 ISO 6358: 1989 中,声速流导 C 值公式 (9-1) 模拟写出的,该流导 C_e 显示与下游压力 p_2,或者说与 p_2/p_1 无关,这有待进一步验证。

将式 (9-1) 代入式 (9-2)，可得

$$q_m = C\rho_a p_1^* \sqrt{\frac{T_a}{T_1^*}} \sqrt{1 - \left(\frac{\frac{p_2}{p_1} - b}{1 - b}\right)^2}$$

将上式中的 q_m 代入式 (11-3)，得

$$C_e = \frac{Cp_1^*}{p_1} \sqrt{\frac{T_1}{T_1^*}} \sqrt{1 - \left(\frac{\frac{p_2}{p_1} - b}{1 - b}\right)^2}$$

对定压法，因 $T_1 = T_1^*$，$p_1 = p_1^*$，可得出

$$\frac{C_e}{C} = \sqrt{1 - \left(\frac{\frac{p_2}{p_1} - b}{1 - b}\right)^2} \tag{11-4}$$

笔者认为，对变压法，因 T_1 不是 T_1^*，p_1 不是 p_1^*，式 (11-4) 是不成立的。即变压法，$q_m/q_m^* \neq C_e/C$。也就是说，式 (11-4) 不能用于变压法。但 ISO 6358 - 1：2013 把式 (11-3) 当作通用公式，不仅用于定压法中，也用于变压法中，这一做法有待进一步验证。

在测试过程中，流道发生变化的情况下，即便对定压法，笔者认为，式 (11-4) 也是不成立的。

11.3 测试原理的分析

11.3.1 定压法的分析

2013 年版的 ISO 6358 - 1 的上下游测压管通径加大两挡，故两测点间存在两个喉部。第一喉部是被测元件，两个流量特性参数为 S_1、b_1（以下都用 S 替代 C）；第二喉部是转（换）接头内的最小通径（即表 11-2 中的 d_1）处，两个流量特性参数为 S_2、b_2，如图 11-2a 所示。图 11-2a 相当于两个元件串联。p_1' 是两个喉部之间的假想压力。可将两个元件串联合成一个元件，该合成元件的两个流量特性参数为 S_{12} ($=S$)、b_{12} ($=b$)，如图 11-2b 所示。S、b 才是两测点间流道的两个流量特性参数。

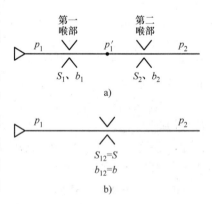

图 11-2 ISO 6358 - 1：2013 定压法两测点间存在两个喉部

1. 被测元件处于临界流态

若被测元件处于临界流态，则通过被测元件的质量流量

$$q_{m1}^* = 0.04 \frac{p_1 S_1}{\sqrt{T_1}} \tag{11-5}$$

式中 p_1 和 T_1 本应是滞止压力 p_{01} 和滞止温度 T_{01}，因上游测压管通径加大两挡，故滞止参数

与静参数差别不大。

通过第二喉部的质量流量

$$q_{m2} = 0.04 \frac{p_1' S_2}{\sqrt{T_1'}} \sqrt{1 - \left(\frac{\frac{p_2}{p_1'} - b_2}{1 - b_2}\right)^2} \quad (11\text{-}6)$$

通过合成元件的质量流量

$$q_{m12}^* = 0.04 \frac{p_1 S_{12}}{\sqrt{T_1}} \quad (11\text{-}7)$$

对绝热流动，滞止温度不变，有 $T_1 = T_1'$。因 $q_{m1}^* = q_{m12}^*$，则有

$$S_1 = S_{12} = S \quad (11\text{-}8)$$

表明，用定压法测量被测元件的两个特性参数，若临界截面处在被测元件内，测出的 S 值（即 S_{12} 值）就是被测元件的 S 值（即 S_1 值）。

因 $q_{m2} = q_{m1}^*$，可导出

$$\frac{p_2}{p_1'} = b_2 + (1 - b_2) \sqrt{1 - \left(\frac{p_1}{p_1'} \frac{S_1}{S_2}\right)^2} \quad (11\text{-}9)$$

合成元件的临界压力比 b_{12} 应是被测元件刚达临界流态时，下上游测压管内的压力比，记为 $(p_2/p_1)^*$，即

$$b_{12} = (p_2/p_1)^* = \left(\frac{p_1'}{p_1}\right)^* \frac{p_2}{p_1'} = b_1 \frac{p_2}{p_1'} \quad (11\text{-}10)$$

因 $q_{m2} = q_{m1}^*$，且 $\sqrt{1 - \left(\frac{\frac{p_2}{p_1'} - b_2}{1 - b_2}\right)^2} < 1$，故有

$$p_1' S_2 > p_1 S_1, \text{即} \frac{S_1}{S_2} < \frac{p_1'}{p_1}$$

被测元件内刚达临界流态时，$p_1'/p_1 = b_1$，故有

$$\frac{S_1}{S_2} < b_1 \quad (11\text{-}11)$$

式（11-11）就是被测元件刚达到临界流态时的条件。

设 $b_1 = 0.25$，被测元件内要达到临界流态，按式（11-11），第二喉部的 S_2 值是被测元件的 S_1 值的 4 倍以上，否则，临界截面就不在被测元件内，而处于第二喉部，即转（换）接头内。

转（换）接头的 S_2 和 b_2 有多大呢？转（换）接头是个半扩张角大约 6°的扩张管，转（换）接头后面是通径加大两挡的一段下游测压直管至 p_2 测点，该下游测压管内的流速较低，形成的流动损失很小。按经验，若转（换）接头内未达临界流态时，可假设转（换）接头及一段下游测压管内造成的流通能力及能量损失只减小 5% 左右。若转（换）接头内达到临界流态，可假设其流通能力及能量损失约 10%。故转（换）接头及一段下游测压管的流通能力 S_2 及临界压力比 b_2 可用式（11-12）和式（11-13）表示

$$S_2 = (0.9 \sim 0.95) \frac{\pi}{4} d_1^2 \quad (11\text{-}12)$$

$$b_2 = (0.9 \sim 0.95) \times 0.528 = 0.475 \sim 0.50 \tag{11-13}$$

例 11-1 通径 8mm 的某被测阀，$S_1 = 17.58\text{mm}^2$，$b_1 = 0.447$。若转（换）接头内的 $d_1 = 9\text{mm}$，则 $S_2 = (0.9 \sim 0.95) \times 0.785 \times 9^2 = 57.2 \sim 60.4\text{mm}^2$，$b_2 = 0.475 \sim 0.502$。求 S_{12} 及 b_{12}。

解 因 $S_1/S_2 = 17.58/60.4 = 0.291 < b_1$（$= 0.447$），表明临界截面处于被测阀内。知 $S_{12} = S_1 = 17.58\text{mm}^2$。$p_1'/p_1 = b_1 = 0.447$。由式（11-9），有

$$\frac{p_2}{p_1'} = 0.502 + (1 - 0.502)\sqrt{1 - \left(\frac{1}{0.447} - \frac{17.58}{60.4}\right)^2} = 0.88$$

由式（11-10），得

$$b_{12} = 0.447 \times 0.88 = 0.394$$

可见，算出两测点之间流道的 b 值是 0.394，比被测阀的 b 值（0.447）小 11.9%。

也就是说，用 ISO 6358-1：2013 的定压法测被测元件的两个流量特性参数，当被测元件处于临界流态时，测出 S 值是被测元件的真实值，测出 b 值比真实 b 值要小，上例小 11.9%。测出 b 值是两测点之间整个流道的 b 值，而不是被测元件的 b 值。要想得到被测元件真实的 b 值，还要考虑消除转（换）接头对被测元件 b 值的影响。

2. 临界流态不在被测元件内，而在转（换）接头内

通过被测元件内的质量流量为

$$q_{m1} = 0.04 \frac{p_1 S_1}{\sqrt{T_1}} \sqrt{1 - \left(\frac{\frac{p_1'}{p_1} - b_1}{1 - b_1}\right)^2} \tag{11-14}$$

通过转（换）接头内的质量流量为

$$q_{m2}^* = 0.04 \frac{p_1' S_2}{\sqrt{T_1'}} \tag{11-15}$$

通过合成元件内的质量流量为

$$q_{m12}^* = 0.04 \frac{p_1 S_{12}}{\sqrt{T_1}} \tag{11-16}$$

由 $q_{m12}^* = q_{m2}^*$，则有

$$\frac{S_{12}}{S_2} = \frac{p_1'}{p_1} \tag{11-17}$$

由 $q_{m1} = q_{m2}^*$，则有

$$\frac{p_1'}{p_1} = \frac{b_1 + (1 - b_1)\sqrt{1 + (1 - 2b_1)\left(\frac{S_2}{S_1}\right)^2}}{1 + (1 - b_1)^2 \left(\frac{S_2}{S_1}\right)^2} \tag{11-18}$$

$$b_{12} = \left(\frac{p_2}{p_1}\right)^* = \frac{p_1'}{p_1}\left(\frac{p_2}{p_1'}\right) = b_2 \frac{p_1'}{p_1} \tag{11-19}$$

例 11-2 通径 8mm 的座阀，$S_1 = 28.5\text{mm}^2$，$b_1 = 0.32$。若 $d_1 = 9\text{mm}$，算得 $S_2 = 0.9 \times \frac{\pi}{4} \times 9^2 \text{mm}^2 = 57.23\text{mm}^2$，$b_2 = 0.9 \times 0.528 = 0.475$。求解 S_{12} 和 b_{12}。

解 $S_1/S_2 = 28.5/57.23 = 0.5 > b_1$ (0.32),表明临界截面确实不在被测元件内,而在转(换)接头内。

由式 (11-18),得

$$\frac{p_1'}{p_1} = \frac{0.32 + (1-0.32)\sqrt{1 + (1-2\times 0.32)\times \left(\frac{57.23}{28.5}\right)^2}}{1 + (1-0.32)^2 \times \left(\frac{57.23}{28.5}\right)^2} = 0.483$$

由式 (11-19),得

$$b_{12} = 0.475 \times 0.483 = 0.23$$

由式 (11-17),得

$$S_{12} = 57.23 \times 0.483 \text{mm}^2 = 27.64 \text{mm}^2$$

可见,用 ISO 6358-1:2013 的定压法测被测元件的两个流量特性参数时,当临界截面不在被测元件内,而处于转(换)接头内时,测出 S 值比被测元件的真实 S 值略小(上例小3%),但测出 b 值(其本质是两测点之间的临界压力比)比被测元件的真实 b 值小得多(上例小28%)。

以上分析表明,从测试原理讲,2013 年版的 ISO 6358-1 将 1989 年版的上下游测压管加大两挡的修订,导致两测点之间出现两个喉部[被测元件内+下游转(换)接头内],并没有改变 ISO 6358:1989 测试原理的不足之处,只是将临界截面从流量控制阀或下游测压管的出口移至转(换)接头内,都不能直接测出正确的临界压力比 b 值。

11.3.2 变压法的分析

对变压法来说,通过转(换)接头,将上下游测压管的通径加大两挡的修订意见值得继续讨论。

对上游测压管来说,通径不放大,管内最大流速为 50m/s 左右,通径加大两挡,流速变成 12m/s 左右。对 S 值和 b 值的测量结果几乎没什么影响。

使用变压法,被测元件直接通大气,测出 S 值和 b 值有可能反映被测元件的真实值。若在被测元件后面,通过转(换)接头,再接下游测压管,测出 S 值和 b 值,反而是被测元件+转(换)接头+下游测压管的合成元件的 S 值和 b 值,必要性值得商榷。

ISO 6358:1989 中变压法存在的不足之处,ISO 6358-1:2013 中的解决方案值得商榷。

11.4 测试方法的分析

1989 年版的 ISO 6358 规定每个被测元件测 5 点,即 $q_m/q_m^* = 1.0$、0.8、0.6、0.4 和 0.2。也就是说,测一个被测元件的流量特性,耗气量为 $3q_m^*$。

2013 年版的 ISO 6358-1 规定,流量控制阀在开启方向和关闭方向,至少各测 7 点。在亚声速流区,至少等间距测 5 点。标准中对间距大小未作规定。此处,若取等间距为 q_m^* 的 10%,则应取 $q_m/q_m^* = 0.9$、0.8、0.7、0.6 和 0.5,耗气量计为 $3.5q_m^*$。在临界流态,至少测 2 点,即耗气量为 $2q_m^*$。测一个气动元件,沿流量增大方向和流量减小方向,至少合计测 14 点,总耗气量为 $11q_m^*$。是 ISO 6358:1989 耗气量的 3.67 倍。

设被测元件在临界流态下的有效面积为 S。通过该被测元件的最大质量流量 $q_m^* =$

$0.04p_1S/\sqrt{T_1}$。按 2013 年的修订标准,规定上游压力 p_1 不低于 5bar(g),设 $T_1 = 289$K,则 $q_m^* = 0.04 \times 0.6S/\sqrt{289} = 0.001412S$kg/s,$S$ 以 mm² 计。则 $11q_m^* = 0.001412S \times 11 = 0.01553S$kg/s。每个测点耗时 40s(含流量调节、数值稳定时间及记录时间)。故测一个气动元件的总耗气量至少为

$$m = 0.01553S \times 40 = 0.6212S \text{ kg} \tag{11-20}$$

奉化气动检验中心的气罐总容积为 9m³,气罐内的最高压力为 10bar(g)。被测元件上游压力要稳定在 5bar(g),上游气罐内的最低剩余压力应保证有 6bar(g)。则奉化气动检验中心能向测试提供的气量 $m = \dfrac{\Delta pV}{RT} = \dfrac{(10-6) \times 10^5 \times 9}{287 \times 289}$kg $= 43.4$kg。

不同通径下的各种气动元件的 S 值的统计数据见表 11-3。

表 11-3 不同通径下 S 值的统计数据

连接口径	M5	1/8in	1/4in	3/8in	1/2in	3/4in	1in	1¼in	1½in	2in
公称通径 d_0/mm		6	8	10	15	20	25	32	40	50
$S_0\left(=\dfrac{\pi}{4}d_0^2\right)$/mm²		28.26	50.24	78.5	176.6	314	468.7	803.8	1256	1962.5
S/mm²	$2.3^{+1.5}_{-2.1}$	$8.9^{+7.6}_{-6.4}$	$17.4^{+18}_{-13.8}$	37^{+23}_{-17}	81^{+49}_{-36}	120^{+70}_{-35}	212^{+93}_{-92}	358^{+212}_{-78}	528^{+122}_{-228}	660 ± 10
S/S_0		0.315	0.346	0.471	0.459	0.382	0.452	0.445	0.420	0.336

奉化气动检验中心的储气量为 43.4kg,仅能测气动元件的 $S = 43.4/0.6212$mm² $= 69.9$mm²。从表 11-3 可知,若严格按该标准的测试方法执行,只能测 1/8in 的气动元件及少量 1/2in 的气动元件。

11.5 其他方面的分析

1) 关于测试设备的成本。曾估算过,GB/T 14513—1993 的串接声速排气法的测试设备的成本仅为 ISO 6358:1989 的 1/10。ISO 6358-1:2013 与 ISO 6358:1989 的区别,是压力仪表精度由 ±1% 提升至 ±0.5%,测试装置是上下游测压管的通径增大了两档。故 ISO 6358-1:2013 的测试设备成本会比 ISO 6358:1989 更高。

2) 关于测试元件的范围。受耗气量的限制,ISO 6358:1989 规定,测试元件的通径限于 20mm 及以下。ISO 6358-1:2013 的耗气量为 ISO 6358:1989 的 3.67 倍(1989 年标准为 $3q_m^*$,而 2013 年标准为 $11q_m^*$),故 ISO 6358-1:2013 测试元件的通径仅限于 6mm 及少数通径可为 15mm。GB/T 14513—1993 由于耗气量很小,可以测气动元件的最大通径为 50mm。这是 GB/T 14513—1993 与国际标准相比之下的一个优势。

3) 关于测试工作量和测试数据处理工作量,ISO 6358-1:2013 比 GB/T 14513—1993 的工作量大得多。

11.6 奉化气动检验中心验证报告的结论

按照 ISO 6358 -1：2013 的两种试验方法（指放气试验法和充气试验法），测同一个电磁阀的 C、b 值，得出结论如下。

1) 两种试验方法测得的 C 值受取点间隔和受测试压力的影响较小。
2) 两种试验方法测得的 b 值受测试压力和取点间隔的影响大。放气试验，b 值随测试压力的增大明显增大，随取点间隔的增大而减小。充气试验，b 值随测试压力和取点间隔的增大明显减小。
3) 相同测试条件，两种测试方法测出的 C 值相近，而 b 值相差太大。且随着压力的增大，b 值差值越大。

鉴于以上试验事实，建议国际标准在后续修订时，能明确测试压力和取点间隔条件，并深入研究在同一标准中两种测试方法并行的适用性和科学性。

第 12 章 等温容器放气法

针对国际标准 ISO 6358：1989 经常测不准气动元件流量特性参数中的临界压力比 b 值的情况，日本学者张护平博士等提出利用等温容器放气法测 b 值。若此方法可行，可大大节省测试时的耗气量，一举两得。

12.1 等温容器放气法的基本原理

在容器内放入适量的铜丝，在向容器内充气或从容器内放气时，容器内的气体温度变化产生的热量变化被铜丝吸收，以保持容器内气体的温度基本不变，故称为等温容器。

等温容器内，初始充入压力为 p_{10}，温度为 T_{10} 的气量。打开气开关，通过被测元件向外界大气 p_a 放气，在放气过程中，记录下等温容器内的压力 p_1 随时间 t 的变化曲线。这条曲线可以分成两段，在 $p_a/p_1 \leq b$ 时，称为声速排气段。指被测元件内某处速度达到当地声速，即马赫数 $M=1$。经理论推导，可导出放气时间的公式为

$$t = 1.4603 \frac{V}{S\sqrt{RT_0}} \left(\ln \frac{p_a}{p} - \ln \frac{p_a}{p_0} \right) = 1.4603 \frac{V}{S\sqrt{RT_0}} \ln \frac{p_0}{p} \tag{12-1}$$

式中　S——被测元件在临界流态下的有效面积，单位为 m^2；

　　　V——等温容器的容积，单位为 m^3；

　　　p_a——外界大气压力，单位为 Pa；

　　　R——气体常数。对空气，$R = 287 N \cdot m/(kg \cdot K)$；

　p_0、T_0——等温容器内初始的绝对压力（Pa）和绝对温度（K）；

　　　p——等温容器内任一瞬时的绝对压力，单位为 Pa；

　　　t——放气时间，单位为 s。

当 $b < p_a/p_1 < 0.5$ 时，称为亚声速排气段。理论上可导出放气时间的公式

$$t = \frac{1.4603 V(1-b)}{S\sqrt{1-2b}\sqrt{RT_0}} \left\{ \ln \left[\frac{\sqrt{\left(1-\frac{p_a}{p_0}\right)\left(1-2b+\frac{p_a}{p_0}\right)} + \sqrt{1-2b}}{\frac{p_a}{p_0}} + \frac{b}{\sqrt{1-2b}} \right] \right.$$

$$\left. - \ln \left[\frac{\sqrt{\left(1-\frac{p_a}{p}\right)\left(1-2b+\frac{p_a}{p}\right)} + \sqrt{1-2b}}{\frac{p_a}{p}} + \frac{b}{\sqrt{1-2b}} \right] \right\} \tag{12-2}$$

由式 (12-1)，已知 p_0、T_0、V、p_a 和 $p(t)$，便可计算出被测元件的 S 值。

由式 (12-2)，已知 p_0、T_0、V、p_a、S 和 $p(t)$，便可计算出被测元件的 b 值。

12.2 ISO 6358-2:2013 的基本原理

等温容器放气法的测试回路如图 12-1 所示。它是利用等温容器储气，通过被测元件向大气排气，测出等温容器内的压力 p_3 随时间 t 的变化曲线，如图 12-2 所示，来求解被测元件的声速流导 C 值和临界背压比 b 值。

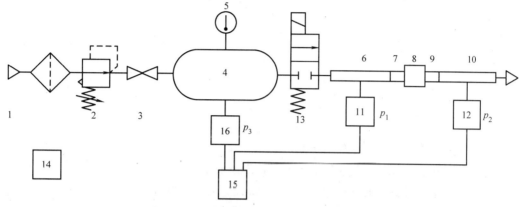

图 12-1　等温容器放气法的测试回路

1—气源　2—减压阀　3—截止阀　4—等温容器　5—温度计　6—上游测压管
7、9—转（换）接头　8—被测元件　10—下游测压管　11、12、16—压力传感器
13—开关阀　14—气压计　15—数字记录仪

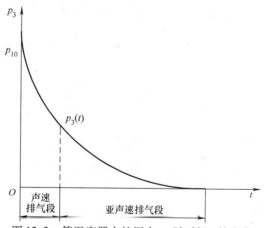

图 12-2　等温容器内的压力 p_3 随时间 t 的变化

等温容器内的压力 p_3 利用式（12-3）进行平滑处理后变成 p'_3。

$$p'_{3(j)} = \frac{1}{21}\sum_{i=j-10}^{i=j+10} p_{3(i)} \tag{12-3}$$

式中　$p_{3(i)}$——等温容器内气体的压力，单位为 Pa。$i = 1, 2, 3, \cdots, n$；

$p'_{3(j)}$——经平滑处理后的等温容器内的气体的压力，单位为 Pa。$j = 11, 12, \cdots, n-10$；

n——放气测试时的总测压点数。

被测元件的流导 C_e 由式（12-4）计算

$$C_{e(j)} = \frac{V[p'_{3(j-10)} - p'_{3(j+10)}]}{20 p_{1(j)} R \rho_a \Delta t \sqrt{T_a T_3}} \qquad (12\text{-}4)$$

式中 $C_{e(j)}$——被测元件的流导,单位为 $m^3/(s \cdot Pa)$。$j = 21, 22, \cdots, n-20$;例如,$j = 21$,表示是第 21 个测点的流导,如图 12-3 所示;

V——等温容器的净容积,即扣除铜丝后的容积,单位为 m^3;

$$V \geq 5 \times 10^5 C \xrightarrow{\text{注}} S \qquad (12\text{-}5)$$

C——被测元件预估的声速流导,单位为 $m^3/(s \cdot Pa)$;

注意,S 是作者添加的临界流态下的有效面积,单位为 mm^2。当 V 以 m^3 计,S 以 mm^2 计时,V 和 S 的数值相同。

$p'_{3(j-10)}$——经平滑处理后,前 10 个点的等温容器内的绝对压力,单位为 Pa;

$p'_{3(j+10)}$——经平滑处理后,后 10 个点的等温容器内的绝对压力,单位为 Pa;

$p_{1(j)}$——第 j 个测压点的上游压力,单位为 Pa;

R——气体常数,对空气 $R = 287 \text{N} \cdot \text{m}/(\text{kg} \cdot \text{K})$;

ρ_a——标准大气的空气密度,$\rho_a = 1.185 \text{kg/m}^3$;

Δt——压力采样的时间间隔,$\Delta t = 2.5 \times 10^{-8} V/C$,单位为 s;

T_a——标准大气的空气温度,$T_a = 293.15 \text{K}$;

T_3——开始放气时,等温容器内的绝对温度,单位为 K。

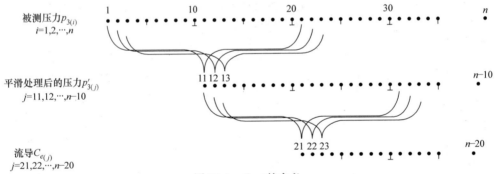

图 12-3 $C_{e(j)}$ 的含义

临界背压比 b 值和亚声速指数 m 值,可使用亚声速流区的全部压力比 p_2/p_1 和流导比 C_e/C,用最小二乘法,由式(12-6)算出,

$$\frac{C_e}{C} = \left[1 - \left(\frac{\frac{p_2}{p_1} - b}{1 - b}\right)^2\right]^m \qquad (12\text{-}6)$$

式中 p_1——被测元件上游测压管内的绝对压力,单位为 Pa;

p_2——被测元件下游测压管内的绝对压力,单位为 Pa;

b——临界背压比;

C——声速流导,单位为 $m^3/(s \cdot Pa)$;

C_e——流导,单位为 $m^3/(s \cdot Pa)$⊖。

⊖ 标准中未交代该参数为何条件下的流导。

12.3 对 ISO 6358-2: 2013 的质疑

12.3.1 流导 C_e 公式的由来及疑问

放气过程中,通过等温容器流出的质量流量可以用在极短的时间 Δt 内,用容器内减少的空气质量 Δm 来表示,即 $q_m = \lim\limits_{\Delta t \to 0} \dfrac{\Delta m}{\Delta t}$,而减少的空气质量 Δm 可利用气体状态方程中的压力变化 Δp_3 来表达,即

$$\Delta m = \frac{V \Delta p_3}{R T_3} \tag{12-7}$$

在 $20\Delta t$ 内,等温容器内的压降为 $\Delta p'_3 = p'_{3(j-10)} - p'_{3(j+10)}$,则有

$$q_m = \frac{\Delta p'_3 V}{20\Delta t R T_3} \tag{12-8}$$

假设上游测压管内的温度 T_1 与等温容器内的温度 T_3 相等,还假设放气过程中,从等温容器流出的质量流量与通过被测元件的质量流量相等,将式 (12-8) 的 q_m 代入下式 [即式 (11-3)] 中,便可得到式 (12-4)。

$$C_e = \frac{q_m}{\rho_a p_1} \sqrt{\frac{T_1}{T_a}} \tag{11-3}$$

从以上推导可以看出,式 (12-4) 存在以下问题:

1) 在对 ISO 6358-1: 2013 基本概念的评说中,明确指出式 (11-3) 对变压法是不成立的。等温容器放气法就属于变压法一类,因 p_3 是在不断下降中。故式 (11-3) 无法用于等温容器放气法。

2) 从等温容器放气是不定常流动,只存在 $q_m = \lim\limits_{\Delta t \to 0} \dfrac{\Delta m}{\Delta t}$,即 Δt 要极小。20 个 Δt 已不属于极短时间,故 $\Delta p'_3$ 已比较大,计算出的 q_m 与实际 q_m 会存在明显的误差。

例如,$\Delta t = 2.5 \times 10^{-8} V/C$,若 C 转化为 S,则变成 $\Delta t = 0.0125 V/S$。式中 V 以 L 计,S 以 mm² 计。测 4V210-08 时,$V = 77.6$L,$S = 17.08$mm²,则 $\Delta t = 0.0568$s,$20\Delta t = 1.136$s。在 1.136s 内,$\Delta p_3 > 0.1$bar。这么大的压差变化算出 C 的误差就较大,再去计算 b 值,误差就更大了。

3) 既然是不定常流动,计算出从等温容器流出的质量流量就认为是通过被测元件的质量流量,是没有说服力的。把不定常流动当作定常流动来处理是不行的。尤其是当等温容器的容积不大时,等温容器流出的瞬时质量流量与通过被测元件的质量流量的误差会更大。

以上三点说明,式 (12-4) 的正确性值得探讨。

12.3.2 临界背压比 b 值公式的疑问

在第 11 章对亚声速指数 m 的评说中,已说明 m 值是个没有任何意义的指数,流导比 C_e/C 也是一个没有任何意义的比值,都做了详细的分析。

对定压法来说,式 (9-3) 和式 (11-3) 是正确的。因这是定常流,且 C_e 和 C 时的 p_1、T_1 是相同的。而等温容器放气法是不定常流,式 (12-4) 中的 C 值是在临界流态下测出的声速流导,其 p_1 是比较高的。而 C_e 是在亚声速流态下测出的流导,其 p_1 是在不断变化中,

且远低于临界流态下的 p_1，不同 p_1 条件下的流导 C_e 与声速流导 C 之比是没有意义的。仍假设 C_e/C 与 p_2/p_1 符合扩展式流量特性公式（12-6）是没有任何依据的。故式（12-6）是不成立的。

12.4 正规的等温容器放气法的 S 值和 b 值的测量误差预估

正规的等温容器放气法，其基本公式就是式（8-27），用于测 S 值。式（8-30），用于测 b 值。

12.4.1 S 值测量误差预估

由式（8-27），则有

$$\frac{dS}{S} = \sqrt{\left(\frac{\partial S}{\partial V}\frac{dV}{S}\right)^2 + \left(\frac{\partial S}{\partial t}\frac{dt}{S}\right)^2 + \left(\frac{\partial S}{\partial T_0}\frac{dT_0}{S}\right)^2 + \left(\frac{\partial S}{\partial p_0}\frac{dp_0}{S}\right)^2 + \left(\frac{\partial S}{\partial p}\frac{dp}{S}\right)^2}$$

$$\frac{dS}{S} = \sqrt{\left(\frac{dV}{V}\right)^2 + \left(\frac{dt}{t}\right)^2 + \frac{1}{4}\left(\frac{dT_0}{T_0}\right)^2 + \left[\ln\left(\frac{p}{p_0}\right)\right]^2\left[\left(\frac{dp_0}{p_0}\right)^2 + \left(\frac{dp}{p}\right)^2\right]} \quad (12-9)$$

由式（12-9），对 A^+ 级及特级仪表测量精度求出的 dS/S 见表 12-1。表中的 p 是指容器内的压力要比 $1/b$ 至少高 0.5bar，以保证出现声速段，才能计算出正确的 S 值。

表 12-1 S 值的均方根误差

b	p_0	p	dS/S	
	/bar（a）		A^+ 级	特级
0.10	13	10.5	0.0076	0.00225
0.20	9	5.5	0.0090	0.00247
0.30	7	3.83	0.0116	0.00287
0.40	7	3.0	0.0170	0.00380
0.48	7	2.58	0.0219	0.00469

从表 12-1 看出，dS/S 的 A^+ 级最大可能误差小于 2.19%，特级最大可能误差小于 0.469%，可见，此法测出 S 值是可信的。其前提是等温容器内的最低压力必须大于表 12-1 中的 p 值。

由式（8-30）中 $b<0.5$，故表 12-1 中的 b 只计算到 0.48。

12.4.2 b 值测量误差预估

式（8-30）的 b 值是隐函数形式，限于笔者数学水平有限，不知道怎样把它转化成 b 值的显函数，故在求 b 值的均方根误差时，只能先求 t 值的均方根误差公式，找出各变量的相对误差的系数，然后再求出 b 值的均方根误差公式。

为了计算方便，将式（8-30）改写成

$$t = \alpha \frac{1-b}{\sqrt{1-2b}} \ln u$$

其中，$\alpha = \dfrac{1.4603V}{S\sqrt{RT_0}}$，$u = \dfrac{f_0 + \dfrac{b}{\sqrt{1-2b}}}{f + \dfrac{b}{\sqrt{1-2b}}}$，$f_0 = \dfrac{g_0 + \sqrt{1-2b}}{\dfrac{p_a}{p_0}}$，$f = \dfrac{g + \sqrt{1-2b}}{\dfrac{p_a}{p}}$，

$$g_0 = \sqrt{\left(1 - \dfrac{p_a}{p_0}\right)\left(1 - 2b + \dfrac{p_a}{p_0}\right)}, \quad g = \sqrt{\left(1 - \dfrac{p_a}{p}\right)\left(1 - 2b + \dfrac{p_a}{p}\right)}$$

由式（8-30），则有

$$\dfrac{dt}{t} = \sqrt{\left(\dfrac{\partial t}{\partial V}\dfrac{dV}{t}\right)^2 + \left(\dfrac{\partial t}{\partial S}\dfrac{dS}{t}\right)^2 + \left(\dfrac{\partial t}{\partial T_0}\dfrac{dT_0}{t}\right)^2 + \left(\dfrac{\partial t}{\partial b}\dfrac{db}{t}\right)^2 + \left(\dfrac{\partial t}{\partial p_0}\dfrac{dp_0}{t}\right)^2 + \left(\dfrac{\partial t}{\partial p}\dfrac{dp}{t}\right)^2}$$

$$\dfrac{\partial t}{\partial V}\dfrac{dV}{t} = \dfrac{dV}{V}, \quad \dfrac{\partial t}{\partial S}\dfrac{dS}{t} = -\dfrac{dS}{S}, \quad \dfrac{\partial t}{\partial T_0}\dfrac{dT_0}{t} = -\dfrac{1}{2}\dfrac{dT_0}{T_0}$$

$$\dfrac{\partial t}{\partial b} = \alpha\left[\left(\dfrac{1-b}{\sqrt{1-2b}}\right)'\ln u + \dfrac{1-b}{\sqrt{1-2b}}\dfrac{u'}{u}\right] =$$

$$\alpha\left[\dfrac{-\sqrt{1-2b} - (1-b)\dfrac{-2}{2\sqrt{1-2b}}}{1-2b}\ln u + \dfrac{1-b}{\sqrt{1-2b}}\dfrac{f + \dfrac{b}{\sqrt{1-2b}}}{f_0 + \dfrac{b}{\sqrt{1-2b}}} \times \right.$$

$$\left.\dfrac{\left(f + \dfrac{b}{\sqrt{1-2b}}\right)\left(f' + \dfrac{\sqrt{1-2b} - b\dfrac{-2}{2\sqrt{1-2b}}}{1-2b}\right) - \left(f_0 + \dfrac{b}{\sqrt{1-2b}}\right)\left(f_0' + \dfrac{\sqrt{1-2b} + \dfrac{b}{\sqrt{1-2b}}}{1-2b}\right)}{\left(f + \dfrac{b}{\sqrt{1-2b}}\right)^2}\right]$$

$$f_0' = \dfrac{g_0' - \dfrac{1}{\sqrt{1-2b}}}{\dfrac{p_a}{p_0}}, \quad g_0' = \dfrac{\left(1 - \dfrac{p_a}{p_0}\right)(-2)}{2g_0} = -\dfrac{1 - \dfrac{p_a}{p_0}}{g_0},$$

$$f' = \dfrac{g' - \dfrac{1}{\sqrt{1-2b}}}{\dfrac{p_a}{p}}, \quad g' = \dfrac{\left(1 - \dfrac{p_a}{p}\right)(-2)}{2g} = -\dfrac{1 - \dfrac{p_a}{p}}{g}$$

$$\dfrac{\partial t}{\partial b} = \alpha\left\{\dfrac{-(1-2b)+(1-b)}{(1-2b)\sqrt{1-2b}}\ln u + \dfrac{1-b}{\sqrt{1-2b}} \times \right.$$

$$\left.\dfrac{\left(f + \dfrac{b}{\sqrt{1-2b}}\right)\left[\dfrac{-\left(1 - \dfrac{p_a}{p_0}\right)}{g_0} - \dfrac{1}{\sqrt{1-2b}} + \dfrac{1-2b+b}{(1-2b)\sqrt{1-2b}}\right] - \left(f_0 + \dfrac{b}{\sqrt{1-2b}}\right)\left[\dfrac{-\left(1 - \dfrac{p_a}{p}\right)}{g} - \dfrac{1}{\sqrt{1-2b}} + \dfrac{1-b}{(1-2b)\sqrt{1-2b}}\right]}{\left(f_0 + \dfrac{b}{\sqrt{1-2b}}\right)\left(f + \dfrac{b}{\sqrt{1-2b}}\right)}\right\}$$

$$\dfrac{\partial t}{\partial b}\dfrac{db}{t} = \left[\dfrac{b^2}{(1-b)(1-2b)} + \dfrac{\dfrac{1 - \dfrac{p_0}{p_a}}{g_0} - \dfrac{\dfrac{p_0}{p_a}}{\sqrt{1-2b}} + \dfrac{1-b}{(1-2b)\sqrt{1-2b}}}{\left(\dfrac{f_0}{b} + \dfrac{1}{\sqrt{1-2b}}\right)\ln u} - \right.$$

$$\left. \frac{\dfrac{1-\dfrac{p}{p_a}}{g} - \dfrac{\dfrac{p}{p_a}}{\sqrt{1-2b}} + \dfrac{1-b}{(1-2b)\sqrt{1-2b}}}{\left(\dfrac{f}{b} + \dfrac{1}{\sqrt{1-2b}}\right)\ln u} \right] \dfrac{db}{b}$$

$$\frac{\partial t}{\partial p_0} = \alpha \frac{1-b}{\sqrt{1-2b}} \frac{u'}{u} = \alpha \frac{1-b}{\sqrt{1-2b}} \frac{1}{u} \frac{\left(f + \dfrac{b}{\sqrt{1-2b}}\right) f'_0}{\left(f + \dfrac{b}{\sqrt{1-2b}}\right)^2} = \alpha \frac{1-b}{\sqrt{1-2b}} \frac{f'_0}{f_0 + \dfrac{b}{\sqrt{1-2b}}}$$

$$f'_0 = \frac{g'_0 \dfrac{p_a}{p_0} - (g_0 + \sqrt{1-2b})\left(-\dfrac{p_a}{p_0^2}\right)}{\left(\dfrac{p_a}{p_0}\right)^2} = \frac{g'_0 + (g_0 + \sqrt{1-2b})/p_0}{\dfrac{p_a}{p_0}}$$

$$g'_0 = \frac{\left(\dfrac{p_a}{p_0^2}\right)\left(1 - 2b + \dfrac{p_a}{p_0}\right) + \left(1 - \dfrac{p_a}{p_0}\right)\left(-\dfrac{p_a}{p_0^2}\right)}{2g_0} = \frac{\dfrac{p_a}{p_0^2}}{2g_0}\left(1 - 2b + \dfrac{p_a}{p_0} - 1 + \dfrac{p_a}{p_0}\right) = \frac{\dfrac{p_a}{p_0^2}\left(\dfrac{p_a}{p_0} - b\right)}{g_0}$$

$$f'_0 = \frac{\dfrac{p_a}{p_0} - b}{p_0 g_0} + \frac{1}{p_a}(g_0 + \sqrt{1-2b})$$

$$\frac{\partial t}{\partial p_0} = \alpha \frac{1-b}{\sqrt{1-2b}} \frac{\dfrac{1}{p_0 g_0}\left(\dfrac{p_a}{p_0} - b\right) + \dfrac{1}{p_a}(g_0 + \sqrt{1-2b})}{f_0 + \dfrac{b}{\sqrt{1-2b}}}$$

$$\frac{\partial t}{\partial p_0} \frac{dp_0}{t} = \frac{\dfrac{\dfrac{p_a}{p_0} - b}{g_0} + \dfrac{p_0}{p_a}(g_0 + \sqrt{1-2b})}{\left(f_0 + \dfrac{b}{\sqrt{1-2b}}\right)\ln u} \frac{dp_0}{p_0}$$

$$\frac{\partial t}{\partial p} = \alpha \frac{1-b}{\sqrt{1-2b}} \frac{u'}{u} = \alpha \frac{1-b}{\sqrt{1-2b}} \frac{f + \dfrac{b}{\sqrt{1-2b}} - \left(f_0 + \dfrac{b}{\sqrt{1-2b}}\right) f'}{f_0 + \dfrac{b}{\sqrt{1-2b}}\left(f + \dfrac{b}{\sqrt{1-2b}}\right)^2} = \alpha \frac{1-b}{\sqrt{1-2b}} \frac{-f'}{f + \dfrac{b}{\sqrt{1-2b}}}$$

$$f' = \frac{g' \dfrac{p_a}{p} - (g + \sqrt{1+2b})\left(-\dfrac{p_a}{p^2}\right)}{\left(\dfrac{p_a}{p}\right)^2} = \frac{g' + (g + \sqrt{1-2b})/p}{\dfrac{p_a}{p}}$$

$$g' = \frac{\dfrac{p_a}{p^2}\left(1 - 2b + \dfrac{p_a}{p}\right) + \left(1 - \dfrac{p_a}{p}\right)\left(-\dfrac{p_a}{p^2}\right)}{2g} = \frac{\dfrac{p_a}{p^2}\left(1 - 2b + \dfrac{p_a}{p} - 1 + \dfrac{p_a}{p}\right)}{2g} = \frac{\dfrac{p_a}{p^2}\left(\dfrac{p_a}{p} - b\right)}{g}$$

$$\frac{\partial t}{\partial p} = -\alpha \frac{1-b}{\sqrt{1-2b}} \frac{g' + (g + \sqrt{1-2b})/p}{\left(f + \dfrac{b}{\sqrt{1-2b}}\right)\dfrac{p_a}{p}} = -\alpha \frac{1-b}{\sqrt{1-2b}} \times$$

$$\frac{\dfrac{p_a}{p^2}\left(\dfrac{p_a}{p}-b\right)}{g}+(g+\sqrt{1-2b})/p} {\left(f+\dfrac{b}{\sqrt{1-2b}}\right)\dfrac{p_a}{p}} = -\alpha\frac{1-b}{\sqrt{1-2b}}\frac{\dfrac{\dfrac{p_a}{p}-b}{gp}+\dfrac{g+\sqrt{1-2b}}{p}\dfrac{p}{p_a}}{f+\dfrac{b}{\sqrt{1-2b}}}$$

$$\frac{\partial t}{\partial p}\frac{\mathrm{d}p}{t} = -\frac{\dfrac{\dfrac{p_a}{p}-b}{g}+(g+\sqrt{1-2b})\dfrac{p}{p_a}}{\left(f+\dfrac{b}{\sqrt{1-2b}}\right)\ln u}\frac{\mathrm{d}p}{p}$$

设

$$K_b = \frac{b^2}{(1-b)(1-2b)} + \frac{\dfrac{1-b}{(1-2b)^{1.5}}-\left(\dfrac{p_0}{p_a}-1\right)/g_0-\dfrac{p_0}{p_a}/\sqrt{1-2b}}{\left(\dfrac{f_0}{b}+\dfrac{1}{\sqrt{1-2b}}\right)\ln u} -$$

$$\frac{\dfrac{1-b}{(1-2b)^{1.5}}-\left(\dfrac{p}{p_a}-1\right)/g-\dfrac{p}{p_a}/\sqrt{1-2b}}{\left(\dfrac{f}{b}+\dfrac{1}{\sqrt{1-2b}}\right)\ln u}$$

$$K = \frac{\left(\dfrac{p_a}{p}-b\right)/g+(g+\sqrt{1-2b})\dfrac{p}{p_a}}{\left(f+\dfrac{b}{\sqrt{1-2b}}\right)\ln u}, \quad K_0 = \frac{\left(\dfrac{p_a}{p_0}-b\right)/g_0+(g_0+\sqrt{1-2b})\dfrac{p_0}{p_a}}{\left(f_0+\dfrac{b}{\sqrt{1-2b}}\right)\ln u}$$

$$\frac{\mathrm{d}t}{t} = \sqrt{\left(\frac{\mathrm{d}V}{V}\right)^2+\left(\frac{\mathrm{d}S}{S}\right)^2+\frac{1}{4}\left(\frac{\mathrm{d}T_0}{T_0}\right)^2+\left(K_b\frac{\mathrm{d}b}{b}\right)^2+\left(K_0\frac{\mathrm{d}p_0}{p_0}\right)^2+\left(K\frac{\mathrm{d}p}{p}\right)^2}$$

已知各变量相对误差的系数,便可写出 $\mathrm{d}b/b$ 的均方根误差如下。

$$\frac{\mathrm{d}b}{b} = \frac{1}{K_b}\sqrt{\left(\frac{\mathrm{d}V}{V}\right)^2+\left(\frac{\mathrm{d}S}{S}\right)^2+\left(\frac{\mathrm{d}t}{t}\right)^2+\frac{1}{4}\left(\frac{\mathrm{d}T_0}{T_0}\right)^2+K_0^2\left(\frac{\mathrm{d}p_0}{p_0}\right)^2+K^2\left(\frac{\mathrm{d}p}{p}\right)^2} \quad (12\text{-}10)$$

12.4.3 b 值测量误差的分析

1. 等温容器放气法测不了的 b 值和不能使用的 p 值

必须在亚声速流区才能测 b 值,应 $p_a/p_0 > b$。若取 $p_0 = p_a/b$,则 $g_0 = 1-b$,$f_0 = \dfrac{1-b+\sqrt{1-2b}}{b}$;当 $p_a/p \to b$ 时,$g \to 1-b$,$f \to \dfrac{1-b+\sqrt{1-2b}}{b}$,则 $u \to 1$,$\ln u \to 0$,则 $K \to \infty$,故 $\dfrac{\mathrm{d}b}{b} \to \infty$。

当 $b \to 0$ 时,则 $K_b \to 0$,$\dfrac{\mathrm{d}b}{b} \to \infty$。

当 $p_a/p \to 1$ 时,$g \to 0$,$K \to \infty$,故 $\dfrac{\mathrm{d}b}{b} \to \infty$。

以上分析表明,当 $b \to 0$,$p_a/p \to 1$ 及 $p_a/p \to b$ 时,$\mathrm{d}b/b \to \infty$。说明:b 太小,压力 p 接

近于大气压力和接近于临界压力，都不能由式（12-10）计算 b 值。

2. 对等温容器放气法的 $\mathrm{d}b/b$ 图线分析

A^+ 级和特级的各自变量的测量精度见表 10-1，$\mathrm{d}S/S$ 见表 12-1。按式（12-10）可计算出在不同 b 值条件下，$\mathrm{d}b/b$ 随 p_1 的变化曲线，如图 12-4（A^+ 级）和图 12-5（特级）所示。限于篇幅，所有计算过程从略。从图 12-4 和图 12-5 可以看出：

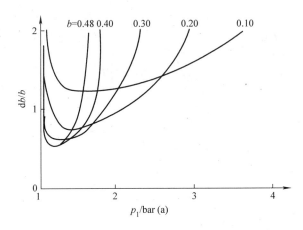

图 12-4　等温容器放气法不同 b 值条件下的 $\mathrm{d}b/b$ 与 p_1 的关系图（A^+ 级）

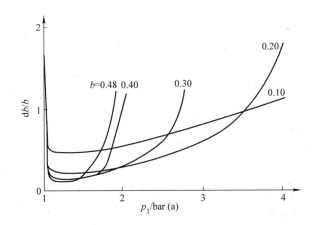

图 12-5　等温容器放气法在不同 b 值条件下的 $\mathrm{d}b/b$ 与 p_1 的关系图（特级）

1）A^+ 级仪表测量精度不能用于测 b 值，特级仪表测量精度可测 $b>0.15$ 的气动元件的 b 值。

对 A^+ 级仪表，不论 b 值是多少，预估出来的最小的 b 值均方根误差 $\mathrm{d}b/b>0.467$，若按 $\dfrac{\mathrm{d}b}{b} \leqslant 0.36$ 是许可的话，则 A^+ 级仪表是测不出正确 b 值。

对特级仪表，从图 12-5 看，$b>0.15$ 的气动元件是有可能测出 b 值的，但进口压力 p_1 应处在 1.2～1.4bar（a）之间，见表 12-2。

表 12-2 特级仪表测 b 值的最佳测点

b	最佳测点		$\dfrac{db}{b} \leq 0.36$ 的供气压力区间
	$\left(\dfrac{db}{b}\right)_{min}$	p_{1min} /bar (a)	p_1 /bar (a)
0.10	0.429	1.2	无
0.15	0.360	1.3	—
0.20	0.205	1.4	1.05~2.20
0.30	0.139	1.2	1.05~2.20
0.40	0.113	1.2	1.05~1.80
0.48	0.103	1.1	1.05~1.60

2) 测 b 值时，存在最佳测点。从图 12-5 看出，b 值在 0.15~0.48 之间，最佳测点见表 12-2。如 $b=0.4$ 时，当 $p=1.2$ bar (a) 时，最佳测点 $(db/b)_{min}=0.113$，在 $p_1=1.05~1.8$ bar (a)，因 $db/b<0.36$，故测出 b 值是可信的。

3) 为什么等温容器内的压力在很小时（表压在 0.05~1.2 之间），测出 b 值才可信？参见表 12-2 可知，$b=0.4$，等温容器内的压力在 0.05~0.8 bar (g) 内，测出 b 值才可信。这是因为，必须在亚声速流区才能测 b 值。当 $b=0.4$ 时，即容器内表压力在 1.5 bar 以下才存在亚声速流。前面说过，不得接近大气压力（表压为 0），也不得接近临界压力（表压为 1.5 bar）测 b 值。理论推导表明，$b=0.4$ 的气动元件，在 0.05~0.8 bar 范围内，测出 b 值可信，这就是等温容器放气法测 b 值时的先天不足，无法改变。容器内压力大于 1.5 bar (g)，属于声速排气，测不出 b 值。

4) 注意最低使用压力对 b 值测量的限制。对有最低使用压力要求的气动元件来说，一定要注意最佳测点的压力区间应大于最低使用压力的要求，才能用等温容器放气法测该气动元件的 b 值。例如单电控滑阀，最低使用压力为 1.5 bar (g)，而表 12-2 的最高压力才 2.2 bar (a)，就不能用等温容器放气法测单电控滑阀的 b 值。

5) 对微型阀来说，不宜用等温容器放气法测 b 值。因微型阀通径小，供气压力低 [最佳压力区间为 1.05~2.2 bar (a)]，通过流量小，Re 低。若 Re 进入层流、紊流过渡区，测出 b 值一定失真。

12.5 等温容器放气法测试实例

奉化气动检验中心副主任惠伟安高工提供了一个测试实例。

被测件型号 4V210-08，系内部先导式单电控二位五通滑阀，通径 8mm。等温容器的容积为 77.6L。容器内的初始压力 7.012 bar (a)，初始温度 290.95K，大气压力为 1.0014 bar。该滑阀的最低使用压力为 1.5 bar (g)。

按 ISO 6358-2：2013 中的规定，压力采样的时间间隔 $\Delta t = 2.5 \times 10^{-8} V/C$。设 8mm 通径的 $C = 3.6 \times 10^{-8}$ m³/(s·Pa)，则 $\Delta t = 2.5 \times 10^{-8} \times \dfrac{0.0776}{3.6 \times 10^{-8}} = 0.054$s。试验时，选 $\Delta t = 0.052$s。共测了 1500 点。若每页写 50 行，则测试数据是 21 页。为了缩小篇幅，只选了必

要的 18 点，列于表 12-3 中。表中，p_1 是被测元件上游测压管内的压力，p_2 是下游测压管内的压力，p_3 是等温容器内的压力，S 值是按式（12-1）计算出来的，b 值是按式（12-2）计算出来的。

表 12-3　等温容器放气法测 4V210－08 的测试数据

测点	放气时间 t/s	p_1 /bar (a)	p_2 /bar (a)	p_3 /bar (a)	p_a/p_3	S /mm²	b
0	0	1.0136	1.0136	7.0120	0.1428	—	—
20	0.989	6.6920	1.0161	6.7178	0.1491	17.00	
60	3.069	6.0998	1.0153	6.1188	0.1637	17.41	
120	6.189	5.3233	1.0063	5.3407	0.1875	16.75	
180	9.309	4.6531	1.0063	4.6713	0.2144	16.69	
200	10.349	4.4513	1.0055	4.4671	0.2242	17.09	0.190
280	14.509	3.7324	1.0039	3.7417	0.2676	16.65	
330	17.109	3.3450	1.0039	3.3583	0.2982	16.87	0.145
380	19.709	2.9997	1.0080	3.0106	0.3327	16.82	0.314
390	20.229	2.9373	1.0047	2.9042	0.3448	16.82	0.094
400	20.749	2.8724	1.0015	2.8777	0.3480	16.83	0.314
460	23.869	2.5288	1.0031	2.5292	0.3959	16.75	0.332
480	24.909	2.4186	1.0039	2.4238	0.4132	16.72	0.338
500	25.949	2.3165	1.0039	2.3242	0.4309	16.69	0.327
570	29.589	2.0012	1.0023	2.0048	0.4995	16.60	0.372
660	34.269	1.6697	1.0039	1.6677	0.6005	16.43	0.411
800	41.549	1.2961	1.0031	1.3021	0.7691	15.89	0.451
990	51.429	1.0432	1.0031	1.0396	0.9633	12.81	0.493

容器内的压力 p_3 随时间 t 的变化曲线如图 12-6 所示。通过式（12-1）计算出的 S 值及通过式（12-2）计算出的 b 值随放气时间的变化曲线如图 12-6 所示。

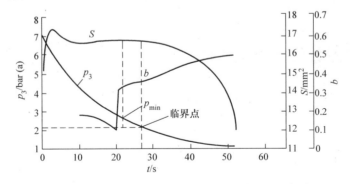

图 12-6　用等温容器放气法测 4V210－08 的 p_3－S 和 b 随 t 的变化曲线

从表 12-3 和图 12-6 可以得出：

1) 如何确定 S 值？S 值应该在声速放气段寻找。理论上，应该是在声速放气段存在 S 值不变的那个值。

其关键是要在 $p_3(t)$ 的曲线上给出临界点，临界点的左侧是声速排气，右侧是亚声速排气。从表 12-3 中看，计算出的 b 值无明显规律。故确定不了 S 值。

按其他的测试方法，测出该被测阀的 $b=0.45$ 左右，即 $p_a/p_3=0.45$，可知 p_3 约为 2.25bar（a）为临界点。即大约放气时间在 26s 处。从图 12-6 可见，有一个 S 值的近似不变区，此区域 S 值近似为 16.77mm^2。其他测试方法得出 S 值在 $17.39 \sim 18\text{mm}^2$ 之间。等温容器放气法测出 S 值偏小 3%～7%。

2) 如何确定 b 值？在亚声速放气段才能计算出 b 值。利用式（12-2）计算出的 b 值如图 12-6 所示。在临界点右侧，随放气时间 t 增大，也就是随等温容器内压力 p_3 的减小，b 值并不存在不变区段，而是越来越大。故由式（12-2）无法确定 b 值。原因可能是这个区段的 p_3 已小于最低使用压力，被测阀内通道已发生了变化。

图 12-6 中，临界点左侧的 b 值变化曲线是按式（12-2）计算出来的。但左侧是声速放气区，式（12-2）是不成立的，故临界点左侧的 b 值变化曲线是不真实的、无效的。

3) 最低使用压力对 b 值测量的影响。有许多气动元件都存在最低使用压力。即供气压力一旦低于最低使用压力，该阀是不能正常工作的，也就谈不上测 S 值和 b 值了。例如，4V210-08 是单电控滑阀，其最低使用压力为 1.5bar（g），绝对压力是 2.5bar（a）。当供气压力低于 2.5bar（a）时，阀芯有可能未完全复位。即 P 口至 A 口的流道未完全开启，测出的 S 值和 b 值就不是完全开启时的值。当然，最低使用压力不是绝对的，也许供气压力达 2bar（a）时，该阀 P 口至 A 口便已全开。但保险起见，还是应在供气压力高于最低使用压力的条件下测量 S 值和 b 值。

表 12-4 列出了利用奉化气动检验中心的测试设备，使用不同标准的测试方法，测出 4V210-08 的 S 值。ISO 6358：1989 最佳测点 8（$q_m/q_m^* = 0.74$）法及 GB/T 14513—1993 两个标准不存在最低使用压力的影响。ISO 6358-1：2013 的充气（试验）法及 ISO 6358-2：2013 则存在最低使用压力的影响。从表 12-4 测出的 S 值看，明显存在受最低使用压力影响的测试方法测出的 S 值小，这是否就是被测阀的阀芯未完全开启造成的？表中 ISO 6358-1：2013 的放气（试验）法的 S 值也偏小，这是由于该法测出的 S 值是被测阀+转（换）接头合成的有效面积。

表 12-4 用不同标准的测试方法测 4V210-08 的 S、b 值

	不同标准的测试方法	S/mm^2	b
ISO 6358：1989	$q_m/q_m^* = 0.9、0.8、0.7$ 和 0.6	17.58	0.449
	最佳测点 $q_m/q_m^* = 0.74$	17.58	0.447
GB/T 14513—1993	使用气罐测试	17.39	0.453
	使用定常流测试装置	18.00	0.458
ISO 6358-1：2013	定压法	16.50	0.403
	变压法	16.50	0.272
ISO 6358-2：2013 等温容器放气法		16.77	0.303

12.6 等温容器放气法的分析

ISO 6358-2：2013 的等温容器放气法属于不定常流动，但该标准却假设放气过程中，从等温容器流出的质量流量与通过被测元件的质量流量相等这种定常流动的思维来建立流量计算公式。把定压法才适用的声速流导公式用于放气过程中也是没有道理的。把有限时间间隔内的物理量变化当作无限小的时间间隔来处理也是不正确的。

按等温容器放气公式建立的正规的等温容器放气法，理论分析表明：

1）使用 A^+ 级仪表和特级仪表，测出 S 值是可信的。

2）使用 A^+ 级仪表，测出 b 值可信度低。

3）使用特级仪表，可以测 $b>0.15$ 的气动元件的 b 值，但等温容器内的压力只能处在 1.05~2.2bar（a）之间。这个压力范围与 b 值有关。b 值越大，可用压力范围越小。由于许多气动元件存在最低使用压力，这个最低使用压力大致在 1.5~3bar（a）之间，远大于上述可使用（测 b 值）的压力范围，这会导致许多气动元件不能使用等温容器放气法测 b 值。

4）虽等温容器放气法测试时的耗气量很小，但其数据处理比较复杂。

5）等温容器放气法适合测量无最低使用压力要求的，b 值较大的气动元件 b 值。

第 13 章 直接测量法

自 1979 年 ISO/DIS 6358 公布至今已 40 多年了，1989 年 ISO 6358 正式发布后，世界各国气动专家对该国际标准提出了许多质疑。中国提出了串接声速排气法，利用原来日本和中国测气动元件 S 值的设备，便可测出 ISO 6358 要求测试的两个流量特性参数 C 值（即 S 值）和 b 值。不仅测试设备成本大大降低，测试方法简单，测试时的耗气量仅是 ISO 6358：1989 方法的 1/10，而且测出的两个流量特性参数是可信的。故中国将它制定成国家标准 GB/T 14513—1993。其他国家在 ISO 6358：1989 的基础上，也做了一些修订，并制定成 ISO 6358-1：2013。还提出了等温容器放气法，制定成 ISO 6358-2：2013。在第 9 章~第 12 章中，对这些标准都做了仔细的剖析，总体结论是：

1. 对 GB/T 14513—1993，这些年经不断改进，已成为一个很好的标准。其测试原理正确、测试方法简单、测试装置成本低、测试结果可靠、测试时的耗气量很小。是目前测试大通径（20mm 以上）气动元件流量特性的唯一可行方法。缺点是不能测出口无连接口的气动元件。如消声器、喷管等少数气动元件。可寻求其他方法解决。

2. 1989 年的 ISO 6358：1989，虽有严重缺点和错误，但经修改，仍可测量部分气动元件。如将仪表测量精度提高至 A$^+$ 级或特级，将五点测量法改成最佳测点法，不仅可以大大提高 b 值的测量精度，还可以节省一半耗气量。不能测的气动元件，可寻求其他方法解决。

3. ISO 6358-1：2013 是在 ISO 6358：1989 基础上，进行了大量修订后提出的方法。除将仪表测量精度提高为 A$^+$ 级是正确意见外，其他的修订意见是不可取的或是错误的。修订后的标准，其缺点和错误更多。其测试原理，测试方法和计算公式等都是错误的，根本测不出正确的 b 值。

4. ISO 6358-2：2013 名义上称为等温容器放气法，实际上它没有按等温容器放气的基本公式去制定标准，而是把不定常流动当成定常流动，把有限时段的流量当作瞬时流量，把定压法条件下才能使用的公式用到变压法中，这样的计算公式，根本测不出气动元件的正确的 b 值。在第 12 章中，按等温容器放气的基本公式导出了正规的等温容器放气法。表明，使用特级仪表，该方法是可以测 $b>0.15$ 的气动元件的 b 值，但容器内压力只能处在 1.05~2.2bar（a）之间，这个可用压力范围远低于许多气动元件的最低使用压力，使这种测试方法只适用于很少的气动元件。

鉴于以上情况，本章提出直接测量法，与串接声速排气法并用，就能很好地解决 40 多年来尚未解决的气动元件流量特性参数的测试问题。

13.1 直接测量法原理

将被测元件置于腔室内，如图 13-1 所示。保持上游压力 p_1 和温度 T_1 一定，逐渐开启下游的流量控制阀 F 的开度，以改变通过被测元件的质量流量 q_m。当 q_m 不再增大而保持不变的分界点，记下该时刻腔室内的压力 p_2 和质量流量 q_m，记为 p_2^* 及 q_m^*。由式（13-1）便可计算出临界流态下的有效面积 S 值；由式（13-2）便可计算出临界压力比 b 值。

$$S = \frac{q_m^* \sqrt{T_1}}{0.04 p_1} \quad (13-1)$$

$$b = \frac{p_2^*}{p_1} \quad (13-2)$$

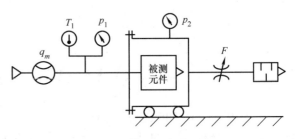

图 13-1 直接测量法原理

式中 S——临界流态下的有效面积，单位为 mm^2；

p_1——上游测压管内的绝对压力，单位为 MPa，若设 $p_2^* > 0.12$ MPa（a），则应 $p_1 > 0.12/b$；

T_1——上游测压管内的绝对温度，单位为 K；

q_m^*——临界流态下通过被测元件的质量流量，单位为 kg/s；

b——临界压力比；

p_2^*——被测元件内刚达临界流态时，腔室内的绝对压力，单位为 MPa。

直接测量法的仪表测量精度见表 13-1。

表 13-1 直接测量法的仪表测量精度

被测量	压力	流量	温度
仪表精度	±0.5%	±2%	±1K

13.2 S 值和 b 值的测量误差预估

由式（13-1），得 S 值的均方根误差

$$\frac{dS}{S} = \sqrt{\left(\frac{dp_1}{p_1}\right)^2 + \left(\frac{dq_m^*}{q_m^*}\right)^2 + \frac{1}{4}\left(\frac{dT_1}{T_1}\right)^2} \quad (13-3)$$

由式（13-2），得 b 值的均方根误差

$$\frac{db}{b} = \sqrt{2}\frac{dp_1}{p_1} \quad (13-4)$$

建议 p_2^* 比大气压力高 0.2bar。依此，按仪表测量精度计算出 S 值和 b 值的均方根误差 dS/S 和 db/b 见表 13-2。当 $b = 0.1$ 时，取 $p_1 = 10$bar（g）；当 $b = 0.2 \sim 0.5$ 时，取 $p_1 = 5$bar（g）。

表 13-2 直接测量法 S 值和 b 值的均方根误差

b	0.1	0.2	0.3	0.4	0.5
dS/S			±2.09%		
db/b	±0.71%		±1.41%		

表 13-3 列出了各种测试方法的 S 值和 b 值的预估均方根误差。仪表测量精度为 A^+ 级。表 13-3 中，未列入 ISO 6358-1：2013、ISO 6358-2：2013。

从表 13-3 可以看出，各种测试方法测出 S 值的精度接近，都是可信的。但测出 b 值的精度有极大的差别。显然，直接测量法 b 值的测量均方根误差最小。

表 13-3　各种测试方法 S 值和 b 值的均方根误差

b	dS/S				db/b			
	定压法	变压法	串接声速排气法	直接测量法	定压法[①]	变压法[①]	串接声速排气法[①]	直接测量法
0.1	±2.09%	±2.09%	±2.9%	±2.09%	±77.5%	±130%	±138.5%	±0.71%
0.2			±2.19%		±33.6%	±72%	±49.2%	±1.41%
0.3			±1.86%		±20.5%	±46.3%	±26%	
0.4			±1.83%		±13.4%	±36.3%	±17.8%	
0.5			±1.86%		±9.1%	±29.3%	±13.3%	

① 按最佳测点，使用 A⁺ 级仪表精度。

13.3　直接测量法的设计原则

若只测通径 20mm 及以下的气动元件，上游测压管的通径可选 50mm，下游测压管的通径可选 40mm。测不同通径的被测元件时，可改变连接的管接头。

上游测压管前，需安装一组量程不同的流量计，以适应 M5～ϕ20 不同通径气动元件的流量测量。上游测压管上要安装一只压力表测 p_1，一只温度计测 T_1。腔室上要安装一只压力表测 p_2。其测点应避开被测元件的排气射流。还要考虑设置电磁阀的通电插座，气控阀口的通气接口。腔室的大小要考虑到通径 20mm 的各种气动元件的安装空间。腔室应设计成可以移开的结构，以便安装被测元件。待安装好被测元件后，再将腔室合拢，形成封闭空间。被测元件的排气口尽量朝向下游管口。下游连接管的通径选 40mm，可并联三个球阀。球阀通径为 10mm、20mm 和 40mm，作为流量控制阀，以与不同通径的被测气动元件相配合。在该组流量控制阀汇合的连接出口，可安装一个通径 40mm 的大型消声器，以改善工作环境。该消声器对 b 值测量不构成影响。

可移开的腔室部分、下游连接管、三个流量控制阀和消声器等作为一个整体，安装在导轨上，以便于与导轨前盖对中，连接方便。

13.4　直接测量法的优缺点

1) 测试原理不含任何假设。如定压法的气动元件流量特性曲线近似于 1/4 椭圆的假设；串接声速排气法是利用串接回路理论和椭圆曲线假设。

2) 预估的 b 值均方根误差最小，即测出 b 值的测量精度最高。且 b 值的测量精度基本上与 b 值的大小无关。这是任何其他测试方法做不到的。

3) 能测量的 b 值范围最宽。除 $b\to 0$ 的气动元件外，一般 $b\geqslant 0.1$ 的气动元件都可以测 b 值。

4) 测点最少，测试装置简单，不需要大量的上下游测压管，测不同通径的元件是靠改变连接接头的口径来解决的。

5) 因测点少，故测试时的耗气量少。

6) 测试方法简单，数据处理简单。
7) 可以测出口无连接口的气动元件。
8) 可以测带快换接头或倒钩接头的气动元件。
9) 可以测有最低使用压力要求的气动元件。
10) 可以测流通能力小的气动元件，如微型阀。
11) 可以测内部带弹簧的气动元件，如单向阀、三位中位止回式电磁阀等。
12) 可以测通径 20mm 及以下的气动元件。对 25mm 及以上通径的气动元件，从测试原理讲，是可以测量的，但因耗气量较大，宜使用串接声速排气法。

13.5　直接测量法的有关问答

1. 直接测量法怎样操作流量控制阀，才能测出正确的 b 值

由于气动元件内流道复杂，在气动元件内刚达到临界流态时，会存在分离旋涡、甚至存在冲波系，避免不了流动参数有些波动。要想测出刚达临界点的 b 值，流量控制阀绝不可以迅速打开至最大流量。这样做，由于不定常的抽吸作用，表现出压力 p_2 会降至 0 或负压，测出 p_2/p_1 一定小于 b 值。因为这种"迅速开启"是极大的扰动，会造成出口压力 p_2 过度下降至超临界流态区，根本找不到临界点。故调节流量控制阀的开度时，应缓慢开启，尤其是接近临界点时，应极其缓慢地增加流量控制阀的开度，尽量减小人为的扰动，缓慢进入流量不再变大的点，才是临界点。此时的 p_2/p_1（对定压法）才是 p_2^*/p_1，即 b 值。扰动稍大，就会使 $p_2 < p_2^*$，从而测不出正确的 b 值。

2. 若临界点的压力或流量波动较大，怎么测 b 值

可利用最佳测点，即 $q_V = 0.74 \pm 0.05 q_V^*$，由式（9-3）计算出 b 值。

3. 腔室上的测压点 p_2 应选在何处

在腔室内，除被测元件的排气射流区压力有不同外，其他区域压力是一样的，故腔室上的测压点可以选在被测元件的排气射流区以外的任意位置。

4. 腔室上的测点 p_2 与下游测压管上测的 p_2 有什么不同

腔室上的测点 p_2 是被测元件出口的口外压力，也可称为出口外的环境压力，简称口外背压。当被测元件出口的流速小于声速时，出口上的压力 $p_出$ 与口外背压 p_2 相等。当被测元件出口上的流速为声速时，出口上的压力 $p_出 \geq p_2$。当被测元件刚达声速时，不论临界截面是在被测元件内，还是在被测元件的出口上，出口上的压力都与口外背压 p_2 相等。腔室内，除被测元件的排气射流通常是高速流动外，其余空间基本上无流动，压力均为 p_2。

下游测压管内，通常都存在高速流动，其流量与通过被测元件内的流量是相等的。按 ISO 6358：1989 的规定，p_2 是静压力；按 ISO 6358-1：2013 的规定，p_2 更接近于滞止压力。所以，下游测压管内的 p_2 与通过被测元件的流量有关，不是被测元件出口外的环境压力，即不是口外背压。而直接测量法腔室内的 p_2 是无流动区的压力，该压力是被测元件的排气射流对腔室内的静止空气存在卷吸作用所形成的结果。

5. 直接测量法与定压法的比较

1) 定压法两测点之间，除被测元件外，还有 10 倍内径长的下游测压管。故严格讲，

测出的 S 值和 b 值是被测元件和一段下游测压管合成元件的 S 值和 b 值,而不是被测元件的 S 值和 b 值。

直测测量法没有下游测压管,两测点之间仅有被测元件,故测出的 S 值和 b 值就是被测元件的。

2)定压法有可能存在两个喉部,直接测量法不存在两个喉部的问题。

对定压法,当 $S_1/S_2 < b$ 时,临界截面处在被测元件内,测出 S 值和 b 值是正确的;当 $S_1/S_2 > b$ 时,临界截面不在被测元件内,测出 S 值和 b 值就不是被测元件的。

3)定压法测 5 个测点,会导致测出 b 值严重失真、甚至测出 b 值为负值。直接测量法只测 1 个临界点,不仅测试时耗气量减少 2/3,而且预估的 b 值测量精度大大提高。当 $b = 0.5$ 时,提高了 6.5 倍;当 $b = 0.2$ 时,提高了 23 倍。

4)b 值测量范围不同。定压法只能测 $b > 0.195$ 的气动元件,直接测量法可测 $b > 0.10$ 的气动元件,这是所有其他测试方法都做不到的。

5)数据处理工作量,直接测量法比定压法小得多。

6)直接测量法与定压法都可以测具有最低使用压力要求的气动元件和微型阀。直接测量法还可以测出口无连接口、带快换接头或倒钩接头的气动元件,但定压法却不能测上述两类气动元件。

6. 直接测量法与变压法的比较

1)直接测量法与变压法的被测元件出口都直接通大气,不存在两个喉部的问题,故测出的 S 值和 b 值就是被测元件的。

2)从预估的 b 值测量精度来说,直接测量法比变压法的 b 值测量精度高得多。当 $b = 0.5$ 时,提高了 20 倍;当 $b = 0.2$ 时,提高了 51 倍。原因是直接测量法的供气压力可达 5bar(g)以上,而变压法的供气压力只能低于 1bar(g)和 4bar(g)。由于供气压力低,通过的质量流量也大大减少,故压力及流量的实际测量精度大大降低,导致 b 值的测量精度降低。

3)由于许多气动元件存在最低使用压力,对变压法来说,一旦供气压力低于最低使用压力,原则上是无法测 b 值的。但直接测量法不受最低使用压力的影响,因供气压力一定高于最低使用压力。

4)变压法通常只能测 $b > 0.4$ 且无最低使用压力要求的气动元件,故测试元件的范围很有限,仅限于消声器、管接头之类的气动元件。而直接测量法可以测 $b > 0.10$ 的气动元件,测试元件的范围很广泛。

5)直接测量法可以测微型阀、变压法则不能。因供气压力不同。

7. 直接测量法与串接声速排气法的比较

1)串接声速排气法是目前可用的测试方法中,唯一能测大通径气动元件的方法。直接测量法虽优点很多,唯一不足是气动元件通径大时,测试时的耗气量大。串接声速排气法与直接测量法起互补作用。

2)直接测量法与串接声速排气法是两个测出 b 值的可信度最高的方法。这两种方法都不存在两个喉部的问题。这两种方法的供气压力都高,故能充分发挥仪表测量精度的作用。这就是这两种测试方法测出 b 值可信度高的主要原因。

3) 直接测量法的测试原理简单，明确，未作任何假设（如定压法中的椭圆曲线假设），未添加任何辅助元件［如下游测压管、转（换）接头］。

流量测量误差是导致 b 值测量误差大的主要因素，而串接声速排气法不测流量这一参数，相当于排除了负面因素。串接声速排气法的名字从字面分析似乎是不定常流动，要记录不定常流动的参数自然测量误差大。实际上，串接声速排气法所有被测量都是达稳态时的参数值（如 p_{10}、$p_{1\infty}$）。串接声速排气法是抗干扰能力很强的方法。不会在流动过程中出现分离旋涡等现象时，记录参数。

4) 这两种方法共同的特点是，测试方法简单，测试的数据处理工作量很小。

5) 这两种方法都能测具有最低使用压力要求的气动元件和微型阀。

6) 对出口无连接口、带快换接头或倒钩接头的气动元件，串接声速排气法是不能测其 b 值，而直接测量法可以测。

8. 直接测量法与放气试验法（ISO 6358 – 1：2013）的比较

1) 放气试验法在两测点之间存在两个喉部，不论是哪个喉部达临界流态，测出的 S 值和 b 值都是两个喉部合成元件的 S 值和 b 值，与被测元件的相应参数存在一定误差。直接测量法两测点之间仅有被测元件，测出的 S 值和 b 值就是被测元件的。

2) 放气试验法规定测 14 点，合计耗气量为 $11q_m^*$。而直接测量法只测一点，耗气量仅一个 q_m^*。放气试验法的耗气量是直接测量法的 11 倍！

3) 放气试验法测出 b 值的预估测量误差低于定压法，故更低于直接测量法。

表 13-3 中，b 值的预估测量误差 db/b 是按 ISO 6358：1989 国际标准，但仪表测量精度等级提高至 A^+ 级的数据。对放气试验法来说，若临界截面处于被测元件内，测出 b 值比定压法要小 11.9%（见例 11-1）；若临界截面处于转（换）接头内，则测出 b 值比定压法要小 28%（见例 11-2）。也就是说，放气试验法测出的 b 值比定压法测出的 b 值还要小 11.9% ~ 28%。其 b 值测量精度远低于直接测量法的 ±1.41%。

4) 数据处理工作量，直接测量法比放气试验法小得多。

5) 直接测量法可以测出口无连接口、带快换接头或倒钩接头的气动元件，但放气试验法不能测上述两种气动元件。

9. 直接测量法与充气试验法（ISO 6358 – 1：2013）的比较

充气试验法若按该标准规定，在被测元件后连接下游测压管，则两测点之间仍存在两个喉部，是不可能测出被测元件的 S 值和 b 值的。若被测元件后不接下游测压管，直接排向大气，则充气试验法如同变压法一样，存在相同的问题，可参见直接测量法与变压法的比较，就不再重复了。

10. 直接测量法与等温容器放气法的比较

等温容器放气法若遵循 ISO 6358 – 2：2013 国际标准，因该标准两个基本公式是有一定争议的，没有必要讨论与直接测量法的比较。

等温容器放气法若遵循等温容器放气的基本公式，理论研究表明，使用 A^+ 级仪表，测不出正确的 b 值。若使用特级仪表，可以测 $b > 0.15$ 的气动元件，但进口压力 p_1 应处在 0.2 ~ 0.4bar（g）之间。这几乎就没有气动元件可测。虽然该方法名义上耗气量很小，可以测大通径的气动元件，但实际上没法发挥作用。

13.6 直接测量法与其他各种测试方法的比较

表 13-4 列出了直接测量法与其他各种测试方法的比较，从表 13-4 看出：

直接测量法是所有测试方法中最好的方法。测定气动元件的品种最多，测出 b 值的范围最广、可信度最高，测试设备简单，测试方法简单，数据处理简单，测试时耗气量也不大，唯一缺陷是大通径的气动元件使用该方法耗气量偏大。

其次是串接声速排气法，它能测大通径的气动元件的 b 值，这是其他测试方法做不到的。弥补了直接测量法的不足。且 b 值的测量精度仅次于直接测量法，与定压法的最佳测点法相当。测试设备成本低，测试方法简单，数据处理简单，测试时的耗气量很小。唯一缺陷是不能测出口无连接口的气动元件等。这个缺陷可由直接测量法弥补。

再其次是使用国际标准 ISO 6358：1989。但仪表测量精度应升至 A^+ 级，由五点测量法改为两点测量法（$q_m/q_m^* = 1.0$ 和 0.74）测 S 值和 b 值。可以测出部分气动元件正确的 b 值。

表 13-4 直接测量法与其他各种测试方法的比较

标准名称	创新法	修改后的 GB/T 14513—1993	修改后的 ISO 6358：1989		ISO 6358-1：2013（等同 GB/T 14513—2017）		ISO 6358-2：2013	无标准号
测试方法	直接测量法	串接声速排气法	定压法（两点法）	变压法	放气试验法	充气试验法	等温容器放气法	
仪表精度等级	A^+级	A^+级	A^+级	A^+级	A^+级	A^+级	特级	
耗气量	$1q_m^*$	$0.3q_m^*$	$1.74q_m^*$	$2q_m^*$	$11q_m^*$		$0.1q_m^*$	
可测件通径/mm	≤20	≤50	≤20		6~15		≤50	
可测最低 b 值	>0.10	>0.25	>0.195	>0.4	无	>0.4	无	>0.15
流通能力小的元件（约占应测件的1%）	可测	可测	可测	不可测	可测	不可测	不可测	不可测
有最低使用压力要求的元件（约占应测件的90%）	可测	可测	可测	不可测	可测	不可测	不可测	不可测
出口无连接口、带快换接头、倒钩接头的元件（约占应测件的10%）	可测	不可测	不可测	不可测	不可测	不可测	不可测	可测

(续)

标准名称	创新法	修改后的 GB/T 14513—1993	修改后的 ISO 6358：1989	ISO 6358-1：2013（等同 GB/T 14513—2017）	ISO 6358-2：2013	无标准号
说明	1. 测出 b 值的可信度是所有方法中最高的，b 值可测范围也最宽。2. 测大通径（25mm 以上）时耗气量较大，应选用串接声速排气法。3. 由于高速流动存在旋涡分离等，可能存在流动参数的脉动，这是所有方法共同的问题。只能待稳定时测 b 值。也可在最佳测点测 b 值	1. 是目前可用的方法中，唯一能测大通径气动元件的方法。是耗气量最小的方法。2. 因不测流量，只测稳态压力，抗干扰能力最强；对气罐容积、供气压力、辅助元件都进行了优化处理；进口压力高，不会出现低雷诺数，不会受最低使用压力的影响，故测出 b 值的可信度高。3. A^+ 级仪表可测 $b>0.25$ 的气动元件；特级仪表可测 $b>0.13$ 的气动元件	将仪表精度等级改为 A^+ 级，将五点测量法改为两点测量法($q_m/q_m^* = 1$ 测 C 值，$q_m/q_m^* = 0.74$ 测 b 值)，则可测 $b>0.195$ 的部分气动元件的 b 值	将仪表精度等级改为 A^+ 级，可测无最低使用压力要求的 $b>0.4$ 的少量气动元件	1. 两测点间存在两个喉部，无法测出 b 值。2. 测试时的耗气量大，各国测试中心难以满足要求。3. 放气试验法与定压法、串接声速排气法一样，都不能测出口无连接口的气动元件等	若不带下游测压管，其功能与修改后的 ISO 6358：1989 变压法相同	因该方法的两个基本计算公式不能成立，故该国际标准有待探讨	1. 若使用 A^+ 级仪表，测不出正确的 b 值。2. 若使用特级仪表，可以测 $b>0.15$ 的气动元件，但进口压力 p_1 应处在 0.05～1.2bar（g）之间。使用范围小，即使耗气量很小，通径不受限制也无法发挥作用

第 14 章　测量误差的预估与最佳测点的确定

本章内容是探索性研究。用理论分析方法,便能预估因变量的测量误差大小及找到最佳测点。这将会产生极大的经济效益和社会效益。这个思路可能对许多行业都适用。望有志者参与进来,共同探索,将其发扬光大,让社会获益。

14.1　什么是均方根误差

以串接声速排气法为例,用串接声速排气法测量气动元件的 S 值和 b 值时,导出了 S 值的计算公式是

$$S = 26.1 \frac{V}{t} \sqrt{\frac{273}{T_a}} \left[\left(\frac{p_{10}}{p_{1\infty}} \right)^{\frac{1}{5}} - 1 \right] \tag{14-1}$$

推导出 b 值的计算公式是

$$b_1 = \frac{\dfrac{S_{12}}{S_2} - \sqrt{1 - \left(\dfrac{S_{12}}{S_1}\right)^2}}{1 - \sqrt{1 - \left(\dfrac{S_{12}}{S_1}\right)^2}} \tag{14-2}$$

式中各项含义请参见第 7 章式（7-35）及第 10 章式（10-12）。

对因变量 S 来说,与自变量 V、t、T_a、p_{10} 和 $p_{1\infty}$ 存在的具体函数关系为 $S = f(V, t, T_a, p_{10}, p_{1\infty})$,如式（14-1）所示。

对因变量 b_1 来说,与自变量 S_1、S_2 和 S_{12} 存在的具体函数关系为 $b_1 = f(S_1, S_2, S_{12})$,如式（14-2）所示。

因变量的测量误差,是由各个自变量仪表测量的误差引起的。数学上可用因变量的全微分形式表示如下。

$$dS = \frac{\partial S}{\partial V} dV + \frac{\partial S}{\partial t} dt + \frac{\partial S}{\partial T_a} dT_a + \frac{\partial S}{\partial p_{10}} dp_{10} + \frac{\partial S}{\partial p_{1\infty}} dp_{1\infty}$$

其相对误差为

$$\frac{dS}{S} = \frac{\partial S}{\partial V} \frac{dV}{S} + \frac{\partial S}{\partial t} \frac{dt}{S} + \frac{\partial S}{\partial T_a} \frac{dT_a}{S} + \frac{\partial S}{\partial p_{10}} \frac{dp_{10}}{S} + \frac{\partial S}{\partial p_{1\infty}} \frac{dp_{1\infty}}{S}$$

均方根误差就是将所有自变量相对误差都进行平方求其和再开方就是因变量的相对误差,称为均方根误差。即

$$\frac{dS}{S} = \sqrt{\left(\frac{\partial S}{\partial V}\frac{dV}{S}\right)^2 + \left(\frac{\partial S}{\partial t}\frac{dt}{S}\right)^2 + \left(\frac{\partial S}{\partial T_a}\frac{dT_a}{S}\right)^2 + \left(\frac{\partial S}{\partial p_{10}}\frac{dp_{10}}{S}\right)^2 + \left(\frac{\partial S}{\partial p_{1\infty}}\frac{dp_{1\infty}}{S}\right)^2}$$

各自变量进行测量得出的值,与真实值比较,有正误差和负误差,计算时会相互抵消一部分。都取平方则都变成正误差。故求出的因变量的误差是自变量的最大误差,显然比因变量的实际误差大得多。也就是说,因变量的实际误差肯定小于计算出来的因变量的最大

误差。

有一点是肯定的，自变量各测量仪表的精度越高，求出的因变量的均方根误差越小。

现在的关键是确定因变量理论计算出的均方根误差多大时才是因变量的实际测量误差。即因变量的均方根误差是多大时才是可信的，是接近因变量的实际误差。关于这个关键点，需要通过对因变量与自变量的均方根误差计算结果进行分析，找到因变量的可信且合理的均方根误差。最好使用几种不同的测试原理和方法，进行相互验证，才能得出因变量可信度高的真实测量误差。

14.2 均方根误差分析应提供的条件

1）因变量与自变量之间应能给出函数关系，最好是显函数，如式（14-1）所示。因变量和自变量的函数关系也可能是隐函数，如式（8-30）所示，因变量 b 处于复杂的函数式中。这种情况下，要推导出因变量 b 的均方根误差公式的难度就大大增加了。

2）提供各自变量的仪表测量精度，提出对因变量测量精度的要求。

3）需要熟练地掌握求导数及微分的运算能力。

14.3 用均方根误差分析法预估测量误差的重大作用

根据提供的各自变量的仪表测量精度，利用均方根误差分析法，便可计算出因变量的测量精度与自变量测量精度之间的关系图表。从图表中，可以发现，均方根误差分析法具有以下功能。

14.3.1 判断测试原理是否正确

在第 12 章，作者依据声速等温放气公式求 S 值，依据亚声速等温放气公式求 b 值，按均方根误差分析法求得 b 值的均方根误差如图 12-4 和图 12-5 所示。求得 S 值的均方根误差如表 12-1 所示。

从表 12-1 可以看出，不论 A^+ 级仪表，还是特级仪表，b 值在 0.1~0.48 范围内，S 值的均方根误差 dS/S 都在 ±0.225% 和 ±2.19% 范围内，这个误差在工程应用中是许可的。

从图 12-4（A^+ 级）看出，b 值在 0.1~0.48 范围内，供气压力 p_1 在 1~3bar（a）范围内，b 值的均方根误差 db/b 都在 0.467 以上，远大于 $db/b \leqslant 0.36$ 的许可条件，表明 A^+ 级仪表不能用于测 b 值。

从图 12-5 看出，当 $b > 0.15$ 时，测出 b 值才可信（$db/b \leqslant 0.36$），但要求供气压力 p_1 在 0.05~1.2bar（g）之间，仅有少量气动元件在这么低的供气压力下还能测出正确的 b 值。故等温容器放气法的原理不适合用于测量该气动元件的 b 值。

14.3.2 判断测试方法是否正确

国际标准 ISO 6358：1989 提出五点测量法（$q_m/q_m^* = 1.0$、0.8、0.6、0.4 和 0.2）测气动元件的 b 值。在第 9 章，对 b 值进行了均方根误差分析，计算结果见表 9-4。

下面分析一下，用五点测量法，对 A 级和 B 级仪表测量精度能否测出正确的 b 值。

1. 对 B 级仪表测量精度

从表 9-4 中，摘出不同 b 值下，最佳测点 $(q_m/q_m^*)_{\min}$ 的 $(db/b)_{\min}$ 及五点的平均 db/b

（见表14-1）。若按 $db/b \leqslant 0.36$ 测出 b 值是可信的话，从表14-1可知，当 $b>0.36$，在 $q_m/q_m^* =0.8$ 的情况下，用B级仪表测出 b 值可信。但若使用五点测量法，即使 $b=0.5$，其 $db/b=0.9$，表明测出 b 值在 0.5 ± 0.45 之间，即 b 值在 $0.05 \sim 0.95$ 之间。显然B级仪表不能使用五点测量法。

表14-1 B级仪表下，五点的 db/b

b	$\left(\dfrac{q_m}{q_m^*}\right)_{\min}$	$\left(\dfrac{db}{b}\right)_{\min}$	五点的 $\dfrac{db}{b}$
0.1	0.8	1.646	5.200
0.2	0.8	0.746	2.510
0.3	0.8	0.448	1.617
0.4	0.8	0.300	1.170
0.5	0.8	0.214	0.900

2. 对A级仪表测量精度

从表9-4中，摘出不同 b 值下，最佳测点 $(q_m/q_m^*)_{\min}$ 的 $(db/b)_{\min}$ 及五点的平均 db/b（见表14-2）。若按 $db/b \leqslant 0.36$ 测出 b 值是可信的话，从表14-2可知，当 $b>0.21$，在 $q_m/q_m^* =0.8$ 的情况下，用A级仪表测出 b 值可信。但若使用五点法，即便 $b=0.5$，也测不出正确的 b 值。显然，A级仪表也不能使用五点测量法测 b 值。

表14-2 A级仪表下，五点的 db/b

b	$\left(\dfrac{q_m}{q_m^*}\right)_{\min}$	$\left(\dfrac{db}{b}\right)_{\min}$	五点的 $\dfrac{db}{b}$
0.1	0.8	0.823	2.600
0.2	0.8	0.373	1.254
0.3	0.8	0.224	0.810
0.4	0.8	0.150	0.585
0.5	0.8	0.107	0.452

以上表明，通过对 b 值进行均方根误差分析法，便可事先断定 ISO 6358：1989 提出的五点测量法测 b 值是不可行的。同时发现，在B级和A级仪表测量精度下，若在 $q_m/q_m^* =0.8$ 的条件下，却可以在 $b>0.36$ 和 $b>0.21$ 的情况下，测出正确的 b 值。

也就是说，均方根误差分析法，可以事先判断测试方法是否可行。若不行，可说清楚为什么不行？并可进一步提出可行的方法应当怎么做！若我们的实验测试工作能做到这一点，那将会产生巨大的经济效益和社会效益。

ISO 6358：1989 国际标准的制定者，在标准中，对 C 值的均方根误差 dC/C 做过分析，证明测出 C 值可信。若当时他们也对 b 值进行均方根误差分析，一定会制定出一个很好的国际标准。可惜他们没有对 b 值进行均方根误差分析，却提出了五点测量法，让它成了无法实施的国际标准。

对 b 值进行均方根误差分析，得出五点测量法求 b 值是不可行的结论。并找出最佳测点 $(q_m/q_m^*)_{\min}$，这是对测试工作做出了重大贡献。

14.3.3 可确定最佳测点

所谓最佳测点,就是测出的因变量测量误差最小点,即测出值最可信点。

从表 9-4 可以发现,不论 b 值大小,会出现在某个 q_m/q_m^* 下的 $\mathrm{d}b/b$ 最小值,这就是最佳测点。各种不同等级仪表的测量精度下的最佳测点见表 14-3。

表 14-3 ISO 6358 的最佳测点

等级	B 级		A 级		A$^+$ 级		特 级	
	$\left(\dfrac{q_m}{q_m^*}\right)_{\min}$	$\left(\dfrac{\mathrm{d}b}{b}\right)_{\min}$	$\left(\dfrac{q_m}{q_m^*}\right)_{\min}$	$\left(\dfrac{\mathrm{d}b}{b}\right)_{\min}$	$\left(\dfrac{q_m}{q_m^*}\right)_{\min}$	$\left(\dfrac{\mathrm{d}b}{b}\right)_{\min}$	$\left(\dfrac{q_m}{q_m^*}\right)_{\min}$	$\left(\dfrac{\mathrm{d}b}{b}\right)_{\min}$
0.1	0.8	1.646	0.8	0.823	0.74	0.775	0.74	0.378
0.2	0.8	0.746	0.8	0.373	0.74	0.336	0.74	0.118
0.3	0.8	0.448	0.8	0.224	0.74	0.205	0.74	0.098
0.4	0.8	0.300	0.8	0.150	0.80	0.134	0.74	0.064
0.5	0.8	0.214	0.8	0.107	0.80	0.091	0.74	0.043

最佳测点的 $(q_m/q_m^*)_{\min}$ 随 b 值的变化略有变化。

有了最佳测点,测 b 值就不需要再测五点。测一点,就能得到测量精度最高的 b 值,还能减少耗气量。

仪表精度越高,最佳测点的 $\left(\dfrac{\mathrm{d}b}{b}\right)_{\min}$ 越小,测出 b 值越可信。从表 14-3 可以看出,特级仪表可测 $b>0.11$,A$^+$ 级仪表可测 $b>0.19$,A 级仪表可测 $b>0.21$,B 级仪表可测 $b>0.36$。

不论是什么测试方法,通过均方根误差分析,都可以从理论上找到最佳测点。若想靠试验方法寻找最佳测点,一定会花费很长时间和很大的耗气量,要浪费大量人力、物力。

若各行各业的实验测试工作,能利用均方根误差分析法,预估出被测量的测量误差,找到最佳测点,就可避免盲目地做大量测试工作,避免人力和物力的巨大浪费,不仅大大减少测试工作量,而且可以获取巨大的经济效益和社会效益。

14.3.4 判断仪表测量精度等级是否合理

绝大多数气动元件的 b 值都在 0.2 以上,如果认为 $\mathrm{d}b/b \leqslant 0.36$ 时,测出 b 值可信的话,从表 14-3 可知,使用 A$^+$ 级仪表就可以了。使用 A 级仪表,b 值达不到可信度水平。使用特级仪表虽测出 b 值更可信,但测量仪表的成本过高。故对 ISO 6358:1989 标准的测试台来说,使用 A$^+$ 级仪表最合理。若不进行均方根误差分析,就随意选定仪表精度等级,会造成所选的仪表不合格或价格昂贵。

14.3.5 判断各仪表测量精度的匹配是否合理

国际标准 ISO 6358:1989 需提供压力、流量和温度的仪表测量精度等级。在第 9 章导出 C 值的均方根误差公式为

$$\frac{\mathrm{d}C}{C} = \sqrt{\left(\frac{\mathrm{d}p_1}{p_1}\right)^2 + \left(\frac{\mathrm{d}q_m^*}{q_m^*}\right)^2 + \frac{1}{4}\left(\frac{\mathrm{d}T_1}{T_1}\right)^2}$$

对 A 级仪表,$\mathrm{d}C/C$ 式中的各项值如下

$$\left(\frac{\mathrm{d}p_1}{p_1}\right)^2 = 1\times10^{-4}, \quad \left(\frac{\mathrm{d}q_m^*}{q_m^*}\right)^2 = 4\times10^{-4}, \quad \frac{1}{4}\left(\frac{\mathrm{d}T_1}{T_1}\right)^2 = \frac{1}{4}\left(\frac{1}{288}\right)^2 = 3\times10^{-6}$$

$$\therefore \left(\frac{\mathrm{d}p_1}{p_1}\right)^2 + \left(\frac{\mathrm{d}q_m^*}{q_m^*}\right)^2 + \frac{1}{4}\left(\frac{\mathrm{d}T_1}{T_1}\right)^2 = 5.03\times10^{-4}$$

可见，各仪表构成的测量误差占总误差的比例如表14-4第3行所示。从提高C值的测量精度来讲，这个匹配很不合理。流量仪表导致b值的测量误差占比达79.5%。若将流量仪表测量精度由±2%提高至±1%，则各仪表构成的测量误差占总误差的百分比的匹配就合理得多。最终选择取决于对C值测量精度的要求和投资成本之间的平衡。

表14-4　各量误差占总误差的比例（ISO 6358：1989）

物理量	压　力	流　量	温　度
A 级	±1%	±2%	±1K
占总误差的比例	19.9%	79.5%	0.6%

上面分析表明，提高C值测量精度的最主要因素是提高流量仪表的测量精度。但提高流量仪表的测量精度，则投资成本大幅增加。

若测试方法不测流量，只测投资成本不高的物理量，则有可能投资成本不高，但却能提高被测量的测量精度。如使用串接声速排气法，不测流量，便可测定被测元件的S值和b值。

在第9章，导出b值的均方根误差公式为

$$\frac{\mathrm{d}b}{b} = \frac{1-b}{b}\sqrt{E+F}$$

从式（9-10）可以看出，提高b值的测量精度有两条途径，一是b值越大越好，尤其是b值不要趋于0，否则$\mathrm{d}b/b\rightarrow\infty$，$b$值就测不准。二是$E$和$F$要尽量小。

从式（9-8）和表9-4可以看出，E取决于压力仪表的测量精度。随着q_m/q_m^*越来越小，E值越来越大。原因是，q_m/q_m^*越小时，压差p_1-p_2也越来越小，故$(p_1/p_2)-1$就越来越大，导致E值越来越大。

从式（9-9）和表9-4可以看出，F取决于流量仪表的测量精度。随着q_m/q_m^*越来越小，流量仪表的实际测量精度也越来越差。虽$1+1/\sqrt{1-(q_m/q_m^*)^2}$随$q_m/q_m^*$的减小而减小，但$[1+1/\sqrt{1-(q_m/q_m^*)^2}]^2$和$\bar{q}$的乘积$F$会"两端大"（指$q_m/q_m^*$为0.99和0.1时）"中间小"（这正是最佳测点存在的原因）。E与F相比较，除$q_m/q_m^*=0.1$时，E与F相近外，其余q_m/q_m^*时的E值远小于F值。故提高b值的测量精度的主要办法也是提高流量仪表的测量精度。

第 15 章 气缸内的流动特性

气缸的运动特性,实际上就是变容积的充放气特性。给定气缸的几何尺寸(缸径、杆径、最大行程等),给定气缸的外负载力 F_1 及活塞和活塞杆上的密封圈产生的摩擦力 F_2,给定气缸的供给气源的压力 p_s 和温度 T_s,给定充放气回路的流量特性参数(临界流态下的有效面积 S 和临界压力比 b),气缸的静特性和动特性是可以计算出来的。

本章介绍了一种计算有关密封圈摩擦力的方法,通过实际使用表明,这个密封圈摩擦力的估算方法有一定参考价值。该方法对各种控制阀(如减压阀、速度控制阀、换向阀、气动辅助元件等)的性能分析、性能估算也是有用的。

本章列出了计算气缸的流动特性的计算公式。若能将计算结果转化为实用的气缸的选型图线,则会对气缸的选用有很大的帮助。

15.1 密封接触力和密封摩擦力的估算

1. 密封接触力的估算

座阀中,密封面的形式主要有平面密封和锥面密封两种。平面密封简单,而锥面密封的密封性能更好。

为了使阀座与开闭件能很好地密封,不仅应使密封面均匀接触上,而且在开闭件上还要有一定的密封接触力 F_M。

$$F_M = A_M q \tag{15-1}$$

式中 A_M——密封面面积,单位为 cm^2;

q——密封比压,即保证密封而在密封面单位面积上所受的力,单位为 bar(g)。

保证密封所需的密封比压 q 可按下述公式计算

$$q = 1.06p + 0.4 \tag{15-2}$$

式中 p——工作压力,单位为 bar(g)

q 值选大点,密封性能好。但 q 选得过大,会引起结构尺寸不必要的增大。

(1)密封面为平面时 F_M 的计算 由图 15-1 可写出

$$F_M = A_M q = \frac{\pi}{4}(D_1^2 - D_0^2)q \tag{15-3}$$

(2)密封面为锥面时 F_M 计算 从图 15-2 可看出,在锥面上,有垂直于锥面的接触力

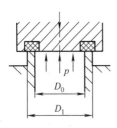

图 15-1 平面密封

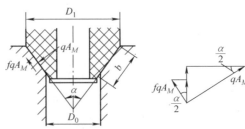

图 15-2 锥面密封

qA_M 和由此接触力而产生的摩擦力 fqA_M。摩擦力的方向与阀芯运动方向相反。f 是密封副之间的摩擦系数。橡胶与金属面间的摩擦系数一般取 $f=0.15$。

由 qA_M 和 fqA_M 两力的分解可知密封接触力为 $F_M = qA_M\sin\frac{\alpha}{2} + fqA_M\cos\frac{\alpha}{2}$

式中，
$$A_M = \pi\frac{D_1+D_0}{2}b = \pi\frac{D_1+D_0}{2}\frac{D_1-D_0}{2}\frac{1}{\sin\frac{\alpha}{2}}$$

$$= \frac{\pi}{4}\frac{D_1^2-D_0^2}{\sin\frac{\alpha}{2}}$$

故得
$$F_M = \frac{\pi}{4}(D_1^2-D_0^2)\left(1+\frac{f}{\tan\frac{\alpha}{2}}\right)q \tag{15-4}$$

由式（15-4）与式（15-3）相比可以看出，在相同密封比压下，锥面密封比平面密封的密封接触力大。

阀芯上的密封力 F 应是密封接触力 F_M 与介质压力所产生的作用 F_Z 之和。

即
$$F = F_M + F_Z \tag{15-5}$$

2. 密封摩擦力的估算

按密封圈的用途，可分成动密封和静密封。回转或往复运动部件处的密封称为动密封；静止件处的密封称为静密封。

按密封圈的密封原理来分，可分成压缩量密封和气压密封。靠安装时的预压力使密封圈产生变形来达到密封作用的叫压缩量密封。如 O 形、X 形、组合形密封圈。靠工作介质的压力使密封圈发生变形作用的叫气压密封。如 Y 形、U 形密封圈。

压缩量密封的特点是：

具有双向密封的作用。故通用性强。

结构简单、尺寸小，但尺寸精度要求高。

始动摩擦力大，阀在低压力范围内工作容易失灵。在正常工作条件下，摩擦力小、灵敏度高。

气压密封的特点是：

只有单向密封的作用，故阀的多用性受到限制。阀杆不宜垂直安装或用于有机械振动的场合。

密封圈的唇部随气压大小有微小的颤动，密封圈对阀杆的黏附作用相对于压缩量密封有所减少，故始动摩擦力小，启动时故障少。

密封圈的尺寸精度和表面粗糙度相对于 O 形密封圈要求较低。对密封件的磨损有一定自补偿作用。

低压或无压下摩擦力小，因此相对于以压缩量密封为主的结构来说，其泄漏量较大，在使用压力范围内摩擦力不大，灵敏度还可以。

对软质密封来讲，密封件与被密封件之间的密封接触力是由两方面造成的。其一是由于密封件在装配时给予的相对径向预压缩量产生的,其二是介质压力的作用使密封件紧紧压在被密封件表面上使接触力增加。

由于影响因素很多,要准确计算密封副之间的摩擦力是十分困难的。故一般常采用经验公式和图表进行近似估算。

下面以 O 形圈和 Y 形圈为例,说明压缩量密封和气压密封所产生的摩擦阻力的估算,供参考。

(1) O 形密封圈摩擦阻力的估算　O 形密封圈的密封副中,造成密封的主要原因是装配时给予的相对径向预压缩量。因此在实用中把相对径向预压缩量作为衡量密封性和摩擦阻力的重要指标。

相对径向预压缩量 ε 一般用下式表示

$$\varepsilon = \frac{W - H}{W} \times 100\% \tag{15-6}$$

式中　W——O 形密封圈断面直接,单位为 mm;

H——沟槽深度,单位为 mm。

在动密封结构中,ε 一般取 3%~8%,常用范围为 5%~6%。在静密封结构中,一般取 ε = 8%~20%。

影响摩擦力的因素很多。比如:

预压缩量 ε 越大,摩擦阻力越大。

W 增大时,由于接触面积的增加,摩擦阻力也增大。

橡胶硬质越高,摩擦阻力越大。

介质压力增高,摩擦阻力增大。

摩擦阻力还随停放时间的增长而加大。这是由于密封圈与金属表面接触后相互作用的结果。

介质温度、密封副相对运动速度,密封表面加工质量、润滑条件等都对摩擦阻力有影响。尤其是润滑条件的影响更为明显。

由于影响摩擦力的因素很多,估算时不可能全计及,一般只按式(15-7)进行估算。

$$F_d = LT_\varepsilon + AT_p \tag{15-7}$$

式中　F_d——动摩擦阻力,单位为 N;

T_ε——在摩擦表面单位长度上相对径向预压缩量所引起的摩擦阻力的大小,单位为 N/cm。由图 15-3a 查得;

L——摩擦表面的总长度(cm);

T_p——由介质压力 p 在 O 形密封圈单位轴向投影面积上造成的摩擦力,单位为 N/cm²。由图 15-3b 查得;

A——受介质压力 p 作用的 O 形密封圈轴向投影的总面积,单位为 cm²。对一个 O 形圈,若用 O 形圈内径密封,投影面积等于 $\frac{\pi}{4}(D'^2 - d_0^2)$;若用 O 形圈外径密封,投影面积等于 $\frac{\pi}{4}(D_0^2 - d'^2)$,见图 15-4。

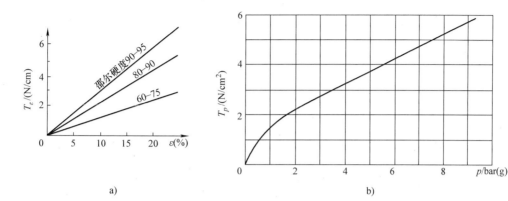

图 15-3 动摩擦力计算图表

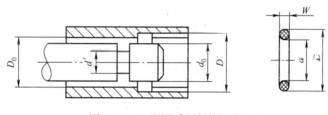

图 15-4 O 形圈受压投影面积

始动摩擦阻力 F_s 按下式计算

$$F_s = K_1 F_d \qquad (15\text{-}8)$$

式中 K_1——始动摩擦阻力系数，一般为 2~4，通常取 $K_1 = 3$。要求可靠性高时取上限。

（2）Y 形密封圈摩擦阻力的估算 对于 Y 形密封圈的密封付中，造成密封的主要原因是介质压力的作用，而由预压缩量造成的摩擦阻力很小。

动摩擦阻力可按下式计算

$$F_d = f\pi d h_1 (p + p') \qquad (15\text{-}9)$$

式中 d——被密封面的直径，单位为 cm；

h_1——Y 形密封圈的有效高度，也就是密封圈和阀杆的接触长度，单位为 cm，可参看图 15-5；

p——密封处介质的工作压力，单位为 bar；

p'——初始接触压力，单位为 bar。p' 的大小与密封圈形式、预压缩量大小、橡胶硬度等有关，一般可在 0.2~0.4bar 范围内选取；

f——摩擦系数，对于中低硬度的耐油橡胶，在一般油雾润滑的条件下，可在 0.08~0.23 范围内选取。一般可取为 0.15。

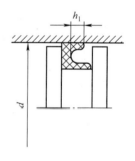

图 15-5 Y 形密封圈受压接触长度

始动摩擦阻力可按式（15-8）计算。但式中 K_1 可在 1.5~2.5 范围内选取，一般可取为 1.5。要求可靠性高时选取上限。

15.2 气缸的充放气特性

图 15-6 所示为单杆双作用无缓冲气缸,压力为 p_s、温度为 T_s 的气源,通过充气回路(流量特性参数为 S_1、b_1)流入压力为 p_1、温度为 T_1 的无杆腔。压力为 p_2、温度为 T_2 的有杆腔中的气体经放气回路(流量特性参数为 S_2、b_2)流至压力为 p_a 的外界大气。无杆腔活塞有效面积为 A_1,有杆腔活塞的有效面积为 A_2。在活塞两腔压差力的作用下,克服外负载力 F_1 及摩擦力 F_2(当气缸非水平放置时,还有重力的分量 F_3),以速度 u 运动。运动件质量为 M,活塞位移为 x,气缸行程为 L。当 $x=0$ 时,无杆腔的容积为 V_{10}。当 $x=L$ 时,有杆腔的容积为 V_{20}。

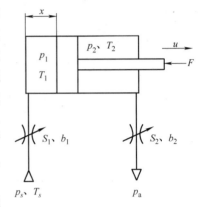

图 15-6 气缸的充放气回路

设气缸与外界无热量交换,则无杆腔是变容积的绝热充气,有杆腔是变容积的绝热放气。

对充气回路,由式(6-11)和式(6-12)可写出充气时的质量流量

$$q_{m1} = \left(\frac{2}{\kappa+1}\right)^{\frac{\kappa+1}{2(\kappa-1)}} \sqrt{\frac{\kappa}{RT_s}} p_s S_1 \omega_1 \begin{cases} \text{当}\dfrac{p_1}{p_s} \leqslant b_1 \quad \omega_1 = 1 \\ \text{当}1 \geqslant \dfrac{p_1}{p_s} > b_1 \quad \omega_1 = \sqrt{1-\left(\dfrac{p_1/p_s-b_1}{1-b_1}\right)^2} \end{cases} \quad (15\text{-}10)$$

无杆腔内压力和温度的关系可由变容积的绝热充气条件下的热力学方程式(8-16)得到

$$\frac{\kappa - T_1/T_s}{\kappa(1-T_1/T_s)} \frac{dp_1}{p_1} + \frac{dV_1}{V_1} = \frac{1}{(1-T_1/T_s)} \frac{dT_1}{T_1} \quad (15\text{-}11)$$

将式(15-11)代入式(8-15),消去 dT_1/T_1,得

$$\frac{dm_1}{m_1} = \frac{T_1}{\kappa T_s} \frac{dp_1}{p_1} + \frac{T_1}{T_s} \frac{dV_1}{V_1}$$

故充气过程中,无杆腔内的质量变化

$$dm_1 = q_{m1} dt = \frac{V_1}{\kappa RT_s} dp_1 + \frac{p_1}{RT_s} dV_1 \quad (15\text{-}12)$$

因
$$V_1 = V_{10} + A_1 x \quad (15\text{-}13)$$

故
$$dV_1 = A_1 dx \quad (15\text{-}14)$$

对放气回路,由式(6-11)和式(6-12)可写出放气时的质量流量

$$q_{m2} = \left(\frac{2}{\kappa+1}\right)^{\frac{\kappa+1}{2(\kappa-1)}} \sqrt{\frac{\kappa}{RT_2}} p_2 S_2 \omega_2 \begin{cases} \text{当}\dfrac{p_a}{p_2} \leqslant b_2 \quad \omega_2 = 1 \\ \text{当}1 \geqslant \dfrac{p_a}{p_2} > b_2 \quad \omega_2 = \sqrt{1-\left(\dfrac{p_a/p_2-b_2}{1-b_2}\right)^2} \end{cases} \quad (15\text{-}15)$$

有杆腔内是变容积绝热放气,放气过程为等熵过程,故压力与温度的关系式是

$$\frac{p_2}{p_{20}} = \left(\frac{T_2}{T_{20}}\right)^{\frac{\kappa}{\kappa-1}} \tag{15-16}$$

式中，p_{20} 和 T_{20} 分别是有杆腔内的初始压力和初始温度。

将式（8-11）代入式（8-15），消去 T，则得

$$\frac{dm}{m} = \frac{1}{\kappa}\frac{dp}{p} + \frac{dV}{V}$$

即

$$\frac{dm_2}{m_2} = \frac{1}{\kappa}\frac{dp_2}{p_2} + \frac{dV_2}{V_2}$$

故放气过程中，有杆腔内的质量变化

$$dm_2 = -q_{m2}dt = \frac{V_2}{\kappa RT_2}dp_2 + \frac{p_2}{RT_2}dV_2 \tag{15-17}$$

因

$$V_2 = V_{20} + A_2(L-x) \tag{15-18}$$

故

$$dV_2 = -A_2 dx \tag{15-19}$$

活塞等运动件的动力学方程为

$$p_1 A_1 - p_2 A_2 - F = M\frac{d^2 x}{dt^2} \tag{15-20}$$

式中 $F = F_1 + F_2 + F_3 + p_a(A_1 - A_2)$

为便于计算和推广，应将各量进行量纲为 1 化。设

$$\left.\begin{array}{l} t_{\kappa 1} = \left(\dfrac{\kappa+1}{2}\right)^{\frac{\kappa+1}{2(\kappa-1)}} \dfrac{A_1 L}{\kappa S_1 \sqrt{\kappa RT_1}}, \overline{F} = \dfrac{F}{p_s A_1}, \\[8pt] \overline{M} = \dfrac{ML}{p_s A_1 t_{\kappa 1}^2}, \overline{p} = \dfrac{p}{p_s}, \overline{T} = \dfrac{T}{T_s}, \overline{t} = \dfrac{t}{t_{\kappa 1}}, \\[8pt] \overline{A} = \dfrac{A_2}{A_1}, \overline{S} = \dfrac{S_2}{S_1}, \overline{x} = \dfrac{x}{L}, \overline{x}_{10} = \dfrac{V_{10}}{A_1 L}, \\[8pt] \overline{x}_{20} = \dfrac{V_{20}}{A_1 L} \end{array}\right\} \tag{15-21}$$

则式（15-11）、式（15-12）、式（15-17）和式（15-20）经量纲为 1 化后变成

$$\frac{\kappa - \overline{T}_1}{\kappa(1-\overline{T}_1)}\frac{d\overline{p}_1}{\overline{p}_1} + \frac{d\overline{x}}{\overline{x}_{10}+\overline{x}} = \frac{1}{1-\overline{T}_1}\frac{d\overline{T}_1}{\overline{T}_1} \tag{15-22}$$

$$(\overline{x}_{10}+\overline{x})\frac{d\overline{p}_1}{d\overline{t}} + \kappa \overline{p}_1 \frac{d\overline{x}}{d\overline{t}} = \omega_1 \quad \begin{cases} \text{当}\ \overline{p}_1 \leq b_1 \quad \omega_1 = 1 \\ \text{当}\ 1 \geq \overline{p}_1 > b_1 \quad \omega_1 = \sqrt{1-\left(\dfrac{\overline{p}_1 - b_1}{1-b_1}\right)^2} \end{cases} \tag{15-23}$$

$$\frac{\overline{p}_{20}^{(\kappa-1)/(2\kappa)}}{\overline{S}\sqrt{\overline{T}_{20}}\ \overline{p}_2^{(3\kappa-1)/(2\kappa)}}\left\{\kappa \overline{A}\ \overline{p}_2 \frac{d\overline{x}}{d\overline{t}} - [\overline{x}_{20} + \overline{A}(1-\overline{x})]\frac{d\overline{p}_2}{d\overline{t}}\right\} = \omega_2$$

$$\begin{array}{l} \text{当}\ \dfrac{\overline{p}_a}{\overline{p}_2} \leq b_2 \quad \omega_2 = 1 \\[8pt] \text{当}\ 1 \geq \dfrac{\overline{p}_a/\overline{p}_2}{} > b_2 \quad \omega_2 = \sqrt{1-\left(\dfrac{\overline{p}_a/\overline{p}_2 - b_2}{1-b_2}\right)^2} \end{array} \tag{15-24}$$

$$\overline{p}_1 - \overline{p}_2 \overline{A} - \overline{F} = \overline{M} \frac{\mathrm{d}^2 \overline{x}}{\mathrm{d} \overline{t}^2} \tag{15-25}$$

联立方程式 (15-23)、式 (15-24) 和式 (15-25)，加上初始条件，便可解出 $\overline{x}(\overline{t})$，$\overline{p}_1(\overline{t})$ 和 $\overline{p}_2(\overline{t})$。再由式 (15-22) 和式 (15-16)，可解出 $\overline{T}_1(\overline{t})$ 和 $\overline{T}_2(\overline{t})$。

气缸的运动，可分成三个阶段。

活塞运动之前为启动段，此阶段 $\overline{x}=0$，式 (15-23)、式 (15-24) 和式 (15-25) 可简化为

$$\overline{x}_{10} \frac{\mathrm{d} \overline{p}_1}{\mathrm{d} \overline{t}} = \omega_1 \tag{15-26}$$

$$-\frac{\overline{p}_{20}{}^{(\kappa-1)/(2\kappa)}}{\overline{S}\sqrt{\overline{T}_{20}} \overline{p}_2{}^{(3\kappa-1)/(2\kappa)}} (\overline{x}_{20} + \overline{A}) \frac{\mathrm{d} \overline{p}_2}{\mathrm{d} \overline{t}} = \omega_2 \tag{15-27}$$

$$\overline{p}_1 - \overline{p}_2 \overline{A} - \overline{F} = 0 \tag{15-28}$$

联立上面三个方程，可解出启动段的时间 $\overline{t}_1$、$\overline{p}_1(\overline{t})$ 和 $\overline{p}_2(\overline{t})$。

活塞从启动到走完行程 (即 $\overline{x}=1$) 为运动段。运动段的初始条件即为启动段完成时的条件。根据式 (15-23)、式 (15-24) 和式 (15-25) 求解，可解得运动段的时间 $\overline{t}_2$、$\overline{p}_1(\overline{t})$ 和 $\overline{p}_2(\overline{t})$。

活塞走完行程开始到充放气结束，为结束段。结束段 $\overline{x}=1$，结束段的初始条件为运动段的结束条件。方程 (15-23) 和式 (15-24) 简化成

$$(1 + \overline{x}_{10}) \frac{\mathrm{d} \overline{p}_1}{\mathrm{d} \overline{t}} = \omega_1 \tag{15-29}$$

$$-\frac{\overline{x}_{20} \overline{p}_{20}{}^{(\kappa-1)/(2\kappa)}}{\overline{S}\sqrt{\overline{T}_{20}} \overline{p}_2{}^{(3\kappa-1)/(2\kappa)}} \frac{\mathrm{d} \overline{p}_2}{\mathrm{d} \overline{t}} = \omega_2 \tag{15-30}$$

若结束段的最终条件是 $\overline{p}_1 = 1$ 和 $\overline{p}_2 = \overline{p}_a$，可由式 (15-29) 和式 (15-30) 求得结束段的时间 $\overline{t}_3$。若限定结束段的时间 $\overline{t}_3$，则可由式 (15-29) 和式 (15-30) 求得最终的 $\overline{p}_1$ 和 $\overline{p}_2$。

活塞杆的伸出时间 t_I 为 t_1、t_2 和 t_3 之和。

用同样原理，可求得活塞杆收回时间 t_III。活塞杆伸出和收回之间所需时间为 t_II。t_II 取决于系统工作的要求。活塞杆往复一次所需总时间为 t_I、t_II 和 t_III 之和。

15.3 气缸性能的适用图线

针对上节气缸的充放气特性计算公式的计算结果，若能画出如图 15-7 所示的气缸特性的适用图线，对气缸的选用便会有很大的帮助。

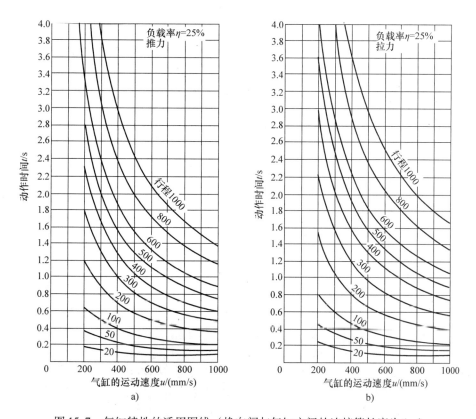

图 15-7 气缸特性的适用图线（换向阀与气缸之间的连接管长度为 1m）
a）负载率 $\eta = 25\%$，推力 b）负载率 $\eta = 25\%$，拉力

第 16 章 气动减压阀的特性研究

气动减压阀是出口侧压力可调（但低于进口侧压力），并能保持出口侧压力稳定的压力控制阀。

按压力调节方式，减压阀有直动式和先导式。直动式是利用手轮直接调节调压弹簧的压缩量来改变出口压力的阀。先导式是利用压缩空气的作用力代替调压弹簧力，以改变出口压力的阀。

按调压精度分，有普通型和精密型、普通型减压阀的受压部分的结构有活塞式和膜片式两种，如图 16-1 所示。活塞式减压阀受压部分的有效面积大，但活塞存在滑动阻力，通常只用于小通径上。

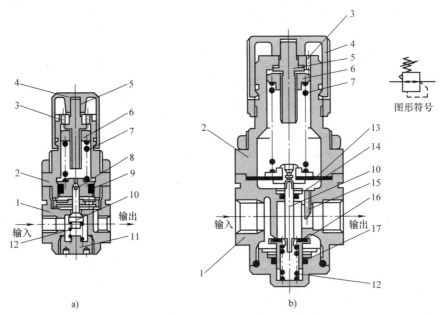

图 16-1　直动式减压阀的结构原理
a）活塞式　b）膜片式

1—下阀体　2—上阀体　3—排气孔　4—手轮　5—调节杆　6—螺母　7—调压弹簧　8—活塞　9—活塞密封圈　10—阀杆　11—弹簧座　12—复位弹簧　13—膜片组件　14—阀杆密封圈　15—反馈管　16—阀芯　17—阀芯密封圈

图 16-1a 所示为活塞式（非平衡式）减压阀。阀杆 10 下部为一次侧压力。当一次侧压力和设定压力变化时，阀杆自身所受压力便出现变化，与原来的弹簧力失去平衡，故压力特性不好。

图 16-1b 所示为膜片式（平衡式）减压阀，阀芯 16 的下部与二次侧压力相通，故阀芯上下所受气压力是平衡的。压力的变化（不论是一次侧，还是二次侧）不影响阀芯上下压力的平衡，故这种结构的阀压力特性好。

先导式减压阀调压时操作轻便，流量特性好，稳压精度高，压力特性也好，适用于通径较大的减压阀。

16.1 减压阀的工作原理

16.1.1 活塞式减压阀

活塞式减压阀的工作原理如图 16-2 所示。

阀芯即将开启时，

向下力为 $= F_1 + \left(A_2 - \dfrac{\pi}{4}d^2\right)p_2$

向上力为 $= A_1 p_2 + A_2 p_1 + F_2 + F_f$

阀芯即将开启时的力平衡式为

$$F_1 - \left(A_1 - A_2 + \dfrac{\pi}{4}d^2\right)p_2 = A_2 p_1 + F_2 + F_f \tag{16-1}$$

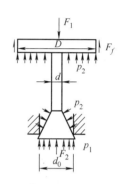

图 16-2 活塞式减压阀的工作原理

式中 F_1——调压弹簧力，$F_1 = Z_1 \delta$；

Z_1——调压弹簧常数；

δ——阀芯开口量；

F_2——复位弹簧力，$F_2 = Z_2 \delta$；

Z_2——复位弹簧常数；

A_1——控制活塞有效面积，$A_1 = \dfrac{\pi}{4}(D^2 - d^2)$；

D——活塞直径；

d——阀杆直径；

A_2——通口面积，$A_2 = \dfrac{\pi}{4}d_0^2$；

d_0——通口直径；

p_1——一次侧压力；

p_2——二次侧压力；

F_f——活塞上的密封摩擦力。

设 p_1 不变，p_2 降为 p_2'（比如是下游通路开启，则 p_2 会下降），阀芯开启 δ，达到新的力平衡，即

$$F_1 - Z_1\delta - \left(A_1 - A_2 + \dfrac{\pi}{4}d^2\right)p_2' = A_2 p_1 + F_2 + Z_2\delta + F_f' \tag{16-2}$$

式 (16-1) - 式 (16-2)，得

$$Z_1\delta - \left(A_1 - A_2 + \dfrac{\pi}{4}d^2\right)(p_2 - p_2') = -Z_2\delta + F_f - F_f'$$

则有

$$\delta = \dfrac{\left(A_1 - A_2 + \dfrac{\pi}{4}d^2\right)(p_2 - p_2') + F_f - F_f'}{Z_1 + Z_2} \tag{16-3}$$

忽略阀杆的影响，则有

$$\delta = \dfrac{(A_1 - A_2)(p_2 - p_2') + F_f - F_f'}{Z_1 + Z_2} \tag{16-4}$$

可见，1) 保持 p_1 不变，想输出压降（$p_2 - p_2'$）小，又想通过流量大（即 δ 大），则 $Z_1 + Z_2$ 必须小，即两个弹簧的常数小，故阀的高度大。

2) ($A_1 - A_2$) 越大，则 δ 越大。上阀体的直径越大。

3) 摩擦力是减小阀芯动作灵敏度的。静摩擦力是大于动摩擦力的。当 p_2 下降，要推开阀芯，必须先克服较大的静摩擦力。这期间，p_2 会进一步下降。当阀芯已被推开时，p_2 已下降较大，补入的流量，不足以补充流出的流量，则 p_2 不可能有较大的恢复。故活塞式减压阀的流量特性稳压性能不好。

4) 式 (16-2) 可改写成

$$p_2' = \frac{F_1 - F_2 - (Z_1 + Z_2)\delta - A_2 p_1 - F_f'}{A_1 - A_2 + \frac{\pi}{4}d^2} \tag{16-5}$$

p_1 不变，当 δ 增大，即流出流量 q_V 增大，因两个弹簧常数是定值，弹簧力 F_1 和 F_2 也是定值，摩擦力 F_f' 相对较小，故随 q_V 的增大，p_2' 几乎是随 δ 的增大而线性下降。可见，活塞式减压阀稳压特性不好。这就是活塞式减压阀存在的问题。

若 p_1 增大，阀芯是不会开启的。因向上力大于向下力。

若 p_1 减小，则阀芯开启。因 p_1 总大于 p_2 的初始压力 p_{20}，故 p_2 必升至 p_2'，阀芯重新关闭时的力平衡式为

$$F_1 - \left(A_1 - A_2 + \frac{\pi}{4}d^2\right)p_2' = A_2 p_1' + F_2 + F_f' \tag{16-6}$$

式 (16-1) - 式 (16-6)，得

$$\left(A_1 - A_2 + \frac{\pi}{4}d^2\right)(p_2' - p_2) = A_2(p_1 - p_1') + F_f - F_f'$$

$$\frac{p_2' - p_2}{p_1 - p_1'} = \frac{A_2}{A_1 - A_2 + \frac{\pi}{4}d^2} + \frac{-F_f' + F_f}{\left(A_1 - A_2 + \frac{\pi}{4}d^2\right)(p_1 - p_1')} \tag{16-7}$$

忽略摩擦力及阀杆的作用，上式变成

$$\frac{p_2' - p_2}{p_1 - p_1'} = \frac{1}{\dfrac{A_1}{A_2} - 1} \tag{16-8}$$

要想输入压力 p_1 的波动不要太影响输出压力 p_2 的波动，希望压力特性好些，就是希望 $\dfrac{p_2' - p_2}{p_1 - p_1'}$ 越小越好，则应使 A_2/A_2 越大越好，即活塞有效面积 A_1 比阀口的开口面积 A_2 越大越好。

若调压范围不变（如 2~6bar），加大 A_1，则要加大 Z_1，则流量特性会恶化。

16.1.2 平衡式减压阀

平衡式减压阀的工作原理如图 16-3 所示，p_1 为一次侧压力。

所谓平衡式阀芯，是指阀芯的下部与二次侧压力 p_2 相通，故阀芯上下所受气压力（p_2）是平衡的，压力的变动（不论是 p_1 还是 p_2）不影响阀芯上下压力的平衡。

阀芯刚开启时，

向上力 = $A_1 p_2 + A_2 p_2 + F_2$

向下力 $= F_1 + A_2 p_2 + F_{f1} + F_{f2}$

故阀芯刚关闭时，阀芯膜片组件的力平衡式为

$$F_1 + F_{f1} + F_{f2} = F_2 + A_1 p_2 \quad (16\text{-}9)$$

式中 A_1——膜片有效面积，$A_1 = \dfrac{\pi}{12}(D^2 + Dd + d^2)$；

D——膜片直径；

d——硬芯直径；

A_2——通口面积，$A_2 = \dfrac{\pi}{4} d_0^2$；

d_0——通口直径；

p_2——二次侧压力；

F_1——调压弹簧力；

F_2——复位弹簧力；

F_{f1}、F_{f2}——阀杆上和阀芯上的O形圈的密封摩擦力。

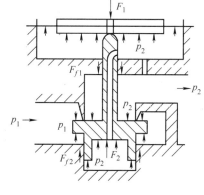

图16-3 平衡式减压阀的工作原理

以膜片硬芯为研究对象，可近似认为

$$F_1 = A_1 p_{20} \quad (16\text{-}10)$$

阀芯开启开度为 δ 时，

向上力 $= A_1 p_2' + A_2 p_2' + F_2 + Z_2 \delta + F_{f1}' + F_{f2}'$

向下力 $= F_1 - Z_1 \delta + A_2 p_2'$

则阀芯开启开度为 δ 时的力平衡式为

$$F_1 - Z_1 \delta = F_2 + Z_2 \delta + A_1 p_2' + F_{f1}' + F_{f2}' \quad (16\text{-}11)$$

式（16-11）-式（16-9），则得

$$-Z_1 \delta - F_{f1} - F_{f2} = Z_2 \delta - A_1(p_2 - p_2') + F_{f1}' + F_{f2}'$$

整理后，得

$$\delta = \dfrac{A_1(p_2 - p_2') - (F_{f1} + F_{f2} + F_{f1}' + F_{f2}')}{Z_1 + Z_2} \quad (16\text{-}12)$$

若忽略摩擦力，有

$$\delta = \dfrac{A_1(p_2 - p_2')}{Z_1 + Z_2} \quad (16\text{-}13)$$

可见，1）流量特性好，是希望阀芯开度 δ 大（即输出流量 q_V 大）时，输出压力变化 $(p_2 - p_2')$ 小，即希望 $\delta/(p_2 - p_2') = A_1/(Z_1 + Z_2)$ 越大越好。故有，①$(Z_1 + Z_2)$ 应小，即弹簧长，表现出阀体更高；②A_1 应大，表现出阀体直径更大；③摩擦力要尽量小。

2）阀芯最大开度 δ_{max} 为通口直径 d_0 的 1/4，即

$$\delta_{max} = \dfrac{d_0}{4} \quad (16\text{-}14)$$

如何让膜片组件产生近 $d_0/4$ 的位移？

膜片有效面积 A_1 越大，减压阀的流量特性越好。但 A_1 越大，意味着膜片直径与硬芯直径之比 d/D 越大，则 $(D-d)/2$ 越小，膜片变形能力越弱。故要保证膜片组件达到需要的阀芯开度，一是膜片在保证其疲劳强度的前提下，提高膜片的变形能力。二是改变膜片组件

的形式（见图 16-4）。图 16-4a 是膜片材质好，抗疲劳性及弹性都能满足达到必须开度的要求；图 16-4b 是让放置压缩弹簧的上压板直径大于下压板直径；图 16-4c 是让膜片边缘使用弯曲形（如半圆形、弧形）替代平面形。

3）式（16-12）与式（16-4）相比较，在相同条件下（Z_1、Z_2、A_1），平衡式减压阀的 δ 比活塞式减压阀的 δ 大，表明平衡式减压阀的流量特性比活塞式好得多。

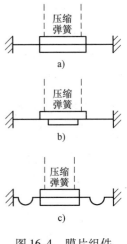

图 16-4 膜片组件的形式

16.1.3 形成滞环的原因

测定减压阀的流量特性时，保持输入压力 p_1 不变，随着输出流量的增大，输出压力 p_2 是下降的，称为正向流动的流量特性。相反，随着输出流量的减小，输出压力 p_2 是增大的，称为反向流动的流量特性。这两条流量特性曲线并不重合，形成一个环状，称之为滞环，是什么原因形成滞环呢？

针对图 16-3 的受力图，当正向流动时，阀芯下移，

向下力 $= F_1 - Z_1\delta + A_2 p_{2正}$

向上力 $= F_2 + Z_2\delta + A_2 p_{2正} + A_1 p_{2正} + F_{f1} + F_{f2}$

则正向流动时的力平衡式为

$$F_1 - F_2 - (Z_1 + Z_2)\delta = A_1 p_{2正} + F_{f1} + F_{f2}$$

则

$$p_{2正} = \frac{F_1 - F_2 - (Z_1 + Z_2)\delta - F_{f1} - F_{f2}}{A_1}$$

当反向流动时，阀芯上移，

向下力 $= F_1 - Z_1\delta + A_2 p_{2反} + F_{f1} + F_{f2}$

向上力 $= F_2 + Z_2\delta + A_2 p_{2反} - A_1 p_{2反}$

则反向流动时的力平衡式为

$$F_1 - F_2 - (Z_1 + Z_2)\delta = A_1 p_{2反} - (F_{f1} + F_{f2})$$

则

$$p_{2反} = \frac{F_1 - F_2 - (Z_1 + Z_2)\delta + F_{f1} + F_{f2}}{A_1}$$

有

$$p_{2反} - p_{2正} = \frac{2(F_{f1} + F_{f2})}{A_1} \tag{16-15}$$

可见，正反向流量特性滞环产生是阀杆和阀芯上的摩擦力所致。摩擦力越小，流量特性的滞环越小，且 $p_{2反} > p_{2正}$。

16.1.4 流量特性测试曲线的分析

参考文献 [56] 中，刘丽娇等人测试了国内外一批 1/4in 减压阀的流量特性曲线，如图 16-5给出了四只减压阀的流量特性曲线。测试条件：$p_1 = 630$kPa（g），$T_1 = 298$K，$p_{20} = 400$kPa（g）。对这四只阀，文中未交代它们的结构形式。姑且都看成是平衡式减压阀，而不是活塞式减压阀。也未交代四只阀的体积大小，姑且认为它们的体积差不多。总体来讲，体积大的性能应好些。

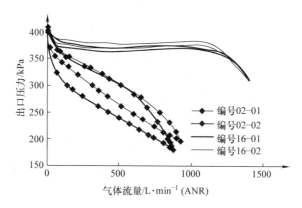

图 16-5 四只 1/4in 减压阀的流量特性曲线

编号 16-01 和 16-02 阀的流量特性很理想，滞环也小。表明：①减压阀各部分匹配设计合理；②阀杆和阀芯上的密封圈摩擦力很小，故滞环小。

编号 02-01 和 02-02 阀的流量特性很差，无稳压功能，作为减压阀，应是不合格产品，滞环过大。表明：①02-01 和 02-02 阀的最大流量分别是 900L/min 和 865L/min（ANR），而编号 16-01 和 16-02 阀的最大流量分别是 1407L/min 和 1409L/min（ANR），最大流量相差 46% 左右。可见，02-01 和 02-02 阀的膜片组件变形能力很差，阀芯开度太小。也许是膜片硬芯尺寸过大，也许是膜片用的橡胶弹性太差，也许是压缩弹簧过硬，膜片有效面积过小等；②阀杆和阀芯上的密封圈摩擦力太大。也许是 O 形密封圈压缩量过大，沟槽尺寸设计不合理，或选用的 O 形密封圈尺寸不当。

16.2 减压阀流量特性测试方法之一（GB/T 20081.2—2006，即 ISO 6953-2:2000）

下面把 GB/T 20081.2—2006 规定的测试方法简称为"传统方法"。

16.2.1 传统方法测试流量特性的原理

测试回路如图 16-6 所示。

流量特性是指输入压力 p_1 保持定值，输出流量 q_V 随输出压力 p_2 而变化的关系曲线，如图 16-7 所示。图中应给出被测阀的气口尺寸和型号，输入压力 p_1 的大小。至少应有两条不同初始输出压力 p_{20}（如 p_{20} = 250kPa、400kPa）的流量特性曲线。每条流量特性曲线应按流量逐渐增大和逐渐减小逐点给出。

测试方法：关闭阀 11，打开阀 5，利用减压阀 3，设定输入压力 p_1（如 p_1 = 630kPa），至少选取两组初始输出压力（如 p_{20} = 250kPa、400kPa）。利用被测减压阀 15，调节 p_2 等于 p_{20} 中的一个。

逐步开启流量控制阀 9 在不同的开度，待数据稳定后，逐点记录 p_2 及 q_V，直至 q_V = 0。

在测试开始和结束时，记录进口温度 T_1。

16.2.2 流量特性曲线的分析

图 16-8 所示为传统方法测试减压阀流量特性的回路。

在输入压力 p_1 和温度 T_1 保持一定值时，调节阀 7 至不同开度，测出通过被测减压阀的

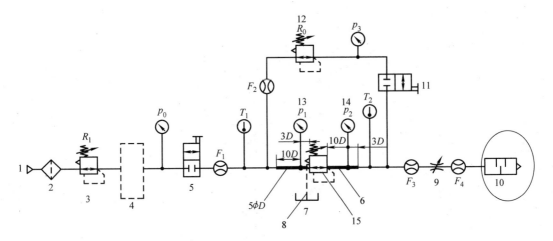

图 16-6 减压阀流量特性和溢流特性的测试回路（GB/T 20081.2—2006）
1—气源 2—过滤器 3—减压阀 4—稳压室 5—气源截止阀 6—测压管 7—水槽 8—软管
9—流量控制阀 10—消声器 11—旁通截止阀 12—控制减压阀（非溢流） 13、14—标准压力表
15—被测减压阀 $F_1 \sim F_4$—流量计 T_1、T_2—温度计

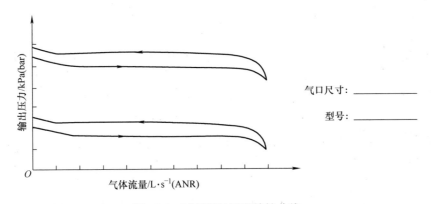

图 16-7 减压阀的流量特性曲线

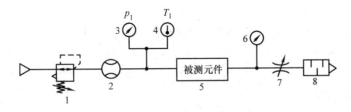

图 16-8 传统方法测试减压阀流量特性的回路
1—减压阀 2—流量计 3、6—压力表 4—温度计 5—被测元件 7—流量控制阀 8—消声器

输出流量 q_V 与输出压力 p_2 的关系，便是流量特性。便知道被测减压阀在什么流量范围内能保持输出压力的基本稳定。

减压阀的典型流量特性曲线如图 16-9 所示。

输入压力 $p_1 = 6.3\text{bar}$（g），设初始输出压力 $p_{20} = 5\text{bar}$（g），如图 16-9 中的 A 点。

由于阀杆和阀芯上的密封圈存在静摩擦力，一旦图 16-8 中的流量控制阀 7 开启，阀芯并不是立即开启，而是输出腔内的压力 p_2 开始下降至低于 p_{20}，使膜片和阀芯组件上的气压力能克服静摩擦力失去力平衡，阀芯才能开启。故阀芯开启时的压力已低于 p_{20} 至 A' 点，再逐渐降至 B 点。

在 BC 段，随着阀 7 的开度越来越大，从阀 7 输出的质量流量也随之增大。与此同时，被测减压阀的开度也相应地逐渐增大，迅速补充从阀 7 流出的质量流量，以维持 BC 段的输出压力 p_2 的基本稳定。

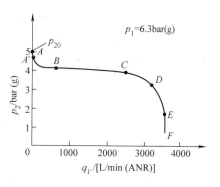

图 16-9 减压阀的典型流量特性曲线

对流量特性不好的减压阀来说，阀 7 的开度逐渐增大，而被测阀由于膜片组件的变形能力差，或膜片组件尺寸设计不当，或调压弹簧、复位弹簧的弹簧刚度差，或密封圈的压缩量过大等各种原因，造成阀芯开度不足，不能同时迅速补充从阀 7 输出的质量流量的要求，则输出压力 p_2 便会逐渐或迅速下降，就不存在平缓的 BC 段，即不存在稳压段。

对流量特性较好的减压阀，当输出流量大于一定值（如 C 点）后，通过被测阀的输出流量不足以补允通过阀 7 输出的质量流量时，则输出压力 p_2 就不能维持稳定而开始下降，形成 CD 段。

对 GB/T 20081.2—2006，被测阀的下游测压管的连接口径与被测阀的连接口径相同，通常，流量特性曲线也只能测到 D 点。

对 ISO 6953-3：2012，被测阀的下游测压管的连接口径可以比被测阀连接口径大两档时，如图 16-10 所示，流量特性曲线就有可能测到图 16-9 中的 E 点和 F 点。

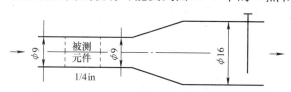

图 16-10 下游测压管口径加大两档

E 点是指阀 7 开启至被测减压阀内刚达到最大流量时的 p_2。所谓最大流量，即被测减压阀内的开度已达最大，且最小截面处达当地声速。

F 点是指继续加大阀 7 开度，通过被测减压阀的最大流量已维持不变，p_2 可降至最低值。

通常，按 GB/T 20081.2—2006 测定流量特性曲线就可以了。因为测流量特性曲线的主要目的是了解流量 q_{V2} 在什么范围内能保持输出压力 p_2 的基本稳定。

对临界流态下的有效面积相对于阀口的几何面积 S_0 较小的减压阀来说，如精密减压阀，通常都能测到 F 点。

符合 GB/T 20081.2—2006 规定的上下游测压管，测流量特性时，为什么有些减压阀只能测到 D 点，而有些减压阀可以测到 F 点呢？这与存在两个喉部有关。

从图 16-6 可以看出，该测试回路存在两个喉部。第一喉部是被测元件；第二喉部通常是下游测压管的出口。设两个喉部的两个流量特性参数，第一喉部为 S_1、b_1，第二喉部为 S_2、b_2。当 $S_1/S_2 < b_1$ 时，临界截面处在第一喉部内；当 $S_1/S_2 > b_1$ 时，临界截面则处于第二喉部内。从SMC公司产品样本中,摘出四只减压阀的有关参数见表16-1。表中参数几点说明如下。

表16-1 SMC公司四只减压阀的流量特性

序 号	A	B	C	D
型号	IR2020-02	IR402-03	AR4000-04	VEX1930-20
连接口径	Rc1/4	Rc3/8	Rc1/2	Rc2
品种	可调式精密减压阀座阀阀口	可调式精密减压阀座阀阀口	直动式溢流型普通减压阀座阀阀口	大通径气控溢流型平衡座阀式精密减压阀
p_1/MPa(g)	1.0	1.0	0.7	1.0
p_{20}/MPa(g)	0.5	0.5	0.5	0.5
$q_{V\max}$/[L/min(ANR)]	1200	6200	6000	60000
$p_{2\min}$/MPa(g)	0.03	0.07	0.425	—
下游测压管 d_0/mm	9	16	16	53
S_1/mm²	9.07	46.84	87.7	670
S_2/mm²	60.4	191	191	2095
S_1/S_2	0.150	0.245	0.459	0.320

1) 阀B排气口为Rc 3/8,但进出口为Rc 1/2。故下游测压管通径为16mm。
2) 阀C的S_1=87.7mm²,是来自ISO 6953-3标准中的图A.4的数据推算出来的。
3) 阀A、B和C的S_1是按临界流态下的参数通过式(16-16)计算出来的。

$$S = \frac{1.185\sqrt{T_1}q_V^*}{60\times 10^3 \times 0.0404 p_1} \tag{16-16}$$

式中,T_1=289K,q_V^*以L/min(ANR)计,p_1以MPa(g)计。

4) 阀D的S_1=670mm²是由绝热声速排气法测出来的。
5) 下游测压管的有效面积按$S_2=0.95\frac{\pi}{4}d_0^2$计算出来的。$d_0$以mm计。

座阀式阀口的临界压力比b_1在0.25~0.35之间。

由此可见,阀A、阀B,存在$S_1/S_2<b_1$,故临界截面处于被测元件内。故上下游测压管的通径不用加大,就可测到被测阀的临界流态,即可测至流量特性曲线上的F点。阀C、阀D,存在$S_1/S_2>b_1$,故临界截面处于下游测压管的出口。下游测压管的出口达临界流态,则被测减压阀的阀口处一定处于亚声速流态。故流量特性曲线只能测到D点,测不到E点或F点。要想测到E点或F点,只能加大下游测压管的通径,让临界截面移至被测减压阀内。

16.2.3 流量特性的测试实例分析

实例1

测试方法:GB/T 20081.2—2006。
被测减压阀:亚德客GR200-06。
上下游测压管:1/8in(ϕ6)。
上游输入压力p_1=630kPa(g)。

输出初始压力 p_{20} = 250kPa（g）和 500kPa（g）。

测试回路出口通大气，大气压力 p_a = 101.7kPa。

测试设备：奉化气动检验中心设备。

表 16-2 列出流量特性的测试数据。

表 16-2 减压阀 GR200-06 的流量特性测试数据

输出压力 p_2/kPa（g）	249.8	234.6	223.5	217.0	204.2	18.37	117.0	108.3	191.3	206.8	219.4	236.4	241.6	250.4	270.6
输出流量 q_V/[L/min (ANR)]	0	6.52	31.6	75.1	141	393	1052	1059	647	293	174	86.1	42.8	13	0
输出压力 p_2/kPa（g）	501.1	483.5	463.0	449.8	429.8	410.4	400.8	375.0	250.4	168.3	230.8	346.1	404.0	438.0	460.1	471.8	507
输出流量 q_V/[L/min (ANR)]	0	5.7	44	91.8	195	396	578	954	1301	1364	1334	1130	834	294	134	63.6	0

由表 16-2 可画出流量特性曲线如图 16-11 所示。

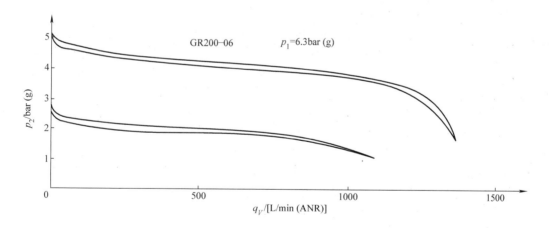

图 16-11 减压阀 GR200-06 的流量特性曲线

为了衡量减压阀流量特性的稳压性能，建议使用两个稳压系数 K_1 和 K_2。

稳压系数 K_1 用平均稳压值 p_{2W} 与初始输出压力 p_{20} 之比表示，来衡量稳压值 p_{2W} 偏离 p_{20} 的程度。p_{2W}/p_{20} 越接近于 1 越好。

稳压系数 K_2 用稳压值 p_{2W} 的波动范围 Δp_{2W} 与对应的输出流量范围 Δq_{VW} 之比表示，来衡量稳压值波动大小与输出流量范围之比，$\Delta p_{2W}/\Delta q_{VW}$ 越小越好。K_2 以 kPa/[L/min (ANR)] 表示。

从表 16-2 和图 16-11 可以看出：

1) 不同 p_{20} 下的 K_1 和 K_2 见表 16-3。

表 16-3 减压阀 GR200-06 的稳压性能

p_{20}/kPa (g)	K_1		K_2	
	流量增大方向	流量减小方向	流量增大方向	流量减小方向
250	$\dfrac{190}{250}=0.76$	$\dfrac{210}{250}=0.84$	$\dfrac{190-160}{850-250}=0.05$	$\dfrac{210-185}{750-250}=0.05$
500	$\dfrac{390}{500}=0.78$	$\dfrac{410}{500}=0.82$	$\dfrac{415-370}{950-350}=0.075$	$\dfrac{425-390}{900-400}=0.07$

表 16-3 表明，该减压阀的稳压性能好，$K_1 > 0.76$，$K_2 < 0.075$。

2) 从图 16-11 中看出，该减压阀在 $p_{20}=250\text{kPa}$（g）时，直到 $q_V=1059\text{L/min}$（ANR）时，阀口并未达临界。表明下游测压管为 6mm 时，流量特性只能测到 $q_V=1059\text{L/min}$（ANR），测不到临界流态，即测不到最大流量。因最小 $p_2=108.3\text{kPa}$（g），则 $p_{2\min}=108.3+101.7\text{kPa}$（a）$=210\text{kPa}$（a），则 $p_{2\min}/p_1=210/(6.30+101.7)=0.287$。表明该阀在 $p_{20}=250\text{kPa}$（g），当 $q_V=1059\text{L/min}$（ANR）时，该减压阀开口处的临界压力比 $b<0.287$。

该减压阀在 $p_{20}=500\text{kPa}$（g），从图 16-11 的流量特性曲线的形状看出，该阀的阀口已接近于临界流态。因为流量特性曲线已有变成垂直线的趋势。若认为 $q_V=1364\text{L/min}$（ANR）就是最大流量，按式（16-16）可计算出

$$S = \frac{1.185 \times \sqrt{289} \times 1364}{60 \times 10^3 \times 0.0404 \times (0.63+0.1017)} \text{mm}^2 = 15.49 \text{mm}^2$$

则被测减压阀的阀口开度 $\delta = \dfrac{S}{\pi d_0} = \dfrac{15.49}{3.1416 \times 6}\text{mm} = 0.822\text{mm}$

因 $q_V=1364\text{L/min}$（ANR）时的 $p_2=168.3\text{kPa}$（g），估计该阀口的临界压力比 $b < \dfrac{168.3+101.7}{630+101.7}=0.369$。

3) 流量减小方向的流量回零时的压力 p_2 并不等于初始输出压力 p_{20}，而是大于 p_{20}。如 $p_{20}=250\text{kPa}$（g）时，流量回零时的压力 $p_2=270.6\text{kPa}$（g）；$p_{20}=500\text{kPa}$（g）时，流量回零时的压力 $p_2=507\text{kPa}$（g）。原因是，流量控制阀虽关闭，但由于流体流动的惯性，从被测减压阀流入的流量被滞止于下游测压管内，使压力 p_2 高于 p_{20}。

实例 2

测试方法：GB/T 20081.2—2006。

被测减压阀：AR2000-02（1/4in）。

上下游测压管：1/2in。

上游输入压力 $p_1=630\text{kPa}$（g）。

输出初始压力 $p_{20}=250\text{kPa}$（g）和 400kPa（g）。

测试回路出口通大气，大气压力 $p_a=101.7\text{kPa}$（a）。

测试设备：奉化气动检验中心设备。

测出流量特性数据列于表 16-4。

由表 16-4 可画出 AR2000-02 的流量特性曲线如图 16-12 所示。

表 16-4 AR2000-02 测出的流量特性数据

$p_{20}=250\text{kPa (g)}$		$p_{20}=400\text{kPa (g)}$	
$q_V/[\text{L/min (ANR)}]$	$p_2/\text{kPa (g)}$	$q_V/[\text{L/min (ANR)}]$	$p_2/\text{kPa (g)}$
0	250.4	0	400.8
18	228.2	36	373.8
56	222.0	100	363.6
86	217.9	163	354.6
165	207.7	299	336.4
329	188.1	478	312.4
500	161.9	904	247.5
665	136.0	1068	220.0
810	111.5	1402	154.3
992	71.7	1577	65.3
1066	49.8	1593	47.1
1111	32.5	1476	130.1
1121	28.1	1286	193.4
1059	63.5	1087	235.8
965	89.9	855	277.9
858	115.0	564	323.6
736	138	317	354.6
556	168.6	192	369.8
265	211.5	126	378.5
96	230.8	23	395.2
50	236.9	9	400.2
0	263.3	0	410.7

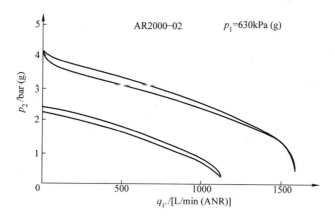

图 16-12 减压阀 AR2000-02 的流量特性曲线

从表 16-4 和图 16-12 可以看出：

1) $p_{20}=400\text{kPa}$（g）的流量特性曲线，在 $q_V=1593\text{L/min}$（ANR）时，两测点（p_1 和 p_2）之间的通道已达临界流态，因流量特性曲线已开始出现垂直线。故两测点之间通道的临界流态下的有效面积

$$S=\frac{1.185\times1593\times\sqrt{289}}{60000\times0.0404\times(0.63+0.1017)}\text{mm}^2=18.09\text{mm}^2$$

其中，$\dfrac{p_{2\min}}{p_1}=\dfrac{47.1+101.7}{630+101.7}=0.203$，可以认为临界压力比 $b>0.203$。

对 $p_{20}=250\text{kPa}$（g）的流量特性曲线，在 $q_V=1121\text{L/min}$（ANR）时，两测点之间通道刚达临界流态。故两测点之间通道的临界流态下的有效面积

$$S=\frac{1.185\times1121\times\sqrt{289}}{60000\times0.0404\times(0.63+0.1017)}\text{mm}^2=12.73\text{mm}^2$$

其中，$\dfrac{p_{2\min}}{p_1}=\dfrac{28.1+101.7}{630+101.7}=0.177$，可以认为临界压力比 $b\geqslant0.177$。

因 p_{20} 不同，故两种情况下，达临界流态时的 S 值和 b 值是不同的。

2) 上述 $p_{20}=400\text{kPa}$（g）和 250kPa（g）下的 S 值和 b 值，都是指被测减压阀和最小通径为 9mm 的转（换）接头等合成元件在临界流态下的有效面积和临界压力比。而不是被测减压阀的 S 值和 b 值。因两测点（p_1 和 p_2）之间，存在两个喉部，不论临界截面处于被测减压阀内，还是处在转（换）接头内，测出 S 值和 b 值都不是被测减压阀的。测出的流量特性曲线也不是被测减压阀的，而是被测减压阀＋转（换）接头这个合成元件的流量特性曲线。

3) 将下游测压管加大两档（1/4in 变成 1/2in）测出的流量特性曲线的稳压性能显然比减压阀 GR200-06 的稳压性能差得多。但因上述流量特性曲线并不是 AR2000-02 的流量特性曲线，要得到真实的 AR2000-02 的流量特性曲线，下游测压管仍应改为通径 9mm。

16.2.4 流量特性曲线的理论估算

对平衡式阀芯，由图 16-3，当阀芯刚关闭时，膜片组件的力平衡式为

$$F_1+F_{f1}+F_{f2}=F_2+A_1p_2 \tag{16-17}$$

F_2 是复位弹簧产生的阀芯对阀座的密封接触力，即

$$F_2=A_M\cdot q \tag{16-18}$$

A_M 是阀座上的密封面面积，密封比压 q 见式（15-2）。

设初始输出压力为 p_{20}，F_{f1} 和 F_{f2} 按式（15-7）计算，由式（16-17）可求得

$$F_1=F_2+A_1p_{20}-F_{f1}-F_{f2}$$

阀芯开度为 δ 时，由阀芯膜片组件的力平衡式可求得

$$\delta=\frac{A_1(p_2-p_2')-(F_{f1}+F_{f2}+F_{f1}'+F_{f2}')}{Z_1+Z_2} \tag{16-19}$$

由上式可求得阀芯即将开启时（$\delta=0$）的压力 p_2'

$$p_2'=p_{20}-\frac{F_{f1}+F_{f2}+F_{f1}'+F_{f2}'}{A_1} \tag{16-20}$$

即阀芯即将开启时的压力是 p_2'，而不是 p_{20}。p_2' 略小于 p_{20}，因为必须克服阀芯和阀杆上的静摩擦力，阀芯才能开启。该摩擦力越大，开启时的压力 p_2' 越低于 p_{20}。

当阀芯开启后,开度为 δ 时,通过阀芯的质量流量应服从式(16-21)。

$$q_m^* = 0.0404\frac{p_1 S}{\sqrt{T_1}} = 0.0404\frac{p_1 C_\delta \pi d_0 \delta}{\sqrt{T_1}} \quad \frac{p_2}{p_1} \leqslant b$$

$$q_m = q_m^* \sqrt{1-\left(\frac{p_2/p_1-b}{1-b}\right)^2} \quad 1 \geqslant \frac{p_2}{p_1} > b \tag{16-21}$$

式中,S 和 b 是被测减压阀的阀芯开度为 δ 时的临界流态下的有效面积和临界压力比。C_δ 是被测减压阀在阀芯的开度为 δ 时的修正系数,由实验研究测出。

$$C_\delta = \frac{S}{\pi d_0 \delta} \tag{16-22}$$

给定 p_{20},按式(15-7)计算出各摩擦力。按式(16-20),计算出流量特性曲线的起始点 p_2'。本应按式(16-19),计算出在不同 p_2 下的 δ,再由式(16-21),在实验研究可得出 C_δ 和 b 的条件下,计算出不同 δ(即不同 p_2)下的质量流量 q_m,便可计算出流量特性曲线。但膜片组件的存在,极大地限制了膜片的变形能力。因膜片组件是由膜片和比膜片直径稍小的中间硬芯组成,只有硬芯之外部分的膜片有变形能力。若能通过实测,给出 p_2 与 δ 的函数关系,也就是在不同作用力下,给出膜片组件的变形能力(δ)的大小。再通过实验研究,对座阀式阀芯及滑柱式阀芯,在不同开度 δ 下,测得 C_δ 及 b 值。这样,理论上便可计算出各种减压阀的流量特性曲线。

理论上计算出减压阀的流量特性有什么意义?

什么才是减压阀好的流量特性?那就是在很大的输出流量范围内,输出压力 p_2 能保持基本不变,且输出压力 p_2 尽量接近 p_{20}。若计算出的流量特性曲线符合上述要求,则减压阀的流量特性一定好。反之,从理论上就能分析出是什么原因造成流量特性不好。是阀芯、阀杆上的密封圈设计参数不当?是密封接触力大小选用不当?是两个弹簧的弹簧常数选用不当?是膜片组件设计不当,造成其变形能力差?这些都可以从理论分析找出确切原因。但理论计算流量特性的前提,必须提供减压阀的有关尺寸及有关参数,如弹簧尺寸、膜片变形能力参数,阀口的流量特性参数等。通过理论估算流量特性曲线,就可以对减压阀进行优化设计,达到优化流量特性曲线的目的。

16.3 减压阀流量特性测试方法之二(ISO 6953-3:2012)

16.3.1 等温容器充气法测试流量特性的原理

图 16-13 是等温容器充气法测试减压阀流量特性的回路。

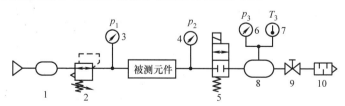

图 16-13 等温容器充气法测试减压阀流量特性的回路

1—气罐 2—调压阀 3、4、6—压力计 5—双向流通的电磁阀 7—温度计 8—等温容器 9—放气阀 10—消声器

该标准规定：

1）双向流通的电磁阀5的声速流导应是被测阀的4倍。
2）调压阀2的声速流导是被测阀的声速流导的2倍以上。
3）调压阀2必须保持进口压力 p_1 的变化在 ±1% 以内。

该标准表明：测试方法不使用流量计，而是使用等温容器。该标准的优点是，耗气量很小，不需要大容量的气源，更容易测试大通径的减压阀，测试时间短。

双向流通的电磁阀5未开启前，使用调压阀2，让进口压力 p_1 稳定在一定值 [如 p_1 = 6.3bar（g）]，调节被测减压阀，将 p_2 设定在初始压力 p_{20} [如 p_{20} = 4bar（g）]。打开放气阀9，将等温容器内的压力降为0（即为大气压力），再关闭阀9。

双向流通的电磁阀5一旦打开，便通过被测减压阀向等温容器内充气，直到等温容器内的压力达到 p_{20} 为止。记录上下游测压管内的压力 p_1、p_2 及等温容器内的压力 p_3 和温度 T_3 随时间 t 的变化数据。

根据 Δt 时间间隔内，充入等温容器内的空气质量的变化，计算出充入该容器的流量 q_{V3}。

该标准认为，画出的 q_{V3} 与 p_2 的关系曲线，就是被测减压阀的流量特性 q_V 与 p_2 的关系曲线。

16.3.2 流量特性的测试实例

实例1（奉化气动检验中心提供）

测试方法：ISO 6953-3:2012 测试回路同图 16-13 所示。

被测减压阀：E758（1/4in）。

上下游测压管通径：1/2in（ϕ16.4）。

上游输入压力 p_1 = 6.3bar（g）。

等温容器的容积 V = 77L。

等温容器中空气的温度 T = 298K。

初始输出压力 p_{20} = 400kPa（g）和 250kPa（g），大气压力 p_a = 101.7kPa。

气罐1的容积 V = 400L。

在 p_{20} = 400kPa（g）时，此阀向等温容器充气的总时间约 15s，时间间隔取 1ms，共测 15000 点。每页 50 行，则需 300 页。故此处只能摘取部分要说明论点的数据，表示在表 16-5 中。表中，p_1，p_2，p_3 分别是被测阀上下游测压管内的压力和等温容器内的压力。

表 16-5 中，p_2' 和 p_3' 是按动态均值法处理后的下游测压管内的压力和等温容器中的压力。

表 16-5 E758（1/4in）减压阀的流量特性的部分测试数据

t/ms	p_1/kPa（g）	p_2/kPa（g）	p_3/kPa（g）	p_2'/kPa（g）	p_3'/kPa（g）	q_{V3}/(m³/s)	q_{V3}/[L/min（ANR）]
0	629.84	398.94	0.828				
10	629.67	398.61	0.26	394.88	0.666	0.00206	123
20	630.00	387.10	0.909	365.49	0.693	0.01645	987
25	626.92	349.01	0.585	348.96	0.801	0.02875	1725
30	581.05	310.76	0.909	319.00	0.990	0.09805	4683
35	531.13	297.23	1.476	297.36	1.503		

（续）

t/ms	p_1/kPa (g)	p_2/kPa (g)	p_3/kPa (g)	p_2'/kPa (g)	p_3'/kPa (g)	q_{13}/ (m³/s)	q_{13}/ [L/min (ANR)]
35	531.13	297.23	1.476	297.36	1.503	0.1068	6411
40	554.95	284.10	2.124	280.51	2.205	0.0987	5922
45	565.41	260.19	3.016	260.92	2.854	0.1602	9610
50	557.87	238.47	3.421	244.39	3.907	0.02058	1235
100	570.51	95.75	5.285	119.31	5.259	0.0300	1800
150	573.59	23.71	7.070	41.97	7.231	0.0209	1255
208	573.84	6.44	9.337	13.09	8.826	0.0311	1864
250	574.89	9.12	10.07	8.69	10.54	0.0236	1416
300	575.46	10.50	12.17	10.81	12.09	0.0268	1607
350	575.62	12.85	14.04	12.39	13.85	0.02466	1480
400	575.86	13.82	15.33	14.14	15.47	0.02466	1480
450	575.78	15.76	17.04	15.57	17.09	0.02633	1580
500	576.10	17.14	18.90	17.33	18.82	0.02512	1507
550	576.43	19.09	20.52	18.92	20.47	0.02375	1425
600	576.43	20.54	21.98	20.68	22.03	0.02633	1580
650	575.05	22.41	23.60	22.33	23.76	0.02846	1708
700	576.10	24.03	25.71	23.95	25.63	0.02563	1580
750	576.67	25.41	27.57	25.49	27.36	0.02420	1452
800	575.94	27.03	28.79	27.11	28.95	0.02298	1379
850	576.75	28.89	30.49	28.89	30.46	0.02679	1607
900	576.10	30.76	32.11	30.59	32.22	0.02390	1434
950	576.35	32.13	34.06	32.21	33.79	0.02466	1480
1000	576.35	33.75	35.19	33.83	35.41	0.02512	1507
2000	576.43	67.31	69.39	67.20	69.26	0.02548	1529
3000	576.55	101.14	102.22	101.10	102.25	0.02479	1488
4000	577.20	134.05	135.20	134.17	135.24	0.02570	1542
5000	578.30	167.28	168.35	167.26	168.28	0.02675	1605
6000	577.97	200.30	200.84	199.81	200.71		
6950	578.46	229.72	230.75	229.53	230.42	0.02342	1405
7950	580.58	260.76	261.38	260.27	261.25	0.02274	1364
8950	584.13	290.34	291.61	290.69	291.20	0.02210	1326
9950	585.99	320.97	320.62	319.86	320.33	0.0210	1261
10950	588.91	348.28	348.75	347.71	348.04	0.01707	1025
11950	593.11	373.89	374.76	370.57	370.57		
12652	630.57	389.45	390.08				
12664	638.02	389.45	390.32			0.01076	646
12950	630.97	389.53	389.92	384.08	384.78	0.00369	221
13950	630.08	388.81	389.67	388.99	389.65	0	0
14950	630.16	388.64	389.35	388.51	389.46		

动态均值法的计算公式是按 ISO 6953-3：2012 中的计算公式（3）（即本书式（16-23））和式（5）（即本书式（16-24））

$$p'_{2(j)} = \frac{1}{\omega + 1} \sum_{i=j-\frac{\omega}{2}}^{j+\frac{\omega}{2}} p_{2(i)} \tag{16-23}$$

式中 $p_{2(i)}$——出口压力，单位为 Pa，$i = 1, 2, \cdots, n-1, n$；

$p'_{2(j)}$——动态平均值法处理之后的出口压力，单位为 Pa，$j = \frac{\omega}{2} + 1, \frac{\omega}{2} + 2, \cdots, n - \frac{\omega}{2} - 1, n - \frac{\omega}{2}$。

$$p'_{3(j)} = \frac{1}{\omega + 1} \sum_{i=j-\frac{\omega}{2}}^{j+\frac{\omega}{2}} p_{3(i)} \tag{16-24}$$

式中 $p_{3(i)}$——等温容器内的压力，单位为 Pa，$i = 1, 2, \cdots, n-1, n$；

$p'_{3(j)}$——动态均值法处理后的等温容器内的压力，单位为 Pa，$j = \frac{\omega}{2} + 1, \frac{\omega}{2} + 2, \cdots, n - \frac{\omega}{2} - 1, n - \frac{\omega}{2}$。

q_{V3} 是按 ISO 6953-3：2012 中的计算公式（6）（即本书式（16-25））

$$q_{V3(j)} = \frac{V}{\rho_a R T_3} \frac{p'_{3(j+1)} - p'_{3(j-1)}}{2\Delta t} \tag{16-25}$$

式中 $q_{V3(j)}$——进入等温容器内的体积流量，单位为 m³/s（ANR），$j = \frac{\omega}{2} + 2, \frac{\omega}{2} + 3, \cdots, n - \frac{\omega}{2} - 2, n - \frac{\omega}{2} - 1$；

V——等温容器的容积，单位为 m³；

T_3——等温容器内气体的绝对温度，单位为 K；

Δt——压力数据的采样时间，单位为 s。

$\rho_a = 1.185 \text{kg/m}^3$；$R = 287 \text{N} \cdot \text{m}/(\text{kg} \cdot \text{K})$。

从表 16-5 中，可以得出：

1）在 35ms 时，p_1 从 630kPa（g）跌至最低值，为 531.13kPa（g）。
2）在 208ms 时，p_2 从 398.94kPa（g）跌至最低值，为 6.44kPa（g）。
3）在 50ms 时，q_{V3} 的瞬时流量达最大，为 9610L/min（ANR）。
4）在 11.95s 时，第一次出现 $p'_3 = p'_2$。
5）在 12.652s 时，p_1 恢复至 630kPa（g）。
6）在 12.664s 时，p_1 升高至最高压，为 638.02kPa（g）。
7）在 14.95s 左右，被测减压阀关闭。

调压阀 2 使用了 1/2in 非精密型减压阀，使 p_1 降至 531.13kPa（g）后，并未能迅速返回至 630kPa（g）。看来调压阀应选用 1/2in 精密型减压阀，才可能迅速返回 630kPa（g）。但从该标准中的公式（1），气罐 1 的容积 V_u 与等温容器的容积 V_d 服从下式，

$$\frac{V_u}{V_d} > \frac{p_{2\max}}{p_u - p_1} \tag{16-26}$$

式中 $p_{2\max}$——最大调节压力；
p_u——气源供气压力；
p_1——进口压力。

设 $p_1 = 6.3$ bar（g），$p_u = 10$ bar（g），$p_{2\max} = 5$ bar（g）。因 $V_d = 77$ L，则 $V_u > 104$ L。

上游 100 余升容积的气罐，当下游突然放气时，要靠 1/2″精密减压阀迅速回升至初始压力 p_1 是不能实现的。故该标准规定，进口压力 p_1 要稳定在 ±1% 变化范围内，才能记录流量数据，这一要求能否实现有待进一步讨论。

在 $p_{20} = 250$ kPa（g）时，也测了该阀向 77L 等温容器充气过程中的所有数据。为了节省篇幅，数据不再罗列。总充气时间为 9.45s 左右。在 40ms 时，压力 p_1 从 630kPa（g）跌至 553.44kPa（g）；在 156ms 时，p_2 从 250kPa（g）跌至 4.336kPa（g）；在 620ms 时，q_{V3} 的瞬时流量达最大，为 4310L/min（ANR）；在 8.73s 时，p_1 恢复至 630kPa（g）；在 8.736s 时，p_1 升高至 669.0（g）；在 9.45s 左右，被测减压阀关闭。

按 ISO 6953-3：2012 的方法，测得 1/4in 减压阀 E758 在整个充气过程中的各个量 p_1、p_2、p_3 及计算出的 q_{V3} 随时间 t 的变化曲线如图 16-14 和图 16-15 所示。

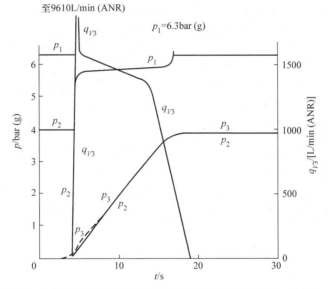

图 16-14 按 ISO 6953-3：2012 测得 1/4in 减压阀 E758 各参数随时间 t 的变化 [$p_{20} = 4$ bar（g）]

下面就被测减压阀向等温容器内充气的整个过程进行流态分析。

以 $p_{20} = 400$ kPa（g）为例。在图 16-13 中电磁阀 5 开启前，电磁阀 5 两侧压差为 400kPa。电磁阀 5 一旦开启，400kPa 的压差会形成一个马赫数 M 近似为 2 的运动冲波以 600m/s 左右的速度向等温容器内冲去。由于压力急剧变化，这个冲波的存在很短暂，短于 1ms。但由此导致被测减压阀出口压力 p_2 急剧降至接近于 0 甚至为负压力。

如图 16-14 所示，这种强烈的抽吸作用，在 35ms 内，上游测压管内的压力 p_1 便从 630kPa（g）急降至 531.13kPa（g）。即便减压阀 2 选用精密减压阀，也不可能再用 35ms 就让 p_1 恢复至 630kPa（g）。在 208ms 内，p_2 便由 398.94kPa（g）降至 6.44kPa（g）。由于 p_2 的急剧变化，冲向等温容器内的瞬时流量也急剧变化。从表 16-5 可以看到，最大瞬时流量可达 9610L/min（ANR）。即便被测减压阀处在全开时，通过的最大流量也达不到这么大。

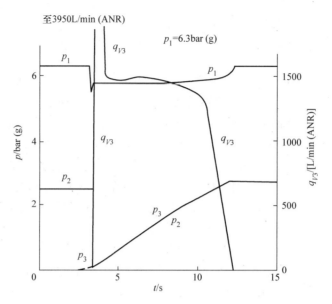

图 16-15　按 ISO 6953-3：2012 测得 1/4in 减压阀 E758 各参数随时间 t 的变化 $[p_{20}=2.5\text{bar (g)}]$

当 $p_2=6.46\text{kPa (g)}$ 时，对应的 $p_1=573.84\text{kPa (g)}$，压力之比 $p_2/p_1=(101.7+6.46)/(101.7+573.84)=0.16$。这么低的压力比之下，两测点（$p_1$ 和 p_2）之间的流道必然达临界流态，且存在超声速流的冲波系。该冲波系与附面层相互干扰，使流道内的流动非常复杂且混乱，导致压力 p_2 与流量 q_V 波动很大。从表 16-5 中的数据也可以看出，直至 6.95s 后，q_{V3} 才开始不断下降，不再出现 q_{V3} 的波动（忽大忽小）。

ISO 6953-3：2012 将这之后的 q_{V3} 与 p_2 的关系曲线当作该被测减压阀的流量减小方向的流量特性曲线，理论依据似有不足，有待深入讨论。

对上述被测减压阀，使用 GB/T 20081.2—2006（即 ISO 6953-2：2000）规定的流量特性测试方法测出的流量特性曲线如图 16-16 中的虚线所示。这是根据表 16-6 的测试数据画

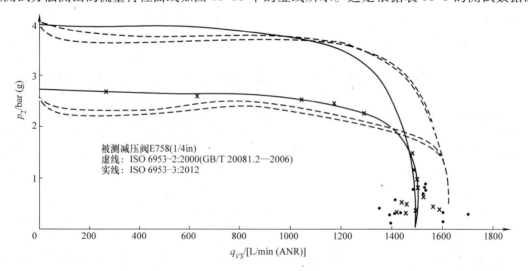

图 16-16　1/4in 减压阀 E758 用 ISO 6953-2：2000 和 ISO 6953-3：2012 两种方法测出的流量特性曲线

出来的。图中，也同时画出了用 ISO 6953-3：2012 规定的流量特性测试方法测出的流量特性曲线，如图中实线所示。

在图 16-16 中，p_{20} 取 4bar（g）和 2.5bar（g），"·"是 $p_{20}=4$bar（g）的测点，"×"是 $p_{20}=2.5$bar（g）的测点。在 $q_{V3}>1800$L/min（ANR）的情况下，也存在一些测点，限于图幅小，没有给出。可见，不论 $p_{20}=4$bar（g）还是 2.5bar（g），在 $q_{V3}-p_2$ 实线的最大流量处，其分布点（"·"或"×"）是极其分散的。例如，$p_{20}=4$bar（g）的情况下，q_{V3} 分布在 1350~1800L/min（ANR）之间，画出的实线最大流量为 1500L/min（ANR）只是取其测点较密、按趋势画出来而已。

表 16-6　用 GB/T 20081.2—2006 方法测出减压阀 E758 的流量特性线的数据（1/4in）

$p_{20}=4$bar（g）		$p_{20}=2.5$bar（g）	
q_V/[L/min（ANR）]	p_2/kPa（g）	q_V/[L/min（ANR）]	p_2/kPa（g）
0	400.5	0	249.8
27	379.1	35	229.6
131	369.5	100	224.1
252	365.7	181	221.7
357	362.7	347	222.0
655	367.4	552	229.3
815	370.3	845	240.5
1209	361.3	1198	206.8
1354	332.0	1536	165.7
1517	250.7	1614	47.4
1585	169.2	1557	165.4
1608	118.2	1122	217.6
1622	47.4	831	245.7
1552	207.4	496	232.5
1419	314.8	324	229.6
885	375.0	195	231.1
634	370.9	89	234.0
447	370.3	0	253.0
163	377.7		
114	379.7		
18	391.7		
0	401.3		

注：上下游测压管 1/2in（ϕ16.4）。

实例 2（摘自 ISO 6953-3：2012 图 A.4）

测试方法：ISO 6953-3：2012，图 16-18 中实线。

　　　　　ISO 6953-2：2000，图 16-18 中的白圈和黑圈。

被测减压阀：阀 A（G1/2）。

上下游测压管的通径：$\phi 28$（估计值，不确定）。
上游输入压力 $p_1 = 6.3\text{bar}$（g）。
等温容器的容积 $V = 134\text{L}$。
输出初始压力 $p_{20} = 0.5$、0.4、0.25 和 0.16MPa（g）。

图 16-17（摘自该标准图 A.2）所示为该被测阀充气期间的压力响应曲线。图 16-18（摘自该标准图 A.4）所示为该被测阀用两种测试方法（ISO 6953 – 2：2000 和 ISO 6953 – 3：2012）测出的流量特性曲线。图 16-18 中，黑圈（流量减小方向）和白圈（流量增大方向）是按 ISO 6953 – 2：2000 方法测出的流量特性的测点。

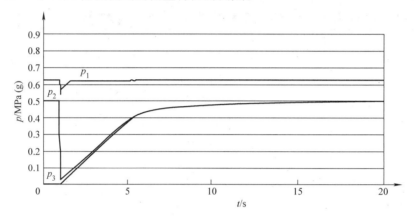

图 16-17　用 ISO 6953 – 3：2012 方法测出阀 A 的充气期间的压力响应曲线

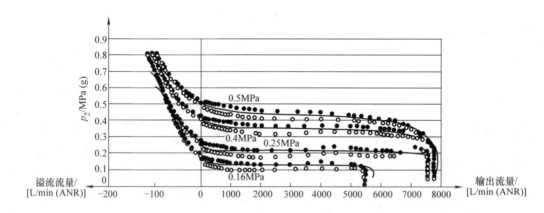

图 16-18　用 ISO 6953 – 3：2012 方法（实线）和用 ISO 6953 – 2：2000 方法（白圈和黑圈）测出阀 A 的流量特性曲线

标准中，未交代上下游测压管的口径是多少？为此，首先根据图 16-18 的测试数据判断一下上下游测压管的通径。

从图 16-18 中，摘出有关数据（见表 16-7），并进行一些分析计算。

按式（16-16）计算临界流态下的有效面积 S 值。

按 $\rho_a q_{V\max} = \dfrac{p_2}{RT_2} u_2 A_2$ 计算 u_2。设 $T_2 = 273\text{K}$，因 u_2 较大，T_2 一定低于室温。A_2 是下游

测压管的几何流通面积。

表 16-7 对图 16-18 的上下游测量管通径的分析

临界点			p_{20}/MPa（g）	0.5	0.4	0.25	0.16
	$q_{V\max}$/[L/min（ANR）]			7700	7700	7500	5750
	p_2/MPa（g）	最高值		0.2	0.2	0.185	0.075
		最低值		0.025	0.025	0.025	0
	p_2/p_1	最高值		0.411	0.411	0.390	0.240
		最低值		0.171	0.171	0.171	0.137
	S/mm²			87.5	87.5	85.3	65.4
出口速度 u_2/(m/s)	出口通径 d_2/mm	$\phi16$		499	499	486	466
		$\phi22$		264	264	257	247
		$\phi28$		163	163	159	152

从表 16-7 计算出的出口速度 u_2 可知，上下游测压管不可能使用 $\phi16$，因该管内的速度远大于声速，这是不允许的。使用 $\phi22$ 可能性极小，因管内流速太高。只能使用 $\phi28$，即上下游测压管尺寸相对于 1/2in 是加大两挡。

16.3.3 流量特性测试原理的比较

1. 假设条件的论述

任何时刻，认为充入等温容器内的流量 q_{V3} 就是该时刻通过被测减压阀的流量 q_V，这就把不定常流动当作定常流动了，这是毫无道理的假设。

传统的测试减压阀流量特性的方法是定常流动。但在调节流量控制阀开度的时间内，却是不定常流动。调节一下开度后，要等待几秒甚至十几秒，待数值稳定后才能记录 p_1、p_2、T_1、q_V 这些数据。等温容器充气法一直处于不定常流动中，怎么能假设任何时刻的 $q_{V3}=q_V$ 呢？

被测阀通过下游测压管向等温容器充气时，若流出被测阀的质量流量 q_m 大于流入等温容器内的质量流量 q_{m3}，由于下游测压管中空气质量的累积，压力 p_2 便会增大；若 $q_m < q_{m3}$，则 p_2 便会降低。对流量减小方向的流量特性曲线来说，随 q_m 的减小，p_2 是增大的，表明 q_m 必大于 q_{m3} 才能使 p_2 增大，故该标准假设在向等温容器的充气的任何时刻，q_V 与 q_{m3} 相等是值得商榷的。

2. 等温容器充气法与传统方法的不同之处

1）等温容器充气法与传统方法的测试原理完全不同。

传统方法是将流量控制阀从最大开度逐渐关闭，以提高下游测压管内的压力 p_2。在每个不同开度时，测出被测阀输出流量流经下游测压管及流量控制阀的流量 q_m 及下游测压管内的压力 p_2。q_m 及 p_2 都是流动达稳定后才进行测量。不同开度下的 q_m 与 p_2 的关系曲线才是被测阀的流量特性。

等温容器放气法是自被测阀、经下游测压管、电磁阀 5 向等温容器内充气。随着容器内的压力 p_3 不断上升，迫使流出被测阀的流量 q_m 不断减小，直至为 0。这是一个典型的不定常充气过程。可以根据瞬时（即 $\Delta t \to 0$）等温容器内空气的质量变化计算出流入容器内瞬时流量 q_{m3}。瞬时流入等温容器内的 q_{m3} 与该瞬时通过被测阀的流量 q_m 不可能相等。如果任何瞬时，q_{m3} 与 q_m 都相等，两流量之间的压力 p_2 就不变化了，不可能出现这样的流量特性曲线。

2) 流量特性曲线的表达方式不同。

传统测试方法是测量流量增大方向和流量减小方向的完整的流量特性曲线（滞环曲线）。

等温容器充气法只能给出流量减小方向的单方向的流量特性曲线。因为等温容器充气法中，流量增大方向只存在几十毫秒。而且 q_{m3} 与 p_2 在这几十毫秒内发生剧烈变化，毫无规律可循。即便是流量减小方向的开始段，q_{m3} 与 p_2 也是剧烈波动，毫无规律可循。该标准的做法是将这部分都舍弃，只保留流量减小方向的后一段，q_{m3} 与 p_2 已处于稳定变化段。这一段随 p_2 的增大，q_{m3} 逐渐变小。这种趋势与传统测试方法在流量减小方向 q_V 与 p_2 的变化趋势是相似的。就把这一段 q_{m3} 与 p_2 的变化曲线当作被测阀的流量特性曲线。

3) 两种测试方法测出的最大流量不一致。

传统测试方法中，当被测减压阀内处于临界流态时，便达到最大流量。如图 16-16，当 $p_1=0.63\text{MPa}$（g）、$p_{20}=2.5\text{bar}$（g）时，最大流量为 1614L/min（ANR）。

等温容器充气法是在电磁阀 5 开启后，压力 p_1 迅速跌至最低点 $p_1=0.531\text{MPa}$（g），压力 p_2 迅速跌至最低点 $p_2=0.00644\text{MPa}$（g）后，在很长的一段时间内，q_{V3} 都处在大幅波动的范围内［1350～1800L/min（ANR）］，而不是稳定于 1614L/min（ANR），显示出不定常流动的特点。

4) 两种测试方法回归 p_{20} 时的曲线不一致。

传统测试方法在回归 p_{20} 时，流量特性曲线呈上翘的形状。

等温容器放气法在回归 p_{20} 时，流量特性曲线是以平稳的渐近线的方式完成的，这符合充气过程的结尾形式。

5) 两种测试方法测出的流量特性曲线的形状不一致。

传统测试方法测出的流量特性曲线，不同的被测减压阀，都呈现出有个性，曲线有波动现象，无规律的上升，最终回归于 p_{20}。

等温容器放气法测出的流量特性曲线都是缺乏个性化的光滑渐近线，最终大多不回归 p_{20} 或高于 p_{20}。

6) 传统测试方法不存在等温容器放气法才出现的"上冲"现象。

前面实例 1 的测试数据提到，在 11.95s 时，第一次出现 $p_3=p_2$。在 12.664s 时，p_1 上冲至最高压为 638.02kPa（g），比输入压力 $p_1=630$kPa 还高。表明什么呢？当向等温容器充气 $p_3=p_2$ 时，由于被测阀的阀口并未完全关闭，压差 (p_1-p_2) 的存在，会继续向等温容器内充气，但等温容器进口的能量差 $\left(p_2+\dfrac{1}{2}p_2u_2^2-p_3\right)$ 很小，故充入等温容器内的流量 q_{V3} 小于 q_{V2}，这个流量差，迫使 p_2 升高，提高了压差 (p_2-p_3)，才能适应从被测阀通口进入的流量，故在 12.664s，p_2 冲高至 638.02kPa（g）。这种"上冲"现象，传统测试方法并不存在。

以上分析表明，等温容器充气法，测出流量减小方向的流量特性曲线，从大趋势看，似乎与传统测试方法的流量减小方向的流量特性曲线有些相似，但细微观察，二者是有区别的。

3. 两测点（p_1 和 p_2）之间存在两个喉部，会影响到 q_{V3} 与 p_2 的关系

等温容器充气法的测试回路，也是由两个喉部组成的。第一喉部是被测减压阀的阀口处。第二喉部分两种情况：若下游测压管使用正常规格（如被测减压阀为 1/4in，下游测压管的通径为 $\phi 9$），则第二喉部是在电磁阀 5 或下游测压管的出口处；若下游测压管的通径增大一挡或两挡（如被测减压阀为 1/4in，下游测压管的通径为 $\phi 12.5$ 或 $\phi 16$），则第二喉部便在下游转（换）接头内。

电磁阀 5 一旦开启，p_2 迅速降至最低压力。随后，在很长的充气时间内，p_3 略高于 p_2。在 p_2 降至最低压力后，在很长一段充气时间内，p_2/p_1 很低，被测阀或转（换）接头内，处于临界流态。可见，向等温容器内以声速充气的这一段时间内，是通过被测阀和转（换）接头这个合成元件进行的，而不是仅通过被测阀进行的。即等温容器充气法测出的流量特性是被测阀+转（换）接头的，而不是仅被测阀的。

4. 对等温容器容积的质疑

标准对等温容器容积规定的公式为

$$V \geqslant 5 \times 10^5 C \tag{16-27}$$

式中 C——被测阀的声速流导，单位为 $m^3/(s \cdot Pa)$；
V——等温容器的容积，单位为 m^3。

其实，式（16-27）表达成式（16-28）更简单。

$$V \geqslant S \tag{16-28}$$

式中 S——被测阀在临界流态下的有效面积，单位为 mm^2。

该标准中给出了五个被测减压阀的测试例，其选用容器的容积列于表 16-8。

表 16-8 ISO 6953-3: 2012 中被测试的五个减压阀

被测阀代号	A	B	C	D	E
品种	溢流型直动式减压阀	喷嘴挡板溢流型内部先导式减压阀	电气比例电磁压力控制型滑阀	外部先导平衡式座阀型气控减压阀	直动式过滤减压阀
连接口径	G1/2	G1/4	G1/4	G1/4	G1/2
等温容器容积/L	134	20	20	20	50
测出 S 值/mm^2 $p_{20}=0.5MPa$（g）	87.5	9.56	12.75	18.7	60.2

表 16-8 中的阀 E 未遵守式（16-28）。

式（16-28）只规定 V 比 S 大，但大多少未作规定。若理解成不论大多少，测出流量特性都一样，显然是不对的。

5. 测流量特性的目的

传统测试方法测流量特性的目的是要知道在多大的输出流量范围内能保持输出压力的基本稳定。

等温容器放气法似乎是非要找出被测减压阀的最大输出流量，即被测减压阀的阀口达临界流态时的流量。为此，不惜将上下游测压管的通径加大两档。

从前面介绍的实例可以看出，等温容器放气法测到最大流量时，q_{m3} 和 p_2 是极不稳定，

这对用户有用吗？即便使用传统测试方法，把上下游测压管的通径加大两档，测出被测阀的临界流态下的有效面积，但这种情况下的输出压力 p_2 很低，也不稳定，完全失去减压阀的稳压功能的要求，肯定不是用户的需要。

如果用户需要更大输出流量、又能稳压的减压阀，完全可以选用更大通径的减压阀就解决了。

制定 ISO 6953-3：2012 的目的是什么？将 ISO 6953-2 的上下游测压管的通径加大两挡的目的又是什么？对用户有什么用？该标准没有说明。

6. 对气罐 1 的必要性的质疑

式（16-26）似乎是保证等温容器 8（见图 16-13）的存储压力能用的。向等温容器 8 充气有个过程，存储那么点能量，非要设计一个小气罐 1 来提供，根本无必要。

若气罐 1 是为了测试减压阀的溢流特性，而向等温容器 8 充入必要的储气量，没有气罐 1，也很容易实现。传统测试溢流特性的方法就未设气罐 1（参见 ISO 6953-2：2000）。

7. 对数据处理时间间隔 ω 的质疑

ISO 6953-3 的数据处理方法极其烦琐。

测一只 1/4″减压阀的流量特性，通常向等温容器内充气的时间大约是 15s。按 1ms 记录一点，共 15000 个记录点（记录 t、p_1、p_2、p_3、p_a、T_3）。若记录在纸上，每页 50 点，则需 300 页，是一本很厚的书。若按测点 $n=10000$，则数据处理时间间隔 $\omega = \sqrt{n} = 100$。按标准提供的数据处理方法计算，最后还有 9800 点。

问题是，选 $\omega = 100$ 合理吗？$\omega = 100$，就相当于 100ms 进行一个数据处理。

前面举例提到，电磁阀 5 打开，压力 p_1 由 630kPa（g）降至 531.13kPa（g）仅 35ms；p_{20} 由 398.94kPa（g）降至 6.44kPa（g）仅 208ms；在 50 ± 1ms 内，q_{V3} 达最大 9610L/min（ANR）；在 12664ms 左右，p_1 上冲至 638.02kPa（g）。在图 16-16 上，按测试数据的趋势画出来的流量特性曲线的最大流量 $q_{V3} = 1490$L/min（ANR）。但从表 16-5 可以看出，150ms 时的 $q_{V3} = 1800$L/min（ANR）至 6950ms 时的 $q_{V3} = 1405$L/min（ANR），测试数据的测点在 6000 多毫秒的范围内，围绕 1490L/min（ANR）异常波动。但按 $\omega = 100$ms 进行数据处理，像 ISO 6953-3：2012 标准上的五个实例（即图 A.4、图 A.8、图 A.12、图 A.16 和图 A.20）画出的流量特性曲线，上述所有现象都全部被掩盖掉。如图 A.4（本书图 16-18），当 p_{20} 为 0.5 和 0.4MPa（g）时，差不多 p_{20} 在 $0 \sim 0.2$MPa 范围内，最大流量都不变化，不存在任何测点散乱现象；"上冲"现象不见了；阀 5 刚打开时的 p_1 突降不见了；p_2 突降至最低甚至达负压也不见了；q_{V3} 瞬时出现的超大流量也不见了。

显然，选不同的 ω 值，得出的流量特性曲线是不同的，没有唯一性。

8. 对正向声速流导的评说

标准中规定，由最大流量 $q_{V\max}$ 求出的声速流导为正向声速流导 C_f。

$q_{V\max}$ 应理解成被测阀的阀口达临界流态时通过该阀的流量。

同一个减压阀，在不同 p_{20} 下，其减压阀的最大开口量是不同的。$p_{20} = 4$bar（g）的最大开口量与 $p_{20} = 2.5$bar（g）的最大开口量是不同的。各有各的声速流导。$q_{V\max}$ 是指 p_{20} 为多少？

在不同 p_{20} 和 p_2 的情况下，该阀的开口量是不同的，开口处是否达到临界流态，则取决于上下游的压力比。不同的开口量,都存在达临界流态的可能性,故减压阀的 C_f 有许多,它不是唯一值,故正向声速流导概念的提出值得商榷。

9. 对 ISO 6953-3:2012 耗气量小的评说

在标准的"引言"中,称该方法有以下优势:①不需要大容量气源;②测试大流量元件更容易;③耗气量最小化;④缩短测试时间。总结一句话,就是测试时间短,大大节省耗气量,可以测大通径元件。

但前提是,测试原理必须科学,测出流量特性必须正确。否则,耗气量再少也是浪费。测试时间是很短,但数据处理时间过长。

16.4 减压阀压力特性的测试方法

由 ISO 6953-1:2000、ISO 6953-2:2000 转化为 GB/T 20081.1—2006、GB/T 20081.2—2006。

压力特性是指在输出流量 q_V 基本保持不变的条件下,出口压力 p_2 随进口压力 p_1 变化而变化的关系曲线。如图 16-19 所示。图中,应给出被测阀的气口尺寸、型号和基本保持不变的输出流量。

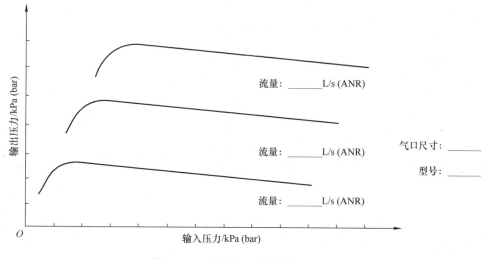

图 16-19 减压阀压力特性的表示法

进口压力 p_1 应低于允许的最大进口压力,但尽可能大于该减压阀的可调节范围。设选 $p_1=0.63$ MPa(g)。

最高出口压力应比进口压力低 0.1MPa 以上。故最大出口压力可选 0.5MPa(g)。

出口压力组点应按最大出口压力的 25%、40%、63% 和 80% 选取。故出口压力组点应选 0.125、0.2、0.315 和 0.4MPa(g)。

按被测阀的气口尺寸和已选取的出口压力组点,从标准 GB/T 20081.2—2006 的表 2 中选择所对应的流量。

设气口尺寸为 1/4in,按标准中的表 2 应选择的流量见表 16-9。选表 16-9 中输出流量的 10% 作为测压力特性时的基本不变的稳定流量,见表 16-9。

表 16-9　1/4in 被测减压阀应选择的输出流量的大小

出口压力/MPa（g）	0.125	0.200	0.315	0.400
输出流量/L/s（ANR）	1.4	2.0	3.0	3.7
选用的稳定的输出流量 q_V/L/s（ANR）	0.14	0.20	0.30	0.37

测试回路如图 16-20 所示。

对 $q_V = 0.14$L/s（ANR），利用阀 2 设定 p_1，调节阀 4，当输出流量达 0.14L/s（ANR）时，记录下输出压力 p_2。再利用阀 2 改变 p_1 值，调节阀 4，保持 $q_V = 0.14$L/s（ANR）不变，记录输出压力 p_2。可绘出输出流量在 0.14L/s（ANR）条件下的 p_1 与 p_2 之间的压力特性曲线。

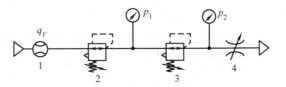

图 16-20　减压阀压力特性的测试回路
1—流量计　2—精密减压阀　3—被测减压阀
4—流量控制阀

同理，再测出 $q_V = 0.2$、0.3 和 0.37L/s（ANR）下的 p_1 与 p_2 之间的压力特性曲线。

测试开始和结束时，记录温度 T_1。

压力特性好的标志是出口压力的变化 Δp_2 与进口压力的变化 Δp_1 之比 $\Delta p_2/\Delta p_1$ 越小越好。

压力特性是可以进行理论分析的。

16.5　减压阀溢流特性的测试方法

1. GB/T 20081.2—2006

溢流特性是指在设定出口压力下，出口的下游侧压力 p_3（也称为背压侧压力）高于设定的出口压力时，从溢流孔（或排气口）流出的流量大小。

溢流特性的测试回路如图 16-6 所示。

测试方法如下：

1）关闭流量控制阀 9 和旁通截止阀 11。
2）利用被测减压阀 15，将 p_2 调节至设定压力 p_{20}。
3）调节控制减压阀 12，将 p_3 也设定在 p_{20}。
4）开启旁通截止阀 11。
5）用控制减压阀 12，将 p_3 逐渐调节至比 p_{20} 高的压力，记录与 p_3 相对应的 q_{V3}，直至 q_{V3} 达最大流量。

对溢流特性曲线的要求：

1）应与测试流量特性时相同的初始设定压力。
2）溢流特性曲线上，应标明被测减压阀的型号和气口尺寸。

典型的溢流特性曲线如图 16-21 所示。图中，右半侧是该阀 P 口至 A 口的流量特性曲线。左半侧是 A 口至 R 口（排气口）的溢流特性曲线。例如，$p_{20} = 0.5$MPa（g）时，随着 p_3［初始压力为 0.5MPa（g）］逐渐升高，溢流流量 q_{V3} 也随之逐渐增大，一旦排气通口的座阀阀芯开口处达临界流态，溢流特性便呈现直线增大，即溢流流量随出口压力的增大而线性增大。

2. ISO 6953-3：2012（见图 16-22）

该标准认为，利用等温容器放气法也可以测试减压阀的溢流特性。

其做法是，让等温容器 16 先充至比设定压力 p_{20} 高 200kPa 的压力，然后打开双向流通的电磁阀 14，让等温容器中的压缩空气经被测阀 7 的溢流口（或排气口）流出的过程中，记录 $p_1(t)$、$p_2(t)$、$p_3(t)$ 和溢流口的压力 $p_4(t)$。计算出从等温容器排出的流量 q_{V3}，则 q_{V3} 与 p_2 的关系就是被测阀的 q_V 与 p_2 的溢流特性曲线。

这种减压阀的溢流特性的测试方法存在以下问题。

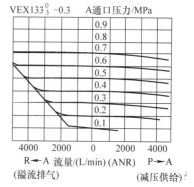

图 16-21 VEX133$_{-0.3}^{0}$ 大流量精密型减压阀的流量特性和溢流特性曲线

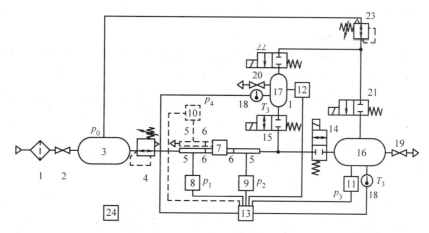

图 16-22 利用等温容器放气法（ISO 6953-3：2012）测试溢流特性的回路
1—空气过滤器 2—截止阀 3—气罐 4—大通径精密减压阀 5—压力测量管 6—转（换）接头
7—被测减压阀 8~12—压力传感器 13—数据记录仪 14、15—双向流通的电磁阀 16、17—等温容器
18—温度测量设备 19、20—排气阀 21、22—电磁阀 23—调压阀 24—气压计

1）传统的溢流特性曲线是在定常流条件下测得的。等温容器放气法是不定常流动。认为任何时刻从等温容器排出的流量就是从减压阀的溢流口流出的流量，这是没有道理的。如果任一时刻，不定常流动各处的流量都一样，那就变成定常流动了。

2）电磁阀 14 刚一打开，该阀两侧 0.2MPa 的压力差会引起流道内强烈的扰动。当 p_{20} 较高时，溢流口流道有可能达临界流态（当 $p_a/p_2 < b$ 时，b 为溢流口的临界压力比）。随着不断的放气，p_3 在逐渐下降，溢流口流道内会从临界流态转化为亚声速流态。放气过程就是等温容器中的气体流经放气流道（主要是被测减压阀的溢流流道 + 转（换）接头内的流道）向外界大气的放气过程。这个放气过程中，q_{V3} 与 p_2 的关系曲线，不仅与等温容器内的初始压力 p_{30} 有关，而且与容器的容积 V 大小有关，也与电磁阀 14 未开启时的两侧压力差有关，还与整个排气流道中的被测减压阀、转（换）接头、下游测压管等的流阻都有关，q_{V3} 与 p_2 的关系曲线不应为 q_V 与 p_2 之间的溢流特性曲线。

第 17 章 管道及管接头的流动特性

气管道是最简单的气动元件，也是应用最多的气动元件。为了连接气缸、气阀等各种气动元件；就得用各种管接头和管道将它们连接起来。

要估算气动系统的总体特性，必须提供各种气动元件的基本特性，其中就包括各种气管道和管接头的特性参数。如图 17-1 所示的简单的气动回路，当控制阀 1 通电时，压缩空气通过气管道 2 向气缸 3 充气，气缸内的活塞便迅速提升负载。若要求提升速度为 3m/s，提升质量为 20kg，该如何选择气缸的缸径、控制阀的通径、气管道的通径和长度及供气压力呢？当气缸的缸径选定后，除要提供控制阀的流量特性参数外，还必须提供不同材质的气管道在不同通径和长度情况下，该气管道的临界流态下的有效面积 S 值和临界压力比 b 值，才能知道气缸是否能达到要求的提升速度及工作频率。

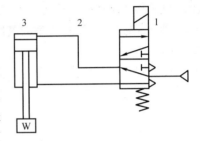

图 17-1 气管道的应用

管接头是连接件，提供该连接件的两个流量特性参数 S 值和 b 值往往是必需的。例如，测量短管的性能时，因短管的流量特性参数与配合使用的管接头的流量特性参数是同量级的量，不给出管接头的特性参数，就无法测得短管的特性参数。在串接声速排气法中，选用了何种管接头作为辅助元件，就必须提供该管接头的流量特性参数，才能测出被测元件的 b 值。

气动元件按流动损失特点分类，可分成沿程损失类气动元件和局部损失类气动元件。沿程损失类气动元件就是长管道，它的流量特性主要取决于管件的材质、管径 d 和长径比 L/d，主要是摩擦损失。除长管道之外的气动元件，包括各类阀及短管，都属于局部损失，主要是分离旋涡、冲波附面层相互干扰的损失为主。局部损失类的气动元件的流量特性曲线可假设为近似四分之一椭圆，而沿程损失的流量特性曲线也假设成四分之一椭圆是不正确的，应按摩擦管流理论来分析。

17.1 气管道

气动装置中，连接各种元件的管道有金属管和非金属管。常用金属管有镀锌钢管、不锈钢管、拉制铝管和纯铜管等。主要用于工厂主干道和大型气动装置上。适用于高温、高压和固定不动的部位之间的连接。铜管、铝管和不锈钢管防锈性好，但价格贵。表 17-1 和表 17-2 分别列出了常用镀锌钢管和纯铜管的规格。

非金属管有硬尼龙管、软尼龙管和聚氨酯管等。它们经济、轻便、拆装方便、易剪断、不生锈、摩擦阻力小，但存在老化问题，不宜高温使用，要防止外部损伤。尼龙管有一定的柔性，但不能弯曲过大，耐高压、耐化学性好。聚氨酯管柔性比尼龙管好。另有极软聚氨酯管，其弯曲半径小，适合狭窄空间使用。它们的规格及主要性能见表 17-3 ~ 表 17-5。此外，还有英制尺寸系列等，1/8~1/2in。

表17-1 常用镀锌钢管的规格

名义尺寸	A系列/mm	6	8	10	15	20	25	32	40	50	72	80
	B系列/in	1/8	1/4	3/8	1/2	3/4	1	1 1/4	1 1/2	2	2 1/2	3
外径/mm		10.5	13.8	17.3	21.7	27.2	34.0	42.7	48.6	60.5		
内径/mm		6.5	9.2	12.7	16.1	21.6	27.6	35.7	41.6	52.9	67.9	80.7

表17-2 常用纯铜管的规格 （单位：mm）

外径	4	6	8	10	12	14	18	22
壁厚	0.5	0.75	1	1	1	1	1.5	2

表17-3 硬尼龙管 （单位：mm）

外径	4	6	8	10	12	16
内径	2.5	3	4	4.5	6	7.5	9	13
最小弯曲半径	13	25	24	36	48	60	75	100

表17-4 软尼龙管 （单位：mm）

外径	4	6	8	10	12	16
内径	2.5	4	6	7.5	9	12
最小弯曲半径	12	15	23	27	31	60

表17-5 聚氨酯管 （单位：mm）

外径	2	4	6	8	10	12	16
内径	1.2	2.5	4	5	6.5	8	10
最小弯曲半径	4	10	15	20	27	35	45

17.1.1 摩擦管的理论研究方法

不可压缩气体流过管道，通常是把它看成是沿程损失，利用莫迪图，便可以计算出在不同压差下通过气管道的流量。对气动回路中的管道而言，管道内常常是高速流动，故应按摩擦管流理论计算气管道的流量特性。与其他气动元件一样，也可以用临界流态下的有效面积S值和临界压力比b值来表达气管道的流量特性。

按气管道的特性来区分，可分成长管（指$L/d>100$，L是管长，d是管内径）、短管（指$L/d=10~25$）和过渡管（指L/d在$26~99$之间）。长管属于摩擦管流，系沿程损失，流量特性曲线不服从椭圆假设。短管同其他气动元件一样，系局部损失，流量特性曲线服从椭圆假设。但超短管除外（$L/d<10$），因其流动不稳定。过渡管及短管可利用定压法或变压法测定其流量特性曲线。

长管使用摩擦管流理论进行流动性能的分析。

图17-2所示为等截面长直管道。内径为d，长度为L，进口滞止压力为p_{01}，进口静压力为p_1，进口滞止温度为T_{01}，出口静压力为p_2，出口外的静压力（可称为背压力）为p'_2，气管道的沿程损失系数改用ζ表示（以与速度系数λ相区别）。进出口可用马赫数M_1、M_2

表示，也可以用速度系数 λ_1、λ_2 表示。

用速度系数 λ 表示在临界流态下（$\lambda_2 = 1$）的摩擦管流公式。

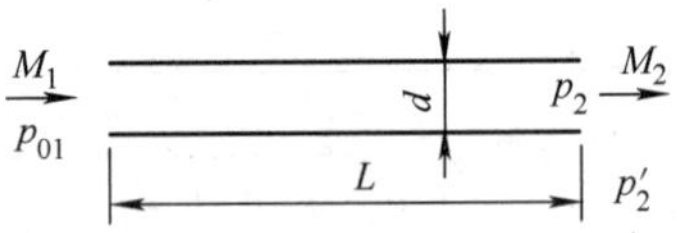

令 $\lambda_2 = 1$，$\kappa = 1.4$，由式 (5-93) 可得出

$$\zeta \frac{L}{d} = \frac{6}{7}\left(\frac{1}{\lambda_1^2} - 1 + 2\ln\lambda_1\right) \tag{17-1}$$

图 17-2 摩擦管流

由式 (5-103) 可得出

$$b' = \frac{p_2}{p_{01}} = 0.8333\lambda_1(1 - 0.1667\lambda_1^2)^{2.5} \tag{17-2}$$

由式 (5-106) 可得出

$$\frac{S}{S_0} = 1.5774\lambda_1(1 - 0.1667\lambda_1^2)^{2.5} \tag{17-3}$$

用速度系数 λ 表示的摩擦管流的通用曲线如图 5-33 所示。

计算出在不同 λ_1 下的 S/S_0、$\zeta\frac{L}{d}$ 和 b' 见表 17-6。

表 17-6 临界流态（$\lambda_2 = 1$）下的 S/S_0、$\zeta\frac{L}{d}$ 和 b'

λ_1	0.1	0.2	0.3	0.4	0.5	0.6	0.7	0.8	0.9	1.0
S/S_0	0.157	0.310	0.456	0.590	0.709	0.811	0.892	0.952	0.988	1.0
$\zeta L/d$	80.91	17.81	6.60	2.93	1.38	0.648	0.281	0.100	0.020	0
b'	0.083	0.164	0.241	0.312	0.375	0.428	0.471	0.503	0.522	0.528

若摩擦管流进出口用马赫数 M_1、M_2 表示，其摩擦管流公式为

$$\frac{p_1}{p_2} = \frac{M_2}{M_1}\sqrt{\frac{1 + \frac{\kappa-1}{2}M_2^2}{1 + \frac{\kappa-1}{2}M_1^2}} \tag{17-4}$$

$$\zeta\frac{L}{d} = \frac{1}{\kappa}\left(\frac{1}{M_1^2} - \frac{1}{M_2^2}\right) + \frac{\kappa+1}{2\kappa}\ln\frac{\left(1 + \frac{\kappa-1}{2}M_2^2\right)M_1^2}{\left(1 + \frac{\kappa-1}{2}M_1^2\right)M_2^2} \tag{17-5}$$

$$\frac{p_{01}}{p_2} = \frac{M_2}{M_1}\sqrt{1 + \frac{\kappa-1}{2}M_2^2}\left(1 + \frac{\kappa-1}{2}M_1^2\right)^{\frac{\kappa+1}{2(\kappa-1)}} \tag{17-6}$$

当 $M_2 < 1$ 时，$p_2 = p_2'$；当 $M_2 = 1$ 时，$p_2 \geq p_2'$。$p_2 > p_2'$ 时，在出口产生膨胀波，将出口压力 p_2 降至口外的 p_2'。

由式 (17-5) 和式 (17-6)，可画出摩擦管流以 M_1、M_2 表示的通用曲线如图 17-3a 所示。当 $M_2 = 1$ 时，S/S_0、$\lg\left(\zeta\frac{L}{d}\right)$ 与 M_1 的关系如图 17-3b 所示。

已知某管道的 $\zeta\frac{L}{d}$ 及管道两端压力比 p_2/p_{01}，便可由图 17-3a 查得该管道的进口 M_1 和出口 M_2。

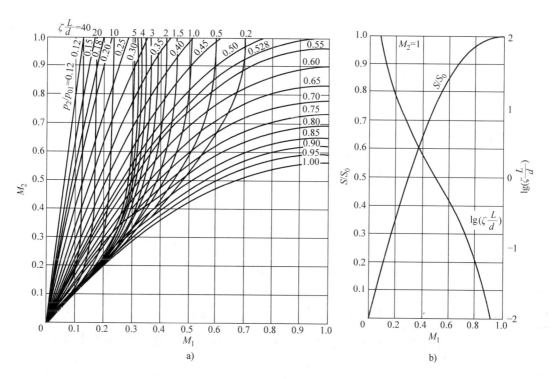

图 17-3 气管道的通用曲线（用 M 表示）

若给定 $\zeta \dfrac{L}{d}$ 及 p_2/p_{01}，可从图 17-3a 上判断出口是否 $M_2=1$。方法是，$\zeta \dfrac{L}{d}$ 曲线与 p_2/p_{01} 曲线在图 17-3a 上交点正好处在 $M_2=1$ 的横线上或无交点，则 $M_2=1$。

当出口马赫数 M_2 刚为 1 时，出口静压力 p_2 与进口滞止压力 p_{01} 之比即为临界压力比 b 值。这个 b 值是名副其实的 b 值。与 ISO 6358：1989 标准规定的 b 值不同。ISO 6358：1989 是把被测元件内刚达临界流态时，下上游测压管内的压力比 p_2/p_1 当作临界压力比 b 值。为了与名副其实的 b 值相区别，本书将名副其实的 b 值改成 b' 值，以与国际标准规定的 b 值相区别。b' 值是远小于 b 值的。

图 17-3a 上，曲线 $\zeta \dfrac{L}{d}$ 与 $M_2=1$ 横线的交点所对应的 p_2/p_{01} 即为与 M_1 对应的临界压力比 b' 值。

通过气管道进口的质量流量 $q_{m1}=\rho_1 u_1 S_0$。式中，ρ_1 是进口空气密度，根据气体状态方程，$\rho_1=p_1/RT_1$。u_1 是进口（有压状态下）的速度，因 $u_1=M_1 a_1=M_1\sqrt{\kappa RT_1}$。对绝热流动 $T_{01}/T_1=1+\dfrac{\kappa-1}{2}M_1^2$。整理后，得

$$q_{m1}=\dfrac{p_{01}M_1 S_0}{\sqrt{RT_{01}/\kappa}}\left(1+\dfrac{\kappa-1}{2}M_1^2\right)^{-\dfrac{\kappa+1}{2(\kappa-1)}} \qquad (17\text{-}7)$$

保持进口的滞止参数 p_{01}、T_{01} 不变，当出口 $M_2=1$ 时，通过管内的流量达最大流量。设 S 值是临界流态下该气管道的有效面积，则有

$$q_m^* = 0.0404 \frac{p_{01} S}{\sqrt{T_{01}}} \tag{17-8}$$

因 $q_{m1} = q_m^*$，由式（17-7）与式（17-8），则得

$$\frac{S}{S_0} = \left(\frac{\kappa+1}{2}\right)^{\frac{\kappa+1}{2(\kappa-1)}} M_1 \left(1 + \frac{\kappa-1}{2} M_1^2\right)^{-\frac{\kappa+1}{2(\kappa-1)}} = \frac{1.728 M_1}{(1 + 0.2 M_1^2)^3} \tag{17-9}$$

当 $M_2 = 1$ 时，$\kappa = 1.4$，则式（17-4）变成

$$\frac{p_1}{p_2} = \frac{1.0954}{M_1 \sqrt{1 + 0.2 M_1^2}} \tag{17-10}$$

式（17-5）变成

$$\zeta \frac{L}{d} = \frac{1}{1.4} \left(\frac{1}{M_1^2} - 1\right) + \frac{6}{7} \ln \frac{1.2 M_1^2}{1 + 0.2 M_1^2} \tag{17-11}$$

式（17-6）变成

$$b' = \frac{p_2}{p_{01}} = \frac{0.9129 M_1}{(1 + 0.2 M_1^2)^3} \tag{17-12}$$

由式（17-9）、式（17-11）和式（17-12），可计算出在临界流态下（$M_2 = 1$），S/S_0、b'、$\zeta \frac{L}{d}$ 与 M_1 的关系如表 17-7 所示，并绘出 S/S_0、b' 与 $\zeta \frac{L}{d}$ 之间的关系曲线如图 17-4 所示。

表 17-7　气管道在临界流态下，S/S_0、b'、$\zeta \frac{L}{d}$ 与 M_1 的关系

M_1	0.1	0.2	0.3	0.4	0.5	0.6	0.7	0.8	0.9	1.0
S/S_0	0.172	0.337	0.491	0.629	0.746	0.842	0.914	0.963	0.991	1.0
b'	0.091	0.178	0.260	0.332	0.394	0.445	0.483	0.509	0.524	0.528
$\zeta \frac{L}{d}$	66.92	14.53	5.299	2.309	1.069	0.491	0.208	0.0723	0.0145	0

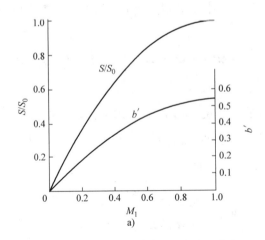

a)

图 17-4　气管道在临界流态下的 S/S_0、b' 与 $\zeta \frac{L}{d}$ 的关系曲线

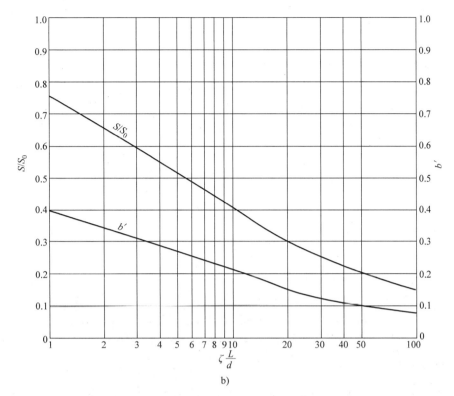

b)

图 17-4 气管道在临界流态下的 S/S_0、b' 与 $\zeta \dfrac{L}{d}$ 的关系曲线（续）

例 17-1 已知气管道 $d=8$mm，$L=1600$mm，$\zeta=0.0144$，$p_{01}=5$bar（g），$T_{01}=293$K，$p_2=p_a=1.02$bar（a），求此管的 S 值、b' 值和通过此管的质量流量 q_m。

解 因 $\zeta \dfrac{L}{d} = 0.0144 \times \dfrac{1600}{8} = 2.88$，$p_a/p_{01} = \dfrac{1.02}{5+1.02} = 0.1694$。查图 17-3，$\zeta \dfrac{L}{d} = 2.88$ 与 $p_2/p_{01} = 0.1694$ 两曲线无交点，表明 $M_2=1$。曲线 $\zeta \dfrac{L}{d} = 2.88$ 与 $M_2=1$ 横线的交点所对应的 $p_2/p_{01} = 0.31$ 左右，$M_1=0.37$ 左右。按式（17-11）和式（17-12）核算，得 $M_1 = 0.372$，$p_2/p_{01} = 0.313$。故临界压力比 $b' = 0.313$。由式（17-9），算得 $S/S_0 = 0.592$，故 $S = 0.592 \times \dfrac{\pi}{4} \times 8^2 = 29.76$mm^2。利用式（17-8），得 $q_m^* = 0.0404 \dfrac{0.602 + 29.76}{\sqrt{293}} = 0.0423$kg/s。

例 17-2 对例 17-1，若 $p_2 = 1.505$bar（a），其他数据不变，求此气管道的 S 值、b' 值和通过该气管道的质量流量 q_m。

解 因 $\zeta \dfrac{L}{d} = 2.88$，$p_2/p_{01} = 1.505/6.02 = 0.25$，查图 17-3，$\zeta \dfrac{L}{d} = 2.88$，$p_2/p_{01} = 0.25$ 两曲线无交点，故 $M_2 = 1$。仍 $M_1 = 0.372$，故 $b' = 0.313$，$S/S_0 = 0.592$，$S = 29.76$mm^2，$q_m = 0.0423$kg/s。

例 17-1 和例 17-2 表明，该管的临界压力比 $b' = 0.313$，故 $p_2/p_{01} = 0.1694$ 和 $p_2/p_{01} = 0.25$ 都小于 b'，故该管在这两种压比条件下，出口都处于临界流态。不同的是，例 17-1 出口温度 $T_2 = T_{02}/\left(1 + \dfrac{\kappa-1}{2}M_2^2\right) = 293/1.2 = 244$K，出口声速 $a_2 = \sqrt{\kappa R T_2} = \sqrt{1.4 \times 287 \times 244} =$

313m/s，即出口以 $u_2 = 313$m/s 的速度流出。对例 17-2，由于出口静压力 $p_2 = 1.505$bar（a），高于外界大气压力 $p_a = 1.02$bar（a），故口外生成一组速度大于 313m/s 的膨胀波，通过膨胀波，将压力逐渐降至口外大气压力。

例 17-3 已知气管道 $d = 8$mm，$L = 1680$mm，$\zeta = 0.0143$，$p_{01} = 1.70$bar（a），$T_{01} = 293$K，$p_2 = p_a = 1.02$bar（a），求 M_1、M_2 及 q_m。

解 因 $\zeta \dfrac{L}{d} = 0.0143 \times \dfrac{1680}{8} = 3$，$p_2/p_{01} = 1.02/1.7 = 0.6$，查图 17-3，两曲线交点的 $M_1 = 0.33$，$M_2 = 0.5$。由式（17-7），$q_{m1} = \dfrac{0.17 \times 0.33 \times 0.785 \times 8^2}{\sqrt{287 \times 293/1.4}} \times (1 + 0.2 \times 0.33^2)^{-3} = 0.0108$kg/s。

17.1.2 测试时的有关计算公式

1. 质量流量 q_m 与体积流量 q_V 之间的关系

以标准状态标定的流量 q_V [以 L/min（ANR）计] 与 q_m（以 kg/s 计）的关系

$$q_m = \rho_a q_V = [1.185/(60 \times 10^3)] q_V = 0.01975 \times 10^{-3} q_V \tag{17-13}$$

以基准状态标定的流量 q_V（以 NL/min 计）与 q_m（以 kg/s 计）的关系

$$q_m = \rho_a q_V = (1.293/60000) q_V = 0.02155 \times 10^{-3} q_V \tag{17-14}$$

2. 内径为 d 的管道内的流动雷诺数 Re

$Re = \dfrac{\rho u d}{\mu} = \dfrac{4 q_m}{\pi \mu d}$，通常取 $t = 20$℃ 时的动力黏度 $\mu = 18.1 \times 10^{-6}$Pa·s。

则
$$Re = 70.38 \times 10^6 q_m / d \tag{17-15}$$

式中，q_m 以 kg/s 计，d 以 mm 计。

对标准状态，
$$Re = 1390 q_V / d \tag{17-16}$$

式中，q_V 以 L/min（ANR）计。

对基准状态，
$$Re = 1516 q_V / d \tag{17-17}$$

式中，q_V 以 NL/min 计。

3. 临界流态下的有效面积 S 值

$$q_m^* = 0.0404 \dfrac{p_1 S}{\sqrt{T_1}} = \rho_a q_V^*$$

对标准状态，$p_a = 1$bar，$T_a = 293.15$K，$\rho_a = 1.185$kg/m³。故以标准状态标定的流量计，可推出

$$S = 0.4889 q_V^* \dfrac{\sqrt{T_1}}{p_1} \tag{17-18}$$

对基准状态，$p_a = 1.013$bar，$T_a = 273.15$K，$\rho_a = 1.293$kg/m³。故以基准状态标定的流量计，可推出

$$S = 0.5334 q_V^* \dfrac{\sqrt{T_1}}{p_1} \tag{17-19}$$

式（17-18）、式（17-19）中，p_1 以 kPa（a）计，T_1 以 K 计，S 以 mm² 计，式（17-18）中的 q_V 以 L/min（ANR）计，式（17-19）中的 q_V 以 NL/min 计。

4. b 值

对定压法，
$$b = 1 - \frac{1 - p_2/p_1}{1 - \sqrt{1 - (q_V/q_V^*)^2}} \tag{17-20}$$

对变压法（仅临界点），$b = 1 - \dfrac{1 - p_2/p_1}{1 - \sqrt{1 - \{q_V/[0.04 \times 60 \times 1000 p_1 S/(\rho_a \sqrt{T_1})]\}^2}}$

对标准状态，
$$b = 1 - \frac{1 - p_2/p_1}{1 - \sqrt{1 - 23.9 \times 10^{-8} \left(\dfrac{q_V \sqrt{T_1}}{p_1 S}\right)^2}} \tag{17-21}$$

对基准状态，
$$b = 1 - \frac{1 - p_2/p_1}{1 - \sqrt{1 - 28.45 \times 10^{-8} \left(\dfrac{q_V \sqrt{T_1}}{p_1 S}\right)^2}} \tag{17-22}$$

式（17-21）、式（17-22）中，p 以 MPa（a）计，T 以 K 计，S 以 mm² 计；式（17-21）中，q_V 以 L/min（ANR）计；式（17-22）中，q_V 以 NL/min 计。

5. 上游测压管内的流速 u_1 和马赫数 M_1

$$u_1 = \frac{q_m}{\rho_1 \dfrac{\pi}{4} d_1^2} = \frac{4 q_m R T_1}{p_1 \pi d_1^2} = \frac{365.6 q_m T_1}{p_1 d_1^2} \tag{17-23}$$

$$u_1 = M_1 a_1 = M_1 \sqrt{\kappa R T_1} = \frac{365.6 q_m T_1}{p_1 d_1^2}, \quad \sqrt{\kappa R} M_1 = \frac{365.6 q_m \sqrt{T_1}}{p_1 d_1^2} = \frac{365.6 q_m}{p_1 d_1^2} \sqrt{\frac{T_0}{1 + \dfrac{\kappa-1}{2} M_1^2}}$$

解得
$$M_1 = \sqrt{\sqrt{6.25 + 0.01244 T_0 \left(\frac{365.6 q_m}{p_1 d_1^2}\right)^2} - 2.5} \tag{17-24}$$

6. 下游测压管内的流速 u_2 和马赫数 M_2

因 $T_{02} = T_2 \left(1 + \dfrac{\kappa-1}{2} M_2^2\right)$，$T_{02} = T_{01} = T_0 = T_1\left(1 + \dfrac{\kappa-1}{2} M_1^2\right)$

故
$$u_2 = \frac{365.6 q_m T_2}{p_2 d_2^2} = \frac{365.6 q_m T_0}{p_2 d_2^2 (1 + 0.2 M_2^2)} \tag{17-25}$$

$$M_2 = \sqrt{\sqrt{6.25 + 0.01244 T_0 \left(\frac{365.6 q_m}{p_2 d_2^2}\right)^2} - 2.5} \tag{17-26}$$

式（17-23）～式（17-26）中，q_m 以 kg/s 计，T 以 K 计，p 以 MPa（a）计，d 以 mm 计，u 以 m/s 计。

总压损失比 $\sigma = \dfrac{p_{02}}{p_{01}} = \dfrac{p_2}{p_1}\left(\dfrac{1 + 0.2 M_2^2}{1 + 0.2 M_1^2}\right)^{3.5}$ （17-27）

17.1.3 摩擦管的实验研究分析

1. 使用定压法

利用定压法对被测管道进行测试研究的回路如图 17-5 所示。

被测管道的通径为 d，长度为 L，上下游测压管

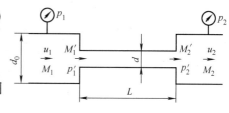

图 17-5 被测管道的定压法测试回路

按 ISO 6358：1989 的规定。

表 17-8 列出了聚氨酯管管道通径为 4mm，在各种管长 L 的情况下，令 $p_1 = 0.602$ MPa (a)，在不同 T_1 及 q_V 条件下的 p_2。上下游测压管选用 1/4in，其通径 $d_0 = 9$ mm。

表 17-8 聚氨酯管（外径 6mm、内径 4mm）的测试数据

测试条件				测量值				计算值										
d/mm	L/mm	L/d	d_0/mm	p_1/MPa (a)	T_1/K	p_2/MPa (a)	q_V/(NL/min)	p_2/p_1	q_V/q_V^*	q_m/(kg/s)	S/mm²	S/S_0	b	M_1'	M_2'	b'	M_1	M_2	u_1/(m/s)	u_2/(m/s)
4	36	9	9	0.602	292.65	0.102	665	0.1694	1.0	0.01433	10.08	0.803	—	0.556	1	0.424	0.092	0.527	31.4	176
					292.45	0.443	655	0.7359	0.9850	0.01412			0.681							
						0.516	540	0.8571	0.8120	0.01164			0.657							
					292.35	0.555	405	0.9219	0.6090	0.00873	—	—	0.622	—	—	—	—	—	—	—
						0.577	265	0.9585	0.3985	0.00571			0.500							
						0.587	155	0.9751	0.2331	0.00334			0.095							
4	40	10	9	0.602	290.85	0.102	740	0.1694	1.0	0.01595	11.18	0.890	—	0.664	1	0.471	0.102	0.581	34.8	192
					290.65	0.480	670	0.7973	0.9054	0.01444			0.648							
					290.55	0.517	595	0.8588	0.8041	0.01282			0.652							
						0.561	430	0.9319	0.5811	0.00927	—	—	0.634	—	—	—	—	—	—	—
					290.65	0.581	270	0.9651	0.3649	0.00582			0.494							
						0.590	155	0.9801	0.2095	0.00334			0.104							
4	80	20	9	0.602	290.55	0.102	695	0.1694	1.0	0.01498	10.50	0.836	—	0.593	1	0.446	0.095	0.547	32.6	182
						0.459	645	0.7625	0.9281	0.01390			0.622							
						0.510	560	0.8472	0.8058	0.01207			0.625							
						0.554	425	0.9203	0.6115	0.00916	—	—	0.618	—	—	—	—	—	—	—
						0.576	280	0.9568	0.4029	0.00603			0.490							
					290.65	0.590	150	0.9801	0.2158	0.00323			0.157							
4	120	30	9	0.602	290.85	0.102	690	0.1694	1.0	0.01487	10.43	0.830	—	0.587	1	0.439	0.095	0.544	32.4	181
					290.15	0.472	620	0.7841	0.8986	0.01336			0.615							
						0.513	550	0.8522	0.7971	0.01185			0.627							
						0.553	415	0.9186	0.6014	0.00894	—	—	0.595	—	—	—	—	—	—	—
					289.75	0.577	270	0.9585	0.3913	0.00582			0.479							
						0.588	170	0.9767	0.2464	0.00366			0.244							
4	160	40	9	0.602		0.102	670	0.1694	1.0	0.01444	10.12	0.806	—	0.561	1	0.426	0.092	0.529	31.5	176
					290.65	0.450	630	0.7475	0.9403	0.01358			0.617							
						0.511	530	0.8488	0.7910	0.01142			0.611							
					290.75	0.549	400	0.9120	0.5970	0.00862	—	—	0.555	—	—	—	—	—	—	—
					290.85	0.578	250	0.9601	0.3731	0.00539			0.447							
					291.05	0.588	160	0.9767	0.2388	0.00345			0.194							

(续)

测试条件				测量值				计算值										
d/mm	L/mm	L/d	d_0/mm	p_1/MPa(a)	T_1/K	p_2/MPa(a)	q_V/(NL/min)	p_2/p_1	q_V/q_V^*	q_m/(kg/s)	S/mm²	S/S_0	b	M_1'	M_2'	b'	M_1	M_2	u_1/(m/s)	u_2/(m/s)
4	240	60	9	0.602	293.95	0.102	610	0.1694	1.0	0.01315	9.27	0.738	—	0.492	1	0.390	0.084	0.486	29.0	163
					293.35	0.485	540	0.8056	0.8852	0.01164				0.636						
					293.25	0.515	470	0.8555	0.7705	0.01013				0.602						
					293.25	0.552	355	0.9169	0.5820	0.00765	—	—		0.555	—	—				
					293.35	0.576	240	0.9568	0.3934	0.00517				0.465						
					293.55	0.587	150	0.9751	0.2459	0.00323				0.189						

表17-8 中，各种管长的第一行的 q_m 达到最大流量（即 $M_2' = 1$），即 $q_m = q_m^*$。因测试台上的流量代表是按基准状态标定的，$\rho_a = 1.293 \text{kg/m}^3$，故 q_m 应按式（17-14）计算。S 值由式（17-8）算出，b 值按式（17-20）算出，被测管道进口马赫数 M_1' 由式（17-9）算出。b' 由式（17-12）算出。上游测压管内 M_1 按式（17-24）、u_1 按式（17-23）计算。下游测压管内 M_2 按式（17-26）计算、u_2 按式（17-25）计算。

b 值是按 ISO 6358：1989 标准的定义计算出来的临界压力比，b' 值是按摩擦管流理论定义的临界压力比，二者差别很大。因上游测压管内的流速 u_1 很低，可近似认为 $p_1 = p_{01}$，则 $b = (p_2/p_1)^*$。而 $b' = (p_2'/p_1)^*$。p_2' 是被测管道出口马赫数 $M_2' = 1$ 时的出口压力，p_2 是下游测压管内马赫数 M_2 时的压力，M_2 远小于 1，部分动能已恢复成压力能，故 p_2 比 p_2' 大得多。另外，从被测管道出口至下游的测压点，存在旋涡分离，要损失一些总压，故 b 与 b' 差别大。

表17-9 给出了不同的 d 和 L 的摩擦管，在 $p_1 = 0.602\text{MPa（a）}$ 和 $p_2 = 0.102\text{MPa（a）}$（让流量控制阀处于全开状态）的条件下，使各被测摩擦管都达到临界流态，即摩擦管出口处 $M_2' = 1$，则测出最大流量为 q_V^*。由式（17-14）计算出 q_m^*，由式（17-8）计算出 S 值。由式（17-9）计算出 M_1'，由式（17-12）计算出 b'，再由式（17-11）计算出 ζ，b 是按 $q_m/q_m^* = 0.74 \pm 0.05$ 由式（17-20）计算出来的。

表17-9 部分聚氨酯管在临界流态下的测试数据

测试条件				测量值				计算值						
d/mm	L/mm	L/d	d_0/mm	p_1/MPa(a)	T_1/K	p_2/MPa(a)	q_V^*/(NL/min)	q_m^*/(kg/s)	S/mm²	S/S_0	M_1'	b'	ζ	b
2.5	50	20	6	0.602	296.65	0.102	255	0.00550	3.895	0.794	0.547	0.419	0.0373	0.638
	75	30			292.45		244	0.00526	3.700	0.754	0.507	0.398	0.0338	0.660
	100	40			295.35		239	0.00515	3.639	0.742	0.495	0.391	0.0278	0.588
	150	60			295.95		226	0.00487	3.445	0.702	0.460	0.371	0.0242	0.558
	250	100			296.35		200	0.00431	3.051	0.622	0.394	0.328	0.0242	0.528
	375	150			295.35		182	0.00392	2.770	0.565	0.352	0.299	0.0226	0.438
	500	200			295.45		172	0.00371	2.620	0.534	0.329	0.282	0.0193	0.375

(续)

测试条件				测量值				计算值					
d/mm	L/mm	L/d	d_0/mm	p_1/MPa(a)	T_1/K	p_2/MPa(a)	q_V^*/(NL/min)	q_m^*/(kg/s)	S/mm²	S/S_0	M_1'	b'	ζ	b
4	40	10	9	0.602	291.65	0.102	740	0.01595	11.20	0.892	0.666	0.471	0.0283	0.68
	80	20			291.95		700	0.01509	10.60	0.844	0.603	0.446	0.0240	0.66
	120	30			290.85		690	0.01487	10.43	0.830	0.587	0.439	0.0182	0.66
	160	40			291.55		670	0.01444	10.14	0.807	0.561	0.426	0.0167	0.63
	240	60			295.25		610	0.01315	9.27	0.738	0.492	0.390	0.0189	0.62
	400	100			294.25		570	0.01228	8.66	0.690	0.450	0.365	0.0157	0.54
	600	150			300.75		490	0.01056	7.53	0.600	0.379	0.318	0.0182	0.535
	800	200			295.75		470	0.01013	7.16	0.570	0.357	0.302	0.0163	0.426
8	160	20	16	0.602	293.35	0.102	2660	0.05732	40.37	0.804	0.557	0.424	0.0345	0.698
	240	30			292.45		2565	0.05528	38.87	0.774	0.527	0.409	0.0290	0.680
	320	40			292.35		2505	0.05398	37.95	0.755	0.509	0.399	0.0250	0.676
	480	60			292.35		2435	0.05247	36.89	0.734	0.489	0.388	0.0194	0.622
	1600	200			294.45		1910	0.04116	29.00	0.577	0.361	0.305	0.0144	0.437

由表17-9的数据可以画出不同摩擦管内径 d 条件下，ζ 与 L/d 之间的关系曲线如图17-6所示。从图17-6看出，ζ 值明显与管内径 d 有关。d 越小，ζ 值越大。但 L/d 大于一定值后，ζ 就变化不大了。以 $L/d=200$ 为例，可绘出 ζ 与 d 的关系曲线如图17-7所示。由此曲线可近似推出聚氨酯管内径 d 对应的 ζ 值如表17-10所示。

对不同的管内径，按表17-9中测出来的数据，画出 S/S_0 与 L/d 的关系曲线如图17-8所示。画出 b 与 L/d 的关系曲线如图17-9所示。

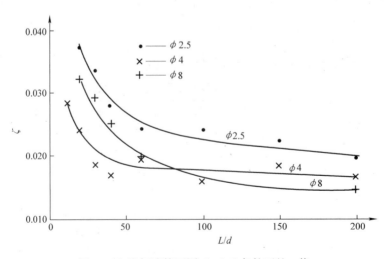

图17-6 聚氨酯管不同 d、L/d 条件下的 ζ 值

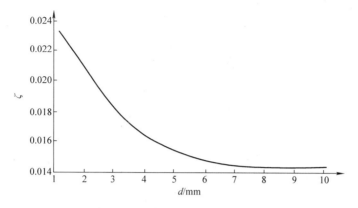

图 17-7　聚氨酯管 ζ 值与 d 的关系

表 17-10　聚氨酯管内径 d 对应的 ζ 值

内径 d/mm	1.2	2.5	4	5	6.5	8	10
ζ 值	0.0230	0.0193	0.0163	0.0153	0.0148	0.0144	0.0143

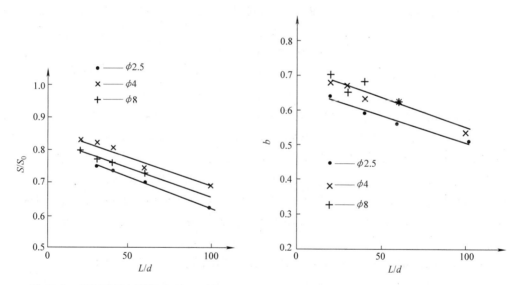

图 17-8　聚氨酯管不同管内径 d 下的 S/S_0 与 L/d 的关系图

图 17-9　聚氨酯管不同管内径 d 下的 b 与 L/d 的关系图

从以上对聚氨酯管的测试数据可以看出：

1) 当 $L/d > 100$ 时，ζ 值变化已不大，故可以认为 $L/d > 100$ 为摩擦管。按摩擦管流理论计算两个流量特性参数 S 值和 b' 值便可。

2) d 值小时，ζ 值明显与管内径 d 有关。$d > 6.5\text{mm}$，可近似认为 ζ 值与 d 无关了。

为什么 d 越小，ζ 值越大？讲流体的黏性时提到，黏性摩擦力与流体的黏性系数、作用面积和速度梯度有关。相同的流速流过内径不同的流道时，显然，内径小的管道内的速度梯度大于内径大的管道内的速度梯度，速度梯度越大，管内的黏性摩擦力也越大，即沿程损失越大，故 ζ 值越大。

3) 怎样测定 ζ 值？从图 17-6 看出，$L/d=200$ 时，ζ 值基本不变了。故被测管的长径比 L/d 选 100、150 和 200 便可。$L/d<100$ 已不属于长管，$L/d>200$，没有必要测定。

L/d 在 100~200 之间，$\zeta \dfrac{L}{d}$ 也就在 2~4 之间，从图 17-4b 可知，b' 是在 0.28~0.35 之间，故进口压力 p_1 选为 0.5MPa（g），是以保证被测管道的出口达临界流态。若选 30m 甚至 50m 长的管件，p_1 仍为 0.5MPa（g），是不能保证被测管道的出口达临界流态，也就测不出正确的 S 值和 b 值了。

由式（17-8）算出 S 值，由式（17-9）算出 M_1'，由式（17-12）算出 b'，以验证是否 $M_2'=1$？由式（17-11）便可算出 ζ 值。

4) $L/d=20~100$ 过渡段管件的 S 值和 b 值的近似估算。所谓过渡段管件，既不能看成是局部损失，不能使用流量特性曲线近似为椭圆曲线的假设；也不能看成是沿程损失，不能使用摩擦管流理论去计算 S 值和 b 值。

从图 17-8 可以看出，不同管内径 d 条件下的 S/S_0 与 L/d 的变化斜率基本一致，d 不同时的 S/S_0 变化也不大，故可用式（17-28）来近似估算。$L/d=20~100$ 范围内的 S/S_0 值为

$$S/S_0 = 0.84 - 0.00175L/d \tag{17-28}$$

从图 17-9 可以看出，$d=2.5\mathrm{mm}$ 时，可用式（17-29）近似计算 $L/d=20~100$ 范围内的 b 值

$$b = 0.67 - 0.0015L/d \tag{17-29}$$

当 $d=4~10\mathrm{mm}$ 时，可用式（17-30）近似计算 $L/d=20~100$ 范围内的 b 值

$$b = 0.72 - 0.00166L/d \tag{17-30}$$

从图 17-8 和图 17-9 看出，不论 S/S_0 还是 b，$d=2.5\mathrm{mm}$ 的测点都在最下面，而 $d=4\mathrm{mm}$ 和 $d=8\mathrm{mm}$ 的测点，都是相互交错的，并非 8mm 的测点都在 4mm 测点之上。其原因是，同样流速通过 L/d 相同的不同管内径的管件时，从流体流过的摩擦面积来讲，d 越大，摩擦面积越大。但速度梯度正好相反，管件内径越小，速度梯度不是线性增大，而是管件内径越小，速度梯度成倍数地增大。故 $d=2.5\mathrm{mm}$ 时，反映沿程损失大小的沿程损失系数比 4mm 和 8mm 都大，但 4mm 和 8mm 的管径相比较，并非 4mm 的 ζ 一定大于 8mm 的 ζ。

5) $L/d=10~20$ 的短管，可使用 ISO 6358：1989 的定压法测出 S 值和 b 值。

表 17-8 是使用 ISO 6358：1989 的五点测量法测出的数据。从表 17-8 中算出的 b 值看出，$q_m/q_m^* = 0.4$ 和 0.2 时，由于实际的仪表测量精度变差，b 值明显偏小，故应使用 $q_m/q_m^* = 0.99$、0.8 和 0.6 三个测点计算出的 b 值平均值作为临界压力比。最好使用最佳测点（$q_m/q_m^* = 0.74 \pm 0.05$）一点测出 b 值。

若以 b 值相对误差小于 ±5% 为依据，可以看出，$L/d=10~20$ 之间，流量特性曲线基本符合椭圆曲线假设。

$L/d<10$ 的短管基本上无意义，管件太短，已无法使用快换接头的插拔了。

2. 使用变压法

图 17-10 所示为使用变压法测试被测管道的测试回路。

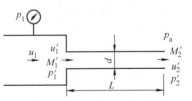

图 17-10 被测管道使用变压法的测试回路

表 17-11 列出了内径 $d=2.5\text{mm}$ 长 $L=50\text{mm}$ 的聚氨酯管道用定压法和变压法测试的一组数据及其计算值。上游测压管通径为 6mm。

表 17-11 聚氨酯管（$\phi 2.5 \times 50$）流量特性的测试数据

测试方法	测量值				计算值														
	p_1 /MPa (a)	p_2	T_1/K	q_V/(NL/min)	p_2/p_1	q_V/q_V^*	q_m/(kg/s)	S/mm²	b	S/S_0	M_2'	M_1'	b'	p_2' /MPa(a)	p_1'	u_1' /(m/s)	u_2'	M_1	M_2	u_1 /(m/s)	u_2
定压法	0.600	0.102	296.85	255	0.170	1.0	0.005495	3.906	0.796	1	1	0.550	0.421	0.253	0.488	184	315	0.08	0.46	27.6	156
		0.226	296.65	255	0.377	1.0															
		0.481	296.05	232	0.802	0.910	0.00500		0.662												
		0.512	295.95	225	0.853	0.804	0.00442		0.637												
		0.556	295.85	156	0.927	0.612	0.00336	—	0.651												
		0.579	295.85	105.5	0.965	0.414	0.00227		0.610												
		0.588	295.95	82.5	0.980	0.324	0.00178		0.630												
		0.594	295.95	55	0.990	0.216	0.00119		0.576												

测试方法	p_1/MPa(a)	p_2	T_1/K	q_V/(NL/min)	p_2/p_1	q_m/(kg/s)	S/mm²	b ($S=4.157$ mm²)	b ($S=3.725$ mm²)	S/S_0	M_2'	M_1'	b'	p_2'/MPa(a)	p_1'	u_1'/(m/s)	u_2'	M_1	u_1/(m/s)
变压法	0.600	0.102	291.75	274	0.1700	0.00590	4.157	0	$S>3.725$ mm² b 无解	0.847	1	0.607	0.448	0.269	0.468	201	313	0.085	29.1
	0.501		291.45	225	0.2036	0.00485	4.091	0.03		0.834	1	0.590	0.440						
	0.403			178	0.2531	0.00384	4.026	0		0.821	1	0.575	0.433						
	0.304			133	0.3355	0.00287	3.988	0.068		0.813	1	0.567	0.429						
	(0.230)			(95.1)	(0.443)	—	(3.725)		(0.443)	(0.759)	1	(0.512)	(0.412)						
	0.225		291.25	91.5	0.4533	0.00197	3.699	0	0.385	0.754	—	0.507	0.398						
	0.205			82.5	0.4976	0.00178		0.047	0.386										
	0.185			73.5	0.5514	0.00158		0.115	0.410										
	0.156			54.5	0.6538	0.00117	—	0.027	0.278										
	0.136		291.15	41.5	0.7500	0.00089		0.023	0.251										
	0.126			35	0.8095	0.00075		0.076	0.282										

表中，b 值是按 ISO 6358：1989 定义的临界压力比，按式（9-3）及式（9-4）求得的。表中，其他各量的计算程序如图 17-11 所示。

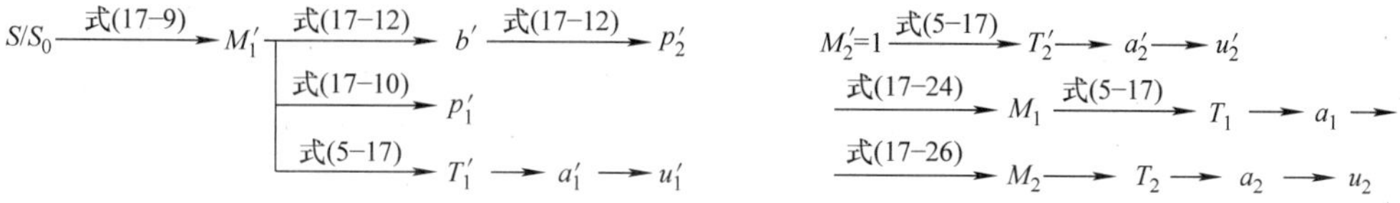

$$S/S_0 \xrightarrow{\text{式}(17-9)} M_1' \xrightarrow[\text{式}(17-10)]{\text{式}(17-12)} \begin{array}{l} b' \xrightarrow{\text{式}(17-12)} p_2' \\ p_1' \\ \xrightarrow{\text{式}(5-17)} T_1' \to a_1' \to u_1' \end{array}$$

$$M_2'=1 \xrightarrow[\text{式}(17-26)]{\text{式}(17-24)} \begin{array}{l} T_2' \to a_2' \to u_2' \\ M_1 \xrightarrow{\text{式}(5-17)} T_1 \to a_1 \to u_1 \\ M_2 \to T_2 \to a_2 \to u_2 \end{array}$$

图 17-11 管道测试回路中的各量的计算程序

从表 17-11 可见：

1）变压法的临界压力比 b 值只能用作图法近似求解，不能用公式求解。

按 ISO 6358：1989 的规定，变压法是将测点画在 q_V 与 p_1 的图上，从原点作与测点连线的切线，切点即为临界点。临界点的 $p_2/p_1 = b$，b 就是临界压力比。由临界点算出的 S 值，即为临界流态下的有效面积 S 值。按以上规定，绘出图 17-12。从此图上，大致可求得 $b = 0.443$。插值得 $p_1 = 0.23\text{MPa}$（a），$S = 3.725\text{mm}^2$，求得 $S/S_0 = 0.759$，$M_1' = 0.512$，$b' = 0.412$。

在表 17-11 中，设 $S = 4.157\text{mm}^2$（0.6MPa（a）下的 S 值），按式（17-22）算得未临界流态下的 b 值在 $0 \sim 0.115$ 之间；设 $S = 3.725\text{mm}^2$（临界点的 S 值），按式（17-22）算得未临界流态下的 b 值在 $0.251 \sim 0.410$ 之间。与定压法求出的 $b = 0.65$ 差别太大，无可信度。

为什么变压法不能用式（17-22）计算 b 值？

式（17-22）是由式（9-4）推导出来的。

式（9-4）是式（9-3）推导出来的。式（9-3）是基于定压法的椭圆假设。定压法要求保持进口压力 p_1 和进口温度 T_1 不变，变压法并不遵守这一条件。而且，计算 b 值，只能在亚声速流态下才行，变压法在亚声速流态下的进口压力很低，其流态与定压法条件下完全不同，故使用式（17-22）计算出的 b 值是不正确的。

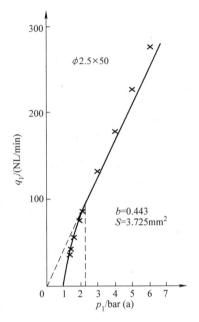

图 17-12 $\phi2.5 \times 50$ 管道使用变压法测得的流量特性曲线

2）用定压法和变压法测量短管的两个流量特性参数 S 值和 b 值应该相近。

定压法测试，算得 $S = 3.906\text{mm}^2$，$b' = 0.421$（不是 b 值）。若使用变压法，该被测管道的进口压力 $p_1 \geq \dfrac{0.102}{0.421} = 0.242\text{MPa}$（a）便应达到临界流态。在表 17-11 中，从 $p_1 \geq 0.225\text{MPa}$（a）进行 S 值、S/S_0、M_1'、b' 值的计算，发现当 $p_1 = 0.225\text{MPa}$（a）时，p_2/p_1（$=0.4533$）$> b'$（$=0.398$）。表明，此点被测管道内未达临界流态。当 $p_1 = 0.304\text{MPa}$（a）时，p_2/p_1（$=0.3355$）$< b'$（$=0.429$）。表明，此测点被测管道内已达临界流态。表明，变压法的临界点的 p_1 在 $0.225 \sim 0.304\text{MPa}$（a）之间，$b'$ 在 $0.398 \sim 0.429$ 之间，S 值在 $3.699 \sim 3.988\text{mm}^2$ 之间。与定压法求出的 $S = 3.906\text{mm}^2$，$b' = 0.421$ 是吻合的。与变压法作图求出的 $b = 0.443$ 与 $S = 3.725\text{mm}^2$ 也是吻合的。

3）在两端压差相同的情况下，变压法和定压法测得的有效面积 S 值是不同的。

在 $p_1 = 0.6\text{MPa}$（a）和 $p_2 = 0.102\text{MPa}$（a）的条件下，定压法测得 $S = 3.906\text{mm}^2$，变压法测得 $S = 4.157\text{mm}^2$，二者相差 6%，还是比较大的。原因是两种方法的被测流道及其中流态不同。

定压法的 $p_2 = 0.102\text{MPa}$（a）是指下游测压管测点处的压力降为 0（指表压力），但被测管道出口处已达临界（$M_2' = 1$），出口处压力 $p_2' = 0.253\text{MPa}$（a），流速 $u_2' = 315\text{m/s}$（当地声速）。流量从被测管道 $\phi2.5$ 的出口，以 315m/s 的速度，流入 $\phi6$ 的下游测压管，至测点处的速度降至 156m/s，这样的高速流动自然会造成一定的能量损失，致使 S 值减小。

变压法虽在同样压差作用下，被测管道出口也是 $M_2' = 1$，求得被测管道进口 $M_1' = 0.607$，临界压力比 $b' = 0.448$，出口压力 $p_2' = 0.269\text{MPa}$（a），远大于出口外背压 $p_a =$

0.102MPa（a），出口以声速（$u'_2=313$m/s）流出口外，口外压力不会影响管内的流动，也不存在下游测压管内出现的流动损失，故变压法测出的 S 值大。

4）达临界点后，为什么 S 值随 p_1 的增大而略有增大？

理论上，被测元件达临界点后，当进口压力 p_1 增大时，S 值应保持不变。但本被测管道 p_1 由 0.242MPa（a）增至 0.6MPa（a）时，S 值从 3.906mm² 增大至 4.157mm²。这是因为空气是有黏性的，气管道内存在附面层。附面层的厚度随雷诺数 Re 的增大而变薄，即相当于气管道的有效面积在增大，就表现为流态达临界后，随 p_1 的增大，S 值也随之略有增大。

17.1.4 聚氨酯管道 S 值、b 值的适用图线

当 $L/d \geqslant 100$ 时，沿程损失系数 ζ 按表 17-10 选取。便可由摩擦管流理论画出不同 d、L 条件下的 S 值如图 17-13 所示，b' 值如图 17-14 所示。

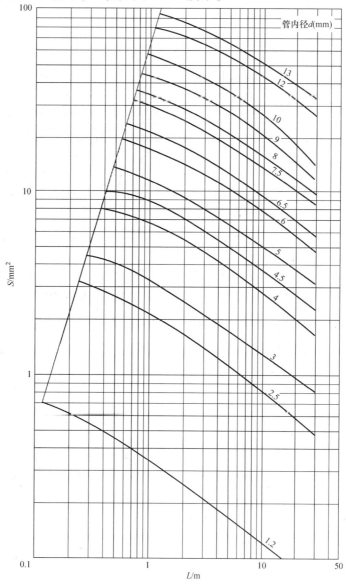

图 17-13　聚氨酯管 S 与 d、L 的关系曲线（$L/d \geqslant 100$）

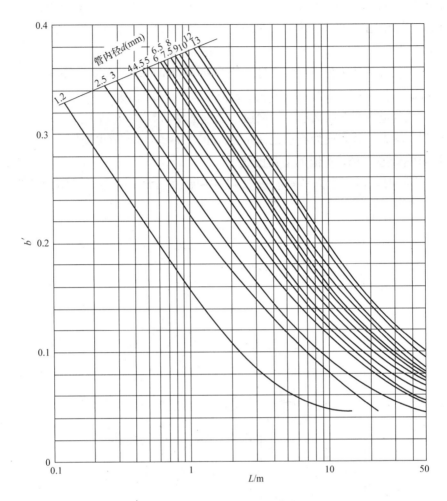

图 17-14　聚氨酯管 b' 与 d、L 的关系曲线（$L/d \geqslant 100$）

17.1.5　对有关气管道的理论与实验研究的评说

表 17-12 列出了某论文使用的两种管材共 110 个规格的被测试管道。测试原理如图 17-15 所示。

表 17-12　测试用管道

材料	气管型号	长度/m										
		0.1	0.2	0.5	1	2	2（直线）	5	5（直线）	10	20	50
尼龙	T0425w	●	●	●	●	●	●	●	●	●	●	
	T0604w	●	●	●	●	●	●	●	●	●	●	
	T0806w		●	●	●	●	●	●	●	●	●	●
	T1075w		●	●	●	●	●	●	●	●	●	●
	T1209w		●	●	●	●	●	●	●	●	●	●
	T1613w		●	●	●	●	●	●	●	●	●	●

（续）

材料	气管型号	长度/m										
		0.1	0.2	0.5	1	2	2（直线）	5	5（直线）	10	20	50
聚氨酯	TU0425c	●	●	●	●	●	●	●	●	●	●	●
	TU0604c	●	●	●	●	●	●	●	●	●	●	
	TU0805c	●	●	●	●	●	●	●	●	●	●	
	TU1065c		●	●	●	●	●	●	●	●	●	●
	TU1208c		●	●	●	●	●	●	●	●	●	●

注：气管长度在1m以下的测试呈直线状态；2m、5m要测试直线状态和出厂时自然弯曲状态两种；10m以上的测试呈出厂时自然弯曲状态。管材不可切断。

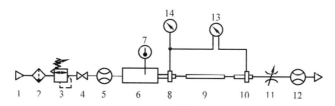

图 17-15　测试管道用的测试原理

1—气源　2—过滤器　3—减压阀　4—截止阀　5、12—流量计　6—温度测定管　7—温度计
8—上游测压管　9—被测管路　10—下游测压管　11—流量控制阀　13—上下游压差传感器　14—上游压力表

C 值、b 值和 n 值的测试方法如下：

1）进口压力 p_1 保持 0.5MPa（g）不变。

2）缓慢开启流量控制阀，直到流量不再上升并稳定后再适当降低出口压力 p_2，确保管道内已达到临界流态。

3）记录上游压力 p_1、上游温度 T_1、流量 q_m，代入式（9-1），求 C 值。

4）逐渐减小流量控制阀的开度，记下流量值分别为最大流量 q_m 的 90%、80%、60%、40% 和 20% 左右的参数 p_1、p_2 和 q_m，再按流量特性的扩展式（17-31）求 b、n。

$$\frac{q_m}{q_m^*} = \left[1 - \left(\frac{p_2/p_1 - b}{1 - b}\right)^2\right]^n \tag{17-31}$$

依据试验测到的所有数据，得出 b、C/S、n 与 L/d 的关系曲线如图 17-16 所示。

根据测试数据，拟合出三个关系式如下。

$$b = 0.89198 e^{\frac{(L/d)^{0.3958}}{12.6883}} \tag{17-32}$$

$$C/S = 0.2737 \times 0.9065^{\frac{(L/d)^{0.3113}}{0.5937}} \tag{17-33}$$

$$n = 0.5819 - 0.4883(L/d) \tag{17-34}$$

式中　S——气管道的截面积。

论文中给出了内径 2.5mm，长 20m 聚氨酯管的 $b = 0.1253$，$n = 0.6036$；内径 9mm，长 0.5m 的尼龙管的 $b = 0.5697$，$n = 0.5228$。

对以上试验研究的结果，做出分析如下。

1）针对表 17-12 中的被测管道，在 $p_1 = 0.5$MPa（g）下，都能达到临界流态是不可能的。以内径 2.5mm，长 20m 的聚氨酯管为例，按式（17-33），$\phi2.5$mm 管材的几何面积 $S =$

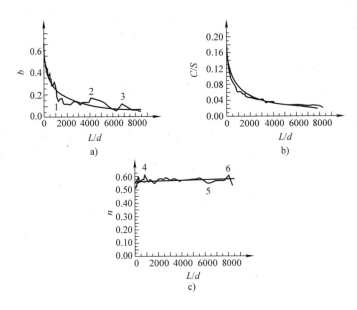

图 17-16 气管道的 b、C/S、n 与 L/d 的关系曲线
a) b 与 L/d b) C/S 与 L/d c) n 与 L/d

4.906mm², 求出 $C = 0.0891$L/(s·bar)。按式（17-32），求得 $b = 0.05626$。即 $p_1 \geq \dfrac{1}{b} =$ 17.77bar（a）才能保证 $\phi 2.5$mm×20m 的管道出口达临界流态，p_1 仅 5bar（g）怎么可能使被测管出口达临界流态呢？既然被测管道没有达临界流态，算出的 C 值就不是声速流导。测不出临界流态下的 q_m^*，自然五点法测出的 b 值和 n 值也就是错误值。故导出的式(17-32)~式(17-34)就不是正确的公式了。

可能有人会说，打开流量控制阀，直到流量不再增大，不就是壅塞流态下的流量，即最大流量吗？但读者要明白，上游供气压力才 0.5MPa（g），就是把流量控制阀全开，测试回路中任何地方都不可能出现临界流态。测出的流量是在压差为 0.5MPa 下，通过被测管道的最大流量 q_m，但不是 q_m^*。是把最大的 q_m 当成 q_m^* 了。

2) 式（17-32）~式（17-34）的可信性？

表 17-13 给出了两种被测管道的计算值与实测值。

表 17-13 两种被测管道的流动特性参数的计算值与实测值的比较

被测管道	b			n			C/S		
	摩擦管流	式（17-32'）	实测值	摩擦管流	式（17-34）	实测值	摩擦管流	式（17-33）	$C/[$L$/($s·bar$)]/$ $S/$mm²
$\phi 2.5$mm×20m	0.05	14.14 (0.056)	0.1253	—	0.5793	0.6036	$S = 0.57$mm²	0.01816	0.0891/0.447
$\phi 9$mm×0.5m	0.628	1.313 (0.606)	0.5697	—	0.5349	0.5228	$S = 47.2$mm²	0.01536	9.769/49

对 $\phi 2.5$mm×20m 管道，利用摩擦管流，查图 17-14，得 $b' = 0.05$；查图 17-13，得 $S = 0.57$mm²。对 $\phi 9$mm×0.5m 管道，按式（17-30），算得 $b = 0.628$，按式（17-28），算得 $S/S_0 = 0.743$，算得 $S = 47.2$mm²。

对 $\phi2.5\text{mm} \times 20\text{m}$ 管道,按式 (17-32),算得 $b = 14.14$,b 远大于 1,显然是错误的。式 (17-32) 应改为

$$b = 0.89198 e^{-\frac{(L/d)^{0.3958}}{12.6883}} \qquad (17\text{-}32')$$

表 17-13 中括号中的 b 值是按式 (17-32′) 计算的。对 $\phi2.5\text{mm} \times 20\text{m}$ 管,$b = 0.056$。$p_1 = 0.5\text{MPa}$(g),显然被测管道内达不到临界流态。按 $b = 0.056$,p_1 应大于 1.79MPa(a) 才能达临界流态。而按摩擦管流理论,$b = 0.05$,p_1 应大于 2.0MPa(a) 才能达临界。故实测值 $b = 0.1253$,显然是不正确的。这个实测 b 值,是摩擦管流算出的 b 值的 2.5 倍;是公式 (17-32′) 算出的 b 值的 2.24 倍。

对 $\phi9\text{mm} \times 0.5\text{m}$,属于短管。按式 (17-32′),算得 $b = 0.606$。

对 n 值,长管 ($\phi2.5\text{mm} \times 20\text{m}$) 不属于局部损失,不论按式 (17-34),还是实测值,都偏离 0.5 较大。对短管 ($\phi9\text{mm} \times 0.5\text{m}$),属于局部损失,故按式 (17-34) 或实测值,都偏离 0.5 较小。这种偏离是由于实际的仪表测量误差引起的。

对 C/S 值,按摩擦管流理论,由图 17-13,查得 $\phi2.5\text{mm} \times 20\text{m}$ 的 $S = 0.57\text{mm}^2$,比按式 (17-33) 计算出的 C 值 (相当于 $S = 0.447\text{mm}^2$) 大 22%。由式 (17-28),算得 $\phi9\text{mm} \times 0.5\text{m}$ 的 $S/S_0 = 0.743$,则 $S = 47.2\text{mm}^2$。

17.2 管接头

管接头是连接管道的元件,品种规格很多,以适应不同的需要。

由于使用方便,快换接头是使用最多的管接头。它的两个流量特性参数 S 值和 b 值的测定,不宜使用定压法。若使用定压法,出口必须插入一根短管才能测量。由于该短管的 S 值和 b 值与被测快换接头的 S 值和 b 值相近,通常其临界截面是处于管接头出口的连接短管内,而不是在被测快换接头内,故测不准快换接头的 S 值和 b 值。宜用直测测量法或变压法测量快换接头的 S 值和 b 值。

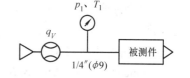

图 17-17 快换接头流量特性的测试回路

图 17-17 所示为使用变压法测快换接头的流量特性时的测试回路。

表 17-14 列出了直通型快换接头 Rc1/4 - $\phi6$ ($\phi4$) 测流量特性时的测量值与计算值。

按表 17-14 的数据画出图 17-18 所示快换接头的流量特性曲线。由图中可见,该快换接头的临界点的 $b = (p_2/p_1)^* = 0.102/0.203 = 0.502$,对应 $S = 14.34\text{mm}^2$。该快换接头内有 $\phi4.5\text{mm}$ 的孔口,故 $S/S_0 = 14.34/(0.785 \times 4.5^2) = 0.902$。

过临界点,随 p_1 的增大,S 值的总趋势是略有增大 (约 3.6%)。这是由于 Re 的增大,黏性力相对于惯性力的比重略有下降。

临界及超临界状态,流量 q_V 略有波动。这是由于在快换接头内的孔口处,流速近声速,流动会产生分离旋涡;有时,也可能存在局部的弱冲波,且冲波与旋涡相互作用,使流动产生波动所致。

表 17-14 直通型快换接头 [Rc1/4 - φ6 (φ4)] 流量特性参数 [$p_2 = p_a = 0.102\text{MPa (a)}$]

测量值			计算值				
p_1/MPa (a)	T_1/K	q_V/(NL/min)	p_2/p_1	q_m/(kg/s)	q_m/q_m^*	S/mm²	b(选 $S = 14.34$mm²)
0.622	299.65	1000 ± 10	0.1640	0.02155		14.85	
0.533	299.65	850 ± 5	0.1914	0.01832		14.73	
0.424	299.75	670 ± 10	0.2406	0.01444	—	14.59	—
0.311	299.85	500 ± 10	0.3280	0.01078		14.86	
0.233	299.95	360 ± 10	0.4378	0.00776		14.28	
0.203	299.95	315 ± 10	0.5024	0.00679	1.0	14.34	0.502
0.187	299.45	290 ± 1	0.5455	0.00625	0.920	14.32	0.516
0.169	299.45	256	0.6036	0.00552	0.813		0.490
0.142	299.45	200 ± 2	0.7133	0.00431	0.635	—	0.492
0.123	299.45	148	0.8293	0.00319	0.470		0.535
0.115	299.45	112	0.8870	0.00241	0.355		0.488

五个测点 b 值 $\left(0.504^{+6.2\%}_{-3.2\%}\right)$

由式 (17-22) 设定 $S = 14.34\text{mm}^2$，计算出亚声速流区的五点的 b 值平均值为 0.504，与临界点的 $b = 0.502$ 虽然非常接近，但五个测点 b 值 $\left(0.504^{+6.2\%}_{-3.2\%}\right)$ 的相对误差超出 5%，并不理想。测了许多其他元件，相对误差略高于 5% 已是相当不错的结果了。这是因为直通型快换接头流道简单。

此外，测得快换接头 Rc1/8 - φ4（内部孔口为 φ3）的 $S = 6.64\text{mm}^2$，$b = 0.496$。$S/S_0 = 6.64/(0.785 \times 3^2) = 0.94$。

不同通径的直通型快换接头内部流道具有相似性，即内部孔口直径与插管孔径相比，大多为 0.75。故其临界压力比 b 值大致在 0.5 左右。其临界截面在孔口的出口处。上游为加速流动，压力是逐渐下降，发生旋涡分离的概率小，故流动损失小。孔口离出口很近，孔口出口处产

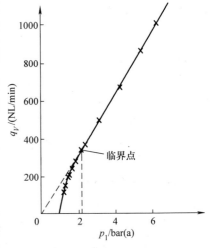

图 17-18 快换接头 Rc1/4 - φ6 的流量特性曲线

生的声速流直接从出口排出，造成流动损失也很小，故 b 值在 0.5 左右是可以理解的。

对变压法，当进口压力 p_1 高于 0.203MPa (a) 时，该快换接头的孔口出口处仍是 $M = 1$，但孔口出口处的静压力 p 是比较高的。若 $b = 0.5$，当进口压力 $p_1 = 6\text{bar (a)}$，则孔口出口处的静压力 p 略小于 3bar (a)，在孔口出口处会形成超声速的膨胀波系，从快换接头的出口流出，通过膨胀波系，将压力降至口外大气压力。由于沿流动方向一直是降压，不存在剧烈的分离旋涡的可能，故流动只存在不大的波动。

对变压法，当被测件出口直通大气时，因出口无下游连接管，不存在 S_2，故判断被测件内是否达临界状态的判断式 $S_1/S_2 < b_1$ 是不存在的。

第18章　气动单向阀、梭阀换向阀的流动特性

按阀芯的结构形式分类，主要有滑柱式、座阀式、滑柱座阀式（平衡座阀式）和滑板式。

图 18-1 所示为滑柱式阀芯。当控制口 K 无信号时，阀芯复位，进气口 P 与出气口 A 相通，排气口 R 关闭，称为常通型。宏观看，P 口气流流至 A 口，偏角一般在 45°内，故能量损失不大。

图 18-2 所示为座阀式阀芯。当阀芯 2 离开阀座 1 时，气流是经开口量不大的 90°拐角流入，通常是再经 90°拐角流至出口，故流动损失较大。

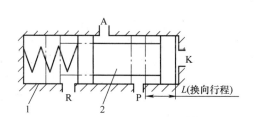

图 18-1　滑柱式阀芯
1—阀套　2—阀芯

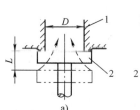 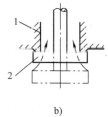

图 18-2　座阀式阀芯
1—阀座　2—阀芯

图 18-3 所示为滑柱座阀式阀芯。在阀芯 2 上装有密封圈，与阀座 1 形成锥面密封。P 口气流经一个开口量很小的 90°拐角后，再经一个 90°拐角流至出口，故流动损失大。

图 18-4 所示为滑板式阀芯。靠滑板在阀座上滑动，连通进口 P 与出口 A（或 B），流道虽不太窄，但需经两个 90°拐角，故流动损失较大。

流量特性的两个特性参数 S 值和 b 值，是气动元件的固有属性。只取决于流道的形状，与该流道两端的压差 $\Delta p = p_1 - p_2$（或压力比 p_2/p_1）无关。两端压差只取决于不同流道内具有不同的流态。

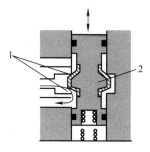 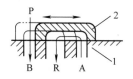

图 18-3　滑柱座阀式阀芯
1—阀座　2—阀芯

图 18-4　滑板式阀芯
1—阀座　2—滑板

气动元件的 S 值和 b 值的确切值难以估算，但大致范围是可以预估的。比如，常规的滑

阀,其流道虽然存在不规则的小拐角,但宏观讲,是偏角小于45°的射流,形成压力损失不会太大,故临界压力比 b 值大致在0.4~0.5之间。

座阀虽流道并不复杂,但由于存在90°拐角的高速流,压力损失较大,其 b 值大致在0.3~0.4之间。而滑柱座阀式换向阀,当开口量很小,又是拐90°角的高速流动,其流动损失很大,b 值有可能降至0.2左右。

滑板式换向阀因流道简单,无过分狭窄处,虽经两个90°拐角,流动损失不会太大,故 b 值应处于0.3~0.4之间。

根据流道形状,可大致估出 b 值的范围,作为 b 值测试值正确与否的参考。如滑阀测出 b 值在0.1~0.2之间,除非该滑阀通道有什么特殊性未发现,通常表明该测出值是错误的,应查明出现错误的原因。

18.1 单向阀的流量特性参数

单向阀的结构如图18-5所示。正向流动时(IN→OUT),IN口的气压推动阀芯的力大于作用在阀芯上的弹簧力和阀芯与阀盖之间的摩擦阻力时,阀芯便被推开,OUT口有输出。

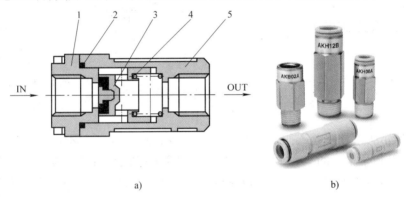

图18-5 单向阀
a) 原理图 b) 实物图
1—阀体 2—O形圈 3—阀芯 4—弹簧 5—阀盖

保持阀芯开启,并达到一定流量时的压力(差),称为开启压力。开启压力通常在0.005~0.05MPa。开启压力太低,易漏气,复位时间过长,无法起单向阀的作用。但开启压力太高,则不灵敏。开启压力大小是单向阀的开闭功能。它不属于单向阀的流量特性,没有人会使用这么小的流量进行流量控制的。

单向阀的开度随供气压力 p_1 的增大而增大,属于流通面积随 p_1 的变化而变化的气动元件,按理不能使用ISO 6358:1989测定其流量特性参数的。但单向阀全开时的供气压力较低,在不太高的供气压力下,单向阀便能全开,成为流通面积不变的气动元件。故可以利用ISO 6358:1989或串接声速排气法测定其流量特性参数 S 值和 b 值。

1. 用变压法测定 S 值和 b 值

使用变压法测定通径6mm的快插式单向阀,出口通大气,大气压力 p_a = 1.031bar。为了将被测单向阀安装在测试装置上,在单向阀的进口,必须安装一个短管 $\phi 6$($\phi 4$)×

36mm 作为连接管，其有效面积 $S = 10\text{mm}^2$ 左右。比单向阀的 S 值大近一倍，故测试时可以不计及该短管的影响。

测得进口压力 p_1、进口温度 t_1 和通过单向阀的流量 q_V 见表 18-1。表中给出了计算值 p_1/p_2 和超临界流态下的有效面积 S 值。S 值是按式（17-18）计算的。

表 18-1 中第一行是该单向阀的开启压力 $p_1 = 0.003\text{MPa}$（g）。在该开启压力下的稳定流量 $q_V = 7.58\text{L/min}$（ANR）。

表 18-1 使用变压法，测定通径 6mm 快插式单向阀的流量特性数据

被测值				计算值		
p_1/bar（a）	p_2/bar（a）	t_1/℃	q_V/[L/min（ANR）]	p_1/p_2	S/mm²	b
1.034		16.9	7.58	1.003	—	—
1.536		17.1	97.7	1.490		
2.035		17.2	137	1.974	5.61	0.507
2.537		17.2	171	2.461	5.62	—
3.034		17.4	202	2.943	5.55	0.224
3.537	1.031	17.6	233	3.431	5.49	0.109
4.041		17.8	266	3.919	5.49	0.0615
4.536		17.8	297	4.400	5.46	-0.003
5.035		17.8	327	4.884	5.42	-0.067
5.544		18.0	357	5.374	5.38	-0.179
6.044		18.1	386	5.862	5.33	-0.207

利用表 18-1 中的数据，画出变压法下，该阀的流量特性曲线如图 18-6 所示。将低压力测点连成曲线，从原点作该曲线的切线，切点即为临界点。由图 18-6 可见，临界点的 $p_1/p_2 = 1.974$，故临界压力比 $b = p_2/p_1 = 0.507$。对应 $S = 5.61\text{mm}^2$，便是该单向阀在临界流态下的有效面积。

若在超临界流态中取一点，例如，$p_1 = 4.536\text{bar}$（a），$t_1 = 17.8\text{℃}$，$S = 5.46\text{mm}^2$，按式（17-21）求 b 值为无解。因为式（17-21）中分母的 $\sqrt{}$ 内为负值。表明 ISO 6358：1989 中计算 b 值的公式不能用于变压法中。

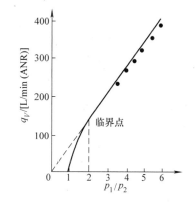

图 18-6 通径 6mm 快插式单向阀的流量特性曲线

从数学的角度讲，定压法的流量特性曲线近似于四分之一椭圆是正确的。但变压法的流量特性曲线则不是椭圆曲线了。

从物理的角度讲，定压法处在临界点时，进口压力 p_1 远比变压法处于临界点时的进口压力 p_1 高，二者临界点的雷诺数通常相差数倍，不存在流动相似性。

故用变压法测定临界压力比 b 值，不能借用定压法的椭圆曲线假设，只能使用作图法求解 b 值。

从表 18-1 中发现，超临界流态下，即 $p_1/p_2 > 1.974$ 的情况下，S 值处在 $5.62 \sim 5.33\text{mm}^2$ 之间，为什么有效面积 S 值不是不变而是减小呢？

这是因为，在未达临界点时，被测件内虽有分离旋涡造成的压力损失，但不会出现冲波，压力损失较小。但在超临界流态下，因进口压力 p_1 高，被测件内出现超声速流，会形成复杂的冲波系。该冲波系与边壁上的附面层相互干扰，造成较大的压力损失。随着上游压力 p_1 的增大，其压力损失也会增大。表现为有效面积 S 值越来越小，这是流动状态变化引起的结果。

从表 18-1 中还可以发现，在单向阀两端压差 $p_1 - p_2 = (2.035 - 1.031)\text{bar（a）} = 1.004\text{bar（a）}$ 时达到临界点，即该单向阀两端压差在 1.004bar（a） 时就已全开。因为要达临界点，阀芯必须全开。但全开时，若压力比 p_2/p_1 未达到临界压力比 b 值，是不会达临界的，故该单向阀全开时的压差一定小于或等于 1.004bar（a）。

2. 用定压法测定 S 值和 b 值

使用定压法，测得该单向阀在 $p_1 = 0.7\text{MPa（a）}$ 时的流量特性数据并列于表 18-2 中。该表中还列出了计算值 p_2/p_1 和超临界流态下的有效面积 S 值，S 值是使用式（17-18）计算的。

表 18-2 使用定压法，测定通径 6mm 快插式单向阀在 $p_1 = 0.7\text{MPa（a）}$ 下的流量特性数据

被测值				计算值		
$p_1/\text{MPa（a）}$	$p_2/\text{MPa（a）}$	$t/℃$	$q_V/[\text{L/min（ANR）}]$	p_2/p_1	S/mm^2	b
0.7039	0.1136	18.0	449	0.1614	5.32	
0.7030	0.1143	18.0	447	0.2337	5.30	
0.7041	0.2082	18.0	447	0.2957	5.30	—
0.7036	0.2446	17.9	443	0.3476	5.25	
0.7027	0.3052	17.9	444	0.4343	5.23	
0.7036	0.3558	17.9	444	0.5057	5.26	0.506
0.7036	0.4029	17.9	440	0.5726		0.466
0.7041	0.4550	17.8	427	0.6462		0.488
0.7039	0.5024	17.8	407	0.7137		0.504
0.7039	0.5540	17.8	374	0.7870	—	0.523
0.7041	0.6022	17.8	325	0.8553		0.533
0.7036	0.6539	17.8	244	0.9294		0.560
0.7044	0.6823	17.8	165	0.9686		0.551

定压法在 $p_1 = 0.7\text{MPa（a）}$ 下的流量特性曲线如图 18-7 所示。可以看出，该单向阀的临界压力比 $b = 0.506$，对应临界流态下的有效面积 $S = 5.26\text{mm}^2$。

定压法测出的 S 值比变压法的 S 值小，这是正常的。因变压法的被测阀出口通大气，而定压法被测阀的出口至 p_2 测点有一段下游测压管，且由于下游测压管及流量控制阀的存在，两种测试方法造成被测阀内的流态就不同，故测出 S 值是不同的。

从表 18-2 中还可以看出，当 $p_2/p_1 = 0.5057$ 时，即 $\Delta p = p_1 - p_2 = (0.7036 - 0.3558)\text{MPa} = 0.3478\text{MPa}$ 时才达临界。该压差远大于该阀的全开压力（略小于 0.1004MPa）。表明，

该阀在 q_V 小于 325L/min（ANR）时就已全开，直至 q_V 升至 444L/min（ANR）才达临界点。

从表 18-2 中还可以看出，在超临界流态下（即 $p_2/p_1 < 0.506$），S 值仍有些变化。表明达临界点后，随下游流量控制阀的开度加大，下游测压管内的流态仍在变化。

3. 用压力差 $\Delta p = p_1 - p_2$ 与流量 q_V 表示的流量特性

使用定压法，测得 $p_1 = 0.8$MPa（a）和 0.6MPa（a）条件下的 p_1、p_2、t_1 和 q_V 并列于表 18-3 中。表 18-3 中还给出了计算值 Δp。按这些值可画出 Δp 与 q_V 之间的流量特性曲线，如图 18-8 所示。

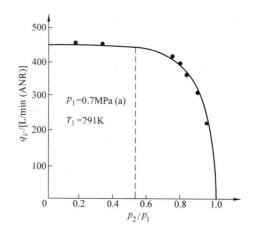

图 18-7 利用定压法测定通径 6mm 快插式单向阀的流量特性曲线

表 18-3 使用定压法测定通径 6mm 快插式单向阀在 $p_1 = 0.8$MPa（a）和 0.6MPa（a）下的流量特性数据

被测值				计算值
p_1/MPa（a）	p_2/MPa（a）	t/℃	q_V/[L/min（ANR）]	$\Delta p = (p_1 - p_2)$/MPa
0.8036	0.3552	18.1	505	0.4484
0.8039	0.4059	18.1	505	0.3980
0.8039	0.4562	18.1	499	0.3477
0.8041	0.5065	18.1	491	0.2976
0.8036	0.5561	18.1	470	0.2475
0.8036	0.6083	18.1	444	0.1953
0.8039	0.7092	18.1	341	0.0947
0.8039	0.7525	18.1	263	0.0514
0.8039	0.7975	18.0	97.6	0.0044
0.6039	0.2041	16.5	386	0.3998
0.6039	0.2440	16.5	386	0.3599
0.6039	0.3049	16.5	383	0.2990
0.6036	0.3535	16.4	376	0.2501
0.6036	0.4047	16.4	361	0.1989
0.6039	0.4527	16.4	335	0.1512
0.6039	0.5030	16.4	294	0.1009
0.6039	0.5520	16.4	224	0.0519
0.6036	0.5866	16.4	134	0.0170

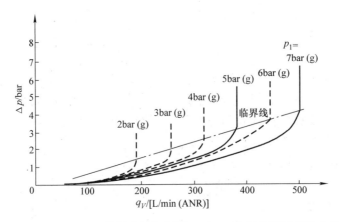

图 18-8　通径 6mm 快插式单向阀用 Δp 与 q_V 表示的流量特性曲线

可以看出，在某个 p_1 下，当 Δp 大于某值时，Δp 再增大，其流量 q_V 不再增大，该值即为临界点。将每个 p_1 下的临界点连成线，即为图 18-8 中的临界线。由 $p_1 = 0.7\text{MPa}$（g）和 $p_1 = 0.5\text{MPa}$（g）的临界点，可推算出该临界线的表达式如式（18-1）。

$$\Delta p_* = 0.0795 q_V^* - 0.0552 \tag{18-1}$$

式中，Δp_* 以 bar 计，q_V^* 以 L/min（ANR）计。

已知该阀的 $S = 5.26\text{mm}^2$，$b = 0.505$，则可导出该阀在临界流态下的体积流量 q_V^* 公式为

$$q_V^* = \frac{10760 p_1^*}{\sqrt{T_1^*}} \tag{18-2}$$

亚声速流态下的体积流量 q_V 为

$$q_V = \frac{10760 p_1^*}{\sqrt{T_1^*}} \sqrt{1 - \left(\frac{p_2/p_1 - 0.505}{1 - 0.505}\right)^2} \tag{18-3}$$

由式（18-2）和式（18-3），可计算出 $p_1 = 0.6$、0.4、0.3 和 0.2MPa（g）下的流量特性曲线，如图 18-8 中的虚线所示。

式（18-3）适用于该单向阀全开时，计算值与实测值误差在 2.5% 以内。不适用于单向阀未全开时的情况。

18.2　中位止回式三位五通滑阀的流量特性参数

图 18-9 所示为中位止回式三位五通滑阀的动作原理和结构原理。

当三位阀阀芯处于中位时气缸两腔的压力及单向阀的弹簧力使两单向阀关闭，保持气缸两腔内的气压不降低，实现长时间的中停动作。当气阀的出口压力 p_A（左侧）高于气缸侧压力的一半以上时，中止阀块内的单向阀便能正常工作。通常，中止活塞受中止弹簧的作用处于中间位置。若左侧先导阀通电，P 口气压进入中止活塞左腔，一方面打开左单向阀，向气缸无杆腔充气，另一方面推动中止活塞向右，推开右单向阀，则有杆腔气体便可从主阀排气口排出，活塞杆伸出。左侧先导阀断电，则主阀回复至中位。去掉中止阀块，则变成中泄

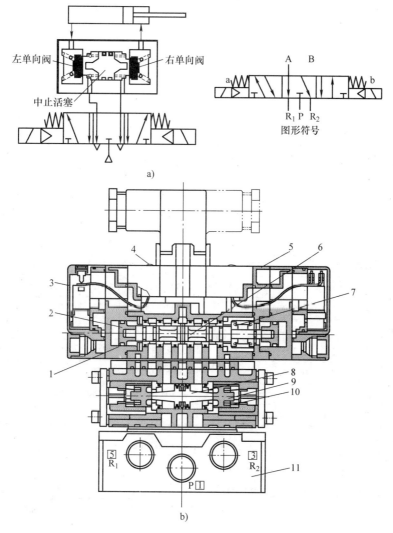

图 18-9 中位止回式三位五通滑阀的动作原理和结构原理

1—连接板 2—控制活塞 3—先导阀 4—指示灯 5—主阀体 6—主阀芯 7—对中弹簧
8—中止活塞 9—单向阀阀芯 10—单向阀弹簧 11—底板

式。更换阀芯，可变成中封式或中压式。

1. 用定压法测定 S 值和 b 值

使用定压法，测得某通径 8mm 的中位止回式三位五通弹性密封滑阀的流量特性数据，见表 18-4。表中同时计算出 q_V/q_V^*、p_2/p_1、S、b、q_m、Re、M_1、M_2、u_1 和 u_2 的数据。所有计算公式参见式（17-13）～式（17-26）。

从测试数据看，随流量控制阀的不断关闭，通过被测阀的流量并非一直在下降，如第⑤点和第⑩点在跳高，估计是阀内单向阀的弹簧性能不稳定之故。

前面提到，气阀的出口压力 p_A 高于气缸侧压力的一半以上时，中止阀块内的单向阀才能正常工作。故中止式换向阀中止阀块内单向阀的开启压力远比单向阀的开启压力高。

表 18-4 使用定压法测通径 8mm 中位止回式三位五通滑阀的流量特性数据

测点	被测值				计算值									
	p_1/MPa(a)	p_2/MPa(a)	t_1/℃	q_V/(NL/min)	q_V/q_V^*	p_2/p_1	S/mm²	b	q_m/(kg/s)	Re	M_1	M_2	u_1/(m/s)	u_2/(m/s)
	计算式						式(17-19)	式(17-20)	式(17-14)	式(17-17)	式(17-24)	式(17-26)	式(17-23)	式(17-25)
①	0.6	0.218	26.8	470	1.0	0.347	7.236	0.35	0.01013	79660	0.066	0.151	22.8	62.6
②		0.247	26.7	470$_{-10}^{0}$	1.0	0.412	7.235	0.412	0.01013	79660	0.066	0.122	22.8	42.4
③		0.324	26.7	470$_{-20}^{0}$	1.0	0.54	—	—	0.01013	79660	0.066	—	—	—
④		0.394	26.9	410$_{-20}^{0}$	0.8723	0.6567	6.364	0.328	0.00884	69510	0.057	0.087	19.9	30.3
⑤		0.396	26.6	430$_{-20}^{0}$	0.9149	0.66	6.618	0.430	0.00927	72890	0.060	0.091	20.9	31.6
⑥		0.406	26.6	400±10	0.8511	0.6767	6.157	0.319	0.00862	67780	0.056	0.083	19.4	28.7
⑦		0.441	27.0	370	0.7872	0.735	5.699	0.309	0.00797	62670	0.052	0.070	18.0	24.4
⑧		0.482	27.1	315	0.6702	0.8033		0.237	0.00679	53390	0.044	0.055	15.3	19.1
⑨		0.520	27.2	255	0.5426	0.8667		0.167	0.00520	39310	0.032	0.037	11.3	13.0
⑩		0.523	26.6	280	0.5957	0.8717		0.348	0.00603	47410	0.039	0.045	13.6	15.6
⑪		0.543	27.5	210	0.4468	0.905		0.098	0.00453	33810	0.029	0.033	10.2	11.3
⑫		0.553	27.6	170	0.3617	0.9217		-0.157	0.00366	28780	0.024	0.026	5.3	9
⑬		0.575	27.6	94	0.2000	0.9883				—				

按表 18-4 中数据画出的该阀的流量特性曲线如图 18-10 所示。

从表 18-4 和图 18-10 中可以看出：

1) $p_1 = 0.6$ MPa（a），当 $p_2 < 0.247$ MPa（a）时，流量达最大（470NL/min）。表明，该阀的单向阀在压比 $p_2/p_1 = 0.412$，已接近全开。①测点处于超临界流态，流量稳定。③测点虽也能达最大流量，但流量不稳定，只能说接近临界点。故中位止回式阀在进口压力 p_1 较高时，会出现临界流态，但流态不稳定。可以认为，临界流态下的有效面积 $S = 7.236$mm²，但 b 值只能认为略高于 0.412。

2) 从第④点起，压差 $\Delta p \leq p_1 - p_2 = (0.6 - 0.394)$ MPa $= 0.206$ MPa 时，流通面积在减小，已属于流通面积在变化的气动元件。已不能使用国际标准 ISO 6358：1989。故表 18-4 从④点以上求出的 S、b 值都是不正确的。

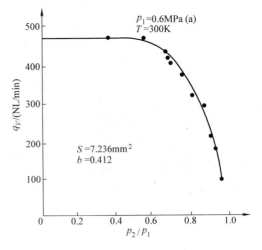

图 18-10 用定压法测定通径 8mm 中位止回式三位五通滑阀的流量特性曲线

3）使用定压法，测出 $S/S_0 = 7.236/\left(\dfrac{\pi}{4} \times 8^2\right) = 0.144$。该阀的结构复杂，故其有效面积比 S/S_0 很小。但其临界压力比虽得不到确切值（由于流动不稳定），但 b 值仍处于滑阀类范围。

2. 使用变压法测定 S 值和 b 值

用变压法测得该阀的流量特性数据见表 18-5。为了降低噪声，被测阀出口装上一个通径 8mm 的消声器，其 $S = 16\text{mm}^2$。

表 18-5　用变压法测定通径 8mm 中位止回式三位五通滑阀的流量特性数据

p_1/MPa (a)	$p_2 = p_a$/MPa (a)	t/℃	q_V/(NL/min)	S_{12}/mm²
0.600		25.6	510～610	
0.575		26.0	590～660	
0.550	0.1013	26.1	550～560	—
0.525		26.1	520～550	
0.500		26.2	510	9.43
0.470		26.2	350	

由测试数据可见，使用变压法根本不能测中位止回式三位五通滑阀的流量特性，因为流量波动太大。原因是，测试时，被测阀出口通大气。当 p_1 大时，如 $p_1 = 4\text{bar}$（g），在压力差 $\Delta p = 4\text{bar}$ 下，单向阀必然处于全开状态，流动阻力小，由于向外界大气排气，p_1 很快降至单向阀的弹簧作用力以下，单向阀又趋于关闭之中，形成流量 q_V 的大幅波动。

当 p_1 降至 4bar（g）时，由于气压的作用力与单向阀的弹簧力能保持平衡，单向阀芯的开口量能维持稳定，使输出流量得以稳定。求出 $S_{12} = 9.43\text{mm}^2$ 是中位止回式三位五通滑阀出口带消声器的合成有效面积。

18.3　梭阀的流量特性参数

图 18-11 所示为梭阀的结构原理。梭阀有两个输入口 IN 口，一个输出口 OUT 口。当左侧 IN 口进气时，推动阀芯至右侧，IN 口与 OUT 口接通。压缩空气拐 90°角流至 OUT 口。

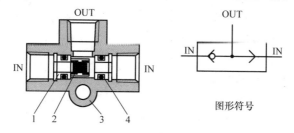

图 18-11　梭阀的结构原理
1—阀座　2—阀芯　3—阀体　4—O 形圈

用定压法测定通径 6mm 梭阀的流量特性数据，见表 18-6。
用变压法测定通径 6mm 梭阀的流量特性数据，见表 18-7。

表 18-6　用定压法测定通径 6mm 梭阀的流量特性数据

p_1/MPa (a)	p_2/MPa (a)	t/℃	q_V/(NL/min)	p_2/p_1	q_V/q_V^*	S/mm²	b
0.600	0.199	26.0	370	0.332	1.0	5.69	0.332
	0.277		365	0.462	0.973	(5.61)	0.300
	0.354		345	0.590	0.920		0.326
	0.380		330	0.633	0.880		0.300
	0.438		295	0.730	0.787	—	0.396
	0.498		240	0.830	0.640		0.266
	0.550		175	0.917	0.467		0.283
	0.578		115	0.963	0.307		0.234
	0.588		82.5	0.980	0.220		0.184

表 18-7　用变压法测定通径 6mm 梭阀的流量特性数据

p_1/MPa (a)	p_2/MPa (a)	t/℃	q_V/(NL/min)	p_2/p_1	S/mm²	b
0.60	0.102	27.6	370	0.170	5.70	
0.50		25.5	305	0.204	5.62	—
0.40		24.9	250	0.255	5.76	
0.30		24.6	190	0.340	5.83	0.34
0.28		25.4	170	0.364	(5.60)	0.116
0.25		25.8	152	0.400	(5.61)	0.174
0.20		25.8	115	0.510		0.162
0.18		25.8	98	0.567	—	0.129
0.15		25.8	76	0.680		0.254

按表 18-6 的数据画出定压法测定该梭阀的流量特性曲线，如图 18-12 所示。可求得 S = 5.69mm²，b = 0.332。虽流道简单，但却是高速流拐 90°角，故 S/S_0 = 0.201 及 b = 0.332，都小。

定压法不要使用五点测量法求 b 值。因为五点测量法的压力和流量的测量范围太宽，难以保证 q_m/q_m^* = 1.0、0.4 和 0.2 三个测点的仪表测量精度达到仪表规定的精度，导致测出 b 值的误差太大。应使用缓慢调节流量控制阀的开度，找到临界点的 p_2/p_1，即为临界压力比 b 值。快速调节流量控制阀，可以找到临界状态下的流量 q_m^*，但不会找到 $(p_2/p_1)^*$（即 b 值）。

按表 18-7 中的数据可画出变压法测定该梭阀的流量特性曲线，如图 18-13 所示。用作图法可求得 S = 5.83mm²，b = 0.34。变压法不能

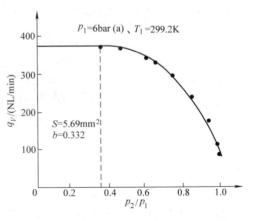

图 18-12　定压法测定通径 6mm 梭阀的流量特性曲线

用式（9-3）计算 b 值。

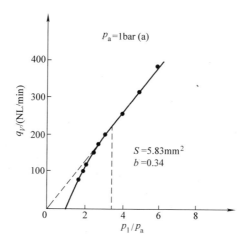

图 18-13　变压法测定通径 6mm 梭阀的流量特性曲线

18.4　滑阀的流量特性参数

18.4.1　弹性密封滑阀

表 18-8 列出了使用定压法测得的某通径 8mm 内部先导式二位五通底板配管弹性密封双电控滑阀 P→A 通路的流量特性数据。表中总压损失比 σ 是由式（17-27）计算出来的。表 18-9 列出了使用变压法测得的上述滑阀的流量特性数据。

表 18-8　使用定压法测得的某通径 8mm 的二位五通弹性密封双电控滑阀的流量特性数据

	被测值				计算值										
测点	p_1/MPa (a)	p_2/MPa (a)	t_1/℃	q_V/(NL/min)	p_2/p_1	q_V/q_V^*	S/mm²	b	q_m/(kg/s)	Re	M_1	M_2	u_1/(m/s)	u_2/(m/s)	σ
①	0.6	0.102	23.0	695±5	0.170	1.0	10.63	—	0.0150	117120	0.097	0.553	34	185	0.207
②		0.352	22.7	690±10	0.587	0.993	(10.55)	0.531	0.0149	116520	0.096	0.163	33	56	0.593
③		0.467	22.6	570 $_{-10}^{0}$	0.778	0.820		0.481	0.0123	96070	0.080	0.102	27	35	0.783
④		0.535	22.6	410±10	0.892	0.590	—	0.439	0.0088	69090	0.057	0.064	19.6	22	0.892
⑤		0.569	22.6	280	0.948	0.403		0.387	0.0060	47180	0.039	0.041	13.4	14	0.948
⑥		0.589	22.6	160	0.982	0.230		0.328	0.00345	26960	0.022	0.023	7.7	7.8	0.982

表 18-9　使用变压法测得的上述滑阀的流量特性数据

	被测值				计算值		
测点	p_1/MPa (a)	p_2/MPa (a)	t_1/℃	q_V/(NL/min)	p_2/p_1	S/mm²	b
①	0.6	0.102	13.3	710±50	0.170	10.67	—
②	0.5		12.1	605±5	0.204	10.90	
③	0.4		11.8	480±10	0.255	10.80	

(续)

测点	被测值				计算值		
	p_1/MPa (a)	p_2/MPa (a)	t_1/℃	q_V/(NL/min)	p_2/p_1	S/mm²	b
④	0.3		11.7	360	0.340	10.80	0.48
⑤	0.2	0.102	12.4	240	0.510	10.82	—
⑥	0.18		12.6	215	0.567	(10.77)	0.525
⑦	0.16		12.5	190	0.637	(10.71)	0.476

按表18-8中的数据画出该阀定压法的流量特性曲线,如图18-14所示。按表18-9中的数据画出该阀变压法的流量特性曲线,如图18-15所示。

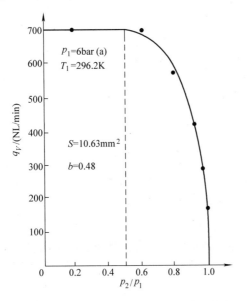

图18-14 某滑阀定压法下的流量特性曲线   图18-15 某滑阀变压法下的流量特性曲线

从表18-8和表18-9可见,在高压差 $\Delta p = p_1 - p_2$ 下,q_V 值有一些波动。这是由于高压差下,被测阀内有一定强度的冲波系存在,与附面层相互干扰,引起分离旋涡导致流量脉动产生的。故第②测点算出 $b = 0.531$ 是不正常的。随 q_V 的减小,b 值也逐渐减小,这是由于实际的仪表测量精度变差引起的。故 ISO 6358:1989 应舍弃 $q_V/q_V^* < 0.6$ 的测点。从表18-8,按测点②~⑥的 b 值五点平均,$b = 0.433$,按测点③~⑥四点 b 值平均,$b = 0.409$。这都不科学。若按最佳测点 $q_V/q_V^* = 0.74 \pm 0.05$ 确定 b 值,则 $b = 0.48$ 左右,或按测点③、④的 b 值平均,则 $b = 0.46$,$S = 10.63$mm²,这是可信的。

$S = 10.63$mm²,即 $S/S_0 = 10.63/(0.785 \times 8^2) = 0.212$,偏小。据查,该阀阀体为 1/8in,将通口开大为 1/4in,故实际 $S/S_0 = 10.63/(0.785 \times 6^2) = 0.376$,这 S/S_0 就相对合理了。

表18-8临界流态下总压损失约80%,随流量减少总压损失越来越小,在临界流态下,总压损失比 b 值大得多。

变压法应使用作图法找到临界点,由临界点确定 b 值和 S 值。在图18-15中,从 $p_1/p_a = 1$ 点起,画出低压测点(即测点⑤、⑥、⑦)的连线,从原点作该测点连线的切线,切点即为临界点。由临界点得出 $b = p_a/p_1 = 0.48$，对应 $S = 10.81\text{mm}^2$。

有一点需要注意，内部先导式双电控滑阀的最低使用压力是 1bar（g）（参见表 9-14）。当 $p_1 \leqslant 2\text{bar}$（a）时，该阀可能已处于非工作状态。故表 18-9 中的第⑥、⑦两测点的数据，可能已是不可靠数据。故在使用变压法测气动元件的流量特性两参数时，供气压力 p_1 应高于该被测阀的最低使用压力。

另外，使用定压法和变压法时，不论是双电控、还是双气控，必须输入控制信号，以保证被测阀处于工作状态或复位状态，才能测某通路流量特性的两个参数。若不先输入控制信号，则被测阀的阀芯位置可能既非切换后的位置，也非复位位置，则测出的流量特性两个参数是无用的。

18.4.2 间隙密封滑阀

表 18-10 列出了使用定压法测得某通径 8mm 内部先导式二位三通混合复位间隙密封滑阀 P→A 通路的流量特性数据。表 18-11 列出了使用变压法测得上述滑阀的流量特性数据。

表 18-10 定压法测得某通径 8mm 内部先导式二位三通混合复位间隙密封滑阀的流量特性数据

被测值				计算值			
p_1/MPa（a）	p_2/MPa（a）	t_1/℃	q_V/(NL/min)	p_2/p_1	q_V/q_V^*	S/mm²	b
0.6	0.148	26.1	850±10	0.2467	1.0	13.07	—
	0.172	26.0	850±10	0.2867	1.0	13.07	0.287
	0.300	26.2	770±10	0.5000	0.9059	(11.84)	0.133
	0.390	26.3	680	0.6500	0.8000		0.125
	0.395	26.4	670±10	0.6583	0.7882		0.112
	0.446	26.5	600±10	0.7433	0.7059		0.120
	0.496	26.6	510	0.8267	0.6000	—	0.134
	0.546	26.7	360±10	0.9100	0.4235		0.044
	0.584	26.9	180	0.9733	0.2480		−0.176

表 18-11 变压法测得某通径 8mm 内部先导式二位三通混合复位间隙密封滑阀的流量特性数据

被测值				计算值		
p_1/MPa（a）	p_a/MPa（a）	t_1/℃	q_V/(NL/min)	p_1/p_a	S/mm²	b
0.600	0.102	26.2	855±5	5.88	13.15	—
0.500		26.4	700	4.90	12.92	
0.400		26.3	565±5	3.92	13.04	
0.352		26.5	500±10	3.45	13.12	0.29
0.342		26.0	480±10	3.35	(12.95)	(0.298)
0.333		26.1	470	3.26	(13.02)	0.212
0.323		26.1	450±10	3.17	(12.33)	0.144
0.313		25.9	425±5	3.07		0.017
0.303		26.6	415	2.97	—	0.091
0.254		26.7	330±10	2.49		−0.005

按表 18-10 中数据画出定压法的流量特性曲线，如图 18-16 所示。由临界点可得出 $S = 13.07\text{mm}^2$，$b = 0.287$，$S/S_0 = 0.26$。但按式（9-3）计算出各测点的 b 值见表 18-10。算出的 b 值很小。表明间隙密封滑阀的流量特性线并不遵守四分之一椭圆曲线的假设。原因是间隙密封滑阀测流量特性时，其流路如图 18-17 所示。①代表滑阀 P→A 的主通道，通过主通道的流量受下游的流量控制阀的开度控制。②代表通过间隙密封的缝隙的 P→R 通道，与下游的流量控制阀的开度无关。不论通过主通道的流量是多少；因两端气压力 p_1 和 p_a 是一定的，故通过 P→R 通道的流量是不变的。通过被测阀的流量是通过 P→A 主通道的流量与通过 P→R 缝隙通道的流量之和。

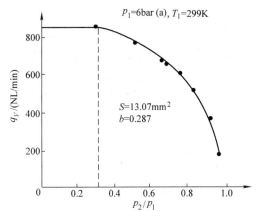

图 18-16　定压法测定的通径 8mm 间隙密封滑阀的流量特性曲线

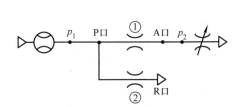

图 18-17　间隙密封滑阀测流量特性时的流路

当被测阀达到临界流态时，是指①通道必须达到临界流态。因部分流量从②通道分流出去，与没有②通道分流的情况相比（即不是间隙密封），流量控制阀必须开度更大些，即 p_2 更低，以保证通道①达临界流态。这就表明，对间隙密封阀来说，临界压力比 b 值一定小于不是间隙密封的阀。这就是弹性密封的滑阀，b 值在 0.4~0.5 之间，而本间隙密封的滑阀，b 值还低于 0.3。

被测阀处于亚声速流态，当 q_V 减小时，从②通道泄去的流量占 q_V 的比重越大，即 p_2/p_1 越小，由式（9-3）计算出的 b 值越小。故间隙密封滑阀在亚声速流态下的流量特性曲线不可能还符合四分之一椭圆曲线假设。故尽管临界点测出的 S 值和 b 值是正确的，但不可以用此 S 值和 b 值，结合 p_2/p_1，按式（9-3）去计算亚声速流态下的 q_V/q_V^*。

按表 18-11 中数据画出的变压法流量特性曲线如图 18-18 所示。由临界点可得出 $S = 13.12\text{mm}^2$，$S/S_0 = 0.262$，$b = 0.29$。

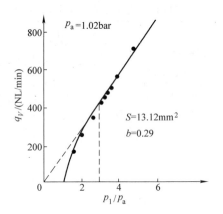

图 18-18　变压法测定通径 8mm 间隙密封滑阀的流量特性线

18.5 座阀的流量特性参数

18.5.1 滑柱式座阀

滑柱式座阀的阀芯如图 18-19 所示。当电磁线圈 2 通电时，动铁心 1 被静铁心 3 吸引，通过推杆 4 将滑柱阀芯 6 压下，让 P→A 接通，R 口封闭。高速气流从开口处大致以 90°拐角流出。

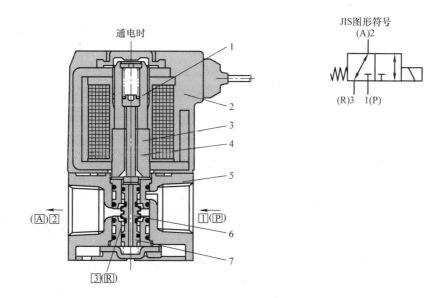

图 18-19 滑柱式座阀
1—动铁心 2—电磁线圈 3—静铁心 4—推杆 5—阀体 6—滑柱阀芯 7—复位弹簧

选用通径 6mm 的弹性密封直动式二位三通滑柱式座阀，用定压法测出的流量特性数据列于表 18-12，用变压法测出的流量特性数据列于表 18-13。由表 18-12 中数据画出该座阀的流量特性曲线如图 18-20 所示。由表 18-13 中数据画出该阀的流量特性曲线如图 18-21 所示。

表 18-12 通径 6mm 直动式二位三通滑柱式座阀的流量特性数据（定压法）

测点	被测值				计算值			
	p_1/MPa（a）	p_2/MPa（a）	t/℃	q_V/(NL/min)	p_2/p_1	q_V/q_V^*	S/mm²	b
①	0.699	0.104	17.6	300.5	0.1488	1.0	3.91	0.300
②		0.341	17.3	286.5	0.4878	0.9534	(3.725)	(0.267)
③		0.402	17.2	271.5	0.5751	0.9035		(0.256)
④		0.488	17.2	240.0	0.6981	0.7987		(0.242)
⑤		0.585	17.2	183.0	0.8369	0.6090	—	(0.211)
⑥		0.649	17.2	125.5	0.9285	0.4176		(0.218)
⑦		0.685	17.2	65.5	0.9800	0.2180		(0.167)

表 18-13　通径 6mm 直动式二位三通滑柱式座阀的流量特性数据（变压法）

被测量				计算值		
p_1/MPa（a）	p_a/MPa（a）	t/℃	q_V/(NL/min)	p_1/p_a	S/mm^2	b
0.699		17.3	302	6.853	3.928	
0.600		17.6	273.5	5.882	4.136	
0.501		17.8	206	4.912	3.741	—
0.451		17.8	184	4.412	3.712	
0.402		17.9	163	3.942	3.670	
0.353		17.9	143	3.461	3.686	0.30
0.303	0.102	17.9	119	2.971	(3.574)	(0.122)
0.284		18.0	108	2.784		(0.023)
0.255		18.0	95.5	2.5		(0.031)
0.225		18.0	83.5	2.206	—	(0.088)
0.205		18.0	74.5	2.010		(0.100)
0.185		18.0	60.5	1.814		(-0.094)
0.156		18.0	43	1.529		(-0.297)

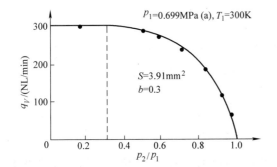

图 18-20　通径 6mm 直动式二位三通滑柱式座阀的流量特性曲线（定压法）

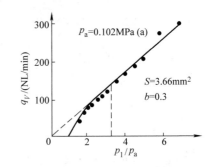

图 18-21　通径 6mm 直动式二位三通滑柱式座阀的流量特性曲线（变压法）

对定压法，从图 18-20 可以看出，临界点的临界压力比 b 大约是 0.3。第①个测点处在超临界流态，得 $S=3.91\text{mm}^2$，$S/S_0=0.138$，S/S_0 是很小的。从表 18-12 可以看出，随 q_V/q_V^* 的减小，算出 b 值也逐渐减小，表明仪表的实际测量误差逐渐增大。按 ISO 6358：1989 五点测量法算出的 b 值为 0.221，比临界点的 b 值（=0.3）小 26%，故五点测量 b 值是不可行的。

滑柱式座阀兼有滑阀和座阀的特点，具有对称性，换向行程小，即阀的开度小，电磁线圈功率低，动作频率高些，但也导致流通能力（可用 S/S_0 衡量）较小，临界压力比 b 小。故这类阀宜作为开关阀、信号阀使用，不宜作为主阀使用。该阀使用双向软质密封，不仅密封性能好，而且流动方向没有限制，即任何通口都可作为进口。图形符号上表示流动方向的箭头是指向两侧。

对变压法，从图 18-21 可以看出，临界点的 $p_1/p_a=3.4$ 左右，故临界压力比 $b=0.3$。利用插值法，可求出临界点的 $S=3.66\text{mm}^2$。超临界流态下 [$p_1>0.353\text{MPa}$（a）] 的有效面积不是临界点的有效面积。按式（17-22）计算出亚声速段的 b 值很不一致，很小，且有负值，表明变压法不能用式（17-22）计算 b 值。

另一个通径 6mm 的直动式弹簧复位弹性密封二位三通滑柱式座阀的结构如图 18-22 所示。用定压法测定的流量特性数据见表 18-14。用变压法测定的流量特性数据见表 18-15。按表 18-14 中数据画出的定压法的流量特性曲线如图 18-23 所示。按表 18-15 中数据画出的变压法的流量特性曲线如图 18-24 所示。

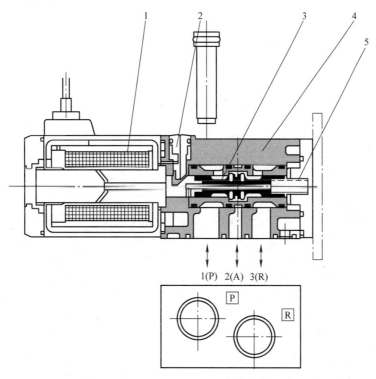

图 18-22　通径 6mm 直动式弹簧复位二位三通滑柱式座阀
1—电磁头　2—手动钮　3—滑柱、套筒　4—阀体　5—复位弹簧

表 18-14　用定压法测定通径 6mm 的直动式弹簧复位二位三通座阀的流量特性数据

被测值				计算值			
p_1/MPa（a）	p_2/MPa（a）	t_1/℃	q_V/(NL/min)	p_2/p_1	q_V/q_V^*	S/mm²	b
0.700	0.108	19.9	263.5±2.5	0.154	1.0	3.437	0.154
	0.210	18.5	258.5±1.5	0.3000	0.9810	(3.366)	0.131
	0.293	18.5	251.5±1.5	0.486	0.9544		0.171
	0.343	18.3	243.5±2.5	0.4900	0.9241		0.175
	0.358	18.0	240.0±2	0.5114	0.9108		0.168
	0.456	17.9	212.5±1.5	0.6514	0.8065	—	0.147
	0.578	17.9	199±1	0.8257	0.6034		0.140
	0.644	17.9	106±1	0.9200	0.4023		0.053
	0.685	18.0	52.5±0.5	0.9786	0.1992		−0.065

表 18-15 用变压法测定通径 6mm 的直动式弹簧复位二位三通座阀的流量特性数据

被测值				计算值		
p_1/MPa (a)	p_a/MPa (a)	t/℃	q_V/ (NL/min)	p_1/p_a	S/mm²	b
0.699		18.8	263 ± 2	6.85	3.429	—
0.600		17.8	222 ± 2	5.88	3.366	
0.501		17.6	183 ± 1	4.91	3.322	0.22
0.452		17.6	164 ± 1	4.43	(3.30)	0.158
0.402		17.6	145 ± 1	3.94		0.114
0.353	0.102	17.6	122.5 ± 0.5	3.46		-0.033
0.303		17.6	101.5 ± 0.5	2.97	—	-0.102
0.284		17.6	93.5 ± 0.5	2.78		-0.129
0.254		17.6	82.5 ± 0.5	2.49		-0.103
0.225		17.6	71.5 ± 0.5	2.21		-0.080

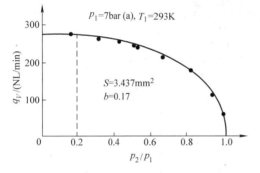

图 18-23 通径 6mm 直动式弹簧复位二位三通座阀的流量特性曲线 (定压法)

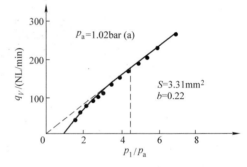

图 18-24 通径 6mm 直动式弹簧复位二位三通座阀的流量特性曲线 (变压法)

从表 18-14 可知,$S = 3.437 \text{mm}^2$,b 值大约在 0.15~0.17 之间。对 A^+ 级测量仪表精度来说,从表 9-4 计算出的 b 值测量误差 db/b 已大于 0.36。表明,该被测阀测出 b 在 0.15~0.17 之间是不可靠的。从表 9-4 中对 b 值的误差分析看,使用特级仪表测量精度是可以测出该阀正确的 b 值的。从表 18-14 还可以看出,对 b 值很小的被测阀来说,随着 q_V/q_V^* 减小,按测试数据计算出的 b 值在不断减小。当 $q_V/q_V^* = 0.4023$ 时,$b = 0.053$;当 $q_V/q_V^* = 0.1992$ 时,$b = -0.065$。这明显说明,五点测量法计算出的 b 值是失真的。

从图 18-24 可以看出,利用作图法,临界点大约在 $p_1/p_a = 4.55$ 处,也就是说大约 $b = (p_a/p_1)^* = 0.22$,用插值法计算出 $S = 3.31 \text{mm}^2$。这个 S 值和 b 值仅供参考。

为什么该被测阀的 S/S_0 [$= 3.437/(0.785 \times b^2) = 0.122$] 和 b 值都很小?

当该阀的电磁线圈通电时,滑柱克服弹簧力向右移动,P→A 相通,A→R 封闭。该电磁阀的消耗功率为 DC4W,故阀芯离开阀座的开口量极小,气流在这么小的开度以声速拐 90°角后再旋转 90°,余压形成超声速流,只能通过冲波系变成亚声速流从出口 (A 口) 流出,流动损失很大,这就是造成该阀的 S/S_0 和 b 值都很小的原因。

18.5.2 同轴式座阀

图 18-25 所示为三位三通同轴座阀型中封式先导电磁阀。对内部先导式，P 口与两个先导阀的气源口 P_{A1} 和 P_{A2} 相通，两个先导阀的输出口 A_1 和 A_2 分别与驱动活塞的上腔和下腔相通。先导口 P_1 堵塞，P_2 口通大气（作为先导排气口）。当两先导阀都不通电时，在两对中弹簧作用下，两座阀式阀芯封住阀座，则 P、A 和 R 三口都被封闭。仅一个先导阀通电，先导阀输入的气压力推动驱动活塞向上或向下运动，则只有一个座阀式阀芯被开启，使 P、A 口接通或 A、R 口接通。

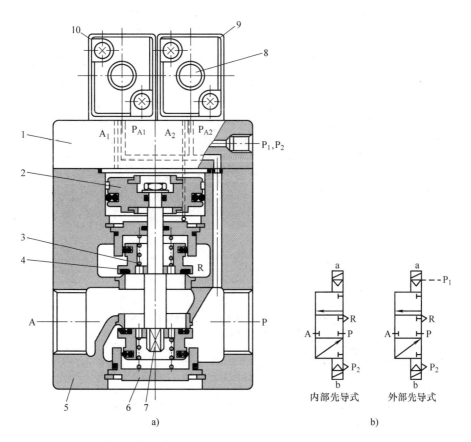

图 18-25　三位三通同轴座阀型中封式先导电磁阀
a）原理图　b）图形符号
1—阀盖　2—驱动活塞　3—对中弹簧　4—座阀式阀芯　5—阀体
6—阀套　7—轴　8—手动按钮　9—先导阀 b　10—先导阀 a

对外部先导式，先导气源压力口 P_1 与 P_{A1}、P_{A2} 口相通，P_2 口与 P_{A1}、P_{A2} 口不通，P_2 口仍通大气。

用定压法测得通径 8mm 三位三通同轴座阀型直接配管外部先导式电磁阀 P→A 通道的流量特性数据见表 18-16。其流量特性曲线如图 18-26 所示。从表 18-16 和图 18-26 上得出 $S = 18.11 \text{mm}^2$，$S/S_0 = 0.36$，$b = 0.26$。

b 值较小的原因是阀芯开口处为拐 90°直角弯的声速、超声速流经冲波系再转化为亚声速流产生压力损失造成的。

表 18-16　用定压法测得三位三通同轴座阀型 P→A 通道的流量特性数据

被测值				计算值			
p_1/MPa（a）	p_2/MPa（a）	t/℃	q_V/(NL/min)	p_2/p_1	q_V/q_V^*	S/mm²	b
	0.140	29.7	1170±10	0.2333	1.0	18.11	(0.233)
	0.201	29.6	1155±5	0.3350	0.9872		0.209
	0.362	29.5	1030	0.6033	0.8802		0.245
0.600	0.438	29.5	925±5	0.7300	0.7735	—	0.263
	0.507	29.5	700±10	0.8450	0.5983		0.220
	0.563	29.5	470	0.9383	0.4017		0.267
	0.590	29.5	235	0.9833	0.2009		0.181

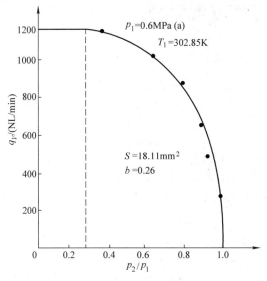

图 18-26　通径 8mm 三位三通同轴座阀型的流量特性曲线（定压法）

18.6　滑板式阀的流量特性参数

用 GB/T 14513—1993 的串接声速排气法测通径 5mm 的滑板式阀的 S 值和 b 值。

已知气罐容积 $V=34.62\text{L}$。

已知被测滑板式阀，$p_{10}=7.02\text{bar}$（a），$T_{10}=291.4\text{K}$，放气时间 $t=4.184\text{s}$。放气完毕待气罐内压力稳定时的压力 $p_{1\infty}=5.36\text{bar}$（a），算得被测阀的 $S_1=11.33\text{mm}^2$。$S/S_0=0.581$。

选通径 6mm 的二位五通单电控滑阀为辅助元件。已知 $p_{10}=5.99\text{bar}$（a），$T_{10}=287.2\text{k}$，放气时间 $t=4.055\text{s}$，$p_{1\infty}=4\text{bar}$（a），算得 $S_2=18.37\text{mm}^2$。

被测阀与辅助元件之间，用内径 $d=8\text{mm}$，长 96mm 的连接管连接起来，测得该合成元件的 $S_{12}=10.66\text{mm}^2$。

按式（7-15）算得

$$\alpha_2 = 1 - \left(\frac{S_{12}}{2A}\right)^2 = 1 - \left(\frac{10.66}{2\times\frac{\pi}{4}\times 8^2}\right)^2 = 0.989$$

按 GB/T 14513—1993 中的式（5），计算出被测滑板阀的临界压力比

$$b_1 = \frac{\alpha_2 \frac{S_{12}}{S_2} - \sqrt{1-\left(\frac{S_{12}}{S_1}\right)^2}}{1-\sqrt{1-\left(\frac{S_{12}}{S_1}\right)^2}} = \frac{0.989 \times \frac{10.66}{18.37} - \sqrt{1-\left(\frac{10.66}{11.33}\right)^2}}{1-\sqrt{1-\left(\frac{10.66}{11.33}\right)^2}} = 0.356$$

滑板式阀的 b 值介乎滑阀与座阀之间。这是因为，其通道虽要拐两个 90°角，但通道不太窄，其中流速较高，故压力损失也介乎滑阀与座阀之间。

上述滑板式阀的测试方法是 20 世纪 90 年代初采用的测试方法，测试方法较落后，用的连接管 $L/d = 12$ 过长，故测得滑板式阀的 $S = 11.33\text{mm}^2$，$b = 0.356$，只能说有一定可信度。在当时，相对于 ISO 6358：1989 提供的测试报告的数据，是相当满意的结果。

18.7 有关换向阀流量特性参数测试的问答

1. 一个系列不同连接口径下测出 b 值为什么差别很大

一个系列不同通径下的换向阀结构应具有几何相似性，按理，测出的 b 值应相近，若差别太大，应查明原因。

图 18-27 所示为内部先导式二位五通单电控弹性密封滑阀。密封圈直接安装在滑柱阀芯

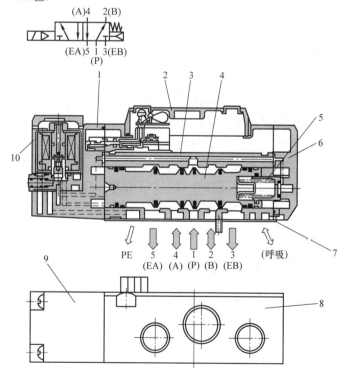

图 18-27　某系列内部先导式二位五通单电控弹性密封滑阀的结构简图

1—连接板　2—指示灯罩　3—阀体　4—滑柱阀芯　5—复位弹簧　6—端盖
7—垫圈　8—底板　9—接线盖　10—先导阀组件

上，结构简单，故流道简单，从 P 口至 A 口的气流，基本上是偏角不大的直射流，故 b 值应该在 0.4 以上。

表 18-17 列出了某系列滑阀 P→A 通道在不同连接口径下测出的 S_1 值（由 C_1 值转化得到）和 b_1 值。

表 18-17 某系列滑阀 P→A 通道在不同通径下测出的 S_1 值和 b_1 值

系列	连接口径/in	S_1/mm²	b_1	S_1/S_0	S_1/S_2	临界截面位置
□2	1/8	12.5	0.18	0.442	0.442	不在被测阀内
	1/4	14.0	0.24	0.279	0.220	在被测阀内
□3	1/4	37.5	0.38	0.746	0.590	不在被测阀内
	3/8	42.0	0.39	0.535	0.317	在被测阀内
□4	3/8	65.0	0.30	0.828	0.490	
	1/2	75.0	0.30	0.425	0.373	
□5	3/8	85.0	0.36	1.083	0.641	不在被测阀内
	1/2	100.0	0.28	0.566	0.498	
	3/4	115.0	0.27	0.366	0.303	
□6	3/4	200.0	0.12	0.637	0.526	

S_1 值可以用相对面积比 S_1/S_0 来表达。S_0 是连接口径的通口面积。S_2 是下游测压管的通口面积。

从表 18-17 可以看出：

1）有些 S_1/S_0 值过大，如 $S_1/S_0 = 0.828$，甚至出现 $S_1/S_0 = 1.083$。S_1/S_0 过大，其 S 值的正确值就值得怀疑。$S_1/S_0 > 1$，是不可能存在的事实。除非该阀的通口尺寸不是规范的 10mm。若通口尺寸是 10mm，则其 S_1 值肯定测错了。

2）若使用 ISO 6358：1989 的定压法测出表 18-17 的 S_1 值和 b_1 值，根据 $S_1/S_2 < b_1$（即表 18-17 中的 $S_1/S_2 < b_1$）的原则来判断临界截面在被测元件内，则表 18-17 中，仅第二行和第四行的被测阀内处于临界流态，其他被测阀的临界截面都不在被测阀内，表明其余被测阀测出的 S_1 值或（和）b_1 值可能不是正确值。S 值太大，或 b 值太小。

3）若表 18-17 中滑阀的流通能力强，表中测出的 S_1 值如果是正确的话，一旦出现 $S_1/S_2 > b_1$ 临界截面不处在被测元件内，就不要再使用定压法测 S、b 值，而应使用变压法（被测阀出口通大气）测 S、b 值。对滑阀而言，通常 $b > 0.4$，则变压法的供气压力 p_1 在 2～2.5bar（a）之间就出现临界点。这与滑阀的最低使用压力往往有冲突。故对滑阀来说，有些情况下，变压法不一定能使用。即对于有些元件而言，定压法和变压法或许都不能使用。待开发的直接测量法就不存在上述问题。也可以使用串接声速排气法测流通能力大的滑阀的 S 值和 b 值。

4）虽然表 18-17 的第二行和第四行满足 $S_1/S_2 < b_1$ 的条件，临界截面是处在被测元件内，但也不能证明该两行测出的 S 值和 b 值是正确的。对图 18-27 所示流道比较简单的滑阀来说，b 值不可能低于 0.4。对同一个系列、不同通径的滑阀来说，最大与最小的 b 值相差 3 倍以上，显然是不正常的。只能根据实际测试的数据进行分析，才能找到错误的原因。例如，

若测该滑阀的 S 值和 b 值时,使用了 ISO 6358:1989 的五点测量法,或使用了 ISO 6358-1:2013 的放气试验法,则测出的 S 值和 b 值就肯定是错误的。

5) 一个系列不同通径的 S_1/S_0 和 b 值相差太大,这是不正常的。

6) 对表 18-17 中的系列 □6 的测试数据进行分析。

该系列阀通径是 3/4in,测得 $S = 200\text{mm}^2$,$b = 0.12$。

若 $b = 0.12$,必须 $p_1 \geq \dfrac{p_a}{b} = 8.44\text{bar (a)}$。若测试时,$p_1 < 8.44\text{bar (a)}$,测试回路未达临界流态,怎能认为测出 $b = 0.12$ 是正确的?若 $p_1 = 6\text{bar (a)}$,被测阀未达临界流态,怎能测出 S 和 b 值?

若 $S = 200\text{mm}^2$,设 $T_{01} = 289\text{K}$,则 $q_m^* = 0.0404 \dfrac{p_{01}S}{\sqrt{T_{01}}} = 0.0404 \times \dfrac{0.844 \times 200}{\sqrt{89}}\text{kg/s} = 0.4012\text{kg/s}$,化成标准状态下的流量 $q_V^* = 0.4012 \times 60 \times 10^3 \text{L/min (ANR)} = 24070\text{L/min (ANR)}$,若测试台上没有这么大流量的流量计,如何确信 $S = 200\text{mm}^2$ 是正确值?

3/4in 滑阀的 $S = 200\text{mm}^2$,若选用 3/4in 的上下游测压管,其通径是 22mm。设 $p_1 = 6\text{bar (a)}$,$T_{01} = 289\text{K}$,因 $q_m^* = 0.04\dfrac{p_{01}S}{\sqrt{T_{01}}}$,先设 $p_{01} = p_1 = 6\text{bar (a)}$(实际 $p_{01} > p_1$,与 M_1 有关)。则可求出 $q_m^* = 0.04 \times \dfrac{0.6 \times 200}{\sqrt{289}}\text{kg/s} = 0.2852\text{kg/s}$。由式(17-24),求得 $M_1 = 0.3016$。则 $T_1 = T_{01}/\left(1 + \dfrac{\kappa-1}{2}M_1^2\right) = 289/(1 + 0.2 \times 0.3016^2)\text{K} = 283.8\text{K}$。$a_1 = \sqrt{\kappa R T_1} = \sqrt{1.4 \times 287 \times 283.8}\text{m/s} = 337.7\text{m/s}$。$u_1 = M_1 a_1 = 0.3016 \times 337.7\text{m/s} = 101.9\text{m/s}$。由式(7-26),可求得在不同 p_2 下的 M_2 和 p_2/p_1,见表 18-18。

表 18-18 □6 系列设定 p_2 下的 M_2 和 p_2/p_1

p_1/bar (a)	6		
设 p_2/bar (a)	1.668	2	3
M_2	1.0	0.853	0.589
p_2/p_1	0.278	0.333	0.500

从表 18-18 可以看出:

1) 若 $p_1 = 6\text{bar (a)}$、$S = 200\text{mm}^2$ 的情况下,求得 $M_1 = 0.3016$,$u_1 = 101.9\text{m/s}$。当 p_2 降至 1.668bar (a) 时,下游测压管出口达声速($M_2 = 1$),此时,$p_2/p_1 = 0.278$。p_2/p_1 不可能降至 0.12,因 $p_2/p_1 < 0.278$,理论上,下游测压管出口 $M_2 > 1$,这是不可能的。这也表明,测出 $b = 0.12$ 是不正确的。

2) 表 18-18 表明,$p_2 > 1.668\text{bar (a)}$,$M_2$ 才小于 1。被测阀内才可能达临界流态。故被测阀的临界压力比必须大于 0.278,不可能是 0.12。

3) 若 $p_1 = 6\text{bar (a)}$,$M_1 = 0.3016$,则 $p_{01} = p_1\left(1 + \dfrac{\kappa-1}{2}M_1^2\right)^{\frac{\kappa}{\kappa-1}} = 6 \times (1 + 0.2 \times 0.3016^2)^{3.5}\text{bar (a)} = 6.391\text{bar (a)}$。将 $p_{01} = 6.391\text{bar (a)}$ 代入 $q_m^* = 0.0404\dfrac{p_{01}S}{\sqrt{T_{01}}}$,由式(17-26)求得 $M_2 = 1$ 时的 $p_2 = 1.776\text{bar (a)}$,仅比假设 $p_{01} = 6\text{bar (a)}$ 求出的 $p_2 = $

1.668bar（a）大 6.5%。

4）以上分析表明，测出 $S=200\text{mm}^2$ 有可能是被测阀+下游测压管的合成元件且临界截面处在下游测压管出口处的合成有效面积，而不是被测阀的有效面积。

2. 换向阀的 b 值会低于 0.1 吗

图 18-28 所示为某二位三通常断型直动式座阀。底板配管，连接口径为 M5×0.8。

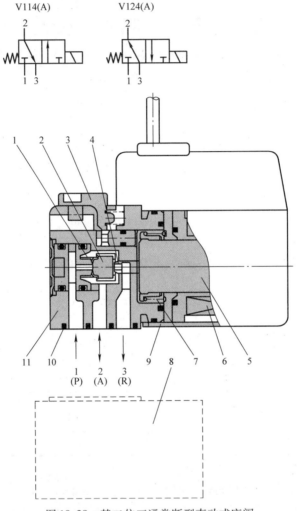

图 18-28　某二位三通常断型直动式座阀

1—座阀芯弹簧　2—阀芯　3—手动按钮　4—推杆　5—动铁芯组件　6—电磁线圈
7—复位弹簧　8—底板　9—盖板　10—垫圈组件　11—阀体

电磁线圈未通电时，在复位弹簧的作用下，动铁心推动推杆，座阀阀芯封住 P、A 通路，A、R 口接通。当电磁线圈通电时，动铁心右移，在气体压力的作用下，封住 A、R 通路，P、A 通路开启。

测试该阀的流量特性的参数 S、b 值时，选用 1/8in 上下游测压管（内径为 6mm），通过一端 1/8in，另一端为 M5 的接头，与被测阀相连。测得 $C=0.076\text{L}/(\text{s}\cdot\text{bar})$（即 $S=0.38\text{mm}^2$），$b=0.07$。

从图 18-28 可以看出，P 口与 A 口相通时，在阀座上有一个大约为 $\phi 0.8$ 的节流孔，气

流从 $\phi 0.8$ 的节流孔，冲向阀芯底面，拐 90°角向四面八方流出至输出口 A，如图 18-29 所示。

若测得 $S = 0.38\text{mm}^2$，则该阀芯的最大开度

$$\delta = \frac{S}{\pi d} = \frac{0.38}{3.1416 \times 0.8}\text{mm} = 0.151\text{mm}$$

设 $p_{01} = 6\text{bar (g)}$，$T_{01} = 300\text{K}$，则

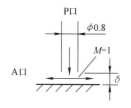

图 18-29 阀芯开启处的流动

$$q_m^* = 0.0404 \frac{p_{01} S}{\sqrt{T_{01}}} = \frac{0.0404 \times 0.7013 \times 0.38}{\sqrt{300}}\text{kg/s} = 6.216 \times 10^{-4}\text{kg/s}$$

由 $q(M) = \dfrac{0.38}{\dfrac{\pi}{4} 0.8^2} = 0.7564$，从附录 A 可查出 $\phi 0.8$ 节流孔内的马赫数 $M = 0.509$。

$$T = \frac{T_0}{\left(1 + \dfrac{\kappa - 1}{2} M^2\right)} = \frac{300}{(1 + 0.2 \times 0.509^2)}\text{K} = 285.2\text{K}$$

$$a = \sqrt{\kappa R T} = \sqrt{1.4 \times 287 \times 285.2}\text{m/s} = 338.5\text{m/s}$$

∴ 流速 $u = Ma = 0.509 \times 338.5\text{m/s} = 172.3\text{m/s}$

$$p = \frac{p_0}{\left(1 + \dfrac{\kappa - 1}{2} M^2\right)^{\frac{\kappa}{\kappa - 1}}} = \frac{7.013}{(1 + 0.2 \times 0.509^2)^{3.5}}\text{bar (a)} = 5.876\text{bar (a)}$$

即 $\phi 0.8$ 节流孔内的静压力为 5.876bar (a)，静温度为 285.2K，马赫数 $M = 0.509$，管内流速为 172.3m/s。

阀芯最大开度 δ 处，面积最小，在 $p_{01} = 6\text{bar (g)}$ 作用下，δ 处一定达临界流态，即该处 $M = 1$。故 δ 处的流量

$$q_m^* = \frac{p_\delta}{R T_\delta} M_\delta a_\delta S = \frac{p_\delta}{R T_\delta} \sqrt{\kappa R T_\delta} S, \quad T_\delta = \frac{T_{01}}{1.2} = \frac{300}{1.2}\text{K} = 250\text{K}$$

∴ $p_\delta = \dfrac{q_m^*}{S} \sqrt{\dfrac{R T_\delta}{\kappa}} = \dfrac{6.216 \times 10^{-4}}{0.38} \times \sqrt{\dfrac{287 \times 250}{1.4}}\text{MPa (a)} = 0.37\text{MPa (a)}$

通常，p_δ 大于 A 口处的压力，故在阀芯最大开度时，会生成一组膨胀波，再演变成一组压缩波，在黏性作用下，该波系逐渐消失流至 A 口。

从 P 口至 A 口虽是高速流动，且拐 90°角，但流动都是顺压梯度，不会形成分离旋涡，仅有高速流的摩擦损失存在，该压力损失不会太大，即表示 b 值不会太小。测出 $b = 0.07$ 是不可信的。

再来分析一下测试该阀的测试回路，如图 18-30 所示。被测阀连接口径为 M5×0.8，选 1/8in 上下游测压管（内径为 6mm），故两端用过渡接头连接。该接头一端为 1/8in，另一端为 M5，其中间最小通径为 $\phi 2.7$。被测阀自身内部有 $\phi 0.8$ 节流孔（其几何面积为 0.5mm^2）和最小开度处（有效面积 $S = 0.38\text{mm}^2$）。$\phi 2.7$ 的几何面积为 5.72mm^2，$\phi 6$ 的几何面积为 28.26mm^2，都列于图 18-30b 中。从各节流通口的排列可知，当 $p_2/p_1 < b$（b 为被测阀的临界压力比）时，临界截面一定处于 $S = 0.38\text{mm}^2$ 处。

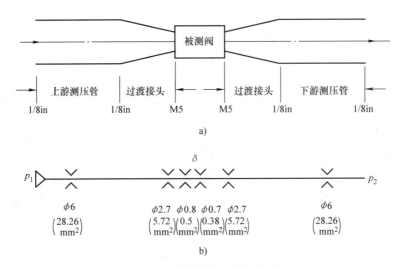

图 18-30 某被测阀的测试回路

设 $p_{01} = 7.013\text{bar}$（a），$T_{01} = 300\text{K}$，$S = 0.38\text{mm}^2$，则 $q_m^* = 6.216 \times 10^{-4}\text{kg/s}$。由式（17-24），算得上游测压管内的 $M_1 = 0.007$，算得速度 $u_1 = 2.7\text{m/s}$。设下游测压管内压力 $p_2 = 0.1013\text{MPa}$（a），即大气压力。由式（17-26）算得 $M_2 = 0.0538$，算得 $u_2 = 18.68\text{m/s}$；设 $p_2 = 0.2\text{MPa}$（a）时，算得 $M_2 = 0.02727$，$u_2 = 9.46\text{m/s}$。

对连接口径为 M5 的被测阀，选用内径为 6mm 的上下游测压管，当被测阀内达临界流态时，上游测压管内的流速仅 2.7m/s，下游测压管内的最高流速仅 18.68m/s。在上下游测压管内的流速如此低的情况下，要通过在不同流量下，测出 p_1 和 p_2，想计算出正确的 S 和 b 值是根本不可能做到的。也就是说，对连接口径为 M5 的被测阀，选用内径为 6mm 的上下游测压管，是无法正确测出该被测阀的 S（即 C）值和 b 值。

对这种微型电磁阀的 S 值和 b 值的测试，可以使用两种方法：

1) 若测试台上，有合适的小型流量计的话，可使用 ISO 6358：1989 中变压法的作图法，被测阀的出口直接通大气。

2) 若测试台上没有合适的小型流量计，可使用 GB/T 14513—1993，即串接声速排气法。选用一个容积合适的小气罐或小缸筒作为容器。再选用一个合适的辅助元件。对被测阀有效面积 S 为 0.38mm²，可选用一个 KQ2H02-M5 的管接头拧在被测阀的出口上，即可测出该被测阀的 S 值和 b 值。

3. 如何才能正确测出带快换接头（含倒钩接头）的换向阀的 S 值和 b 值

表 18-19 给出了某系列带快换接头的弹性密封二位五通单电控滑阀直接配管 P→A 通路的 S 值（由 C 值转化而来）和 b 值。表中连接管的 $C4$ 至 $C12$ 的外径和内径见表 18-20。表中 S_0 是连接管内的几何面积。

表 18-19 某系列带快换接头的弹性密封二位五通单电控滑阀直接配管 P→A 通路的 S 值和 b 值

系列	输入口 P 排气口 E_A、E_B	输出口 A、B	P→A		S/S_0
			S/mm^2	b	
3	M5×0.8	$C4$	3.6	0.29	0.734
		$C6$	3.8	0.30	0.303

(续)

系列	输入口 P 排气口 E_A、E_B	输出口 A、B	P→A S/mm^2	b	S/S_0
5	1/8in	C6	7.5	0.33	0.597
		C8	9.5	0.21	0.484
7	1/4in	C8	16	0.26	0.815
		C10	19	0.26	0.573
9	1/4in	C8	21.5	0.28	1.096
		C10	30.5	0.28	0.92
		C12	35	0.25	0.697

表 18-20 聚氨酯管外、内径

外、内径	连接管				
	C4	C6	C8	C10	C12
外径	$\phi 4$	$\phi 6$	$\phi 8$	$\phi 10$	$\phi 12$
内径	$\phi 2.5$	$\phi 4$	$\phi 5$	$\phi 6.5$	$\phi 8$

被测元件实际上是被测阀与出口插入一段连接管所组成的，但连接管的长度未说明。

对表 18-19 的 S 值和 b 值作如下评说：

1) 如果表中的 S 值和 b 值是被测阀的正确值，因所有被测阀都存在 $S/S_0 > b$，表明临界截面不处于被测阀内，而处于被测阀出口连接管的出口。也就是说，如果测出的 S 值和 b 值是正确值的话，它并不是被测阀的 S 值和 b 值，而是被测阀 + 连接管这个合成元件的 S 值和 b 值。且连接管的长度不同，其 S 值和 b 值有很大的差别。不给出连接管的长度，则 S 值和 b 值无实际价值。

2) 带快换接头的气动元件，不能使用 ISO 6358：1989 的定压法和 ISO 6358 - 1：2013（即 GB/T 14513.1—2017）的放气试验法测其 S 值和 b 值的。为了连接，元件（进）出口必须带连接管，该连接管插入快换接头内，就需要一定的长度。该连接管的流通能力往往与被测元件的流通能力相近，则测出的 S 值和 b 值就是被测元件 + 连接管这个合成元件的 S 值和 b 值，而测不出被测元件的 S 值和 b 值。

3) 怎样才能测出带快换接头的气动元件的 S 值和 b 值呢？

可以使用 ISO 6358：1989 中变压法的作图法。但被测元件的出口不能带连接管，必须直接通大气。该方法是有可能测出这类气动元件的 S 值和 b 值的。测试时的注意事项参见第 9 章。

此外，也可以使用待开发的直接测量法。

4. 气动控制元件的动态特性有哪些

只有响应时间和最大动作频度。

1) 响应时间应当是从加入输入信号的时间起，到输出达到规定值为止的时间。

日本标准规定，在电磁阀的进口施加 0.5MPa 的压力，出口接压力检测装置。从电磁阀通电或断电开始，到出口压力检测装置能测出压力变化的这段时间，称为响应时间，如图 18-31 所示。

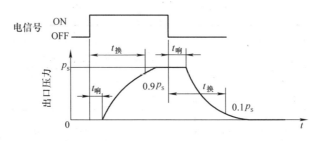

图 18-31 电磁阀的响应时间和换向时间

日本标准规定的响应时间与中国标准规定的换向时间及欧共体标准规定的反响时间是不同的。

换向时间是指从电磁阀通电（或断电）开始，到出口压力上升到进口压力 p_s 的 90%（或出口压力下降到原来压力的 10%）的时间，称为被测阀的开启时间（或关闭时间），如图 18-31 所示。

反响时间是从电磁阀通电（或断电）开始，到出口压力上升至进口压力的 50%（或下降至原来压力的 50%）的时间。

影响响应时间的因素很多。主要有阀内可动件在换向过程中受到的运动阻力（如介质气压作用力、摩擦力、弹簧力等），加给可动件的换向力大小，可动件本身的质量，可动件的行程以及换向阀的覆盖特性等。

先导式电磁阀一般比直动式电磁阀的响应时间长。单电控阀比双电控阀的响应时间长。直流电磁阀比交流电磁阀的响应时间长。因直流线圈的吸力大小与行程的平方成反比，行程大时，吸力很小，故响应慢。且要注意复位电压不要太低，必须大于漏电压。交流线圈行程大时吸力大，故响应快。三位阀比二位阀的响应时间长。通径大的电磁阀比通径小的响应时间长。弹性密封比间隙密封的响应时间长。直动式电磁阀的响应时间与使用压力无关，但内部先导式电磁阀的响应时间受使用压力的影响很大。使用压力太低，电磁阀可能不能换向。

2）在保证正常换向的条件下，单位时间内气阀能连续往复切换的极限次数，称为最大动作频度，其单位为 Hz。

最大动作频度与阀的响应时间、电磁线圈连续高频工作时的温升及阀的耐久性等有关。还与阀的出口连接负载的容积大小有关。在高于最大动作频率下工作，温升快，阀的寿命显著降低。

关于最大动作频度，通径小的电磁阀比通径大的高，直动式电磁阀比先导式电磁阀高，间隙密封阀比弹性密封阀高，双电控阀比单电控阀高，二位阀比三位阀高，交流比直流电磁阀高。

第 19 章　单向节流阀的流动特性

单向节流阀（也称速度控制阀）由节流阀和单向阀并联而成。控制流道是用节流阀的开度不同来控制气缸的运动速度的；自由流道是通过打开单向阀，让气缸迅速返回，以提高气动控制回路的运行频率。

在控制流道方向，单向阀通常是关闭的。只给出节流阀全开时的流量特性，即给出临界流态下的有效面积 S 值和临界压力比 b 值。若需要，也可给出节流阀开启不同圈数时的流量特性，即在不同开启圈数下的 S 值和 b 值。

对控制流道，以前是用节流特性曲线表示。即在 0.5MPa（g）进口压力的条件下，通过节流阀的空气流量与节流阀的开启圈数之间的关系曲线表示，如图 19-1 所示。

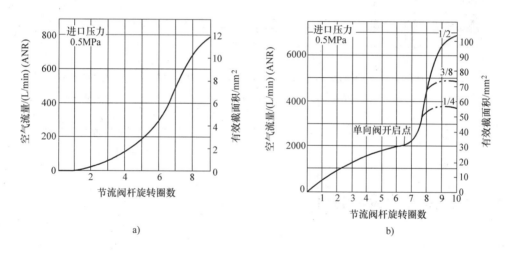

图 19-1　单向节流阀的节流特性曲线

对自由流道方向，节流阀可以全开或全闭，但大多数情况下，节流阀是处于不同开度条件下。因为在控制流道方向，为了控制气缸的运动速度，节流阀是处于某个开度下。一旦主阀换向，让气缸迅速返回时，单向阀全开，但节流阀仍保留了原来的开度。因此，自由流动方向的流量特性，需提供单向阀开启（通常是全开）、节流阀处于全开或全闭下的流量特性。但单向阀若使用单向型密封圈，通常其开度不能达到全开状态。

单向节流阀中的单向阀有两种形式。一种单向阀是带弹簧的座阀式阀芯，如图 19-2 所示。控制流道方向为 P→A，当手轮开启圈数少时，进行小流量调节；当手轮开启圈数多时，节流阀杆将单向阀顶开至一定开度，可实现大流量调节。自由流道方向为 A→O，单向阀开启。另一种是用单向型密封圈作为单向阀，如图 19-3 所示。控制流道方向，单向型密封圈的唇部在气压力作用下张开，起单向阀关闭的作用；自由流道方向时，密封圈的唇部在气压力作用下缩回，相当于单向阀开启。两种单向阀的形式，其流量特性是不同的。

座阀式单向阀的性能，可参阅单向阀一章（第18章）。本章只讨论单向型密封圈的单向阀的特性。

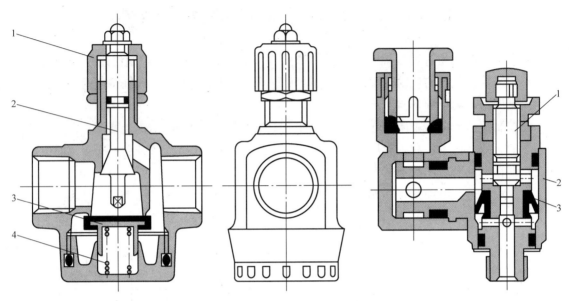

图 19-2　单向阀为带弹簧的座阀式阀芯的单向节流阀
1—手轮　2—节流阀杆　3—单向阀芯　4—复位弹簧

图 19-3　单向阀为单向型密封圈的速度控制阀
1—节流阀　2—单向阀体
3—单向阀密封圈

19.1　控制流道的流动特性

1. 使用定压法

以被测单向节流阀的进口是 R1/4 管接头、出口是 $\phi 6$ 快换接头为例。测试该阀的流量特性时，应选 Rc1/4 上下游测压管。为了与下游测压管相连接，被测阀出口必须插入一根外径 $\phi 6$（内径 $\phi 4$）长 36mm 的短管，短管出口应连接一个进口为 $\phi 6$、出口为 Rc1/4 的直通螺纹快换接头。短管两端插入快换接头内为 34mm，留出 2mm 空间便于短管的插拔。

在进口压力 $p_1 = 5\mathrm{bar}$（g）的条件下，该单向节流阀的单向阀关闭。测得节流阀处于不同开度时的流量特性曲线如图 19-4 所示。节流阀在不同开度下测出的 S 值和 b 值列于表 19-1 中。图 19-4 中的流量特性曲线是按表 19-1 中的 S 值和 $q_m/q_m^* = 0.74 \pm 0.05$ 测出的 b 值画出来的。测点也标在图 19-4 上。测点偏离画出的流量特性曲线 5% 以上的绝大多数测点的 q_m/q_m^* 都小于 0.3。表明这种偏离主要是由该处仪表的实际测量精度变差引起的。

以上图表数据表明：

1）选取 $p_1 = 5\mathrm{bar}$（g）。则下游压力 p_2 与进口压力 p_1 之比远小于表 19-1 中的 b 值，能保证含连接短管在内的被测元件内能达到临界流态。

表 19-1　单向节流阀（R1/4 - φ6）控制流道的 S 值和 b 值

节流阀的开度	S/mm²	b	
		$q_m/q_m^* = 0.74 \pm 0.05$	$q_m/q_m^* = 0.9、0.8、0.6$ 和 0.4 的平均值
全开	7.31	0.468	0.452
关 1 圈	7.26	0.443	0.446
关 2 圈	7.12	0.405	0.395
关 3 圈	6.55	0.324	0.340
关 4 圈	4.70	0.361	0.335
关 5 圈	3.11	0.362	0.359

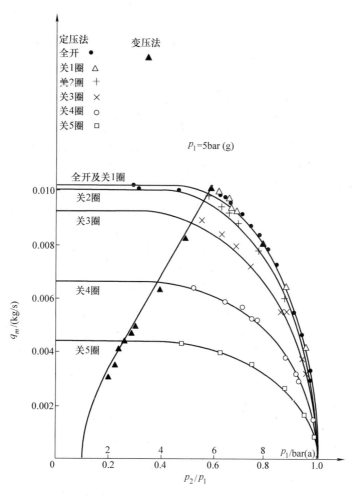

图 19-4　单向节流阀（Rc1/4 - φ6）的流量特性曲线（控制流道）

2）测量 b 值时，用最佳测点（$q_m/q_m^* = 0.74 \pm 0.05$）替代多点测量（见表 19-1 中的 $q_m/q_m^* = 0.9、0.8、0.6$ 和 0.4）的结果是可信的，且能节省 75% 的耗气量。

3）节流阀在不同开度下的 S 值和 b 值的变化如图 19-5 所示。

S 值的变化取决于节流阀阀芯的形状与阀座之间的关系。从图 19-5 可见，此节流阀全开与关 1.5 圈时的 S 值几乎不变。在关闭 3 圈～5 圈的范围内，S 值大致是线性变化。开度越小，S 值越小。但 b 值并非随节流阀开度减小而减小。本节流阀在关闭 3 圈左右时，b 值最小。这是因为，节流阀相当于三个节流口组成。进出口节流口相当，最小的节流口就是内部节流阀的开启处，流道形成先收缩后扩张的形式。收缩段是降压段，扩张段是升压段，压力损失主要存在于升压段。随节流阀开度减小，扩张段的升压越严重，造成的压力损失越大，代表压

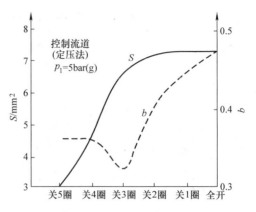

图 19-5　单向节流阀（Rc1/4 - φ6）节流阀开度与 S、b 值的关系

力损失大小的临界压力比 b 值自然要减小。但节流阀开度再减小，通过流量也在减小，虽扩张段更加扩张，但由于该处流速也在减小，故压力损失强度变弱，反而使 b 值有所回升。

4）带快换接头的单向节流阀，使用定压法测它的 S 值和 b 值时，被测阀的出口必须带连接管。

用定压法，单独测量了上述连接短管的流量特性，大约得出 $S = 11.2 \text{mm}^2$，$b = 0.68$。可以肯定，节流阀全开时的 S 值（7.31mm^2）与连接短管的 S 值之比一定大于节流阀全开时的 b 值，故被测单向节流阀 + 连接短管的临界截面一定处于连接短管内，不会处在被测单向节流阀内。从这个角度讲，表 19-1 测出的 S 值和 b 值不是被测单向节流阀的真实值。即便使用最短的连接管，测出的 S 值和 b 值也应是被测单向节流阀带 36mm 长连接管的合成元件的 S 值和 b 值。更确切地说，使用定压法测不出带快换接头的单向节流阀的两个流量特性参数 S 值和 b 值。故用定压法测带快换接头的单向节流阀的 S 值和 b 值，必须要注明连接管的外径、内径和长度。

以上分析表明，不仅是单向节流阀，所有快换接头连接的气动元件都不宜使用定压法来测这类气动元件的 S 值和 b 值。因为要与上下游测压管相连，必然要有连接管，一旦该连接管的 S 值与被测元件的 S 值相当，根本就无法测出该被测元件的 S 值和 b 值。

2. 使用变压法

对上述单向节流阀，在节流阀全开的情况下，若出口插入短管 φ6 × 36，在 $p_1 = 5 \text{bar}$（g）时，使用变压法，测得 $S = 7.24 \text{mm}^2$。与定压法 $S = 7.31 \text{mm}^2$ 相近。若被测单向节流阀出口不插短管，直通大气，测得 $S = 9.48 \text{mm}^2$，比带短管的 S 值大 31%。可见，短管对该单向节流阀的流通能力影响很大。

在图 19-4 中，按 $S = 7.31 \text{mm}^2$、$b = 0.468$ 画出了变压法的流量特性曲线。发现，变压法的各测点（用▲表示）并不落在该流量特性曲线上，而是在该特性曲线之下。也就是说，变压法用作图法测出的 S 值与 b 值，与定压法测出的 S 值与 b 值一定会存在差异，不可能是一致的。这种问题不仅本阀存在，许多被测元件都存在类似现象。究其原因，除两测点间的连接件有差异外，至少有以下几个因素影响变压法的使用。

一是在亚声速流区，才可以求得 b 值。但对变压法来说，亚声速流区，进口压力及通过被测元件的流量都很小。比如，$b = 0.5$，进口压力 p_1 应在 1bar（g）以下才存在亚声速流。

被测元件进出口压差也在 1bar 以下，自然通过被测元件的流量也很小。对压力仪表来说，若 10bar（g）量程的压力表精度是 ±0.5%，则测 1bar（g）以下的压力仪表的实际测量精度就变成 ±5%，实际测量精度为压力仪表精度的 1/10。流量测量仪表也存在类似问题。这种情况下，实际仪表测量精度变差，为压力仪表测量精度的 1/10，怎么可能测出正确的 b 值？虽然 b 值小点，仪表测量精度实际会好点，比如 $b=0.3$，进口压力 p_1 应在 2.3bar（g）以下，压力仪表测量精度实际只差 4 倍以上，但 b 值越小，b 值本身导致的误差就越大。从式（9-6）可知，当 $b\to 0$ 时，$db/b\to\infty$。表明，b 值越小，b 值的测量误差急剧加大。

二是亚声速流区，定压法的 Re 比变压法的雷诺数 Re 大几倍。由于两种方法 Re 差别太大，特别是被测元件 S 值较小时，雷诺数（反映黏性的影响）失去相似性，导致变压法测出的 b 值失真。比如 $b=0.468$，对定压法来说，$p_1=5$bar（g），$p_2=1.8$bar（g）以上，$q_V<550$NL/min，被测元件内才是亚声速流态。但对变压法来说，要出现亚声速流态，$p_1<1.137$bar（g），$q_V<1.40$NL/min。因 $Re=\dfrac{\rho u d}{\mu}=\dfrac{4q_m}{\pi d\mu}=\dfrac{4\rho_a q_V}{\pi d\mu}$，故定压法与变压法的 Re 之比，就是二者的 q_V 之比，即定压法的 Re 比变压法的 Re 大（550/140）3.93 倍。

三是单向节流阀有最低使用压力的限制。对带弹簧的座阀式单向阀来说，最低使用压力为 0.5bar（g）；对单向型密封圈的单向阀来说，最低使用压力为 1bar（g）。也就是说，对 p_1 小于 0.5bar（g）或小于 1bar（g）的单向节流阀来说，可能不能正常工作。

以上分析表明，用变压法测气动元件的 S 值和 b 值，从测试原理来讲，其优点是可以做到只测被测元件自身的 S 值和 b 值，不像定压法在被测元件后面，还带有下游测压管和流量控制阀，有可能临界截面不在被测元件内，可能测出的 S 值和 b 值是被测元件带下游测压管或流量控制阀合成元件的 S 值和 b 值，而不是被测元件自身的 S 值和 b 值。但变压法的先天不足是，只能在低压下测 b 值。这导致测量仪表的实际精度大大降低；Re 太小，失去流动相似性；与最低使用压力相冲突；使变压法测试 b 值的气动元件范围受到很大的限制。

19.2 自由流道的流动特性

1. 使用定压法

测自由流道，上游测压管的出口应安装一个外螺纹直通快换接头 R1/4 - ϕ6，再用 ϕ6（内径 ϕ4）长 36mm 的短管，将该快换接头与被测单向节流阀连接起来。被测单向节流阀的进口是外径 ϕ6/内径 ϕ4 的短管，出口是 Rc1/4 管接头。

该被测回路通道由三部分组成。前面是 ϕ6×36mm 短管，其流通面积 $S_{01}=12.56$mm^2；中间是被测单向节流阀，当节流阀关闭时，自由流道是环形流通面积。最大开度时，约 $S_{02}=28$mm^2。也就是说，当 p_2/p_1 从 1 降至 0.1444（=0.1013/7.013）时，该流通面积 S_{02} 可能从 0 增大至 28mm^2；后面是被测单向节流阀的出口，为通径 ϕ4 长 15mm 的通道，流通面积 $S_{03}=12.56$mm^2。由此可见，使用定压法，当该通道进口压力 $p_1=6$bar（g）时，随调节流量的流量控制阀从关闭到逐渐开启的过程中，若存在临界流态的话，开始会出现在被测单向节流阀内的自由流道内。当 p_2/p_1 越来越小时，S_{02} 会越来越大，最终临界截面会处于被测单向节流阀下游通径 ϕ4 长 15mm 的通道出口处。

节流阀全开或全闭时，自由流道方向的流量特性测试数据列于表 19-2 中。

表 19-2　Rc1/4 - ϕ6 单向节流阀自由流道方向的流量特性的测试数据

测试方法	被测件		p_1 /MPa(a)	p_2 /MPa(a)	T_1/K	q_V /(NL/min)	p_2/p_1	q_V/q_V^*	S/mm²	b	q_m /(kg/s)	Re	M_1	M_2	u_1/ (m/s)	u_2/ (m/s)
	计算公式		—	—	—	—	—	—	(17-19)	(17-20)	(17-14)	(17-15)	(17-24)	(17-26)	(17-23)	(17-25)
定压法	内螺纹（Rc1/4）+ 直通快换接头（ϕ6）+ ϕ6（ϕ4）×36 短管 + 流量控制阀的自由流动方向	节流阀全闭	0.7013	0.1013	301.65	630	0.1444	1.0	8.322	0.144	0.01360	106168	—	—	—	—
				0.2083	300.85	610	0.2970	0.9683	8.047	0.063	0.1315	102800				
				0.4353		515	0.6207	0.8175	(6.793)	0.106	0.01110	86790				
				0.5413	300.75	370	0.7719	0.5873	—	-0.197	0.00797	62350				
				0.6103		255	0.8702	0.4048	—	-0.516	0.00550	42970				
				0.6433		175	0.9173	0.2778	—	-1.10	0.00377	29491				
			0.6013	0.1013	301.65	570	0.1685	1.0	8.782	—	0.01228	96060	—	—	—	—
				0.1303	300.85	560	0.2167	0.9825	8.616		0.01207	94370				
				0.1853		550	0.3082	0.9649	8.460		0.01185	92690				
				0.2803		510	0.4662	0.8947	7.844		0.01100	85950				
				0.3673	300.65	440	0.6108	0.7719	(6.767)		0.00948	74150				
				0.4483		340	0.7456	0.5965	—		0.00733	57300				
				0.4703		310	0.7821	0.5439	—		0.00668	52240				
				0.5153		240	0.8570	0.4211	—		0.00517	40445				
				0.5403		180	0.8986	0.3158	—		0.00388	30330				
		节流阀全开	0.7013	0.1013	301.15	680	0.1444	1.0	8.975	—	0.01465	114590	—	—	—	—
				0.2093	300.55	660	0.3127	0.9706	8.703		0.01422	111220				
				0.4743		530	0.6763	0.7794	(6.985)		0.01142	89320				
				0.5823	300.25	385	0.8303	0.5662	—		0.00830	64880				
				0.6523		250	0.9301	0.3676	—		0.00539	42130				
				0.6793	300.35	155	0.9686	0.2279	—		0.00334	26120				
			0.6013	0.1013	300.75	575	0.1685	1.0	8.846	—	0.01239	96960	—	—	—	—
				0.1443	300.65	570	0.2400	0.9913	8.767		0.01228	96060				
				0.3173		515	0.5277	0.8957	(7.920)		0.01110	86790				
				0.4173		440	0.6940	0.7652	—		0.00948	74150				
				0.5033	300.55	320	0.8370	0.5565	—		0.00690	53930				
				0.5733		175	0.9534	0.3043	—		0.00377	29490				

(续)

测试方法	被测件		p_1 /MPa (a)	p_2 /MPa (a)	T_1/K	q_V/ (NL/min)	p_2/p_1	q_V/q_V^*	S/mm²	b	q_m/ (kg/s)	Re	M_1	M_2	u_1/ (m/s)	u_2/ (m/s)
	计算公式		—	—	—	—	—	—	(17-19)	(17-20)	(17-14)	(17-15)	(17-24)	(17-26)	(17-23)	(17-25)
变压法	内螺纹（Rc1/4）直通快换接头（φ6）+ φ6(φ4)×36 短管 + 流量控制阀的自由流动方向	节流阀全闭	0.3213	0.1013	299.05	280	0.3153		8.038		0.00603	47190			—	—
			0.3013		298.85	257	0.3362		7.865		0.00553	43210				
			0.2813		298.65	234	0.3601	—	7.668	—	0.00504	39410	—	—	—	—
			0.2613			208	0.3877		7.338		0.00448	35050				
			0.2413			185	0.4198		7.066		0.00399	31180				
			0.2213		298.55	164	0.4577		6.830		0.00353	27640				
			0.2013		298.65	140	0.5032		(6.410)		0.00302	23590				
			0.1813			110	0.5587		(5.59)		0.00237	18540				
		节流阀全开	0.6013	0.1013	298.25	610	0.1685		9.345		0.01315	102800			—	—
			0.5013		296.55	510	0.2021		9.345		0.01099	85950				
			0.4013		296.35	395	0.2524	—	9.038	—	0.00851	66570	—	—	—	—
			0.3013		296.15	280	0.3362		8.530		0.00603	47190				
			0.2513			240	0.4031		8.767		0.00517	40440				
			0.2213			197	0.4577		8.187		0.00425	33200				
			0.2013		297.25	179	0.5032		(8.178)		0.00386	30160				
			0.1813			155	0.5587		(7.862)		0.00334	26120				
			0.1613		297.15	131	0.6280		(7.468)		0.00282	22080				
			0.1313			89	0.7715		(6.233)		0.00192	15000				

根据表 19-2，可画出节流阀全闭和全开时，用定压法测出该单向节流阀自由流向的流量特性曲线，如图 19-6 和图 19-7 所示。

从表 19-2 和图 19-6、图 19-7 可以看出：

1) p_1 确定后，随下游测压管后的流量控制阀的逐渐开启，下游测压管内的压力 p_2 逐渐降低，压差 (p_1-p_2) 逐渐增大，单向型密封圈的唇部逐渐开启，即被测阀的开度逐渐加大。这表示，在测试过程中，被测单向节流阀的流通面积一直在变化，不是固定值。因此，流量特性曲线近似四分之一椭圆曲线的假设是不成立的。用式（17-20）求出的 b 值是无意义的。从表 19-2 中可知，节流阀全闭，$p_1 = 0.7013\text{MPa}$（a），求出 b 在 $-1.10 \sim 0.144$ 之间，显然是不成立的错误值。

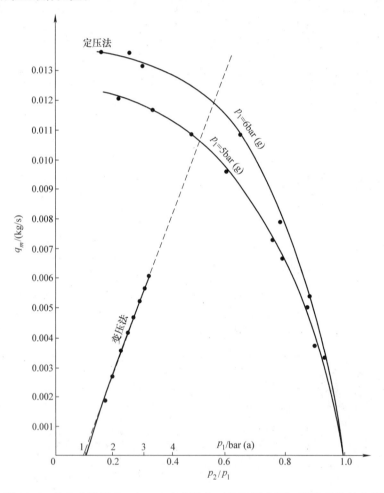

图 19-6　单向节流阀 R1/4 - φ6 自由流向（节流阀全闭）的流量特性曲线

2) 自由流道方向，理论上应该有临界点。当 p_2/p_1 足够小，单向型密封圈的唇部不会完全开启，但在最小截面处，马赫数 M 是可以达到 1 的。M 刚刚达到 1 时的 $(p_2/p_1)^*$ 就是临界压力比 b 值。在唇部未完全开启的不同位置的截面处，也会达临界，$M=1$。M 刚达到 1 时的 $(p_2/p_1)^*$ 也是临界压力比。所以，理论上，单向型密封圈的唇部在不同开度时，都有可能达到临界流态，即自由流道方向，允许存在多个 S 值和 b 值。

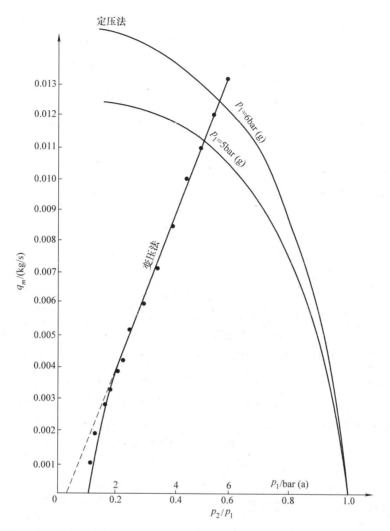

图 19-7 单向节流阀 R1/4 - φ6 自由流向（节流阀全开）的流量特性曲线

自由流道是锥形的环形通道，流道简单，按理，其临界压力比应比消声器高，与喷管相当。设自由流道的临界压力比 $b=0.5$，按 $p_2/p_1 \leq 0.5$ 计算出来的 S 值都应是临界流态下的有效面积，见表 19-2。

3）从图 19-6 和图 19-7 定压法的流量特性曲线的形状可以看出，在 $p_1=6$bar（g）时，单向型密封圈的唇部仍未达到最大变形。因为在 p_2/p_1 低时，流量特性曲线仍在上翘，表示流动并未壅塞。但流量特性曲线的上翘，并不意味着自由流道内未达到临界流态，只表示，p_1 再提高，唇部开度可更大，会通过更多的质量流量。这表明，自由流道内达到临界流态，但节流阀并未壅塞是可能的。

4）图 19-6 的流量特性曲线，严格讲，是 Rc1/4 直通快换接头（φ6）+ φ6×36mm 短管 + 被测单向节流阀的单向型密封圈的开度 + 单向节流阀出口的节流孔 φ4×15 这四件合成的气动元件的流量特性曲线，并不是被测单向节流阀单向型密封圈的流量特性曲线。故只能把图 19-6 当作（而不是）被测单向节流阀自由流道的流量特性曲线。

单测 φ6（内径 φ4）×36mm 短管，得 $S_1 = 11.2\text{mm}^2$，$b_1 \doteq 0.68$。设被测单向节流阀自由流道的临界流态下的有效面积为 S_2，临界压力比为 b_2。当单向型密封圈开度小时，$S_1/S_2 < b_1$ 是不成立的，说明上述合成元件的临界截面一定处于被测单向节流阀的单向型密封圈内。这可以说明两点，一是合成元件中是以被测单向节流阀的自由流道的特性为主，故把合成元件的流量特性曲线当作被测单向节流阀的自由流道的流量特性曲线是合理的。二是测出合成元件的 S 值一定小于 S_1（$=11.2\text{mm}^2$），此时表 19-2 中节流阀全闭、$p_1 = 0.6013\text{MPa}$（a）时，测出 S 值处在 $7.844 \sim 8.782\text{mm}^2$ 之间。

对这种测试过程中流道发生变化的被测元件，只提供实际的流量特性曲线就可以了，不会存在唯一的 S 值和 b 值。

5）单向型密封圈为了密封（以免漏气），存在一个初始密封接触力，故单向型密封圈需要一定的压差才能开启，这个压力（差）称为开启压力（如 0.1bar）。图 19-6 中，$p_2/p_1 = 0.985$ 时，$q_m = 0$，就是开启压力形成的。开启压力表示单向阀的开闭性能，与控制流量阀的流量特性没有关系。

6）若连接短管过长，$S_1/S_2 < b_1$ 是可能成立的，即合成元件的临界截面会处于连接短管内，则测出合成元件的 S 值是连接短管的 S 值。也就是说，名义上是测速度控制阀自由流道的流量特性，实际上测出的都是连接短管的流量特性，这种情况必须避免。

7）节流阀全开，当 $p_1 = 0.6013\text{MPa}$（a）时，测出的 S 值约为 8.7mm^2，大于节流阀全闭时的 $S = 7.80\text{mm}^2$，小于连接短管的 $S = 11.2\text{mm}^2$，这是合理的。

8）在 $p_1 = 5\text{bar}$（g）时，沿控制流道方向，测得节流阀全开时的 $S = 7.31\text{mm}^2$，$b = 0.468$。沿自由流道方向，测得节流阀全闭时的 $S = 7.844\text{mm}^2$ 左右。测得节流阀全开时，S 值仅略增至 8.767mm^2 左右。沿自由流道方向，为什么节流阀全开与全闭，对自由流道的 S 值没有太大的影响呢？下面分析一下此问题。

图 19-8 是使用定压法，测定单向节流阀自由流道的流量特性的回路图。上游是内径 4mm、长 36mm 的连接短管，设 $S_1 = 11.2\text{mm}^2$，$b_1 = 0.68$；设单向节流中的节流阀全开时的 $S_2 = 7.31\text{mm}^2$，$b_2 = 0.468$；设单向型密封圈的开度 $S_3 = 9\text{mm}^2$，$b_3 = 0.50$；单向节流阀管接头内有内径 4mm，长 15mm 的节流孔，设 $S_4 = 12\text{mm}^2$，$b_4 = 0.70$。

当节流阀全闭时，图 19-8 就变成图 19-9，是三件（件 1，件 3，件 4）串接。因 $S_3/S_4 = 9/12 = 0.75 > b_3$（$=0.5$），故临界截面处于节流孔内，即件 4 处于临界流态。

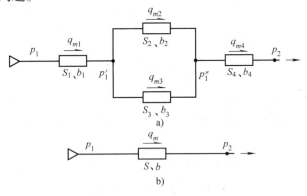

图 19-8 使用定压法测定速度控制阀自由流道的流量特性的回路图

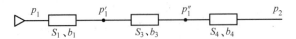

图 19-9 节流阀全闭，自由流道为三件串接

按式 (7-38), 有

$$\frac{p_1''}{p_1'} = \frac{b_3 + (1-b_3)\sqrt{1+(1-2b_3)(S_4/S_3)^2}}{1+(1-b_3)^2(S_4/S_3)^2}$$

$$= \frac{1}{1+\left(0.5 \times \frac{12}{9}\right)^2} = 0.692$$

按式 (7-39), 有

$$\frac{p_1'}{p_1} = \frac{b_1+(1-b_1)\sqrt{1+(1-2b_1)\left(\frac{S_4}{S_1}\frac{p_1''}{p_1'}\right)^2}}{1+(1-b_1)^2\left(\frac{S_4}{S_1}\frac{p_1''}{p_1'}\right)^2} = \frac{0.68+0.32\times\sqrt{1-0.36\times\left(\frac{12}{11.2}\times0.692\right)^2}}{1+\left(0.32\times\frac{12}{11.2}\times0.692\right)^2} = 0.915$$

由式 (7-36), 有

$$S = \frac{p_1'}{p_1}\frac{p_1''}{p_1'}S_4 = 0.915 \times 0.692 \times 12\,\text{mm}^2 = 7.6\,\text{mm}^2$$

由式 (7-37), 有

$$b \leqslant \frac{p_1'}{p_1}\frac{p_1''}{p_1'}\left(\frac{p_2}{p_1''}\right)^* = 0.915 \times 0.692 \times 0.7 = 0.443$$

设 $p_1 = 6.013\,\text{bar}$ (a), 则 $p_1' = 5.5\,\text{bar}$ (a), $p_1'' = 3.807\,\text{bar}$ (a), $p_2 \leqslant 2.664\,\text{bar}$ (a)。

图 19-9 中, 若仅单向型密封圈的开度 S_3 由 $9\,\text{mm}^2$ 改为 $5.5\,\text{mm}^2$ 或 $16\,\text{mm}^2$, 其他参数不变, 根据第 7 章 7.4 节三个元件串联的计算公式, 可算出各量并列于表 19-3 中。

表 19-3 某单向节流阀自由流道流动参数计算结果

S_1/mm^2	b_1	S_3/mm^2	b_3	S_4/mm^2	b_4	$S_3/S_4 < b_3$	临界截面	$p_1/\text{bar (a)}$	$p_1'/\text{bar (a)}$	$p_1''/\text{bar (a)}$	S/mm^2	b	$p_2/\text{bar (a)}$
11.2	0.68	5.5	0.50	12	0.70	是	在 S_3 内	6.013	5.785	1.256	5.29	0.394	≤2.369
11.2	0.68	9.0	0.50	12	0.70	否	在 S_4 内	6.013	5.50	3.807	7.6	0.443	≤2.664
11.2	0.68	16	0.50	12	0.70	否	在 S_4 内	6.013	5.21	4.565	9.11	0.531	≤3.193
11.2	0.68	节 7.31 / 单 9	0.468 / 0.5	12	0.70	否	在 S_4 内	6.013	5.20	4.571	9.123	0.532	≤3.2

当节流阀全开时, 单向阀和节流阀并联后的 S 值肯定大于单向阀的 S 值 ($=9\,\text{mm}^2$), 故临界截面仍会处在后面的节流孔内, 则可列出

$$q_{m1} = 0.04 \frac{p_1 S_1}{\sqrt{T_1}} \sqrt{1-\left[\frac{(p_1'/p_1)-b_1}{1-b_1}\right]^2} \tag{19-1}$$

$$q_{m2} = 0.04 \frac{p_1' S_2}{\sqrt{T_1}} \sqrt{1-\left[\frac{(p_1''/p_1')-b_2}{1-b_2}\right]^2} \tag{19-2}$$

$$q_{m3} = 0.04 \frac{p_1' S_3}{\sqrt{T_1}} \sqrt{1-\left[\frac{(p_1''/p_1')-b_3}{1-b_3}\right]^2} \tag{19-3}$$

$$q_{m4} = 0.04 \frac{p_1'' S_4}{\sqrt{T_1}} \tag{19-4}$$

$$q_m = 0.04 \frac{p_1 S}{\sqrt{T_1}} \tag{19-5}$$

令 $q_{m4} = q_m$，得

$$S = \frac{p_1''}{p_1} S_4 \tag{19-6}$$

令 $q_{m1} = q_{m4}$，得

$$\left(\frac{p_1'' S_4}{p_1 S_1}\right)^2 = 1 - \left(\frac{p_1'/p_1 - b_1}{1 - b_1}\right)^2 \tag{19-7}$$

令 $q_{m2} + q_{m3} = q_{m4}$，得

$$\frac{p_1' S_2}{p_1'' S_4} \sqrt{1 - \left[\frac{(p_1''/p_1') - b_2}{1 - b_2}\right]^2} + \frac{p_1' S_3}{p_1'' S_4} \sqrt{1 - \left[\frac{(p_1''/p_1') - b_3}{1 - b_3}\right]^2} = 1 \tag{19-8}$$

由式（19-8），可解出

$$\frac{p_1''}{p_1'} = 0.8783,$$

由式（19-7），可解出

$$\frac{p_1'}{p_1} = 0.8656,$$

由式（19-6），得

$$S = \frac{p_1''}{p_1} S_4 = \frac{p_1'}{p_1} \frac{p_1''}{p_1'} S_4 = 0.8656 \times 0.8783 \times 12 \text{mm}^2 = 9.123 \text{mm}^2$$

$$b \leq \left(\frac{p_2}{p_1}\right)^* = \frac{p_1'}{p_1} \frac{p_1''}{p_1'} \left(\frac{p_2}{p_1''}\right)^* = 0.8656 \times 0.8783 \times 0.7 = 0.532$$

设 $p_1 = 6.013 \text{bar}$（a），$p_1' = 5.2 \text{bar}$（a），$p_1'' = 4.571 \text{bar}$（a），$p_2 \leq 3.2 \text{bar}$（a）。有关数据也列于表 19-3 中。

连接短管（$\phi 4 \times 36 \text{mm}$）后面的被测单向节流阀分为两路，一路是全开的节流阀，一路是开口流道 $S = 9.0 \text{mm}^2$ 的单向阀，然后汇总从 $\phi 4 \times 15 \text{mm}$ 节流孔流出。被测单向节流阀两端压比 $p_1''/p_1' = 0.8783$，表明节流阀和单向阀内都处于低中速流动（<130m/s），临界截面处在被测单向节流阀出口的节流孔内。只要存在 $(S_2 + S_3)/S_4 > b_2$（或 b_3），则临界截面便处于被测单向节流阀出口的节流孔内。节流阀不论是全开还是全闭，当 $S_3 = 9.0 \text{mm}^2$ 时，$S_3/S_4 = 0.75$ 都大于 b_2（=0.468）或 b_3（=0.5 左右），故节流阀开闭不会影响到临界截面处在上述节流孔内。故节流阀的开闭，对被测单向节流阀的自由流道的 S 值没有太大影响。

对表 19-3，下列几点需要说明：

设单向型密封圈的 $b_3 = 0.5$，若单向型密封圈的 $S_3 < 6 \text{mm}^2$，则 $S_3/S_4 < 0.5$，临界截面便处于单向型密封圈内。如表 19-3 中的 $S_3 = 5.5 \text{mm}^2$ 时，该单向节流阀自由流道方向的临界截面便处于单向型密封圈内。相反，若单向型密封圈的 $S_3 > 6 \text{mm}^2$，因 $S_3/S_4 > 0.5$，则临界截面便处于单向节流阀出口的 $\phi 4 \times 15 \text{mm}$ 节流孔内。如表 19-3 中 $S_3 = 9 \text{mm}^2$ 或 16mm^2，或节流阀全开的情况下，临界截面都处于 $\phi 4 \times 15 \text{mm}$ 的节流孔内。

临界截面若处于单向型密封圈内，则合成的临界流态下的有效面积 S 一定小于 S_3，合成临界压力比 b 一定小于 b_3。如表 19-3 中 $S_3 = 5.5 \text{mm}^2$ 时，$S = 5.29 \text{mm}^2 < 5.3 \text{mm}^2$，$b =$

0.394 < 0.5。这是由于单向型密封圈下游 $\phi 4 \times 15\text{mm}$ 节流孔影响的结果。

临界截面若处于下游 $\phi 4 \times 15\text{mm}$ 节流孔内,随 S_3 的增大(含节流阀开启),合成的临界流态下的有效面积 S 值和临界压力比 b 值随之增大。当 S_3($+S_2$)增大至一定值后,合成的 S 值和 b 值便几乎不变了。见表19-3,不论是单向型密封圈开启的 S_3 增大至 16mm^2,还是节流阀全开($S_2 = 7.31\text{mm}^2$)加上单向型密封圈开启的 $S_3 = 9\text{mm}^2$,合计达 $S = S_2 + S_3 = 16.31\text{mm}^2$,其合成 S 值都在 9.11mm^2 左右,合成 b 值都在0.531左右。因为这两个参数 S、b 值主要取决于达临界截面的下游 $\phi 4 \times 15\text{mm}$ 的节流孔,而与($S_2 + S_3$)的大小关系不大,因该处已处于中低速流动。

由于下游 $\phi 4 \times 15\text{mm}$ 节流孔的限制,作为单向阀的单向型密封圈的开度达一定值后,就很难再继续增大。也就是说,单向型密封圈的唇部不可能达到完全开启。从表19-3可以看出,当 S_3 增大至一定值后,p_1''/p_1' 越来越大,即 p_1'' 越接近于 p_1',根本没有能力使唇部继续张开。

9)有一点要强调,本书用这么多篇幅分析自由流道的流动特性,主要目的是揭示自由流道内的真实流态,表明作者对 ISO 6358-1:2013 中单向节流阀自由流道的论述持不同意见。对单向节流阀来说,控制气缸运动速度的是单向节流阀的控制流道方向,故研究单向节流阀应以研究控制流道的特性为主,单向节流阀的自由流道方向不起任何控制速度的作用,它仅影响气动控制回路的动作频率。

2. 使用变压法

在图19-6和图19-7中,也画出了使用变压法测得的节流阀关闭和节流阀全开时,被测单向节流阀自由流向的流量特性曲线。从两图可以看出,当 $p_1 \geq 2\text{bar}$(a)时,流量特性曲线为直线。可以认为,该单向节流阀的临界压力比 $b \approx 0.5$。通过被测速度控制阀的质量流量可表达成(当 $p_1 > 2\text{bar}$(a)时)

节流阀关闭时, $\qquad q_m = 24.75 \times 10^{-4} p_1 - 0.00192$ (19-9)

节流阀全开时, $\qquad q_m = 23.5 \times 10^{-4} p_1 - 0.0009$ (19-10)

式(19-9)和式(19-10)中,q_m 以 kg/s 计,p_1 以 bar(a)计。

利用图19-6和图19-7及式(19-9)和式(19-10)便可以知道该被测单向节流阀自由流道方向在不同供气压力下通过的质量流量的大小。不必给出 S 值,因自由流道方向的流通面积是变化值,随 p_1 的不同,S 值是不同的。

单向型密封圈作为单向阀,其流道就是锥状环形孔,流道极其简单,故临界压力比在0.5左右是合理的。

节流阀关闭时,自由流道的测试回路是由连接短管 + 自由流道 + 出口节流孔三部分串接而成。在 $p_1 > 2\text{bar}$(a)的条件下,该串接回路处于临界流态。由式(19-9)可算出不同 p_1 下的 q_m 即为 q_m^*。再由式(6-6)可推算出该串接回路在临界流态下的合成有效面积 S 值。以上数据都列于表19-4中。

表19-4 单向节流阀(R1/4 - ϕ6)自由流道的 S 值

p_1/bar(a)	2	3	4	5	6	7	8	9	10
q_m^*/(kg/s)	0.0030	0.0055	0.0080	0.0105	0.0129	0.0154	0.0179	0.0203	0.0228
S/mm^2	6.31	7.71	8.46	8.84	9.07	9.26	9.41	9.52	9.61

若临界流态处于自由流道（S_2）内，则应存在 $S_2 < b_2 S_4 = 0.5 \times 12 = 6\mathrm{mm}^2$。$S_2$ 应当是合成元件的有效面积。但表 19-4 中，最小的合成元件的有效面积仅 $6.31\mathrm{mm}^2$。可见，该单向节流阀的临界截面不会处在自由流道内，只会处在单向节流阀的出口节流孔处。

从表 19-4 可以看出，p_1 增大时，S 值也增大，但增大趋势变缓。p_1 很大时估计 S 值不会超过 $10\mathrm{mm}^2$，这是出口节流孔的限制。

带快换接头的单向节流阀，其优点是连接方便，但其流通能力却小于两端是连接螺纹的单向节流阀。

19.3 测量单向节流阀流量特性的可用方法

单向节流阀流量特性的测试方法见表 19-5。

表 19-5　单向节流阀流量特性的测试方法

测试方法		直接测量法	ISO 6358:1989		串接声速排气法	ISO 6358-1:2013		等温容器放气法
			定压法	变压法		放气试验	充气试验	
螺纹连接	控制流道	可用	可用③	慎重使用④	可用	不能使用⑥	慎重使用④⑦	不可使用⑧
	自由流道							
快换接头连接	控制流道	慎重使用①	慎重使用②	慎重使用⑤	慎重使用①		慎重使用①④⑦	
	自由流道		慎重使用①	慎重使用①④	慎重使用①			

① 被测阀上游，需配置连接短管，故测出 S 值和 b 值是合成元件的值，而不是被测阀的 S 值和 b 值。
② 被测阀下游，需配置连接短管，故测出 S 值和 b 值是合成元件的值，而不是被测阀的 S 值和 b 值。
③ 使用最佳测点法（$q_m/q_m^* = 0.74 \pm 0.05$）测 b 值，不要用五点测量法测 b 值。
④ 只能使用作图法求 b 值和 S 值。
　注意最低使用压力对测试方法的限制。
　对快换接头的速度控制阀，自由流道是流道变化的元件不能测 b、S 值，只能提供流量特性曲线。
⑤ 辅助元件选用合适的短管。
⑥ 两测点之间，存在两个喉部，且测试时耗气量过大。
⑦ 不得安装下游测量管。
⑧ 测试原理及基本公式正确性可疑。

第20章 气动消声器和喷嘴的特性研究

这两种气动元件都属于出口无连接口的气动元件，只能使用变压法和直接测量法测定其流量特性。

20.1 消声器

空气做高速流动时出现的卷吸作用或压力发生突变，引起气体的强烈扰动，就会产生气动力噪声。使用气缸、气阀等气动装置，工作时向外界大气排气，由于余压较高，排气速度高，有可能达到声速甚至超声速，气体体积急骤膨胀，引起气体强烈振动，便产生刺耳的噪声。

噪声的强弱与排气速度、排气量和空气流道的形状等有关。排气速度与排气功率越大，噪声越大。排气噪声一般在 80～120dB。

长期在噪声环境下工作，会使人感到疲劳，工作效率降低，听力受损，影响人体健康。一般来说，高于85dB都应设法降低噪声。

20.1.1 消声器内的流态分析

典型的消声器结构如图20-1所示。

供气压力 p_1 从连接体的通口进入内腔。起始，内腔中为大气压力。当 p_1 升至比 p_a/b（p_a 是外界大气压力，b 是消声器的临界压力比）大时，消声器内在某处的流动会达到临界流态，该处 $M=1$。

如果消声套的流动阻抗大，内腔中的压力 p_b 会被憋高。当 $p_a/p_b < b$，而 $p_b/p_1 > b$ 时，临界截面便发生在消声套内。消声套内产生高速流动，出口速度高，对降噪是不利的。

如果消声套的流动阻抗较小，内腔内的压力 p_b 较低。当 $p_b/p_1 < b$，临界截面就发生在消声器进口的末端。因 $p_a/p_b > b$，消声套内形成亚声速流动，气体流动时产生的摩擦，使部分压力能转化为热能，便降低了出口的排气噪声。

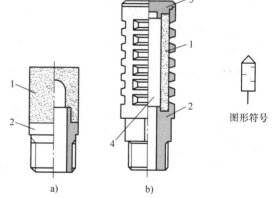

图 20-1 典型的消声器结构
a) AN103 b) AN303
1—吸声材料 2—连接体 3—端盖 4—内腔

p_1 较高，且 $p_b/p_1 < b$，消声器通口的出口处 $M=1$，在腔内便形成图20-2所示的超声速射流。

在 A、B 两点形成膨胀波，A、B 两点产生的膨胀波束相交于边界 C 点，C 点的马赫数增大至 M_C（>1），压力降至 p_b。EDF区内的气流过度膨胀，压力低于 p_b。为了让这个低于 p_b 的压力再升至边界上的压力 p_b，膨胀波必反射成压缩波。对没有黏性的气体而言，这个膨胀波与压缩波的交替出现，会周而复始下去。由于气体存在黏性，气体流动经有限的距离后，膨胀及压缩波系便会消失。在内腔内形成了膨胀-压缩波束的超声速流，再通过多孔的吸声材料内的流动，摩擦生热，将气体的压力能部分转化为热能，从而降低出口的排气噪声。

这是典型消声器内的流态。消声器内的结构不同，流态也有些变化。

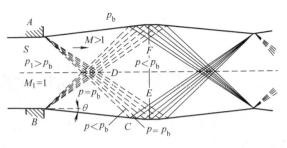

图 20-2　进口压力大于内腔压力形成的超声速射流

20.1.2　对消声器性能的要求

消声器最常见的是安装在换向阀的排气口上，以降低排气噪声。人们重视消声器的降噪作用，却往往忽视消声器也是要耗能的。消声器的流通能力差，会大大降低换向阀的流通能力。比如，若消声器的 S 值与换向阀的 S 值的比值分别为 1.0 和 1.5，则合成的 S 值大约是换向阀 S 值的 79% 和 94.5%。由此可见，若消声器的 S 值与换向阀的 S 值相当，就等于消声器让换向阀失去 21% 的流通能力。若消声器的 S 值是换向阀 S 值的 1.5 倍，换向阀上安装该消声器仅让换向阀失去 5% 左右的流通能力，这是可以接受的。通常，换向阀的有效面积 S 与通口几何面积 S_0 之比在 0.4 左右，故消声器的 S/S_0 应选 0.6 左右为宜。这就是对消声器性能的第一个要求。

通常，排气噪声在 80~120dB，高于 85dB 的噪声必须降噪。通常降噪要求达到 25~30dB。这就是对消声器性能的第二个要求。

降噪与提高流通能力是有矛盾的。降噪大，往往能耗也大，即流通能力变小，故应兼顾消声器的两个性能的要求。

20.1.3　消声器特性的测定（JB/T 12705—2016）

消声器的主要特性是流量特性和排气噪声衰减特性。

流量特性是测两个流量特性参数：临界流态下的有效面积 S 值和临界压力比 b 值。但国内消声器标准中规定：只测有效面积 S 值，不测临界压力比 b 值落后了。S 值应符合产品制造商的规定。国外消声器通常要求，当消声效果为 30dB 时，S/S_0 大于 0.5。

对排气噪声衰减特性，国内消声器标准中规定：金属消声器的消声效果≥13dB，非金属消声器的消声效果≥20dB。国外非金属消声器的消声效果≥30dB。

1. 流量特性的测定

测定流量特性的两个特性参数 S 值和 b 值，只能使用直接测量法（待开发）和变压法。不能使用定压法（ISO 6358）和串接声速排气法（GB/T 14513—1993）。

测试回路如图 20-3 所示。

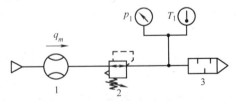

图 20-3　测定消声器流量特性的测试回路
1—流量计　2—减压阀　3—消声器

表 20-1 是利用变压法测试吸声材料为铜珠烧结的 1/4in 消声器的测试数据和计算结果。画出的流量特性曲线如图 20-4 所示。

表 20-1 1/4in 铜珠烧结消声器流量特性数据

测量值				计算值				
p_1/bar（a）	p_2/bar（a）	q_V/(L/min)（ANR）	T/K	p_2/p_1	q_m/(kg/s)	S/mm²	b	
							取 $S=28.39$mm²	取 $S=27.77$mm²
5.992	1.028	2061	284.6	0.1716	0.03919	28.42	—	—
5.000	1.025	1717	284.0	0.2050	0.03391	28.29	0.132	—
4.096	1.028	1418	284.2	0.2510	0.02800	28.53		—
3.031	1.025	1042	284.3	0.3382	0.02058	28.34	0.295	—
2.835	1.028	971		0.3626	0.01918	28.36	0.334	—
2.634	1.025	899		0.3891	0.01776	28.26	0.327	—
2.435	1.025	828	286.9	0.4222	0.01635	28.16	0.336	—
2.242	1.025	752		0.4572	0.01485	27.77	0.315	0.457
2.041	1.025	682		0.5022	0.01347	(27.67)	0.359	0.456
1.515	1.025	452	284.9	0.6766	0.00893	—	0.357	0.399
1.033	1.028	32.6	285.7	0.9952	0.00064		-0.143	-0.091

表 20-1 中的 q_m 按式（17-13）计算，S 值按式（17-18）计算。临界流态下和超临界流态下计算出的 S 值是正确的，亚声速流态下计算出的 S 值是不正确的，故用括号括起来。用作图法找到临界点，可得 $b=0.457$，$S=27.77$mm²。

按 ISO 6358:1989 及 ISO 6358-1:2013 中的规定，b 值应按式（20-1）计算

$$b = 1 - \frac{\Delta p/p_1}{1 - \sqrt{1 - \left(\dfrac{q_m}{C\rho_a p_1}\sqrt{\dfrac{T_1}{T_a}}\right)^2}} \quad (20\text{-}1)$$

将 C 值转化为 S 值，则式（20-1）变成式（20-2），即

$$b = 1 - \frac{\Delta p/p_1}{1 - \sqrt{1 - \left(\dfrac{q_m}{0.0404 p_1 S}\sqrt{T_1}\right)^2}} \quad (20\text{-}2)$$

按国际标准的规定，用式（20-1）计算 b 值时，首先涉及 C 值的选取问题。因国际标准中对 C 值如何选没有作出规定，则有几种选取的可能。一是选刚达临界点的 C 值；二是选超临界流态下的任何一点的 C 值；三是选超临界流态下所有测点 C 值的平均值。只有第一种选法是正确的。

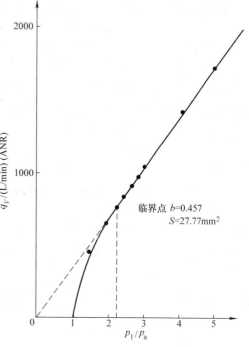

图 20-4 1/4″铜珠烧结消声器的流量特性曲线

在表 20-1 中，计算 b 值时，使用了两种选取 C 值的方法。一种是取作图法得到的临界点（$b = 0.457$）对应的 S 值（$= 27.77 \text{mm}^2$）；另一种是取 S 值最大的五点平均值 $S = 28.39 \text{mm}^2$。计算结果表明，按 $S = 28.39 \text{mm}^2$ 计算出 b 值的平均值为 0.269（最下面 7 点）。按超临界流态下的平均 S 值计算出平均的 $b = 0.269$，比真实 b 值小 47%。而且，还出现 b 值为负值的现象。

以上 b 值的计算结果表明，对变压法来说，不论是 ISO 6358：1989，还是 ISO 6358-1：2013，用该标准的公式去计算 b 值都是错误的。

变压法不能用公式（20-1）计算 b 值的原因如下。

定压法在保持气动元件进口压力 p_1 和进口温度 T_1 不变的前提下，流量特性曲线假设为椭圆曲线才成立。变压法不存在保持 p_1、T_1 不变的条件，却还使用椭圆曲线假设的公式，求出的 b 值当然会失真。况且，只有在亚声速流态下，才能求 b 值。对变压法来说，亚声速流态下的进口压力是相当低的，不仅测量仪表的实际测量精度大大降低，而且流动雷诺数也很小。与定压法相比，变压法会失去流动的相似性，故按式（20-1）计算出来的 b 值是不可信的。

对吸声材料是金属（如铜珠烧结、不锈钢珠烧结）的消声器来说，超临界流态下的有效面积 S 值基本不变。如表 20-1 的消声器，超临界流态下的 $S = (28.39^{+0.14}_{-0.10}) \text{mm}^2$。测点基本上都落在通过原点的切线上。

超临界流态下的有效面积 S 值有点波动的原因是，在较高进口压力 p_1 下，消声器内存在超声速流，会形成较弱的冲波系，出现涡流，产生扰动，形成流动参数的脉动，使计算出来的 S 值有些变化。

表 20-2 列出了使用变压法测试吸声材料为 3/8in 塑料纤维消声器的测试数据和计算结果。画出的流量特性曲线如图 20-5 所示。通过原点对低压测点连线作切线，切点则为临界点。临界点的 $b = 0.441$，对应 $S = 44.4 \text{mm}^2$。高压测点也能连成直线，但其延长线并不通过原点，即与低压测点连线的切线并不重合。这表明，在临界点之上，随着进口压力 p_1 从 2.435bar（a）增至 5.98bar（a），S 值也从 44.43mm^2 增大至 54.34mm^2，有效面积增大了 22.3%。这表明，塑料纤维消声套，在低压作用下不变形或变形很小，属于流道不变化的气动元件。随着进口压力 p_1 的增大，塑料纤维的消声套会发生弹性变形，导致有效面积 S 值的增大，已属于流道发生变化的气动元件。故这类消声器的流量特性曲线分成两段，低压条件下的塑料纤维未发生变形，可以通过原点作低压测点连线的切线，切点就是临界点，由临界点确定该消声器的 b 值和 S 值。高压条件下的测点连线若能连成直线，表明该塑料纤维消声套还处于弹性变形范围内。每个 p_1 下对应的 S 值是超临界流态下的有效面积，并不是刚达临界流态下的有效面积，是由于材料变形引起的 S 值的变化。一旦压力泄去，便可以恢复原状。若压力过高，吸声材料发生塑性变形，压力泄去就恢复不了原状了。压力再高，消声器就会被吹裂。

表 20-2 3/8in 塑料纤维消声器的流量特性测试数据

测量值				计算值					
p_1/bar (a)	p_2/bar (a)	T_1/K	q_V/(L/min) (ANR)	p_2/p_1	q_m/(kg/s)	S/mm^2	b		
							$S=54\text{mm}^2$	$S=48.2\text{mm}^2$	$S=44.4\text{mm}^2$
5.980	1.022	285.0	3937	0.1709	0.07776	54.34	—	—	—
5.032	1.022	285.8	3219	0.2031	0.06358	52.87	0	—	—
4.023	1.022	285.9	2494	0.2540	0.04926	51.25	-0.090	—	—

（续）

测量值				计算值					
p_1/bar（a）	p_2/bar（a）	T_1/K	q_V/(L/min)（ANR）	p_2/p_1	q_m/(kg/s)	S/mm^2	b		
							$S=54$mm^2	$S=48.2$mm^2	$S=44.4$mm^2
3.028	1.022	285.9	1744	0.3375	0.03444	47.61	-0.255	0.214	—
2.835	1.028	285.8	1588	0.3626	0.03136	46.37	-0.314	0.116	—
2.640	1.028	285.9	1458	0.3894	0.02880	45.66	-0.310	0.101	—
2.435	1.025	285.9	1309	0.4209	0.02585	44.43	-0.341	0.054	0.421
2.236	1.028	285.9	1153	0.4597	0.02277	(42.62)	-0.400	-0.014	0.250
2.035	1.628	287.0	998	0.5052	0.01971	(40.61)	-0.451	-0.072	0.170
1.533	1.022	285.5	619	0.6667	0.01223	—	-0.560	-0.192	0.025
1.025	1.022	285.4	0	0.9971	0	—	—	—	—

若按式（20-1）计算表 20-2 中的塑料纤维消声器的 b 值，取最大 $S=54$mm^2，算出 b 值全是负值。取表 20-2 压力 p_1 高的 8 个测点 S 值的平均值 $S=48.2$mm^2，求得 b 值十分分散，不仅偏小且有负值。取作图法求出的 $S=44.4$mm^2，求得 b 值也非常分散。这进一步证实国际标准 ISO 6358 提出的计算 b 值的公式（20-1）有待进一步讨论正误。

作图法如何正确测出临界点？

过原点，作测点连线的切线，切点就是临界点。但由于切线与测点连线是渐近线的关系，有时，切点位置是不容易判断的。如果切点附近增加测点数，对判断切点位置是有利的。

消声器的临界压力比 b 通常在 0.4～0.5 之间，故变压法的进口表压力 p_1 宜选

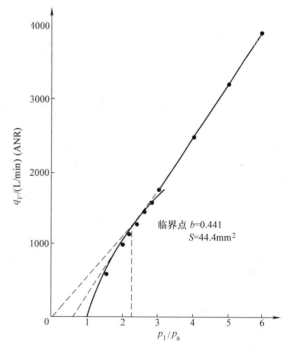

图 20-5 按表 20-2 数据画出的流量特性曲线

择 0.4、0.6、0.8、1.0、1.1、1.2、1.3、1.4、1.5、2、3、4 和 5bar（g）。测点重点放在低压区，不要放在高压区，也不要平均分配。

若仍难以判断临界点，简便的方法是，取高压测点能连成直线的最下测点与低压测点连线的最上测点的中间位置作为临界点。

2. 消声效果的测定

测定消声器的消声效果的气动回路如图 20-6 所示。节流孔板的结构示意如图 20-7 所示。其主要尺寸见表 20-3。

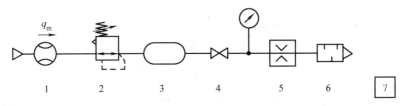

图 20-6 测定消声效果的气动回路
1—流量计 2—精密减压阀 3—气罐 4—截止阀 5—节流孔板 6—被测消声器 7—测声仪器

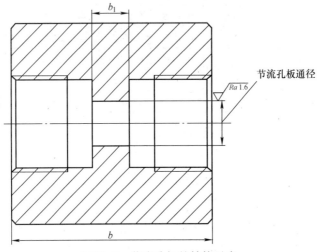

图 20-7 节流孔板的结构示意

表 20-3 节流孔板尺寸

连接口螺纹	消声器公称通径/mm	节流孔板通径/mm	节流孔板通径长度/mm	节流孔板宽度/mm
M5	3	2	5	15
G1/8	6	4		
G1/4	8	5.5（5.33）		
G3/8	10	7.5（6.67）		
G1/2	15	9.5（10）		
G3/4	20	13（13.33）		20
G1	25	16.5（16.67）		

JB/T 12705—2016 中规定，试验压力为 0.63MPa（g）。

测试时，先不装消声器，测出作为声源的节流孔板的噪声水平（dB）。再在节流孔板出口装上消声器，测出安装消声器后的噪声水平（dB）。二者之差即为消声效果。

该测试方法以下几点可商榷：

1）测试回路中的气罐 3 没有任何具体要求，可否不设。测进口压力 p_1 的压力表位置，可否移至精密减压阀之后。

2）为了使节流孔板的孔口直径具有相似性，建议孔口直径都取消声器公称通径的 2/3。节流孔板相当于换向阀的作用，即相当于换向阀的 S 值与换向阀公称通径的几何面积 S_0 之比为 0.4444。这样，节流孔口通径可改为表 20-3 中括号内的尺寸。

3）试验压力定为 0.63MPa（g）没必要。如 3/4″消声器，测试流量可达 13000L/min

（ANR）。通常，流量特性测试台上很难达到这么大流量。实际气动回路中，消声器是安装在换向阀的出口上。若供气压力达7bar（g），到消声器的进口压力也就2~3bar（a），何必要研究6.3bar（g）下的消噪能力呢？消声器的临界压力比$b>0.4$，测其两个流量特性参数，$p_1>2.5$bar（a）就可以了，也用不着要求试验压力为6.3bar（g）。

4）标准中规定的消声效果，是指在进口压力$p_1=6.3$bar（g）下，测出节流孔板的噪声与节流孔板后连接被测消声器后的噪声之差。是否可直接提供不同供气压力下（或特定供气压力）消声器的噪声水平？

5）流量特性只测一个S值，不测b值，两个参数均应测定。

表20-4是奉化气动检验中心提供的1/2in消声器排气噪声的测试数据。

表20-4 1/2in消声器排气噪声的测试数据

被测件	p_1/bar（a）	p_2/bar（a）	q_V/(L/min)（ANR）	T_1/K	噪声/dB	S/mm²	降噪/dB	出口流通面积/mm²	出口速度$u_{出}$/(m/s)
1/2in节流孔板（φ9.5）	1.139	1.001	592	298.65	100.7	—		272	36.7
	1.512	1.004	1036	297.45	100.1				64
	2.017	1.004	1544	297.55	105.4	64.36			96
	2.491	1.001	1962	297.85	108.9	66.46			122
	3.022	1.001	2406	297.55	111.5	67.14			149
	4.014	1.004	3173	297.45	115.6	66.65			197
1/2in节流孔板+1/2in塑料纤维消声器	1.244	1.001	591	298.65	72	—	28.8	2294	4.4
	1.781	1.001	1183	298.15	79.9		22.9		8.7
	2.219	1.001	1569	298.95	83.5	59.67	23.6		11.6
	2.672	1.001	1963	297.65	84.9	61.97	25.1		14.5
	3.172	1.001	2406	297.35	87.3	63.95	24.7		17.7
1/2in节流孔板+1/2in网孔式消声器	2.009	1.004	1298	297.45	96.6	54.48	8.8	234.4	93.4
	2.502	1.001	1650	297.25	97.7	55.59	11.2		119
	3.008	1.004	2018	297.25	97.9	56.55	13.6		145
	4.008	1.004	2727	297.45	100.2	57.37	15.4		196

被测消声器：1/2in塑料纤维消声器一个，1/2in网孔式消声器一个。

节流孔板：连接口螺纹1/2in，孔口通径φ9.5。

表中消声器的出口流速$u_{出}$是令$q_m=\rho_a q_V/60000=\rho_{出} u_{出} A_{出}=\dfrac{p_a}{RT_{出}}u_{出}A_{出}$求出的。令$T_{出}=T_1$，当$u_{出}$较高时，$T_{出}$应低于$T_1$，故算出$u_{出}$有一定误差。

表中供气压力p_1未按消声器标准取$p_1=6.3$bar（g），而是取$p_1<3$bar（g），这基本上是消声器在实际使用回路中的供气压力范围。

从表20-4可以看出：

1）按国内标准，非金属消声器，在$p_1<2.17$bar（g）时，降噪>20dB是达标的。从降噪的变化趋势看，当$p_1=6.3$bar（g）时，有可能仍能达标。对网孔式消声器，属于金属消声器，在$p_1>2$bar（g）时，降噪>13dB也是达标的。但与国外产品要求降噪30dB相比，仍有较大差距。

2）若要求消声器噪声水平≤85dB，对非金属消声器，在 p_1 < 2.17bar（g）下，基本能达标。但 p_1 大于 2.17bar（g），就难以达标。对网孔式消声器，噪声水平远高于85dB，应改进。

对网孔式消声器来说，应取消内部压紧不锈钢网的多孔板，改用其他方法压紧钢网。因多孔板的流通面积太小，大大降低了消声器的流通能力，造成流速过高，提高了噪声。罩外多孔的流通面积也太小，导致出口速度太大，不仅流通能力小，且噪声过大。应尽量增大罩外孔口的流通面积，以增大流通能力，降低噪声。

3）出口流速大小是产生噪声大小的重要因素之一。出口流速越大，噪声则越高。消声器外径受安装空间的限制，为了降低消声器的出口流速，又不影响消声器必要的流通能力，应增大消声器的高度。

20.1.4 大通径消声器的性能测试

不同通径的消声器，在不同的进口压力 p_1 下，通过消声器的预估流量 q_V〔单位：L/min（ANR）〕见表20-5。

表20-5 不同通径消声器通过的预估流量 q_V

通径/mm	预估 S 值 /mm²	p_1/MPa（a）					
		0.20	0.25	0.40	0.50	0.60	0.63
6	17	480	600	960	1200	1440	1952
8	30	847	1059	1694	2117	2541	3092
10	47	1327	1659	2654	3317	3981	4844
15	106	2993	3741	5986	7482	8979	10924
20	188	5308	6635	10616	13270	15924	19374
25	294	8301	10376	16602	20752	24903	30299
32	482	13609	17011	27218	34022	40827	49673
40	754	21289	26611	42578	53222	63867	77705
50	1177	33233	41541	66466	83082	99699	121300

奉化气动检验中心流量特性测试台可测最大流量为 15000L/min（ANR）。从表20-5可知，通径 25mm 的消声器，进口压力 p_1 应小于 0.35MPa（a）；若要选进口压力 p_1 = 0.63MPa（g），只能测通径 15mm 的消声器。

奉化气动检验中心测试了各种吸声材料、不同生产厂家、不同通径（25mm 及以下）的几十个消声器，表明它们的临界压力比在 0.42~0.48 之间。这说明，测消声器的两个流量特性参数 S 值和 b 值，取 p_1 = 0.25MPa（a）就可以了。

吸声材料相同的同一系列不同通径的消声器，其流道具有相似性，故可以认为，同一系列的大通径消声器（25mm 以上）的临界压力比与 25mm 以下小通径的临界压力比是相同的。而 25mm 以上消声器的 S 值，可以使用绝热声速排气法的气罐进行测量就可以得到。不使用变压法，也就用不着大流量计了。

20.1.5 国内消声器性能的现状及提高性能的建议

下面将奉化气动检验中心提供的部分国产消声器的流量特性数据及有关厂家提供的资料列于表20-6中。

表20-6 部分国产消声器的流量特性参数及有关资料

消声套材质	连接口径/in	通口直径 d_0/mm	通口面积 S_0/mm²	外流通面积 $S_{外}$/mm²	空隙率 η	多孔板 S'/mm²	多孔板 S'/S_0	临界点(T_1=293.15K) p_1/MPa(a)	q_V/(L/min)(ANR)	S/mm²	b	S/S_0	u_0/(m/s)	$S_{外}/S_0$	$u_{外}$/(m/s)	高压点(T_1=293.15K) p_1/MPa(a)	q_V/(L/min)(ANR)	S/mm²	S/S_0	u_0/(m/s)	$u_{外}$/(m/s)
铜珠烧结	1/8	6.24	30.6	295	0.38	—		0.2333	562	20.4	0.44	0.67	131	9.64	31	0.6033	1596	22.5	0.74	144	89
	1/4	8.99	63.4	648	0.43	—		0.2330	1551	56.4	0.44	0.89	174	10.22	39	0.6039	4248	59.3	0.94	184	107
	3/8	12.3	119	1146	0.43	—		0.2324	2190	79.9	0.44	0.67	131	9.62	31	0.4046	4134	86.6	0.73	143	59
	1/2	15.5	189	1587	0.38	—		0.2219	3973	150	0.45	0.79	157	8.40	41	0.5035	10716	178	0.94	187	111
	3/4	20.5	330	2451	0.40	—		0.2134	4973	195	0.48	0.59	117	7.44	33	0.4035	9707	201	0.61	121	65
	1	25.8	524	4538	0.47	—		0.2132	6321	249	0.48	0.47	94	8.67	23	0.3508	10824	259	0.49	98	39
钢珠烧结	1/8	5.87	27.1	254	0.30	—		0.2333	363	13.2	0.44	0.49	95	9.39	23	0.6033	1105	15.5	0.57	112	71
	1/4	9	63.6	544	0.41	—		0.2336	699	25.3	0.44	0.40	78	8.55	21	0.6036	2101	29.5	0.46	91	63
	3/8	10.98	94.6	909	0.43	—		0.2330	1118	51.2	0.44	0.54	84	9.61	26	0.6044	4236	58.9	0.62	123	76
	1/2	15.05	177.8	1366	0.40	—		0.2128	2316	91.0	0.48	0.51	102	7.68	29	0.4041	5126	107	0.60	118	62
	3/4	19.98	313.4	2381	0.39	—		0.2134	4837	190	0.48	0.61	120	7.60	33	0.4032	9550	199	0.63	125	66
	1	25.19	498.1	3297	0.36	—		0.2131	5390	213	0.48	0.43	84	6.62	27	0.3511	9354	224	0.45	89	47
塑料纤维	1/8	4.93	19.1	254	0.53	—		0.2333	422	15.3	0.44	0.80	157	13.3	27	0.6036	1128	15.9	0.83	163	73
	1/4	6.79	36.2	852	0.46	—		0.2333	859	31.2	0.44	0.86	169	23.5	16.5	0.6030	2348	33.0	0.91	179	45
	3/8	10.01	78.7	1240	0.41	—		0.2327	1886	68.1	0.44	0.87	171	15.8	25	0.5038	4189	70.0	0.89	175	55
	1/2	12.9	131	2294	0.52	—		0.2330	2227	80.2	0.44	0.61	121	17.6	16	0.4035	4301	89.5	0.68	135	31
钢孔网式	1/8	5.98	28.1	58.6	0.423	12.6	0.448	0.2333	364	13.1	0.44	0.47	92	2.09	102	0.6033	973	13.6	0.48	95	272
	1/4	8.65	58.7	95.6	0.423	28.2	0.480	0.2330	565	20.4	0.44	0.35	69	1.63	97	0.6027	1494	20.6	0.36	70	256
	3/8	11.89	111	131	0.423	47.1	0.424	0.2330	986	35.1	0.44	0.32	63	1.18	123	0.6027	2769	38.1	0.35	69	346
	1/2	15.19	181	234	0.423	78.5	0.434	0.2134	1794	69.7	0.48	0.39	77	1.29	125	0.5020	4479	74.1	0.42	82	313
	3/4	19.98	313	334	0.423	129	0.412	0.2131	4462	174	0.48	0.56	111	1.07	219	0.4035	8504	175	0.57	112	417
	1	26.01	531	419	0.423	226	0.426	0.2137	4722	183	0.48	0.35	69	0.79	185	0.3534	7899	186	0.35	70	309

表中钢孔网式消声套是指腔内用多孔板将不锈钢网压在消声器的连接体上，外面安装一个多孔的外罩。利用均匀分布的网孔，透气均匀，过滤面积大，能拦截杂质，降低噪声，具有耐高温、耐腐蚀和使用寿命长的特点。

通口直径是实测值，不是名义尺寸。

空隙率是指消声套的透气面积与外表面积之比，记为 η。可近似认为

$$\eta = 1 - \frac{m}{\rho V} = 1 - \frac{m}{\rho \left[\frac{\pi}{4}(d_{外}^2 - d_{内}^2)H + \frac{\pi}{4}d_{内}^2 \delta \right]} \tag{20-3}$$

式中 m——消声套的实际质量，单位为 g；
ρ——消声套材质的密度，单位为 g/mm³；
V——消声套的体积，单位为 mm³；
$d_{外}$——消声套的外径（参见图 20-8），单位为 mm；
$d_{内}$——消声套的内径，单位为 mm；
H——消声套的高度，单位为 mm；
δ——消声套的壁厚，单位为 mm。

通口面积计算公式为

$$S_0 = \frac{\pi}{4}d_0^2;$$

外流通面积计算公式为（除钢孔网式外，对于钢孔网式，外流通面积是外罩上所有开孔面积之和）

$$S_{外} = \left(\pi d_{外} H + \frac{\pi}{4}d_{外}^2\right)\eta$$

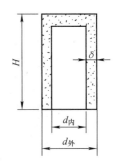

图 20-8 消声套的形状

表 20-6 中 S' 为多孔板的流通面积，单位为 mm²。

$$流速\ u = \frac{q_m}{\rho S} = \frac{\rho_a q_V}{66000}\frac{RT}{pS} = \frac{1.185 \times 287 \times 293}{60000}\frac{q_V}{pS} = 1.66\frac{q_V}{pS} \tag{20-4}$$

式（20-4）中，q_V 以 L/min（ANR）计，p 以 MPa（a）计，S 以 mm² 计，u 以 m/s 计，令 $T=293$ K。计算 u_0 时，S 取 S_0，p 取 p_1；计算 $u_{外}$ 时，S 取 $S_{外}$，p 取 p_a [$=0.1013$ MPa（a）]。

利用式（20-4）计算 u，是一种粗略但简单的计算法。温度 T 和压力 p 大约都存在百分之几的误差，故计算出的 u_0 和 $u_{外}$ 是近似值，只作为分析参考。

对钢孔网式消声器来说，由于临界截面极有可能不处在内部多孔板处，而处在外罩上的开孔口内，则开孔出口截面上可能存在的压力高于大气压力，故假设出口压力为大气压力是不符合实际的，则计算出的 $u_{外}$ 会大于声速。这种消声器内的流态尚需进一步研究。

从表 20-6，可做出如下分析：

1）由于进口压力 p_1 在 0.05~0.15 MPa（g）范围内测点较密，利用变压法的作图法找临界点，得出所有被测消声器的 b 值在 0.44~0.48 之间。由于消声器的流道相似性很强，求出许多消声器的 b 值基本一致是可以理解的。过去测消声器的流量特性，测点通常在 0.5~6 bar（g）范围内，间距较大，均匀取点，结果临界点附近取点少，很难找到临界点，故得不出准确的 b 值。

2）消声器的流通能力通常用 S/S_0 来衡量。S_0 是指消声器通口的几何面积。希望 S/S_0 在 0.6 ± 0.05 为宜。但表 20-6 中，S/S_0 处在 0.32~0.89 之间。S/S_0 如此分散，原因很多，

下面作些分析。

原因之一是，通口尺寸不规范。例如，1/4in 连接口径的通口应是 8mm。从表 20-6 发现，不同材质的消声器，其 d_0 在 6.79~9mm 之间。若 1/4in 消声器的 $S=40mm^2$，通径为 8mm 时，则 $S/S_0=0.8$；通口为 7mm 时，则 $S/S_0=1.04$；通口为 9mm 时，则 $S/S_0=0.63$。可见，通口尺寸若不规范，则 S/S_0 就失去比较意义。就会出现根本不可能存在的 $S/S_0 \geqslant 1$ 的情况。S/S_0 大，可能是虚假值，就不能代表流通能力大。故通口尺寸一定要做到规范。

原因之二是，空隙率不统一。从宏观看，塑料纤维消声器比钢孔网式消声器的空隙率大，故 S/S_0 大。应着手研究，保持合适的流通能力（如 $S/S_0=0.6\pm0.05$）与控制噪声大小（如 85dB 以下）的最合理的空隙率 η。不要让空隙率为随意值。

原因之三是，消声套的外表面流通面积 $S_{外}$ 与通口面积 S_0 之比（$S_{外}/S_0$）不统一。从宏观看，$S_{外}/S_0$ 大，则 S/S_0 大。在相同空隙率的前提下，$S_{外}/S_0$ 越大，则 S/S_0 也越大。为了降低噪声，空隙率应减小，则导致流通能力也减小；为了提高流通能力，只能增大 $S_{外}/S_0$。即保持合理流通能力（S/S_0）下，希望噪声小，则要增大 $S_{外}/S_0$。因消声器的外径受安装空间的限制，故 $S_{外}/S_0$ 越大，只能使消声套越长（高）。根据经验，$S_{外}/S_0=25\pm10$ 为宜。从表 20-6 的数据可以看出，国产大多数消声器的两个流量特性参数 S、b 值基本上能满足要求，但 $S_{外}/S_0$ 都远小于 25 ± 10。表明国产消声器的噪声普遍偏高。从表 20-6 中也可以看出，塑料纤维型消声器消噪能力相对好一些，但钢孔网式消声器的消噪能力差，需要做较大的改进。

3）四种消声材质的比较。表 20-7 列出了表 20-6 在临界点的各种消声套材质的 S/S_0、空隙率和 $u_{外}$ 的平均值。很遗憾，缺少噪声值，姑且用消声器向外界大气的排气速度 $u_{外}$ 替代。从表 20-7 中看出，塑料纤维空隙率大，流通能力（以 S/S_0 代表）强，这可以理解。但噪声（以 $u_{外}$ 代表）却小。表明塑料纤维消噪能力比其他三种材质好。当然，其他三种耐压、耐温、耐腐蚀、使用寿命长。

表 20-7　各种材质消声套的三项性能比较（临界流态）

消声套材质	S/S_0	空隙率	$u_{外}/(m/s)$
塑料纤维	0.785	0.48	21
铜珠烧结	0.68	0.42	30
钢珠烧结	0.50	0.38	26.5
钢孔网式	0.41	0.42	142

钢孔网式的空隙率看起来虽与铜珠烧结一样大，但不仅流通能力小近一半，且 $u_{外}$ 大四倍以上，表明噪声很大。这是由于钢网是单层，对流体流动的阻尼作用较差；多孔板的流通面积 S' 太小，钢外罩上的开孔面积也太小，导致 $u_{外}$ 过高，噪声过大。但这种消声器也有很大的改进空间，可以提高其流通能力和降噪能力。如取消压紧钢网的多孔板，改成其他压紧钢网的方法；增加外罩上的开孔数量，将 $u_{外}$ 减小至与其他材质的 $u_{外}$ 相当，便能大大提高流通能力和降噪能力。

20.2　喷嘴

喷嘴通常是安装在（气）喷枪的头部，用于吹除工件、清理现场等作业。简单的喷嘴如图 20-9 所示。喷嘴头部有个长径比很小的孔口，孔口直径为 d。为了减少流动损失，将

较大的内径 D 通过较大的收缩角 α 收缩成小孔 d。由于收缩角大,气流的惯性在小孔 d 内形成颈缩现象,故喷嘴在临界流态下的有效面积 S 小于小孔的几何面积 $S_0 = \frac{\pi}{4}d^2$。通常可设

$$\frac{S}{S_0} = 0.7 \sim 0.8 \tag{20-5}$$

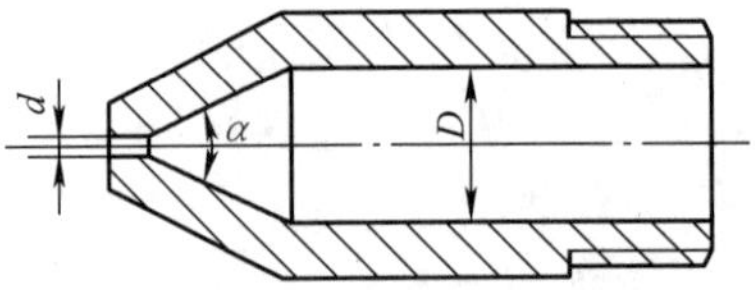

图 20-9 喷嘴

喷嘴的流道简单,从孔口射出直线射流,流动损失很小,其临界压力比通常可取 $b = 0.5$。也就是说,供气压力 p_1 大于 1bar(g),喷嘴内就可达到临界流态,故通过喷嘴的质量流量 q_m^* 可按式 (6-6) 进行估算。也可根据测出的 p_1、T_1、q_V^*,反推出该喷嘴在临界流态下的有效面积 S 值,应令 $p_1 > 1.5$bar(g)。

第 21 章 真空发生器的流动特性

以压缩空气为动力源,利用真空吸附作为实现自动化的一种手段,已在电子、半导体元件组装、汽车组装、自动搬运机械、轻工机械、食品机械、印刷机械、塑料制品机械、包装机械、锻压机械和机器人等许多领域得到广泛的应用。

对任何具有较光滑表面的物体,特别对于非金属且不适合夹紧的物体,如纸张、塑料膜、铝箔、易碎玻璃及其制品和集成电路等微型精密零件,都可使用真空吸附来完成各种作业。

21.1 真空发生器的工作原理

典型的真空发生器的结构原理如图 21-1 所示,它是由先收缩后扩张的拉瓦尔喷管 1、负压腔 2 和接收管 3 等组成。有供气口、排气口和真空口。

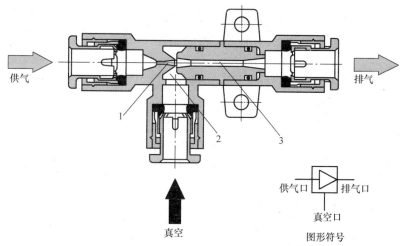

图 21-1 真空发生器的结构原理
1—拉瓦尔喷管 2—负压腔 3—接收管

当供气口的进口压力高于一定值后,从喷管射出的超声速射流,利用气体的黏性,卷吸负压腔内的气体,使该腔内形成很高的真空度。在真空口处接上真空吸盘,靠真空压力便可吸取被吸吊物。

典型的真空回路如图 21-2 所示。

真空回路中的气体必须是清洁干燥,即无油(设置油雾分离器)、无水分(设置冷冻式干燥器,使压力露点达 10℃)和无尘(设置空气过滤器)的空气。

利用减压阀调节回路进口压力的大小。

当需要吸附工件时,打开供给阀 5 让真空发生器 7 产生真空压力,吸开单向阀 9 便能靠真空吸盘 14 吸附工件。

真空过滤器 12 是将从大气中吸入的污染物(主要是尘埃)收集起来,以防止真空系统

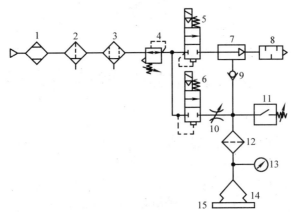

图 21-2 典型的真空回路

1—冷冻式干燥器 2—空气过滤器 3—油雾分离器 4—减压阀 5—供给阀 6—真空破坏阀
7—真空发生器 8—消声器 9—单向阀 10—节流阀 11—真空压力继电器 12—真空过滤器
13—真空表 14—真空吸盘 15—被吸吊物

中的元件被污染而出现故障。

真空压力继电器 11 是用于检测真空压力的开关。当真空压力未达到设定值时，压力继电器处于接通状态，发出电信号，指挥真空吸附机构动作。当真空系统存在泄漏、吸盘破损或气源压力变动等原因而影响到真空压力大小时，装上真空压力继电器便可保证真空系统安全可靠的工作。

真空破坏阀 6 是破坏吸盘内的真空状态，将真空压力变成大气压力或正压力，使工件脱离吸盘的阀。

节流阀 10 用于控制真空破坏的快慢。

单向阀 9 的作用，一是当供给阀 5 停止供气时，保持吸盘内的真空压力不变，节能。二是一旦遇到停电情况，可延缓被吸吊物 15 脱离的时间，以便采取安全对策。

21.2 真空发生器的特性计算

真空发生器可简化成图 21-3 所示的计算示意图。它是由拉瓦尔喷管 1、吸入腔 2、混合室 3 和吸入口 4 所组成。

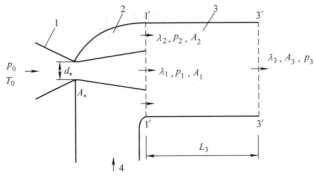

图 21-3 真空发生器计算用示意图

1—喷管 2—吸入腔 3—混合室 4—吸入口

设拉瓦尔喷管的喉部直径为 d_*、喉部面积为 A_*，出口面积为 A_1。进口总压力为 p_0、总温度为 T_0。出口截面上的速度系数为 λ_1、总压力为 p_{01}、静压力为 p_1，总温度为 T_{01}。吸入口的截面积为 A_2，速度系数为 λ_2，总压力为 p_{02}，静压力为 p_2，总温度为 T_{02}。混合室出口截面积为 A_3，速度系数为 λ_3，总压力为 p_{03}，静压力为 p_3，总温度为 T_{03}。

21.2.1 空气消耗量

空气消耗量是指从喷管流出的流量。可用质量流量 q_{m1} 或标准状态下的体积流量 q_{V1} 表示。

当喷管的喉部达到临界流态时，q_{m1} 记为 q_{m1}^*，有式（5-38）如下

$$q_{m1}^* = 0.0404 p_0 \frac{S}{\sqrt{T_0}} \tag{21-1}$$

式中　S——拉瓦管喷管内处于临界流态下的有效面积，单位为 mm^2；

　　　p_0——进口总压力，单位为 MPa（a）；

　　　T_0——进口总温度，单位为 K。

为了加工方便，真空发生器中的拉瓦尔喷管的收缩段使用 30°～60°收缩角的截锥形。喉部使用长径比为 0.5～1 的等直管路。扩张段使用扩张角为 6°～8°的截锥形。当气体流过拉瓦尔喷管时，由于气体流动的惯性，以 30°～60°角流入喉部，不可能直接转变成平直流动进入喉部，故临界流态下的有效面积 S 值一定小于 A_* 值。根据经验，可取

$$S = 0.8 A_* \tag{21-2}$$

故式（5-38）可改写成

$$q_{m1}^* = 0.0323 p_0 \frac{A_*}{\sqrt{T_0}} \tag{21-3}$$

上述拉瓦尔喷管的临界压力比一定小于 0.528，可近似取 $b = 0.5$。即大致认为 $p_0 = 2\text{bar}$（a）时，喉部便可达到临界流态。

因 $q_{m1} = \rho_a \cdot q_{V1}$，若 q_{V1} 以 L/min（ANR）计，则用标准状态下（$\rho_a = 1.185\text{kg/m}^3$）的体积流量表达临界流态下的流量的话，则有

$$q_{V1}^* = \frac{q_{m1}^*}{1.185} \times 60 \times 10^3 = 50633 q_{m1}^* \tag{21-4}$$

将式（21-3）代入式（21-4），则有

$$q_{V1}^* = 1636 p_0 \frac{A_*}{\sqrt{T_0}} \tag{21-5}$$

式（21-5）中，p_0 以 MPa（a）计，A_* 以 mm^2 计，T_0 以 K 计，q_{V1}^* 以 L/min（ANR）计。

从式（5-38）可知，q_{m1}^* 与 p_0 和 S 成正比。若拉瓦尔喷管收缩段使用式（5-80）的曲线，S 值会非常接近 A_* 值。若收缩段改成收缩角，则收缩角越大，喉部等直段越长，S 值越小于 A_* 值。

21.2.2 最大吸入流量

从吸入口吸入的流量记为 q_{V2}。当吸入口完全向大气敞开时，其吸入流量最大（与不完全敞开时的流量相比），称为最大吸入流量。在某个（或某区间）p_0 值时，最大吸入流量达极限值，称为最大吸入流量的极限值。

1. 吸入口完全敞开时的流态变化

图 21-4 给出了 p_0 不断增大的情况下，真空发生器内的流态变化。

1) 当 p_0 很小时, 喷管内全是亚声速流动, 如图 21-4a 所示。$\lambda_1 < 1$, $\lambda_2 < 1$, $\lambda_3 < 1$, $p_1 = p_2$, $p_3 = p_a$。

2) p_0 逐渐增大, 但 $p_0 < p_0^{1)}$ ($p_0^{1)}$ 是指喷管出口上存在正冲波时的 p_0) 时, 喷管内由全亚声速流动演变成有一正冲波从喉部逐渐移至喷管出口, 如图 21-4b 所示。喉部至正冲波之间为超声速流动, 正冲波后为亚声速流动。因 $\lambda_1 < 1$, $\lambda_2 < 1$, 故 $p_1 = p_2$。因 $\lambda_3 < 1$, 故 $p_3 = p_a$。此段吸入流量 q_{V2} 虽很小, 但在逐渐增大。

3) 当 $p_0 = p_0^{1)}$ 时, 喷管出口存在正冲波, 如图 21-4c 所示。对正冲波, 波前速度系数 λ_1 和波后速度系数 λ'_1 存在 $\lambda_1 \lambda'_1 = 1$。即波前 $\lambda_1 > 1$, 波后 $\lambda'_1 < 1$, 故波后静压力 $p'_1 = p_2$。因 $\lambda_3 < 1$, 故 $p_3 = p_a$。正冲波的波前波后静压力突增, 总压力突降。

4) 当 $p_0^{2)} > p_0 > p_0^{1)}$ ($p_0^{2)}$ 是指混合室出口上存在正冲波时的 p_0) 时, 如图 21-4d 所示。随 p_0 的增大, λ_1 保持不变, 但 λ_2 逐渐增大, p_2 逐渐减小, 但 p_2 仍大于 p_1, 故喷管出口便由正冲波演变成为强斜冲波, 波后为亚声速流, 即 $\lambda'_1 < 1$。λ_2 也小于 1。$\lambda_3 < 1$, 故仍 $p_3 = p_a$。随 p_0 的增大, 虽 p_2 仍大于 p_1, 但 p_2/p_1 在逐渐减小, 斜冲波的强度在逐渐减弱。此段 q_{V2} 逐渐增大。当强斜冲波演变成弱斜冲波时, 波后就变成超声速流动, 即 $\lambda'_1 > 1$。为了与混合室出口外的大气压力相适应, 在混合室内, 波后的超声速流动会演变成冲波系, 该冲波系随 p_0 的增大, 逐渐向混合室出口移动。λ'_1 随之增大, λ_2 也随之增大, 但 λ_2 仍小于 1。

5) 当 $p_0 = p_0^{2)}$ 时, 混合室出口上存在正冲波, 如图 21-4e 所示。此时, $\lambda_1 > 1$ 保持不变。随 p_0 的增大, 吸入腔入口的速度系数 λ_2 增大至 $\lambda_2 = 1$。因 p_2 略大于 p_1, 混合室内存在弱斜冲波或复杂波系, 波后已转变成超声速流, 即 $\lambda_3 > 1$。混合室出口正冲波的波后 $\lambda'_3 < 1$, 故 $p'_3 = p_a$。喷管出口只要存在冲波系, 波束就变成收缩形。故吸入气流的最小截面一定就是吸入腔的进口处, 故吸入腔的进口截面上, 一定 $\lambda_2 = 1$。此时, q_{V2} 达最大值。

6) $p_0^{3)}$ 是指喷管出口开始出现膨胀波时的进口压力。此时, $p_1 > p_2$。当 p_0 开始大于 $p_0^{3)}$ 时, 引射的超声速气流的流道开始扩张, 迫使

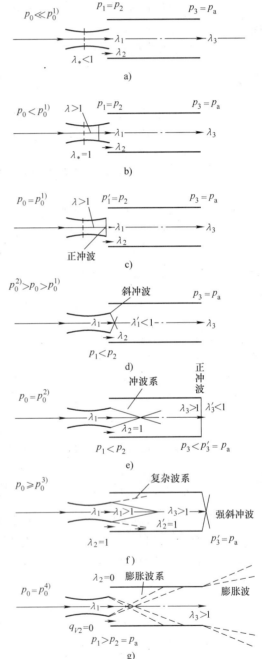

图 21-4 真空发生器吸入口完全敞开情况下的流态变化

被引射气流的流道开始被压缩，被引射气流的临界截面便从混合室的进口向混合室内移动，q_{V2} 自然开始减小。混合室内是超声速气流，出口存在强斜冲波系，如图 21-4f 所示。

7）当 p_0 增大至 $p_0^{4)}$（指真空发生器的吸入口被关闭时的 p_0，即 $q_{V2}=0$）时，如图 21-4g 所示。$\lambda_1>1$ 仍保持不变，但 $p_1>p_2=p_a$，喷管出口存在膨胀波，且最末道膨胀波与混合室壁面相交，吸入腔不能再从外界吸入气体，即 $q_{V2}=0$，真空发生器形成关闭状态。这时，混合室出口上形成强膨胀波系，以便将高于大气压的压力 p_3 膨胀降至外界大气压力。

2. 吸入口完全敞开时的特性计算

在图 21-3 中，取混合室 1133 为控制体，根据本书第 5 章 5.15 节气体引射器推导出的有关公式，有如下方程。

根据质量方程，有

$$q_{m1}=q_m^*$$

$$q_{m3}=q_{m1}+q_{m2}$$

由式（5-118）、式（5-119）可知，引射系数

$$n=\frac{q_{m2}}{q_{m1}}=\frac{p_{02}A_2 q(\lambda_2)}{p_{01}A_1 q(\lambda_1)} \tag{21-6}$$

$$\frac{q_{m3}}{q_{m1}}=1+n=\frac{p_{03}A_3 q(\lambda_3)}{p_{01}A_1 q(\lambda_1)}=\frac{p_{03}A_3 q(\lambda_3)}{p_{01}A_*} \tag{21-7}$$

根据动量方程 [式（5-117）]，有

$$\frac{Z(\lambda_1)+nZ(\lambda_2)}{1+n}=Z(\lambda_3)+\theta\lambda_3 \tag{21-8}$$

式（21-8）中，$\theta=\dfrac{2\kappa}{\kappa+1}\dfrac{\zeta L_3}{2d_3}$。$d_3$ 是混合室直径，L_3 是混合室的长度，ζ 是混合室的沿程损失系数。为了与速度系数 λ 相区别，在此将沿程损失系数 λ 改成 ζ。

1）求 $p_0^{1)}$：喷管出口存在正冲波时的 p_0。

已知正冲波后的压力 $p_1'=p_2$。又 $p_{02}=p_a$，$p_3=p_a=1.013\text{bar (a)}$。已知 A_*/A_1，为了求 $p_0^{1)}$，先得解出 p_2。

求解 p_2 的方法如图 21-5 所示。求解 $p_0^{1)}$ 的计算框图如图 21-6 所示。

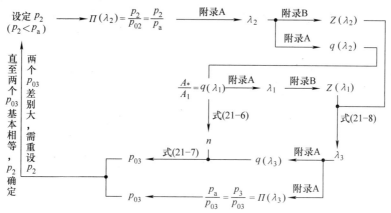

图 21-5　求解 p_2 的计算框图

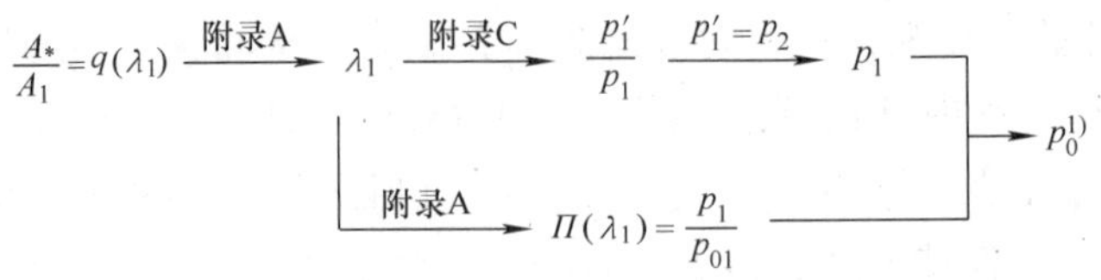

$$\frac{A_*}{A_1} = q(\lambda_1) \xrightarrow{\text{附录A}} \lambda_1 \xrightarrow{\text{附录C}} \frac{p_1'}{p_1} \xrightarrow{p_1' = p_2} p_1 \longrightarrow p_0^{1)}$$

$$\lambda_1 \xrightarrow{\text{附录A}} \Pi(\lambda_1) = \frac{p_1}{p_{01}}$$

图 21-6　求解 $p_0^{1)}$ 的计算框图

2）求 $p_0^{2)}$：混合室出口存在正冲波时的 p_0。

已知 $q_{m1} = q_m^*$。混合室出口存在正冲波，波前 $\lambda_3 > 1$，必 $\lambda_2 = 1$。因 $\lambda_2 = 1$，$q(\lambda_2) = 1$，$Z(\lambda_2) = 2$。正冲波前后的质量流量是相等的，即 $q_{m3} = q_{m3}'$。

根据质量方程，$q_{m1} + q_{m2} = q_{m3}$，可改写成 $q_m^* + q_{m2} = q_{m3}'$，可写出

$$p_{01} A_* + p_a A_2 = p_{03}' A_3 q(\lambda_3')$$

又 $\Pi(\lambda_3') = \dfrac{p_3'}{p_{03}'} = \dfrac{p_a}{p_{03}'}$，$y(\lambda_3') = \dfrac{q(\lambda_3')}{\Pi(\lambda_3')}$，则有

$$p_{01} A_* + p_a A_2 = \frac{p_a}{\Pi(\lambda_3')} A_3 q(\lambda_3') = p_a A_3 y(\lambda_3')$$

$$y(\lambda_3') = \frac{p_{01}}{p_a} \frac{A_*}{A_3} + \frac{A_2}{A_3} \tag{21-9}$$

$$n = \frac{q_{m2}}{q_{m1}} = \frac{p_{02} A_2 q(\lambda_2)}{p_{01} A_1 q(\lambda_1)} = \frac{p_a A_2}{p_{01} A_*} \tag{21-10}$$

式（21-8）可改写成

$$\frac{Z(\lambda_1) + n Z(\lambda_2)}{1 + n} = Z(\lambda_3') + \theta \lambda_3' \tag{21-11}$$

将式（21-10）的 n 代入式（21-11），有

$$\frac{Z(\lambda_1) + \dfrac{p_a}{p_{01}} \dfrac{A_2}{A_*} \times 2}{1 + \dfrac{p_a}{p_{01}} \dfrac{A_2}{A_*}} = Z(\lambda_3') + \theta \lambda_3'$$

将式（21-9）的 p_{01} 代入上式，整理后得

$$\left[1 - \frac{A_2}{A_3} \frac{1}{y(\lambda_3')}\right] Z(\lambda_1) + \frac{2 A_2}{A_3} \frac{1}{y(\lambda_3')} = Z(\lambda_3') + \theta \lambda_3' \tag{21-12}$$

求解 $p_0^{2)}$ 及其他参数的框图如图 21-7 所示。

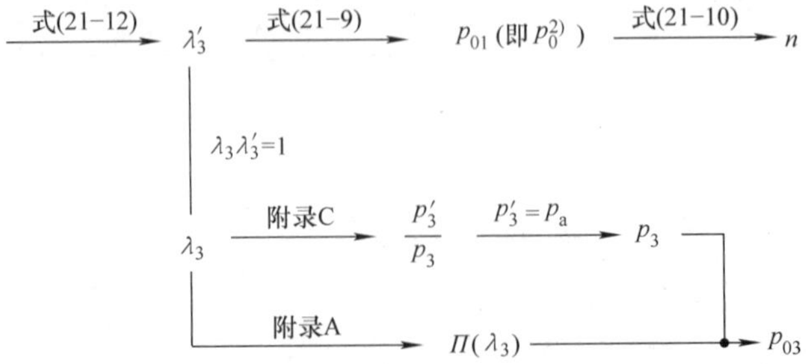

$$\xrightarrow{\text{式}(21\text{-}12)} \lambda_3' \xrightarrow{\text{式}(21\text{-}9)} p_{01}(\text{即 } p_0^{2)}) \xrightarrow{\text{式}(21\text{-}10)} n$$

$$\lambda_3 \lambda_3' = 1$$

$$\lambda_3 \xrightarrow{\text{附录C}} \frac{p_3'}{p_3} \xrightarrow{p_3' = p_a} p_3 \longrightarrow p_{03}$$

$$\lambda_3 \xrightarrow{\text{附录A}} \Pi(\lambda_3)$$

图 21-7　求解 $p_0^{2)}$ 的计算框图

混合室出口不可能以超声速流流至外界大气压中。因 p_3 远低于大气压力 p_a，只能通过冲波的方式将低压 p_3 通过冲波突跃升至外界大气压力，才能实现流动的稳定。

3）求 $p_0^{3)}$：喷管出口上开始出现膨胀波时的进口压力 p_0。

喷管出口刚出现膨胀波时，吸入腔的进口还存在 $\lambda_2=1$，$p_{02}=p_a$，故 $p_2=p_a\Pi(\lambda_2)=1.013\times0.5283\text{bar}（\text{a}）=0.5352\text{bar}（\text{a}）$。刚出现膨胀波时，存在 $p_1=p_2$，则

$$p_{01}^{3)}=p_1/\Pi(\lambda_1)=p_2/\Pi(\lambda_1)=0.5352/\Pi(\lambda_1) \tag{21-13}$$

4）求 $p_0^{4)}$：真空发生器吸入腔被关闭时的 p_0。

在第5章5.15节讲到，离混合室进口一段距离后，会出现主射流与被引射气流的静压力相等的等压截面，可以导出式（5-134），如下

$$q(\lambda_2)=q(\lambda_2')\left[1+\alpha\left(1-\frac{q(\lambda_1)}{q(\lambda_1')}\right)\right] \tag{21-14}$$

式（5-120）中，λ_1、λ_2 是喷管出口和吸入腔进口的速度系数，λ_1'、λ_2' 是混合室内等压截面上主射流和被引射气流的速度系数。$\alpha=A_1/A_2$。

真空发生器吸入腔关闭点，就是 $q(\lambda_2)=0$ 时。可见，关闭点存在如下公式

$$q(\lambda_1')=\frac{q(\lambda_1)}{1+\dfrac{1}{\alpha}}=\frac{A_*/A_1}{1+A_2/A_1}=\frac{A_*}{A_3} \tag{21-15}$$

由式（21-15），便可得出真空发生器关闭点的 λ_1'。由附录A可查得 $\Pi(\lambda_1')=\dfrac{p_1'}{p_{01}'}$。

p_1' 就是喷管出口最末道膨胀波处的静压力，该处静压力就是外界大气压力 p_a。因膨胀波束是等熵流动，故 $p_{01}'=p_{01}$。则真空发生器关闭点的 $p_0^{4)}$ 为

$$p_0^{4)}=\frac{p_a}{\Pi(\lambda_1')} \tag{21-16}$$

5）计算：$p_0^{1)}$、$p_0^{2)}$、$p_0^{3)}$ 和 $p_0^{4)}$ 时的注意点。

计算 $p_0^{1)}$ 时，不能认为 $p_2=p_a$。这是因为主射流从喷管出口流出，一定会抽吸在吸入腔外面的空气，故吸入口的压力一定小于外界大气压力，即开始试算时的 p_2 一定要设定得比 p_a 小些。

当 $p_0>p_0^{1)}$ 时，真空发生器才能称为超声速引射器。故 $p_0^{1)}$ 是作为超声速引射器计算其性能的起点。

只要喷管出口存在冲波系，波束都呈收缩形，即被引射气流呈渐扩形，故被引射气流的最小截面在进口。当喷管出口的压力 p_1 大于吸入腔进口的压力 p_2，才会出现膨胀波系，被引射气流的流通截面才会沿流动方向逐渐减小。

计算 $p_0^{2)}$，可求得最大吸入流量 $q_{V2\max}$。p_0 再增大，该最大吸入流量可保持不变，直到喷管出口出现膨胀波为止。p_0 再增大，q_{V2} 将开始减小。

$p_0^{3)}$ 是喷管出口出现膨胀波的开始，也是最大吸入流量逐渐减小的开始。

$p_0^{4)}$ 是真空发生器关闭点的 p_0。由式（21-16）可知，$p_0^{4)}$ 只取决于 A_*/A_3。显然，A_*/A_3 越小，关闭点的 λ_1' 越大，则 $p_0^{4)}$ 越大。但这是有前提的，若 A_*/A_3 过小，喷管出口的最末道膨胀波接触不到混合室的管壁，式（21-15）便失效了。通常，$p_0^{4)}$ 远大于真空发生器

常用的使用压力范围 [3~8bar (g)]，不会出现真空发生器的关闭点。但若 $A_*/A_3 > 0.5$，即 $\Pi(\lambda_1') > 0.094$，则关闭点的 $p_0^{4)} < 10.8\text{bar}$ (a)，这是应当避免的。

例 21-1 已知真空发生器的喉部直径 $d_* = 1\text{mm}$，$A_*/A_1 = 0.3$，$A_3/A_1 = 3$，$L_3/d_3 = 5$，$T_0 = 289\text{K}$，$p_a = 1.013\text{bar}$ (a)，求 $p_0^{1)}$、$p_0^{2)}$、$p_0^{3)}$、$p_0^{4)}$ 以及 p_0 在 3~8bar (a) 情况下的 q_{V1} 和 q_{V2}。

解 按已知几何条件，将解出的各几何参数列于表 21-1。

表 21-1 各几何参数

位置	*	1	2	3
d/mm	1	1.826	2.582	3.162
A/mm^2	0.785	2.617	5.233	7.850

$A_2/A_1 = 2$，$A_2/A_* = 6.667$，$A_3/A_* = 10$，$A_2/A_3 = 0.6667$

$$A_*/A_1 = 0.3 = q(\lambda_1) \xrightarrow{\text{查附录 A}} \lambda_1 = 1.9 \begin{array}{l} \xrightarrow{\text{附录 A}} \Pi(\lambda_1) = 0.0399 \\ \xrightarrow{\text{附录 B}} Z(\lambda_1) = 2.4263 \end{array}$$

$$Re_3 = \frac{\rho_3 u_3 d_3}{\mu} = \frac{4q_{m3}}{\pi d_3 \mu} = \frac{4(q_{m1} + q_{m2})}{\pi d_3 \mu} = \frac{4 \times (1+n) q_{m1}^*}{\pi d_3 \mu}$$

$$q_{m1}^* = 0.0404 \frac{p_{01} A_*}{\sqrt{T_0}}$$

设 $\mu = 18.1 \times 10^{-6} \text{Pa·s}$，则 $Re_3 = 32900 p_{01} (1+n)$，$p_{01}$ 以 MPa (a) 计，查莫迪图得 ζ，计算 θ 值，见表 21-2。

表 21-2 不同 Re 下对应的 ζ 值与 θ 值

Re	1×10^4	1.5×10^4	2×10^4	2.5×10^4	3×10^4	3.5×10^4	4×10^4	5×10^4	6×10^4
ζ	0.03	0.0275	0.0255	0.024	0.023	0.022	0.0215	0.021	0.020
θ	0.0875	0.08	0.074	0.07	0.067	0.064	0.063	0.061	0.058

$$\theta = \frac{2\kappa}{\kappa + 1} \frac{\zeta L_3}{2 d_3} = 2.917 \zeta$$

① 求 $p_0^{1)}$：求 $p_0^{1)}$ 前，先要按图 21-5 的计算框图求出 p_2。按图 21-5 框图计算 p_2 的过程列于表 21-3 中，求得 $p_2 = 0.99\text{bar}$ (a)。再按图 21-6 框图计算 $p_0^{1)}$ 如下。

$\lambda_1 = 1.9$ 的正冲波，查附录 C，得 $p_1'/p_1 = 8.6442$。因 $p_1' = p_2 = 0.99\text{bar}$ (a)，则 $p_1 = 0.99/8.6442\text{bar}$ (a) $= 0.1145\text{bar}$ (a)。因 $\Pi(\lambda_1) = 0.0399 = p_1/p_{01}$，则 $p_0^{1)} = \frac{0.1145}{0.0399} = 2.87\text{bar}$ (a)。

② 求 $p_0^{2)}$：预估 $p_{01}^{2)} = 5\text{bar}$ (a)，由式 (21-6)，$n = 1.35$，则 $Re_3 = 38660$，选 $\theta = 0.063$。由式 (21-12)，有

$$\left[1 - \frac{0.6667}{y(\lambda_3')}\right] \times 2.4263 + \frac{2 \times 0.6667}{y(\lambda_3')} = Z(\lambda_3') + 0.063 \lambda_3' \quad (21\text{-}12')$$

此式中的 λ_3' 是隐函数，可利用表 21-4 设定 λ_3'，当该式等号左右两侧值差别很小时，则为 λ_3' 的正确解，见表 21-4，可得 $\lambda_3' = 0.69$。

表 21-3 例 21-1 性能计算表

p_0 /bar(a)	p_2 /bar(a)	$\Pi(\lambda_2)$ p_2/p_a	λ_2	$q(\lambda_2)$	$Z(\lambda_2)$	n	$Z(\lambda_3)+\theta\lambda_3$	Re_3	θ	λ_3	$q(\lambda_3)$	$\Pi(\lambda_3)$	p_{03} /bar(a) $p_a/\Pi(\lambda_3)$	p_{03} /bar(a)	Δp_{03} /bar	q_{V1} (L/min)	q_{V2} (ANR) nq_{V1}
给定	设定		附录A	附录A	附录B	式(21-6)	式(21-8)			附录B	附录A	附录A		式(21-7)		式(21-5)	
$p_0^{(1)}=2.87$	0.90	0.8885	0.4464	0.6471	2.6865	1.6732	2.5892	23200	0.0720	0.4827	0.6893	0.8705	1.1637	1.0122	+0.1515	—	—
	0.99	0.9773	0.1978	0.3069	5.2534	0.7219	3.6116	16200	0.0788	0.3047	0.4623	0.9469	1.0693	1.0698	−0.0005	21.7	15.7
3.0	0.95	0.9378	0.3300	0.4972	3.3603	1.1193	2.9196	18000	0.078	0.4023	0.5926	0.9087	1.0729	1.1148	−0.0419	—	—
	0.98	0.9674	0.2378	0.3664	4.4430	0.8248	3.3378	18000	0.078	0.3362	0.5057	0.9356	1.0825	1.0827	−0.0002	22.7	18.7
4.0	0.90	0.8885	0.4464	0.6471	2.6865	1.0925	2.5622	26300	0.069	0.4908	0.6980	0.8664	1.1991	1.1692	+0.0299	—	—
	0.88	0.8687	0.4863	0.6931	2.5426	1.1702	2.4890	28600	0.068	0.5161	0.7267	0.8530	1.1946	1.1876	+0.0070	—	—
	0.869	0.8578	0.5012	0.7170	2.4788	1.2105	2.4551	29000	0.068	0.5291	0.7407	0.8460	1.1937	1.1934	+0.0003	30.2	36.6
5.0	0.78	0.7700	0.6570	0.8599	2.1790	1.1614	2.2935	35500	0.064	0.6069	0.8170	0.8011	1.2645	1.3228	−0.0583	—	—
	0.69	0.6811	0.7897	0.9468	2.0560	1.2788	2.2185	37500	0.063	0.6587	0.8613	0.7690	1.3173	1.3229	−0.0056	—	—
	0.68	0.6713	0.8036	0.9535	2.0480	1.2879	2.2133	37700	0.063	0.6629	0.8646	0.7662	1.3231	1.3221	+0.0010	37.8	48.6
$p_0^{(2)}=5.22$	0.5352	0.5283	1	1	2	1.293		39400	0.063	1.4493	0.7784	0.2213	—	1.5384	—	39.5	51.0
6.0	0.5352	0.5283	1	1	2	1.1256	2.2006	42000	0.062	1.400	0.8216			1.5523		45.3	51.0
7.0	0.5352	0.5283	1	1	2	0.9648	2.2170	45000	0.062	1.429	0.7967	—		1.7261		52.9	51.0
8.0	0.5352	0.5283	1	1	2	0.8442	2.2312	48000	0.0615	1.454	0.7742			1.9057		60.4	51.0
$p_0^{(3)}=13.41$	0.5352	0.5283	1	1	2	0.5036	2.1637	6.6×10^4	0.057	1.342	0.8673	0.2867	—	2.326	—	101.3	51.0
$p_0^{(4)}=138$	1.013	0	0	0	/	0	2.4263	4.5×10^5	0.02625	1.832	0.3724	0.0568	—	37.06	—	1042.5	0

表 21-4　辅助计算表一

λ_3'	$Z(\lambda_3')$	$y(\lambda_3')$	式（21-12）左边	式（21-12）右边
0.6	2.2667	1.0069	2.1440	2.3045
0.7	2.1286	1.2024	2.1899	2.1727
0.69	2.1393	1.1822	2.1859	2.1828

正冲波 $\lambda_3\lambda_3'=1$，则 $\lambda_3=1.4493$。由附录 A，查得 $M_3=1.6411$，$\Pi(\lambda_3)=0.2213$，$q(\lambda_3)=0.7784$。

由式（21-9），有 $p_{01}=[y(\lambda_3')-A_2/A_3]p_aA_3/A_*=\left(1.1822-\dfrac{1}{1.5}\right)\times1.013\times10\text{bar}(\text{a})=$ 5.2224bar（a），即 $p_0^{2)}=5.2224$bar（a）。

由式（21-10），有

$$n=\dfrac{1.013}{5.2224}\times6.6667=1.293$$

由 $M_3=1.6411$，查附录 C，得 $p_3'/p_3=2.9754$，因 $p_3'=p_a$，∴ $p_3=\dfrac{1.013}{2.9754}$bar（a）= 0.3405bar（a） $p_{03}=p_3/\Pi(\lambda_3)=0.3405/0.2213$bar（a） = 1.5384bar（a）。

③ 求 $p_0^{3)}$：由式（21-13），有 $p_0^{3)}=0.5352/\Pi(\lambda_1)=0.5352/0.0399$bar（a）= 13.41bar（a）。

④ 求 $p_0^{4)}$：由式（21-15），有 $q(\lambda_1')=\dfrac{A_*}{A_3}=0.1$，查附录 A，得 $\lambda_1'=2.128$，$\Pi(\lambda_1')=$ 0.00734。

由式（21-16），得 $p_0^{4)}=1.013/0.00734$bar（a）= 138bar（a）。

⑤ 在 $p_0^{1)}$ 至 $p_0^{2)}$ 之间，给定 p_0，设定 p_2，按图 21-5 框图，当两个 p_{03} 差别很小时的 p_2 即为正确解。计算过程列于表 21-3 中。

⑥ 在 $p_0^{2)}$ 至 $p_0^{3)}$ 之间，因 $\lambda_2=1$，所以 $\Pi(\lambda_2)=0.5283$，$q(\lambda_2)=1$，$Z(\lambda_2)=2$。利用式（21-6）求 n，式（21-8）求 λ_3，式（21-7）求 p_{03}。

⑦ 由式（21-5）求 q_{V1}，由 $q_{V2}=nq_{V1}$ 求 q_{V2}。

⑧ $p_0=13.41$bar（a）时，因 $\lambda_2=1$，故 $\Pi(\lambda_2)=0.5283$，$q(\lambda_2)=1$，$Z(\lambda_2)=2$，$p_{02}=$ 1.013bar（a），$q(\lambda_1)=0.3$，由式（21-10），有 $n=\dfrac{1.013\times2\times1}{13.41\times0.3}=0.5036$。$Re_3=32900\times$ $1.341\times1.5036=6.6\times10^4$，$\theta=0.057$。由式（21-11），有 $Z(\lambda_3)+0.057\lambda_3=$ $\dfrac{2.4263+0.5046\times2}{1.5036}=2.2848$，解得 $\lambda_3=1.552$。查附录 A 得 $q(\lambda_3)=0.6787$，由式（21-7），有 $p_{03}=\dfrac{(1+n)p_{01}}{q(\lambda_3)}\dfrac{A_*}{A_3}=\dfrac{1.5036\times13.41}{0.6787\times10}$bar（a）= 2.971bar（a）。

⑨ $p_0=138$bar（a）时，因 $\lambda_2=0$，$n=0$，有 $Z(\lambda_3)+0.02625\lambda_3=2.4263$，解得 $\lambda_3=$ 1.832，查附录 A 得 $q(\lambda_3)=0.3724$。由式（21-7），有 $p_{03}=\dfrac{p_{01}}{q(\lambda_3)}\dfrac{A_*}{A_3}=\dfrac{138}{0.3724\times10}$bar（a）=

37.06bar（a），查附录 A，得 $\Pi(\lambda_3)=0.0568$，所示 $p_3=37.06\times0.0568\text{bar}(\text{a})=2.105\text{bar}(\text{a})$。$\Pi(\lambda_1)=0.0399$，故 $p_1=138\times0.0399\text{bar}(\text{a})=5.5\text{bar}(\text{a})$。可见，当 $p_0=138\text{bar}(\text{a})$ 时，喷管出口的静压力为 5.5bar（a），喷管出口处通过膨胀波束降至外界大气压力。混合室出口的 $\lambda_3=1.832$ 时，超声速气流的静压力 $p_3=2.105\text{bar}(\text{a})$，也是通过膨胀波束将压力降至外界大气压力。

⑩ 在 $p_0^{3)}[=13.41\text{bar}(\text{a})]$ 与 $p_0^{4)}[=138\text{bar}(\text{a})]$ 之间，如何求解性能？

选 $p_{01}=15\text{bar}(\text{a})$。在 5.15 节气体引射器中，在等压截面 1′—1′ 上（见图 5-39），存在 $p_1'=p_2'$，导出的式（5-132）转化如下

$$p_{01}\Pi(\lambda_1')=p_{02}\Pi(\lambda_2') \tag{21-17}$$

对直筒混合室，因 1—1 截面积与 1′—1′ 截面积相等，可导出的式（21-18）如下

$$q(\lambda_2)=q(\lambda_2')\left[1+\alpha-\alpha\frac{q(\lambda_1)}{q(\lambda_1')}\right] \tag{21-18}$$

式中，$\alpha=A_1/A_2=0.5$。

若 $\lambda_3>1$，λ_2' 必为 1。则 $q(\lambda_2')=1$，$\Pi(\lambda_2')=0.5283$。又 $p_{02}=1.013\text{bar}(\text{a})$，由式（21-17），得 $\Pi(\lambda_1')=\dfrac{1.013}{15}\times0.5283=0.0357$。查附录 A，$\lambda_1'=1.92$，$q(\lambda_1')=0.2797$。又 $q(\lambda_1)=0.3$，所以 $q(\lambda_2)=1+0.5-0.5\times\dfrac{0.3}{0.2797}=0.9637$，查附录 A 得 $\lambda_2=0.8264$，$Z(\lambda_2)=2.0365$。利用式（21-10），$n=\dfrac{1.013\times2\times0.9637}{15\times0.3}=0.4339$。由式（21-4），有 $q_{V1}=1636\times1.5\times0.785/17=113.3\text{L/min}$（ANR）。$q_{V2}=nq_{V1}=0.4339\times113.3=49.2\text{L/min}$（ANR）。$Re_3=32900(1+0.4339)\times1.5=7\times10^4$，有 $\theta=0.055$。由式（21-8），有 $Z(\lambda_3)+0.055\lambda_3=\dfrac{2.4263+0.4339\times2.0365}{1+0.4339}=2.3083$，算得 $\lambda_3=1.594$。查附录 A，得 $\Pi(\lambda_3)=0.1455$，$q(\lambda_3)=0.6347$。由式（21-7），$p_{03}=\dfrac{(1+n)p_{01}A_*}{q(\lambda_3)A_3}=\dfrac{1.4339\times15}{0.6347\times10}\text{bar}(\text{a})=3.3888\text{bar}(\text{a})$。$p_3=p_{03}\Pi(\lambda_3)=3.3888\times0.1455\text{bar}(\text{a})=0.4931\text{bar}(\text{a})$。可见，混合室出口存在冲波系，将 $p_3=0.4931\text{bar}(\text{a})$ 的超声速射流（$\lambda_3=1.594$）突跃升至外界大气压力。

6）真空发生器的混合室后有扩压段。

设扩压段出口截面记为 4。扩压段出口为亚声速流动。因出口通大气，故 $p_4=p_\text{a}$。

有

$$p_{04}=\frac{p_4}{\Pi(\lambda_4)} \tag{21-19}$$

因 $q_{m4}=q_{m3}$，在 5.15 节已导出的式（5-125）如下

$$y(\lambda_4)=q(\lambda_3)\frac{p_{03}}{p_\text{a}}\frac{A_3}{A_4} \tag{21-20}$$

例 21-2 已知真空发生器的喉部直径 $d_*=1\text{mm}$，$A_*/A_1=0.5$，$A_3/A_1=3$，$L_3/d_3=5$，$T_{01}=289\text{K}$，$p_\text{a}=1.013\text{bar}(\text{a})$，求 $p_0^{1)}$、$p_0^{2)}$、$p_0^{3)}$、$p_0^{4)}$ 以及 p_0 在 3～10bar（a）情况下的 q_{V1} 和 q_{V2}。

解 按已知几何条件，解出的各几何参数见表 21-5。

表 21-5　几何参数

位置	*	1	2	3
d/mm	1	1.414	2	2.449
A/mm^2	0.785	1.570	3.140	4.710
	$A_2/A_1=2$, $A_2/A_*=4$, $A_3/A_*=6$, $A_2/A_3=0.6667$			

$A_*/A_1 = 0.5 = q(\lambda_1)$，查附录 A，得 $\lambda_1 = 1.7168$，$M_1 = 2.1971$，$\Pi(\lambda_1) = 0.094$；查附录 B，得 $Z(\lambda_1) = 2.2993$；查附录 C，得 $M_1 = 2.1971$ 正冲波的波后与波前的静压比 $(p'_1/p_1)_\text{正} = 5.4652$。

$$Re_3 = \frac{4 \times (1+n)q_{m1}^*}{\pi d_3 \mu} = \frac{4 \times (1+n) \times 0.0404 p_{01} \times 0.8 A_*}{3.1416 \times 2.449 \times 10^{-3} \times 18.1 \times 10^{-6} \times \sqrt{289}} = 42870(1+n)p_{01}$$

式中，p_{01} 以 MPa（a）计。

$$\theta = \frac{2\kappa}{\kappa+1} \frac{\zeta L_3}{2 d_3} = 2.917\zeta$$

不同 Re_3 下对应的 ζ 值与 θ 值见表 21-6。

表 21-6　不同 Re_3 下对应的 ζ 值与 θ 值

Re_3	1×10^4	1.5×10^4	2×10^4	2.5×10^4	3×10^4	3.5×10^4	4×10^4	5×10^4	6×10^4
ζ	0.030	0.0275	0.0255	0.024	0.023	0.022	0.0215	0.021	0.020
θ	0.0875	0.080	0.074	0.070	0.067	0.064	0.063	0.061	0.058

① 求 $p_0^{1)}$：喷管出口正冲波的波前压力 $p_1 = p_{01}\Pi(\lambda_1)$，波后压力 $p'_1 = p_2$。故有 $\left(\dfrac{p'_1}{p_1}\right)_\text{正} = \dfrac{p_2}{p_{01}\Pi(\lambda_1)}$，则有 $p_2 = \left(\dfrac{p'_1}{p_1}\right)_\text{正} p_{01}\Pi(\lambda_1) = 5.4652 \times 0.094 p_{01} = 0.5137 p_{01}$。按此式，$p_2$ 与 p_{01} 是一一对应关系。先设定 $p_2 = 1\text{bar}$（a），按图 21-5 的计算框图计算，计算过程列于表 21-8，直至两个 p_{03} 的误差 Δp_{03} 很小，则其 p_{01} 为 $p_0^{1)}$ 的正确解。本例的 $p_0^{1)} = 1.92\text{bar}$（a）。

② 求 $p_0^{2)}$：预估 $p_{01}^{2)} = 4\text{bar}$（a），由式（21-10），$n=1$，则 $Re_3 = 34300$，$\theta = 0.064$。

由式（21-12），有 $\left[1 - \dfrac{0.6667}{y(\lambda'_3)}\right] \times 2.2993 + \dfrac{2 \times 0.6667}{y(\lambda'_3)} = Z(\lambda'_3) + 0.064\lambda'_3$

上式中的 λ'_3 是隐函数，可利用表 21-7，设定 λ'_3，当此式等号左右两侧值差别很小时，则为 λ'_3 的正确解。解得 $\lambda'_3 = 0.735$。因 $\lambda_3\lambda'_3 = 1$，故 $\lambda_3 = 1.3605$。查附录 A，得 $M_3 = 1.4935$。
由式（21-9），得

$$p_{01} = \left[y(\lambda'_3) - \frac{A_2}{A_3}\right] \times p_a \times \frac{A_3}{A_*} = [1.2741 - 0.6667] \times 1.013 \times 6 \text{bar (a)}$$
$$= 3.692 \text{bar (a)}$$

即 $p_0^{2)} = 3.692\text{bar}$（a）。

由 $M_3 = 1.4935$，查附录 C，得 $p'_3/p_3 = 2.4356$，因 $p'_3 = p_a = 1.013\text{bar}$（a），故 $p_3 = 0.4159\text{bar}$（a）。

表 21-7 辅助计算表二

λ_3'	$y(\lambda_3')$	$Z(\lambda_3')$	式 (21-21) 左边	式 (21-21) 右边
0.73	1.2637	2.0999	2.1414	2.1561
0.74	1.2845	2.0914	2.1440	2.1484
0.735	1.2741	2.0956	2.1427	2.1426

③ 求 $p_0^{3)}$：由式 (21-13)，得 $p_0^{3)} = 0.5352/\Pi(\lambda_1) = 0.5352/0.094\,\mathrm{bar\,(a)} = 5.694\,\mathrm{bar\,(a)}$。

④ 求 $p_0^{4)}$：由式 (21-15)，得 $q(\lambda_1') = \dfrac{A_*}{A_3} = 0.1667$，查附录 A，得 $\lambda_1 = 2.0406$，$\Pi(\lambda_1') = 0.0151$。

由式 (21-16)，得 $p_0^{4)} = p_a/\Pi(\lambda_1') = 1.013/0.0151\,\mathrm{bar\,(a)} = 67\,\mathrm{bar\,(a)}$。

⑤ 在 $p_0^{1)}$ 至 $p_0^{2)}$ 之间，给定 p_0，设定 p_2，按图 21-5 的计算框图，当两个 p_{03} 差别很小时的 p_2 即为正确解。计算过程列于表 21-8 中。

⑥ 在 $p_0^{2)}$ 至 $p_0^{3)}$ 之间，因 $\lambda_2 = 1$，给定 p_0，p_2 的计算结果列于表 21-8 中。

⑦ 在 $p_0^{3)}$ 至 $p_0^{4)}$ 之间的 p_0，在等压截面上，$\lambda_2' = 1$，$p_1' = p_2'$，利用式 (21-21)，求出 $\Pi(\lambda_1')$。利用式 (21-22)，求出 $q(\lambda_2)$。计算过程列于表 21-9 中。

$$p_{01}\Pi(\lambda_1') = p_{02}\Pi(\lambda_2') = 1.013 \times 0.5283 = 0.5352 \tag{21-21}$$

$$q(\lambda_2) = q(\lambda_2')\left[1 + \dfrac{A_1}{A_2}\left(1 - \dfrac{q(\lambda_1)}{q(\lambda_1')}\right)\right] \xrightarrow{\text{因}\lambda_2'=1} 1 + \dfrac{A_1}{A_2}\left[1 - \dfrac{q(\lambda_1)}{q(\lambda_1')}\right] \tag{21-22}$$

21.2.3 最大真空度

吸入口完全封闭，$q_{V2} = 0$。当混合室出口存在正冲波时，$p_0 = p_0^{2)}$，真空发生器达到最大真空度。

1. 吸入口完全封闭情况下的流态变化

1) 当 $p_0 = p_0^{1)}$ 时，在喷管出口上存在正冲波，波后为亚声速流。该射流对封闭的吸入腔空气有卷吸作用，该腔的压力 p_2 有所降低（比初始的大气压力），但真空度很小。随着 p_0 增大，因 $p_1 < p_2$，喷管出口由正冲波转化成强斜冲波，波后为亚声速流，封闭腔内压力 p_2 有所降低，即真空度有所加大，如图 21-8a 所示。

喷管出口存在冲波系，该波系的波束呈收缩形。不论波后是亚声速还是超声速，其射流边界接触不到混合室管壁，封闭的吸入腔内的压力较高，就实现不了真空发生器的功能，故真空发生器的 A_3/A_1 不能太大。只有喷管射出的射流能充满混合室的整个截面，对吸入腔的抽吸作用加大，吸入腔内的压力 p_2 才会继续下降。

随着 p_0 的增大，喷管出口的压力 p_1 也随之增大，喷管出口的强斜冲波转化为弱斜冲波，波后变成超声速流。在混合室内，该超声速流形成复杂波系。随着 p_{01} 的增大，喷管出口压力 p_1 也随之增大，吸入腔内压力 p_2 也随之下降。当 $p_1 = p_2$ 后再增大，喷管出口便开始生成膨胀波。p_0 再增大，增强的膨胀波束与混合室壁面相交，反射成强压缩波。强膨胀波使吸入腔内的压力 p_2 继续下降。该混合室内的超声速波系的压力 p_3 很低，不可能以低压超声速流从出口流出。外界大气压力的反压，迫使该低压超声速流在出口形成正冲波，将低压的 p_3 通过正冲波突跃升至外界反压（大气压力），并同时变成亚声速流流出。

表 21-8 例 21-2 性能计算表

p_0 /bar (a)	p_2 /bar (a)	$\Pi(\lambda_2)$ p_2/p_a	λ_2 附录 A	$q(\lambda_2)$ 附录 A	$Z(\lambda_2)$ 附录 B	n 式(21-6)	$Z(\lambda_3)+\theta\lambda_3$ 式(21-8)	Re_3	θ	λ_3 附录 B	$q(\lambda_3)$ 附录 A	$\Pi(\lambda_3)$ 附录 A	p_{03} /bar (a) $p_a/\Pi(\lambda_3)$	p_{03} /bar (a) 式(21-7)	Δp_{03} /bar (a)	q_{V1} /(L/min) (ANR) 式(21-5)	q_{V2} /(L/min) (ANR) nq_{V1}
给定	设定																
1.946	1.0	0.9872	0.1488	0.2325	6.8692	0.4841	3.79	12400	0.0837	0.2876	0.4382	0.9528	1.0634	1.0985	−0.0351	—	—
1.93	0.991	0.9783	0.1935	0.3004	5.3615	0.6307	3.4836	13500	0.0853	0.3189	0.4820	0.9419	1.0755	1.0883	−0.0128	—	—
$p_0^{1)}=1.92$	0.9863	0.9736	0.2136	0.3306	4.8952	0.6977	3.3661	14000	0.0815	0.3327	0.5009	0.9369	1.0812	1.0846	−0.0034	14.5	10.1
	0.88	0.8687	0.4863	0.6931	2.5426	0.9361	2.4170	24900	0.070	0.5455	0.7577	0.8369	1.2104	1.2776	−0.0672	22.7	24.6
3.0	0.82	0.8095	0.5929	0.8042	2.2795	1.0862	2.2890	26800	0.069	0.6116	0.8212	0.7982	1.2691	1.2702	−0.0011		
$p_0^{2)}=3.692$	0.5352	0.5283	1	1	2	1.0975	2.1427	33200	0.065	1.275	0.9128	0.3309		1.414	—	27.9	30.6
4	0.5352	0.5283	1	1	2	1.013	2.1487	34500	0.0643	1.2913	0.9025			1.487	—	36.2	30.6
5	0.5352	0.5283	1	1	2	0.8104	2.1653	38800	0.0631	1.3300	0.8761			1.722	—	37.8	30.6
$p_0^{3)}=5.69$	0.5352	0.5283	1	1	2	0.7116	2.1749	41800	0.0626	1.3500	0.8614			1.8857	—	43.0	30.6

表 21-9 计算过程表

p_{01} /bar (a)	$\Pi(\lambda_1')$ 式(21-21)	λ_1' 附录 A	$q(\lambda_1')$ 附录 A	λ_2 附录 A	$q(\lambda_2)$ 式(5-134)	$Z(\lambda_2)$ 附录 B	n 式(21-6)	$Z(\lambda_3)+\theta\lambda_3$ 式(21-8)	Re_3	θ	λ_3 附录 B	$q(\lambda_3)$ 附录 A	$\Pi(\lambda_3)$ 附录 A	p_{03} /bar (a) 式(21-8)	p_3 /bar (a)	q_{V1} /(L/min) (ANR) 式(21-5)	q_{V2} /(L/min) (ANR) nq_{V1}
给定																	
6	0.0892	1.7298	0.4855	0.8886	0.9851	2.0140	0.6652	2.1853	42800	0.0625	1.37	0.8459	0.2690	1.9686	0.5295	45.3	30.2
8	0.0669	1.7971	0.4107	0.6985	0.8913	2.1301	0.4514	2.2467	49800	0.061	1.4812	0.7488	0.2027	2.5844	0.5239	60.4	27.3
10	0.05352	1.8442	0.3592	0.5927	0.8040	2.2799	0.3258	2.2945	56800	0.059	1.5623	0.6679	0.1608	3.3084	0.5320	75.5	24.6

2) 当 $p_0 = p_0^{2)}$ 时，在混合室出口存在正冲波。波前的超声速流 λ_3 通过正冲波突变成波后的亚声速流 λ_3'，有 $\lambda_3 \lambda_3' = 1$。波前的静压力 p_3 通过正冲波突升至波后的静压力 p_3'，且 $p_3' = p_a$，如图 21-8b 所示。这时，真空发生器内达到最大真空度 $p_{v\max}$。

3) 当 $p_0 > p_0^{2)}$ 时，混合室内的速度系数 λ_3 保持不变。这个道理如同 p_0 值达到一定值，拉瓦尔喷管出口上产生正冲波，再增大 p_0，拉瓦尔喷管内的出口 λ_1 已保持不变，变化的只是出口上的波系由正冲波变成斜冲波、再变成膨胀波，以与外界反压相适应。因为 λ_3 不变，所以 p_2/p_0 也基本不变，随着 p_0 的再增大，p_2 也随之相应增大，结果是最大真空度反而开始下降。

2. 吸入口完全封闭情况下的特性计算

真空发生器吸入口完全封闭情况下的特性计算图如图 21-9 所示。

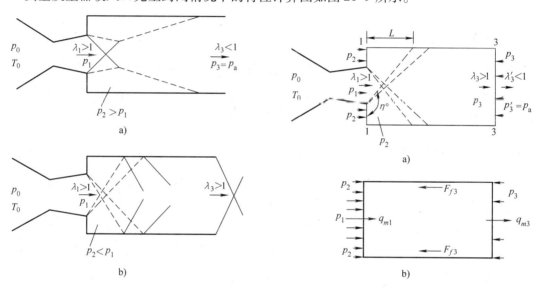

图 21-8 吸入口完全封闭情况下的流态变化
a) $p_0^{2)} > p_0 > p_0^{1)}$ b) $p_0 > p_0^{2)}$

图 21-9 吸入口完全封闭情况下的特性计算图

在图 21-9 中，取 1133 为控制体。对质量方程，有 $q_{m3} = q_{m1}$，可写成

$$p_{03} A_3 q(\lambda_3) = p_{01} A_1 q(\lambda_1) = p_{01} A_* \tag{21-23}$$

对动量方程，有

$$p_3 A_3 + F_{f3} - p_1 A_1 - p_2 A_2 = q_{m1} u_1 - q_{m3} u_3$$

利用式（5-50）和式（5-113），上式可改写成

$$\frac{\kappa+1}{2\kappa} q_{m3} a_{*3} Z(\lambda_3) + \frac{\zeta L_3}{2 d_3} q_{m3} a_{*3} \lambda_3 = \frac{\kappa+1}{2\kappa} q_{m1} a_{*1} Z(\lambda_1) + p_2 A_2 \tag{21-24}$$

因式（5-20）为

$$a_{*3} = a_{*1} = \sqrt{\frac{2\kappa R T_0}{\kappa+1}}$$

用 $\dfrac{\kappa+1}{2\kappa} q_{m3} a_{*3}$ 除上式，则有

$$Z(\lambda_3) + \frac{2\kappa}{\kappa+1}\frac{\zeta L_3}{2d_3}\lambda_3 = Z(\lambda_1) + \frac{2\kappa}{\kappa+1}\frac{p_2 A_2}{q_{m3} a_{*3}} \tag{21-25}$$

因 $q_{m3} \cdot a_{*3} = \left(\frac{2}{\kappa+1}\right)^{\frac{\kappa+1}{2(\kappa-1)}} \sqrt{\frac{\kappa}{RT_0}} p_{03} A_3 q(\lambda_3) \sqrt{\frac{2\kappa RT_0}{\kappa+1}} = 0.7393 p_{03} A_3 q(\lambda_3) = 0.7393 p_{01} A_*$

令 $\theta = \frac{2\kappa}{\kappa+1}\frac{\zeta L_3}{2d_3}$,则式 (21-25) 变成

$$Z(\lambda_3) + \theta\lambda_3 = Z(\lambda_1) + 1.5781 \frac{p_2 A_2}{p_{01} A_*} \tag{21-26}$$

当 $\lambda_3 < 1$ 时,$p_3 = p_a$,$\Pi(\lambda_3) = p_3/p_{03}$,则式 (21-23) 变成

$$y(\lambda_3) = \frac{q(\lambda_3)}{\Pi(\lambda_3)} = \frac{p_{01} A_*}{p_{03} A_3} \frac{p_{03}}{p_3} = \frac{A_*}{A_3} \frac{p_{01}}{p_a} \tag{21-27}$$

1) 求 $p_0^{1)}$:即喷管出口存在正冲波时的 p_0。

由 $q(\lambda_1) = \frac{A_*}{A_1}$,查附录 A 得 λ_1。查正冲波附录 C,得 $(p_1'/p_1)_{正}$。喷管出口正冲波的波后是亚声速,故 $p_1' = p_2$,而 $p_1 = p_{01}\Pi(\lambda_1)$,则 $(p_1'/p_1)_{正} = p_2/[p_{01}\Pi(\lambda_1)]$。将 $p_2/p_{01} = (p_1'/p_1)_{正}\Pi(\lambda_1)$ 代入式 (21-26),则式 (21-26) 变成

$$Z(\lambda_3) + \theta(\lambda_3) = Z(\lambda_1) + 1.5781 \times (p_1'/p_1)_{正} \Pi(\lambda_1) \frac{A_2}{A_*} \tag{21-28}$$

由式 (21-28) 可推算出 λ_3,由式 (21-27) 算出 p_{01},即为 $p_0^{1)}$。$p_1 = p_{01}\Pi(\lambda_1)$。$p_2 = (p_1'/p_1)_{正} p_1$。$p_{03} = p_a/\Pi(\lambda_3)$。

2) 求 $p_0^{2)}$:即混合室出口存在正冲波时的 p_0。

根据 λ_3,由附录 C,可查得混合室出口存在正冲波时的 $(p_3'/p_3)_{正}$。因波后 $\lambda_3' < 1$,故 $p_3' = p_a$。$(p_3'/p_3)_{正} = p_a/p_3$。

由式 (21-23),$p_{01} A_* = \frac{p_3}{\Pi(\lambda_3)} A_3 q(\lambda_3) = Y(\lambda_3) \frac{p_a}{(p_3'/p_3)_{正}} A_3$

则有
$$y(\lambda_3) = \left(\frac{p_3'}{p_3}\right)_{正} \frac{p_{01}}{p_a} \frac{A_*}{A_3} \tag{21-29}$$

从图 21-9 看出,最末道膨胀波的偏转角 η〔单位:(°)〕可写成

$$\tan(\eta - 90°) = \frac{d_3 + d_1}{2L} \tag{21-30}$$

式中,L 是最末道膨胀波与混合室壁的交点离喷管出口的距离。从喷管出口向外界是大气压力的环境进行膨胀时的距离 L,L 大约是喷管出口直径 d_1 的 1.5 倍左右。因真空发生器喷管出口外的背压 p_2 远低于大气压力 p_a,因没有测试数据作为依据,姑且假设 L 是 d_1 的 1.2 倍,则式 (21-30) 可改成

$$\tan(\eta - 90°) = \frac{d_3 + d_1}{2.4 d_1} = \frac{1}{2.4}\left(\frac{d_3}{d_1} + 1\right) \tag{21-31}$$

设最末道膨胀波的速度系数记为 λ_1',则 $\Pi(\lambda_1') = \frac{p_1'}{p_{01}'}$。因 p_1' 就是 p_2,膨胀波属于等熵流动,故 $p_{01}' = p_{01}$。所以,

$$\varPi(\lambda'_1) = \frac{p_2}{p_{01}} \tag{21-32}$$

将式 (21-32) 代入式 (21-26), 则得

$$Z(\lambda_3) + \theta\lambda_3 - Z(\lambda_1) = 1.5781\varPi(\lambda'_1)\frac{A_2}{A_*} \tag{21-33}$$

由式 (21-31), 算出 η, 查附录 D, 得 λ'_1。由附录 A, 查出 $\varPi(\lambda'_1)$, 代入式 (21-33), 推算出 λ_3。由式 (21-29) 算出 p_{01}, 即为 $p_0^{2)}$。再由式 (21-32), 求出 p_2。由 λ_3 及附录 C, 查出 $(p'_3/p_3)_{正}$, 则 $p_3 = p_a/(p'_3/p_3)_{正}$。再由 $\varPi(\lambda_3)$, 求 $p_{03} = p_3/\varPi(\lambda_3)$。

3) 求最大真空度 p_{vmax}

$$p_{vmax} = p_a - p_2 \tag{21-34}$$

4) 当 $p_0^{2)} > p_0 > p_0^{1)}$ 时, $\lambda_1 > 1$, $\lambda_3 < 1$, $p_3 = p_a$, $\varPi(\lambda_3) = p_3/p_{03}$, 则式 (21-23) 可改写成 $\frac{p_3}{\varPi(\lambda_3)}A_3 q(\lambda_3) = p_{01}A_*$, 则有

$$y(\lambda_3) = \frac{A_*}{A_3}\frac{p_{01}}{p_a} \tag{21-35}$$

由式 (21-35) 算出 λ_3, 由式 (21-26) 算出 p_2, 再由式 (21-34) 算出不同 p_0 下的最大真空度 p_{vmax}。

5) 当 $p_{01} > p_0^{2)}$ 时, 随着 p_{01} 的增大, λ_3 是不变的。p_{01} 增大, Re_3 随之增大, θ 略有减小。由式 (21-26) 可知, p_2/p_{01} 也略有减小。可见, $p_0 > p_0^{2)}$ 时, 最大真空度将随 p_{01} 的增大而略有减小。

例 21-3 已知真空发生器的喉部直径 $d_* = 1$mm, $A_*/A_1 = 0.3$, $A_3/A_1 = 3$, $L_3/d_3 = 5$, $T_0 = 289$K, $p_a = 1.013$bar (a), 求该真空发生器的最大真空度特性线。

解 各几何参数与表 21-1 相同。$Re_3 = 32900 p_{01}$, p_{01} 以 MPa (a) 计。θ 值参见表 21-10。

表 21-10 例 21-3 的 θ 值

p_{01}/MPa (a)	0.2	0.3	0.4	0.5	0.6	0.7	0.8	0.9	1.0
Re_3	6580	9870	13160	16450	19740	23030	26320	29610	32900
ζ	0.033	0.030	0.028	0.027	0.0255	0.025	0.024	0.023	0.022
θ	0.0962	0.0875	0.0817	0.0788	0.0740	0.073	0.070	0.067	0.064

1) 求 $p_0^{1)}$:

$$q(\lambda_1) = \frac{A_*}{A_1} = 0.3 \xrightarrow{\text{附录 A}} \lambda_1 = 1.9$$

$$0.0399 = \varPi(\lambda_1) \xleftarrow{\text{附录 A}}$$

$$\frac{p_2}{p_{01}\varPi(\lambda_1)} = 8.6442 = \left(\frac{p'_1}{p_1}\right)_{正} \xleftarrow{\text{附录 C}}$$

$$\frac{p_2}{p_{01}} = 8.6442 \times 0.0399 = 0.3449$$

设 $p_{01}^{1)} = 3$bar (a), 则 $\theta = 0.0875$。

由式 (21-26) 得 $Z(\lambda_3) + 0.0875\lambda_3 = 2.4263 + 1.5781 \times 0.3449 \times 6.6666 = 6.0551$, 算得 $\lambda_3 = 0.1702$,

$$\lambda_3 = 0.1702 \xrightarrow{\text{附录 A}} \Pi(\lambda_3) = 0.9832 = \frac{p_3}{p_{03}} \xrightarrow{p_3 = p_a} p_{03} = 1.0303 \text{bar (a)}$$

$$\xrightarrow{\text{附录 A}} y(\lambda_3) = 0.2698$$

$$\xrightarrow{\text{式 (21-7)}} \frac{p_{01}}{10 \times 1.013} = 0.2698 \longrightarrow p_{01} = 2.733 \text{bar (a)},$$

$$\text{即 } p_0^{1)} = 2.733 \text{bar (a)}$$

$$\longrightarrow p_2 = 0.3449 p_{01}$$

$$= 0.9426 \text{bar (a)}$$

2) 求 $p_0^{2)}$:

$$\xrightarrow{\text{式 (21-31)}} \tan(\eta - 90°) = \frac{(3.162/1.826)+1}{2.4} = 1.138 \rightarrow \eta = 138.7° \xrightarrow{\text{附录 D}} \lambda_1' = 2.118$$

$$\xrightarrow{\text{附录 A}} \Pi(\lambda_1') = 0.00808$$

设 $p_{01}^{2)} = 9 \text{bar (a)}$,则 $\theta = 0.067$。

$$\xrightarrow{\text{式 (21-33)}} Z(\lambda_3) + 0.067 \lambda_3 = 2.4263 + 1.5781 \times 0.00808 \times 6.6667 = 2.5113 \xrightarrow{\text{解得}} \lambda_3 = 1.8458$$

$$M_3 = 2.5633 \xleftarrow{\text{附录 A}}$$

$$y(\lambda_3) = 6.7377 \xleftarrow{\text{附录 A}}$$

$$(\text{即 } p_0^{2)}) \ p_{01} = 9.1 \text{bar (a)} \xleftarrow{\text{式 (21-29)}} \left(\frac{p_3'}{p_3}\right)_{\text{正}} = 7.499 \xleftarrow{\text{附录 C}}$$

$$p_{03} = 2.544 \text{bar (a)} \xleftarrow{} p_3 = 0.1351 \text{bar (a)} \xleftarrow{}$$

$$\Pi(\lambda_3) = 0.0531 \xleftarrow{\text{附录 A}}$$

由式 (21-32), 得

$$p_2 = \Pi(\lambda_1') p_{01} = 0.00808 \times 9.1 \text{bar (a)}$$
$$= 0.0735 \text{bar (a)}$$

由式 (21-34), 得

$$p_{v\max} = p_a - p_2 = (1.013 - 0.0735) \text{bar (a)}$$
$$= 0.94 \text{bar (a)}$$

3) p_0 在 $p_0^{1)}$ 与 $p_0^{2)}$ 之间, $p_0 > p_0^{2)}$ 情况下的特性计算见表 21-11。

表 21-11 例 21-3 的计算表

p_0/bar (a)	$y(\lambda_3)$	λ_3	$q(\lambda_3)$	p_{03}/bar (a)	θ	$Z(\lambda_3)$	$Z(\lambda_1)$	p_2/bar (a)	$p_{v\max}$/kPa
给定	式 (21-35)	附录 A	附录 A	式 (21-23)	—	附录 B	附录 B	式 (21-26)	式 (21-34)
$p_0^{1)} = 2.733$	0.2698	0.1702	0.2652	1.0303	—	6.0456	2.4263	0.9426	7
3	0.2962	0.1862	0.2957	1.0145	0.0875	5.5429	2.4263	0.8904	14
4	0.3949	0.2478	0.3810	1.0500	0.0817	4.2833	2.4263	0.7137	30
6	0.5923	0.3670	0.5469	1.0971	0.0740	3.0918	2.4263	0.3950	61.8
8	0.7898	0.4813	0.6879	1.1630	0.0700	2.5590	2.4263	0.1266	88.6
$p_0^{2)} = 9.1$	6.7377	1.8458	0.3573	2.344	0.0670	2.3876	2.4263	0.0735	94.0
10	6.7377	1.8458	0.3573	2.7988	0.0655	2.3876	2.4263	0.0781	93.5
12	6.7377	1.8458	0.3573	3.3585	0.063	2.3876	2.4263	0.0885	92.5

例 21-4 已知真空发生器的喉部直径 $d_* = 1\text{mm}$，$A_*/A_1 = 0.5$，$A_3/A_1 = 3$，$L_3/d_3 = 5$，$T_0 = 289\text{K}$，$p_a = 1.013\text{bar（a）}$，求该真空发生器的最大真空度的特性线。

解 按已知几何条件及各几何参数与表 21-5 相同。$Re_3 = 42870 p_{01}$，p_{01} 以 MPa（a）计。θ 值见表 21-6。

1) 求 $p_0^{1)}$：

$$q(\lambda_1) = \frac{A_*}{A_1} = 0.5 \xrightarrow{\text{附录 A}} \lambda_1 = 1.7168 \xrightarrow{\text{附录 A}} \begin{array}{l} \xrightarrow{\text{附录 B}} Z(\lambda_1) = 2.2993 \\ \Pi(\lambda_1) = 0.094 \end{array}$$

$$\downarrow \text{附录 A}$$

$$M_1 = 2.1971 \xrightarrow{\text{附录 C}} \left(\frac{p_1'}{p_1}\right)_\text{正} = 5.4652 = \frac{p_2}{p_{01} \Pi(\lambda_1)} \rightarrow \frac{p_2}{p_{01}}$$

$$= 5.4652 \times 0.094 = 0.5137$$

设 $p_0^{1)} = 2\text{bar（a）}$，则 $\theta = 0.0880$

$$\xrightarrow{\text{式 (21-26)}} Z(\lambda_3) + 0.088\lambda_3 = 2.2993 + 1.5781 \times 0.5137 \times 4 = 5.542 \xrightarrow{\text{附录 B}} \lambda_3 = 0.1874$$

$$\xrightarrow{\text{附录 A}} \Pi(\lambda_3) = 0.9796 = p_3/p_{03} = p_a/p_{03} = 1.013/p_{03} \rightarrow p_{03} = 1.034\text{bar（a）}$$

$$\xrightarrow{\text{附录 A}} Y(\lambda_3) = 0.2973 \xrightarrow{\text{式 (21-27)}} \frac{A_*}{A_3} \frac{p_{01}}{p_a} = \frac{p_{01}}{6 \times 1.013} = \frac{p_{01}}{6.078} \rightarrow p_{01} = 1.807\text{bar（a）}$$

即 $p_0^{1)} = 1.807\text{bar（a）}$

由式（21-32），得 $p_2 = 0.5137 \times 1.807\text{bar（a）} = 0.928\text{bar（a）}$

2) 求 $p_0^{2)}$：

$$\xrightarrow{\text{式 (21-31)}} \tan(\eta - 90°) = \frac{(2.449/1.414) + 1}{2.4} = 1.1383 \rightarrow \eta = 138.7° \xrightarrow{\text{附录 D}} \lambda_1' = 2.118$$

$$\xrightarrow{\text{附录 A}} \Pi(\lambda_1') = 0.00808 = \frac{p_2}{p_{01}}$$

设 $p_0^{2)} = 6\text{bar（a）}$，则 $\theta = 0.07$

$$\xrightarrow{\text{式 (21-33)}} Z(\lambda_3) + 0.07\lambda_3 = 2.2993 + 1.5781 \times 0.00808 \times 4 = 2.3503 \rightarrow \lambda_3 = 1.62$$

$$\xrightarrow{\text{附录 A}} M_3 = 1.9716 \xrightarrow{\text{附录 C}} \left(\frac{p_3'}{p_3}\right)_\text{正} = 4.3684 = \frac{p_a}{p_3} \rightarrow p_3 = 0.2319\text{bar（a）}$$

$$\xrightarrow{\text{附录 A}} \Pi(\lambda_3) = 0.1336 = p_3/p_{03} = 0.2319/p_{03} \rightarrow p_{03} = 1.7357$$

$$\xrightarrow{\text{附录 A}} q(\lambda_3) = 0.6067$$

$$\xrightarrow{\text{式 (21-23)}} p_{01} = p_{03} \frac{A_3}{A_*} q(\lambda_3) = 1.7357 \times 6 \times 0.6067 = 6.318, \text{即 } p_0^{2)} = 6.318\text{bar（a）}$$

$$\xrightarrow{\text{式 (21-23)}} p_2 = p_{01} \Pi(\lambda_1') = 6.318 \times 0.00808\text{bar（a）} = 0.051\text{bar（a）}, p_{v\max} = p_a - p_2 = 0.962\text{bar（a）}$$

3) p_0 在 $p_0^{1)}$ 与 $p_0^{2)}$ 之间，$p_0 > p_0^{2)}$ 情况下的特性计算见表 21-12。

表 21-12 例 21-4 的计算表

p_0/bar（a）	$y(\lambda_3)$	λ_3	$q(\lambda_3)$	p_{03}/bar（a）	θ	$Z(\lambda_3)$	$Z(\lambda_1)$	p_2/bar（a）	$p_{v\max}$/kPa
给定	式（21-35）	附录 A	附录 A	式（21-23）	—	附录 B	附录 B	式（21-26）	式（21-34）
$p_0^{1)}$ = 1.807	0.2973	0.1874	0.2837	1.034	0.088	5.5236	2.2993	0.9280	8.5
4	0.6581	0.4058	0.5970	1.1167	0.078	2.8701	2.2993	0.382	63.1
5	0.8226	0.4998	0.7089	1.1755	0.073	2.5006	2.2993	0.188	82.5
$p_0^{2)}$ = 6.318	4.5422	1.62	0.6067	1.7357	0.070	2.2373	2.2993	0.0510	96.2
7	4.5422	1.62	0.6067	1.8893	0.067	2.2373	2.2993	0.0516	96.1
8	4.5422	1.62	0.6067	2.1592	0.064	2.2373	2.2993	0.0528	96.0
9	4.5422	1.62	0.6067	2.4291	0.063	2.2373	2.2993	0.0571	95.6
10	4.5422	1.62	0.6067	2.6991	0.0625	2.2373	2.2993	0.0622	95.1

例 21-5 已知真空发生器的喉部直径 $d_* = 1\text{mm}$，$A_*/A_1 = 0.5$，$A_3/A_1 = 2$，$L_3/d_3 = 5$，$T_0 = 289\text{K}$，$p_a = 1.013\text{bar}$（a），求 $p_0^{1)}$、$p_0^{2)}$、$p_0^{3)}$、$p_0^{4)}$ 以及在 3~10bar（a）情况下的 q_{V1}、q_{V2} 和 $p_{v\max}$ 的特性线。

解 按已知几何条件，解出的各几何参数见表 21-13。

表 21-13 例 21-5 各几何参数

位置	*	1	2	3
d/mm	1	1.414	1.414	2
A/mm²	0.785	1.57	1.57	3.14
	$A_2/A_1 = 1$，$A_2/A_* = 2$，$A_3/A_* = 4$，$A_2/A_3 = 0.5$			

$A_*/A_1 = 0.5 = q(\lambda_1)$，查附录 A 得 $\lambda_1 = 1.7168$，$\Pi(\lambda_1) = 0.094$，$M_1 = 2.1971$。查附录 B 得 $Z(\lambda_1) = 2.2993$。

查附录 C 得 $(p_1'/p_1)_{正} = 5.4652$。

$$Re_3 = \frac{4 \times (1+n) \times 0.0404 p_{01} \times 0.8 \times 0.785}{3.1416 \times 2 \times 10^{-3} \times 18.1 \times 10^{-6} \sqrt{289}} = 52500 p_{01}(1+n)，p_{01} \text{以 MPa（a）计}。$$

$$\theta = \frac{2\kappa}{\kappa+1} \frac{\zeta L_3}{2 d_3} = 2.917\zeta。Re_3 \text{与} \theta \text{的关系参见表 21-6}。$$

1) 吸入腔敞开。

① 求 $p_0^{1)}$：喷管出口正冲波的波前压力 $p_1 = p_{01} \Pi(\lambda_1)$，波后压力 $p_1' = p_2$。故有 $\left(\dfrac{p_1'}{p_1}\right)_{正} = \dfrac{p_2}{p_{01}\Pi(\lambda_1)}$，则 $p_2 = \left(\dfrac{p_1'}{p_1}\right)_{正} p_{01} \Pi(\lambda_1) = 5.4652 \times 0.094 p_{01} = 0.5137 p_{01}$。按此式，$p_2$ 与 p_{01} 是一一对应关系。求解 $p_0^{1)}$ 的计算过程列于表 21-14。

② 求 $p_0^{2)}$：预估 $p_0^{2)} = 3\text{bar}$（a），$n = 0.7$，则 $Re_3 = 27000$，$\theta = 0.0685$。

由式（21-12），有

$$\left[1 - \frac{0.5}{Y(\lambda_3')}\right] \times 2.2993 + \frac{1}{Y(\lambda_3')} = Z(\lambda_3') + 0.0685 \lambda_3'$$

上式中的 λ'_3 是隐函数，可利用表21-15设定 λ'_3，当此式等号左右两侧值差别很小时，则为 λ'_3 的正确解。得 $\lambda'_3 = 0.702$，因 $\lambda_3 \lambda'_3 = 1$，故 $\lambda_3 = 1.4245$。查附录A，得 $M_3 = 1.5985$，$\Pi(\lambda_3) = 0.2358$，$q(\lambda_3) = 0.8006$。

由式 (21-9)，有 $p_{01} = (1.2065 - 0.5) \times 1.013 \times 4\text{bar (a)} = 2.863\text{bar (a)}$。即 $p_0^{2)} = 2.863\text{bar (a)}$。

由式 (21-10)，有 $n = \dfrac{1.013}{2.863 \times 0.5} = 0.7076$。因 $M_3 = 1.5985$，查附录C，得 $(p'_3/p_3)_{\text{正}} = 2.8145$，故 $p_3 = \dfrac{1.013}{2.8145}\text{bar (a)} = 0.3599\text{bar (a)}$，$p_{03} = \dfrac{0.3599}{0.2358} = 1.5263\text{bar (a)}$。

③ 求 $p_0^{3)}$：由式 (21-13)，$p_0^{3)} = 0.5352/0.094\text{bar (a)} = 5.694\text{bar (a)}$。

④ 求 $p_0^{4)}$：由式 (21-15)，$q(\lambda'_1) = 1/4$，查附录A，得 $\lambda'_1 = 1.95$，$\Pi(\lambda'_1) = 0.0297$，由式 (21-16) 可得 $p_0^{4)} = 1.013/0.0297\text{bar (a)} = 34.1\text{bar (a)}$。

⑤ 求 p_0 在 $p_0^{3)}$ 至 $p_0^{4)}$ 之间的性能：参考例21-2，计算过程列于表21-16中。

由式 (5-132)，得

$$p_{01}\Pi(\lambda'_1) = 1.013 \times 0.5283 = 0.5352 \tag{21-36}$$

因 $q(\lambda'_2) = 1$，$\alpha = 1$，由式 (5-134) 可得

$$q(\lambda_2) = 1 + 1 - \frac{q(\lambda_1)}{q(\lambda'_1)} = 2 - \frac{0.5}{q(\lambda'_1)} \tag{21-37}$$

2) 吸入腔封闭。

① 求 $p_0^{1)}$：

$q(\lambda_1) = \dfrac{A_*}{A_1} = 0.5 \xrightarrow{\text{附录A}} \lambda_1 = 1.7168$
- $\xrightarrow{\text{附录A}} \Pi(\lambda_1) = 0.094$
- $\xrightarrow{\text{附录B}} Z(\lambda_1) = 2.2993$
- $\xrightarrow{\text{附录A}} M_1 = 2.1971 \xrightarrow{\text{附录C}} \left(\dfrac{p'_1}{p_1}\right)_{\text{正}} = 5.4652 = \dfrac{p_2}{p_{01}\Pi(\lambda_1)}$，$\dfrac{p_2}{p_{01}} = 5.4652 \times 0.094 = 0.5137$

设 $p_{01}^{1)} = 2\text{bar (a)}$，$Re_3 = 10500$，$\theta = 0.0875$。

$\xrightarrow{\text{式(21-26)}} Z(\lambda_3) + 0.0875\lambda_3 = 2.2993 + 1.5781 \times 0.5137 \times 2 = 3.9206 \xrightarrow{\text{附录B}} \lambda_3 = 0.2763$

$\xrightarrow{\text{附录A}}$
- $\Pi(\lambda_3) = 0.9561 \rightarrow p_{03} = \dfrac{1.013}{0.9561}\text{bar (a)} = 1.0595\text{bar (a)}$
- $y(\lambda_3) = 0.4414 \xrightarrow{\text{式(21-27)}} p_{01} = y(\lambda_3)\dfrac{A_3}{A_*}p_a = 0.4414 \times 4 \times 1.013\text{bar (a)}$

$= 1.7886\text{bar (a)}$

即 $p_{01}^{1)} = 1.7886\text{bar (a)}$。

② 求 $p_{01}^{2)}$：设 $p_{01}^{2)} = 4.3\text{bar (a)}$，$Re_3 = 22600$，$\theta = 0.072$。

$\xrightarrow{\text{式(21-31)}} \tan(\eta - 90°) = \dfrac{2/1.414 + 1}{2.4} = 1.006 \rightarrow \eta = 135.2° \xrightarrow{\text{附录D}} \lambda'_1 = 2.09 \xrightarrow{\text{附录A}} \Pi(\lambda'_1)$
$= 0.0105$

表 21-14 例 21-5 的计算表之一

p_0 /bar (a)	p_2 /bar (a)	$\Pi(\lambda_2)$ p_2/p_a	λ_2 附录A	$q(\lambda_2)$ 附录A	$Z(\lambda_2)$ 附录B	n 式(21-6)	$Z(\lambda_3)+\theta\lambda_3$ 式(21-8)	Re_3	θ	λ_3 附录B	$q(\lambda_3)$ 附录A	$\Pi(\lambda_3)$ 附录A	$p_a/\Pi(\lambda_3)$	p_{03} /bar (a) 式(21-7)	Δp_{03}	q_{V1} /(L/min) (ANR) 式(21-5)	q_{V2} /(L/min) (ANR) nq_{V1}
给定	设定																
2	0.98	0.9674	0.2378	0.3664	4.443	0.3712	2.8796	14400	0.079	0.4110	0.6037	0.9049	1.1195	1.1357	−0.0162	—	—
1.9	0.98	0.9674	0.2378	0.3664	4.443	0.3907	2.9015	13900	0.081	0.4066	0.5981	0.9068	1.1171	1.1045	−0.0126	—	—
$p_0^{(1)}=1.944$	0.98	0.9674	0.2378	0.3664	4.443	0.3819	2.8917	14100	0.081	0.4081	0.6000	0.9061	1.1180	1.1193	−0.0013	14.7	5.6
$p_0^{(2)}=2.863$	0.5352	0.5283	1	1	2	0.7076	2.1753	25600	0.070	1.4245	0.8006	0.2358	—	1.5263	—	21.6	15.3
4	0.5352	0.5283	1	1	2	0.5065	2.1987	31500	0.066	1.3856	0.8325	0.2593	—	1.8096	—	30.2	15.3
5	0.5352	0.5283	1	1	2	0.4052	2.2130	37000	0.063	1.4200	0.8046	0.2385	—	2.1831	—	37.8	15.3
$p_0^{(3)}=5.69$	0.5352	0.5283	1	1	2	0.3561	2.2207	41000	0.063	1.4323	0.7938	0.2312	—	2.4300	—	43.0	15.3

表 21-15 辅助计算表

λ'_3	$Y(\lambda'_3)$	$Z(\lambda'_3)$	式(21-35)左侧	式(21-35)右侧	两侧差
0.6	1.0069	2.2667	2.1507	2.3078	−0.1571
0.7	1.2024	2.1286	2.1748	2.1766	−0.0018
0.702	1.2065	2.1265	2.1753	2.1746	+0.0007

表 21-16 例 21-5 的计算表之二

p_{01} /bar (a)	$\Pi(\lambda'_1)$ 式(21-36)	λ'_1 附录A	$q(\lambda'_1)$ 式(21-37)	λ_2 附录A	$q(\lambda_2)$ 式(21-36)	$Z(\lambda_2)$ 附录B	$Z(\lambda_3)+\theta\lambda_3$ 式(21-8)	Re_3	θ	λ_3	$q(\lambda_3)$ 附录A	$\Pi(\lambda_3)$ 附录A	p_{03} /bar (a) 式(21-7)	p_3 /bar (a)	q_{V1} /(L/min) (ANR) 式(21-5)	q_{V2} /(L/min) (ANR) nq_{V1}
给定																
8	0.0669	1.7971	0.4107	0.5703	0.7826	2.3238	2.3034	50000	0.061	1.5607	0.6696	0.1616	3.5789	0.5784	60.4	12
10	0.0535	1.8442	0.3593	0.4148	0.6084	2.8256	2.3571	59000	0.058	1.6577	0.5655	0.1173	4.966	0.5825	75.5	9.3

$\xrightarrow{\text{式}(21\text{-}33)} Z(\lambda_3) + 0.072\lambda_3 = 2.2993 + 1.5781 \times 0.0105 \times 4 = 2.3324 \xrightarrow{\text{附录 B}} \lambda_3 = 1.5915$

$\xrightarrow{\text{附录 A}} M_3 = 1.9113 \xrightarrow{\text{附录 C}} \left(\dfrac{p'_3}{p_3}\right)_{\text{正}} = 4.1017 \rightarrow p_3 = \dfrac{p_a}{(p'_3/p_3)_{\text{正}}} = \dfrac{1.013}{4.1017}\text{bar (a)}$
$= 0.247\text{bar (a)}$

$\xrightarrow{\text{附录 A}} \Pi(\lambda_3) = 0.1467 = p_3/p_{03} \rightarrow p_{03} = \dfrac{0.247}{0.1467}\text{bar (a)} = 1.6835\text{bar (a)}$

$\xrightarrow{\text{附录 A}} q(\lambda_3) = 0.6373$

$\xrightarrow{\text{式}(21\text{-}23)} p_{01} = p_{03}\dfrac{A_3}{A_*}q(\lambda_3) = 1.6835 \times 4 \times 0.6373\text{bar (a)} = 4.292\text{bar (a)}$，即 $p_{01}^{2)} = 4.292\text{bar (a)}$

$\xrightarrow{\text{式}(21\text{-}32)} p_2 = p_{01}\Pi(\lambda'_1) = 4.292 \times 0.0105\text{bar (a)} = 0.045\text{bar (a)}$。

$\xrightarrow{\text{式}(21\text{-}34)} p_{v\max} = p_a - p_2 = 968\text{kPa}$

③ p_{01} 在 $p_{01}^{1)}$ 与 $p_{01}^{2)}$ 之间，$p_{01} > p_{01}^{2)}$ 情况下的特性计算见表 21-17 中。

表 21-17 例 21-5 的计算表之三

p_0/bar (a)	$Y(\lambda_3)$	λ_3	$q(\lambda_3)$	p_{03}/bar (a)	Re_3	θ	$Z(\lambda_3)$	$Z(\lambda_1)$	p_2/bar (a)	$p_{v\max}$/kPa
给定	式(21-35)	附录 A	附录 A	式(21-23)	—	—	附录 B	附录 B	式(21-32)	式(21-34)
$p_{01}^{1)} = 1.7886$	0.4414	0.2763	0.4221	1.0595	9400	0.088	3.8956	2.2993	0.918	9.5
3	0.7404	0.4533	0.6554	1.1443	15800	0.079	2.6593	2.2993	0.376	63.6
$p_{01}^{2)} = 4.292$	4.3446	1.5915	0.6373	1.6835	22500	0.072	2.2198	2.2993	0.048	96.5
6	4.3446	1.5915	0.6373	2.3537	31500	0.066	2.2198	2.2993	0.0486	96.4
8	4.3446	1.5915	0.6373	3.1384	42000	0.0626	2.2198	2.2993	0.0510	96.2
10	4.3446	1.5915	0.6373	3.923	52500	0.0603	2.2198	2.2993	0.0522	96.1

例 21-6 已知真空发生器的喉部直径 $d_* = 1\text{mm}$，$A_*/A_1 = 0.5$，$A_3/A_1 = 4$，$L_3/d_3 = 5$，$T_0 = 289\text{K}$，$p_a = 1.013\text{bar (a)}$，求 $p_{01}^{2)}$ 下的 $q_{V2\max}$ 及 $p_{01}^{2)}$ 下的 $p_{v\max}$。

解 计算过程从略。解得最大吸入流量的极限值 $q_{V2\max} = 46\text{L/min (ANR)}$ 时的 $p_{01}^{2)} = 4.51\text{bar (a)}$；解得最大真空度的极限值 $p_{v\max} = 95.6\text{kPa}$ 时的 $p_{01}^{2)} = 8.26\text{bar (a)}$。

21.3 真空发生器各参数对性能的影响

21.3.1 对最大吸入流量的影响

在吸入口完全敞开的条件下，最大吸入流量 $q_{V2} = nq_{V1}$。真空发生器通常都处于临界状态，故 q_{V1} 应取 q_{V1}^*。因 $p_{02} = p_a$，$A_1 q(\lambda_1) = A_*$，设 $T_0 = 289\text{K}$，将式 (21-6) 代入式 (21-5)，可得

$$q_{V2} = 9.75 A_2 q(\lambda_2) \tag{21-38}$$

$\lambda_2 = 1$，$q(\lambda_2) = 1$，才达到最大吸入流量的极限值

$$q_{V2\max} = 9.75 A_2 = 9.75 A_* \dfrac{A_1}{A_*}\dfrac{A_2}{A_1} \tag{21-39}$$

从式 (21-39)，可见，

1) 最大吸入流量的极限值 $q_{V\max}$ 只与吸入口面积 A_2 有关，且与 A_2 成正比。如果式（21-39）改变成另一种表达方式，则最大吸入流量的极限值与拉瓦尔喷管喉部面积 A_*、拉瓦尔喷管面积比 A_1/A_*（即 λ_1）和吸入口面积与拉瓦尔喷管出口面积之比 A_2/A_1 有关，且都成正比。即最大吸入流量的极限值 $q_{V2\max}$ 与三者的乘积成正比。

2) 达到最大吸入流量极限值的前提条件，一是 A_2/A_1 不能太大，以免出现从喷管出口发出的超声速射流与混合室管壁不接触，这属于超声速自由淹没射流，根本不存在真空发生器的功能；二是 p_{01} 必须达到 $p_0^{2)}$，$\lambda_2 = 1$，混合室出口达超声速（$\lambda_3 > 1$），在出口处存在冲波系，波后压力降至外界大气压力。这种情况下，才能达到最大吸入流量的极限值。

根据例 21-1 和例 21-3，画出了 $d_* = 1\text{mm}$，$A_*/A_1 = 0.3$ 和 $A_3/A_1 = 3$ 的条件下，真空发生器的 q_{V1}、q_{V2} 和 $p_{v\max}$ 与 p_{01} 的关系曲线，如图 21-10 所示。

根据例 21-2 和例 21-4，画出了 $d_* = 1\text{mm}$，$A_*/A_1 = 0.5$ 和 $A_3/A_1 = 3$ 的条件下，真空发生器的 q_{V1}、q_{V2} 和 $p_{v\max}$ 与 p_{01} 的关系曲线，如图 21-11 所示。

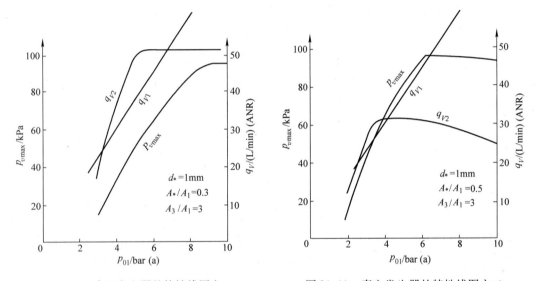

图 21-10　真空发生器的特性线图之一　　　图 21-11　真空发生器的特性线图之二

根据例 21-5 画出了 $d_* = 1\text{mm}$，$A_*/A_1 = 0.5$ 和 $A_3/A_1 = 2$ 的条件下，真空发生器的 q_{V1}、q_{V2} 和 $p_{v\max}$ 与 p_{01} 的关系曲线，如图 21-12 所示。

从图 21-10～图 21-12 可以看出：

1) 空气消耗量 q_{V1}，通常在 $p_{01} > 2.5\text{bar}$（a）情况下，是随 p_{01} 的增大而线性增大，也随喉部面积 A_* 的增大而线性增大。

2) 在 A_* 及 A_3/A_1 一定时，最大吸入流量的极限值 $q_{V2\max}$ 是随 A_*/A_1 的减小而增大的。最大吸入流量的极限值的 $p_{01}^{2)}$ 也随 A_*/A_1 的减小而增大。当 $A_3/A_1 = 3$ 时，A_*/A_1 在 0.3～0.5 范围内，最大吸入流量的极限值的 $p_{01}^{2)}$ 在 3.8～5.2bar（a）之间，适合工程的要求。

3) 在 $p_0^{2)}$ 至 $p_0^{3)}$ 范围内，最大吸入流量的极限值保持不变。当 $p_0 > p_0^{3)}$ 时，最大吸入流量的极限值便逐渐减小。如例 21-1 的 $p_0^{2)} = 5.22\text{bar}$（a），$p_0^{3)} = 13.41\text{bar}$（a），在此 p_0 范围内，最大吸入流量的极限值为 51L/min（ANR）。例 21-2 的 $p_0^{2)} = 3.81\text{bar}$（a），$p_0^{3)} = 5.69\text{bar}$（a），在此范围内的最大吸入流量的极限值为 30.6L/min（ANR）。

4) A_3/A_1 若过小，即混合室直径略大于喷管出口直径，由于吸入腔口径过小，最大吸入流量太小，不适合作为真空发生器。

A_3/A_1 若过大，即混合室直径远大于喷管出口直径。同时，A_1/A_* 过大（即 λ_1 太高）时，似乎最大吸入流量可以很大，实际上这是不能实现的。因为混合室直径过大，从喷管出口流出的主射流有可能与混合室管壁接触不上，吸入腔内无法形成较大的负压力，就不会出现最大吸入流量。

通过理论计算可知，原则上是 A_3/A_1 增大，相当于 A_2 大，$q_{V2\max}$ 是增大的。可以得出最适宜的 A_3/A_1 的范围（这也与 A_1/A_* 有关联），在 2 至 3 之间。

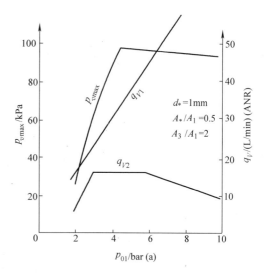

图 21-12 真空发生器的特性线图之三

5) 从图 21-10 和图 21-11 上可以看出，A_*/A_1 减小，$q_{V2\max}$ 是增大的。

21.3.2 对最大真空度的影响

1) 在吸入口完全封闭的情况下，当 $p_{01} = p_{01}^{2)}$（这个 $p_{01}^{2)}$ 与吸入口完全敞开情况下的 $p_{01}^{2)}$ 不是同一值）时，最大真空度达极限值 $p_{v\max}$。

当 $p_{01} > p_{01}^{2)}$ 时，λ_3 不再变化，仅混合室出口外的波系发生变化。λ_3 不变是由真空发生器的几何尺寸决定的。这如同拉瓦尔喷管一样，一旦扩张段内全为超声速流动时，p_{01} 再提高，仅喷管出口存在的正冲波演变成其他波系，以适应喷管出口外的反压要求，喷管扩张段内的流动并没有变化。另外，随着 p_{01} 的增大，雷诺数 Re_3 也随之增大，系数 θ 略有减小。从式（21-26）可以看出，p_2/p_{01} 略有减小。也就是说，随 p_{01} 的增大，基本上 p_2 也随之增大。因此，$p_{10} > p_{10}^{2)}$ 之后，最大真空度 p_v 便从 $p_{v\max}$ 逐渐降下来，故从实现 $p_{v\max}$ 来讲，p_{01} 不要大于 $p_{01}^{2)}$。

2) 从表 21-18 中可以看出，A_*/A_1 在 0.3~0.5 范围内，A_3/A_1 在 2~4 的范围内，最大真空度的极限值 $p_{v\max}$ 变化不大，但达到 $p_{v\max}$ 的 $p_{01}^{2)}$ 差别很大。保持 A_*/A_1 不变，A_3/A_1 越大，达到 $p_{v\max}$ 时的 $p_{01}^{2)}$ 也越大。当 $A_3/A_1 = 4$ 时，其 $p_{01}^{2)}$ 达到 8.26bar（a），处于通常使用压力范围 [4~7.3bar（a）] 之外。当 $A_*/A_1 = 0.3$，$A_3/A_1 = 3$ 时，达到 $p_{v\max}$ 时的 $p_{01}^{2)} = 9.1$bar（a），也处于通常使用压力范围之外。可见，要想达到 $p_{v\max}$ 时的使用压力在通常范围内，A_*/A_1 宜在 0.3~0.5 之间，A_3/A_1 宜在 2~3 之间。

表 21-18 最大真空度关联数据表

d_*/mm	$\dfrac{A_*}{A_1}$	$\dfrac{A_3}{A_1}$	最大吸入流量的极限值		最大真空度的极限值	
			$p_{01}^{2)}$/bar（a）	$q_{V2\max}$/(L/min)(ANR)	$p_{01}^{2)}$/bar（a）	$p_{v\max}$/kPa
1	0.3	3	5.22	51.0	9.10	94.0
	0.5	2	2.86	15.3	4.30	96.5
	0.5	3	3.80	30.6	6.32	96.2
	0.5	4	4.51	46.0	8.26	95.6

21.4 真空发生器理论估算性能的可信性

图 21-13 给出了 SMC 公司样本上的型号 ZH10□S 真空发生器的特性曲线。其横坐标的供气压力是表压力。

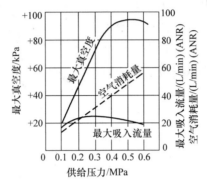

图 21-13　ZH10□S 真空发生器的特性曲线

表 21-19 列出了图 21-13 的测试数据和本章计算的例 21-1～例 21-4 的计算数据。可见，理论计算数据是可信的。

表 21-19　真空发生器理论计算结果的可信性

参数		测试数据（图 21-13）	理论计算数据	
			例 21-1 21-2	例 21-3 21-4
已知条件	d_* /mm	1	1	1
	A_*/A_1	未知	0.3	0.5
	A_3/A_1	未知	3	3
空气消耗量	p_{01}/bar（g）	5	5	5
	q_{V1}/(L/min)(ANR)	47	45.3	45.3
最大吸入流量	p_{01}/bar（g）	3	4.2	2.85
	q_{V2}/(L/min)(ANR)	25	51	30.6
最大真空度	p_{01}/bar（g）	5	8.09	5.3
	$q_{v\max}$/kPa	94.3	94.0	96.2

对真空发生器，因为没有测试条件，本章没有进行任何测试工作，完全从理论上阐明了真空发生器在不同供气压力 p_{01} 下，内部流道内流态详细的变化过程。并依据流态变化过程的分析，推导出计算真空发生器的空气消耗量、最大吸入流量和最大真空度的全部计算公式和计算方法。依据 SMC 公司样本上提供的性能测试数据，证明上述全部的理论分析方法和计算方法，基本上是可信的。

本章对真空发生器性能的理论研究，得出如下的重要结果。

1) 得出空气消耗量的计算公式为式（21-4）。空气消耗量与供气压力 p_{01} 和拉瓦尔喷管喉部面积 A_* 成正比。

2) 得出了最大吸入流量的极限值 $q_{V2\max}$ 只与吸入口面积 A_2 有关，见式 (21-39)。

3) 提出了四个供气压力的特征量：$p_{01}^{1)}$、$p_{01}^{2)}$、$p_{01}^{3)}$ 和 $p_{01}^{4)}$。

$p_{01}^{1)}$：喷管出口存在正冲波时的 p_{01}。这是真空发生器发挥真空吸附功能的起点。

$p_{01}^{2)}$：混合室出口存在正冲波时的 p_{01}。此时，最大吸入流量达到极限值。

$p_{01}^{3)}$：喷管出口上开始出现膨胀波时的 p_{01}。也是最大吸入流量达到极限值的终点。即 $p_{01} > p_{01}^{3)}$，则最大吸入流量开始减小。

$p_{01}^{4)}$：真空发生器吸入腔被关闭时的 p_{01}。此时，$q_{V2} = 0$，已无吸附功能。通常 p_{01} 是不会达到 $p_{01}^{4)}$ 的，但真空发生器设计不合理时，是可能发生的。

4) 真空发生器的几何特征参数只有四个（不考虑存在扩压段的话）：A_*，A_*/A_1，A_3/A_1 和 L_3/d_3。

真空发生器的特性有三个：空气消耗量，最大吸入流量和最大真空度。

对真空发生器的要求是：在通常的使用压力范围内 [4~7.3bar (a)]，能达到最大吸入流量的极限值和最大真空度的极限值。

按对真空发生器的要求，利用理论分析和计算方法，便可以确定真空发生器的四个几何特征参数，完成真空发生器的设计。

若没有理论分析和指导，要想让四个几何特征参数有效配合，达到对真空发生器的性能要求，不提供大量的经费和精力是不可能的。

附 录

附录 A 一元等熵流气体力学函数表 ($k=1.4$)

λ	$\tau(\lambda)$	$\Pi(\lambda)$	$\varepsilon(\lambda)$	$q(\lambda)$	$y(\lambda)$	$f(\lambda)$	$r(\lambda)$	M
0.00	1.0000	1.0000	1.0000	0.0000	0.0000	1.0000	1.0000	0.0000
0.01	1.0000	0.9999	0.9999	0.0158	0.0158	1.0000	0.9999	0.0091
0.02	0.9999	0.9998	0.9998	0.0315	0.0316	1.0002	0.9996	0.0183
0.03	0.9999	0.9995	0.9997	0.0473	0.0473	1.0006	0.9989	0.0274
0.04	0.9997	0.9990	0.9993	0.0631	0.0631	1.0009	0.9981	0.0365
0.05	0.9996	0.9986	0.9990	0.0788	0.0789	1.0015	0.9971	0.0457
0.06	0.9994	0.9979	0.9985	0.0945	0.0947	1.0021	0.9958	0.0548
0.07	0.9992	0.9971	0.9979	0.1102	0.1105	1.0028	0.9943	0.0639
0.08	0.9989	0.9963	0.9974	0.1259	0.1263	1.0038	0.9925	0.0731
0.09	0.9987	0.9953	0.9967	0.1415	0.1422	1.0047	0.9906	0.0822
0.10	0.9983	0.9942	0.9959	0.1571	0.1580	1.0058	0.9885	0.0914
0.11	0.9980	0.9929	0.9949	0.1726	0.1739	1.0070	0.9860	0.1005
0.12	0.9976	0.9916	0.9940	0.1882	0.1897	1.0083	0.9834	0.1097
0.13	0.9972	0.9901	0.9929	0.2036	0.2056	1.0100	0.9806	0.1190
0.14	0.9967	0.9886	0.9918	0.2190	0.2216	1.0113	0.9767	0.1280
0.15	0.9963	0.9870	0.9907	0.2344	0.2375	1.0129	0.9744	0.1372
0.16	0.9957	0.9851	0.9893	0.2497	0.2535	1.0147	0.9709	0.1460
0.17	0.9952	0.9832	0.9880	0.2649	0.2695	1.0165	0.9673	0.1560
0.18	0.9946	0.9812	0.9866	0.2801	0.2855	1.0185	0.9634	0.1650
0.19	0.9940	0.9791	0.9850	0.2952	0.3015	1.0206	0.9594	0.1740
0.20	0.9933	0.9768	0.9834	0.3102	0.3176	1.0227	0.9551	0.1830
0.21	0.9927	0.9745	0.9817	0.3252	0.3337	1.0250	0.9507	0.1920
0.22	0.9919	0.9720	0.9799	0.3401	0.3499	1.0274	0.9461	0.2020
0.23	0.9912	0.9695	0.9781	0.3549	0.3660	1.0298	0.9414	0.2109
0.24	0.9904	0.9668	0.9762	0.3696	0.3823	1.0315	0.9373	0.2202
0.25	0.9896	0.9640	0.9742	0.3842	0.3985	1.0350	0.9314	0.2290
0.26	0.9887	0.9611	0.9721	0.3987	0.4148	1.0378	0.9261	0.2387
0.27	0.9879	0.9581	0.9699	0.4131	0.4311	1.0406	0.9207	0.2480
0.28	0.9869	0.9550	0.9677	0.4274	0.4475	1.0435	0.9152	0.2573
0.29	0.9860	0.9518	0.9653	0.4416	0.4640	1.0465	0.9095	0.2670
0.30	0.9850	0.9485	0.9630	0.4557	0.4804	1.0496	0.9037	0.2760

(续)

λ	$\tau(\lambda)$	$\Pi(\lambda)$	$\varepsilon(\lambda)$	$q(\lambda)$	$y(\lambda)$	$f(\lambda)$	$r(\lambda)$	M
0.31	0.9840	0.9451	0.9605	0.4697	0.4970	1.0528	0.8977	0.2850
0.32	0.9829	0.9415	0.9579	0.4835	0.5135	1.0559	0.8917	0.2947
0.33	0.9819	0.9379	0.9552	0.4972	0.5302	1.0593	0.8854	0.3040
0.34	0.9807	0.9342	0.9525	0.5109	0.5469	1.0626	0.8791	0.3134
0.35	0.9796	0.9303	0.9497	0.5243	0.5636	1.0661	0.8727	0.3228
0.36	0.9784	0.9265	0.9469	0.5377	0.5804	1.0696	0.8662	0.3322
0.37	0.9772	0.9224	0.9439	0.5509	0.5973	1.0732	0.8595	0.3417
0.38	0.9759	0.9183	0.9409	0.5640	0.6142	1.0768	0.8528	0.3511
0.39	0.9747	0.9141	0.9378	0.5769	0.6312	1.0805	0.8460	0.3606
0.40	0.9733	0.9097	0.9346	0.5897	0.6482	1.0842	0.8391	0.3701
0.41	0.9720	0.9053	0.9314	0.6024	0.6654	1.0880	0.8321	0.3796
0.42	0.9706	0.9008	0.9281	0.6149	0.6826	1.0918	0.8251	0.3892
0.43	0.9692	0.8962	0.9247	0.6272	0.6998	1.0957	0.8179	0.3987
0.44	0.9677	0.8915	0.9212	0.6394	0.7172	1.0996	0.8108	0.4083
0.45	0.9663	0.8868	0.9178	0.6515	0.7346	1.1036	0.8035	0.4179
0.46	0.9647	0.8819	0.9142	0.6633	0.7521	1.1076	0.7963	0.4275
0.47	0.9632	0.8770	0.9105	0.6750	0.7697	1.1116	0.7889	0.4372
0.48	0.9616	0.8719	0.9067	0.6865	0.7874	1.1156	0.7816	0.4468
0.49	0.9600	0.8668	0.9029	0.6970	0.8052	1.1197	0.7741	0.4565
0.50	0.9583	0.8616	0.8991	0.7091	0.8230	1.1239	0.7666	0.4663
0.51	0.9567	0.8563	0.8951	0.7201	0.8409	1.1279	0.7592	0.4760
0.52	0.0549	0.8509	0.8911	0.7309	0.8590	1.1320	0.7517	0.4858
0.53	0.9532	0.8455	0.8871	0.7416	0.8771	1.1362	0.7442	0.4956
0.54	0.9514	0.8400	0.8829	0.7520	0.8953	1.1403	0.7366	0.5054
0.55	0.9496	0.8344	0.8787	0.7623	0.9136	1.1445	0.7290	0.5152
0.56	0.9477	0.8287	0.8744	0.7724	0.9321	1.1486	0.7215	0.5251
0.57	0.9459	0.8230	0.8701	0.7823	0.9506	1.1528	0.7139	0.5350
0.58	0.9439	0.8172	0.8657	0.7920	0.9692	1.1569	0.7064	0.5450
0.59	0.9420	0.8112	0.8612	0.8015	0.9880	1.1610	0.6987	0.5549
0.60	0.9400	0.8053	0.8567	0.8109	1.0069	1.1651	0.6912	0.5649
0.61	0.9380	0.7992	0.8521	0.8198	1.0258	1.1691	0.6836	0.5750
0.62	0.9359	0.7932	0.8475	0.8288	1.0449	1.1733	0.6760	0.5850
0.63	0.9339	0.7870	0.8428	0.8375	1.0641	1.1772	0.6685	0.5951
0.64	0.9317	0.7808	0.8380	0.8459	1.0842	1.1812	0.6610	0.6053
0.65	0.9296	0.7745	0.8332	0.8543	1.1030	1.1852	0.6535	0.6154
0.66	0.9274	0.7681	0.8283	0.8623	1.1226	1.1891	0.6460	0.6256

(续)

λ	$\tau(\lambda)$	$\Pi(\lambda)$	$\varepsilon(\lambda)$	$q(\lambda)$	$y(\lambda)$	$f(\lambda)$	$r(\lambda)$	M
0.67	0.9252	0.7617	0.8233	0.8701	1.1423	1.1929	0.6386	0.6359
0.68	0.9229	0.7553	0.8183	0.8778	1.1622	1.1967	0.6311	0.6461
0.69	0.9207	0.7488	0.8133	0.8852	1.1822	1.2005	0.6237	0.6565
0.70	0.9183	0.7422	0.8082	0.8924	1.2024	1.2042	0.6163	0.6668
0.71	0.9160	0.7356	0.8030	0.8993	1.2227	1.2078	0.6090	0.6772
0.72	0.9136	0.7289	0.7978	0.9061	1.2431	1.2114	0.6017	0.6876
0.73	0.9112	0.7221	0.7925	0.9126	1.2637	1.2148	0.5944	0.6981
0.74	0.9087	0.7154	0.7872	0.9189	1.2845	1.2183	0.5872	0.7086
0.75	0.9063	0.7086	0.7819	0.9250	1.3054	1.2216	0.5800	0.7192
0.76	0.9037	0.7017	0.7764	0.9308	1.3265	1.2249	0.5729	0.7298
0.77	0.9012	0.6948	0.7710	0.9364	1.3478	1.2280	0.5658	0.7404
0.78	0.8986	0.6878	0.7655	0.9418	1.3692	1.2311	0.5587	0.7511
0.79	0.8960	0.6809	0.7599	0.9469	1.3908	1.2341	0.5517	0.7619
0.80	0.8933	0.6738	0.7543	0.9518	1.4126	1.2370	0.5447	0.7727
0.81	0.8907	0.6668	0.7486	0.9565	1.4346	1.2398	0.5378	0.7835
0.82	0.8879	0.6597	0.7429	0.9610	1.4567	1.2425	0.5309	0.7944
0.83	0.8852	0.6526	0.7372	0.9652	1.4790	1.2451	0.5241	0.8053
0.84	0.8824	0.6454	0.7314	0.9691	1.5016	1.2475	0.5174	0.8163
0.85	0.8796	0.6382	0.7256	0.9729	1.5243	1.2498	0.5107	0.8274
0.86	0.8767	0.6310	0.7197	0.9764	1.5473	1.2520	0.5040	0.8384
0.87	0.8739	0.6238	0.7138	0.9796	1.5704	1.2541	0.4974	0.8496
0.88	0.8709	0.6165	0.7079	0.9826	1.5938	1.2560	0.4908	0.8608
0.89	0.8680	0.6092	0.7019	0.9854	1.6174	1.2579	0.4843	0.8721
0.90	0.8650	0.6019	0.6959	0.9879	1.6412	1.2595	0.4779	0.8833
0.91	0.8620	0.5946	0.6898	0.9902	1.6652	1.2611	0.4715	0.8947
0.92	0.8589	0.5873	0.6838	0.9923	1.6895	1.2625	0.4652	0.9062
0.93	0.8559	0.5800	0.6776	0.9941	1.7140	1.2637	0.4589	0.9177
0.94	0.8527	0.5726	0.6715	0.9957	1.7388	1.2648	0.4527	0.9292
0.95	0.8496	0.5653	0.6653	0.9970	1.7638	1.2658	0.4466	0.9409
0.96	0.8464	0.5579	0.6591	0.9981	1.7891	1.2666	0.4405	0.9526
0.97	0.8432	0.5505	0.6528	0.9989	1.8146	1.2671	0.4344	0.9644
0.98	0.8399	0.5431	0.6466	0.9995	1.8404	1.2676	0.4285	0.9761
0.99	0.8367	0.5357	0.6403	0.9999	1.8665	1.2678	0.4225	0.9880
1.00	0.8333	0.5283	0.6340	1.0000	1.8929	1.2679	0.4167	1.0000
1.01	0.8300	0.5209	0.6276	0.9999	1.9195	1.2678	0.4109	1.0120
1.02	0.8266	0.5135	0.6212	0.9995	1.9464	1.2675	0.4051	1.0241

(续)

λ	$\tau(\lambda)$	$\Pi(\lambda)$	$\varepsilon(\lambda)$	$q(\lambda)$	$y(\lambda)$	$f(\lambda)$	$r(\lambda)$	M
1.03	0.8232	0.5061	0.6148	0.9989	1.9737	1.2671	0.3994	1.0363
1.04	0.8197	0.4987	0.6084	0.9980	2.0013	1.2664	0.3938	1.0486
1.05	0.8163	0.4913	0.6019	0.9969	2.0291	1.2655	0.3882	1.0609
1.06	0.8127	0.4840	0.5955	0.9957	2.0573	1.2646	0.3827	1.0733
1.07	0.8092	0.4766	0.5890	0.9941	2.0858	1.2633	0.3773	1.0858
1.08	0.8056	0.4693	0.5826	0.9924	2.1147	1.2620	0.3719	1.0985
1.09	0.8020	0.4619	0.5760	0.9903	2.1439	1.2602	0.3665	1.1111
1.10	0.7983	0.4546	0.5694	0.9880	2.1734	1.2584	0.3613	1.1239
1.11	0.7947	0.4473	0.5629	0.9856	2.2034	1.2564	0.3560	1.1367
1.12	0.7909	0.4400	0.5564	0.9829	2.2337	1.2543	0.3508	1.1496
1.13	0.7872	0.4328	0.5498	0.9800	2.2643	1.2519	0.3457	1.1627
1.14	0.7834	0.4255	0.5432	0.9768	2.2954	1.2491	0.3407	1.1758
1.15	0.7796	0.4184	0.5366	0.9735	2.3269	1.2463	0.3357	1.1890
1.16	0.7757	0.4111	0.5300	0.9698	2.3588	1.2432	0.3307	1.2023
1.17	0.7719	0.4040	0.5234	0.9659	2.3911	1.2398	0.3258	1.2157
1.18	0.7679	0.3969	0.5168	0.9620	2.4238	1.2364	0.3210	1.2292
1.19	0.7640	0.3898	0.5102	0.9577	2.4570	1.2326	0.3162	1.2428
1.20	0.7600	0.3827	0.5035	0.9531	2.4906	1.2286	0.3115	1.2566
1.21	0.7560	0.3757	0.4969	0.9484	2.5247	1.2244	0.3068	1.2708
1.22	0.7519	0.3687	0.4903	0.9435	2.5593	1.2200	0.3022	1.2843
1.23	0.7478	0.3617	0.4837	0.9384	2.5944	1.2154	0.2976	1.2974
1.24	0.7437	0.3548	0.4770	0.9331	2.6300	1.2105	0.2931	1.3126
1.25	0.7396	0.3479	0.4704	0.9275	2.6660	1.2054	0.2886	1.3268
1.26	0.7354	0.3411	0.4638	0.9217	2.7026	1.2000	0.2842	1.3413
1.27	0.7312	0.3343	0.4572	0.9159	2.7398	1.1946	0.2798	1.3558
1.28	0.7269	0.3275	0.4505	0.9096	2.7775	1.1887	0.2755	1.3705
1.29	0.7227	0.3208	0.4439	0.9033	2.8158	1.1826	0.2713	1.3853
1.30	0.7183	0.3142	0.4374	0.8969	2.8547	1.1765	0.2670	1.4002
1.31	0.7140	0.3075	0.4307	0.8901	2.8941	1.1699	0.2629	1.4153
1.32	0.7096	0.3010	0.4241	0.8831	2.9343	1.1632	0.2574	1.4305
1.33	0.7052	0.2945	0.4176	0.8761	2.9750	1.1562	0.2547	1.4458
1.34	0.7007	0.2880	0.4110	0.8688	3.0164	1.1490	0.2507	1.4613
1.35	0.6962	0.2816	0.4045	0.8614	3.0586	1.1417	0.2467	1.4769
1.36	0.6917	0.2753	0.3980	0.8538	3.1013	1.1341	0.2427	1.4927
1.37	0.6872	0.2690	0.3914	0.8459	3.1448	1.1261	0.2389	1.5087
1.38	0.6826	0.2628	0.3850	0.8380	3.1889	1.1180	0.2350	1.5248

(续)

λ	τ(λ)	Π(λ)	ε(λ)	q(λ)	y(λ)	f(λ)	r(λ)	M
1.39	0.6780	0.2566	0.3785	0.8299	3.2340	1.1098	0.2312	1.5410
1.40	0.6733	0.2505	0.3720	0.8216	3.2798	1.1012	0.2275	1.5575
1.41	0.6687	0.2445	0.3656	0.8131	3.3263	1.0924	0.2238	1.5741
1.42	0.6639	0.2385	0.3592	0.8046	3.3737	1.0835	0.2201	1.5909
1.43	0.6592	0.2326	0.3528	0.7958	3.4219	1.0742	0.2165	1.6078
1.44	0.6544	0.2267	0.3464	0.7869	3.4710	1.0648	0.2129	1.6250
1.45	0.6496	0.2209	0.3401	0.7778	3.5211	1.0551	0.2094	1.6423
1.46	0.6447	0.2152	0.3338	0.7687	3.5720	1.0453	0.2059	1.6598
1.47	0.6398	0.2095	0.3275	0.7593	3.6240	1.0351	0.2024	1.6776
1.48	0.6349	0.2040	0.3212	0.7499	3.6768	1.0249	0.1990	1.6955
1.49	0.6300	0.1985	0.3150	0.7404	3.7308	1.0144	0.1956	1.7137
1.50	0.6250	0.1930	0.3088	0.7307	3.7858	1.0037	0.1923	1.7321
1.51	0.6200	0.1876	0.3027	0.7209	3.8418	0.9927	0.1890	1.7506
1.52	0.6149	0.1824	0.2965	0.7110	3.8990	0.9816	0.1858	1.7694
1.53	0.6099	0.1771	0.2904	0.7009	3.9574	0.9703	0.1825	1.7885
1.54	0.6047	0.1720	0.2844	0.6909	4.0172	0.9590	0.1794	1.8078
1.55	0.5996	0.1669	0.2784	0.6807	4.0778	0.9472	0.1762	1.8273
1.56	0.5944	0.1619	0.2724	0.6703	4.1398	0.9353	0.1731	1.8471
1.57	0.5892	0.1570	0.2665	0.6599	4.2034	0.9233	0.1700	1.8672
1.58	0.5839	0.1522	0.2606	0.6494	4.2680	0.9111	0.1670	1.8875
1.59	0.5786	0.1474	0.2547	0.6389	4.3345	0.8988	0.1640	1.9081
1.60	0.5733	0.1427	0.2489	0.6282	4.4020	0.8861	0.1611	1.9290
1.61	0.5680	0.1381	0.2431	0.6175	4.4713	0.8734	0.1581	1.9501
1.62	0.5626	0.1336	0.2374	0.6067	4.5422	0.8604	0.1552	1.9716
1.63	0.5572	0.1291	0.2317	0.5958	4.6144	0.8474	0.1524	1.9634
1.64	0.5517	0.1248	0.2261	0.5850	4.6887	0.8343	0.1495	2.0155
1.65	0.5463	0.1205	0.2205	0.5740	4.7647	0.8210	0.1467	2.0380
1.66	0.5407	0.1163	0.2150	0.5630	4.8424	0.8075	0.1440	2.0607
1.67	0.5352	0.1121	0.2095	0.5520	4.9221	0.7939	0.1413	2.0839
1.68	0.5296	0.1081	0.2041	0.5409	5.0037	0.7802	0.1386	2.1073
1.69	0.5240	0.1041	0.1988	0.5298	5.0877	0.7664	0.1359	2.1313
1.70	0.5183	0.1003	0.1934	0.5187	5.1735	0.7524	0.1333	2.1555
1.71	0.5126	0.0965	0.1881	0.5075	5.3167	0.7383	0.1306	2.1802
1.72	0.5069	0.0928	0.1830	0.4965	5.3520	0.7243	0.1281	2.2053
1.73	0.5012	0.0891	0.1778	0.4852	5.4449	0.7100	0.1255	2.2308
1.74	0.4954	0.0856	0.1727	0.4741	5.5403	0.6957	0.1230	2.2567

(续)

λ	$\tau(\lambda)$	$\Pi(\lambda)$	$\varepsilon(\lambda)$	$q(\lambda)$	$y(\lambda)$	$f(\lambda)$	$r(\lambda)$	M
1.75	0.4896	0.0821	0.1677	0.4630	5.6383	0.6813	0.1205	2.2831
1.76	0.4837	0.0787	0.1628	0.4520	5.7390	0.6669	0.1181	2.3100
1.77	0.4779	0.0754	0.1578	0.4407	5.8427	0.6523	0.1156	2.3374
1.78	0.4719	0.0722	0.1530	0.4296	5.9495	0.6378	0.1132	2.3653
1.79	0.4660	0.0691	0.1482	0.4185	6.0593	0.6232	0.1108	2.3937
1.80	0.4600	0.0660	0.1435	0.4075	6.1723	0.6085	0.1085	2.4227
1.81	0.4540	0.0630	0.1389	0.3965	6.2893	0.5938	0.1062	2.4523
1.82	0.4479	0.0602	0.1343	0.3855	6.4091	0.5791	0.1039	2.4824
1.83	0.4418	0.0573	0.1298	0.3746	6.5335	0.5644	0.1016	2.5132
1.84	0.4357	0.0546	0.1253	0.3638	6.6607	0.5497	0.0994	2.5449
1.85	0.4296	0.0520	0.1210	0.3530	6.7934	0.5349	0.0971	2.5766
1.86	0.4234	0.0494	0.1167	0.3423	6.9298	0.5202	0.0949	2.6094
1.87	0.4172	0.0469	0.1124	0.3316	7.0707	0.5055	0.0928	2.6429
1.88	0.4109	0.0445	0.1083	0.3211	7.2162	0.4909	0.0906	2.6772
1.89	0.4047	0.0422	0.1042	0.3105	7.3673	0.4762	0.0885	2.7123
1.90	0.3983	0.0399	0.1002	0.3002	7.5243	0.4617	0.0864	2.7481
1.91	0.3920	0.0377	0.0962	0.2898	7.6858	0.4472	0.0843	2.7849
1.92	0.3856	0.0356	0.0923	0.2797	7.8540	0.4327	0.0823	2.8225
1.93	0.3792	0.0336	0.0885	0.2695	8.0289	0.4183	0.0803	2.8612
1.94	0.3727	0.0316	0.0848	0.2596	8.2098	0.4041	0.0782	2.9007
1.95	0.3662	0.0297	0.0812	0.2497	8.3985	0.3899	0.0763	2.9414
1.96	0.3597	0.0279	0.0776	0.2400	8.5943	0.3758	0.0743	2.9831
1.97	0.3532	0.0262	0.0741	0.2304	8.7984	0.3618	0.0724	3.0301
1.98	0.3466	0.0245	0.0707	0.2209	9.0112	0.3480	0.0704	3.0701
1.99	0.3400	0.0229	0.0674	0.2116	9.2329	0.3343	0.0685	3.1155
2.00	0.3333	0.0214	0.0642	0.2024	9.464	0.3203	0.0668	3.1622
2.01	0.3267	0.0199	0.0610	0.1934	9.706	0.3074	0.0648	3.2104
2.02	0.3199	0.0185	0.0579	0.1845	9.961	0.2942	0.0630	3.2603
2.03	0.3132	0.0172	0.0549	0.1758	10.224	0.2811	0.0612	3.3113
2.04	0.3064	0.0159	0.0520	0.1672	10.502	0.2683	0.0594	3.3642
2.05	0.2996	0.0147	0.0491	0.1588	10.794	0.2556	0.0576	3.4190
2.06	0.2927	0.0136	0.0464	0.1507	11.102	0.2431	0.0558	3.4759
2.07	0.2859	0.0125	0.0437	0.1427	11.422	0.2306	0.0541	3.5343
2.08	0.2789	0.0115	0.0411	0.1348	11.762	0.2189	0.0524	3.5951
2.09	0.2720	0.0105	0.0386	0.1272	12.121	0.2070	0.0507	3.6583
2.10	0.2650	0.0096	0.0361	0.1198	12.500	0.1956	0.0490	3.7240

(续)

λ	$\tau(\lambda)$	$\Pi(\lambda)$	$\varepsilon(\lambda)$	$q(\lambda)$	$y(\lambda)$	$f(\lambda)$	$r(\lambda)$	M
2.11	0.2580	0.0087	0.0338	0.1125	12.901	0.1843	0.0473	3.7922
2.12	0.2509	0.0079	0.0315	0.1055	13.326	0.1733	0.0457	3.8633
2.13	0.2439	0.0072	0.0294	0.0986	13.778	0.1626	0.0440	3.9376
2.14	0.2367	0.0065	0.0273	0.0921	14.259	0.1522	0.0424	4.0150
2.15	0.2296	0.0058	0.0253	0.0857	14.772	0.1420	0.0408	4.0961
2.16	0.2224	0.0052	0.0233	0.0795	15.319	0.1322	0.0393	4.1791
2.17	0.2152	0.0046	0.0215	0.0735	15.906	0.1226	0.0377	4.2702
2.18	0.2079	0.0041	0.0197	0.0678	16.537	0.1134	0.0361	4.3642
2.19	0.2006	0.0036	0.0180	0.0623	17.218	0.1045	0.0346	4.4633
2.20	0.1933	0.0032	0.0164	0.0570	17.949	0.0960	0.0331	4.5674
2.21	0.1860	0.0028	0.0149	0.0520	18.742	0.0878	0.0316	4.6778
2.22	0.1786	0.0024	0.0135	0.0472	19.607	0.0799	0.0301	4.7954
2.23	0.1712	0.0021	0.0121	0.0427	20.548	0.0724	0.0287	4.9201
2.24	0.1637	0.0018	0.0116	0.0408	21.356	0.0695	0.0275	5.0533
2.25	0.1563	0.00151	0.00966	0.0343	22.712	0.0585	0.0258	5.1958
2.26	0.1487	0.00127	0.00813	0.0290	23.968	0.0496	0.0244	5.3494
2.27	0.1412	0.00106	0.00749	0.0268	25.361	0.0461	0.0229	5.5147
2.28	0.1336	0.00087	0.00652	0.0234	26.893	0.0404	0.0216	5.6940
2.29	0.1260	0.00071	0.00564	0.0204	28.669	0.0352	0.0202	5.8891
2.30	0.1183	0.00057	0.00482	0.0175	30.658	0.0302	1.0189	6.1033
2.31	0.1106	0.00045	0.00407	0.0148	32.937	0.0258	1.0175	6.3399
2.32	0.1029	0.00035	0.00340	0.0124	35.551	0.0217	1.0161	6.6008
2.33	0.0952	0.00027	0.00280	0.0103	38.606	0.0180	1.0148	6.8935
2.34	0.0874	0.00020	0.00226	0.0083	42.233	0.0146	1.0135	7.2254
2.35	0.0796	0.14×10^{-3}	0.00170	0.0063	46.593	0.0111	0.0122	7.6053
2.36	0.0717	0.988×10^{-4}	0.00138	0.0051	51.914	0.0090	0.0109	8.0450
2.37	0.0638	0.657×10^{-4}	0.00103	0.0038	58.569	0.0068	0.0096	8.5619
2.38	0.0559	0.413×10^{-4}	0.00074	0.0028	67.144	0.0049	0.0084	9.1882
2.39	0.0480	0.242×10^{-4}	0.00050	0.0019	78.613	0.0034	0.0071	9.9624
2.40	0.0400	0.128×10^{-4}	0.00032	0.0012	94.703	0.0022	0.0059	10.957
2.41	0.0320	0.584×10^{-5}	0.00018	0.0007	118.94	0.0012	0.0047	12.306
2.42	0.0239	0.211×10^{-5}	0.884×10^{-4}	0.0003	159.65	0.0006	0.0035	14.287
2.43	0.0158	0.499×10^{-6}	0.315×10^{-4}	0.0001	242.16	0.0002	0.0025	17.631
2.44	0.0077	0.316×10^{-7}	0.410×10^{-5}	0.058×10^{-4}	499.16	0.285×10^{-4}	0.0011	25.367
2.449	0	0	0	0	∞	0	0	∞

附录 B 函数 $Z(\lambda) = \lambda + \dfrac{1}{\lambda}$ 的数值表

λ	$Z(\lambda)$	λ	$Z(\lambda)$	λ	$Z(\lambda)$	λ	$Z(\lambda)$
0.00	∞	0.36	3.1378	0.72	2.1089	1.08	2.0059
0.01	100.01	0.37	3.0727	0.73	2.0999	1.09	2.0074
0.02	50.02	0.38	3.0116	0.74	2.0914	1.10	2.0091
0.03	33.36	0.39	2.9541	0.75	2.0833	1.11	2.0109
0.04	25.04	0.40	2.9000	0.76	2.0758	1.12	2.0129
0.05	20.050	0.41	2.8490	0.77	2.0687	1.13	2.0150
0.06	16.727	0.42	2.8010	0.78	2.0621	1.14	2.0172
0.07	14.356	0.43	2.7556	0.79	2.0558	1.15	2.0196
0.08	12.580	0.44	2.7127	0.80	2.0500	1.16	2.0221
0.09	11.201	0.45	2.6722	0.81	2.0446	1.17	2.0247
0.10	10.100	0.46	2.6339	0.82	2.0395	1.18	2.0275
0.11	9.2009	0.47	2.5977	0.83	2.0348	1.19	2.0303
0.12	8.4533	0.48	2.5633	0.84	2.0305	1.20	2.0333
0.13	7.8223	0.49	2.5308	0.85	2.0265	1.21	2.0365
0.14	7.2829	0.50	2.5000	0.86	2.0228	1.22	2.0397
0.15	6.8167	0.51	2.4708	0.87	2.0194	1.23	2.0430
0.16	6.4100	0.52	2.4431	0.88	2.0164	1.24	2.0465
0.17	6.0524	0.53	2.4168	0.89	2.0136	1.25	2.0500
0.18	5.7356	0.54	2.3919	0.90	2.0111	1.26	2.0537
0.19	5.4532	0.55	2.3682	0.91	2.0089	1.27	2.0574
0.20	5.2000	0.56	2.3457	0.92	2.0070	1.28	2.0613
0.21	4.9719	0.57	2.3244	0.93	2.0053	1.29	2.0652
0.22	4.7655	0.58	2.3041	0.94	2.0038	1.30	2.0692
0.23	4.5778	0.59	2.2849	0.95	2.0026	1.31	2.0734
0.24	4.4067	0.60	2.2667	0.96	2.0017	1.32	2.0776
0.25	4.2500	0.61	2.2493	0.97	2.0009	1.33	2.0819
0.26	4.1062	0.62	2.2339	0.98	2.0004	1.34	2.0863
0.27	3.9737	0.63	2.2173	0.99	2.0001	1.35	2.0907
0.28	3.8514	0.64	2.2025	1.00	2.0000	1.36	2.0953
0.29	3.7383	0.65	2.1885	1.01	2.0001	1.37	2.0999
0.30	3.6333	0.66	2.1752	1.02	2.0004	1.38	2.1046
0.31	3.5358	0.67	2.1625	1.03	2.0009	1.39	2.1094
0.32	3.4450	0.68	2.1506	1.04	2.0015	1.40	2.1143
0.33	3.3603	0.69	2.1393	1.05	2.0024	1.41	2.1192
0.34	3.2812	0.70	2.1286	1.06	2.0034	1.42	2.1242
0.35	3.2071	0.71	2.1185	1.07	2.0046	1.43	2.1293

(续)

λ	Z(λ)	λ	Z(λ)	λ	Z(λ)	λ	Z(λ)
1.44	2.1344	1.84	2.3835	2.24	2.6864	2.64	3.0188
1.45	2.1397	1.85	2.3905	2.25	2.6944	2.65	3.0274
1.46	2.1449	1.86	2.3976	2.26	2.7025	2.66	3.0359
1.47	2.1503	1.87	2.4048	2.27	2.7105	2.67	3.0445
1.48	2.1557	1.88	2.4119	2.28	2.7186	2.68	3.0531
1.49	2.1611	1.89	2.4191	2.29	2.7267	2.69	3.0617
1.50	2.1667	1.90	2.4263	2.30	2.7348	2.70	3.0704
1.51	2.1723	1.91	2.4336	2.31	2.7429	2.71	3.0790
1.52	2.1779	1.92	2.4408	2.32	2.7510	2.72	3.0876
1.53	2.1836	1.93	2.4481	2.33	2.7592	2.73	3.0963
1.54	2.1894	1.94	2.4555	2.34	2.7674	2.74	3.1050
1.55	2.1952	1.95	2.4628	2.35	2.7755	2.75	3.1136
1.56	2.2010	1.96	2.4702	2.36	2.7837	2.76	3.1223
1.57	2.2069	1.97	2.4776	2.37	2.7919	2.77	3.1310
1.58	2.2129	1.98	2.4851	2.38	2.8001	2.78	3.1397
1.59	2.2189	1.99	2.4925	2.39	2.8084	2.79	3.1484
1.60	2.2250	2.00	2.5000	2.40	2.8167	2.80	3.1571
1.61	2.2311	2.01	2.5075	2.41	2.8249	2.81	3.1659
1.62	2.2373	2.02	2.5151	2.42	2.8332	2.82	3.1746
1.63	2.2435	2.03	2.5226	2.43	2.8415	2.83	3.1834
1.64	2.2498	2.04	2.5302	2.44	2.8498	2.84	3.1921
1.65	2.2561	2.05	2.5378	2.45	2.8582	2.85	3.2009
1.66	2.2624	2.06	2.5454	2.46	2.8665	2.86	3.2097
1.67	2.2688	2.07	2.5531	2.47	2.8749	2.87	3.2184
1.68	2.2752	2.08	2.5608	2.48	2.8832	2.88	3.2272
1.69	2.2817	2.09	2.5685	2.49	2.8916	2.89	3.2360
1.70	2.2882	2.10	2.5762	2.50	2.9000	2.90	3.2448
1.71	2.2948	2.11	2.5839	2.51	2.9084	2.91	3.2536
1.72	2.3014	2.12	2.5917	2.52	2.9168	2.92	3.2625
1.73	2.3080	2.13	2.5995	2.53	2.9253	2.93	3.2713
1.74	2.3147	2.14	2.6073	2.54	2.9337	2.94	3.2801
1.75	2.3214	2.15	2.6151	2.55	2.9422	2.95	3.2890
1.76	2.3282	2.16	2.6230	2.56	2.9506	2.96	3.2978
1.77	2.3350	2.17	2.6308	2.57	2.9591	2.97	3.3067
1.78	2.3418	2.18	2.6387	2.58	2.9676	2.98	3.3156
1.79	2.3487	2.19	2.6466	2.59	2.9761	2.99	3.3244
1.80	2.3556	2.20	2.6546	2.60	2.9846	3.00	3.3333
1.81	2.3625	2.21	2.6625	2.61	2.9931		
1.82	2.3695	2.22	2.6705	2.62	3.0017		
1.83	2.3765	2.23	2.6784	2.63	3.0102		

附录 C 正冲波（完全气体，$k=1.4$）

M_1	M_2	p_2/p_1	$\dfrac{V_1}{V_2}=\dfrac{\rho_2}{\rho_1}$	T_2/T_1	p_{02}/p_{01}	p_{02}/p_1
1.00	1.0000, 0	1.0000, 0	1.0000, 0	1.0000, 0	1.00000	1.8929
1.01	0.9901, 3	1.0234, 5	1.0166, 9	1.0066, 5	0.99999	1.9152
1.02	0.9805, 2	1.0471, 3	1.0334, 4	1.01325	0.99998	1.9379
1.03	0.9711, 5	1.0710, 5	1.0502, 4	1.01981	0.99997	1.9610
1.04	0.9620, 2	1.0952, 0	1.0670, 9	1.02634	0.99994	1.9845
1.05	0.9531, 2	1.1196	1.0839, 8	1.03284	0.99987	2.0083
1.06	0.9444, 4	1.1442	1.10092	1.03931	0.99976	2.0325
1.07	0.9359, 8	1.1690	1.11790	1.04575	0.99962	2.0570
1.08	0.9277, 2	1.1941	1.13492	1.05217	0.9994, 4	2.0819
1.09	0.9196, 5	1.2194	1.15199	1.05856	0.9992, 1	2.1072
1.10	0.9117, 7	1.2430	1.1691	1.06494	0.9989, 2	2.1328
1.11	0.9040, 8	1.2708	1.1862	1.07130	0.9985, 8	2.1588
1.12	0.8965, 6	1.2968	1.2034	1.07764	0.9982, 0	2.1851
1.13	0.8892, 2	1.3230	1.2206	1.08396	0.9977, 6	2.2118
1.14	0.8820, 4	1.3495	1.2378	1.09027	0.9972, 6	2.2388
1.15	0.8750, 2	1.3762	1.2550	1.09657	0.9966, 9	2.2661
1.16	0.8681, 6	1.4032	1.2723	1.10287	0.9960, 5	2.2937
1.17	0.8614, 5	1.4304	1.2896	1.10916	0.9953, 4	2.3217
1.18	0.8548, 8	1.4578	1.3069	1.11544	0.9945, 5	2.3499
1.19	0.8484, 6	1.4854	1.3243	1.12172	0.9937, 1	2.3786
1.20	0.8421, 7	1.5133	1.3416	1.1280	0.9928, 0	2.4075
1.21	0.8360, 1	1.5414	1.3590	1.1343	0.9918, 0	2.4367
1.22	0.8299, 8	1.5698	1.3764	1.1405	0.9907, 3	2.4662
1.23	0.8240, 8	1.5984	1.3938	1.1468	0.9895, 7	2.4961
1.24	0.8183, 0	1.6272	1.4112	1.1531	0.9883, 5	2.5263
1.25	0.8126, 4	1.6562	1.4286	1.1594	0.9870, 6	2.5568
1.26	0.8070, 9	1.6855	1.4460	1.1657	0.9856, 8	2.5876
1.27	0.8016, 5	1.7150	1.4634	1.1720	0.9842, 2	2.6187
1.28	0.7963, 1	1.7448	1.4808	1.1782	0.9826, 8	2.6500
1.29	0.7910, 8	1.7748	1.4983	1.1846	0.9810, 6	2.6816
1.30	0.7859, 6	1.8050	1.5157	1.1909	0.9793, 5	2.7135
1.31	0.7809, 3	1.8354	1.5331	1.1972	0.9775, 8	2.7457
1.32	0.7760, 0	1.8661	1.5505	1.2035	0.9757, 4	2.7783
1.33	0.7711, 6	1.8970	1.5680	1.2099	0.9738, 2	2.8112
1.34	0.7664, 1	1.9282	1.5854	1.2162	0.9718, 1	2.8444

(续)

M_1	M_2	p_2/p_1	$\dfrac{V_1}{V_2}=\dfrac{\rho_2}{\rho_1}$	T_2/T_1	p_{02}/p_{01}	p_{02}/p_1
1.35	0.7617, 5	1.9596	1.6028	1.2226	0.9697, 2	2.8778
1.36	0.7571, 8	1.9912	1.6202	1.2290	0.9675, 6	2.9115
1.37	0.7526, 9	2.0230	1.6376	1.2354	0.9653, 4	2.9455
1.38	0.7482, 8	2.0551	1.6550	1.2418	0.9630, 4	2.9798
1.39	0.7439, 6	2.0874	1.6723	1.2482	0.9606, 5	3.0144
1.40	0.7397, 1	2.1200	1.6896	1.2547	0.9581, 9	3.0493
1.41	0.7355, 4	2.1528	1.7070	1.2612	0.9556, 6	3.0844
1.42	0.7314, 4	2.1858	1.7243	1.2676	0.9530, 6	3.1198
1.43	0.7274, 1	2.2190	1.7416	1.2742	0.9503, 9	3.1555
1.44	0.7234, 5	2.2525	1.7589	1.2807	0.9476, 5	3.1915
1.45	0.7195, 6	2.2862	1.7761	1.2872	0.9448, 3	3.2278
1.46	0.7157, 4	2.3202	1.7934	1.2938	0.9419, 6	3.2643
1.47	0.7119, 8	2.3544	1.8106	1.3004	0.9390, 1	3.3011
1.48	0.7082, 9	2.3888	1.8278	1.3070	0.9360, 0	3.3382
1.49	0.7046, 6	2.4234	1.8449	1.3136	0.9239, 2	3.3756
1.50	0.7010, 9	2.4583	1.8621	1.3202	0.9297, 8	3.4133
1.51	0.6975, 8	2.4934	1.8792	1.3269	0.9265, 8	3.4512
1.52	0.6941, 3	2.5288	1.8962	1.3336	0.9233, 1	3.4894
1.53	0.6907, 3	2.5644	1.9133	1.3403	0.9199, 9	3.5279
1.54	0.6873, 9	2.6003	1.9303	1.3470	0.9166, 2	3.5667
1.55	0.6841, 0	2.6363	1.9473	1.3538	0.9131, 9	3.6058
1.56	0.6808, 6	2.6725	1.9643	1.3606	0.9097, 0	3.6451
1.57	0.6776, 8	2.7090	1.9812	1.3674	0.9061, 5	3.6847
1.58	0.6745, 5	2.7458	1.9981	1.3742	0.9025, 5	3.7245
1.59	0.6714, 7	2.7828	2.0149	1.3811	0.8988, 9	3.7645
1.60	0.66844	2.8201	2.0317	1.3880	0.8952, 0	3.8049
1.61	0.66545	2.8575	2.0485	1.3949	0.8914, 4	3.8456
1.62	0.66251	2.8951	2.0652	1.4018	0.8876, 4	3.8866
1.63	0.65962	2.9330	2.0820	1.4088	0.8838, 0	3.9278
1.64	0.65677	2.9712	2.0986	1.4158	0.8799, 2	3.9693
1.65	0.65396	3.0096	2.1152	1.4228	0.87598	4.0111
1.66	0.65119	3.0482	2.1318	1.4298	0.87201	4.0531
1.67	0.64847	3.0870	2.1484	1.4369	0.86800	4.0954
1.68	0.64579	3.1261	2.1649	1.4440	0.86396	4.1379
1.69	0.64315	3.1654	2.1813	1.4512	0.85987	4.1807

(续)

M_1	M_2	p_2/p_1	$\dfrac{V_1}{V_2}=\dfrac{\rho_2}{\rho_1}$	T_2/T_1	p_{02}/p_{01}	p_{02}/p_1
1.70	0.64055	3.2050	2.1977	1.4583	0.85573	4.2238
1.71	0.63798	3.2448	2.2141	1.4655	0.85155	4.2672
1.72	0.63545	3.2848	2.2304	1.4727	0.84735	4.3108
1.73	0.63296	3.3250	2.2467	1.4800	0.84312	4.3547
1.74	0.63051	3.3655	2.2629	1.4873	0.83886	4.3989
1.75	0.62809	3.4062	2.2791	1.4946	0.83456	4.4433
1.76	0.62570	3.4472	2.2952	1.5019	0.83024	4.4880
1.77	0.62335	3.4884	2.3113	1.5093	0.82589	4.5330
1.78	0.62104	3.5298	2.3273	1.5167	0.82152	4.5783
1.79	0.61875	3.5714	2.3433	1.5241	0.81711	4.6238
1.80	0.61650	3.6133	2.3592	1.5316	0.81268	4.6695
1.81	0.61428	3.6554	2.3751	1.5391	0.80823	4.7155
1.82	0.61209	3.6978	2.3909	1.5466	0.80376	4.7618
1.83	0.60993	3.7404	2.4067	1.5542	0.79926	4.8083
1.84	0.60780	3.7832	2.4224	1.5617	0.79474	4.8551
1.85	0.60570	3.8262	2.4381	1.5694	0.79021	4.9022
1.86	0.60363	3.8695	2.4537	1.5770	0.78567	4.9498
1.87	0.60159	3.9130	2.4693	1.5847	0.78112	4.9974
1.88	0.59957	3.9568	2.4848	1.5924	0.77656	5.0453
1.89	0.59758	4.0008	2.5003	1.6001	0.77197	5.0934
1.90	0.59562	4.0450	2.5157	1.6079	0.76735	5.1417
1.91	0.59368	4.0894	2.5310	1.6157	0.76273	5.1904
1.92	0.59177	4.1341	2.5463	1.6236	0.75812	5.2394
1.93	0.58988	4.1790	2.5615	1.6314	0.75347	5.2886
1.94	0.58802	4.2242	2.5767	1.6394	0.74883	5.3381
1.95	0.58618	4.2696	2.5919	1.6473	0.74418	5.3878
1.96	0.58437	4.3152	2.6070	1.6553	0.73954	5.4378
1.97	0.58258	4.3610	2.6220	1.6633	0.73487	5.4880
1.98	0.58081	4.4071	2.6369	1.6713	0.73021	5.5385
1.99	0.57907	4.4534	2.6518	1.6794	0.72554	5.5894
2.00	0.57735	4.5000	2.6666	1.6875	0.72088	5.6405
2.01	0.57565	4.5468	2.6814	1.6956	0.71619	5.6918
2.02	0.57397	4.5938	2.6962	1.7038	0.71152	5.7434
2.03	0.57231	4.6411	2.7109	1.7120	0.70686	5.7952
2.04	0.57068	4.6886	2.7255	1.7203	0.70218	5.8473

(续)

M_1	M_2	p_2/p_1	$\dfrac{V_1}{V_2}=\dfrac{\rho_2}{\rho_1}$	T_2/T_1	p_{02}/p_{01}	p_{02}/p_1
2.05	0.56907	4.7363	2.7400	1.7286	0.69752	5.8997
2.06	0.56747	4.7842	2.7545	1.7369	0.69284	5.9523
2.07	0.56589	4.8324	2.7690	1.7452	0.68817	6.0052
2.08	0.56433	4.8808	2.7834	1.7536	0.68351	6.0584
2.09	0.56280	4.9295	2.7977	1.7620	0.67886	6.1118
2.10	0.56128	4.9784	2.8119	1.7704	0.67422	6.1655
2.11	0.55978	5.0275	2.8261	1.7789	0.66957	6.2194
2.12	0.55830	5.0768	2.8402	1.7874	0.66492	6.2736
2.13	0.55683	5.1264	2.8543	1.7960	0.66029	6.3280
2.14	0.55538	5.1762	2.8683	1.8046	0.65567	6.3827
2.15	0.55395	5.2262	2.8823	1.8132	0.65105	6.4377
2.16	0.55254	5.2765	2.8962	1.8219	0.64644	6.4929
2.17	0.55114	5.3270	2.9100	1.8306	0.64185	6.5484
2.18	0.54976	5.3778	2.9238	1.8393	0.63728	6.6042
2.19	0.54841	5.4288	2.9376	1.8481	0.63270	6.6602
2.20	0.54706	5.4800	2.9512	1.8569	0.62812	6.7163
2.21	0.54572	5.5314	2.9648	1.8657	0.62358	6.7730
2.22	0.54440	5.5831	2.9783	1.8746	0.61905	6.8299
2.23	0.54310	5.6350	2.9918	1.8835	0.61453	6.8869
2.24	0.54182	5.6872	3.0052	1.8924	0.61002	6.9442
2.25	0.54055	5.7396	3.0186	1.9014	0.60554	7.0018
2.26	0.53929	5.7922	3.0319	1.9104	0.60106	7.0597
2.27	0.53805	5.8451	3.0452	1.9194	0.59659	7.1178
2.28	0.53683	5.8982	3.0584	1.9285	0.59214	7.1762
2.29	0.53561	5.9515	3.0715	1.9376	0.58772	7.2348
2.30	0.53441	6.0050	3.0846	1.9468	0.58331	7.2937
2.31	0.53322	6.0588	3.0976	1.9560	0.57891	7.3529
2.32	0.53205	6.1128	3.1105	1.9652	0.57452	7.4123
2.33	0.53089	6.1670	3.1234	1.9745	0.57015	7.4720
2.34	0.52974	6.2215	3.1362	1.9838	0.56580	7.5319
2.35	0.52861	6.2762	3.1490	1.9931	0.56148	7.5920
2.36	0.52749	6.3312	3.1617	2.0025	0.55717	7.6524
2.37	0.52638	6.3864	3.1743	2.0119	0.55288	7.7131
2.38	0.52528	6.4418	3.1869	2.0213	0.54862	7.7741
2.39	0.52419	6.4974	3.1994	2.0308	0.54438	7.8354

(续)

M_1	M_2	p_2/p_1	$\dfrac{V_1}{V_2}=\dfrac{\rho_2}{\rho_1}$	T_2/T_1	p_{02}/p_{01}	p_{02}/p_1
2.40	0.52312	6.5533	3.2119	2.0403	0.54015	7.8969
2.41	0.52206	6.6094	3.2243	2.0499	0.53594	7.9587
2.42	0.52100	6.6658	3.2366	2.0595	0.53175	8.0207
2.43	0.51996	6.7224	3.2489	2.0691	0.52758	8.0830
2.44	0.51894	6.7792	3.2611	2.0788	0.52344	8.1455
2.45	0.51792	6.8362	3.2733	2.0885	0.51932	8.2083
2.46	0.51691	6.8935	3.2854	2.0982	0.51521	8.2714
2.47	0.51592	6.9510	3.2975	2.1080	0.51112	8.3347
2.48	0.51493	7.0088	3.3095	2.1178	0.50706	8.3983
2.49	0.51395	7.0668	3.3214	2.1276	0.50303	8.4622
2.50	0.51299	7.1250	3.3333	2.1375	0.49902	8.5262
2.51	0.51204	7.1834	3.3451	2.1474	0.49502	8.5904
2.52	0.51109	7.2421	3.3569	2.1574	0.49104	8.6549
2.53	0.51015	7.3010	3.3686	2.1674	0.48709	8.7198
2.54	0.50923	7.3602	3.3802	2.1774	0.48317	8.7850
2.55	0.50831	7.4196	3.3918	2.1875	0.47927	8.8505
2.56	0.50740	7.4792	3.4034	2.1976	0.47540	8.9162
2.57	0.50651	7.5391	3.4149	2.2077	0.47155	8.9821
2.58	0.50562	7.5992	3.4263	2.2179	0.46772	9.0482
2.59	0.50474	7.6595	3.4376	2.2281	0.46391	9.1146
2.60	0.50387	7.7200	3.4489	2.2383	0.46012	9.1813
2.61	0.50301	7.7808	3.4602	2.2486	0.45636	9.2481
2.62	0.50216	7.8418	3.4714	2.2589	0.45262	9.3154
2.63	0.50132	7.9030	3.4825	2.2693	0.44891	9.3829
2.64	0.50048	7.9645	3.4936	2.2797	0.44522	9.4507
2.65	0.49965	8.0262	3.5047	2.2901	0.44155	9.5187
2.66	0.49883	8.0882	3.5157	2.3006	0.43791	9.5869
2.67	0.49802	8.1504	3.5266	2.3111	0.43429	9.6553
2.68	0.49722	8.2128	3.5374	2.3217	0.43070	9.7241
2.69	0.49642	8.2754	3.5482	2.3323	0.42713	9.7932
2.70	0.49563	8.3383	3.5590	2.3429	0.42359	9.8625
2.71	0.49485	8.4014	3.5697	2.3536	0.42007	9.9320
2.72	0.49408	8.4648	3.5803	2.3643	0.41657	10.0017
2.73	0.49332	8.5284	3.5909	2.3750	0.41310	10.0718
2.74	0.49256	8.5922	3.6014	2.3858	0.40965	10.1421

(续)

M_1	M_2	p_2/p_1	$\dfrac{V_1}{V_2}=\dfrac{\rho_2}{\rho_1}$	T_2/T_1	p_{02}/p_{01}	p_{02}/p_1
2.75	0.49181	8.6562	3.6119	2.3966	0.40622	10.212
2.76	0.49107	8.7205	3.6224	2.4074	0.40282	10.283
2.77	0.49033	8.7850	3.6328	2.4183	0.39945	10.354
2.78	0.48960	8.8497	3.6431	2.4292	0.39610	10.426
2.79	0.48888	8.9147	3.6533	2.4402	0.39276	10.498
2.80	0.48817	8.9800	3.6635	2.4512	0.38946	10.569
2.81	0.48746	9.0454	3.6737	2.4622	0.38618	10.641
2.82	0.48676	9.1111	3.6838	2.4733	0.38293	10.714
2.83	0.48607	9.1770	3.6939	2.4844	0.37970	10.787
2.84	0.48538	9.2432	3.7039	2.4955	0.37649	10.860
2.85	0.48470	9.3096	3.7139	2.5067	0.37330	10.933
2.86	0.48402	9.3762	3.7238	2.5179	0.37013	11.006
2.87	0.48334	9.4431	3.7336	2.5292	0.36700	11.080
2.88	0.48268	9.5102	3.7434	2.5405	0.36389	11.154
2.89	0.48203	9.5775	3.7532	2.5518	0.36080	11.228
2.90	0.48138	9.6450	3.7629	2.5632	0.35773	11.302
2.91	0.48074	9.7127	3.7725	2.5746	0.35469	11.377
2.92	0.48010	9.7808	3.7821	2.5860	0.35167	11.452
2.93	0.47946	9.8491	3.7917	2.5975	0.34867	11.527
2.94	0.47883	9.9176	3.8012	2.6090	0.34570	11.603
2.95	0.47821	9.9863	3.8106	2.6206	0.34275	11.679
2.96	0.47760	10.055	3.8200	2.6322	0.33982	11.755
2.97	0.47699	10.124	3.8294	2.6438	0.33692	11.831
2.98	0.47638	10.194	3.8387	2.6555	0.33404	11.907
2.99	0.47578	10.263	3.8479	2.6672	0.33118	11.984
3.00	0.47519	10.333	3.8571	2.6790	0.32834	12.061
3.50	0.45115	14.125	4.2608	3.3150	0.21295	16.242
4.00	0.43496	18.500	4.5714	4.0469	0.13876	21.068
4.50	0.42355	23.458	4.8119	4.8751	0.09170	26.539
5.00	0.41523	29.000	5.0000	5.8000	0.06172	32.654
6.00	0.40416	41.833	5.2683	7.9406	0.02965	46.815
7.00	0.39736	57.000	5.4444	10.469	0.01535	63.552
8.00	0.39289	74.500	5.5652	13.387	0.00849	82.865
9.00	0.38980	94.333	5.6512	16.693	0.00496	104.753
10.00	0.38757	116.500	5.7143	20.388	0.00304	129.217
∞	0.37796	∞	6.0000	∞	0	∞

注：M_1 在 1.00~3.00 之间时，逗号","左方数字对线性内插有效。该 M_1 范围内无逗号","处，所有数字皆对线性内插有效。

附录 D 膨胀波

δ	θ	M	λ	p/p_0	ρ/ρ_0	T/T_0	μ
0°00′	0°00′	1.000	1.000	0.528	0.634	0.833	90°00′
0°10′	13°08′	1.026	1.022	0.512	0.620	0.826	77°02′
0°20′	16°05′	1.039	1.032	0.504	0.613	0.822	74°15′
0°30′	18°24′	1.051	1.042	0.497	0.607	0.819	72°06′
0°40′	20°25′	1.062	1.051	0.490	0.601	0.86	70°15′
0°50′	22°06′	1.073	1.060	0.484	0.596	0.813	68°44′
1°00′	23°32′	1.083	1.067	0.479	0.591	0.810	67°28′
1°30′	27°06′	1.109	1.088	0.463	0.577	0.803	64°24′
2°00′	30°00′	1.133	1.107	0.450	0.565	7.796	62°00′
2°30′	32°33′	1.155	1.125	0.464	0.553	0.789	59°57′
3°00′	34°54′	1.178	1.142	0.424	0.542	0.783	58°06′
3°30′	37°00′	1.199	1.157	0.413	0.532	0.777	56°30′
4°00′	38°52′	1.219	1.172	0.402	0.522	0.771	55°08′
4°30′	40°39′	1.238	1.186	0.392	0.513	0.766	53°51′
5°	42°18′	1.257	1.200	0.383	0.504	0.760	52°42′
6°	45°24′	1.294	1.227	0.364	0.497	0.749	50°36′
7°	48°18′	1.331	1.253	0.346	0.468	0.738	48°42′
8°	51°00′	1.367	1.277	0.330	0.452	0.728	47°00′
9°	53°28′	1.401	1.300	0.314	0.437	0.718	45°32′
10°	55°50′	1.435	1.323	0.299	0.422	0.708	44°10′
11°	58°06′	1.469	1.345	0.285	0.403	0.698	42°54′
12°	60°20′	1.504	1.367	0.271	0.398	0.688	41°40′
13°	62°24′	1.536	1.388	0.258	0.380	0.679	40°36′
14°	64°25′	1.569	1.408	0.246	0.367	0.670	39°35′
15°	66°24′	1.603	1.428	0.234	0.354	0.660	38°36′
16°	68°24′	1.639	1.448	0.222	0.341	0.650	37°36′
17°	70°18′	1.673	1.467	0.211	0.329	0.641	36°42′
18°	72°06′	1.705	1.486	0.201	0.318	0.632	35°54′
19°	73°57′	1.741	1.505	0.190	0.306	0.622	35°03′
20°	75°42′	1.775	1.523	0.181	0.295	0.613	34°18′
21°	77°27′	1.809	1.542	0.171	0.284	0.604	33°33′
22°	79°12′	1.846	1.559	0.162	0.273	0.595	32°48′
23°	80°52′	1.880	1.576	0.154	0.263	0.586	32°08°
24°	82°30′	1.914	1.594	0.146	0.253	0.576	31°30′
25°	84°10′	1.951	1.610	0.138	0.243	0.568	30°50′
26°	85°48′	1.988	1.628	0.130	0.233	0.558	30°12′

(续)

δ	θ	M	λ	p/p_0	ρ/ρ_0	T/T_0	μ
27°	87°24′	2.028	1.644	0.123	0.224	0.550	29°33′
28°	89°00′	2.063	1.660	0.116	0.215	0.541	29°00′
29°	90°30′	2.096	1.675	0.1100	0.207	0.532	28°30′
30°	92°00′	2.130	1.691	0.1040	0.198	0.523	28°00′
31°	93°36′	2.173	1.706	0.0980	0.190	0.515	27°24′
32°	95°05′	2.209	1.722	0.0920	0.182	0.506	26°55′
33°	96°33′	2.245	1.737	0.0867	0.174	0.497	26°27′
34°	98°03′	2.285	1.752	0.0814	0.167	0.488	25°57′
35°	99°33′	2.327	1.767	0.0764	0.159	0.480	25°27′
36°	101°00′	2.366	1.782	0.0717	0.152	0.471	25°00′
37°	102°30′	2.411	1.796	0.0672	0.145	0.462	24°30′
38°	103°57′	2.454	1.810	0.0630	0.139	0.454	24°03′
39°	105°24′	2.498	1.824	0.0590	0.132	0.446	23°36′
40°	106°48′	2.539	1.838	0.0552	0.126	0.437	23°12′
41°	108°12′	2.581	1.852	0.0514	0.120	0.428	22°48′
42°	109°36′	2.624	1.865	0.0481	0.114	0.420	22°24′
43°	111°00′	2.670	1.878	0.0450	0.109	0.412	22°00′
44°	112°21′	2.717	1.891	0.0419	0.104	0.404	21°36′
45°	113°48′	2.765	1.905	0.0388	0.098	0.395	21°12′
46°	115°12′	2.816	1.918	0.0360	0.093	0.387	20°48′
47°	116°36′	2.869	1.930	0.0334	0.088	0.379	20°24′
48°	117°54′	2.910	1.943	0.0310	0.084	0.371	20°06′
49°	119°15′	2.959	1.955	0.0288	0.079	0.363	19°45′
50°	120°36′	3.010	1.967	0.0267	0.075	0.355	19°24′
51°	121°57′	3.064	1.978	0.0249	0.071	0.348	19°03′
52°	123°18′	3.119	1.990	0.0229	0.067	0.340	18°42′
53°	124°38′	3.174	2.002	0.0211	0.063	0.332	18°22′
54°	126°00′	3.236	2.014	0.0194	0.060	0.324	18°00′
55°	127°18′	3.289	2.025	0.0178	0.056	0.316	17°42′
56°	128°36′	3.344	2.036	0.0164	0.053	0.309	17°24′
57°	129°55′	3.404	2.047	0.0151	0.050	0.302	17°05′
58°	131°15′	3.470	2.058	0.0138	0.047	0.294	16°45′
59°	132°36′	3.542	2.069	0.0126	0.044	0.286	16°24′
60°	133°54′	3.606	2.080	0.0115	0.041	0.279	16°06′
61°	135°10′	3.666	2.090	0.0105	0.039	0.272	15°50′
62°	136°30′	3.742	2.100	0.954×10^{-2}	0.036	0.265	15°30′

(续)

δ	θ	M	λ	p/p_0	ρ/ρ_0	T/T_0	μ
63°	137°48′	3.814	2.111	0.869×10^{-2}	0.034	0.258	15°12′
64°	139°03′	3.876	2.121	0.784×10^{-2}	0.031	0.250	14°57′
65°	140°20′	3.949	2.130	0.712×10^{-2}	0.029	0.244	14°40′
66°	141°36′	4.021	2.140	0.645×10^{-2}	0.027	0.237	14°24′
67°	142°54′	4.124	2.150	0.584×10^{-2}	0.025	0.230	14°02′
68°	144°12′	4.193	2.159	0.525×10^{-2}	0.0235	0.223	13°48′
69°	145°27′	4.268	2.168	0.474×10^{-2}	0.0219	0.217	13°33′
70°	146°42′	4.348	2.177	0.426×10^{-2}	0.0203	0.210	13°18′
71°	147°57′	4.429	2.186	0.380×10^{-2}	0.0187	0.204	13°03′
72°	149°12′	4.515	2.195	0.339×10^{-2}	0.0172	0.197	12°48′
73°	150°30′	4.621	2.204	0.301×10^{-2}	0.0158	0.190	12°30′
74°	151°42′	4.695	2.212	0.270×10^{-2}	0.0146	0.184	12°18′
75°	153°00′	4.810	2.220	0.241×10^{-2}	0.0135	0.179	12°00′
76°	154°15′	4.912	2.228	0.214×10^{-2}	0.0124	0.173	11°45′
77°	155°30′	5.015	2.237	0.186×10^{-2}	0.0112	0.166	11°30′
78°	156°45′	5.126	2.244	0.165×10^{-2}	0.0103	0.160	11°15′
79°	158°00′	5.241	2.252	0.145×10^{-2}	0.940×10^{-2}	0.155	11°00′
80°	159°15′	5.362	2.260	0.126×10^{-2}	0.851×10^{-2}	0.149	10°45′
81°	160°30′	5.488	2.267	0.112×10^{-2}	0.780×10^{-2}	0.144	10°30′
82°	161°42′	5.593	2.274	0.971×10^{-3}	0.705×10^{-2}	0.138	10°18′
83°	162°57′	5.731	2.282	0.836×10^{-3}	0.633×10^{-2}	0.132	10°03′
84°	164°12′	5.875	2.289	0.722×10^{-3}	0.570×10^{-2}	0.127	9°48′
85°	165°27′	6.028	2.296	0.631×10^{-3}	0.518×10^{-2}	0.122	9°33′
86°	166°42′	6.188	2.302	0.545×10^{-3}	0.466×10^{-2}	0.117	9°18′
87°	167°54′	6.321	2.309	0.460×10^{-3}	0.413×10^{-2}	0.111	9°06′
88°	169°06′	6.464	2.315	0.398×10^{-3}	0.373×10^{-2}	0.107	8°54′
89°	170°21′	6.649	2.321	0.340×10^{-3}	0.333×10^{-2}	0.102	8°39′
90°	171°36′	6.845	2.328	0.285×10^{-3}	0.294×10^{-2}	0.097	8°24′
91°	172°48′	7.013	2.334	0.236×10^{-3}	0.257×10^{-2}	0.092	8°12′
92°	174°00′	7.184	2.240	0.197×10^{-3}	0.226×10^{-2}	0.087	8°00′
93°	175°15′	7.413	2.345	0.168×10^{-3}	0.202×10^{-2}	0.083	7°45′
94°	176°27′	7.610	2.350	0.139×10^{-3}	0.176×10^{-2}	0.079	7°33′
95°	177°40′	7.837	2.356	0.114×10^{-3}	0.153×10^{-2}	0.075	7°20′
96°	178°54′	8.091	2.361	0.954×10^{-4}	0.134×10^{-2}	0.071	7°06′
97°	179°06′	8.326	3.366	0.778×10^{-4}	0.116×10^{-2}	0.067	6°45′
98°	181°21′	8.636	2.371	0.628×10^{-4}	0.996×10^{-3}	0.063	6°54′

（续）

δ	θ	M	λ	p/p_0	ρ/ρ_0	T/T_0	μ
99°	182°34′	8.928	2.376	0.502×10^{-4}	0.849×10^{-3}	0.059	6°26′
100°	183°48′	9.259	2.380	0.403×10^{-4}	0.726×10^{-3}	0.055	6°12′
101°	185°00′	9.569	2.385	0.321×10^{-4}	0.617×10^{-3}	0.052	6°00′
102°	186°12′	9.891	2.389	0.257×10^{-4}	0.526×10^{-3}	0.049	5°48′
103°	187°24′	10.245	2.393	0.202×10^{-4}	0.44×10^{-3}	0.046	5°36′
104°	188°36′	10.626	2.397	0.156×10^{-4}	0.368×10^{-3}	0.042	5°24′
105°	189°48′	11.037	2.401	0.118×10^{-4}	0.302×10^{-3}	0.039	5°12′
130°27′	220°27′	∞	2.449	0	0	0	0°00′

参 考 文 献

[1] 阿勃拉莫维奇 Г. Н. 实用气体动力学 [M]. 梁秀彦, 译. 北京: 高等教育出版社, 1955.
[2] 徐华舫. 空气动力学基础: 下册 [M]. 北京: 国防工业出版社, 1980.
[3] 普朗特 L, 奥斯瓦提奇 K, 维格哈特 K. 流体力学概论 [M]. 郭永怀, 陆士嘉, 译. 北京: 科学出版社, 1981.
[4] 徐文灿. 分水滤气器自动放水机构分析计算 [J]. 液压与气动, 1982, 6 (1): 30-34.
[5] 徐文灿. 冲击气缸的选用和设计方法 [J]. 液压与气动, 1984, 8 (2): 10-15.
[6] 徐文灿. 论气动元件的有效截面积 [J]. 液压与气动, 1984, 8 (3): 9-10.
[7] 徐文灿. 按国际标准草案计算充排气特性 [J]. 液压与气动, 1985, 9 (4): 7-10.
[8] 徐文灿. 对气动元件流量特性国际标准草案的评述与建议 [J]. 液压工业, 1986, 6 (1): 33-37.
[9] 徐文灿. 计算气管道的流量特性 [J]. 液压与气动, 1986, 10 (4): 22-24.
[10] 徐文灿, 谢富春. 串接音速排气法测定气动元件的流量特性 [J]. 北方工业大学学报, 1988 (1): 23-31.
[11] 徐文灿. 对气动元件有效截面积定义的看法 [J]. 液压与气动, 1989, 13 (2): 7.
[12] 徐文灿. 压降法测定气缸的泄漏量 [J]. 液压工业, 1989 (4): 14-16.
[13] ISO/TC 131/SC 5. Pneumatic fluid power – Components using compressible fluids – Determination of flow – rate characteristics: ISO 6358: 1989 [S]. [S. l.: s. n.], 1989.
[14] 徐文灿. 国际标准 ISO 6358 可靠性剖析 [J]. 液压与气动, 1991, 15 (1): 51-53.
[15] 全国液压气动标准化技术委员会. 气动元件流量特性的测定: GB/T 14513—1993 [S]. 北京: 中国标准出版社, 1993.
[16] 徐文灿, 李永正. 计算气动回路流量特性参数的方法 [J]. 北方工业大学学报, 1994 (1): 44-50.
[17] 徐文灿. 真空发生器内的流态及其性能分析 [J]. 液压与气动, 1995, 19 (5): 8-12.
[18] 北方工业大学流体传动与控制教研室. 气动元件及系统设计 [M]. 北京: 机械工业出版社, 1995.
[19] 赵明, 周洪, 陈鹰. 气动元件流量特性各种定义的分析比较 [J]. 液压气动与密封, 2002, 22 (4): 1-6.
[20] 香川立春, 蔡茂林. 空気圧機器の流量特性の表示方法と試験方法についての新提案: 代替試験方法 (2) - 等温化放出法 [J]. 油空圧技術, 2003, 2 (12).
[21] SMC (中国) 有限公司. 现代实用气动技术 [M]. 北京: 机械工业出版社, 2008.
[22] 徐文灿. 洁净压缩空气系统 [J]. 液压气动与密封, 2004, 24 (2): 24-30.
[23] 滕燕, 李小宁. 针对 ISO 6358 标准的气动元件流量特性表示式的研究 [J]. 液压与气动, 2004, 28 (2): 6-9.
[24] 李林, 彭光正, 王雪松. 气管道流量特性参数的分析研究 (一) [J]. 液压与气动, 2004, 28 (4): 5-7.
[25] 李林, 彭光正. 气管道流量特性参数的分析研究 (二) [J]. 液压与气动, 2004, 28 (5): 26-28.
[26] 滕燕, 孟国香, 张护平, 等. 气动元件合成流量特性的相关研究 [J]. 液压与气动, 2004, 28 (12): 28-30.
[27] 徐文灿. 吹气节能 [J]. 液压气动与密封, 2005, 25 (5): 19-23.
[28] 杨丽红, 叶骞, 刘成良. 等温容器放气法测定气动电磁阀流量特性的研究 [J]. 机械科学与技术, 2005 (10): 1169-1172.
[29] 张研, 张锡文, 郝鹏飞. 长径比对气动管道流量特性的影响 [J]. 液压与气动, 2005, 29 (10): 24-27.
[30] 徐文灿. 压缩空气能量的度量基准探讨 [J]. 液压气动与密封, 2006, 26 (1): 11-15.

[31] 全国液压气动标准化技术委员会. 气动减压阀和过滤减压阀 第1部分：商务文件中应包含的主要特性和产品标识要求：GB/T 20081.1—2006/ISO 6953-1：2000 [S]. 北京：中国标准出版社，2006.

[32] 全国液压气动标准化技术委员会. 气动减压阀和过滤减压阀 第2部分：评定商务文件中应包含的主要特性的测试方法：GB/T 20081.2—2006/ISO 6953-2：2000 [S]. 北京：中国标准出版社，2006.

[33] 焦素娟，孟国香. 气动换向阀流量特性实验研究 [J]. 机床与液压，2006，34（8）：94-95.

[34] 蔡茂林. 现代气动技术理论与实践 第一讲：气动元件的流量特性 [J]. 液压气动与密封，2007，27（2）：44-48.

[35] 全国液压气动标准化技术委员会. 气压传动 设备消耗的可压缩流体 压缩空气功率的表示及测量：GB/T 30833—2014 [S]. 北京：中国标准出版社，2014.

[36] 司冀，王永盛，史维祥. 关于气动阀临界压力比 b 及其流量公式的探讨 [J]. 液压气动与密封，2011，31（2）：47-51.

[37] 陈乾斌，史维祥，李正泉. 关于求解气动阀有效截面积的问题 [J]. 液压气动与密封，2010，30（3）：33-37.

[38] 陈乾斌，司冀，史维祥. 关于气动元件流量特性测试系统的研究 [J]. 液压气动与密封，2010，30（7）：34-38.

[39] 徐文灿. 贯彻国家标准GB/T 14513应注意的事项 [J]. 液压气动与密封，2011，31（7）：58-61.

[40] 徐文灿. 对测定气动元件的流量特性参数的主要方法的评述 [J]. 液压气动与密封，2011，31（11）：4-6.

[41] ISO/TC 131/SC 5. Pneumatic fluid power – Compressed air pressure regulators and filter – regulators – Part 3: Alternative test methods for measuring the flow – rate characteristics of pressure regulators：ISO 6953-3：2012 [S]. [S.l.：s.n.]，2012.

[42] 全国液压气动标准化技术委员会. 气动 使用可压缩流体元件的流量特性测定 第1部分：稳态流动的一般规则和试验方法：GB/T 14513.1—2017/ISO 6358-1：2013 [S]. 北京：中国标准出版社，2017.

[43] 全国液压气动标准化技术委员会. 气动 使用可压缩流体元件的流量特性测定 第2部分：可代替的测试方法：GB/T 14513.2—2019/ISO 6358-2：2013 [S]. 北京：中国标准出版社，2019.

[44] 徐文灿，张士宏. 流动状态对测定气动元件流量特性参数的影响 [J]. 液压与气动，2013，37（1）：69-75.

[45] 徐文灿. 张士宏. 国家标准GB/T 14513的深化使用 [J]. 液压气动与密封，2013，33（2）：65-68.

[46] 徐文灿. 张士宏. 气管道的流量特性研究 [J]. 液压与气动，2013，37（5）：52-57.

[47] 张士宏，徐文灿. 使用压力对测量气动元件 S 值和 b 值的各种方法的影响 [J]. 液压气动与密封，2013，33（7）：30-31.

[48] 张士宏，徐文灿. 论临界压力比及有效截面积 [J]. 液压气动与密封，2013，33（9）：6-9.

[49] 张士宏，徐文灿. 关于ISO 6358定压法中流量控制阀规定的探讨 [J]. 液压气动与密封，2013，33（12）：44-45.

[50] 徐文灿，张士宏. 气动元件结构形状对流量特性参数的影响 [J]. 液压气动与密封，2014，34（4）：38-41.

[51] 惠伟安，徐文灿，柳孝松，等. 气动消声器流量特性的研究 [J]. 液压气动与密封，2015，35（5）：35-38.

[52] 张士宏，徐文灿. 对ISO 6358-1定压法的评说与建议 [J]. 液压气动与密封，2015，35（6）：75-80.

[53] 张士宏，徐文灿，惠伟安，等. 对串接声速排气法的评说与建议 [J]. 液压气动与密封，2015，35

(11): 1-4.
[54] 全国液压气动标准化技术委员会. 气动消声器: JB/T 12705—2016 [S]. 北京: 机械工业出版社, 2016.
[55] 叶骞. 等温容器放气法测量误差分析 [J]. 液压与气动, 2016, 40 (1): 1-5.
[56] 刘丽娇, 路波, 马云龙, 等. 国内气动减压阀产品检测结果分析 [J]. 液压气动与密封, 2016, 36 (2): 66-70.
[57] 惠伟安, 徐文灿, 张士宏, 等. 对 ISO 6358-2 等温容器放气法的评说和建议 [J]. 液压气动与密封, 2016, 36 (2): 76-80.
[58] 张士宏, 徐文灿. 对 ISO 6358-1 变压法的评说及建议 [J]. 液压气动与密封, 2016, 36 (4): 63-64, 4.
[59] 郭丽丽, 路波. 气动元件流量特性测试方法实验验证 [J]. 液压与气动, 2016, 40 (5): 107-112.
[60] 惠伟安, 徐文灿, 柳孝松, 等. 气动单向阀的流量特性参数测定 [J]. 机床与液压, 2018, 46 (20): 89, 103-105.
[61] 惠伟案, 徐文灿, 蒋皖, 等. 串接法中辅助元件的最优选择 [J]. 机床与液压, 2020, 48 (8): 32-36.
[62] 全国液压气动标准化技术委员会. 气动 使用可压缩流体元件的流量特性测定 第3部分: 系统稳压流量特性的计算方法: GB/T 14513.3—2020/ISO 6358-3: 2014 [S]. 北京: 中国标准出版社, 2020.
[63] 徐文灿, 张士宏. 国际标准 ISO 6358 转化为国家标准的理由是什么 [J]. 气动行业信息, 2021 (2): 41-67.